国家社科基金
GUOJIA SHEKE JIJIN HOUQI ZIZHU XIANGMU
后期资助项目

王船山体用思想研究

Study of Wang Chuanshan's Ti-Yong Theory

田丰　著

中国人民大学出版社
·北京·

国家社科基金后期资助项目
出版说明

后期资助项目是国家社科基金设立的一类重要项目，旨在鼓励广大社科研究者潜心治学，支持基础研究多出优秀成果。它是经过严格评审，从接近完成的科研成果中遴选立项的。为扩大后期资助项目的影响，更好地推动学术发展，促进成果转化，全国哲学社会科学工作办公室按照“统一设计、统一标识、统一版式、形成系列”的总体要求，组织出版国家社科基金后期资助项目成果。

全国哲学社会科学工作办公室

序

明末大儒王船山四百周年诞辰刚刚过去，田丰同志的专著《王船山体用思想研究》即将出版，也是对先贤的致敬，可谓锦上添花。

田丰同志从跟随我读博士起就选定王船山作为研究方向，博士毕业之后他并未受到当下急功近利风气影响，继续潜心修订，推进研究，又经过六年琢磨方才定稿，迄今已然十年。十年一剑，今日出匣，诚堪可慰。

船山著作浩繁艰深，生前经历坎坷，死后为世埋没，直到晚清才逐渐对思想界产生愈来愈大的影响。近百年来船山研究不断深入，尤其是近些年来，展开了多个领域的精细学理讨论，如四书学、经学、史学、佛学、文学等等，海外汉学研究也被译介进入视野。此外，船山研究的层次和角度也日趋丰富，如专门概念或著作的内涵考察，源流考镜，或思想整体格局研究，等等。相较之下，《王船山体用思想研究》一书的独特之处在于：

第一，从体用论角度切入，可谓深入到中国哲学的独特性中。近代以来中国哲学研究往往纳入到西方思想的概念框架中去，这样做固然有其道理，却也有时难免邯郸学步，失其故行，难以在中国哲学内部将概念结构一一落实澄清。当然，中国古代思想有其自身特点，许多时候并不追求概念的严格明晰性，讲究得意忘言甚至默会知识。但是，我们只有努力使用中国传统的概念语言，将可以表达清楚的东西尽量言说明晰，才能看清中国思想的语言边界何在。田丰同志此书可以说是在努力推进着上述工作，一方面此书以体用思想几乎含摄检讨了船山所有重要著作与概念，却非观念先行地强行解读，而是细致精准地解读文本，体现了优秀的文本分析与概念思辨技艺。另一方面，此书又不拘于概念本身的静态内涵，而是力图以体用思想融贯地揭示诸多概念之间的内在关联，这种方法将研究推进到更深的思想结构层面。更加难得的是，此书还将船山体用思想放在整个体用论的历史源流中理解，以见出船山气学不仅对世界本源与存在基础的理解不同于理学心学，更深层的思维范式相较程朱阳明也有很大差异。同时还引领读者从体用概念自始至终具有的内在张力角度来理解体用思想史的变迁动力，可谓兼具整体性与历史性眼光。

第二，此书另一特色是不与人同，这当然不是说刻意标新立异，索隐行怪，而是说此书一直非常注意详人之略、发人未发的书写原则。作者对于学界已经研究成熟详备的问题或概念，并不浪费笔墨人云亦云，只是提纲挈领地概括引用，而后在此基础上继续向前推进，给出更加精深的阐发。譬如船山的“性日生日成”“气质中之性”“以行统知”“格致相因”等思想，学界相关论述已经非常多了，此书第三章却能够在严格文本分析的基础上结合深刻的思辨能力，推陈出新，给出更加有洞见的解释。

第三，此书还有一个特色是将哲学、经学与史学方法结合。这是由船山本人广博的思想资源所决定的，船山重要著作中既有经学注疏，也有史论。他的经学注疏兼有汉宋之风，考证训诂细密，又有大量义理发挥与思想建构。《读通鉴论》与《宋论》，融历史、政治、哲学、工夫论为一体。以往的船山研究在处理这些文本的时候，往往要么是单独领域研究，要么是外在的平行分门别类，少有像此书这样，以一个思想结构贯穿考察各部著作的研究。此外，近些年学界有一股经学复兴的潮流，不过，经学与义理乃至哲学的关系在研究中如何恰切处理，目前学界还在多方探索。此书与常见经学的研究进路不同之处在于，较少纠结于细部经学问题考辨，而是在通晓材料的基础上，每每于大处着眼，提炼出船山治每一经的架构，以此见出船山体用思想向经史实学回归的内在必然性，及其统合道学与经学的努力得失。上述特点尤其体现在第四章宏大的格局建构与内在情怀的彰显之中。当然，有得必有失，相应的代价就是没能巨细无遗地体察船山经史之学的方方面面，稍有空疏之憾，其间得失读者可自行判断。

第四，此书的思辨方式有着明显的诠释学底色。诠释学近些年在中国古典研究中大行其道，不过许多学者只是将其当作一套方法论来使用，而没能意识到诠释学的要害在于真理的实践性与历史性。就此特点而言，诠释学与王船山思想可谓相得益彰。此书作者对此有明确意识，并在对船山的解读中充分张大此义。难能可贵的是，这种解读不是中西哲学外在的相互格义，而是贴合船山思想自身的特色与文脉，一切解释都始终扣紧文本，具有高品质的学术严格性。

此书也有不足之处：其一，在检讨体用概念史时，没有涉及佛学体用论及其影响。其二，王船山自谓希张横渠之正学，但此书并未对张载思想给予充分讨论。其三，没有涉及体用论与船山学的近代继承与展开。当然，作者在书中对此也都有认识与说明，我衷心希望田丰同志能够沿着他走出的这条道路继续前行，把此书留下的遗憾逐一弥补，为中国哲学贡献更多价值，是为序。

魏常海

二〇一九年十一月十五日

前　言

“体用”无疑是中国哲学中最常用也最多义的概念之一，也是因此，当代有些学者往往只是不加反思地使用此概念，而没有就其本身进行仔细深入的讨论。林维杰认为：“当代处理宋明儒学与朱子哲学的学者，在其专著中大都不把‘体用’作为特别的一章来叙述；独立处理者，主要见于辞书中的条文。陈荣捷在其《朱子新探索》中则以‘朱子言体用’的专门章节处理之，但其篇幅与章法，比较像辞书的延长。辞书的写法有其优点，只是易流于资料文献的编纂搜集而缺乏判归的强度。……不易看出深入整理的迹象，也缺乏理论的高度。”① 笔者认为，这个判断不仅对于朱子，对于整个宋明道学研究现状大体都是正确的。

然而，体用又是中国哲学最核心的概念之一，秦汉是否有体用思想学界尚未有定论，姑且不论。自从王弼拈出此二字作为对待概念以来，历经魏晋玄学、隋唐佛学、宋明理学、近代洋务思想，直到熊十力《体用论》，无论儒释道，还是心学理学气学，其基本思想的建构无不与体用概念的重新诠释相关。初看起来，体用概念就好像是个无底口袋，任何属性或规定都可以塞进来，以至于有多少学派，就有多少种体用论。而实际上，体用论并不是一个可以任意填写内容的白板，它有着自身发展的内在逻辑。从本书第一章对道学体用概念史的追溯可以看到，体用概念并不像初看起来那么顺理成章。几乎在所有的思想体系中，体用二者之间都不是能够简单承接吻合的，二者之间不断产生矛盾，克服这种矛盾的努力，在很大程度上构成了概念本身不断变迁的内在动力。

同样值得深思的是，既然体用概念的建构有着如此多难以解决的困难，为何中国思想史中的各家学派都从未舍弃它，另觅替代概念，而是要不断地回到这个概念，不断地赋予其新的意义结构。换言之，古人在运用

---

① 林维杰. 朱熹与经典诠释［M］. 上海：华东师范大学出版社，2012：182.

体用概念之时，尽管因用法不同造成意义分殊，但所有意义层面都使用同一个概念，必定有其一致的原因，此方是概念之灵魂，也是我们今天理解古人整全视域的关键。就此而言，熊十力可谓独具慧眼，拈出此概念并认为其代表中国思想特质，能够标示出中国思想与西方形而上学或印度佛学的绝大分殊，故以《体用论》为其哲学之总结。这种特质究竟为何，自然不可能由一言而得，正如哲学即是哲学史，对概念也必定只有从概念史入手才能获得真正的理解，这也是本书用专章来进行概念史追溯的原因。本书的基本目标是在梳理宋明道学的体用问题的基本视野中，以船山为核心集中讨论其体用概念，以期最后能够对体用概念之特质有某种程度的阐发。

正如朱伯崑先生所指出的，“从北宋形成的宋明道学，经过近五百年的争论和发展，到王夫之，终于结出了丰硕的果实，标志着中国古代哲学发展的高峰。就此而言，王氏的经学及其易学哲学，不仅意味着宋学，也意味着宋明道学的终结”①。船山作为宋明理学之殿军乃至整个中国古代哲学之集大成者的地位，造成了在他之前的诸多源流都汇集他一身，从他身上可以发见概念本身经历漫长流变与展开最终沉淀汇总的一种典型形态。嵇文甫先生总结船山为学：“宗师横渠，修正程朱，反对陆王。”② 这个说法是对船山道学立场的概括，而实际上一个思想家的自觉立场固然需要参考，但并不能直接等同于其思想面貌，其所着力批评的对象往往反倒内在地构成其重要的思想来源。没有一个思想家能够抛开历史直接回到某个源头汲取力量，船山所谓的宗师横渠或归本大易，亦不可能越过五百年宋明道学直接横渠，甚乃跨越两千年回归孔子。真正的回归，必然是在思想史中汲取各个时代诸多巨人之力，百川汇海乃成汪洋。本书力图深入考察体用学说自身之源流脉络，以明晰船山在何处吸收前贤之高见，因何不满于前贤之论，又于何处汇集前贤之论而大成之，非如此则与船山之真实体用思想难免有隔。

船山平生遭际困顿，常年窜居穷乡僻壤，又兼其书多涉清廷逆鳞，难以公开流传，是以其学埋没于清代二百年，直到晚清始获重视，故船山之学直到近代才又重新进入思想史，此不可不谓之憾。然仅短短百余年，船山学影响已愈来愈大，成为中国近代思想的重要源头。中国近世思想乃至

① 朱伯崑．易学哲学史：第4卷［M］．北京：华夏出版社，1995：2.

② 嵇文甫．王船山学术论丛［M］．北京：北京人民出版社，1978：109.

现代性被认为是萌发于中晚明，其思想的探索历经挫折在明末清初呈现出自我反思与穷则反本的多重活力，当时诸贤在伦理政治与平民社会上的建构努力，却在清代特殊的格局中遭遇腰斩。笔者也是出于这样的考虑希望能够通过对船山的思考，为经典诠释与现代中国之间搭建起可能的桥梁。此外，船山学尽管已经发展得相当繁荣，但是依笔者眼力所及，尚未发见有学者对船山体用思想作整体性的专门研究，只有少数学者在研究船山易学或四书学时进行一定程度的发掘，如陈远宁、朱伯崑、曾昭旭、陈来等先生，但都没有详尽展开，大部分学者似乎对船山体用思想并未太过注目。这是本书的简要背景说明①。

本书结构的简要说明如下。第一章是对道学体用概念史的梳理，主要考察王弼、二程、朱子、阳明等几位思想家的体用结构及其流变（没有专节研究横渠的理由会在“程张体用”一节加以说明）。船山之学本于《易》，是以本书在讨论船山**本体论**②之时以其易学为核心。探讨体用概念最困难之处并不在于天道层面之体用，而在天人之际与知行工夫，这是本书第三章以船山四书学为核心讨论的问题。船山不同于道学传统之处还在于，其体用学说必须在历史政治中获得展开，也即是让体获得历史性维度，才能重新获得元气丰沛参赞化育的实现，要理解这一点，就必须进入船山经史之论去澄清诸多问题。本书目的是呈现船山体用建构在不同领域会带来怎样的巨大影响。

探讨体用概念的困难还在于，大部分思想家对体用概念并不会像对待心、性、理等概念一样，给出比较严格而又详备的定义，并且在相互辩驳中反复陈义。此概念在许多思想家著作中十分常见，却又日用不知，几乎很难找到明确清晰的界定。在船山那里，虽然也有些地方对体用概念作出了一些直接性讨论与定义，但大部分时候，此概念还是作为一个隐含的结构性视域而发生作用。这就要求我们必须尽可能整全地把握船山思想的主

① 至于学界已有的大量关于船山其他问题的研究，会在正文具体讨论中引用和回应，不在此作详尽的研究述评。

② **本书所用的“本体论”概念不能等同于西方“ontology”这个概念**。中国哲学的“本体论”是就中国传统体用概念中的本体一方而言的，往往分而称之为“本”或“体”，所以笔者以为毋宁说是“本一体论”更为恰切，不过学界已经形成既定用法，本书就还是使用“本体论”概念。而“ontology”则是基于西方哲学最核心的概念“存在”而来的，旧译为“本体论”其实多有误解，与中国传统的“本体论”也完全不能等同，为了区分二者，本书在“ontology”的意义上使用“本体论”概念的时候一律按照学界较晚近的习惯，称之为“存在论”。

要结构，并在诸多看似并非直接相关的问题上努力去还原视域，才能比较中正地理解其体用思想，以及它是如何潜在地引领其诸多问题的思考方向的。因此，本书有些小节虽然看似与体用概念关联甚微，却非骈拇枝指，而是研究必需的准备性环节，也构成理解船山思想结构的重要因素。

本书并非想给出船山体用概念的最终定义，否则一篇小文甚乃“体用相生”这样的论断即可言简意赅地给出答案，而无需此数十万字赘言。真正丰富的哲学概念绝不可能仅靠定义给出，它必须在思想体系的各个环节中呈现出自身的不同样态，不将这诸多环节一一巡视，概念便不可能得到充分说明，而这条道路也是我们对思想整体探赜发微的过程本身。

就文本材料选取上需要说明的是，本书并没有像通常学术著作那样，按照年代早晚来厘定船山著作，并因之而考察其思想变迁历程，这是由船山思想之特点所决定的。笔者认为，船山的基本思想架构在中年便已经基本奠定成形，直至晚年并无重大改变，这并不是说船山思想完全没有调整与发展，相反，船山晚年对一些概念的运用更加谨慎严格，尤其在经史策论方面，船山晚年思想比早年更加圆融细密，也少了许多亢虚过激之论。所以当船山早年与晚年论述有分歧时，本书一般以晚年为准。不过，依笔者拙见，**尽管船山在概念使用上有不严格之处，但其思想基本框架并没有明显的断裂或者对早年的否定**①，尤其是在体用结构上。因此不宜简单地视其论述不一致处为矛盾，不宜必择其一而否定其他。

笔者妄自揣度船山论述不一的原因如下：船山生平坎坷，常年居困处夷，门庭冷落，少有学养相当的思想者能与其保持对话交流，又无高足能与其问学答疑、教学相长。黄梨洲以为有明一代学术，牛毛茧丝，无不辨析，这固然是学术发展的自然趋势，却也与明代异常丰富的学者同道往来问难辩驳不无关系。而明亡之后的船山既失去了明代学者从容优裕的相互往来论难的环境，亦不似当时大儒如黄梨洲、顾亭林那样名满天下，多有与其旗鼓相当之师友同道砥砺切磋。所以，可以明显看出的是，船山在使

---

① 比较有代表性的证据如奠定其天道论思想基础的《周易外传》与《周易内传》的比较。《周易外传》虽然立论颇多过激之处，许多细节方面也和晚年《周易内传》表述有差异，但从整体思想结构来看，基本框架在《周易外传》中即已成形，与其晚年著作如《周易内传》《张子正蒙注》《思问录》等书相比，并没有根本性变化。又如《尚书引义》中的思想，与《读四书大全说》《思问录》也有呼应。大体来说，船山的儒学著作中的思想基本没有重大转向或变化，不过他的某些非儒学著作之宗旨比较难以定性，如《庄子解》《老子衍》《相宗络索》《愚鼓词》等书，笔者目前尚未有足够学养处理这些著作，姑且藏拙，以俟贤者。

用不少概念时并不严格，这在不同著作中更加明显。再加上船山著述许多近乎经学注疏，本着疏不破注、注不破经的原则，对许多概念的运用必须依照经书原有概念，而不能按照其自身思想来灵活运用。这些都造成了对船山思想给予一贯性解读的困难。本书致力于依据诠释学整体性原则，尽量本诸同情之理解态度，试图在船山的基本思想架构中找到一种能够涵盖不同论述的诠释，而当不同著作中的概念出现无法统一的差异时，至少应当去努力获取船山概念分歧背后的结构性统一。

最后要说明的是，对大多数研究者而言，面对那些思想巨擘间的诸神之战时，做一个评判者固然具有巨大诱惑力，却又不乏僭越之忧。此忧不仅在于自身的轻薄为文，更多的是面对古今之争中的危险。我们总是容易借助后来的巨人批评在先者，因为后来者总是在对先贤的理解与批判中完善自身的，而在先的巨人无法为自己辩护，他们只留下了沉默的著作，除非借助我们的沉潜玩索与同情理解，那些沉默的圣贤才能借助我们之口为自身辩护。然而，需要何等深厚的学养、廓然大公之心胸，方能不流于门户之见，让大师们在自己的心灵中对话呢？这是笔者深切自省，却又迫于功力不及，只能掷笔兴叹之处。所以，本书中主要探讨展现的是船山对于先儒的批判，而非更加开放的对话，轻率评议先哲的遗憾与歉疚只能以今后不断地步趋于道来弥补和消除。

目 录

第一章 道学体用概念史 …… 1
第一节 前理学的体用学说 …… 1
第二节 程张体用 …… 31
第三节 朱子体用 …… 44
第四节 阳明体用 …… 69
第二章 船山天道之体用 …… 102
第一节 太极全体 …… 105
第二节 纯杂体用 …… 126
第三节 卦序与条理 …… 141
第四节 象爻一致 …… 154
第五节 体用相生 …… 169
第六节 易无方体 …… 179
第七节 本章小结 …… 196
第三章 船山心性之体用 …… 202
第一节 无善无恶与继善成性 …… 202
第二节 性之基本义 …… 218
第三节 性日生日成 …… 227
第四节 气质之性与气质中之性 …… 247
第五节 四德的天人之辨 …… 262
第六节 性与心 …… 283
第七节 志与意 …… 304
第八节 知与行 …… 329
第四章 船山经史之体用 …… 374
第一节 道学的经权体用结构及其经史工夫 …… 376

第二节　船山的经权体用结构 …… 419
第三节　礼教与性命 …… 445
第四节　易道之一贯 …… 470
第五节　春秋与变常 …… 499
第六节　道统和历史 …… 542
结　语 …… 619

参考文献 …… 623
后　记 …… 632

第一章　道学体用概念史

第一节　前理学的体用学说

本节要义[①]：

1. 概述

中国哲学的体用概念最素朴的意义即是物及其用。“体”可以有两种理解：个体存在者之整体；非形体的存在者之本质。“用”的问题与西方不同，表现出“解释—实践”意涵。此物以彼物为用，万物在这种交相为用的网络中各自成就其性分，宇宙如交相为用的大网，人与万物都既在将自己的禀赋参与运动，同时也是在将他物的禀性实现出来，用即万物意义关联的生成变化，周流无滞之关键在人。

2. 王弼《周易注》中的体用思想

王弼解《易》之“体”字基本上是传统意涵，指涉上下卦体或一卦之全体，但解释倾向已有后世追寻不变本—体之意，通过“无”的引入，使得法则秩序特别是人事政治不再现成板结。人事政治体系具有的微妙不确定性以及原则之间的冲突权衡，使其更好地展示出“唯变所适”特质与天人之际张力，既展现“无”之于万物的本根意义，又不以“无”来否定“有”，引导治理者对“有”的领域保持关注、投入以及保持对事物之理的深入体察。这是王弼力图维系有无两面性的根本动力。

3. 王弼《老子注》中的体用思想

“无”和“有”相结合者才是王弼之“体”，对于无的最好的界定概念

---

① 因本人学养有限，不能提纲挈领，故终稿赘言冗杂竟至数十万言，恐道术未明而空耗读者心神，故于每节开篇自作提要，以便观瞻。

是本，而不是体。两者结合时，“无”是否会体现出差异性与特殊性，而不再是没有任何规定性的终极者？“本无”无法道说，“有之无”与万物相伴始终，既对万物具有创始的作用，使之从无形无名中获得存在的具体规定性，又对万物具有成就的作用，长育亭毒，使其在有形有名的具体存在形态中获得自性的展开与完成。“用”始终是在“理解—实践—生成”这样的动态结构中成就其功用的。总之，王弼之“体”乃是本末有无之合，构成了贯通连接本末有无的桥梁，“用”则是本末有无相合之后的自然发用，也是相合所得之“体”之本性。

4. 小结

原本素朴的“形体—功用”意涵被王弼拆分成了“体（有＋无）—用”意涵，在这个结构中“无”是主导性的，但体用也不再自然地一贯而下：“无”与“有”结合构成“体”时，会呈现出特殊性构成限制。与此同时，政治生活、礼法名教也能够从自然奠基赢回正当性，器具礼法不能自守其“无”，必须交由人的“无心”“无为”才能生用，因此它还是具有解释—实践方向。王弼借助“体”将“有—无”统摄，使得“体—用”概念在初次关联时便蕴含很大张力，逐渐替代本—末、母—子等对待概念而占据哲学思辨核心地位。

1. 概述

“体”字古作“體”，《说文》曰：“体，总十二属也。从骨，豊声。”“十二属”按照段注，即为全身十二部分肢体器官。中山王壶上的体字则从“身”，睡虎地秦墓竹简及马王堆汉墓帛书《老子》甲乙本均从“肉”。不管从“骨”“身”，抑或从“肉”，无疑“体”字与身体意义有极大关联，它最基本的意思便是身体。身体又有总体和分体之别，因此，“体”兼有整全之体和肢体之义①，又由此衍生出分体、区分之义②，也就是后世所称的“整体”与“个体”。身体必有形质，是以“体”又有形体、形质之义③，由不同类型之形体又有形式、风格之义④。有形体之事物可以被理

① 《诗经·鄘风·相鼠》：“相鼠有体，人而无礼。”毛传：“体，支体也。”《论语·微子》：“四体不勤。”

② 《墨子·经上》：“体，分于兼也。”《周礼·天官·叙官》郑注：“体，由分也。”

③ 《玉篇·骨部》：“体，形体也。”《周易·系辞上》：“故神无方而易无体。”孔疏：“体是形质之称。”

④ 《左传·昭公十二年》：“一气二体。”杜预注：“舞者有文武二体。”许慎《说文解字序》：“自尔秦书有八体。”

解为天地之道的展现，“体”又有“体现”之义①。“体”既然指涉身体，便有亲身在场之义，遂有身体力行之义②，继承、效法之义③；亲身在场以及实践必然伴随着对某种事物或道理的切近理解，便有“体会”“体察”“把握”之义④。既有外在之体现，则必有其内在本质，故又有“本体”“本性”“大要”之义⑤，随即便有与外在之用相对的内在之体⑥。

以上诸论大多为先秦古义，或两汉人对先秦典籍之诠释，所陈诸义虽非后世严格意义上之哲学概念，然后世所论大多仅为其中某一义或数义之精微发挥，皆不出此囿。

“体用”何时成为中国哲学的重要概念，历来争论不一。宋人便开始试图对此概念追溯源流。北宋晁说之说：“经言体而不及用，其言用则不及体。体用所自，乃本乎释氏。”⑦ 南宋魏了翁说：“《六经》、《语》、《孟》发多少义理，不曾有体、用二字，逮后世方有此字。先儒不以人废言，取之以明理，而二百年来，才说性理，便欠此二字不得。亦要别寻一字换，却终不得似此精密。”⑧ 明末清初李二曲说：“中国佛书，卢惠能实始标此二字。惠能，禅林之所谓六祖也，其解《金刚经》，以为‘金者，性之体；刚者，性之用’……体用二字相连并称，不但《六经》之所未有，即《十三经注疏》亦未有也。”⑨近代学者多不认同“体用”出自释氏的说法，钱穆、冯友兰两位先生都认为出自王弼。

对于“体用”在王弼这里是否已经成为重要且严格的哲学概念，当前学界尚有不少争论，李晓春新著《张载哲学与中国古代思维方式研究》中对此问题的研究相当深入，并提出了卓有新意的理解：

---

① 《周易·系辞下》：“阴阳合德，而刚柔有体，以体天地之撰。”

② 《荀子·修身》：“好法而行，士也。笃志而体，君子也。”《后汉书·班彪传下附班固》：“体行德本，正性也。”李贤注：“体行，犹躬行也。”

③ 《淮南子·本经训》：“帝者体太一。”高诱注：“体，法也。”

④ 《庄子·应帝王》：“体尽无穷，而游无朕。”成玄英疏：“体悟真源，故能以智境冥会，故曰皆无穷也。”

⑤ 《吕氏春秋·情欲》：“万物之形虽异，其情一体也。”高诱注：“体，性也。”笔者按：此处“情”字当作“实”之义，吕氏之义当来自庄子万物一体之论，即整体之义，高诱所注未必合于吕氏本义，然至少可证明东汉之时，“体”有“性”之义。《汉书·贾谊传》：“曰安且治者，非愚则谀，皆非事实知治乱之体者也。”此处之“体”为“大要”之义。

⑥ 体用对举较早者为东汉《参同契》卷下：“春夏据内体……秋冬当外用。”

⑦ 宋元学案：景迂学案［M］//黄宗羲. 宋元学案：第2册. 北京：中华书局，1986：863.

⑧ 宋元学案：鹤山学案［M］//黄宗羲. 宋元学案：第4册. 北京：中华书局，1986：2652.

⑨ 李颙. 二曲集：卷16［M］. 北京：中华书局，1996：149.

> “体”最原初的意义无疑是实体性的具象之物，与此有可比性的是在西方哲学中形成的如亚里士多德提出的实体观念，而实体与属性的关系，也与在中国哲学中所形成的最原初的思维方式体用论有一对等之地位。当然，这不是说“实体与属性”和“体与用”是等同的；因为我们非常明白，实体在西方哲学中一开始就已经表现出了本体的特色，而且它从语词的来源上就与西方哲学的“是”的系统紧密相关。①
>
> 体用论最原初的意义是实体与功用的关系，这种中国最基础的思维方式在中国本体论崛起之际产生了本体的意义衍生，这一意义延伸并没有完全取代体用论的最原始意义，而是用体用的术语完善了它的含义。在这以后，体用论发展成为两条路径，一条是实体（如形体）与功用的关系，一条是本体与功用的关系……这两种体用的用法并不是不相关的，它们后来又完善地融合起来，经过宋代理学家的发展而在朱熹的思想中最终凝练为中国哲学的最为核心的思维方式。②
>
> 王弼的哲学中，只要再将“体”提高一步，那就走向了佛教和宋明理学中的体用论。所以从这个意义上来说，王弼的体用观念，正是从传统的体用观念向本体论的体用观念过渡的关键一环。③

笔者基本赞同李晓春的梳理概括④，并试图在其基础上将一些更加细致的问题做出修正与推进。

中国哲学的体用概念最素朴的意义即是物及其用，探讨此概念困难在于物与用两个字含义都异常丰富。

先来看物—体：具体存在者、规则、法度、人事、天地甚至道⑤都可以称为物，这个概念几乎可以理解为最广义上的存在者。问题在于物有变者，有不变者，譬如个体的马是变化可朽的，马性之为物，至少相较个体的马似乎是不变的本质，性体与个体何者才更加具有本源性？由此“体”

① 李晓春. 张载哲学与中国古代思维方式研究［M］. 北京：中华书局，2012：26.

② 同①32.

③ 同①31.

④ 正如本书前言中所言，笔者并不认为这两条路径在朱子那里完善融合。或者说，作为魏晋以降的核心哲学概念之一的“体用”，必然像一切哲学史上的核心概念一样，不可能是完美自洽的；反之，对其内部蕴含的冲突和张力的考察应当成为哲学研究的重要线索。

⑤ 《老子》第二十一章：“道之为物，惟恍惟惚。”《老子》第二十五章：“有物混成，先天地生。寂兮寥兮，独立而不改，周行而不殆，可以为天下母。吾不知其名，字之曰道，强为之名，曰大。”

这个概念大致可以分出两种理解方向，两种对“体”的理解与西方哲学中关于第一实体的争执有相近之处。**第一种方向理解的体是个体存在者**，譬如刘备之的卢、关羽之赤兔。这种理解其实并不像粗看上去那样平实具体，因为所谓个体其实是个比较含混的说法，任何一个范围中的诸多存在者都可以被总括为一个整体即个体来理解，家国天下宇宙皆然。即便是道也可以被如此理解，譬如明道、朱子道体之说都是这个意涵①。这是先秦思想的基本方向，也是体的基本源始意涵。**第二种方向理解的体是非具体形体的存在者之本质**，譬如伊川（程颐世称伊川先生）解释“孝弟也者其为仁之本与”的时候说：“盖仁是性也，孝弟是用也，性中只有个仁、义、礼、智四者而已，曷尝有孝弟来。”这里的性即是第二种体之义。这个方向虽然先秦哲学尤其道家哲学中也有运用，但正如李晓春所言，它是在魏晋时期经由玄学与佛学而成为中国哲学思想的重要维度。上述两个维度与柏拉图、亚里士多德关于第一实体的分歧②比较相像，都涉及变与不变之间的关系以及何者是世界的真实本相问题，这是东西方哲学共通的问题，不过我们更加关注的不是这种大而化之的共同点，而是相近的问题背后东西方概念表述与思维方式的迥异意味着什么。

中国并没有“是/存在”的思维结构，但是对于何者是最真实存在的追寻确实是东西方共有的，这一点尤其体现在佛学、玄学、理学思维中，其典型是强调变化背后不变者的理一分殊的世界结构。相较之下，先秦哲学并没有那么强烈的追寻“真”或“本体”的倾向③。大体来说，先秦思

① 具体论述可参看本章第二、三节。

② 亚里士多德的第一实体概念有两个定义：第一种认为个别事物是第一实体，种和属是第二实体；第二种认为形式（eidos）才是第一实体。我们知道，eidos这个词实际上就是柏拉图的“理念”或曰“理型”。这意味着西方形而上学从奠基之初就有着两种对第一实体的理解：“后世形而上学中始终存在着普遍主义与个体主义、本质主义与存在主义之间的不同倾向，实在论与唯名论之争也与之有关。”这个争论几乎贯穿了西方形而上学历史，后来大陆唯心论与英国经验主义之争也与此相关，直到十九世纪末传统形而上学道路的终结。

③ 参看李晓春《张载哲学与中国古代思维方式研究》：“中国人的思维不是求知的，求知的思维方式将在一条意义丛中思索和求证，而中国的意义丛却将这种求索的紧张传递到相邻的意义链或意义丛，这种意义链或意义丛互相指向的关系其实质就是一种法象关系。”（第2页）但李晓春似乎认为中国思维方式相较西方形而上学道路颇有欠缺：“实体与属性以后走向了形而上学的道路，而体与用的关系则走上了道的道路，这不禁令人扼腕唏嘘。”（第26页）这是笔者所不能同意的。在笔者看来，中国传统的法象，或者按照王树人先生的说法，“象思维”恰恰是中国能够提供给世界的极有价值的思想源泉，对于今天如何克服西方形而上学问题具有很大的意义。

想中，宇宙万物的真实存在毋庸置疑，它们并不是相较天道而言次一级的非真实存在。重要的不在于何者是真实的，而在于人应当如何去法象天地，赞天地之化育，这是一种接近于“解释—实践”方向的路径。这就牵涉到了“用”的问题。

在“用”的问题上，中国思想明显与西方不同，表现出**强烈的“解释—实践”意涵**。我们也可以将用区分出两个含义：一是某个存在者的某种禀赋、属性、端体、功用，乃至其整体参与到某种运动中去。二是某种内在本质通过主动的推动或者静态的规则尺度将自己外化在某种现象或事物上，譬如性情关系，性为体，情为用。这两种含义分别对应前文所言对两种体的理解方向。但仅仅如此仍不足以看清“用”这个概念的独特之处。

换一个角度思考的话，我们可以把“用”分为两种情况：其一，此存在者自身自然发用，譬如目之用在看，又或马性之用在于蹄践霜雪、毛御风寒、龁草饮水、翘足而陆。其二，此存在者依凭于他者而获得发用。再进一步深入考虑，任何一物都不可能孤立存在，其用必然与世界发生关联，如目之用在看，而一旦说用，那么看必然具有对象，所以一和二其实并不存在根本区别，马性一旦获得其用，必然与霜雪水草发生关联。

由此我们可以再试图做出区分，当存在者依凭于他者而获得发用时，他者可以是人也可以是非人存在者。人以马拉车，此时马之用为拉车，这种情况和马以草为食时草之用为食物有没有区别呢？在中国人看来，这里的区别并非本质性的①，都是此物以彼物为用，万物在这种交相为用的网络中各自成就其性分，只不过人的禀赋更加整全。即便在涉及德性问题如仁义礼智信的时候，中国人也不会认为动物完全没有这些，譬如狗有义，虎狼爱子有仁，差别在于人的禀赋是整全性的，所以在儒家视野下，人在用之中具备了非常关键的作用。因为人之禀赋整全，所以人可以参赞天地，成己成物，使得万物皆在用的意义网络中处于合宜的环节。即便在道家那里，圣王也有着类似的作用，只不过更多强调的是无为顺应。在这种用的理解下，宇宙被理解为一个交相为用的大网，人与万物都既在将自己的禀赋参与运动，同时也是在将他物的禀性实现出来，这种情况下，**用实际上可以理解为万物之间意义关联的不断生成变化，而此意义网络如何能**

① 道家思想有时会认为人以马拉车乃是对马本性的戕害，譬如《庄子·马蹄》，但通贯《庄子》全书，更强烈的倾向是人如果顺遂马性为用并不必然构成对马性的戕害，这一点由《庄子》内篇以及郭象对《马蹄》篇的注释可以明显看出。

周流无滞，关键在于人。

这样我们就可以看到，“用”不像我们直观印象中的一样素朴简单，**它之所以成为魏晋以降中国哲学的核心概念，是和中国哲学甚至东方哲学特有的“解释—实践”方向紧密关联的。**下面我们再以《周易》为例来观察一下“体用”概念与“解释—实践”方向的独特性：

“体”在易学中专指“卦体”，这个概念出现得很早，如《诗经·卫风·氓》：“尔卜尔筮，体无咎言”。《周易》本身可分为卦象和卦辞两个部分，卦象是卦的基本构成，“卦体”常指构成一个复卦的两个单卦卦象，称为上下体，有时也指六爻所组成的卦象整体。一般的解释会认为卦象或卦体是对世界与事物的抽象，这样表达可能会引起误解，因为现代汉语中“抽象”这个词的基本意涵来自西方形而上学的“本体—现象”结构，典型的譬如《汉语大词典》中对“抽象”一词的解释：“从许多事物中，舍弃个别的、非本质的属性，抽出共同的、本质的属性的过程，是形成概念的必要手段。”即是从杂多变化现象中抽出不变属性，由此向不变本体的上升过程。而卦象与具体事物的关系显然不是这样，《周易·系辞》：“古者包牺氏之王天下也，仰则观象于天，俯则观法于地，观鸟兽之文与地之宜，近取诸身，远取诸物，于是始作八卦，以通神明之德，以类万物之情。”对于这种法象天地的思维方式已经有不少中国学者研究分析①，此不详论，只是想指出，如果一定要以“抽象”这个概念来表述的话，那也应当是从事物中抽出象的“抽—象”意涵，而所谓“象”，并非超越于变化现象之上的“去时”不变者，而是同时具有不易、变易和易简的在“时”中不断被解释—实践的形式指引者。所以卦体之体不能被直接理解为剥离了具象形体的抽象本体②，而应当在前文所述的事物整体性存在意义上理解。

卦辞是对卦象的理解、诠释，同时也是对卜筮所得卦象应当如何应用，即卦用的指引，如“利用恒”“潜龙勿用”之辞，有时也称为卦义，与卦体、卦象对举。六爻或三爻卦象本身既是一个整体，又有象，故可在整体、形体意义上称之为体，每一爻又可视为其分体一端，且卦象乃是一

① 可参看王树人《回归原创之思——“象思维”视野下的中国智慧》（江苏人民出版社，2005年）以及张祥龙《概念化思维与象思维》（《杭州师范大学学报》，2008年第9期）。

② 诚然，说卦象思维方式有某种程度上的追寻本体倾向是可以的，历史也展示出这种倾向在某些后来解释者那里得到极大的发挥，但至少在先秦时期这种倾向不是单线的，而是与“时”“势”“变易”等其他维度构成着原发生成性。

卦根本之所系，一切卦辞义理发挥皆本于卦象，故六十四卦三百八十四爻皆言体。每一卦一爻之用皆本于卦体，卦体中已经包含各种诠释、实践之可能性，将这些可能性实现即为用。每一爻都是在“时”中为用，“时”指的是此爻之位在此卦中的阶段与形势，或此卦本身象征的某种情境；依凭形势情境合宜与否，同一卦爻之用也会有吉凶之别，吉卦未必可得吉用。所以在《周易》中，用之于体，绝非仅仅是“本体—属性”这样的“去时”“去实践”的关系，也不是固定化的线性对应，而是永远在随着情境的变迁、人对卦体卦辞的理解、人对情境的判断与抉择而变化，所以《周易·系辞》说：“爻也者，效天下之动者也。”既然爻乃是效动，那么由爻构成的卦体，亦不是永恒不变的现成存在，而同样是在“解释—实践”过程中被不断地重新把握体会。进一步说，六十二卦其实即是乾坤二卦或曰阴阳两仪的变化所致，在此意义上，六十二卦都不过是乾坤之用，所以钱穆先生说：“盖《周易》六十四卦三百八十四爻皆言体，亦莫不皆言用。”① 上述思路将在本书第二章通过对船山思想的解读而逐步揭示，此不赘言。总之，**体用二者并不是泾渭分明的不同存在层级或形态，而是在天地万物交错变化的意义网络中不断生成、勾连、显现的意义链条，**“小德川流，大德敦化”，体之用固然变化无方，体本身却也可以在用中被解释、生成与变化。

对于这种源初的体用关联，当王弼将其初次结晶化为哲学概念，提升为玄远哲学思想的同时，也让它内在蕴含的多重潜能与张力充分释放出来。钱穆先生对王弼体用概念有如下论述：

> 王弼之在中国思想界，有两大贡献。一为其首先提出理事对立之概念……又一则为其首先提出体用对立之概念……自此以往，曰理事，曰体用，每一思想家，几无不受此两概念之影响。而此两概念，实可谓皆由王弼首先提出，则弼之为功于中国思想界者，亦即此可见矣。②
>
> 王弼体用之概念，实应始于其注《易》。盖《周易》六十四卦三百八十四爻皆言体，亦莫不皆言用。……惟《易》之为书，主于人事修为，吉凶趋避，故有体用相违，体不当用者，此则体用犹可分别，各自为一概念。至《老子》书言自然，自然则有体自有用，于是体用

---

① 钱穆. 庄老通辨［M］. 北京：生活·读书·新知三联书店，2002：358-359.

② 同①356.

乃合成一概念。王弼盖为移注《易》之体用字以注《老子》，遂开后世之体用概念也。①

所谓两大贡献，其实具有相通之理路，在王弼这里，理之于事，恰如体之于用。王弼《周易略例·明象》曰："物无妄然，必有其理。"其注《乾》"用九"曰："能全用刚直，放远善柔，非天下至理，未之能也……夫识物之动，则其所以然之理，实皆可知也。"这里物与理对言，物者事也，是为"用"；理为事物内在所以然之理，是为"体"。故钱穆先生认为"其言理事即犹言体用"②。而所谓"体用相违，体不当用"指的便是前文分析的体用之间"解释—实践"的非线性关系。其典型者如《左传·襄公九年》中记载穆姜之卜筮：

> 穆姜薨于东宫。始往而筮之，遇《艮》之八䷳。史曰："是谓《艮》之《随》䷐。《随》，其出也。君必速出！"姜曰："亡！是于《周易》曰：'《随》，元、亨、利、贞，无咎。'元，体之长也；亨，嘉之会也；利，义之和也；贞，事之干也。体仁足以长人，嘉德足以合礼，利物足以和义，贞固足以干事。然，故不可诬也，是以虽《随》无咎。今我妇人而与于乱，固在下位而有不仁，不可谓元。不靖国家，不可谓亨。作而害身，不可谓利。弃位而姣，不可谓贞。有四德者，《随》而无咎。我皆无之，岂《随》也哉？我则取恶，能无咎乎？必死于此，弗得出矣。"

虽然卜筮结果为吉，但如果卜筮之人不称其德，抑或不合于宜，则卦爻对人的指示并不能如人所愿，只有在德、位、时、行皆合宜（义）的情况下，体用才能"自然"衔接，而不会有违与不当。当然，这里的"自然"并不是无需人为的自然之义，而是在人的参赞中让事物合于天道之义。在先秦儒家那里，天道之于人或物不能以直接贯注落下的方式获得其用，必须经由人这个环节的受命、将养、致用、化育方可展现道之大用，即"人能弘道，非道能弘人"。如前所述，"用"这个概念原本是必须与他者的行为相关联的，而最重要的他者无疑是人。《说文》曰："用，可施行也。"人可用某体，亦可不用，体虽然给用提供了基础与可能性，但并不必然实现为用，即便实现，其用并不与"体"构成线性对应，一体可以有

① 钱穆. 庄老通辨［M］. 北京：生活·读书·新知三联书店，2002：358-359.

② 同①336.

多用，亦可以无用（如庄子之散木），用亦可以违而不当于体（如前所举穆姜、《庄子·马蹄》之例）。且“体”字，如前所论，在先秦具有多重维度的丰富意涵，就更加难以和“用”丝丝相扣。是以在先秦思想中，体并没有和用构成重要逻辑关联的哲学概念。而《老子》既畅言人不当师心自用而应顺应自然，则自然之一切皆为正当，自然之物既有其体必有其用，此中不再有人之判断与选择，一顺而下。这是先秦儒道两种不同的思维倾向，一方面王弼如钱穆先生所言，“移注《易》之体用字以注《老子》”，另一方面，这样做的后果其实是将《周易》之体用精神为《老子》自然之义所取代，从这个角度我们也可以说，王弼是以《老子》自然之义来改造《周易》之体用。这种方式固然加强了其“以一统众”“以简驭繁”的玄学思辨力度，而代价则是削弱了“体用”概念原本具有的与他者（尤其是人）交相为用的意涵，以及在这种交相为用中因德、位、时、行的不合宜而产生的张力。原本在意义网络中不断生成的体用链条也被理解为某种不变本体与变化事物之间的对应关系，体用概念由此而结晶为密不可分的对应性概念。虽然这个思路带有简单化处理的嫌疑，但王弼的易老结合为“体用”概念的哲学化结晶准备好了充分的地基，并且使得《周易》诠释借助于“无”之维度的重新引入，唤回了《周易》许多本源性的力量。经由王弼的奠基，“体用”多重意涵之间的张力始终构成此概念接下来千余年的发展动力。下面我们在前文简要铺垫的基础上来更加深入地勾画王弼体用思想的基本结构。首先探讨其《周易注》中的体用思想。

2. 王弼《周易注》中的体用思想

李晓春在其论文《王弼“体用论”述真》中将王弼“体”字用法分为数类：（1）实体性的具象之物，如形体、身体等义；（2）实体的引申义用法，如“与道同体”；（3）体悟、体现、体会之义；（4）卦体；（5）可能与体用思想相关的用法。然后主要依据《老子注》三十八章讨论了第五类用法。笔者大体赞同这个分类，但认为对“卦体”的问题需要进行修正。

李晓春引用了王弼对卦体的论述：

> 夫彖者，何也？统论一卦之体，明其所由之主者也！
>
> …………
>
> 凡彖者，通论一卦之体者也！一卦之体必由一爻为主，则指明一爻之美以统一卦之义，大有之类是也，卦体不由乎一爻，则全以二体

之义明之，丰卦之类是也！

然后引用了冯友兰对王弼卦体的概括："'一卦之体'，就是那一卦所代表的那一类事物。'其所由之主'就是那一类事物的规定性。"应该说，这个解读并不准确。前文已经分析过易学"卦体"的传统意涵，它不能等同于一类事物，毋宁说是一类形势或情境。"其所由之主"一方面有对此类情境概括之义，另一方面更重要的是"主爻"往往指引了在此类情境下行动应当遵循怎样的基本原则与方向，它是具有实践内涵的形式指引，而非法则意义上的规定性。具体到王弼解《周易》的特点，一扫象数，清通简远而注重义理，此为众所周知。"义苟在健，何必马乎？"马为具象、形象，健为义理而抽象；龙、马可随时而变，然皆喻乾德之健，此为不易。就此而言，也可以说他将易之三义中不易与易简两个维度发展得极其充分。这种趋向的表现之一便是王弼在解释彖辞的时候，不仅如传统做法以上下二体之关系解读卦体，还提出一个新的主张：**一卦之体以一爻为主**。

这里的"卦体"之义已经和传统意义不同，指的是一卦之主体，即此卦核心之义。重卦六爻或单卦三爻固然构成一个整体，各爻之间也具有某种统一性，但这种统一性很难直接化约为一个简约之理或是一爻之义。王弼以一爻主卦之体这样的做法的好处是显而易见的，可使人不至为纷繁复杂的卦象所迷惑，"繁而不忧乱，变而不忧惑。约以存博，简以济众"[①]。但这样做也势必要在一定程度上舍弃卦象的丰富性，带有本质主义的倾向，而"体"的意义也随之而走向抽象易简，相应地，具体、形体、整体这些意义也被"崇本""守母"的倾向所削弱。因此李晓春指出："在王弼看来，体指的是一卦之成为一卦的基本含义，也就是卦体是一个卦的灵魂，是一卦之主；在卦的范围里，王弼将卦体提高到了前所未有的高度，这与他刚刚在哲学史中形成的贵无的本体论有很深的关系。……卦体就是一卦之所以成为这一卦之主。"[②] 此外，王弼在《明象》中赞扬一爻为主说："夫众不能治众，治众者，至寡者也。夫动不能制动，制天下之动者，贞夫一者也。……物无妄然，必由其理。"既然动不能制动，一能制动，可知此所谓一，乃是变易事物背后不变之体，即物所必由之理。这个方向的诠释意味着，体与用构成了更加严格的对应关系，各种纷繁复杂之物象皆由不变之理严格规定而不可能有妄；无妄本身就意味着除了理规定的道

① 王弼．王弼集校释：周易略例：明象［M］．楼宇烈，校释．北京：中华书局，1980：592.

② 李晓春．张载哲学与中国古代思维方式研究［M］．北京：中华书局，2012：24.

路之外，不可能有其他的事情发展方向，这就是所谓体用的严格对应意义。另外，王弼主张以无为本，“本”在王弼思想中不能像后世一样等同于“体”，因此也不能简单地与“用”相对，但这并不意味着在王弼这里它们没有关联，本书第二章会联系王弼崇本举末义与大衍义来讨论这个问题。

不过，纵观王弼整个《周易注》，“体”字的用法在绝大多数情况下都是传统意涵，即指涉上下卦体或一卦之全体，此时“体”字还保留着“主要部分”“整体”“具体”之义，但有时这种意义也会比较模糊多义，譬如“凡象者，言乎一卦之所以为主也。成卦之体，在六三也”，这里“体”是指“整体”还是“本质”，两说皆可，比较难以断言。笔者则更加倾向于将此处的“体”字理解为六三爻，以爻称体，这种用法王弼也经常使用。如：“体健居中而用乎‘泰’”①，“体柔居中，众之所与；执刚用直，众所未从”②。这种将某一爻称为“体”的用法，既可以解释为指涉个体对象，也可以和前文所引“一卦之体，必由一爻为主”相印证，而偏于本体意涵的解释，但并没有严格证据帮助我们判断哪一种解释更强。

总而言之，**王弼解《周易》时所运用的“体”字基本上都还是传统意涵，但在解释倾向上已经具有后世追寻不变本一体之意，这种意向落在“体”概念上还没有完全明晰确定，尚有许多歧义与解释空间**。不过值得注意的是，《周易注》中“用”与“体”的关系，相较前文分析的古义发生了变化。

杨立华先生的研究表明，在王弼那里“卦体”、“卦时”以及“时用”的关系是线性一致的，即“王弼将《易》卦完全理解为‘时’的诠释取向之中。由于《周易》各卦象征着人生的种种时遇，而这些时遇之间又是相对独立的，人处在这种种时遇当中，只能顺应外在的境遇来调整自己的行为，借此免于悔吝凶咎而已，至于匡时救弊，是根本谈不上的。这种对时遇的被动顺应，正是老庄因任无为的思想的体现”③。老庄之道主张的自然不同于康德意义上的必然法则支配的世界，自然也包括人的世界，自然之道不仅仅是必然之理，它们同时也是应然之理，也就是说，自然之道也是可以被违逆破坏的，如果人只能被必然性规定支配的话也就无须强调要遵循自然之道了。老庄之道和儒家的差别并不在于是否应当遵从应然之

① 周易正义：卷 2 [M]. 王弼，注，孔颖达，疏. 北京：北京大学出版社，2000：79.
② 同①89.
③ 杨立华. 卦序与时义：程颐对王弼释《易》体例的超越 [J]. 中国哲学史，2007 (4).

理，而是在于对应然之理的理解。在王弼这里，应然之理被“时”所指示与规定，因此它和“时”之间并不存在矛盾冲突，人要效法自然，只需在每种境遇中遵循时势的趋向即是合理。此外，卦体所指示的每种境遇都是静态孤立的，不同境遇之间也没有相互转换的关系，这也意味着人没有改变境遇的可能。在此意义上，一卦之体即有一卦之用，一爻之体即有一爻之用，体用之间并没有更多的关系可能性，原本作为在情境中寻求中道的“时”义的“理解—实践”结构变成了简单的两极结构。不过，这还只是王弼思想的一个维度，王弼思想中也有另一个维度，即“唯变所适”，这主要体现在他解《周易》以人事为主的思路。

朱伯崑先生说：“同汉易相比，其对卦爻辞的解释，则着重以人事问题，比附卦爻的变化，此亦王弼易学的特征之一。”[①] 又说：“王弼对《周易》体例的论述，排除了汉易中的占候之术，把《周易》看成是讲政治哲学的教科书，这在当时说，是一种新风气。他以取义说和爻位说解释卦爻辞，排斥了汉易中的烦琐的象数之学，也是一种新风气。”[②] 这种倾向其实很早就有人注意了，李鼎祚《周易集解序》中说：“郑则多参天象，王乃全释人事。且易之为道，岂偏滞于天人者哉!”

总之，王弼不再以天（自然的卦气天象变化）的维度解释《周易》，而是以人事理解，这其实与一般对玄学思维的印象（譬如前引钱穆先生之言）是有距离的。一般都说玄学越名教而任自然，把这个自然等同于天道，再以自然的范式来要求人事与政治。而实际上自然的意涵并非如此确定。先秦的天人之辨中，天与人并不是外在对立的两个维度，虽然荀子会批评庄子“蔽于天而不知人”，但荀子及法家后学的思路其实在先秦诸子中是比较“不自然”的，大多数先秦诸子都会认为天的维度是包含有人的维度的，儒道两家皆然，赞天地之化育的可能性是源自天命之谓性。儒道两家的分歧与其说是天人、自然名教孰为轻重，不如说是对天道的理解究竟是有为还是无为。同样，汉易相比起玄学易而言，似乎倒是更加“自然”一些，因为它是相当彻底地以自然运行的范式来解释人事，玄学易表面上看来反而多是在以人道解易。但这只是表象，实际上汉易与玄学易都还是在以天道或自然解易，差别只是对于天或自然的理解不同，汉易理解的自然乃是气，而气的核心规定性源自象数，所以看起来汉易有时在讨论

---

① 朱伯崑．易学哲学史：第1卷［M］．北京：华夏出版社，1995：279.

② 同①280.

卦气天象之变，其实质并非就变而言变，讨论的实质还是落在象数这个规定、约束“气”的真正“本”之上。玄学易并非因此就比汉易更加抽象思辨，二者差别在于它们对“本”的理解不同。简要言之，玄学易做了两个改变：

（1）无的引入。汉易因为只盯住“有”来看，所以将万物本体理解得具体而实在，譬如对大衍之数的讨论。这样产生的伴随性后果就是难以通达一个最终的万物之本，或者说，这个最终之本与万事万物其实都还是在“有”（或曰“存在者”）的层面言说，没能将寻本思维推进至极，超出“有”的领域，反被“有”所束缚。就此而言，说汉易偏于“宇宙论”也有几分道理，因为其所理解的万物之本就存在层面而言其实还是在实有层面。玄学易则借助“无”的出场，将诸多“有”统摄起来的同时又不会陷入一种彻底的本—末、母—子分离立场。

（2）天人相应。这和第一点思路一脉相承，汉易既然将自然之道理解得特别“实”，那么随之也会将包括人事政治在内的所有法则秩序都理解得现成僵化，在这样的世界中，说是人事，其实与自然变化无异。而在玄学易中，恰恰因为“无”的出场，使得法则秩序特别是人事政治不再那么板结。所谓偏向于人事，并不是重人不重天，而是有了“无”的维度，人事政治体系才具有更大的微妙不确定性，以及原则与原则之间冲突、权衡，才能够更好地展示出“唯变所适”的特质，同时也体现了天人之际的张力。天人不是某个法则一竿子捅到底，而是在有无、变常、经权中不断冲突、权衡。

为了说明上述论断，我们简要分析王弼《周易略例》及其大衍义来说明这种转型意义。首先，《周易略例·辩位》提出了一个解易体例：初上无位。朱伯崑先生对此论述道：“初上表示一卦之终始，初为始，上为终，即事之先后，初为先，上为后。事之终始先后，不能固定何者为阴，何者为阳，即有时阳为始，有时阴为始，非固定不变。此即‘尊卑有常序，终始无常主’，所以初上不论阴阳位。……王弼的辩位说，……反映了一种理论思维：事之终始，不分阴阳，因为事物的变化，总是一阴一阳而无穷，不能说阳为始，阴为终。”① 而如果我们比较《周易集解》中引用的哪怕是与王弼相去未远的郑玄、虞翻、荀爽等人，其解易思路也大多集中在相当固着的象数方位天气阴阳推演上，而没有足够的灵变之意。所谓灵

① 朱伯崑．易学哲学史：第1卷［M］．北京：华夏出版社，1995：278-279.

变尤其体现在《周易略例·明卦适变通爻》中，其要义在于："是故用无常道，事无轨度，动静屈伸，唯变所适。""唯变所适"出自《周易·系辞下》："《易》之为书也不可远，为道也屡迁，变动不居，周流六虚，上下无常，刚柔相易，不可为典要，唯变所适。"

从《明卦适变通爻》一篇整体来看，"唯变所适"的意思并不是没有任何法则可以遵守，需要从两方面来理解"唯变所适"。一方面，此篇结尾处否定了数种行动方式：

> 吉凶有时，不可犯也。动静有适，不可过也。犯时之忌，罪不在大；失其所适，过不在深。动天下，灭君主，而不可危也。侮妻子，用颜色，而不可易也。故当其列贵贱之时，其位不可犯也。遇其忧悔吝之时，其介不可慢也。

不可不可云云并不是一个正面意义上的规定，而是消极意义上的限制，这有些像是本书第二章第四节船山易学中讲的有节而无期，或者像是杜牧论兵法之如丸走盘，无法一劳永逸地确定所有情况下行动的法则，然而却可以从外部给出行动的限制。另一方面王弼似乎又给出了一些近于正面规定的说法：

> 是故虽远而可以动者，得其应也；虽险而可以处者，得其时也。弱而不惧于敌者，得所据也。忧而不惧于乱者，得所附也。柔而不忧于断者，得所御也。虽后而敢为之先者，应其始也。物竞而独安于静者，要其终也……远近终始，各存其会，辟险尚远，趣时贵近。《比》《复》好先，《乾》《壮》恶首。《明夷》务暗，《丰》尚光大。

但无论是正面规定还是负面限制，并没有哪个行动原则是根基性的、高于其他的，法则与法则之间难以寻觅某个更高的规定，只能唯变所适。但法则与法则之间的权衡并不一定是把不断变化的情境交付于人的判断，因为人面临的情景应当从属于哪个卦象并不是自己能够判断的，情境中应当遵循的原则或方向亦然，它们都是通过了卜筮这个中介。

卜筮中介的意义在于：人并不是客观中立地发让情境显现，情境向人显现的方式很大程度上取决于人的预期意向性。意向性并不单纯取决于人的行为目的或动机，而是更根本地取决于人对诸多规则相互关联以及孰重孰轻的理解。所以，权衡，并不是简单地将规则加诸情境，然后审查哪个规则更好地符合情境，即可做出决断。人对规则的理解和情境的显现具有同构性，这种同构性并不一定牢不可破，某些特殊的情境甚至困境也许可以打破权衡者原本的理解图式，从而扩充其视域，但这种交互并不是经常会发生的事情，为了让人一方面不意必固我，另一方面能够借助更中正的理解图式来扩充自身，需要借助卜筮。因为周易源自圣人法相天地，所以，周易的卦爻变化中会先天地维系住天道流行的诸多形态——也是圣人对天地的中正理解。由此，当人卜筮的时候，情境会被置入某一卦中，而此卦的卦象以及卦爻辞可以使得情境获得更加中正的显现与赋形，所以要拟诸象。与此同时，也指引出某些可能的变化趋势以及应当着重考虑的某种义理，就像《明卦适变通爻》中说的光大、务暗、恶首、好先等等。

总之，**“唯变所适”虽然是《明卦适变通爻》篇的开宗明义的命题，却不能孤立地理解，必须和诸多正面或者否定的规则结合考虑，它意味着没有某个具有具体规定性的原则是高于其他原则之上的，而这恰恰与王弼《老子注》中的思想相合**——最终的本是“无”，它不能有任何具体规定性，它对万物与众理的奠基意义并不是通过掌控或者创生推演获得的，它超越变与不变的领域，不能以动静、始终、险易、逆顺论之，即便王弼有时会用“玄”“朴”“一”这样的概念去指引理解，那也仅仅是称谓，而非名号。这是《老子注》着力描画的世界本末结构，然而《周易注》关注的世界更多的是变化的“有”之领域，涉及的多为具有名号的事物，所以“唯变所适”这个命题本身并不绝对意味着没有超越于变化之上的东西。但就《周易》的世界来说，王弼关注的只是众理而非理一。王弼大衍义曰：

> 演天地之数，所赖者五十也。其用四十有九，则其一不用也。不用而用以之通，非数而数以之成，斯易之太极也。四十有九，数之极也。夫无不可以无明，必因于有，故常于有物之极，而必明其所由之宗也。

这个一并不是理一，而是“无”，然而，“无不可以无明，必因于有”，因此王弼要作《周易注》来说无。我们在读《周易注》的时候，要时刻记住，王弼在诠释具体的物、理、象的时候，他心中始终含藏一个信念，要通过这些诠释来“明其所由之宗”。为了理解这一点，不妨征引一个所有玄学研究者都可能会引用的逸闻：

> 弼幼而察慧，年十余，好老氏，通辩能言……时裴徽为吏部郎，弼未弱冠，往造焉。徽一见而异之，问弼曰：“夫无者诚万物之所资也，然圣人莫肯致言，而老子申之无已者何?”弼曰：“圣人体无，无

又不可以训，故不说也。老子是有者也，故恒言无所不足。”①

正如瓦格纳先生指出的，这则逸闻意味着，王弼那个时代的学者们有一个基本共识，即老子与孔子思考的是同一个哲学问题——作为万物之所资的“无”与万物的关系，这个共识自东汉扬雄、桓谭以来即已如此，《春秋》之“元”、《周易·系辞》之“太极”与《老子》之“道”都只是同一者的异称②。也即是说，王弼时代的学者面临着一个共同的任务，那就是以《老子》《周易》等经典文本为依据构建起一个“无—有（万物）”图式的完整的世界解释。如果说王弼注《老子》时是在“恒言无”的话，那么他注《周易》时，虽然“莫肯致言”，但《周易注》中那些表面上关乎“有”的讨论，其实是指向“万物之所资”。这种诉求是潜在与节制的，因为《周易》主体探讨的问题其实很难说是“无—有”问题，主要都还是在“有”的领域探讨事物变化的趋向与义理，即便在《十翼》尤其是《系辞》中涉及“无”的地方，也是比较多义性的，很难确定其为本根之“无”③。但更因此，**王弼就更需要在“有”“无”之间努力搭建起一个合适的结构，这个结构一方面需要充分展现“无”之于万物的本根意义，让人们充分重视本与母；另一方面却又不能以“无”来否定“有”，它必须引导人们——至少是治理者——同样对“有”的领域保持关注、投入以及保持对事物之理的深入体察。这种统一两个领域的诉求是王弼力图维系有无两面性的根本动力**④。

---

① 何劭《王弼别传》，引自《三国志》裴注。这则逸闻的另一个版本如下：王辅嗣弱冠诣裴徽，徽问曰：“夫无者，诚万物之所资，圣人莫肯致言，而老子申之无已，何耶？”弼曰：“圣人体无，无又不可以训，故言必及有。老庄未免于有，恒训其所不足。”（《世说新语·文学第四》）

② 瓦格纳. 王弼《老子注》研究［M］. 杨立华，译. 南京：江苏人民出版社，2009：127.

③ 就王弼《周易注》来看，只是在复卦与大衍义的地方涉及本无的问题，其他地方大多只是涉及无为层面。

④ 朱伯崑先生在其《易学哲学史》中反驳了如下理解：“王弼主张本体只能存在于万事万物之中，而不是在万事万物之上，所谓‘体用一如’，不容分割。”（朱伯崑《易学哲学史》第一卷第 294 页）并指出王弼之意在于，作为“无”的体，其存在先于万物之形成，虽然要通过“有”才能显现，但其存在并不依赖于天地万物。（朱伯崑《易学哲学史》第一卷第 295 页）王弼之后学韩康伯解《系辞》亦认为太极为“无”，先于两仪而存在。上述趋向都意味着：“对《周易》原理的理解，进一步抽象化或逻辑化了。……这种探讨事物的抽象原则的学风，对宋明时期易学哲学中唯心主义流派起了深刻的影响。程朱派的理学，以理为最高的范畴，就是通过对王弼易学的批判继承，即抛弃其中的老庄观点，继承其追求义理的思维路线而形成和发展起来的。”（朱伯崑《易学哲学史》第一卷第 296 页）笔者认为朱先生的上述论断并不能够完全成立，尤其是当我们将《老子注》与《周易注》结合起来思考的时候，对此下文将会有更加明确的展示。

但是，王弼在《明象》中又说："夫动不能制动，制天下之动者，贞夫一者也"，"品制万变，宗主存焉。《彖》之所尚，斯为盛矣"，这个意思似乎是说通过"一"能够把握天下万变，这岂非与《明卦适变通爻》矛盾么？较为外在的解释是，这一主张提出于《明象》，因此，这里的天下之动与万变都是就一卦之体来说的，证据是《明象》后面的讨论都还是就一卦而言的。较为内在的解释是，这里所谓的"一""宗主"不是万理的最终通则，它没有具体规定性，不能说它是静，它只是不是动。中国哲学一般来说都不会认为法则越是接近本源就越是严格，恰恰相反，这意味着种种具体规定性的剥离。规律、法则这样的概念严格来说其实是不适合用来描述"理"的。今天规律这个词往往用来指科学规律，而一般说来，无论是科学规律还是数学规律都在力求寻找最终极简明的理论描述，从三大力学定律与万有引力定律就可以推衍出许许多多具体的物理法则，几何学也是如此，然而从"理一"中绝不可能推衍出万理，只有在具体的生成或领悟或展开中，万理才可能获得其具体规定性；反过来说，从万理中领会本体的时候，既不是将它们堆积综合，也不是从它们中提炼或推演出最简要明晰的定理，而是融会贯通为包含有丰富性、整体性的"理一"。就人的修行领会而言是如此，就整体格局来说，虽然本体为"无"，但它同样不是抽象的顽空，而是生生不息、蕴含无穷丰富性与可能性的"无"，所以才能够"唯变所适"。

总之，王弼关于"卦义""时""用"的线性一致仅仅是《周易注》的面向之一，有无之间尚有着相当大的张力，它暗示着王弼的体用思想中有无问题的根本重要性及其复杂形态。下面我们将借助《老子注》进一步推进此问题的解决。

3. 王弼《老子注》中的体用思想

学界已有的对王弼体用概念的理解大致分为以下几类：

（1）以无为体，体用一如，即体即用。

汤用彤先生《魏晋玄学论稿》持此观点，主要依据是对王弼大衍义的分析①，但并不是对王弼"体用"概念的分析，而是对王弼"体用论"的概括，即以后世体用思路来理解王弼。余敦康在《何晏王弼玄学新探》中

① 汤用彤. 王弼大衍义略释［M］//汤用彤. 魏晋玄学论稿. 上海：上海古籍出版社，2005：56.

依据王弼《老子注》三十八章中所言“万物虽贵，以无为用，不能舍无以为体也”，得出结论：“万物不仅以无为用，而且以无为体，体是根本，用是由此体自然生发出的实践功能，因而有体必有用，体与用紧密联结，不可分割……虽然体用对举只有一例，但是即体即用的思想却是随处可见的”①。汤一介先生继承乃父观点的同时也提出了一定的修正，认为王弼没有真正完成体用一如的建构②。持相近观点者还有高晨阳③、刘梁剑④。

(2) 以有为体，以无为用。

王葆玹《正始玄学》同样依据《老子注》三十八章得出了上述与余敦康完全不同的观点，并且进一步认为王弼《周易注》中的体用概念与《老子注》恰恰相反，乃是以无（无形义理）为体，以有为用⑤。朱汉民⑥、苏东天⑦也部分地认同这个思路。

(3) 以无为体，以有为用。

大多数研究者都是这个思路，譬如冯友兰⑧、许抗生⑨、赵书廉⑩、徐斌⑪等。

(4) 王弼并没有后世意义上的体用论思想。

这第四种思路是笔者需要着重借鉴与考察的，它发端于二十世纪九十年代中期，王晓毅⑫与韩国学者林采佑⑬几乎是在同一个时期对王弼材料进行了仔细考察，虽然沿着不同的方向，却一致得出结论：之前学界对于王弼“体用论”思想的研究存在很大误读，王弼的“体用”概念基本上还是传统先秦两汉意义上的，并没有后来佛学理学意义上的体用论。二十一世纪的研究中，裴传永⑭在其著作中基本认同王晓毅的研究，李晓春进一步澄清与发展了其中的部分思路。这里简要述评一下他们的基本思想。

---

① 余敦康. 何晏王弼玄学新探 [M]. 北京：方志出版社，2007：238.
② 汤一介. 郭象与魏晋玄学 [M]. 北京：北京大学出版社，2000：46.
③ 高晨阳. 儒道会通与正始玄学 [M]. 济南：齐鲁书社，2000：215.
④ 刘梁剑. 王弼论体用关系 [J]. 渤海大学学报（哲学社会科学版），2004 (2).
⑤ 王葆玹. 正始玄学 [M]. 济南：齐鲁书社，1987：276.
⑥ 朱汉民. 玄学、理学本体诠释方法的内在理路 [J]. 社会科学，2012 (7).
⑦ 苏东天. 易老子与王弼注辨义 [M]. 北京：文化艺术出版社，1996：119.
⑧ 冯友兰. 中国哲学史新编：中册 [M]. 北京：人民出版社，2001：429.
⑨ 许抗生. 魏晋玄学史 [M]. 西安：陕西师范大学出版社，1989：92.
⑩ 赵书廉. 魏晋玄学探微 [M]. 郑州：河南人民出版社，1992：224.
⑪ 徐斌. 魏晋玄学新论 [M]. 上海：上海古籍出版社，2000：131.
⑫ 王晓毅. 王弼评传 [M]. 南京：南京大学出版社，1996：233.
⑬ 林采佑. 略谈王弼体用范畴之原义 [J]. 哲学研究，1996 (11).
⑭ 裴传永. 王弼与魏晋玄学 [M]. 济南：山东文艺出版社，2004：63.

林采佑很敏锐地发现：许多学者往往尚未弄清楚王弼“体用”的原义，就将其与性理学的体用联系起来，并抱着王弼哲学是“贵无论”这一成见，简单地下结论为“无”即“体”、“有”即“用”。因此有的人（波多野太郎、严灵峰）就把王弼的原文给改掉了。本来可以按原文加以理解的“不能捨无以为体”（《老子注》三十八章）也被改成了“不以无为体”。这就把“体”看成了宋学的本体概念，把作为“无”的“用”（以无为用）换成了“体”（以无为体）。他进一步指出王弼其实是“有体无用”：王弼的体用概念中的“体”不过是被动的、劣等的“形体”而已……“有”是杂多的、有形的存在，“无”是制御杂多的无形的一者，并以少无来统率多有。有能发挥自己的作用是因为无成为用。此“无”之用为“本”，为形而上者，是制御有形体的用形者①。应该说林采佑对之前学者的批评是很到位的，对有无的总结也没有太大问题，但是他将“有”等同于“体”的概括有些流于简单。

王晓毅认为传统的体用论指的是本体与现象的关系，并同样认为“不能捨无以为体”的“体”字绝非宇宙本体之“无”，而是事物的形体，“用”指事物内在无形本体“无”的作用。并进而通过对《老子注》十一章的分析，指出王弼将无的作用称为“用”，将“有”的作用称为“利”。无与有，表示本体与形体的关系；“用”与“利”表示本体作用与形体作用的关系。有形器物的外在功利，依赖内在无形本体的作用。同样，无形本体的内在作用，必须通过有形器物的外在功利表现出来②。“体用论”不能等同于本体与现象这一点本书前言中已经探讨过，此不赘述，但王晓毅对“体”的概括出现了与林采佑的概括同样的简单化问题，就是只注意到了“体”中“有”的部分。

李晓春对这个问题的研究做了更深推进，指出：**无和有相结合后的东西就是王弼的“体”，对于无的最好的界定概念是本，而不是体**。体不是无，它是无与有相合后形成的一物为一物的本质，也就是无在这个事物中所显示的用。在王弼的哲学中，只要再将体提高一步，那就走向了佛学和宋明理学中的体用论。所以从这个意义上来说，王弼的体用观念，正是从传统的体用观念向本体论的体用观念过渡的关键一环③。

---

① 林采佑．略谈王弼体用范畴之原义［J］．哲学研究，1996（11）．

② 王晓毅．王弼评传［M］．南京：南京大学出版社，1996：234．

③ 李晓春．王弼“体用论”述真［J］．兰州大学学报（社会科学版），2010（4）．

以上诸研究所依凭的材料主要集中在《老子注》十一章与三十八章，我们在分析这两章并给予已有研究回应之前，需要先简要分析《老子指略》中的相关段落作为准备。

王弼解老最关键的概念无疑是"无"，但王弼对"无"的论述时而是在道的层面，时而在具体事物层面，我们必须分殊清楚这两个层面并梳理清楚它们的关联方能理解王弼的本体论思想，以及他是如何理解"体"这个概念的。王弼在《老子指略》中说：

> 夫物之所以生，功之所以成，必生乎无形，由乎无名。无形无名者，万物之宗也。……故其为物也则混成，为象也则无形，为音也则希声，为味也则无呈。故能为品物之宗主，苞通天地。

这里的"无形无名者，万物之宗也"指的即是道或曰最源始层面的"无"。王弼在《老子注》四十章中曰"天下之物皆以有为生，有之所始，以无为本"，是以万有皆始于本"无"。但这个"无"绝非虚空之义，而是混成之物，如果用西哲的话语来描述的话，"无"不是非存在，但也不是存在者，而是一切存在者的基础。"无"只是一个"称谓"，因为它无形无名、无声无味，任何具有实质意涵的"名号"都不能用来命名它，只能用"无"这样的词来给它一个称谓，也即是指引。"名号"与"称谓"的区别，才清华《名号与称谓》一文分析得清晰明白①，大致为名号是固定的指称，称谓则不断要让读者不会执着于指称的名相，而是引向背后的整体性与超越性。王弼接下来讨论到了第二个层面的"无"：

> 故象而形者，非大象也；音而声者，非大音也。然则，四象不形，则大象无以畅；五音不声，则大音无以至。四象形而物无所主焉，则大象畅矣；五音声而心无所适焉，则大音至矣。故执大象则天下往，用大音则风俗移也。无形畅，天下虽往，往而不能释也；希声至，风俗虽移，移而不能辩也。

这段话的基本意涵很清晰，大音大象通过五音四象来实现其"天下往""风俗移"的功用。关键的问题在于大音大象和五音四象是什么关系，为此需要将一些关键字词意涵都一一澄清。

我们首先来分析段落的核心句子："四象不形，则大象无以畅；五音不声，则大音无以至。"瓦格纳针对这句话评价说："这一论辩对王弼哲学

① 才清华．名号与称谓［J］．复旦学报（社会科学版），2011（5）．

是关键性的，……事物中仍然包含它们的‘所以’的印迹，因此万物成为本体论的资源，而非仅是本体论洞见的障碍。”① 瓦格纳此书的译者杨立华先生针对瓦格纳用的“所以”概念评价道：“在处理王弼的本体论思想(ontology or theory of being)时，瓦格纳拒绝以任何既有的西方哲学语汇来翻译王弼哲学中的本体概念，而是用了一个他自己创造的语汇——‘That-by-which’来译介。这里，我们可以清楚地看到海德格尔对他的影响。‘That-by-which’这个词，回译为中文时只能译作‘所以’。我们知道，‘所以’一词并不是王弼哲学的核心范畴。瓦格纳其实是将自己对王弼哲学中的‘本’这一概念的理解，融入到了这个语汇当中。正是这样一个语汇的发明，极大地降低了‘本’这个字的实体性意味。”② 也即是说，在瓦格纳看来，王弼的本体论并不能对应于西方存在论，王弼的“本”也不能等同于西方形而上学中的本体或最高实体，对于“本”的追寻也不能够脱离万物，而是必须在具体的事物之中去把握理解。四象③的“所以”是大象，五音的“所以”是大音，这个“所以”不能脱离四象五音。王弼在这里用的“畅”字指示的是这样一种道的显现：大象贯通包含万物，使之各自依凭其本性生发，不相悖害④。相应地，从“用大音则风俗移也”这句话也能看出，“至”所传达的意义与畅是相对且相似的，指大音能够在政治中充分地发挥出功用来。如果没有四象和五音这些具体存在者的话，大象和大音就无法获得其功用的实现。大象即是无形，大音即是希

---

① 瓦格纳. 王弼《老子注》研究［M］. 杨立华，译. 南京：江苏人民出版社，2008：362.

② 杨立华. 读瓦格纳的《王弼〈老子注〉研究》：注释的技艺或技艺的注释［EB/OL］. (2014-05-01)［2018-04-10］. https://www.douban.com/group/topic/52150074/.

③ “四象”在王弼著作中不明所指，参看瓦格纳《王弼〈老子注〉研究》（江苏人民出版社，2008年）第362页。不过这并不影响此处的分析。

④ 《周易正义·涣卦·彖辞》，王弼注曰“凡刚得畅而无忌回之累”，孔颖达疏曰“此还言九二居险不穷，是刚得畅遂”，即以“畅遂”训“畅”。又《周易略例·卦略·丰卦》王弼注：“尚于光显，宣扬发畅者也。”王弼的继承者韩康伯在《周易正义·序卦》中对“涣卦”的注释也比较相近，其曰“涣者发畅而无所壅滞则殊趣，各肆而不反则遂乖离也”，与王弼、孔颖达之义相类。《周易正义·需卦·九五》，王弼注曰“需之所须，以待达也。已得天位，畅其中正，无所复须”，结合上面的引用，这里的“畅”字指的是贯通达至的显现与完成，故无须再待达。《老子》第二十九章王弼注曰“圣人达自然之至，畅万物之情，故因而不为，顺而不施”也可作为辅证。此外，“天下往”不宜理解为百姓来归附。《老子》第三十五章曰“执大象天下往”，王弼注释：“大象，天象之母也，不寒不温不凉，故能包统万物，无所犯伤，主若执之，则天下往也。”《老子》第三十五章曰“往而不害，安平太”，王弼注释：“无形无识，不偏不彰，故万物得往而不害妨也。”由此可见，“天下往”并非天下百姓来归附之义，而是天下万物并行不悖的意思。

声，问题在于，无形和希声只是前文谈到的无形无名万物之宗在某个领域中的"无"。也即是说，作为万物之宗的"本无"是四象和五音两个领域的基础，"无声之无"是"本无"在具体的某个存在领域中的一种晦暗的显现，这种晦暗的显现与五音相伴随，有可能通过合适的五音发挥作用，使得道可以化民。"无"的这种贯穿两个领域的表述带来的深刻意义需要结合《老子注》十一章进一步思考：

> 三十辐共一毂，当其无，有车之用。毂所以能统三十辐者，无也。以其无能受物之故，故能以寡统众也。埏埴以为器，当其无，有器之用。凿户牖以为室，当其无，有室之用。故有之以为利，无之以为用。木、埴、壁之所以成三者，而皆以无为用也。言无者①，有之所以为利，皆赖无以为用也。

这一章的意思初看比较清晰，其实有些微妙的层次需要区分。在王弼看来，木、埴、壁之所以能够成为毂、器、室这三者，都是因为无发挥功用，指的是"无"使得木、埴、壁成为毂、器、室，强调的是"物之成"。最后一句话说的是，各种事物能够带来利，都是依赖"无"在发挥功用，指的是器物已经成就之后，它能够带来利，这还是来自"无"的功用，强调的是"物之用"。然而，这两者在王弼思想中其实是不能区分的，因为并不是先依凭"无"造出来一个暂时无用之物命名为"毂"，然后再依赖"无"拿"毂"来统三十辐发挥功用，"毂"之所以成其为"毂"即在于此"无"之用。这一点在《老子注》三十九章看得也很清晰：

> 物皆各得此一以成，既成而舍一以居成，居成则失其母，故皆裂发歇竭灭蹶也。……用一以致清耳，非用清以清也。守一则清不失，用清则恐裂也。故为功之母，不可舍也。是以皆无用其功，恐丧其本也。……清不能为清，盈不能为盈，皆有其母以存其形。

此处的"一"即是"无""本"，天之清即是天之为天的根本规定性，无此清则天将不天，将恐裂也。因此李晓春指出："'用无'这种用法表明，王弼对于其最高本体和用并没有太强的区分，由于道法自然，用无只是表示无的自然运行和施用。用与无是连带一体的，这也是王弼说以无为用的意思，……有当它和无相配合时才显示出它的用处来。这样说起来体

① 瓦格纳据波多野太郎以"无者"二字为衍文而删除，但并没有版本证据，既然不必删除亦可解通，则不删为当。

和用是一事的两面，……这种体用间模糊不清的关系使我们想起了后来的体用论的即体即用的含义。但我们要清晰地认识到，这里的体不是最高的本体，它是最高的本体无在具体物中的体现。”① 李晓春对王弼体用两面的理解非常敏锐，发觉到了一些关键性问题，然而这些问题尚待进一步澄清，“无”与“有”相合之后形成的并不是物之本质，也不是王晓毅说的物之形体，而是物之整体。不是物之形体很好理解，因为在王弼看来只有“有”才是有形的，因此以形体概括不够精准。由此也可以理解为何“体”在王弼这里不能理解为物之本质：“无”之用的确是物之本质，即物之功用，但它不能等同于物，就好像我们不能说盛水和杯子是一码事，前者是“无”之用，后者是“无”与“有”相合构成的事物整体——这才是王弼“体”的基本意涵。如果进一步思考，便会发现李晓春说“体”“是最高的本体无在具体物中的体现”也不是很精确，因为这里出现一个麻烦，如果我们问“杯子之无”是否等于“车之无”，又是否等于“无”本身，或者就《老子指略》而问“大象”是否等于“大音”，又是否等于“无”，王弼会如何回答呢？换言之，**当“无”与“有”相合时，“无”是否会体现出差异性与特殊性，而不再是没有任何规定性的终极者？如果“无”出现了差异性与特殊性，那它还是“无”吗**？这个问题并非仅仅是无聊的逻辑诡辩，实际上它是玄学的一个非常根本性的问题，在某种意义上可能正是由于这种困难，才使得玄学走向了郭象之崇有。后来王船山在反思玄虚之学的时候也是从这个角度提出了尖锐的批评：

> 老子曰：“三十辐共一毂，当其无，有车之用。”夫所谓无者，未有积之谓也。未有积，则车之无即器之无，器之无即车之无，几可使器载货而车注浆？……故善言道者，由用以得体；不善言道者，妄立一体而消用以从之。“人生而静”以上，既非彼所得见矣，偶乘其聪明之变，施丹垩于空虚，而强命之曰体。聪明给于所求，测万物而得其景响，则亦可以消归其用而无余，其邪说自此逞矣。则何如求之“感而遂通”者，日观化而渐得其原也哉！②

船山的意思是，如果说“无”是有的缺失的话，那么同样是缺失，

① 李晓春. 王弼“体用论”述真[J]. 兰州大学学报（社会科学版），2010（4）.

② 周易外传：大有[M]//王夫之. 船山全书：第1册. 长沙：岳麓书社，2011：862.

车之无与器之无便无分别，那么难道可以用器载货，用车盛水吗？既然“人生而静”以上非可得见，便只能从“感而遂通”出发去理解体，而不能妄用私智测度体，再因体而消用。然而人又不能拘于耳目之见，因为耳目之见很容易以隐显为有无，陷入诸子之陋而割裂“体用”。“由用得体”并不是否定“体”先于“用”，或者否定“体”之存在，而是反对脱离现象玄谈体，或者以体为贵，以为有体在手便可统领众多现象这样的贵体贱用倾向。船山的批评方向我们可以理解，但必须指出的是，船山的批评至少并不能直接适用于王弼的“无”概念，毋宁说他们都认识到了上述问题，而且他们之间的共同性可能远大于表面的差异性。

可以先行简单标明的是，王弼之“无”至少包含几重意思：宇宙万物之原；无任何规定性的终极不可言说者；万物依凭其本性的自然无为运行；万物的自然本性；“有”之缺失。实际上在《老子注》十一章的毂、器、室之“无”，以及当王弼说“木、埴、壁之所以成三者，而皆以无为用也”的时候，“无”的确包含“有”之缺失的意涵，但并不止如此，当王弼说“毂所以能统三十辐者，无也，以其无能受物之故，故能以寡统众也”，这里受物统众之“无”显然包含着更多的意义。此外，王弼在《老子指略》中对大象大音与四象五音关系的描述也暗示我们，他的确看到并承认有“特殊之无”。诚然，要详细描画出在王弼之“体用”中终极之“无”、特殊之“无”以及“有”的关系，必须逐一讨论王弼关于“有”“无”“生成”“本末”诸概念的复杂结构，从而扩充检讨已有的理解，达至一个更加丰富完善的结构性描述，但这不是本书的任务，笔者将会在其他研究中完成此工作。现在我们先对王弼的有无关系做一个粗略的总结，然后简要分析《老子注》三十八章的体用问题。

在王弼看来，**存在领域可以分为两个：有和无。无的领域可以分为“本—母之无”和“万物之无”两个层级。关于前者“本无”，在王弼看来它只能被称为玄，而无法命名，也无法道说。关于后者“有之无”，它从玄中而来，但已经不是在万物之前的那个无，而是与万物相伴始终。既对万物具有创始的作用，使之从无形无名中获得存在的具体规定性；又对万物具有成就的作用，长育亭毒，使其在有形有名的具体存在形态中获得自性的展开与完成**。在此基础上，我们可以讨论王弼“体”字意涵，王弼“体用”思想最关键的话出自《老子注》三十八章，对此段校勘与释义，学者一直众说纷纭：

经文：

故失道而后德，失德而后仁，失仁而后义，失义而后礼。

注文：

夫大之极也，其唯道乎，自此已往，岂足尊哉。故虽德盛业大，富①有万物，犹各得②其德，而未能自周也。故天不能为载，地不能为覆，人不能为赡，万物虽贵，以无为用，不能捨无以为体也，捨无以为体，则失其为大矣，所谓失道而后德也③。以无为用，则得④其母，故能己不劳焉而物无不理。下此已往，则失用之母，不能无为，而贵博施；不能博施，而贵正直；不能正直，而贵饰敬。所谓失德而后仁，失仁而后义，失义而后礼也。夫礼之⑤所始，首于忠信不笃，通简不畅⑥，责备于表，机微争制，夫仁义发于内，为之犹伪，况务外饰而可久乎。

相当一部分学者都认为"万物虽贵，以无为用，不能捨无以为体也。不能捨无以为体也，则失其为大矣，所谓失道而后德也"是体用论最早的用法和出处，但在这段话的解释上却始终困难重重。譬如，如果将此处的"无"对应于王弼的"本"，那么"用"应当对应于"末"，那么"以无为

① 原有衍文"而"，楼宇烈与瓦格纳皆删之。

② 道藏集注本"得"作"有"，楼宇烈据张之象本改。

③ 加着重号处为关键，此段楼宇烈、瓦格纳皆据《经典释文》补入"而未能自周也。故天不能为载，地不能为覆，人不能为赡"，并在此基础上继续校勘［参看瓦格纳《王弼〈老子注〉研究》第547页、楼宇烈《王弼集校释》（中华书局，1999年）第101页］。瓦格纳校勘为："人不能为赡，虽贵以无为用，不能全无以为体也，不能全无以为体，则失其为大矣，所谓失道而后德也。"瓦格纳的校勘征引了韩康伯《系辞注》"圣人虽体道以为用，未能全无以为体，故顺通天下，则有经营之迹也"为根据，说明这里应该是"全无"。但是王弼注中并没有出现过"全无"这个说法，而且瓦格纳的理由是"不能舍无以为体"这个读法不可理解，我认为王晓毅和李晓春已经充分说明了王弼"体"字意涵乃是有无二者之合。这样的话，这句话完全可以理解，即是说"体"的存在是不能没有"无"的。不过，瓦格纳校勘的优点在于不必删掉下一句"不能捨无以为体"中的"不能"二字，但整体来说，他改字取的是外部证据，相比之下楼宇烈的校勘更好。瓦格纳还删掉了"万物"二字，理由是"四大而非万物以无为用"，这也是对王弼的误解，在王弼这里，一切存在者之用皆是源自"无"，十一章注说得很明确："木、埴、壁之所以成三者，而皆以无为用也。言无者（瓦格纳删"无者"二字），有之所以为利，皆赖无以为用也"。不删掉的话，这里天地人万物顺序很明确，理解并不存在困难。

④ 原作"德"，楼宇烈、瓦格纳皆改作"得"。

⑤ 原作"夫礼也，所始首于忠信不笃"，瓦格纳据服部南郭改"也"作"之"，连下读。句法更顺，然于文义并无影响。

⑥ "畅"原作"阳"，楼宇烈、瓦格纳皆据道藏集注本校改。

用”就不能直接翻译为“将无当作用”，而应当翻译为“以无来产生发挥功用”。由此李晓春的解读是：

当体用成为中国哲学的核心思维方式后，体在前，用在后，这成了我们的一种先入为主的见解。但是，在体用还没有定型之前，情况其实并不如此。虽然作为名词的“用”自然在体之后，但是作为动词的“用”却是在体之前的；……无和有相结合后的东西就是王弼的“体”，……用无只是表示无的自然运行和施用。用与无是连带一体的，这也是王弼说“以无为用”的意思。……体不是无，它是无与有相合后形成的一物为一物的本质，也就是无在这个事物中所显示的用。这样说起来，体和用是一事的两面，也是难分的……这里的体不是最高的本体，它是最高的本体无在具体物中的体现。①

李晓春关于有无相合构成王弼之“体”的判断无疑是正确的，但他关于“用”的理解却有待商榷。他认为“以无为用”指的是本体之“无”发挥其用与“有”共同构成事物之体，由此他论断动词的“用”是在“体”之前的，而且这是一种“体用间模糊不清的关系”。

首先，这种思路完全无法解释“不能捨无以为体，则失其为大矣”这句话②。其次，这种解读也许解释第一次出现的“以无为用”还能勉强说通，但是第二次出现的“以无为用”后面紧跟着的注释是“则得其母，故能已不劳焉而物无不理”，这里的“用”明显指的是“已不劳焉而物无不理”这种在政治秩序中显现出的功用，而非“本无”生成事物之“用”。再次，前页注③中已经说明，第一个“以无为用”明显指的不是“本无”参与构建万物的功用，而是说一切存在者之用皆是源自“无”。最后，也是最关键的一点在于：在王弼的思想体系中，即便我们将“本无”生成长育万物之“体”视为“本无”之用，但并不能因此得出“用”先于“体”或“体用”关系模糊不清的结论。事实上，由此只能推论说，在王弼这里

① 李晓春. 王弼“体用论”述真［M］. 兰州大学学报（社会科学版），2010（4）.

② 这句话在楼宇烈的校记中去掉了“不能”二字，但在李晓春引用中似乎并没有注意到这一点。事实上，按照瓦格纳的看法，“不能捨无以为体”这种读法是不可理解的，他引用《中国哲学史教学资料选辑》编者将“捨”训为“舍”，并进而将“舍”解读为“居住”，并认为这种训诂虽不可取，但其解释方向却是正确的。不过瓦格纳将“不能捨无以为体”改为“不能全无以为体”并没有校本证据，似乎不宜。相较之下，楼本以第二个“不能捨无以为体”中的“不能”为衍文，虽然亦无校本证据，但相比瓦格纳改字似乎更优。但是不管是“不能全无以为体，则失其为大矣”，还是“捨无以为体，则失其为大矣”，基本的解释方向都是相同的，都意味着“体”在王弼这里指涉的并非“本无”，而是“有之无”与“有”相合构成的事物整全之体。

有“本无—生成—万物—功用”这样一个“体—用—体—用”的链条式生成结构[①]，虽然就整个链条而言，体用具有相互承接生成的关系，用可以生体，但如果落在某个定体上，那么体先于用是非常清晰的，这也符合“体用”的最源始理解。而且，所谓“用”并不存在名词意涵，这种链条式生成结构以及与他者相关的“理解—实践”结构，决定了“用”始终是在“理解—实践—生成”这样的动态结构中成就其功用的。最后要补充的是，王弼是否认为“本无”也可以称为“体”，并没有足够强有力的文本能够证实或证伪，对此问题只能暂时悬搁。

此外，还可以注意到王弼对道德仁义礼逐次失去过程的描述，与三十九章关于失去“一”——“物皆各得此一以成，既成而舍一以居成，居成则失其母，故皆裂发歇竭灭蹶也”——直接性的恶果描述不同，它更像是一个历史性叙述，在此历史性下降的过程中，每一个环节虽然因为失去了“无”从而逐渐丧失自己的本质，但这并不意味着它们原本存在的非法性，也不意味着王弼彻底否定此历史过程，而且它也始终保留着返本的可能性[②]。王弼对“有”的这种肯定相比起我们最初的直观印象其实要强烈得多，对此已经有学者注意并且发掘其内涵[③]，我们这里试图做的是进一步

① 如果我们考虑到前文对“以其无能受物之故”的解释，实际上此处所谓链条并非单线程，而是不断与他者交错生成的网络结构，不过为了讨论能够更加清晰，这里仅止于对链条式结构的描述。

② 这一点如果和《老子注》二十八、三十二章结合起来看就会比较清晰。三十二章：“始制有名，名亦既有，夫亦将知止，知止可以不殆。始制，谓朴散始为官长之时也。始制官长，不可不立名分以定尊卑，故始制有名也，过此以往，将争锥刀之末，故曰‘名亦既有，夫亦将知止’也。遂任名以号物，则失治之母，故知止所以不殆也。”二十八章：“朴散则为器，圣人用之则为官长。朴，真也。真散则百行出，殊类生，若器也。圣人因其分散，故为之立官长。以善为师，不善为资，移风易俗，复使归于一也。”王弼似乎并不认为“朴散”是一种可以力争消除避免的阶段，在人心“朴散”的状态下，社会自然会出现各种官长尊卑名分等差异性，也即是伴随着人心中诸多品质德目的出现，社会中的事物也出现分殊，从而具有各自之性分。圣人既然法自然，以天下之心为心，因顺物性，那么也会“因其分散，故为之立官长”，这本身就是无为、自然。但这里还凸显了“因顺”的双重意义，或者说“物性”的双重意义，即：“物性”一方面可以说是一种从本母中分殊出来，具有特殊形名的割裂；但另一方面，“物性”始终有“真性”这个维度，即有一种保持住它与本母源头的统一性，从而不失其母的可能性。因此，具体事物形名的存在，就本源来说是残缺不完整的，但就历史必然性而言又是必然而且合理的，但这个合理需要一个限度——知止。知止意味着圣王的眼光能够始终透过有限性的形名，去看到并持守住它们存在的源头。如果要问，王弼是否真的认为就现实历史而言，圣王会有可能让天下“复使归于一也”？就其著作而言，尚看不到明显的确证。

③ 如林丽真提出的“贵无而不贱有”，参看林丽真《王弼》（东大图书股份有限公司，1988年初版）第66页。

由此发掘出王弼“体用”概念与“有—无”结合的初步建构带来的后果。

总之，**王弼之“体”乃是本末有无之合，构成了本末与有无落在具体事物上贯通连接的桥梁，“用”则是本末有无相合之后的自然发用，也是相合所得之“体”之本性**。现在可以给王弼的“体用”思想做一个小结。

4. 小结

崇本举末，即是以无为用，这个用是有无共同结合之体发挥出来的，在这个意义上，原本素朴的“形体—功用”意涵被王弼拆分成了“体（有＋无)—用”意涵，这个结构中“无”是主导性的，但体用也不再是源初意涵那么自然一贯而下，这主要表现在两个方面：

（1）**“无”与具体的“有”结合而构成“体”的时候，不再是绝对的无规定性的不可言说者**，它落在“有”中便会呈现出某种特殊性，只要物能够守住其本，那么这种特殊性并不会对物的存在与功用构成损害，但它却可能构成限制，即《老子注》三十八章所言“天不能为载，地不能为覆，人不能为赡”。此外，这种特殊的“无”的层面也不能够再直接等同于“道”，而是“德”。许多研究者在处理“朴”“大”“素”等概念与“无”的关系时总是感到困惑，便是因为没有注意到特殊的“无”与终极之“无”的关系。这也是为何王弼在三十八章注文前半部分要努力用“下德”来统摄“仁义礼”，后半部分又将“厚”“实”等经文概念努力牵引向“仁”“名”，并用本末母子、崇本举末的思路来重新将“仁义礼”的合法性依靠“以无为用”取回。因为只有如此，**“无”获得特殊化，才能够真正在现实政治生活中发挥功用，而不再仅仅是一个玄虚的不可说者，与此同时，政治生活、礼法名教也能够从自然获得奠基，重新赢回自己的正当性**。①

（2）如果我们把眼光从自然收回，仅仅放在人（器具与礼法）的世界，就会注意到另一个问题，在这里，器具或礼法并不能自守其“无”，它们都是由人“以无为用”才得以存在，即**“无”必须交由人的“无心”“无为”才能生用，因此它还是具有解释—实践方向**。而且，虽然王弼从

① 这一点在《老子指略》中展示得很清晰。在描述终极之“无”时，王弼说：“无形无名者，万物之宗也。不温不凉，不宫不商。听之不可得而闻，视之不可得而彰，体之不可得而知，味之不可得而尝。故其为物也则混成，为象也则无形，为音也则希声，为味也则无呈。”而在描述特殊之“无”时，则说：“四象不形，则大象无以畅；五音不声，则大音无以至。”因此，瓦格纳认为：“这一论辩对王弼哲学是关键性的，……事物中仍然包含它们的‘所以’的印迹，因此万物成为本体论的资源，而非仅是本体论洞见的障碍。”参看瓦格纳《王弼〈老子注〉研究》第362页。

来没有明确地以“创生”的思路来解释道（“无”）与万物的关系①，但通过刚才第一点的分析，我们得以看清楚了某些结构：特殊之“无”与“有”构成物之“体”的时候，此物获得其“用”，也即是其之所以成其本身者，中国哲学一般称之为“性”或“理”。王弼固然尚未如宋明道学一般明确将此问题结合起来，但正如钱穆先生所言，“理”“事”对言乃王弼首创，“事”“物”本可互训，故王弼曰“物无妄然，必有其理”。虽然王弼并没有明确指出“理”的来源，但我们从他惯常的对“道”的描述——万物之所由也——可以看出，“理”必然与“道（无）”有着内在关联，这种关联应当便是体现在上述“体”中“有—无”之建构中。由此，我们可以看到，“无”即便不能创生出万物，却能够与“有”相合生出具体事物之理。与此同时，所谓“以无为心”与“因顺物性”又是一事之两面，也就是说，“无”一方面生出物理，另一方面生出来之后，“道（无）”又好像不再造作，任由万物遵循其性理。如果我们将此结构放在政治哲学中，它看起来便很像法家的做法，当然，在某种意义上也像圣王无为之治，但不再是素朴的小国寡民无为之治，而是在天下大一统的形势下富于礼法文明的无为之治，而这也许恰恰是王弼试图为他的时代所提供的方案。

最后还要说明的是，王弼以“无”来统摄众理，有时也会说“以寡统众”甚至是“举本统末”②，后来道学将天理分殊在事物之中从而为众理

---

① 关于王弼思想中是否还保有“生成论”的因素，学界尚有争论，比较明确的是，王弼在处理《老子》与“生”相关的经文的时候，譬如一、十、三十四、四十、四十二章，都在努力将“生”解释为万物之生所依凭的本根，或者用他自己的话说，万物所由之“所以然”。王弼似乎认为万物具体的生成变化过程并不是值得花力气研究的重要问题，他也没有关心过万物的组成质料问题，对《老子》经文中谈到“气”的地方也是如此，即便在《周易注》中他也只是偶尔提及并且不作认真讨论。不过虽然王弼将“生”素朴性的创生之意涵解释得相当薄弱，但他并没有将这个逻辑贯彻到底，转向一种比较彻底的譬如佛教那样的“本体—现象”分离立场，而是似乎仍在维系着“所由”与“所以”之间的张力。这样做的原因当然是个非常复杂的思想史问题，笔者在这里不拟探讨，只是引用一下朱汉民先生曾经指出的思路，不同于西方形而上学本体与现象两个世界的分离，“玄学所确立的本体论则是一个由本与末、无与有、理与物、一与多的范畴组合而成的不可分离的统一世界，他们不仅确立了‘本’‘无’‘理’‘一’的本体地位，但更强调这一本体与‘末’‘有’‘物’‘众’的不可分离”（朱汉民. 玄学与理学的学术思想理路研究［M］. 北京：中国社会科学出版社，2012：146）。笔者认为，中国传统本土哲学（佛教或许除外）的确始终恪守的是“一个世界”原则，而这个世界中对于中国人而言最为重要的关系乃是“天人之辨”，具体落在魏晋玄学之中便集中呈现为自然与名教的关系。如何在自然的根基上使得名教获得自身足够的合法性与良性运作，这也是王弼有无建构的内在追求之一。

② 王弼. 王弼集校释：论语释疑：阳货［M］. 楼宇烈，校释. 北京：中华书局，1999：633.

应当受到王弼思路很大影响，但王弼本人却没有体贴出一个“天理”来，这意味着他不愿意将终极之“无”直接与具体规定性关联，而是要借助“德”这个跳板。这样做可能是出于对汉学的不满。如前所论，汉学比较倾向于始终在“有”的世界中寻找本源或本根，这样做之所以容易导致阴阳谶纬之学，是因为如果世界只有“有”的维度，那就意味着世界最终会向人彻底澄明地敞开，人将会把握理解世界上万物运行的法则，而这必将导致谶纬图式下对世界人伦的僵化推演计算。王弼引入“无”的维度，使得世界重新固守住它幽玄的一面，人无法僭越式地掌控世界，须得理解自身的限度，理解知识、思虑、能力、作为的限度，从而更好地参赞天地。上述勾勒也提示我们，恰恰是王弼借助于“体”的新理解将“有—无”统摄在一起，才使得“体用”概念在初次关联的同时便蕴含了相当大的张力。这种张力里面既包含“有—无”，也包含“天—人”“自然—名教”以及实践哲学等诸多维度，本—末、母—子这样的概念与之相比，会变得不够有张力，从而显得单薄僵化，这很可能便是“体用”概念逐渐替代它们并占据哲学思辨中心地位的根本原因。接下来我们可以在此基础上展开对宋明道学体用观念的追溯[①]，焦点将集中于二程、朱子、阳明诸贤。

第二节 程张体用

本节要义：

1. 程子体用

伊川“体用一源，显微无间”之论中，一源指的是象数卦变皆可由理推出，卦辞、卦象、卦体都不是真正的本源，只是理之显现即“用”。“显

① 本书不拟对佛教体用观念做仔细考察，一方面是由于本人学养所限，另一方面，亦有前人研究指出宋明体用概念并未受到佛学巨大影响，如林维杰论述说：“三教虽然都有体用之词，但其实质内容并不相同。而且此内容的不同，不仅表现在行为一面，还表现在实体主义（substantialism）意义下的‘形上本体’与‘人性主体’两方面。又依牟先生，儒者虽也有类似的‘境界之体用’（此亦为三教所共之圣证），但其体用主要还是就本体论层次而言之‘道德的实体主义’去以他的另一番用语来说，体用之体，在儒学乃是‘实体义’（实体用）之体，与佛老依于缘起性空、冲虚玄德之‘虚体义’（非体用之虚体用）之体不同，故宋明儒学如果真受佛老（甚至先秦其他经典）体用论的影响，也只是一种从‘外缘’或‘形式特性’而说的影响。”参看林维杰《朱熹与经典诠释》（华东师范大学出版社，2012年）第188页。

微无间”强调不可舍弃具体之用去追寻抽象本源，理不仅是源头，也作为内在规定性贯穿于象。工夫的重心还是落在对体的追寻上。体用的实践意义在于，“体”是存在者（人与物）理想存在方式的形式规定，“用”是理想存在方式通过人获得实现。体用意义有时还指两种行动方式的先后关系，在先者为体，在后者为用，这种先后关系既是逻辑意义上的，也是现实因果意义上的。在“卦才”与“时义”之说上，体用不再是两极结构，一体同时给出义理与境遇两者，人秉持义理去应对境遇才是用，“象”的指引开启两种方向的诠释，让人在此种张力中权衡磨砺，求取中道，强调与凸显人在体用关系中的实践意义。

2. 张子体用

张子思想研究困难在于一些根本问题的多重解读可能，譬如对“太虚即气”的理解就有三派：(1)“是”派认为“即”应解释为“是”，太虚与气同质，太虚是气的本然状态。(2)“即”派认为“即”有二义：1)“不即”，此乃不等义，亦表示非谓词之质性义；2)“即”，此表示圆融义、不离义，通一无二义。(3)“即—是”派试图提出超越和融合“是”派与“即”派两派主张的理论。李晓春认为分歧实质在于，张载思想徘徊在本体论与宇宙论两种系统的表述歧义性。笔者以为对本体论与宇宙论两种研究范式也应当反思，但鉴于张载思想的复杂性，非笔者目前学养能及，是以本书付诸阙如，不妄断言。

1. 程子体用

体用、理事这两对范畴的关联在魏晋南北朝受到佛教极大影响。汤用彤先生指出：“魏晋以讫南北朝，中华学术界异说繁兴，争论杂出，其表面上虽非常复杂，但其所争论实不离体用观念。而玄学、佛学同主贵无贱有，以无为本，以万有为末。本末即谓体用，《般若》之七宗十二家，咸研求此一问题，而所说各异。”① 由此可见，重本轻末、重体轻用的趋势显然受到佛教极大影响，不过后来大乘佛教对此有所纠正，将体用问题和理事结合，其最高峰乃华严宗“理事圆融”之说。“华严讨论理事、一多，皆从体用立论。《坛经》影响更大。第十五章云：‘灯是光之体，光是灯之用。名即有二，体无两般。’此是体用虽殊，其实则一矣。”② 佛学所论之

① 汤用彤. 汉魏两晋南北朝佛教史［M］. 北京：中华书局，1983：236.

② 韦政通. 中国哲学辞典大全［M］. 台北：水牛出版社，1983：853.

体、理乃自性本心，其用、事则为本心幻化法界，故可谓“销用于体”。道学家所用体用、理事概念虽受此影响，根本出发点却截然不同。北宋儒者惩于释老之空虚、晚唐五代之人心世道丧乱，要努力以儒家积极入世之姿态取代佛老，这就需要在对现象世界的根本理解上从虚向实扭转回来。二程的努力也正在于此，其所说之理并非本心，乃是天理。天就其存有层面意味着万物真实无妄，就其秩序层面意味着万物所以然之规定，就其价值层面意味着一切道德立法所由出。所以，程子有“释氏本心，吾儒本天”之论，此实为扭转乾坤之大关节点。然而，如果只强调体的真实无妄，而不能够将这种真实贯注于生活世界，使得天地间万事万物都能够获得其真实性，那就还是无法从根本上改变玄虚之风。因此，程子除了将世界的根基落在规定、支配天地万物的真实无妄之天理上，还需要以“体用无间”“事理一致”的思想来保证天理本体与具体事物的不可分裂，并以“理一分殊”思想来确保天理分殊到每个具体事物的真实性。伊川依靠“气”这个要素来确保世界真实性的结构，气是构成现实事物的基础，属形而下，所谓一阴一阳是也；理是所以然，属形而上，所以一阴一阳是也，必须借助、依凭于气才能够获得其用。我们现在可在上述基本架构中去细读伊川的体用思想。伊川论体用最有名者自是其“体用一源，显微无间”之论：

> 吉凶消长之理，进退存亡之道，备于辞。推辞考卦，可以知变，象与占在其中矣。……得于辞，不达其意者有矣；未有不得于辞而能通其意者也。至微者理也，至著者象也。体用一源，显微无间。①

所谓一源指的是象数卦变皆可由义理推出，这个源便是理，也即是说，卦辞、卦象、卦体实际上都不是真正的本源，而只是作为“体”的义理之显现，也即是“用”，只是卦辞相较卦体、卦象更接近于作为源头之理。因此，要从卦辞入手研究，而象数为末，在这一点上伊川与王弼并无二致。另外，伊川的“显微无间”之论强调不可舍弃具体之用去追寻抽象本源，因为理不仅作为源头能够发用为象，也作为内在规定性贯穿于象，这就使得人不会再忽略伦理、政治这些用而一味地去关注参悟义理本体。

此外，伊川在强调“体用无间”的同时又严格规定了二者的区别。其曰：“（《中庸》）大本言其体，达道言其用。体用自殊，安得不为二乎?”

---

① 周易程氏传：易传序［M］// 程颢，程颐. 二程集：第 3 册. 北京：中华书局，1981：689.

这里他将《中庸》所言的“中”称为体，将“和”称为用，并且强调二者不可混为一谈。这与“一源”“无间”的说法并不矛盾，只有区分才能谈得上统一，没有区分的统一只是抽象的同一性，毫无意义。所以朱子评论说：“至于形而上下，却有分别。须分得此是体、彼是用，方说得一源；分得此是象、彼是理，方说得无间。若只是一物，却不须更说一源、无间也。”① 又如：

> 问：“充塞乎天地之间，莫是用于天地间无窒碍处否?”曰：“此语固好，然孟子却是说气之体。”②

这里弟子问的是孟子对“浩然之气”的描述：“其为气也，至大至刚以直，养而无害，则塞于天地之间”，弟子认为“塞于天地之间”描述的是气之用，伊川认为固然可以说气之用于天地无碍，但孟子那里讲的是气之体——道。伊川另一条语录意思更加明白：

> 伯温见，问：“‘至大’，‘至刚’，‘以直’，以此三者养气否?”曰：“不然。是气之体如此。”又问：“养气以义否?”曰：“然。”又问：“‘配义与道’，如何?”曰：“配道言其体，配义言其用。”③

在伊川看来，“至大至刚以直”是对气之体——道的描述，所以不能说以气之体养气。“配义”说的是通过“义”的辅佐才能达成“气”之用，“配道”说的是通过“道”的辅佐才能养得“气”之体，因此，“养气以义”严格说来应该指的是“养气之用以义”。可以看出，在伊川这里气之体和气之用是做出严格区分的。④

然而，正如陈荣捷先生所论，伊川“显有重一不重殊倾向”⑤。自然，说伊川重一轻多、重理轻事并不是佛老意义上的贬低或舍弃具体事物，伊川也认为只有通过用才能认识体，认识体的目的还是为致用。本体无形无象，不能直接用五官获得，而必须凭借心官对事物之思方能获得对理的把

---

① 晦庵先生朱文公文集：卷 48［M］//朱熹．朱子全书：第 22 册．上海：上海古籍出版社，2002：2227.

② 河南程氏外书：卷 8［M］//程颢，程颐．二程集：第 2 册．北京：中华书局，1981：398．此条虽未注明是伊川还是明道，但从本书引用的其他几条伊川讨论道义体用的材料来看，意思完全相合，而明道则未尝语及此，故此条当为伊川无疑。

③ 河南程氏遗书：卷 22 上［M］//程颢，程颐．二程集：第 1 册．北京：中华书局，1981：289.

④ 这里的道体义用和理体象用在体用意义上已经不属于同一层面，后文另有分殊。

⑤ 韦政通．中国哲学辞典大全［M］．台北：水牛出版社，1983：854.

握。世界在时间、历史中虽然变动不居，却并非幻相，因为它的基础“气”同样为真实无妄之存在，只是其存在形态受到内在本体的规定与支配。就此而言，本体是更加“实”的存在。人只要把握了体，便自然能够通达其用，这样一来工夫的重心自然还是会落在对体的追寻上。我们可以结合“体用一源”这个命题的另一种表述来讨论：

> 至显者莫如事，至微者莫如理。而事理一致，微显一源。古之君子所谓善学者，以其能通于此而已。①

微与显相对，显是显现、显著，可以为人直观把握，微则是微小、无形而难以直接把握，必须借助心官的思辨求索方能获得。人总有一种形而上学欲望，即认为可以感官直接把握的现象显白而粗浅，又因其变动不居而难以保证其真实无妄，于是便要去追寻更加微妙幽玄的本体或义理。这种诉求本身是合理的，但如果更进一步去由此预设某种永恒不变的作为世界基础的超感性本体，并因之贬低甚至否定现象世界，便会对人的生活世界造成戕害。伊川看到了佛老贬低现象界带来的对人之戕害，但他并没有从根本上清理这种过度的形而上学诉求，而是接过了这种预设，增加了另一个真实元素“气”以保证世界的实在性，并以人对义理的理解与实践来张扬人参赞天地之能力。这样一个天地人架构为人能够再次认同伦理世界与政治世界的行动价值提供了根基，但也付出了一定的代价。虽然他一再强调“体用一源”“事理一致”，但如果一定要比较二者的重要性，伊川一定会站在“体”“理”这一方，这一点从前引文中其对“辞”“象”二者轻重的判断即可看出。这种形而上学欲望的残余应当是来自佛老之学，这一点可以从其对“理”“事”动静的分殊来考察。

从上文所引可以看出伊川的体用与理事关系表述是平行对应的，体对应理，用对应事，我们可以说体虽然贯穿于用之中，但根本而言理事二者分别是不同的存在方式，前者是事物所以然之理②，永恒不变而属静，超越于时间、历史与现象之上，并对后者具有根本的规定作用③。

---

① 河南程氏遗书：卷 25［M］//程颢，程颐．二程集：第 1 册．北京：中华书局，1981：323.

② 伊川曰：“‘一阴一阳之谓道’，道非阴阳也，所以一阴一阳道也。”（河南程氏遗书：卷 3［M］//程颢，程颐．二程集：第 1 册．北京：中华书局，1981：67）

③ 伊川曰：“天理云者，这一个道理更有甚穷已？不为尧存，不为桀亡。人得之者，故大行不加，穷居不损。这上头来，更怎生说得存亡加减？是佗元无少欠，百理具备。”（河南程氏遗书：卷 2 上［M］//程颢，程颐．二程集：第 1 册．北京：中华书局，1981：31）

对理属静的概括也许会引起某些质疑，因为伊川为了和主虚静的佛老划清界限，很少使用“静”，在工夫论中以“敬”来代替“静”，在讨论天地之道时也会有意识地强调“动”。譬如伊川尝言：“先儒皆以静为见天地之心，盖不知动之端乃天地之心也，非知道者孰能识之！”从这句话来看，伊川似乎并不认为理或天地之道为静。又如，伊川曰：“屈伸往来只是理……物极必反，其理须如此，有生便有死，有始便有终。”① 其实，伊川的意思只是说生生不息之万物是由天理规定，正如气之屈伸往来是由理规定的，理的内容或曰规定是“动”，而理本身是“静”，好比春夏秋冬寒来暑往的变化是动，但这种变化是由理规定的，而且变化的节律是恒定的。对此朱子有明确精当的解释：“问屈伸往来，气也，程子云只是理，何也？曰：其所以屈伸往来者，是理必如此。”② 朱子的解释不是对伊川之论的过度诠释，而是准确地把握了伊川真正的思路。又如，伊川曰：“天地之所以不已，盖有恒久之道。人能恒于可恒之道，则合天地之理也……天下之理未有不动而能恒者也。……唯随时变易，乃常道也……明理之如是，惧人之泥于常也。”③ 这里的表述看起来在说理之动，其实还是在强调天地随时变易故尔能够恒久，这是符合了天地之理，天地之理本身则是恒常的。当然，正如陈来先生所言，“因为程颐即着眼于理与事物的体用一源关系，并没有提出理气先后的问题”④，同样，理气动静问题在伊川这里也还没有明确地成为要处理的对象，不变之理如何与变化之气一源无间，伊川也没有对此说明。这为后来朱子更加严整的体系的建立留下了空间，却也使得这个架构难以从根本上应对“死人跨活马”的批评。此外，伊川体用思想中隐含的“主静”这个层面可能也是造成其弟子多流于禅学的重要原因。

由此我们可以看到，伊川虽然反对佛老摒除人之主体能动性的体用关系，又批判佛家割裂体用或取消用的思路，但他并没有真正完成二者之统一。伊川的世界架构由两种实有构成，就此而言颇有二元论之意味，只是二元论认为有两种本体，而在伊川这里，最高的体显然只能是“理”而非

---

① 河南程氏遗书：卷15［M］//程颢，程颐．二程集：第1册．北京：中华书局，1981：167.

② 朱子语类：卷95［M］//朱熹．朱子全书：第17册．上海：上海古籍出版社，2002：3205.

③ 周易程氏传：恒：彖辞［M］//程颢，程颐．二程集：第3册．北京：中华书局，1981：862.

④ 陈来．朱子哲学研究［M］．上海：华东师范大学出版社，2000：80.

"气"。伊川对理气二者的根本区别做出了强调①，然而动静迥异的二者究竟如何"一源"和"无间"，如何结合一起构成贯穿与规定关系，伊川并没有明言。所以，有研究者说："程颐的理气始终是两个彼此无产生关系的同时对应的存在。因此很多时候他只能运用一种外在的解决方式。所谓外在方式就是不断用一种语言强调体用不二，理势一致。通过这种非常外在的方式，并不能弥合体用、道器间的裂痕。"② 笔者以为，以"裂痕"言之或有所过，然伊川没有从其理论内部给出统一性解释，此乃不争事实。

到此为止，我们可以把伊川体用的意义表述为存在的先后关系。这里的先后关系不是指宇宙论的生成问题，如母生子，而是所以然的先后，即所以然之理者对具体存在者的存在方式的规定。

然而问题并未结束，**义理与发用不仅仅存在于天地之屈伸往来，还需要人的弘扬实践，否则仍旧无法脱出道家清虚无为而顺应万物之理的道路**。所以伊川还需要在实践哲学层面重新建构体用关系才能够让人重新参赞天地化育，也即是义理之体不能直接显现为用，必须在具体境遇中经由人的判断权衡，方能实践为用③。伊川体用就实践意义而言，有如下内容：

仁义乃是体用关系：

> 仲尼言仁，未尝兼义，独于《易》曰："立人之道，曰仁与义。"而《孟子》言仁必以义配。盖仁者体也，义者用也，知义之为用而不外焉者，可与语道矣。④

这里的"仁"是指其作为德性乃是人性的本质，义者宜也，是人在具体境遇中对德性运用得适宜，所以仁体而义用。伊川也有道体而义用的说法，除了前文所引，还有一个详备论述：

> 配义与道，谓以义理养成此气，合义与道。方其未养，则气自是气、义自是义。及其养成浩然之气，则气与义合矣。本不可言合，为

---

① 伊川曰："形而下形而上者，亦须更分明须得。"（河南程氏遗书：卷2上［M］//程颢，程颐．二程集：第1册．北京：中华书局，1981：37）

② 丁慧．二程哲学本体论异同辨析［D］．长春：吉林大学，2006：11.

③ 伊川以及宋明道学的经权实践问题在本书第四章会有更加深入的专节讨论，本章只是简要勾勒。

④ 河南程氏遗书：卷4［M］//程颢，程颐．二程集：第1册．北京：中华书局，1981：74.

> 未养时言也。如言道，则是一个道都了。若以人而言，则人自是人，道自是道，须是以人行道始得。言义又言道。道，体也；义，用也。就事上便言义。①

这里值得注意的是对气义、人道各自分离的描述，这里的“义”指的不是义理，而是人行道之合宜，所以未养之时，气只是天地间之自然流行，义只是合宜性的理想状态，人养成浩然之气方能使得气之流行在人这里合宜，义才能真正实现为用。人未行道时，只是作为可能性的人，与禽兽不远，道只是天地之理。人行道之后，体方能发用为事之合宜。这里体用意义指的是：人所理解的行事之应然规范为体，人对此应然规范的合宜实践为用。② 作为天地之理的应然规范既有仁道这样的人文伦理，也有水性就下不当壅堵这样的自然之道，所以我们可以说“体”是存在者（人与物）理想存在方式的形式规定，“用”是理想存在方式通过人获得实现。

伊川还在“忠恕”意义上使用体用概念：

> 问：“忠恕可贯道否?”曰：“忠恕固可以贯道，但子思恐人难晓，故复于《中庸》降一等言之曰忠恕违道不远。忠恕只是体用，须要理会得。”又问：“恕字学者可用功否?”曰：“恕字甚大，然恕不可独用，须得忠以为体，不忠何以能恕？看忠恕两字，自见相为用处。”③

大小程都说过“尽己之谓忠，推己之谓恕”④，伊川还说“既尽己，安有不诚”，“忠”作为体在这里并非指规范义理，而是指人努力在自己身上躬行义理这样一种精神境界，有了这种精神境界，才可能推己及人，在与别人相处时将义理之用施于人。这里的体用意义指的是人的两种行动方式的先后关系，在先者为体，在后者为用，在先的尽己之诚造就了在后推己及人的可能性。这种先后关系既是逻辑意义上的，也是现实因果意义上的，这也是我们前面第一节分析过的“体用”链条。

---

① 河南程氏遗书：卷 18［M］//程颢，程颐. 二程集：第 1 册. 北京：中华书局，1981：206.

② 伊川还在“心体”意义上使用体用概念：“凡言心者，指已发而言，此固未当。心一也，有指体而言者，寂然不动是也。有指用而言者，感而遂通天下之故是也。惟观其所见如何耳。”（河南程氏文集：卷 9［M］//程颢，程颐. 二程集：第 2 册. 北京：中华书局，1981：609）但由于伊川讨论“心体”的相关材料太少，就此一则很难明确其意旨，故存而不论，以俟贤者。

③ 同①184.

④ 参看《河南程氏遗书》卷 11、18。

伊川的体用思想还有特别值得注意之处，就是他会同时在存在论与实践两个层面运用体用思想，这一点典型地体现在《程氏易传》中提出的“卦才”与“时义”之说上。

“卦才”是伊川独创的概念，按照杨立华先生的研究，“‘卦才’指的是爻位或上下卦中体现的应对某一卦的卦‘时’所应有的德性和品质。这里，卦‘时’所象征的是人生的种种情势和处境”①。

“时义”的内涵《周易》中原本即有，经过伊川的发挥，和“用”相结合构成了重要概念。“义”即“卦义”，指卦体或其卦之主爻所蕴含的义理。“当卦的时与义相一致时，对时义的强调提示的是对未尽的义理的深入体会；而当卦的时与义相背离时，时义强调的就是以义救时，即用正确的人事上的努力，匡正时势的废乱倾向。”②

在伊川这里，由于引入了人对“时”的判断、对“义”的坚持，以及对“势”的努力，体用关系不再是王弼偏于老庄自然顺承的两极结构，而是构成了一个复杂而动态的结构。一卦之体可以在两个层面被诠释：人应遵循的某种德性或品质，即“卦才”③；此种德性所当应对的境遇，即“时”。而“卦才”与“时”之间充满各种可能性，在有些卦中两者相合，人便应当顺应天道，如颐、大过、解、革等卦。但大多数时候两者不是直接顺应关系，而是需要人的判断、权衡、合于中道的运用以及虽千万人吾往矣的持守。我们看到，这样理解的卦体既非具体形体事物，也非抽象义理，而是此二者的统一。体用不再是两极结构，一体同时给出义理与境遇两者，人秉持义理去应对境遇才是用。这个意义上的卦体不再只是万物的抽象本质，而是同时将抽象与具象、应然与实然两个维度保持在自身之中，并使得两者产生争执，人被交托于此争执之战场，这才是易道的精髓，即依靠“象”的指引开启两种方向的诠释，让人在此种张力中权衡磨砺求取中道。如果伊川能够将体用关系和卦体易道结合，并落在卦象上阐发，似乎能更好地丰富此对概念。不过，伊川还是更加倾向于追寻抽象义理的道路，在伊川看来，《周易》之道最终还是要落在“辞”上，而研究

---

① 杨立华．卦序与时义：程颐对王弼释《易》体例的超越［J］．中国哲学史，2007（4）．

② 同①．

③ 伊川有时甚至直接称呼卦之德为卦体，如《河南程氏遗书》卷十九：“读《易》须先识卦体。如《乾》有元亨利贞四德，缺却一个，便不是《乾》，须要认得。”但更常见的是以卦体称呼上下单卦或者一个复卦整体，这种情况下卦体往往被用来描述“时”之境遇，如《周易程氏传·屯》：“以云雷二象言之，则刚柔始交也。以坎震二体言之，动乎险中也。刚柔始交，未能通畅，则艰屯，故云难生。又动于险中，为艰屯之义。”

辞是为了获得最终之本体，有此体则自然有其用：

> 有理而后有象，有象而后有数。……理无形也，故因象以明理。理既见乎辞矣，则可由辞以观象。故曰得其义则象数在其中矣。①

这段话除了可以印证伊川的上述倾向，还另有值得注意之处，前面所描述的卦体在与"卦才""时"的关系中扮演"体"的角色，而在这里，卦体则像前引"体用一源"材料中类似，成为"用"的角色。卦体在伊川这里随语境不同而扮演不同体用角色的现象，提醒我们体用概念在伊川这里转型所带来的歧义性与复杂性。② 总之，从伊川思想中我们可以看到：一方面玄学佛学的倾向还有残余，如重体轻用、对体的静态理解以及对玄妙形上之体的追求；另一方面，儒家传统的力量也开始改造并丰富体用概念，在伊川这里主要是通过对儒家经典文本解读实现的，表现在强调与凸显人在体用关系中的实践意义，以及体用角色的非绝对性，甚至在某些情况下同一个东西既可以称其为体，又可以称其为用。这种情况在伊川这里还只是一个含而未发的思路，它更加清晰的形态会在下一节对朱子的分析中展现。

相比伊川偏于思辨分殊的整体风格，明道先生对体用的理解大相径庭。对此问题，郭晓东先生已有精当的研究，故笔者不妄作解人，摘引其论述如下：

> 明道提示我们说，"易"指的是"易之道"，而"易之道"其实也就是我们所说的"天道"。明道又以"道之体"来称"易"……天道之"体"称之为"易"。因此，要理解"易"，首先就要理解这一

---

① 河南程氏文集：卷 9 [M] //程颢，程颐. 二程集：第 2 册. 北京：中华书局，1981：615.

② 伊川这里还有一个概念身兼体用二者，便是"心"："心一也，有指体而言者，寂然不动是也。有指用而言者，感而遂通天下之故是也。惟观其所见如何耳。"（河南程氏文集：卷 9 [M] //程颢，程颐. 二程集：第 2 册. 北京：中华书局，1981：609）林维杰先生对此概括说："伊川上述文字的理路并不是由道体说寂感，因为道体为理，理则无所谓寂感可言，寂感者为心。试看其下列引文：'寂然不动，感而遂通，此已言人分上事，若论道，则万理皆具，更不说感与未感。'以《论中书》的前引文来看，道之寂感转而为心之寂感，并连上体用之词，如此则心之静为体，心之动为用，心兼有体用两态。……所以伊川所论之'心'乃是兼具未发与已发、静与动、体与用相贯通的气性结构，而与德性的'性'分别为二。如此，则寂然不动的道体便转成气心之静，感而遂通的道用亦转成气心之动。"（林维杰. 朱熹与经典诠释 [M]. 上海：华东师范大学出版社，2012：196）这样看来，"心"与性情体用的关系在伊川这里还比较浑融，没有获得明晰的问题形态，要在朱子那里才被仔细分殊处理，后文有论，此不赘述。

> "体"字。朱子认为此"体"字犹"体质"之"体"……作为"体"之"易"即可理解为"天地图盖方轸"，为阴阳气化之流行。在朱子看来，这种作为道之体的"易"只是"与道为体"，即纯然是作为本体性的道或理的气质载体，属形而下者，它与作为形而上的"道"或"理"不同。这实际上是将"道"与"易"截然区别开来，即将"天之显现"与"天之本体"划分为二，而这种说法又渊源于伊川……在伊川看来，"易"只是"变易"，即阴阳气化之流行，人应当从这种变易中去"合道"或"从道"，这也就是说，另外存在着一个与"易"相对应的天道本体。……我们实不能按照伊川、朱子所理解的"易"来理解明道。……在明道那里，易之为"体"，并不是"体质"之体，并不是从阴阳二气上说，而应该像牟宗三先生所说的"此天道本身即是体，此体自身即是易"。也就是说，"易"即是天道的显现，而这种显现本身即是天道本体，或者也可以说，易即道，道即易。……明道所理解的"天道"，决不是静态的、不动的实体，而是一个变动不居的、处于不断生生变化之中的本体，从这一本体之中，自己创生、变现出一切宇宙万有。与之相反，伊川、朱子所理解的天道本体，乃是一个静止不动的东西。①

体用问题在二程那里就已经表现出意向殊别，在明道那里体用关系是以一种非常圆融、贯彻形上形下的形态出现的，而伊川则以一种明晰思辨的方式将二者分殊开来。朱子后来承继了伊川的道路，而阳明则更偏于明道之途，经历了各自充分的发展，并将其可能性穷尽至极后，又在船山这里汇合。

2. 张子体用

这里提供给读者一个简短说明，来解释本书为什么没有张载体用思想的专节研究。首先，众所周知，船山最服膺横渠，思想各方面都受其影响极大。而正因如此，在很多问题上要详细区分二人思想差异的困难相当之大，尤其是船山晚年重要著作《张子正蒙注》，注疏体的形式本身更加增加这项工作之困难。

更加重要的原因在于张子思想在根本问题上的巨大不确定性。就其最

① 郭晓东. 识仁与定性：工夫论视域下的程明道哲学研究［M］. 上海：复旦大学出版社，2006：60-67.

重要的命题“太虚即气”来说，按照李晓春的述评①，当代学者对张载“太虚即气”命题的研究大致可以分为三派：

（1）“是”派。

“是”派认为“太虚即气”中的“即”应该解释为现代汉语的系词“是”，太虚与气同质，太虚是气的本然状态，这一系以冯友兰、张岱年、姜国柱、陈俊民、陈来、杨立华等先生为代表②。

（2）“即”派。

“即”派的代表首推牟宗三先生，他在《心体与性体》中看待太虚的着眼点在于“清通而不可象为神”的角度，认为清通之神、太虚其实就是天地之性，作为本体的太虚能贯通于万事万物，太虚与气是体用圆融的关系，体用圆融即是神体气化之不即不离。他将“虚空即气”解释为虚体即气，即“全体是用”之义（整个虚体全部是用），亦即“就用言，体在用”之义。既可言虚体即气，亦可言气即虚体。虚体与气的关系是体用不二的关系。他总结说“即”有二义：1）“不即”，此乃不等义，亦表示非谓词之质性义；2）“即”，此表示圆融义、不离义，通一无二义。此派早年在台湾影响较大，近些年在大陆也有不少学者赞同，代表人物除牟宗三，主要还有蔡仁厚、林乐昌、丁为祥、胡元玲、朱建民（前后期有变化）等先生③。

（3）“即—是”派。

“即—是”派对于上述两方都不是十分满意，吸收了两派各自的主张，企图提出一种超越和融合两派主张的理论。重要代表首推唐君毅先生，他从总体上对于张载哲学有一个判断，即认为张载哲学“多是合两义相对

① 下述分类方式皆为参考李晓春《张载哲学与中国古代思维方式研究》（中华书局，2012年）第248页以降。

② 相关主要著作为：冯友兰《中国哲学史新编》（人民出版社，2001年）、张岱年《张岱年文集（四）》（清华大学出版社，1992年）、姜国柱《张载的哲学思想》（辽宁人民出版社，1982年）、陈俊民《张载哲学思想及关学学派》（人民出版社，1986年）、陈来《朱子哲学研究》（华东师范大学出版社，2000年）、杨立华《气本与神化——张载哲学述论》（北京大学出版社，2008年）。

③ 主要著作与论文有：牟宗三《心体与性体》（正中书局，1991年）、蔡仁厚《宋明理学·北宋篇》（吉林出版集团有限责任公司，2009年）、丁为祥《虚气相即——张载哲学体系及其定位》（人民出版社，2000年）、林乐昌《20世纪张载哲学研究的主要趋向反思》（《哲学研究》，2004年第12期）、林乐昌《张载两层结构的宇宙论哲学探微》（《中国哲学史》，2008年第4期）、胡元玲《张载易学与道学：以〈横渠易说〉及〈正蒙〉为主之探讨》（台湾学生书局，2004年）、朱建民《张载思想研究》附录一《太虚与气之关系之衡定》（文津出版社，1989年）。

者，以见一义”。太虚与气应合两义来理解，不可偏于一端。“太虚即气”的“即”字，便有贯通“是”与“即”两义的理解。陈政扬与后期朱建民都赞同这一派①。

除了上述三派，近年还有学者试图对这种研究现状进行综合解释，譬如李晓春针对张载研究的这种多方争议，认为这个问题的实质在于本体论和宇宙论两种解释方向，而在古代的哲人那里，本体论与宇宙论本来就是没有明确的区分的，因此这种分歧是源自张载思想本身及其徘徊在本体论与宇宙论两种系统表述之间的歧义性，并认为在张载的“太虚即气”问题的研究上，过于强调本体论（强调“即”的含义是“不离”）与宇宙论（强调“即”的含义是现代汉语的“是”）的路径区分实际上是不恰当的②。

总的来看，张载研究中的上述争议，除了李晓春的研究有相当的突破，目前大多都还是凭借已有的“本体论—宇宙论”研究范式针对张载文本做出符合自己倾向的解读，而较被忽略的是考察与反思中国哲学研究范式本身的限度，尤其是在这个典型公案中限度的表现。

笔者以为，“本体论—宇宙论”范式对于推动现代中国哲学学科建立起到了极大的作用，但其局限性至今尚未被充分反思。这种研究范式是否合于中国哲学的思维模式，在汤用彤、熊十力等人引入之初便未曾被深入考察，直到二十世纪九十年代，才逐渐有学者开始深入检讨中国哲学的这种“反向格义”行为，而迄今为止，学界对此的重视与反思还远远不够，体现在中国哲学的具体研究中就更加滞后，这种滞后今天已经在一定程度上造成了对更进一步深入自身传统的阻碍。

因此今天我们必须审视这种范式并检讨其中的诸多问题，这并非是对先哲之不敬或否定先贤筚路蓝缕之功，也不是要放弃这种范式，而是试图在张载这样的典型公案上充分透视这种范式的限度。

本体论与宇宙论的区分通常被认为：本体论强调的是本质对现象逻辑的规定，宇宙论关注的是本体在时空中生成变化的因果意义。然而，本质、本体、现象这些概念都翻译自西方哲学，在西方哲学中与现象相对的不是本质，而恰恰是本体，对本体与现象的区分可以追溯到柏拉图关于理

① 主要著作有：唐君毅《中国哲学原论·原教篇》（中国社会科学出版社，2006年）、陈政扬《张载思想的哲学诠释》（文史哲出版社，2007年）、朱建民《张载思想研究》（文津出版社，1989年）。

② 李晓春．张载哲学与中国古代思维方式研究［M］．北京：中华书局，2012：267-278.

念世界与可感世界的区分，在西方哲学中，与本体相对的现象一般不被认为是真正的实在，有时甚至被认为近乎假象。即使不是假象，它们的实在性也总是有限的。而在中国传统哲学中，体用、本末关系从来就不是实在与假象或表面现象的关系。体用一源，体用不二，崇本举末，末、用与本、体同样真切实在。除了佛学思想之外，中国传统哲学一般不会否定变化世界的真实性，真实无妄是为诚。而所谓本质与本体实际上都是从"essence"翻译而来的，只不过本体有时候指的是另一个词"substance"，但归根结底，它们都是从希腊文系动词的分词形式"ousia"而来的，是和西方哲学最核心的"是"或曰"存在"问题相关的，两种不同的译法只不过是强调的方面不同而已 。此外，正如近年来学者研究所指出的，中国古代哲学并没有明确的本体论和宇宙论的区分，因此，张载思想的歧义性尽管可以用上述区分给出一定解释，但并不能够穷尽问题实质。

就笔者阅读经验来看，张载在不同地方对太虚本体（张载使用"本体"这个概念，但其意涵仍悬而未决）与气化关系问题有多种表述，大多数表述的解释方向都很难严格定性，具有多重解释可能性，包括其诸多譬喻亦然。这种现象绝不能简单视为其思想的含糊不清，众所周知，张载是宋明儒中特别追求文字精准的哲学家。因此，这反而暗示我们，张载的这种表述方式具备有待发掘的张力。张载思想在宋代实际上就已经引起了相当大的争议，宋代学者如二程及其门人、王植、朱子在太虚问题上都对张载既有赞许，又有诸多误解与争议，而历代《正蒙》注释之间也有很大分歧，仔细检讨古人对张载文本的注疏，以及现代诸多学者各自的研究视域及其解释得失，方能以同情理解的方式充分还原出张载的问题视域。

总之，笔者简略勾勒出张载思想的复杂性，是想要拒绝一个简单化处理甚或比附于船山思想的张子体用研究。笔者构想的努力方向至少需要数年潜心研读方能做到，非目前学养能及，是以本书宁可付诸阙如，而不愿妄下断言。

第三节　朱子体用

本节要义：

1. 理事与体用

朱子中年以后很少用体用概念直接指称理气、理物以及理象关系，主要以体用概念讨论理事，体用概念从玄学承继而来的生成、规范意义被清除殆尽，这一概念被更多地赋予了儒家实践意义。

2. 道体与气化

“道体”的意涵，即作为理的本然之体；其“发见”或“用”并不是说“道体”具有生成活动之义，而指的是理不可见，只能在为气所承载时方可显现。

3. 性情体用

朱子以性为体、情为用，不能理解为本体发用为现象，性作为理是静态被动性规范，属气之“心”方统摄性情，承担主宰、管摄与发用功能。“心”分为三个部分：作为体的性（性体）、作为用的情，以及作为主宰功能的“心主”。心的三极两体实践结构，充分说明了人在现实世界的实践行为。具有实践意义的心主在实践的体用关系中成为始终在场者，它才是真正的“体”。但“心主”需要先通过认知功能来明察“性理”，才能依凭“性体”实施道德价值判断的功能，所以性体与心主的二体分离造成“知”之于“行”的优先性及后学的知识主义倾向。

朱子的“体用”学说可以分为两大模式：单体体用结构，两体（或曰“中介”）体用结构。前者主要是在自然或逻辑规范意义上使用，后者则给出了人效法并参赞天地的空间。第二种模式是在第一个模式的基础上加入了具有实践意义的主体，这个新加入者在序列链条中就成了一个始终在场者。这个永远在场的主体是不变的，在实践的体用关系中它才是真正的“体”，这种一心二体的结构依赖于“心主”的认识功能。

朱子“体用”概念的用法非常广泛，几乎近于泛滥①，其中有承袭伊川者，亦有独特创见者。笔者于继承者点到为止即可，主要篇幅用于分析其创见。

陈荣捷先生总结朱子论体用为如下六个方面：体用有别，体用不离，体用一源，自有体用，体用无定，同体异用②。前三个方面是直接继承伊川而来，后三个方面实际上是同一个问题，即体用的相对性。陈先生的分殊方式其实并不适合对体用问题的讨论，因为体用问题在不同层面的意义相差很大，笔者将延续之前的方式，就概念的不同意义层次展开分殊。

---

① 林维杰. 朱熹与经典诠释［M］. 上海：华东师范大学出版社，2012：182.

② 陈荣捷. 朱子新探索［M］. 上海：华东师范大学出版社，2007：179-185.

1. 理事与体用

理气问题是朱子一生都在致力讨论的问题，虽然他继承了伊川的基本方向，认为理对气具有存在规范作用，但朱子极少以体用概念去规定理气，这可能是因为朱子对体用的理解更加偏重于实践意义，也就是说，在体用关系上一定要有能动主体的介入①，单纯的自然运化过程并不能称为体用。理显现于气并对其有规定作用，这不是用，须得人依凭理进行某种活动，方可称之为用。蒙培元先生说："理和事物之间便是本体与功能、作用的关系，而不是西方哲学所说的本体与现象的关系。这就是为什么用体用关系说明理气（物）关系的道理。……朱子虽然沿用了《周易》和《周易程氏传》中的'象'这一词，但是，'象'实际上代表所有由气所生成之物。朱子以理为体，以象（即物即气）为用，明确指出理与物（气）是本体与作用的关系。"② 说理和事物不是本体与现象的关系没有问题，但是将气、物、象三者混为一谈是不正确的③。朱子的确也曾经以体用来描述理气关系，但这是基于其早年理能生气的思想，其晚年定论则不再认为理能生气④，因此不能将体用简单对应于理气关系。朱子仅仅以理象或理物与体用对言，极少以气言用，因为单纯的气并不能称为用，理气本是两物，体用关系讨论的是一物之两面，或者根本上共属于更高统一体的两物之关系，一般意义上的物是由理气统一构成的，所以，离开事物的理气关系称不上体用，事、物或象才能与理相对放在体用架构中讨论。诚然，对朱子学的讨论不能离开理气范畴，但把理气关系想当然地直接对应于体用关系却是朱子学研究中常见的误读。

朱子偶尔有理与物对言的表述，如"'体用一源'，体虽无迹，中已有用。'显微无间'者，显中便具微。天地未有，万物已具，此是体中有用；天地既立，此理亦存，此是显中有微"。这里的万物已具指的是万物之理已具，一物有一物之理，此理先于具体之物而存在，并规定着此物之形

---

① 有时这种主体性的介入者未必是人，也可以是天，比如："理者，天之体；命者，理之用。"只不过天无妄然，人有妄用，因此就天而言，体用几无实践之义，而更多为自然之义。

② 蒙培元. 朱熹哲学十论［M］. 北京：中国人民大学出版社，2010：80.

③ 此外，作用与功能的表述虽然看起来较为符合"用"之本义，但正如本章第一节概述所分析的，"体用"概念中的"解释—实践"意涵在这个表述下就会被忽略，从而更加接近自然之义。

④ 参看陈来《朱子哲学研究》（华东师范大学出版社，2000 年）第三章"理气先后"。

式，这还是在“规范”意义上言体用，体用概念对应于理与物的这种用法在朱子这里也极其少见，似乎更多的还是处于诠释前贤之言的需要。在朱子这里更常见的是用体用概念讨论理事：

> 其曰体用一源者，以至微之理言之，则冲漠无朕，而万象昭然已具也。其曰显微无间者，以至著之象言之，则即事即物，而此理无乎不在也。言理则先体而后用。盖举体而用之理已具，是所以为一源也。言事则先显而后微。盖即事而理之体可见，是所以为无间也。然则所谓一源者，是岂漫无精粗先后之可言哉!①

朱子这段话是将“体用一源、显微无间”分为理与象（事、物）两个层面对比讨论。“冲漠无朕，而万象昭然已具也”并非指事物已经真实存在，而是说虽然具体的事物尚未出现，但是万事万物的一切可能性作为“用”都已经被“理”即“体”规定了，这是“体用一源”的意思。因此后面说“言理则先体而后用。盖举体而用之理已具，是所以为一源也”②。前文已述，体用既然应当是一物之两面，那么事物之理是为体，事物之气的层面则当是用。同样，“显微无间”强调的是，不管讨论任何事物，里面永远都有“理”相与伴随，事理二者无间而不可分。最后朱子强调的是，就理事而言，虽然“一源”“无间”，但其先后次第、精粗显微是不可颠倒的。最后强调先后问题是因为，这段话出自《太极图说解》的《附辩》，朱子作《附辩》的目的是反驳《太极图说解》引起的各种质疑：“愚既为此说，读者病其分裂已甚，辨诘纷然，苦于酬应之不给也，故总而论之。”③ 具体到这段话针对的是有读者认为“体用一源，不可言体立而后用行者”④。因此，可以明确的是，朱子这个时期认为，“理”先于“事、物、象”⑤，而“体”如果指涉的是“太极”或者“理”，那么它也是先于“用”。

需要注意伊川讲理象体用一源是就易象而言，朱子这里讲象是就万事万物而言，把象称为用，指的是事物之理在事物上对其的规范。但是当朱

---

① 周敦颐. 周子全书：卷 2［M］. 上海：商务印书馆，1937：34.

② 由此句可以看出，虽然此材料较早，此时朱子或许持有理能生气思想，不可归入朱子晚年定论，然而这里强调的并不是理对于气或事物的生成关系，而是理之于事物的规定性。

③ 同①.

④ 同①.

⑤ 因此，陈来先生在《朱子哲学研究》中认为这个阶段朱子“没有明确涉及理气先后的问题”的观点，是有待商榷的。参看陈来《朱子哲学研究》（华东师范大学出版社，2000 年，第 78 页）第三章“理气先后”。

子将易象称为用的时候，和伊川的意思并不相同，这与其对《易经》的理解有关。朱子以《周易》本为卜筮之书而非义理之书：

《易》所以难读者，盖《易》本是卜筮之书，今却要就卜筮中推出讲学之道，故成两节工夫。①

所谓义理乃是后人加上去的：

后人说《易》，只爱将道理堆垛在上面，圣人本意不解如此。②

因此对伊川《易传》也略有微词，其原因有二，一则，为其强堆道理：

伊川见得个大道理，却将经来合他这道理，不是解易。③

二则，即便每一爻皆有其理，一部易经三百八十四爻也只有三百八十四理，终究不是整全大道：

林择之云："伊川《易》说得理也太多。"曰："伊川求之太深。尝说'三百八十四爻，不可只作三百八十四爻解'，其说也好。而今似他解时，依旧只作得三百八十四般用。"④

此外，如果按照朱子所理解的伊川《易》的逻辑，象就其根本而言仅仅只是理之一端显现，最根本的目标是获取此理，那么在此基础上再向前走一步，顺理成章地便可以得出结论：如果能够以其他更好的方式获得此理，象、爻或《易》也可以弃之不顾。自然，伊川和朱子都还没有将此逻辑推进到如此地步⑤，这里的问题在于，朱子既以《周易》为卜筮之书，则象的作用便是指示人吉凶，象在此意义上与用对应：

用之问："坤六二'直、方、大，不习无不利'。学须用习，然后至于不习。"曰："不是如此。圣人作《易》，只是说卦爻中有此象而已。如坤六二'直、方、大，不习无不利'，自是他这一爻中有此象，

① 朱子语类：卷66［M］//朱熹. 朱子全书：第16册. 上海：上海古籍出版社，2002：2187.

② 同①2194.

③ 朱子语类：卷67［M］//朱熹. 朱子全书：第16册. 上海：上海古籍出版社，2002：2220.

④ 同①2186.

⑤ 此思路象山肇其端倪，阳明发展至极致，此问题与经典诠释以及工夫实践的关系，本书第四章有专节之论，此不赘述。

人若占得，便应此事，有此用也。未说到学者须习，至于不习。在学者之事，固当如此。然圣人作易，未有此意在。”①

《易》只是说个卦象以明吉凶而已，更无他说。如乾有乾之象，坤有坤之象，人占得此卦者，则有此用以断吉凶，那里说许多道理！②

弟子试图将易象向义理德性方向诠释，朱子却否定这种思路，只将此象理解为对此事此用的指示。这样，我们看到，虽然朱子同样以用来称呼象，但由于他后来不再像早年那样认为理能生气、理能生象，因此也就不再认同将象诠释为理之显现，也不赞成将理强加于易象的做法，所以他的象作为用的意义和伊川并不相同。伊川之用指的是理之显现发用，朱子之用在这里指的是象对人能够起到指示功能。而且，如果说象在朱子这里并不能直接与理发生关联的话，那么二者之间更加谈不上体用关系。总之，朱子中年以后很少用体用概念直接指称理气、理物以及理象关系，在上段材料中，甚至似乎想要切断理与易象的关系。**体用概念从玄学那里承继而来的生成意义、规范意义被清除殆尽，而更多地被赋予了儒家实践意义，这主要表现在朱子性情体用论上**，将在本节第三部分讨论。在此之前，还需要明确的是，朱子“体”的意义并不仅仅局限于“太极”与“理”这个层面，本节下面部分要讨论的就是朱子“体”的其他几种用法。

2. 道体与气化

朱子用“道体”这个概念的时候“体”之意义也很特殊。“道体”这个词在理学中是由伊川提出的，伊川用“道体”这个概念来诠释《论语》“子在川上曰”一节：

“子在川上，曰逝者如斯夫”，言道之体如此，这里须是自见得。张绎曰：“此便是无穷。”先生曰：“固是道无穷，然怎生一个无穷便了得他？”③

朱子弟子对此段对白有惑，与朱子有一段问答：

① 朱子语类：卷 66［M］//朱熹．朱子全书：第 16 册．上海：上海古籍出版社，2002：2189－2190．

② 同①2190．

③ 河南程氏遗书：卷 19［M］//程颢，程颐．二程集：第 1 册．北京：中华书局，1981：251．

问“张思叔说：‘此便是无穷。’伊川曰：‘一个无穷，如何便了得?’何也?”曰：“固是无穷，然须看因甚恁地无穷。须见得所以无穷处，始得。若说天只是高，地只是厚，便也无说了。须看所以如此者是如何。”①

朱子的意思是说不能只用“无穷”来描述“道体”，因为“无穷”只是“道体”显现的特性之一，“道体”是“无穷”之所以然。这个意思很像程子对“一阴一阳”为气、“所以一阴一阳者”为道的区分。朱子进一步以体用概念来解读“道体”：

问：“泛观天地间，‘日往月来，寒往暑来’，‘四时行，百物生’，这是道之用流行发见处。即此而总言之，其往来生化，无一息间断处，便是道体否?”曰：“此体、用说得是。但‘总’字未当，总，便成兼用说了。只就那骨处便是体。如水之或流，或止，或激成波浪，是用；即这水骨可流，可止，可激成波浪处，便是体。如这身是体，目视，耳听，手足运动处，便是用。如这手是体，指之运动提掇处便是用。”淳举《论语集注》曰：“往者过，来者续，无一息之停，乃道体之本然也。”曰：“即是此意。”②

钱穆先生在《朱子新学案》中对这段话如此解读：“水之或流或止，或激成波浪，此乃水所可有之种种表象，故称之为水之用，至于其可流可止，可激成波浪，所以可有此种种表象者，此乃水之本身，故称之为水之体。然若舍去其或流或止或激成波浪等种种表象，则水之本身亦不可见。是则水之本身乃隐藏于其种种表象之后面，犹骨之隐藏于皮肉之里，故谓是水之骨也。朱熹说问者此体用说得是，但总字未当，盖说总则成为不分，故朱子云未当也。”③

这里对朱子“道体”概念的理解就朱子体用之分别而言并不错，但也存在一定误读，主要是在于将朱子的“道体”理解为既有静态规定性，又具有主动的生成发用性。究其根本误读源自朱子自己在使用“体用”概念的时候存在一定的含混性，当与其他条目合观，才能明白“体”字之意。

① 朱子语类：卷36［M］//朱熹．朱子全书：第15册．上海：上海古籍出版社，2002：1356．

② 朱子语类：卷6［M］//朱熹．朱子全书：第14册．上海：上海古籍出版社，2002：239．

③ 钱穆．朱子新学案：上册［M］．成都：巴蜀书社，1986：297．

譬如上文所引，当朱子说身是体、目视耳听为用，手是体、指之运动是用的时候，这里的“体用”意涵比较近乎日常性素朴意义，即某存在者之整体与其功用。但是这里有两个问题：第一，身、手作为体，其实并不能够主动发用，它们必须依赖“心”之能动才可发用，这与日月寒暑自然往来流行的结构并不能够直接等同。不过这个问题涉及朱子心性论，留到本节“性情体用”部分再详细展开讨论。这里要详细展开讨论的是第二个问题，即朱子所谓的“水骨”之“体”是不是存在者整体及其功用的意思。尽管这里朱子没有明确地阐释“水骨”的意义，但和《朱子语类》中相关材料相参即可明了：

伊川说：“水流而不息，物生而不穷，皆与道为体。”这个“体”字，似那形体相似。道是虚底道理，因这个物事上面方看见。①

徐问：“程子曰‘日往则月来’，至‘皆与道为体’，何谓也?”曰：“日月寒暑等不是道。宇录云：“日往月来，寒往暑来，水流不息，物生不穷不是道。”然无这道，便也无这个了。惟有这道，方始有这个。既有这个，则就上面便可见得道……”②

周元兴问“与道为体”。曰：“天地日月，阴阳寒暑，皆‘与道为体’。”又问：“此‘体’字如何?”曰：“是体质。道之本然之体不可见，观此则可见无体之体，如阴阳五行为太极之体。”③

从这三段材料可以看出“与道为体”和“道体”的表述看起来非常相近，其实在朱子这里意思是完全不同的。**这三段解释的都是“与道为体”之“体”的意涵，皆为“形体”“体质”之义，换言之，即是作为“道”之承载者的具体存在者，笔者借用李晓春教授提出的概念，称其为“质体”**④。“道”的本然之体不可见，是“无体之体”，前一个“体”是质体，后一个“体”是本体，“体”的这两个意思都可以和“用”相对，只不过前者是较为源初的素朴用法，后者是理学中比较思辨性、哲学性的用法。尽管朱子有时如上文所论，在和弟子随口问答的时候没有注意这两种用法的差别，造成表面上字义的含混⑤，但细绎材料的话，还是能够梳理出其

① 朱子语类：卷36［M］//朱熹．朱子全书：第15册．上海：上海古籍出版社，2002：1356.

② 同①1355-1356.

③ 同①.

④ 李晓春．张载哲学与中国古代思维方式研究［M］．北京：中华书局，2012：67.

⑤ 这一点在《朱子语类》卷三十六对“子在川上曰”一则的讨论问答中尤为明显。

大致意思的。既然道是虚底道理，因具体事物方可发见，那么前引朱子所论“水骨可流，可止，可激成波浪处，便是体”，这里的“水骨”或“体”指的应当就是水之流、止、激的道理，**这才是“道体”的真正意涵，即作为理的本然之体**；而水之或流，或止，或激，作为“发见”或“用”并不是说“道体”具有生成活动之义，而只是说作为“理”的“道体”本身不可见，只能在为气所承载、“与道为体”的时候才可以被发见。为了明确这一点，不妨再来看《朱子语类》中的另一段话：

> 问“鸢飞”“鱼跃”之说。曰：“盖是分明见得道体随事发见处。察者，著也，非‘察察’之‘察’。《诗》中之意，本不为此。《中庸》只是借此两句形容道体……”①

《早期道学话语的形成与演变》一书中引用此材料并论断说：“朱熹在这里表达的潜存与显现的体用论，其含义明显不同于以往的体用论。本体是潜隐的存在，但它又是万物化生的根源，自身具有能发见流行的功能。由潜存与其显现的意义看体用之体，则所谓‘无声无臭’之本体，并不仅是所谓‘只存有而不活动’的一种形式之理，而是此潜隐之本体自身能以发见流行的实体。”② 这种以潜隐与显现解释“体用”的思路在杨立华老师的论文中也可以看到，他在解释前引“水骨”材料时说：“物的可能性是体，而可能性的具体实现便是用。”③ 这个解释如果不涉及西方的潜能现实论，单在中国哲学的概念语境中来说是没有问题的，但关键在于，潜隐的可能性是由作为“理”的“道体”规定的，那么“道体”究竟是自身便具有发见流行功能，抑或必须借助他者的推动才能实现呢？

其实朱子这里所谓“发见”指的并非“道体”自身能够发见流行、存有而活动，只要对照《朱子语类》下面几条即可昭然若揭：

> 鸢飞鱼跃，道体随处发见。谓道体发见者，犹是人见得如此，若鸢鱼初不自知。察，只是著。④
>
> 子思之意却是言这道理昭著，无乎不在。⑤

---

① 朱子语类：卷 63 [M] //朱熹. 朱子全书：第 16 册. 上海：上海古籍出版社，2002：2070.

② 陈来. 早期道学话语的形成与演变 [M]. 合肥：安徽教育出版社，2007：320.

③ 杨立华. 体用与阴阳：朱子《太极图说解》的本体论建构 [J]. 哲学研究，2012 (10).

④ 同①.

⑤ 同①2071.

> “鸢飞”、“鱼跃”，某云：“其飞其跃，必是气使之然。”曰：“所以飞、所以跃者，理也。气便载得许多理出来。若不就鸢飞鱼跃上看，如何见得此理?”①

显然，朱子“道体”的“发见”指的是道理之昭著，即人能够在“鸢飞鱼跃”上看到“道体”的显著表现，而如果细追索的话，“理”为“飞、跃”之所以然，却还要由“气”承载方可显现出来。

理解了“道体”和“与道为体”的上述差别，朱子有些看起来难以索解的表述也就一目了然了，譬如《太极图说解·图解》开篇的一段话：

> ○，此所谓无极而太极也，所以动而阳、静而阴之本体也。然非有以离乎阴阳也，即阴阳而指其本体，不杂乎阴阳而为言尔。◎，此○之动而阳、静而阴也。中○者，其本体也。☾者，阳之动也，○之用所以行也；☽者，阴之静也，○之体所以立也。②

这里的○指的是道之本体，即作为太极的“理”。阴阳是气，理气不可离，但在逻辑表述上却又可以不杂乎阴阳而论理。◎即是理气构成的整全，气之阳动是“道体”得以发用的动力，气之阴静即所谓的“○之体所以立”并不是说阴气可以理解为“体”，关键点在“所以立”上，强调的是理气不杂不离的关系，必得有气作为载体，太极之体方有依托③。因此“○之体所以立”想要表达的意思其实和上面分析的“与道为体”意义相通。

除了“道体”和“与道为体”的使用差别，朱子“体用”还有在“气化”层面的特殊用法，它也和太极体用问题相关，《朱子语类》第一卷第一条：

> 问：“太极不是未有天地之先有个浑成之物，是天地万物之理总名否?”曰：“太极只是天地万物之理。在天地言，则天地中有太极；在万物言，则万物中各有太极。未有天地之先，毕竟是先有此理。动而生阳，亦只是理；静而生阴，亦只是理。”问：“《太极解》何以先动而后静，先用而后体，先感而后寂?”曰：“在阴阳言，则用在阳而

① 朱子语类：卷63［M］//朱熹．朱子全书：第16册．上海：上海古籍出版社，2002：2072．

② 太极图说解：图解［M］//朱熹．朱子全书：第13册．上海：上海古籍出版社，2002：70．

③ 这种不杂不离的理气关系分析可参看杨立华《体用与阴阳——朱子〈太极图说解〉的本体论建构》（《哲学研究》，2012年第10期）。

体在阴，然动静无端，阴阳无始，不可分先后。今只就起处言之，毕竟动前又是静，用前又是体，感前又是寂，阳前又是阴，而寂前又是感，静前又是动，将何者为先后？不可只道今日动便为始，而昨日静更不说也。如鼻息，言呼吸则辞顺，不可道吸呼。毕竟呼前又是吸，吸前又是呼。”①

有的研究者因为这里说阴阳皆可为体，便将此“体”错认为太极，并以此为依据认为朱子之“太极”可以生成发用，又或者“理气”可以互为“体用”。朱子这里固然有些表述含混之处，但结合其上下文便可以看到，其强调的是先有此理，动静阴阳无非只是此理因气而显现。朱子门人所问是将“理”当作“体”，而朱子的回答则没有按照门人的提问方向，只是说自己的意思，所以容易造成误解。除此之外，还可以结合《朱子语类》中其他材料进一步确证，朱子这里的“体用”仅仅是在“气化”层面说的：

问：“‘太极动而生阳’，是有这动之理，便能动而生阳否？”曰：“有这动之理，便能动而生阳；有这静之理，便能静而生阴。既动，则理又在动之中；既静，则理又在静之中。”曰：“动静是气也，有此理为气之主，气便能如此否？”曰：“是也。既有理，便有气；既有气，则理又在乎气之中……”②

问：“‘太极动而生阳’，是阳先动也。今解云‘必体立而用得以行’，如何？”曰：“体自先有。下言‘静而生阴’，只是说相生无穷耳。”③

自太极至万物化生，只是一个道理包括，非是先有此而后有彼。但统是一个大源，由体而达用，从微而至著耳。④

第一段材料明确说“动之理”“静之理”都只是“理”，动静才是气。第二段材料一方面将“体”作太极之理来说，另一方面又在动静阴阳层面解释相生无穷。第三段材料则就太极与万物来说，明示太极为体，万物化生为用。此外，台湾学者林维杰先生就前文“阴阳体用”有明晰的解读：

---

① 朱子语类：卷 1 [M] //朱熹. 朱子全书：第 14 册. 上海：上海古籍出版社，2002：113-114.

② 朱子语类：卷 94 [M] //朱熹. 朱子全书：第 17 册. 上海：上海古籍出版社，2002：3125-3126.

③ 同②3126.

④ 同②3123.

“此体用只是一气之开端与接续的流转变化，其互为体用或体用互根亦只是无始无终的彼此替代，故其体并非本源，其用亦非本源之发用。……朱子论太极理气与体用的诸表述，因而可以归结为下列几种形态：其一是‘气化’本身之体用，其体用是由其动静变化的循环反复、互为其根而说；二是太极（道体）为体，其用则是太极表现于气化之中（或消极地说太极之体乃因着气化的动静而显出其用）。”①

自从牟宗三先生将朱子之“体”定性为“只存有不活动”②，也即是没有主动的生成发用性，便有不少学者试图反驳此论断，上引某些研究可能即是受此影响。笔者以为，虽然朱子“道体”之论有含混歧义，但基本结构还是能够大致确定，当没有生成活动之义，而所谓“用”在上述较为含混的用法下，更多指涉的是显现与规定，而较少实践意涵。

上引的材料，我们除了澄清误读以外，还看到林维杰先生指出了朱子一种特别的“体用”含义，即先后序列的体用意义。

阳可以阴为体，阴可以阳为体，“体用”不再是本源与显现的关联，而是彼此相互替代。不过林先生这里使用“互为体用”“体用互根”的表述容易引起误解，即认为“体”“用”二者在同一境遇下可以相互替代，体即是用，用即是体。其实朱子想表达的是在一个连续的变化序列中，在前者可以称为在后者之体，在后者既是在前者之用，也是更加后者之体。这样一种体用关系我们称之为先后序列关系，朱子对此有过一段清晰表述：

> 童问：“上蔡云‘礼乐异用而同体’，是心为体，敬和为用。《集注》又云，敬为体，和为用，其不同何也？”曰：“自心而言，则心为体，敬和为用；以敬对和而言，则敬为体，和为用。大抵体用无尽时，只管恁地移将去。如自南而视北，则北为北，南为南；移向北立，则北中又自有南北。体用无定，这处体用在这里，那处体用在那里。这道理尽无穷，四方八面无不是，千头万绪相贯串。”以指旋，曰：“分明一层了，又一层，横说也如此，竖说也如此。翻来覆去说，都如此。如以两仪言，则太极是太极，两仪是用；以四象言，则两仪是太极，四象是用；以八卦言，则四象又是太极，八卦又是用。”③

① 林维杰．朱熹与经典诠释［M］．上海：华东师范大学出版社，2012：207.

② 牟宗三．心体与性体：第1册［M］．台北：正中书局，1991：58.

③ 朱子语类：卷22［M］//朱熹．朱子全书：第14册．上海：上海古籍出版社，2002：766－767.

“体用”就好像南北方向，不管走到哪里，都有南北，不管在哪个存在层级，都有体用之别。所谓“太极是太极”，第一个“太极”是“天理”意义上的终极之体，第二个“太极”在这里是指代“体”的意思。这段话意思是说，对两仪而言，太极为体，对四象而言，则两仪为体，如此等等，这个序列没有穷尽，所以体用也无定而无尽时①。所以朱子会说“见在底便是体，后来生底便是用。此身是体，动作处便是用。天是体，‘万物资始’处便是用。地是体，‘万物资生’处便是用。就阳言，则阳是体，阴是用；就阴言，则阴是体，阳是用”②。自然，如果将此体用序列向上追溯到底，就好像走到南极，那么还是有个终极之道体——太极，但是在一般的次级概念层面，“体用”只是一个相对结构。需要注意的是，这种“体用”的先后序列结构并不能仅仅对应于“气化”层面，它在纯粹“理”的层面上同样存在，只不过这个时候朱子更加惯常的表述乃是“理一分殊”，相比而言，前者的先后序列关系涉及现实生成、实践与规范意义，后者则更多的是逻辑与根据意义。至于“理一分殊”与“体用”的复杂关系，需要在下一部分讨论朱子心性论之后再来处理。

3. 性情体用

在讨论朱子性情体用关系之前，先要澄清几个基本分殊。陈来先生指出，朱子“体用的分析用之于心性系统，表现为‘心之体为性，心之用为情’、‘性发为情’、‘情根于性’的界定，而拒绝把‘心’分为本体的心与发用的心，像佛教或心学所作的那样”③。需要注意的是，朱子早年就并非像伊川那样认为心只有已发，而无未发，其晚年定论也认为心有已发未发，只是“心的未发已发是区别心理活动及其状态的两个阶段，这里的已发未发是同一层次的概念。而性情未发已发则是与体用相同的概念，两者不但在实际上有过程的区别，层次也不相同”④。也就是说，朱子讲已发未发有两种用法，一种是对应于意识活动意义的“心”，指的是两种意识状态阶段，这种用法与体用关系不大；另一种是对应于性情，性是未发，

① 朱子的“两仪”“四象”“八卦”概念有时指理，有时指气，此段材料所指殊难定性，但并不影响此处的论断。

② 朱子语类：卷 6 [M] //朱熹. 朱子全书：第 14 册. 上海：上海古籍出版社，2002：239.

③ 陈来. 朱子哲学研究 [M]. 上海：华东师范大学出版社，2000：250.

④ 同③180.

情是已发，性为体，情为用。此外，朱子讲心体至少有四种意义：

其一，“心之体为性，心之用为情”①。

其二，心之体为虚灵不昧，有权衡判断主宰之能。最典型段落为注《大学》“明德”：

> 明德者，人之所得乎天，而虚灵不昧，以具众理而应万事者也。但为气禀所拘，人欲所蔽，则有时而昏；然其本体之明，则有未尝息者。故学者当因其所发而遂明之，以复其初也。②
>
> 人之一心，湛然虚明，如鉴之空，如衡之平，以为一身之主者，固其真体之本然。③

“具众理”并非“心即理”，“在朱子的理论系统中，并无‘心即理’之‘本心’义，心只是虚灵，必须通过格物的工夫，才能知理，故道心惟微，朱子解作道心微妙而难见，因理非心，须格物致知而后明之故”④。

其三，朱子有时使用“心之本体”这个用法：

> 心是动底物事，自然有善恶。且如恻隐是善也，见孺子入井而无恻隐之心，便是恶矣。离着善，便是恶。然心之本体，未尝不善，又却不可说恶全不是心。⑤
>
> 性无不善。心所发为情，或有不善。说不善非是心，亦不得。却是心之本体本无不善，其流为不善者，情之迁于物而然也。⑥

《早期道学话语的形成与演变》一书中认为，“在这里‘本体’不是指作为万物的生成、存在、变化的根本原因的本体，而是指事物的原来的样

---

① 朱子语类：卷117［M］//朱熹．朱子全书：第18册．上海：上海古籍出版社，2002：3694.

② 朱熹．四书章句集注［M］．北京：中华书局，1983：3．此段以“明德”来解释“心”，陈来先生指出：“朱子始终不指明此明德即是心，反而在小注中朱子对明德的解群有时游移于心性之间，或把命、心、性、明德平列。”（陈来．诠释与重建：王船山的哲学精神［M］．北京：生活·读书·新知三联书店，2010：57）陈来先生猜测可能是因其囿于《大学》本文所致，笔者以为更大的可能性是源自下文分析的朱子心有二体问题。

③ 大学或问：卷下［M］//朱熹．朱子全书：第6册．上海：上海古籍出版社，2002：534.

④ 杨祖汉．中庸义理疏解［M］．台北：鹅湖出版社，1984：258.

⑤ 朱子语类：卷5［M］//朱熹．朱子全书：第14册．上海：上海古籍出版社，2002：220.

⑥ 同⑤227-228.

子或本然状态"①。问题在于，中国哲学中，所谓本然状态往往也包含着存在或生成的根据或源头意涵，不过，在朱子这里，这种根据或源头意义远不如有的思想家如明道、横渠、阳明那样强烈，有时也较为模糊。上引两段材料的表述在"心之本体"究竟与"性"能否等同的问题上，也显得相当含混，难以定性②。整体来说，如陈来先生所言："朱熹一般所讲的心之本体，心是指作为一般意识活动主体的知觉思虑之心，如所谓心之本体虚明。在这个意义上讲的心之本体是广义的。有时朱熹则把心仅仅作为道德意识的主体，相当于所谓实践理性，在这个意义上讲的心之本体是狭义的，近于良心的观念，但此种用法较少，在朱熹哲学中不占主要地位。"③ 总之，朱子"心之本体"意涵有时指的是心之本然至善状态，这种情况下可能包含有第一种"性体"之义；有时指的是心之虚灵主宰，这时可以等同于上述第二种意义。

其四，心体之体有时也作"形体"、"质体"或"全体"之义。这更多是出自以朱子自身的体系诠释前贤经典话语的需要，譬如伊川曾经说过："（心）其体则谓之易，其理则谓之道，其用则谓之神。"有弟子产生疑惑，"问：'上天之载，无声无臭，其体则谓之易，如何看体字？'曰：'体，是体质之体，犹言骨子也。易者，阴阳错综，交换代易之谓。'"朱子又强调要随前后语境活看心字：

> 贺孙问："'其体则谓之易'，体是如何？"曰："体不是'体用'之'体'，恰似说'体质'之'体'，犹云'其质则谓之易'。理即是性，这般所在，当活看。如'心'字，各有地头说。如孟子云：'仁，人心也。'仁便是人心，这说心是合理说。如说'颜子其心三月不违仁'，是心为主而不违乎理。就地头看，始得。"④

第四种心体用法在朱子这里并不能算是就其自身体系而言的严格意义上的哲学用法，所以本书将主要讨论前三种用法。

朱子以性为体、情为用，性情的体用关系不能理解为本体发用为现象，因为性作为理在朱子哲学体系中是静态的、被动性的规范，需要凭借

① 陈来. 早期道学话语的形成与演变［M］. 合肥：安徽教育出版社，2007：343.

② 不过，即便这两段材料中的"心之本体"可以等同于"性"，那也不过是将其重新归入第一种心体意义，对本研究并无影响。

③ 陈来. 朱子哲学研究［M］. 上海：华东师范大学出版社，2000：217.

④ 朱子语类：卷 5［M］//朱熹. 朱子全书：第 14 册. 上海：上海古籍出版社，2002：217-218.

气的能动性才能够显现作用。朱子以属气之“心”来统摄性情，承担主宰、管摄与发用的功能：

> 性以理言，情乃发用处，心即管摄性情者也。①
>
> “天命之谓性。”命便是告劄之类。性便是合当做底职事，如主簿销注，县尉巡捕。心便是官人。气质便是官人所习尚，或宽或猛。情便是当厅处断事，如县尉捉得贼。情便是发用处。②

“告劄”就是“告身”，是古代授官的文凭。天命给人授官，规定下做官的职分即是性，但这些应尽之职分必须有一个主动性的主体才能够完成，这便是“心”的功能。也即是说“用”的主体并不是“性”，而是“心”，其实，这里的“心”就是前文朱子“心体”的第二种意义——主宰能动。为了区分两种“心体”，我们把“心体”的这种主宰与主动意义称为“心主”。朱子更常用的是直接用“心”来表示“心主”：

> 心有体用，未发之前是心之体，已发之际乃心之用，如何指定说得。盖主宰运用底便是心，性便是会恁地做底理。性则一定在这里，到主宰运用却在心。情只是几个路子，随这路子恁地做去底，却又是心。③

这里所说的“主宰运用”的“心”便是“心主”，它和心之体、心之用绝不能直接等同。如果不考虑肉体意义上的“心”，哲学意义的“心”在朱子这里可以分殊为三个部分：作为体的性（性体）、作为用的情，以及作为主宰功能的“心主”，三者合在一起才是完整之心。不过“心主”与“心”实际上并不能截然分开，因为“心主”既然主宰性之发用，所以“心统性情”之“心”虽然是整全之心，但除非特别强调其主宰性，否则往往与“心主”并没有区别。这里的体用关系实际上是把人在现实世界运用理做事的实践结构移植到了心的结构上来，或者说，**有了心的这样一个三极两体实践结构，人在现实世界的实践行为才能够得到充分的说明**。“性”不能够直接发为“情”，如果是那样简单的两极结构的话，至善之“中”必然直接呈现为中节之“和”，就无法解释为何会有不善不和之“情”。所以当弟子问：“心之为物，众理具足。所发之善，固出于心。至

---

① 朱子语类：卷5［M］//朱熹．朱子全书：第14册．上海：上海古籍出版社，2002：230．

② 同①192．

③ 同①225．

所发不善，皆气禀物欲之私，亦出于心否?”朱子回答说：“固非心之本体，然亦是出于心也。”这里的“心”指的应当是可为善可为不善的“心主”，“心之本体”显然与“心”所指不同，指的是以性（理）为基础的至善本然状态。朱子又曰：

> 性无不善。心所发为情，或有不善。说不善非是心，亦不得。却是心之本体本无不善，其流为不善者，情之迁于物而然也。性是理之总名，仁义礼智皆性中一理之名。恻隐、羞恶、辞逊、是非是情之所发之名，此情之出于性而善者也。其端所发甚微，皆从此心出，故曰：‘心，统性情者也。’性不是别有一物在心里。心具此性情。①

不善也是“心”，只是这个“心”不是心之本体，而是作为主宰的“心主”，“心主”依凭性所发的情为善，即所谓“道心”，不依凭性之规范，随物而迁的情则为不善，即“人心”或“人欲”。但是，这样一来，就产生一个麻烦，“人欲”也属于情、属于用，那么它的“体”是什么？显然不可能是至善的“性体”或者“心之本体”，而是可善可恶的虚灵“心主”。但这样一来，则可能滑向佛家以知觉为性的思路，而这是朱子绝对不能同意的。

此外，如上所引，“性”并不是一个外在于“心主”的异己存在，它和情都是从属于“心主”的。按照朱子有时的表述，此性与“心主”有时却可以分离：

> 孝述窃疑心具众理，心虽昏蔽而所具之理未尝不在。但当其蔽隔之时，心自为心，理自为理，不相赘属。如二物未格，便觉此一物之理与心不相入，似为心外之理，而吾心邈然无之。及既格之，便觉彼物之理为吾心素有之物。夫理在吾心，不以未知而无，不以既知而有……先生批云：极是。②

按照此处说法，“心”（心主）可以和其“体”（性体）处于内在隔绝的状态，这样的话，“心主”就成为无“体”之主体，或者说与“体”隔绝的主体，即便不考虑这种说法本身可能带来的矛盾，单就体用问题而言，“心主”本质是虚灵之气，此气如果与理隔绝，其存在与发用岂非皆成了“无理之气”甚至是“无体之用”？不妨再看朱子对胡五峰天理人欲

---

① 朱子语类：卷 5 [M] //朱熹．朱子全书：第 14 册．上海：上海古籍出版社，2002：227.

② 晦庵先生朱文公续集：卷 10 [M] //朱熹．朱子全书：第 25 册．上海：上海古籍出版社，2002：4817.

说法的批评：

> 问："'天理人欲，同体而异用，同行而异情'，如何？"曰："下句尚可，上句有病。盖行处容或可同，而其情则本不同也。至于体、用，岂可言异？观天理人欲所以不同者，其本原元自不同，何待用也？……"①

> 或问"天理人欲，同体异用"。曰："如何天理人欲同体得？如此，却是性可以为善，亦可以为恶，却是一团人欲窠子，将甚么做体？……"②

朱子的批评是基于他对"胡氏论性无善恶"③ 的反对，他认为天理、人欲两种行为方式（用）之所以不同，是因为其本原（体）不同，但这仍然没有解决人欲之"体"为何的问题。即便是在其晚年思想成熟著作《中庸章句序》中，依旧有此困难：

> 心之虚灵知觉，一而已矣，而以为有人心、道心之异者，则以其或生于形气之私，或原于性命之正，而所以为知觉者不同，是以或危殆而不安，或微妙而难见耳。然人莫不有是形，故虽上智不能无人心，亦莫不有是性，故虽下愚不能无道心。④

道心的来源容易理解，乃是"心主"依凭性命之正即"性体"所发，然而人心如果生于"形气之私"，就意味着它无论是来源还是构成只有"气"的维度，而绝无"理"的规范⑤。这将导向"人欲"是"无体之用"的结论。"无体之用"初看起来很像是一个悖谬的概念，不过如果考虑到朱子体系中的"人欲"的解释有时近乎"无理之气"，或者无根据、来由、规定性的存在⑥，那么"无体之用"也许亦可作为一种解释可能。不过显然的是，在朱子的整个体用论思想中，这还是一种无法妥善安置的解释。

---

① 朱子语类：卷101［M］//朱熹．朱子全书：第17册．上海：上海古籍出版社，2002：3400.

② 同①3401.

③ 同②.

④ 朱熹．四书章句集注［M］．北京：中华书局，1983：14.

⑤ 虽然朱子常常以过与不及来解释人欲问题，但困难并不因此而减少，譬如过与不及的理气与性情关系是如何构成的，过与不及是否能够解释一切恶，等等，不过鉴于与本书主旨关系不大，便不再赘论。

⑥ 《朱子语类》卷十三："人生都是天理，人欲都是后来没巴鼻生底。"巴鼻是来由、根据的意思。

究其根本，建构上述“心—性—情”体用结构的困难来自体用概念本身的分裂。前文已论，在王弼那里，体用概念被首先提出，但是如本章第一节分析的，王弼之“体”既非“本—母”之义，亦非后世“本—体”之义，而是“有—无”相合构成的事物整全之个体，换言之，物无妄然之“理”在王弼这里不能如后世一般等同于“性体”。王弼主自然无为之义，因此“无”与“有”结合构成具体事物之后，无论是车、器、室这样的人造器物，还是天、地、山谷、万物这样的自然存在者，它们的“用”在王弼这里的意涵都更加接近自然属性的意义，人为实践意涵如果说有的话，那也是在顺应自然之道意义上的，即应当“络马首穿牛鼻”，而不应“穿马鼻络牛首”。严格说来，“络马首”的体用意义已经发生了变化，“体”在这里是马，“用”是马之性体现出来的功效，人只需顺应此功效即可，如果人妄用私智“穿马鼻”，便会破坏此马之“用”。至于人顺应或违逆自然之道的行为在何等意义上属于“用”，其“体”又为何，在王弼的思想体系中并未得到解释，因为王弼的“体用”概念不同于后世惯用意义，其思想主要是以“无—有”概念建构的。

王弼这种偏于“无为”“顺道”的思想是强调“人能弘道”的儒家士大夫所不能完全接受的，所以伊川一方面承袭了王弼“理—物”的规范意义，又将能动的生成意义也划到理这边——伊川总的来说还是倾向于理能生气，理象之体用一源也是在这个意义上承袭了王弼；另一方面，开辟了“体用”的新意义——实践意义，即人在具体境遇中依凭静态规范实施某种合宜之举措，此种实践意义归根结底当然来自天，因为天命人而有性，但还是强调人的主体能动性。此思想部分来自佛教，不过主要还是从《周易》的解释中获得的。只是在伊川易学中“体用”的多极结构并没有和严格意义上的“体用”概念对应，要到了朱子这里才充分发展并完成了这个“体用”的多极结构。

朱子进一步分离体用的意义。就宇宙论而言，王弼、佛教以及伊川的体用在宇宙论层面近于一元两极结构，在朱子理气问题渐趋明确以后，静态与能动两种“用”分别交由理气二者，静态的规范意义完全由理来承担，主动的生成意义由气承担。在这样的逻辑上来说，有二“用”便当有二“体”，这当然是反对“二本”的朱子所不能接受的，这便是为何朱子很少以理气与体用对言，朱子的解决方案如前所述，是以理气合一构成的“事”或“物”来承担“用”的意义，但“体”则仍旧交由“理”来承担。实际上，“体用”这对概念现在已经难以承担朱子的哲学架构，然而朱子并没有有意识地改造“体用”概念，“体”这个概念，在汉语中本就有着非常丰富的意涵，朱子利用“体”字原有的多义性在不同场合使用不同意义来缓解“体用”概念在其思想架构中面临的紧张与冲突。他一方面只承认理为“体”，另一方面，又会用“道体”来表述理气二者构成的宇宙之“全体”。这种方式如果仅仅用来解释宇宙自然问题，尚勉强可行，它的更大困难是在方才讨论的心性论层面。

除此之外，宇宙论与心性论又不可截然分开，在儒家思想中并没有一个现代科学意义上的客观自然，自然世界与人文世界虽然有分殊，却并没有一条截然鸿沟，所以人应当承担起参赞天地之化育的责任。所以，在儒者看来哪怕是就天地自然而言，也应当有一个主动的实践主体，朱子认为主动的实践意义在宇宙论层面是由人承担——朱子多次说过人乃是天地之心。这个三极结构落在心性层面便是：静态的规范意义由性承担，主动的生成意义和实践意义再次合一，都由作为“心主”的心之虚灵承担①。这样做实际上意味着**体的双重意义彻底分离，每一重意义对应于朱子的一种心体概念：被动的规范意义对应于“性体”概念，主动的生成和实践意义对应于“心主”概念。**

李晓春教授也注意到了朱子“体用”概念的这种张力，他称之为心的“中介”作用：

> 性情虽为体用关系，但必须经过心的中介，性是心之体，情是心之用，心是一个比性与情更加广泛的概念。……性并不直接为情之本体，而是以心为中介。实际上，万物均有这样一种中介关系，只不过在动物、植物以及无生命的事物中，体性与属性的中介关系被部分地打断了；只有人类有心，也只有人类可以通过心将体性与属性完全连接起来，从而可以在人心上体会出、复原出天命之性。②

① 陈来指出：关于虚灵，还涉及心与气的关系。朱熹曾说“性犹太极也，心犹阴阳也”，论者常由此而认定朱熹哲学中性即理、心则气，如黄宗羲之《明儒学案》、近人钱穆之《朱子新学案》皆如此。这是不能成立的。太极阴阳之譬在朱熹只是用以说明心与性（理）的不离关系，不是以心为气，就人之心脏而论，或可言气（构成）然无哲学意义。而知觉之心不属形而下者，不可言气。《朱子语类》载：“问：人心形而上下如何？曰：心肺肝五脏之心却是实有一物，若今学者所论操舍存亡之心，自是神明不测。”心为知觉，知觉只是气的一种能力或特性。朱熹曾说，“知觉正是气之虚灵处”，“能觉者气之灵也”，气之灵是说气的虚灵特性，指意识是气的一种功能，并不是说心就是气，所以又说“心比性则微有迹，比气则自然又灵”。（陈来. 朱子哲学研究［M］. 上海：华东师范大学出版社，2000：221）

② 李晓春. 张载哲学与中国古代思维方式研究［M］. 北京：中华书局，2012：67.

需要补充的是：首先，朱子的“心体”概念如前所论，并不仅仅是性理之义；其次，不能简单地说万物也有这样一种中介关系。就朱子而言，万物和人的差别源自两个方面：（1）禀赋性体（即陈来所言性理）是否整全[①]。（2）是否能够复性。第二个问题和心之中介功能相关，第一个问题则是先天性体的差别。万物皆分有天理的一部分，但只有人才得其整全。其实这个问题在本章第一节概述部分已经讨论过：万物在交相为用的网络中各自成就其性分，只不过人所禀赋者更加整全。宇宙实际上是被理解为一个交相为用的大网，人与万物都既在将自己的禀赋参与运动，同时也是在将他物的禀性实现出来，这种情况下，用实际上可以理解为万物之间意义关联的不断生成变化，而此意义网络如何能周流无滞，关键在于人。所以，如果说中介关系的话，万物之体用皆如此，人的特殊性在于：

其一，在人这里，自然的体用链条交织的网络中被插入了一个新的环节——心，具有了变化善恶的可能，才有了道德判断与行动选择问题。这使得人这种存在，既可能很高，复归到整全天性与天地参，也可能很低，禽兽不如——禽兽有其自然之性，人一旦丧失其天命之性，连自然之性的基本约束都不存在，会成为天地交相为用的意义网络断裂、混乱的根源。

其二，天原本就是有心的，宇宙万物虽然各自分有的天命之性不整全，但它们作为一个整体却是有心的。朱子对天地之心有两个经典描述：（1）复见天地心。（2）人为天地心。前者指的其实是周流复始的生生之德，如上所言，它其实也需要人的参赞，否则便可能天地否塞。后者指的是人有参赞造化的能力，生生之德也最集中地体现在人身上。天与人的体用是同构的，都具有中介结构。人的结构是“性—心—情”，天的结构是“道（理）—人—事”[②]。

---

① 按照陈来先生的研究，朱子早年比较偏向于“物物一太极”的说法，但这种倾向在后来逐渐消除，更加强调人与物的差别。参看陈来《朱子哲学研究》（华东师范大学出版社，2000年）第五章、第六章。

② 朱子有过类似的描述：“人只是合当做底便是体，人做处便是用，譬如此扇子，有骨，有柄，用纸糊，此则体也；人摇之，则用也。如尺与秤相似，上有分寸星铢，则体也；将去秤量物事，则用也。”（《朱子语类》卷六）这里“合当做底”以及“分寸星铢”都是应然之理，需要人去将其实践出来。至于此处扇子为体则是朱子比较随意的表述，甚至可能是记录者把朱子观点与他人观点的混淆，这一点材料出处的前一段可以为证：问：“先生昔曰：‘礼是体。’今乃曰：‘礼者，天理之节文，人事之仪则。’似非体而是用。”曰：“公江西有般乡谈，才见分段子，便说道是用，不是体。如说尺时，无寸底是体，有寸底不是体，便是用；如秤，无星底是体，有星底不是体，便是用。且如扇子有柄，有骨子，用纸糊，此便是体；人摇之，便是用。”杨至之问体。曰：“合当底是体。”（《朱子语类》卷六）

万物众生从属于天，因此它们也要放置在这个中介结构中才能得到理解。

理解了这个结构，我们就能够明白在朱子这里，心之“体”“用”概念的分离自然会造成“心”概念的多义化，朱子意识到了这个问题，并试图用“心之全体”概念去整合这种分离。他说：

> 心之全体湛然虚明，万理具足，无一毫私欲之间；其流行该遍，贯乎动静，而妙用又无不在焉。故以其未发而全体者言之，则性也；以其已发而妙用者言之，则情也。然“心统性情”，只就浑沦一物之中，指其已发、未发而为言尔；非是性是一个地头，心是一个地头，情又是一个地头，如此悬隔也。①

但是朱子心之“体”的歧义性也在这个地方体现得很分明，如果按照这里的表述，心只有一“体”，以未发言之即是“性”，已发言之即是“情”，那么这里的“心统性情”的“统”字并不是包含、管摄的意思，而是说“性”“情”只不过是“心”的不同状态与维度，合而言之曰“心”。但这样理解的“心”就与朱子“心说之辩”中批评的对立面并无二致②。而实际上，朱子更加惯常的对“心”“性”“情”三者的表述是：

> 心以性为体，心将性做馅子模样。盖心之所以具是理者，以有性故也。③
>
> 曰：“邵尧夫说：‘性者，道之形体；心者，性之郛郭。’此说甚好。盖道无形体，只性便是道之形体。然若无个心，却将性在甚处！须是有个心，便收拾得这性，发用出来。盖性中所有道理，只是仁义礼智，便是实理。吾儒以性为实，释氏以性为空。若是指性来做心说，则不可。今人往往以心来说性，须是先识得，方可说。④

性落在心之中，心收拾此性，方能发出用来，性并不能等同于心。这样区分的好处在于能够和佛道界限立判：“心主”概念极大地强调了人的实践能动性，这种能动性并不单纯是佛教式的“心主”的虚明知觉，“心

① 朱子语类：卷 5［M］//朱熹．朱子全书：第 14 册．上海：上海古籍出版社，2002：230.

② 参看陈来《朱子哲学研究》（华东师范大学出版社，2000 年）第十章 247 页以降。从朱子这里对性情与已发未发的处理来看，当为己丑之悟之前的思想，不过此处涉及的问题即便在朱子晚年依旧没有得到完善的解决。

③ 同①223.

④ 朱子语类：卷 4［M］//朱熹．朱子全书：第 14 册．上海：上海古籍出版社，2002：192.

主”必须依凭于“性”才能够发为“道心”，此“性”是静态规范，所以必须通过格物致知才能够获得对整全之“理”的体悟，这就避免了佛家以知觉为性和空谈心性从而废学的危险倾向。

但这种二体之分离也因此造成了另一个后果，即知识主义倾向。因为“心主”在依凭“性”承担道德价值判断的功能之前，还需要有一个认知功能来获得对“性”的体察，明得性理之后其价值判断功能才能够真正获得实施。正是因为这样，朱子特别强调“知”对于“行”的优先性：

> “人各有个知识，须是推致而极其至。不然，半上落下，终不济事。须是真知。”问：“固有人明得此理，而涵养未到，却为私意所夺。”曰：“只为明得不尽。若明得尽，私意自然留不得。若半青半黄，未能透彻，便是尚有渣滓，非所谓真知也。”问：“须是涵养到心体无不尽处，方善。不然知之虽至，行之终恐不尽也。”曰：“只为知不至。今人行到五分，便是它只知得五分，见识只识到那地位。譬诸穿窬，稍是个人，便不肯做，盖真知穿窬之不善也。虎伤事亦然。”①

这段话看起来和阳明“知行合一”之论相仿，其实二人所谓“知”之义差别甚大。阳明曰：

> 就如称某人知孝，某人知弟。必是其人已曾行孝行弟，方可称他知孝知弟。不成只是晓得说些孝弟的话，便可称为知孝弟。又如知痛，必已自痛了，方知痛。知寒，必已自寒了。知饥，必已自饥了。知行如何分得开？此便是知行的本体，不曾有私意隔断的。圣人教人，必要是如此，方可谓之知。不然，只是不曾知。②
>
> 知是心之本体。心自然会知。见父自然知孝，见兄自然知弟，见孺子入井，自然知恻隐。此便是良知。不假外求。③

阳明之“知”是“良知”，是人已经蕴含有道德价值判断的心之发用，是在实践意义上说的。所以“知行本体”的分离乃是因为私意造成心之发用不诚，致知必须经由诚意。而朱子之“知”乃是明理的程度，也即是

---

① 朱子语类：卷18［M］//朱熹．朱子全书：第14册．上海：上海古籍出版社，2002：597.

② 传习录：第5条［M］//陈荣捷．王阳明传习录详注集评．台北：台湾学生书局，1983：33.

③ 传习录：第8条［M］//陈荣捷．王阳明传习录详注集评．台北：台湾学生书局，1983：40.

"性"在"心主"中呈现的澄明状态，这根本而言是一个认知问题，所以朱子否认知与私意的直接关联，而认为只要格物致知彻底，能够达到知之尽，则自然无私。"性"既然是"心之体"，自然不能外于"心"而存在，然而心有二体在朱子这里的确是个尴尬而又含混的事实，这个事实既造成了其后学泛滥章句之弊，也给阳明的批评留下口实。

前面讨论过朱子"体用"的先后序列意义，现在当我们发现朱子心性论与宇宙论中"体用"结构的差别后，就会发现，朱子"体用"的先后关系实际上也包含了两种模式。

就太极两仪四象八卦而言，这里的先后关系是作为一的天理在分殊过程中与次一级的理的关系，实即理一分殊。

前引讨论心、敬、和材料①中的"体用"先后关系指的是：在先者构成在后者的可能性基础，在后者是在先者的现实实践。类似的用法，也表现在朱子对"仁义—体用"的定义中：

> 仁对义为体、用。仁自有仁之体、用，义又有义之体、用。
>
> 赵致道问："仁义体用、动静何如?"曰："仁固为体，义固为用。然仁义各有体用，各有动静，自详细验之。"
>
> 仁义互为体用、动静。仁之体本静，而其用则流行不穷；义之用本动，而其体则各止其所。②

这两种模式之间的差别在于，第一种是理在不断分殊过程中的展开链条，此链条的回溯最终还是会指向终极本体——太极。第二种除了表面上讨论分殊的体用之外，还有一个潜在的主发用之"主体"，这种体用链条不仅在回溯的时候最终指向的是"心主"和"性体"的两体结构，"心主"还始终伴随着"体用"序列的任何一个环节而在场发用。一言以蔽之，两种模式实际上是"自然"与"人为（名教）"的差别，第二种模式在玄学"体用"结构中不能说没有，但它主要还是由朱子将这对玄学概念重新赋予儒家人能弘道的实践意义，虽然付出的代价是"体"在心性论中的意义变得双重化而产生诸多困难。

由此我们也能够发现，朱子将"体用"概念相对化的做法，一方面来源于思想发展之渐趋繁复，原有的体用概念不能够再恰切地兼容于新的思

---

① 参看本节"道体与气化"部分所引。

② 朱子语类：卷 6［M］//朱熹. 朱子全书：第 14 册. 上海：上海古籍出版社，2002：263.

想结构，所以必须赋予新的内容；另一方面，它的更深刻意义在于儒家思想对“体用”概念原有的玄学重“本—体”、轻“末—用”倾向的改造。此倾向指的是认为万物背后有一永恒本体作为根基，万物之秩序、存在形态乃至存在本身皆依赖于此根基，此种倾向会带来诸多后果。对“体”的理解从先秦那种表里内外圆融整体的意义转向内在隐微的本体，并进而指向整个世界的终极本体。此终极本体是贯穿于万物之中还是超然于万物之外，是“体用不二”还是“体用一源”因不同哲学而异，但有一点是一致的，那就是将此终极本体理解为永恒的存在者，它不因贯穿于万物之中而有所损益变化，它是不生不灭不增不减者，亘古长存，就此而言，它即便贯穿于万物之中也同时是超然于万物之外的，因为它的存在方式外在于时间。诚然，中国哲学自始至终具有强烈的实践哲学意向，因此上述倾向从来也没有在中国哲学中占据绝对的统治地位，只能说是或强或弱地产生影响。其影响主要体现在几个方面：在本体论方面对超时间本体的重视以及对在时间中存在者的忽视；在心性论方面强调心之本体对心之发用的决定性作用；在工夫论方面强调以静态方式获得心之本体的观照，而忽略在发用或实践中对心体的体察。而将体用概念相对化的做法，可以在一定程度上削弱对终极本体的诉求。将体用理解为一个先后序列，不管这种序列是何等意义上的，这种观念再走一步，将体用不是理解为同一事物在序列环节中因参照系不同带来的不同称谓，而是理解为同一事物在同一参照系中的两个面向，就转为“即存有即活动”的思想，由此即会产生克服心有两体这个困难的可能。

这里的描述并没有价值判断意味，或暗示着思想的进化或上升，笔者也并不认同牟宗三先生以心学为儒门正宗、理学为儒门别子的判教。根本来说，上述重体轻用之倾向，好比西方形而上学传统一样，并不可以视为哲学的某种痼瘤，它是哲学必不可少的一个维度，正如“不易”“易简”是《易》之三义中不可或缺者。只是另一方面精神对绵绵不息、时时流变的生命洪流之把握也不可缺少——不是通过把握其内在不变本体达成，而是就变动不居之现象本身的把握，追寻“不易”“易简”的倾向过度膨胀便会戕害活泼长青的生命之树。因此，变易、不易、易简三者必须在争执与张力中达成和解，而实际上，这种和解只可能在民族源头的理想状态中才可能达到，浑沌既凿，道术必然为天下裂，每一个后来的思想者都只能在自身时代中将精神的某种可能性充分开启，达到精神与其自身的暂时和解，当这种开启方向在精神的历史中已经穷尽其可能性的时候，也就是这种暂时的平衡崩溃之时。后来者借助于历史的力量总是能够发见前人思想结构的偏颇，重新呼应历史赋予的责任，重新向理想的源头回溯，寻找新的和解道路，精神便是如此不断地返回自身，这条道路便是“道”。就此而言，“即存有即活动”和“只存有不活动”两条道路都只是“道”之一端，困难的是“如何叩其两端而竭焉”，而不是持门户之见，入主出奴的二分判教。

至此，我们看到，朱子的“体用”学说除了一些素朴的非哲学使用之外，基本可以分为两大模式：单体体用结构，两体（或曰“中介”）体用结构。前者主要是在自然或逻辑规范意义上使用，其典型形态是“理一分殊”①与“太极两仪四象八卦”；后者则给出了人效法并参赞天地的空间。两种模式也都在各自衍生出的类似结构的序列链条中使用。其实第二种模式是在第一个模式的基础上加入了具有实践意义的主体，因为它本身并不属于原有的体用两极结构，所以，这个新加入者在序列链条中就成了一个始终在场者。**不管表面的“体用”双方如何在序列中转化变动，这个永远在场的主体是不变的，从这个意义上说，在实践的体用关系中它才是真正的“体”**。而朱子一心二体的结构显然对此强调不够。朱子的这种刻意对佛学倾向的警惕与矫枉，虽然避免了如二程门下流于禅学的流弊，却如前所论，其结构非常依赖于“心主”的认识功能，因此打开其后学泛滥章句训诂的方向，于是而有阳明后起。

第四节　阳明体用

本节要义：

1．心性一体

阳明这里主宰之心与禀赋之性是从不同角度对同一者的理解，此即良知作为体的双重特征：良知可因境而发见流行，又有至善特性。“体”“用”“先”“后”等原本分殊性的概念对于“心之本体”而言只是同一事物不同方面的描述。

2．良知与意

阳明之“物”“事”是包含有境遇、实践对象以及行为意向性的一个

① 关于“理一分殊”与“体用论”各自处理问题范畴的差异性及其原因与后果，可参看李晓春《张载哲学与中国古代思维方式研究》45页以降，有颇为精当的研究，此不赘引。

整体。“知行”中间“意”连接“良知”与“行”。因为人之意念并不必然为善，故“良知—意—行”序列关系中，意还需再一分为二：作为良知之用的善良意念与实行的行动意念。结构当是“良知—知（善良意念）—意（行动意志）—行”。

3. 良知之用

“致良知”的目的是要让每个意念都不出自私意，皆从“良知”发用而来。“良知”有先天能力，能够在任何境遇中发用流行为合宜中道，“良知”也是使经验得以可能的先验结构，事物之显现都源于“良知”的意义构造功能。

4. 照心与妄心

“照”指的是使得万物进入光明从而能够显现并被理解，良知本体的意向性构造功能决定了“照”不是单纯的明镜式映像，“良知”虽然“灵明”无方，但意义生发不是无矩。“良知”本体来自天，物之妍媸是由天理之灵明规定，人只是让物之妍媸在具体境遇中本真地显现出来，“良知”这种面向境遇从容中道的至善灵明即“照心”意涵。阳明“一体两用”模式下“照心”与“妄心”皆由“良知”本体发用而来。此“体”并不是同质的绝对同一者，而是具有差异性与生成性的统一体。“本体”由静态的天理法则转向能动性、生成性，不再是超时间永恒本质，而会在积习与工夫中生成，具有时间性生成意义。不过阳明“本体”生成意义主要是从消极角度来说的，因后天习气浸染遮蔽心体，先后天共同生成者即现实之“心”，生成主要为遮蔽义。当“良知”本体澄明，即生成后果被去除之际，“良知”就只剩下“发用流行”的生成意义，而不再有自我生成意义。

5. 良知之无

“良知”之用没有固定具体的现实规定性，其体之至善虚灵也是没有内容的形式规定，其为一切现成存在者的具体属性如动静妍媸得以向我们显现的基础。不过“本体”超越个体、时间、历史、差异的绝对同一性还是被极力强调以保证善恶价值的基础。因此，生成性意义没有彻底贯彻以清除“本体”的静态超时间因素，这也造成了后学不同方向展开道路的分裂。

6. 良知与工夫

对“良知”在一事一物上的崭露与其全体大用之间的关系，阳明有两种说法：1）暂时之微明不能等同于全体大用。2）暂时之微明就其“明”之纯粹性而言，与整体之明并无分别。两个路向是王门后学分化主要的原因，其实质是对“体用”关系的不同理解。“即本体即生成”原则若被贯彻到底，则“体”“用”根本不是两种存在方式。只要历史性生成没有真正成为“本体”不可或缺的维度，那么阳明后学的探索也只是穷尽了无历史性体用模式的诸多可能而已。

1. 心性一体

阳明的整体思想特征即是彻上彻下打并为一，在一种圆融的整体性中理解各部分的关系，而且特别强调各部分的统一性。所以他必然不满意于朱子的两种体用结构模式，而试图以“心主”为基础将两种模式融贯为一。首先必须在根本上解决心之两体的同一性，这主要是通过其一系列概念的意义转换完成的。

> 惟乾问，“知如何是心之本体”？先生曰，“知是理之灵处。就其主宰处说便谓之心。就其禀赋处说便谓之性。孩提之童，无不知爱其亲，无不知敬其兄。只是这个灵能不为私欲遮隔，充拓得尽，便完完是他本体。便与天地合德。自圣人以下，不能无蔽。故须格物以致其知”。①

前面分析过，在朱子那里，主宰之“心主”与天理之“性体”构成了“心体”的两种用法，而在阳明这里，主宰之心与禀赋之性不再是两个完全不同的东西，而是从不同角度对同一个东西的理解，这便是“体”的双重意义。阳明将其合一，称之为“理之灵”，“理”在朱子那里被严格规定为无情意、无造作之物，所以能虚灵知觉的必须是虚灵之气构成的心。阳明使用“理之灵”这样的概念显然是要将朱子的二元合并归一，如此则**心不须再有两体，一体便能身兼主宰与规范二用**。阳明进而将“性”“天理”“仁”“主宰”“心之本体”都等同起来：

> 所谓汝心，却是那能视听言动的。这个便是性，便是天理。有这个性，才能生这性之生理。便谓之仁。这性之生理，发在目便会视。发在耳便会听。发在口便会言。发在四肢便会动。都只是那天理发生。以其主宰一身，故谓之心。这心之本体，原只是个天理。②

① 传习录：第118条［M］//陈荣捷．王阳明传习录详注集评．台北：台湾学生书局，1983：140.

② 传习录：第122条［M］//陈荣捷．王阳明传习录详注集评．台北：台湾学生书局，1983：146.

> 性一而已。自其形体也，谓之天。主宰也，谓之帝。流行也，谓之命。赋于人也，谓之性。主于身也，谓之心。心之发也，遇父便谓之孝，遇君便谓之忠。自此以往，名至于无穷，只一性而已。①

“心之本体”即是“天理”即是“性”，“帝”之主宰、“命”之流行、四肢五官事父事君之发用都是其用。这些曾经被朱子严格区分的各个概念在阳明这里被合并，这并不是因为阳明缺乏分殊概念的思维能力，而是其有意为之，目的是重新恢复体用的统一性，其实也是心体、主体的统一性。这里我们需要澄清一种理解概念的误区，即认为概念的内涵是约定俗成的，并因此具有偶然性、任意性，人可以凭借其主观意志任意赋予概念意义，并由此宣称某些概念获得统一性。首先，概念内涵的形成并不是靠简单的约定俗成，如果不去追溯一个实证人类学或原始语言意义上的词语起源的话，我们可以说，一个民族的重要概念最先在这个民族的经典中获得其源始规定性，这些源始规定性在历史中的不断诠释构成了概念史，或者，如果用诠释学的术语，可以称之为概念的效果历史。其次，概念与概念之间的关连与互训构成了一张巨大的意义网络，这个意义网络组成的意义世界先于每个具体概念，一个概念的内涵是由这个意义整体决定的，人只要在此意义世界生存，他运用概念思考的方式就被此意义世界在先决定，因此也就不可能任意给予概念内涵，遑论将几个概念强行牵连一起并赋予它们一个外在统一性。因此，要让不同的概念产生关联并进而获得统一，需要真正思想的力量让概念之间产生运动与生发，并且从民族的经典源头找到某个或某些概念并在其源始基础上激发出它（们）新的生命力。阳明将诸多概念融会贯通并不能视为简单的合并乃至思想的含混，而他找到并赋予新生命力的概念就是“良知”。对“良知”概念的相关研究已经很多，本书不拟对其作全面分析，而仅仅集中于与本书相关的问题加以讨论。

首先，“良知是每个人先验的是非准则……对于每个人都是相同的”②；阳明也称良知即是天理，不过，“严格地说，天理不就是良知，灵觉也不就是良知，只有在天理后加上灵觉，或在灵觉前加上天理，两义结合才是良知的含义”③。

---

① 传习录：第 38 条［M］//陈荣捷. 王阳明传习录详注集评. 台北：台湾学生书局，1983：74.

② 陈来. 有无之境：王阳明哲学的精神［M］. 北京：人民出版社，1991：167.

③ 同②175.

> 盖良知只是一个天理自然明觉发见处，只是一个真诚恻怛，便是他本体。故致此良知之真诚恻怛以事亲便是孝。致此良知之真诚恻怛以从兄便是弟。致此良知之真诚恻怛以事君便是忠。只是一个良知，一个真诚恻怛。①

这段话比较典型地体现了良知作为体的双重特征：良知是天理之自然明觉，所以可以因境而发见流行，同时又具有至善之特性。在朱子那里，天理是“性体”，不能发用流行，必须要有“心主”的管摄与主宰，才能够发用为喜怒哀乐之和，这样的两体一用结构到了阳明这里因为二体之合一也就发生了变化。朱子曾经说过：

> 性以理言，情乃发用处，心即管摄性情者也。故程子曰“有指体而言者，‘寂然不动’是也”，此言性也；“有指用而言者，‘感而遂通’是也”，此言情也。

朱子“寂然不动”“感而遂通”作为体用对举的是性情，然而单靠“寂然不动”之性并不能够“感而遂通”为情，必须要有管摄性情之心，这就造成了心之两体的困难。所以朱子说“体用一源”的时候一定要强调二者必须做出区分，因为这里加入了“心主”之发用，体用就不能视为同一本体不同时间的不同存在状态，也绝不能说“体用不二”或“即体即用”。阳明在谈到“寂然不动”“感而遂通”的时候表述如下：

> 心之本体即是天理。天理只是一个。更有何可思虑得？天理原自寂然不动，原自感而遂通，学者用功，虽千思万虑，只是要复他本来体用而已。②
>
> 先生曰：“人之本体，常常是寂然不动的。常常是感而遂通的。未应不是先，已应不是后。”③
>
> 体当自家心体，常要鉴空衡平，这便是未发之中。④

---

① 传习录：第189条［M］//陈荣捷. 王阳明传习录详注集评. 台北：台湾学生书局，1983：270.

② 传习录：第145条［M］//陈荣捷. 王阳明传习录详注集评. 台北：台湾学生书局，1983：203.

③ 传习录：第328条［M］//陈荣捷. 王阳明传习录详注集评. 台北：台湾学生书局，1983：376.

④ 传习录：第119条［M］//陈荣捷. 王阳明传习录详注集评. 台北：台湾学生书局，1983：141.

“天理只是一个”强调了体本无二，对于此心本体而言，“寂然不动”与“感而遂通”甚至都不能说是同一本体不同时刻的状态，两者是始终同时并存，既是体也是用，所以**“体”“用”“先”“后”等原本分殊性的概念对于“心之本体”而言只能说是对同一事物不同方面的描述**。

在进一步分析之前笔者需要强调的是，鉴于阳明对良知作为“心之本体”的诠释方向非常强调圆融与统一，尤其是将朱子心之二体合并归一的努力，所以在解读阳明体用关系的时候要非常小心，不能只是将“良知”发用的特性分殊说明即可，对“良知”之“用”的分殊必须基于对“良知”的整全理解。也就是说，“用”在这里不能对应于“良知”的某个特征譬如“虚灵”或“知是知非”，而必须始终对应于“良知”整体。自然，这并不排斥在思考解读过程中的知性分析，而且在分析过程中我们也会发现，阳明的“心体”概念并不是完全圆融无间的，“心体”的多层内涵之间也自有其困难与张力，只是这些困难最终必须落回整体统一性上以获得问题的真正呈现。接下来我们具体分析阳明“心体”或曰“良知”的意涵。

2. 良知与意

陈来先生《有无之境》一书中有专章讨论“良知”与“致良知”，并在“良知与意念”小节里讨论了良知与意念的异同，认为：“根据良知学说，良知对意念起着监督、指导的作用，因而良知与意念的区分是很重要的，如阳明说‘尔意念着处，他是便知是，非便知非’，在这个意义上，良知是意念的判断原则，并不是意，故阳明晚年指出：‘意与良知当分别明白，凡应物起念处皆谓之意，意则有是有非，能知得意之是非者，则谓之良知。’按照这个看法，我们的意识活动主要是由良知与意念两部分组成的。”① 然后其进一步分析认为阳明关于“知”“意”的区分早年晚年说法不一，早年没有明确区分二者，应当以其晚年“致良知”之说为定论：“在这个问题上，我们还是应以《大学问》为阳明的定论。《大学问》说：‘良知者，孟子所谓是非之心，人皆有之者也。是非之心不待虑而知，不持学而得，是故谓之良知，是乃天命之性，吾心之本体自然灵昭明觉者也。凡意念之发，吾心之良知无有不自知者。其善欤惟吾心之良知自知之，不善欤亦惟吾心之良知自知之。’根据这个说法，良知的作用并不是使我们只产生善的意念，而是作为监视我们意念活动的内在的评价

① 陈来. 有无之境：王阳明哲学的精神［M］. 北京：人民出版社，1991：168.

系统。”[①] 笔者试图在此基础上进一步分析“良知”与“意念”之间的关系以呈现体用概念在阳明这里的意义及其困难。

阳明在“良知”与“意念”关系上的表述多样化不仅仅局限在“知”与“意”的问题上，实际上它贯穿着阳明为学之始终，而且从这个问题上我们会看到，朱子那里的心之二体的困难在阳明这里获得了一种新的形态，并且与之伴随的是存在论视域的转换。

阳明晚年“致良知”之教基本上可以囊括早年“知行合一”的思想，对应来说的话，即是“知是知非是良知，依良知所知而落实行之即是致良知……良知为知，致良知为行”[②]。此外，阳明早年提出的“四句理”也涉及了知行关系：“身之主宰便是心。心之所发便是意。意之本体便是知。意之所在便是物。”这里值得注意的是，阳明区分了能发为意的心与作为意之本体的心。前者除了常见的“心之发动处谓之意”[③]，还有一个表述“以其主宰之发动而言则谓之意”[④]，也就是说，这个意义上的心承接的是前文讨论的朱子主宰意义之心，即“心主”。后者作为意之本体即是知是知非的良知，它从朱子的“性体”意义承接而来，只是不再是纯粹的静态规则，而同时具有灵明知觉。原本朱子的心之二体分属于两种不同的存在区域，而在阳明这里就具有了打并归一的基础。

此外，孟子讲良知的同时还谈到了良能：“人之所不学而能者，其良能也；所不虑而知者，其良知也。”良能与良知分别属于能与知，也即是行动实践领域与心理意识领域，而阳明用“良知”概念统摄了原本分殊的良知良能也即是知行二者，这虽然是阳明晚年的标举，却也暗示我们还需要更细致地解剖其“知行合一”思想的结构。“意之所在便是物”中的“物”并不是客体对象，而是“事”，或者说包含有境遇、实践对象以及行为意向性的一个整体：“如意在于事亲，即事亲便是一物。意在于事君，即事君便是一物。意在于仁民爱物，即仁民爱物便是一物。意在于视听言动，即视听言动便是一物。”[⑤] 总之，我们可以把“物”理解为“意”之

---

① 陈来．有无之境：王阳明哲学的精神［M］．北京：人民出版社，1991：170.

② 同①111.

③ 传习录：第201条［M］//陈荣捷．王阳明传习录详注集评．台北：台湾学生书局，1983：282.

④ 传习录：第174条［M］//陈荣捷．王阳明传习录详注集评．台北：台湾学生书局，1983：250.

⑤ 传习录：第6条［M］//陈荣捷．王阳明传习录详注集评．台北：台湾学生书局，1983：36.

行动，这样一来，“知行”结构不是一个简单的两极同质而合一的结构，而是中间有一个“意”连接“良知”[①] 与“行”：“良知—意—行”，良知发为意，意实现为行动。譬如孝是良知固有，欲孝亲之意是良知发用，温凊定省是行动的实现。阳明有一段话将意处于知行之间的这种连接过渡关系表述得非常清楚：

> 心者身之主也。而心之虚灵明觉，即所谓本然之良知也。其虚灵明觉之良知应感而动者谓之意。有知而后有意。无知则无意矣。知非意之体乎？意之所用，必有其物。物即事也。如意用于事亲，既事亲为一物。意用于治民，即治民为一物。意用于读书，即读书为一物。意用于听讼，则听讼为一物。凡意之所用，无有无物者。有是意，即有是物。无是意，即无是物矣。物非意之用乎？[②]

知为意之体，意为良知所发，良知与意构成了一对体用关系。此外，物既然是意之用，那么我们如果按照朱子的体用序列意义，可以说意与物也构成了一对体用关系。不过，因为阳明比较强调体这个概念的本源性意义，也就是说只有良知才能够称得上体，所以他只是说物为意之用，而没有用体用概念来明确指称意与物。总之，阳明将意作为良知与物或曰知行之间的关键性环节是没有问题的。但是进一步考察，我们会发现“良知—意—行”三者的序列关系中，其实在意这个环节上还可以再一分为二，一个是作为良知之用的善良意念[③]，还有一个是将此善良意念实行出来的行动意念。按照阳明早年“知行合一”的说法，这两者不能分开，因为“知而不行只是未知”，也就是如果没有善的行动，就意味着没有善良意念，进而也就意味着良知有不知是非之时，这显然是阳明不能同意的。所以，在这个问题上应当按照阳明晚年“致良知”之说：“是非之心，知也，人皆有之。子无患其无知，惟患不肯知耳；无患其知之未至，惟患不致其知

---

① 未被私欲割断的知行本体之知，乃是纯善无恶的，所以在概念的内涵上应当可以等同于阳明后来标举的“良知”。笔者这里将“知”置换为“良知”，并不是要混同两个概念，而是因为如前所言，阳明“致良知”之学可以涵盖早年的“知行合一”学说。

② 传习录：第137条［M］//陈荣捷．王阳明传习录详注集评．台北：台湾学生书局，1983：176-177．

③ 笔者这里使用“善良意念”这个词是避免与康德的“善良意志”混淆，康德“善良意志”是一个不包含经验内容的绝对律令，而阳明所讲的良知所发之善良意念包含着具体境遇中合乎中道的判断，所以它必然是包含经验的后天综合命题，这一点在后文还会进一步说明。

耳。故曰：‘知之非艰，行之惟艰’。”① 也就是说“良知”（体）之“知”（用）即是善良意念（为了行文方便区分，本节用“知”来称呼“良知”所发的善良意念，用“良知”来称呼本体），此善良意念并不必然实施为行动，还需要有一个在事上“致知”的行动意念，也即是前面的“良知—意—行”结构其实应当是“良知—知（善良意念）—意（行动意志）—行”。

如果在“意无不诚”的圣贤境界，这个区分似乎是叠床架屋之举，因为任何行动意念都会合于良知之知，人会自然依照良知所发用而行，而且广义的“意”在阳明这里本即是一个意向性行为，它本身既包含作为意念的善良意念，也包含作为行动力的行动意念，两者一贯到底，无法也不必做出区分。

但是，良知所发之善意直接转化为行动，这只是一个理想的状态，人更多的时候并非“知行合一”，用阳明的话说就是“已被私欲隔断，不是知行的本体了”。这样一来，在原本的“良知—知—意—行”结构中，由于“意”不再是良知本体所发，而是私意，“意”原本应该具有的连接“知”“行”的功能这时反而成为障碍。那么问题在于，这个私意，或者说人心不由良知发用出的一般意念，它们的发用之体为何？陈来先生认为：“在阳明哲学中一方面把已发之心叫作‘意’，另一方面，良知也体现为已发的明觉，实际是指是非之心。因而，在阳明哲学中心之发动有两个方面，即良知与意念，二者共同构成意识活动，在这个意义上，不能说心之发动全部是意。”② 也就是说，“心”与“意念”构成了一对体用关系（本节用“意念”来指称一般意义的已发之心），“良知”与是非之明觉，也就是“知”，构成了一对体用关系。进一步追问的话，这两“体”之间是什么关系，为何各有其用？“心”发用为“意念”是否根本而言也是从良知本体而来，还是另有其体？此外，促成人行动的意志——不论此行动是善还是恶——其来源是否既可以是“知”也可以是“意念”，换言之，“良知”与“心”的天人交战决定了人行动的最终根源？上述问题需要在具体的材料分析中逐步回答。

3. 良知之用

我们首先要探讨的是“良知”之“知”对“意念”的监察功能，这种

① 王守仁. 王阳明全集：上册［M］. 上海：上海古籍出版社，1992：276.

② 陈来. 有无之境：王阳明哲学的精神［M］. 北京：人民出版社，1991：170.

监察功能首先可以理解为“良知”的知是知非，而且此“知”在意识中具有独立成分，不可欺瞒。

> 尔那一点良知，是尔自家底准则。尔意念着处，他是便知是，非便知非。更瞒他一些不得。尔只不要欺他。实实落落依着他做去，善便存，恶便去。他这里何等稳当快乐！此便是格物的真诀，致知的实功。若不靠着这些真机，如何去格物？我亦近年体贴出来如此分明，初犹疑只依他恐有不足。精细看无些小欠阙。①

这里将“意念”与“知”做了区分，良知既是准则，又具有明觉，能够分辨“意念”之是非，人可以选择是欺骗良知而作恶还是依照良知的方向去行善。这样的话实际上可以分殊出来三种意识：心所发的一般“意念”；作为“他”的良知所发的“知”；还有一个“尔”，也就是“我”作为主体可以选择让行动意志遵循“意念”还是“知”，理学话语中一般将此选择判断的主体也称为“心”。阳明讲“心”之所发的时候有时指“知”有时指“意念”，往往不做严格区分，虽然我们后面的分析会显示阳明之所以如此是因为在他看来“知”“意念”两者并无二体，然而阳明没有展开明晰精细的说明也是事实，这就造成其后学道路方向的迥异。粗略而言，如果沿着强调二者差异性与区分的道路走下去，就会走上江右一派，最终达到刘蕺山的“意”“念”之别；如果沿着强调二者圆融同一性的方向走下去，就会走上浙中泰州一路，最终达到现成见在良知。

对“良知”监察功能的强调及其与“意念”的区分容易引起误解，即认为监察是“良知”的全部功能，这样理解的“良知”就好像是个思想警察，只能被动性地监督和纠正已发之“意念”。这种理解在逻辑上会导致一个悖谬的后果：当人达到“意无不诚”也就是圣人境界的时候，人的所有“意念”都自然中道，此时无需“良知”的监察纠正，反倒是“良知”完全失去意义，这显然是不合于阳明思想的。因为按照阳明所言，“良知”是每个人能够成为圣人的根据，“致良知”是扩充“良知”，**“致良知”的最终目的不是意念不再需要良知监管，使得良知可以赋闲在家，成为虚设之物，而是要让人的每个意念都不是出自私意，皆是从“良知”发用而**

---

① 传习录：第206条［M］//陈荣捷. 王阳明传习录详注集评. 台北：台湾学生书局，1983：291.

来，不再有虚妄之“意念”。否则，愈是“致良知”，“良知”愈是扩充无蔽，人愈是接近圣人，“良知”反倒愈是无用，这显然是无法自圆其说的。实际上阳明的思路恰恰相反，愈是“致良知”，则愈是不必“用意”，“良知”的功效愈是能够体现出来，只不过这个时候其监管能力渐渐弱化，其发用流行自然中节的能力逐渐强化。所谓“无”指的就是“意念”之无，或者严格地说，是“私意”“着意”之无，因为“良知”所发也是“意念”。即便将这种监察机制做更加广义的理解，譬如理解为戒慎恐惧的操持之心要始终保持，然而从阳明对“吾与点也”等“洒落”境界的强调，以及对孔子“从心所欲不逾矩”之境的理解来看，这个解释似乎还是不能够合于阳明的思想。

此外，“知”的监察功能必须有一个至善的参照系作为标准，才能够对“意念”进行修正，这也从逻辑上确定“良知”绝非只有监察之功能。对“良知”容易引起的第二个误解便与此相关，即由前引“良知”是自家准则的表述，从而将“良知”提供的至善参照系理解为一套静态的普遍抽象准则，然而这样的话又会回到朱子分性体、心体为二的道路上去。其实，“良知”提供的这个参照系是具体的、包含经验内容的、针对当下境遇的合宜中道，就此而言，它更接近亚里士多德所谓的实践智慧即“明智”概念；另外，就“知”的本体乃是宇宙的至善本体“天理”“良知”而言，它又接近于康德的的善良意志，只是不再是无经验内容的绝对律令。

> 良知只是一个。随他发见流行处，当下具足，更无去来，不须假借。然其发见流行处却自有轻重厚薄，毫发不容增减者。所谓天然自有之中也。虽则轻重厚薄，毫发不容增减，而原又只是一个。虽则只是一个，而其间轻重厚薄，又毫发不容增减。若可得增减，若须假借，即已非其真诚恻怛之本体矣。此良知之妙用所以无方体无穷尽，“语大天下莫能载。语小天下莫能破”者也。①

这段话表明，“良知”本体具有一种先天能力，能够在任何境遇中发用流行为合宜中道，其轻重厚薄皆是天然之中，不容增减。也就是说“良知”具有对境遇的判断力以及发用出应当如何行事的意向指引功能，所以

① 传习录：第189条［M］//陈荣捷．王阳明传习录详注集评．台北：台湾学生书局，1983：270－271．

人应当完全将自己交付于良知之能："若晓得头脑，依吾良知上说出来，行将去，便自是停当。"① 阳明还认为"良知"的这种判断力未必只具有伦理意义，它对境遇把握的整全性与合宜性意味着"良知"也可以发用为事功文章。所以当陆原静问他"若子房，仲舒，叔度，孔明，文中，韩，范诸公，德业表著，皆良知中所发也。而不得谓之闻道者，果何在乎"的时候，他基本认同这个说法，并补充说："如数公者，天质既自清明，自少物欲为之牵蔽。则其良知之发用流行处，自然是多，自然违道不远。"② 也即是，德业事功皆是"良知"之发用流行，"良知"有时甚至可以与伦理之善分离而表现为一种纯粹知性的权谋之术，"苏秦、张仪之智，也是圣人之资。后世事业文章，许多豪杰名家，只是学得仪秦故智。仪秦学术，善揣摸人情。无一些不中人肯綮。故其说不能穷。仪秦亦是窥见得良知妙用处。但用之于不善尔"③。这个表述固然比较极端，而且在阳明著述语录中极为罕见，然而它并不与阳明的根本思想矛盾，因为"良知"所具有的中道判断力必然基于其对境遇的整全把握，这就要求"良知"除了具有伦理意义上的是非判断功能以外，还必须具有认知与权衡功能。不唯如此，在阳明看来，甚至人之五感这样的感觉经验都基于"良知"之明觉发用，因为"良知"是使经验得以可能的先验结构。它作为人心之灵明是使得存在者得以在人之视域中显现的意义生成结构，事事物物之所以能够向人显现，都是源于良知本体的意义构造功能。

> 这视听言动，皆是汝心。汝心之视发窍于目。汝心之听发窍于耳。汝心之言发窍于口。汝心之动发窍于四肢。若无汝心，便无耳目口鼻。所谓汝心，亦不专是那一团血肉。若是那一团血肉，如今已死的人，那一团血肉还在。缘何不能视听言动？所谓汝心，却是那能视听言动的。这个便是性，便是天理。有这个性，才能生这性之生理。便谓之仁。这性之生理，发在目便会视。发在耳便会听。发在口便会言。发在四肢便会动。都只是那天理发生。……须常常保守着这个真己的本体。④

① 传习录：第242条［M］//陈荣捷. 王阳明传习录详注集评. 台北：台湾学生书局，1983：313.

② 传习录：第165条［M］//陈荣捷. 王阳明传习录详注集评. 台北：台湾学生书局，1983：233.

③ 传习录：第306条［M］//陈荣捷. 王阳明传习录详注集评. 台北：台湾学生书局，1983：350.

④ 传习录：第122条［M］//陈荣捷. 王阳明传习录详注集评. 台北：台湾学生书局，1983：146.

"能视听言动的"在这里应当作为心体来理解，而视听言动并不能简单地视为身体感官乃至思维意识对外界的被动信息接受或触动。阳明明确指出视听言动皆是由心所发，他的这种理解方向并非任意阐释，先秦用法已是如此。《庄子·大宗师》："勿听之以耳，听之以心。"《大学》："心不在焉，视而不见听而不闻。"《说文》段注："往曰听，来曰闻。"视听言动在国人理解中都不是被动性的感官接受能力，而是主动性的，因此孔子说非礼勿视听言动，被动的感官接受是不能用"勿"这种命令的。这种主动并非简单地靠意识支配感官去主动感觉，阳明这里描述的是必须先有"性之生理"，方能发在目，从而使得目拥有视的能力，此活动其本质乃是"天理发生"。天理能够发生，能生"性之生理"，能视听言动，也即是"天理"不是如朱子所说的"理乘气而行如人跨马"般作为规定性存在的静的东西，天理首先是一种生成性的结构。这种表述容易引起的误解是宇宙论或认识论方向的理解，但是宇宙论的问题显然并不在阳明视域之中，认识论在阳明这里也是从属于一个更加源初的问题视域，我们姑且称之为良知论。作为生成性结构而非"洁净世界"的"天理"，才是良知，才是心之本体。此结构"就其禀赋处说便谓之性"，因此"性"在阳明这里虽是天之禀赋，却不能理解成为静态的本质，它是由能生的天理在人心中呈现的某种意向性生成结构①，阳明也是在这个意义上说"心即性，性即理"②。先验结构的意向性构造功能是阳明"良知"不同于康德先验哲学之处，即人的先验结构并不是被动地将感性材料构造为经验，相反，感性对象本身已经是被意向性行为构造过的。通常被理解为主体和客观世界之间通道的感觉，并非如此原发性，"良知"本体所发之意在先地决定着花是向吾心显现抑或同归于寂，在此意义上我们才能理解其"心外无物"之所指。

4. 照心与妄心

以上主要还是就"良知"之"用"来讨论的，接下来我们要结合阳明《答陆原静书》进一步讨论"良知"之"体用"与"心"之"体用"的关系。此书作于嘉靖三年（1524），时阳明五十三岁，应当可以代表阳明晚

---

① 这种现象学意义上的意向性结构可参看陈来《有无之境》"意与事"小节（陈来. 有无之境：王阳明哲学的精神［M］. 北京：人民出版社，1991：50）以及林丹《王阳明哲学的现象学解读》（北京大学博士论文，2005年）。

② 传习录：第33条［M］//陈荣捷. 王阳明传习录详注集评. 台北：台湾学生书局，1983：71.

年思想。我们先对“照心”“妄心”概念略作解释，再来借助此书中几则材料详细阐发。

《明儒学案》卷六十一引用了黄尊素的论述，认为阳明“无妄无照”之论本之佛书：“佛书言，‘妄心即真心影像。妄本无妄，心有感故。感亦无感，以能照故’。若是则照妄之心，即是无妄之心。云何复得有妄心？心本无妄，以无照故谓之妄。今指为真心之影像，毕竟影是形生，像随镜见。推不得是镜外事。今却妄而完真，安得逃影而灭像乎？”不过黄氏进一步认为儒家讲照心真心的时候和释氏的所指是不同的：“释氏言宗心，言妄心，谓常住不动之真心为宗。缘起者为妄。其实常住不动者，空而已。缘起而流行者，天地万物皆野马尘埃也。但不足以碍空体，截然不相粘合。吾儒则就此野马尘埃之中，流行而不失其则者。乃是常住不动之真心。故名同而所指实异也。”也就是说，儒家之真心不是“空”而是有法则以及善之意向性的。此外，按照陈荣捷先生的研究，“照心”在理学而言出自《河南程氏遗书》卷十八，伊川云“只是心静，静而后能照”。其实，这个思路先秦亦有之，如《荀子·解蔽》曰：“故人心譬如盘水，正错而勿动，则湛浊在下，而清明在上，则足以见鬒眉而察理矣。微风过之，湛浊动乎下，清明乱于上，则不可以得大形之正也。”程明道《定性书》亦曰，“非明睿所照”，“今以恶外物之心而求照无物之地”。就“照心”原本出处之意当为心之明觉照物，就像明镜或止水能够映出物之面貌，这与阳明思想多有吻合，所以阳明时常使用“照心”或“照”这个概念，这里还需要对阳明“照心”或“照”的基本意义做出分析，方能解释明白与陆原静的四段问答。

在阳明看来，人对世界的领会基于心之本体的虚灵明觉，这种明觉在大多数人那里是处于昏暗遮蔽的状态，所以不能让事物本真地呈现在心体之前，需要依靠良知之发端进而扩充广大达到完全复其本体，此即“致良知”①。“致良知”最终的目的是能够让事物向人本真地显现，这之所以可能是因为“良知”或曰“心体”的先天至善性，这是心之本体的重要规定

① 参看《传习录》第155条：“性无不善，故知无不良。真知即是未发之中，即是廓然大公，寂然不动之本体。人人之所同具者也。但不能不昏蔽于物欲。故须学以去其昏蔽。然于良知之本体，初不能有加损于毫末也。知无不良，而中寂大公未能全者，是昏蔽之未尽去，而存之未纯耳。体既良知之体，用即良知之用。宁复有超然于体用之外者乎？”（传习录：第155条［M］//陈荣捷．王阳明传习录详注集评．台北：台湾学生书局，1983：217-218）

性，也是“致良知”理论的根基之一。“良知”的另一个重要规定性便是“虚灵”而无方：

> 无知无不知，本体原是如此。譬如日未尝有心照物，而自无物不照。无照无不照，原是日的本体。良知本无知，今却要有知。本无不知，今却疑有不知。只是信不及耳。①

“无不知”指的是良知作为虚灵明觉，可以发用中正从容应对万物。“无知”指的是良知的这种能力不需要也不能受到人的私意穷索，就好像太阳普照万物而无情意计较。“照”在这个比喻中指的是使得万物进入光明从而能够显现并被理解，良知本体的意向性构造功能也是使得物得以显现的先验结构。如果但就其无需私意而言，良知的这种特性很像佛家所言“明镜”，阳明也坦然承认：

> 其良知之体，皦如明镜，略无纤翳。妍媸之来，随物见形。而明镜曾无留染。所谓情顺万事而无情也。无所住而生其心，佛氏曾有是言。未为非也。明镜之应物，妍者妍，媸者媸。一照而皆真。即是生其心处。妍者妍，媸者媸，一过而不留。即是无所住处。②

“明镜”之喻并不仅仅道出了心体的虚灵一面，我们必须将心体的两个基本规定结合一起来考虑。如果说“虚灵”指的是人的心体具有发用流行之明觉，那么“至善”指的就是此种发用流行只要没有私欲习气遮蔽，就能够自然发而中节，落在“明镜”之喻上与“虚灵”之义结合就是“照而皆真”，也即是事物获得本真的意义显现。这是阳明“心体”之“用”的第一个意义。由于“应”这个概念偏向于被动，不能够将“良知”的至善意向性体现出来，所以阳明更加惯常使用“照”或“觉”这样的主动性概念来表述：

> 是故不欺，则良知无所伪而诚。诚则明矣。自信，则良知无所惑而明。“明则诚”矣。明诚相生，是故良知常觉常照。常觉常照，则如明镜之悬，而物之来者自不能遁其妍媸矣。③

---

① 传习录：第282条［M］//陈荣捷．王阳明传习录详注集评．台北：台湾学生书局，1983：336.

② 传习录：第167条［M］//陈荣捷．王阳明传习录详注集评．台北：台湾学生书局，1983：237.

③ 传习录：第171条［M］//陈荣捷．王阳明传习录详注集评．台北：台湾学生书局，1983：245.

“照”在这里指的是良知“诚明”之用，“诚明”概念在儒家经典诠释系统中有着丰富的意义，仅就此段材料来说，“明”意味着能够让物显现，“诚”意味着物显现为其本来面目，而未尝有遮蔽。阳明高足徐爱也有一段类似表述收入《传习录》上卷：

> 曰仁云，“心犹镜也。圣人心如明镜。常人心如昏镜。近世格物之说，如以镜照物，照上用功。不知镜尚昏在，何能照？先生之格物，如磨镜而使之明。磨上用功。明了后亦未尝废照”。①

这里更加明确地将“照”称为“明”之用，鉴于《传习录》上卷刊印之时阳明尚且在世，此段材料当是经过阳明肯首，故虽是徐爱所言，应当可以代表阳明思想。这里的体用关系可以称为，“诚明”为体，“照而皆真”为用。不过这里重要的问题在于，所谓的“真”究竟是什么意义？我们可以注意到阳明在论述“明镜”之喻的时候，总是会强调“妍媸自别”，而所谓“妍媸”就意味着这并不是一个没有价值判断的纯粹意识反映，事实上从前面对阳明“心体”生成意义机制的描述来看，所谓“照”绝不是单纯的明镜式映像。我们可以从阳明对“好色”的诠释来理解这一点：

> 故大学指个真知行与人看，说“如好好色”，“如恶恶臭”。见好色属知，好好色属行。只见那好色时，已自好了。不是见了后，又立个心去好。闻恶臭属知，恶恶臭属行。只闻那恶臭时，已自恶了。不是闻了后，别立个心去恶。②

如果“照”是单纯外在事物的映像，那么“好好色”的结构是：“好色”是一个外在于我的他者，当人看到“好色”之后，依据心中某种判断标准做出判断，当他者符合某种标准时就激发起“好（之）”之意，并将此意指向“好色”。这个过程恰恰是阳明反对的，“不是见了后，又立个心去好”，“只见那好色时，已自好了”。“见”和“好”并没有一个上述描述中感性经验通过思维判断从而决定的过程，两者是同构的，同由“心体”所生发。在“好好色”这个知行关系中，“心体”的功能并不在于由其“虚灵”功能映像出美丽事物，然后再依凭“至善”功能产生喜爱之情。

---

① 传习录：第 62 条［M］//陈荣捷．王阳明传习录详注集评．台北：台湾学生书局，1983：94.

② 传习录：第 5 条［M］//陈荣捷．王阳明传习录详注集评．台北：台湾学生书局，1983：33.

"心体"如果被理解为具有意义构造功能的先验结构，那么这个先验结构不是一个纯粹认知结构，而是具有"至善"的意向性。**意义生成结构虽然"灵明"无方，但并不等于没有基础的意义维度，其意义生发也不是无矩的。**阳明虽然多次强调"心体如镜"，"廓然大公，物来顺应"，"无将迎"，"一过即化"，但这只是就不起私意的强调性比喻，佛家的心体可以如镜，阳明所说的心体即便如镜，也是有文理之镜。因为作为一个儒家士大夫，阳明绝对不可能以为父君也可以一过即化，天下万民之困苦也可以物来顺应[①]，所以他必然要在"天地万物感应"后加上"是非"二字："心无体，以天地万物感应之是非为体"[②]。也即是，阳明理解的心之灵明并非像刘宗周后来批评的那样"以作用为性"，如果那样的话，"是非"二字便不必有。此灵明不仅有感应生成之作用，而且具有意向性构造功能，因此在阳明看来，万事万物在其最源发性的意义上就是有意向性的，此种意向性与其说是人心所生成赋予的，毋宁说是与天地并生的先天意向性。因为**人的"良知"本体归根结底是来自天，所以物之妍媸并不是由人主观决定的，而是由天理之灵明规定的，人所能做的只是让物之妍媸在具体境遇中本真地显现出来而已，如果人能够做到此点，那么自然便能够明了当下境遇中如何行动才最合宜。"良知"这种面向境遇从容中道的至善灵明即"照心"的基本意涵。**

现在我们回到《答陆原静书》，会发现在这里"照心"的意义在上述基本意涵基础上又有所丰富：

> 来书云：下手工夫，觉此心无时宁静。妄心固动也，照心亦动也。心既恒动，则无刻暂停也。
>
> 是有意于求宁静。是以愈不宁静耳。夫妄心则动也，照心非动也。恒照则恒动恒静。天地之所以恒久而不已也。照心固照也，妄心亦照也。"其为物不贰，则其生物不息"。有刻暂停，则息矣。非"至诚无息"之学矣。[③]

---

① 关于这一点，陈来先生在《有无之境》书中"与物同体"一节做了详尽精彩的讨论。最后他还给出了一个最直接的例证：阳明闻父将病故时有门人以为其著相，先生良久曰："此相安能不著。"

② 传习录：第 277 条［M］//陈荣捷．王阳明传习录详注集评．台北：台湾学生书局，1983：333.

③ 传习录：第 151 条［M］//陈荣捷．王阳明传习录详注集评．台北：台湾学生书局，1983：212.

来书云：良知亦有起处，云云。

此或听之未审。良知者心之本体。即前所谓恒照者也。心之本体无起无不起。虽妄念之发，而良知未尝不在。但人不知存，则有时而或放耳。虽昏塞之极，而良知未尝不明。但人不知察，则有时而或蔽耳。虽有时而或放，其体实未尝不在也。存之而已耳。虽有时而或蔽，其体实未尝不明也。察之而已耳。若谓真知亦有起处，则是有时而不在也，非其本体之谓耳。①

来书云：夫子昨以良知为照心。窃谓良知，心之本体也。照心，人所用功，乃戒慎恐惧之心也。犹思也。而遂以戒慎恐惧为良知，何欤？

能戒慎恐惧者是良知也。②

来书云：先生又曰，“照心非动也”。岂以其循理而谓之静欤？“妄心亦照也”。岂以其良知未尝不在于其中，未尝不明于其中，而视听言动之不过则者皆天理欤？且既曰妄心，则在妄心可谓之照，而在照心则谓之妄矣。妄与息何异？今假妄之照以续至诚之无息，窃所未明。幸再启蒙。

照心非动者，以其发于本体明觉之自然，而未尝有所动也。有所动，即妄矣。妄心亦照者，以其本体明觉之自然者，未尝不在于其中，但有所动耳。无所动，即照矣。无妄无照，非以妄为照，以照为妄也。照心为照，妄心为妄，是犹有妄有照也。有妄有照，则犹贰也，贰则息矣。无妄无照，则不贰。不贰则不息矣。③

阳明的“照心”“妄心”都是就已发之意说的，他强调“照心”乃是发于“良知”本体明觉之自然，这样一来，发用“照心”的本体就不再是一般意义上的“心”，而是“心”之先天本体“良知”，“照心”从而也就是“知”。用荀子的比喻来说，就是“心”之意念发用如果是从清明之止水所发，是之谓“照心”，如果从浑浊妄动之水所发，是之谓“妄心”。这样的一种二分带来的后果是，“照心”在阳明这里具有了双重意义：第一个

① 传习录：第152条［M］//陈荣捷. 王阳明传习录详注集评. 台北：台湾学生书局，1983：214.

② 传习录：第159条［M］//陈荣捷. 王阳明传习录详注集评. 台北：台湾学生书局，1983：224.

③ 传习录：第160条［M］//陈荣捷. 王阳明传习录详注集评. 台北：台湾学生书局，1983：224-225. 原书中第151、152条与第159、160条之间还讨论了一些其他问题，但因为这四条讨论的问题是一个，而且第151条的讨论并不是很明晰，在第160条才给出了比较清晰的补充说明，所以本书将此四条引用合一以便观瞻。

意义是前述的基本意涵，即“良知”所照对象为物也即一般外在意识对象，因为“良知”自然明觉，所以照物而发用的时候自然能按照最合宜的方式行动，此时，“照心”就表现为《传习录》第160条所谓的“视听言动之不过则者”。第二种意义是监察之意，即第159条所谓的“能戒慎恐惧者”，所照者不再是物，而是作为“妄心”的意，这时“照心”不再是“视听言动之不过则者”，而是能使“视听言动之不过则者”。按照东正纯的说法，就是：“照心者，明觉心也。妄心者，妄想心也。明觉之所照，虽妄想心亦照。”①

然而如果只强调“照心”“妄心”的区分，即第160条所谓的“照心为照，妄心为妄，是犹有妄有照也”，这也就意味着承认“照心”与“妄心”，或曰“知”与“意念”乃是同时出现的两种不同的意识，而按照“体用不二”的思路，有两个“用”也应当有两个“体”，也就是说，“良知”之“体用”与“心”之“体用”是两套平行无关的体用架构。阳明显然不同意这个思路，认为这样会导致“则犹贰也，贰则息矣”。所以，阳明虽然承认“照心”“妄心”的分殊，但他强调“无妄、无照”的时候，重点是落在照心和妄心的统一性。下面我们来分析这种统一性。

对于“照心非动”的理解，陆原静的说法“以其循理而谓之静”与阳明“以其发于本体明觉之自然，而未尝有所动也”的说法似乎并没有太大差别。“照心非动”这个思路显然来自明道《定性书》，说“静”其实不如说“定”更加恰切，因为“静”是一个针对具体存在者属性的概念，而“定”则更偏于心灵状态的描述，所以，阳明没有用“静”而是以“非动”这样的遮诠法来描述，就是不想用“动静”这样的概念来描述“良知”。两人关键的分歧是在“妄心亦照”的理解上。陆氏说“良知未尝不在于其中，未尝不明于其中”的时候，还是有一种倾向，将在其中的“良知”理解为一种静态法则，所以接着会说“而视听言动之不过则者皆天理欤”，陆氏的这种对“良知”理解偏“静”的近于朱子学的倾向在后面会表现更加明显，这里我们即便不使用如此强的文本解读，也至少可以说，陆氏倾向于将“良知—照心”和“心—妄心”理解为难以通约兼容的两对体用，所以他会认为如果妄心能称为照，即A=B，那么反过来也能说B=A，即照心也能称为妄。阳明的解释是本体明觉是在妄心之中，只是因为其有动，所以才会产生妄心。《传习录》中说，“理无动者也，动即为欲。循理

① 传习录：第160条［M］//陈荣捷．王阳明传习录详注集评．台北：台湾学生书局，1983：225-226．

则虽酬酢万变，而未尝动也。从欲则虽槁心一念，而未尝静也”，所以“有所动”指的是有了私欲。心之本体被私欲遮蔽，所发之意就不再是明觉自然，而是会出现过与不及，此即是妄心，也即是恶。“至善者心之本体。本体上才过当些子，便是恶了。不是有一个善，却又有一个恶来相对也。故善恶只是一物。……善恶皆天理。谓之恶者本非恶。但于本性上过与不及之间耳。”① 善恶只是一物，如果按照陆氏的思维模式，会说善恶是一样的，其实和“照心亦妄”的意思一样，只不过是说它们归根结底都是从一个“良知”本体发用出来的，只是发用时的过与不及造成了“照心”“妄心”“善恶”之别。也就是说，阳明以“一体两用”的体用模式代替了朱子“两体一用”的模式。

“照心”与“妄心”皆是由“良知”本体发用而来，这个思路还可以在《答陆原静书》中找到其他印证。

> 来书云：尝试于心，喜怒忧惧之感发也，虽动气之极，而吾心良知一觉，即罔然消阻。或遏于初，或制于中，或悔于后。然则良知常若居优闲无事之地而为之主，于喜怒忧惧若不与焉者，何欤？
>
> 知此则知未发之中，寂然不动之体，而有发而中节之和，感而遂通之妙矣。然谓良知常若居于优闲无事之地，语尚有病。盖良知虽不滞于喜怒忧惧，而喜怒忧惧亦不外于良知也。②

陆原静将良知“照心”所照对象仅仅理解为喜怒忧惧这样的一般“意念”，这样一来“良知”只有戒慎恐惧的监察功能，所以好像并不直接参与到事件之中，而是居于无事之地而作主。阳明则认为这种说法并不中肯，认为良知虽然并不会受到喜怒忧惧的干扰浸染，但喜怒忧惧并不是外在于良知的另一个心所发之情意。阳明在其《答欧阳崇一书》中也谈到了“良知”的“不滞”“不离”：

> 良知不由见闻而有，而见闻莫非良知之用。故良知不滞于见闻，而亦不离于见闻。……良知之外。别无知矣……盖日用之间③，见闻酬酢，虽千头万绪，莫非良知之发用流行。除却见闻酬酢，亦无良知

① 传习录：第228条［M］//陈荣捷．王阳明传习录详注集评．台北：台湾学生书局，1983：304-305.

② 传习录：第158条［M］//陈荣捷．王阳明传习录详注集评．台北：台湾学生书局，1983：223.

③ “日用之间”，原书为“日月之间”，有误，此处改正过来。

> 可致矣……“多闻择其善者而从之，多见而识之”。既云择，又云识，其良知亦未尝不行于其间。①

日用之间，见闻酬酢，皆是良知之发用流行。也即是说良知之用包括日用见闻的各种判断与行动。良知不滞于见闻，有两层意思，一是说良知并不会以具体的某事物为执念妄念，二是说良知之至善不会因具体事物而改变。良知不离于见闻，是说良知之善并不是一个抽象准则，而是会落在具体见闻事物上给出正确的行为指引，也就是“既云择，又云识，其良知亦未尝不行于其间”。

为了更好地理解“良知”与一般“意念”的关系，我们可以借助于陈荣捷先生注释此段时引用的日本学者但衡今的解读：

> 陆书此次所问“主”与“不与”，辞旨深切。似已透过一层。《传习录》中，殊少见也。而阳明所云，不滞于喜怒忧惧，不外于喜怒忧惧。语意含浑。“不滞”，无异外之也。“不外”，何异滞之也？将不若“主”与“不与”之显明亲切。若谓不与，则发而中节者谁主之？若谓主之，则发而不中节者谁与之？此心学之所以难言也。学者果能遏之于前，制之于中，悔之于后，实较不滞于外，主与不与，为尤踏实。②

但衡今认为陆氏良知“主”且“不与”喜怒忧惧的说法比阳明“不滞”“不外”的说法更加明晰深切，然后进一步批评了心学也包括陆氏的说法，批评的要点还是在于两种意念的本体为一还是二：如果“良知”并不直接参与喜怒忧惧这些情感意念的发用，那么当人发而中节的情况下，此发用的主体是谁？如果“良知”对于喜怒忧惧具有监察纠正的作用，那么这些发而不中节的情感意念的主体是谁？但衡今认为这是心学最困难之处，即“心”与心之“本体”的关系应当如何理解，并进而认为学者不必纠结在这些困难上，只需要不断地让良知运用其监察机制，遏制、中止和纠正那些不善的意念即可。但衡今对具体工夫的理解这里不拟讨论，我们关注的是他所谓的心学最困难之处，其实恰恰是阳明思想中真正富于创造性的东西，这就涉及**“一体两用”的核心其实是在于此“体”并不是一个同质的绝对同一者，而是具有差异性与生成性的统一体**。

---

① 传习录：第168条［M］//陈荣捷．王阳明传习录详注集评．台北：台湾学生书局，1983：239-240.

② 传习录：第158条［M］//陈荣捷．王阳明传习录详注集评．台北：台湾学生书局，1983：223.

具体来说，要让一体有二用，而此二用又能够相互作用，这就必须以新的方式理解“体”之存在方式。在阳明看来，“体”是这样一种东西，它亘古不变，但却会因人之先天禀赋或后天习染造成蒙尘遮蔽，遮蔽者也构成了“体”的一部分，虽然是外在的非本已的部分。这样“体”发用流行之时便会造成偏差虚妄，而与此同时，因其亘古不变性，在偏差虚妄的意念中又始终有一点至善灵明，即“不贰则不息”以及“恒照者”，此一点灵明能够对妄念进行省察、监管与纠正，从而反过来使得“体”上遮蔽之物能够逐渐去除，并最终使得“体”回复其本来面目，这样“体”之发用流行便可以自然而至善。如果说“两体一用”模式背后的主旨是在静态的本体基础上彰显人能弘道的主动意义，那么“一体两用”则意味着对本体基础的理解由静态的天理法则转向具有能动性、生成性的本体。如果做一个类比的话，两种“照心”有些近于德国观念论所谓的“意识”与“自我意识”或曰“反思意识”的差别，德国观念论并不认为两种意识来源于两种不同本体，却又一定要分殊清楚两种意识的差异与分裂，典型的做法是像黑格尔那样一方面采用“具有差异性的同一”来标示二者的分裂与张力，另一方面又将本体置入时间与历史之中，消解掉其抽象普遍性与永恒性，让本体将自身的分裂与统一展开为世界精神的历史性运动。阳明的思路与此有同有异：“一体两用”之“本体”一方面具有差异性，用其惯常的比喻来说的话，就是镜子受到污垢沾染，不再是湛然虚明。另一方面，阳明又非常强调镜子本体超越历史的不变性与永恒性，虽然此永恒本体的内容已经几乎被抽空——良知本体无方所而具有时机性，随境遇千变万化而不穷，它的内涵只剩下一个形式上的至善之意向性。所以我们可以大致说，在阳明这里，“体”的意义所植根于的存在论基础已经发生转变，原先玄学框架下对“体”的理解是作为宇宙存在基础的超时间永恒存在者——“无”，后来程朱理学“体用”的实践意义将发用、判断、践履等在世生存的时机性因素引入对本体的理解。然而作为超时间最高存在者的“性体”与在时间境遇中的“心体”并没有获得统一，阳明要将此两者统一就必须在根本上改变对“本体”的存在方式的理解。**阳明将“心”奠基于“良知”、“妄心”奠基于“照心”的做法都意味着“本体”不再仅仅是超时间永恒本质，而是会在人的积习与工夫中生成其具体的有差异性的存在方式，也即是说，“本体”开始具有在时间中的生成性意义，这种生成不仅意味着发用流行，也同时意味着在发用流行中生成其自身，即自我生成**。不过在阳明这里“本体”的自我生成意义主要还是从消极角度来说的，也就是本体良知会因为后天不良习气的浸染，造成有污垢遮蔽于其上，这种先天后天共同生成的才是一般意义上的“心”，所以“本体”的自我生成主要意味着遮蔽。而要回复良知本体就需要去除掉这种消极生成造成的后天遮蔽，当“良知”本体彻底澄明之际，也就是其自我生成的后果被完全去除的时候，此时“良知”的生成性就只剩下“发用流行”的生成意义，而不再有自我生成意义。所以阳明“本体”的生成性还只是单向度的、消极的，要到王船山的“性日生日成”学说的提出，才真正在积极意义上将“本体”的生成性意义贯彻到底。

5. 良知之无

我们还可以从动静与良知的关系来讨论阳明对“体”之存在方式的理解。还是《答陆原静书》中阳明首先引述了陆氏之发问：

> 来书云：此心未发之体，其在已发之前乎？其在已发之中而为之主乎？其无前后内外而浑然一体者乎？今谓心之动静者，其主有事无事而言乎？其主寂然感通而言乎？其主循理从欲而言乎？若以循理为静，从欲为动，则于所谓“动中有静，静中有动”，“动极而静，静极而动”者不可通矣。若以有事而感通为动，无事而寂然为静，则于所谓“动而无动，静而无静”者，不可通矣。若谓未发在已发之先，静而生动。是至诚有息也，圣人有复也。又不可矣。若谓未发在已发之中，则不知未发已发，俱当主静乎？抑未发为静，而已发为动乎？抑未发已发俱无动无静乎？俱有动有静乎？幸教。①

陆氏之发问很清晰，他主要是用一种简单的知性思路来将动静概念在不同场所的运用全都等同，所以无法理解周濂溪《通书》中的论述。接下来我们来逐层分析阳明的回答。

> 未发之中，即良知也。无前后内外，而浑然一体者也。有事无事，可以言动静。而良知无分于有事无事也。寂然感通，可以言动静。而良知无分于寂然感通也。动静者所遇之时。心之本体，固无分于动静也。理无动者也，动即为欲。循理则虽酬酢万变，而未尝动也。从欲则虽槁心一念，而未尝静也。动中有静，静中有动，又何疑乎？有事而感通，

① 传习录：第 157 条［M］//陈荣捷. 王阳明传习录详注集评. 台北：台湾学生书局，1983：220.

固可以言动。然而寂然者未尝有增也。无事而寂然，固可以言静。然而感通者未尝有减也。动而无动，静而无静，又何疑乎？无前后内外，而浑然一体，则至诚有息之疑，不待解矣。未发在已发之中。而已发之中，未尝别有未发者在。已发在未发之中。而未发之中，未尝别有已发者存。是未尝无动静。而不可以动静分者也。①

阳明首先说明良知在何种意义上超越了动静的常见意义，这些意义包括有事无事、寂然感通这样的现实境遇意义。就此而言，“动静”为“所遇之时”，“时”指的就是人面临的境遇，心之本体之所以不能用“动静”“有事无事”“寂然感通”来区分，是因为它们指涉的对象都是在时间中的现成存在者，而“心之本体”不是现成存在者，然后下面阳明将动静界定为有欲与循理。但衡今认为这里阳明之言有滞，因为如果动静是理欲的话，“动中有静，静中有动”就意味着理中有欲，欲中有理，会造成“自语相违”。笔者以为这个批评并不中肯，其实阳明这两句话的动静已经又不同，为了更好地理解阳明这种惯常的多义使用，可以就其妄心、照心的分殊来印证：“动中有静”指的是“妄心亦照者，以其本体明觉之自然者，未尝不在于其中，但有所动耳。无所动，即照矣”；“静中有动”指的却是动静的另一种意义——已发未发。如果还拿妄心、照心的分殊来看，“静中有动”指的是“妄心固动也，照心亦动也。心既恒动，则无刻暂停也”，也就是良知始终处于发用状态而未尝止歇。阳明多次强调过这一点，他说：“自朝至暮，自少至老，若要无念，即是已不知。此除是昏睡，除是槁木死灰。”② 如我们前面所分析的，人的一切意义理解、感应活动哪怕是看似最本能的行为在阳明看来都是由“良知”发用出来的，从这个意义上来说，“良知”几乎可以理解为现象学意义上的生存结构，人只要在生存，“良知”就在发用。所以，当有弟子问“人睡熟时，良知亦不知了”的时候，阳明回答说“不知，何以一叫便应”③，所谓“至诚无息”即是“良知”自然应对万物而流行不穷。

这里还要结合“诚”对“良知”本体“无”的维度略作讨论，前面说

---

① 传习录：第157条［M］//陈荣捷．王阳明传习录详注集评．台北：台湾学生书局，1983：220.

② 传习录：第120条［M］//陈荣捷．王阳明传习录详注集评．台北：台湾学生书局，1983：142.

③ 传习录：第267条［M］//陈荣捷．王阳明传习录详注集评．台北：台湾学生书局，1983：326.

过，“良知”的两个规定性分别是至善与虚灵，再与上述“良知”恒照思想结合起来理解就是：“良知”总是处在发用的状态，就其发用而言它总是随境而变，虚灵无方，我们只能确定的是它的发用总是合乎中道而至善的，而这仅是一个形式规定性，**“良知”之用并没有任何固定具体的现实规定性。即便就其本体而言，至善虚灵也可以说是没有内容的形式规定，这样理解的“体”已经不是任何现成存在者，而毋宁说是一切现成存在者的具体属性如动静得以向我们显现的基础**，所以阳明说“是未尝无动静。而不可以动静分者也”。同样，对于这样的“体”，固然可以说其至善，但至善这样的概念放在这里并不恰切，因为它不能充分表现“良知”本体“即存有即活动”之义。进一步分析，“善”在阳明这里有三种基本意涵，我们可以结合《传习录》中一则著名公案来分析：

> 侃去花间草。因曰，“天地间何善难培，恶难去”？先生曰，“未培未去耳。”少间曰，“此等看善恶，皆从躯壳起念。便会错。”侃未达。曰，“天地生意，花草一般。何曾有善恶之分？子欲观花，则以花为善，以草为恶。如欲用草时，复以草为善矣。此等善恶，皆由汝心好恶所生。故知是错。”曰“然则无善无恶乎”？曰，“无善无恶者理之静。有善有恶者气之动。不动于气，即无善无恶。是谓至善。”曰，“佛氏亦无善无恶。何以异”？曰，“佛氏着在无善无恶上，便一切都不管。不可以治天下。圣人无善无恶。只是无有作好，无有作恶。不动于气。然遵王之道，会其有极。便自一循天理。便有个裁成辅相。”曰，“草既非恶，即草不宜去矣”？曰，“如此却是佛老意见。草若是碍，何妨汝去”？曰，“如此又是作好作恶”。曰，“不作好恶，非是全无好恶。却是无知觉的人。谓之不作者，只是好恶一循于理。不去，又着一分意思。如此即是不曾好恶一般”。曰，“去草如何是一循于理，不着意思”？曰，“草有妨碍，理亦宜去。去之而已。偶未即去，亦不累心。若着了一分意思，即心体便有贻累，便有许多动气处”。曰，“然则善恶全不在物”。曰，“只在汝心。循理便是善。动气便是恶”。曰，“毕竟物无善恶”。曰，“在心如此。在物亦然，世儒惟不知此，舍心逐物。将格物之学错看了。终日驰求于外，只做得个义袭而取。终身行不著，习不察”。曰，“如好好色，如恶恶臭，则如何”？曰，“此正是一循于理。是天理合如此。本无私意作好作恶”。曰，“如好好色，如恶恶臭。安得非意”？曰，“却是诚意。不是私意。诚意只是循天

> 理。虽是循天理，亦着不得一分意。故有所忿懥好乐，则不得其正。须是廓然大公，方是心之本体。知此即知未发之中”，伯生曰，“先生云，‘草有妨碍，理亦宜去’。缘何又是躯壳起念”？曰，“此须汝心自体当。汝要去草，是甚么心？周茂叔窗前草不除，是甚么心”？①

第一层意思是在某个境遇的具体事物可以做出善恶之区分，譬如这里阳明说“草若是碍，何妨汝去……草有妨碍，理亦宜去。去之而已”，它指的是事物对人而言是否合用或者合目的，草有妨碍时则草为恶，但这种善恶区分并不是绝对的，而是在境遇中合于当下目的的暂时性区分，在另一种境遇中草也可以是善，如周茂叔窗前草，故尔可以说“善恶全不在物”，“只在汝心”，这里的“心”并不是随便的私心，而是“良知”的判断，即人之裁成辅相。由此，便生出“善”的第二层意思：具体境遇中的中道合宜。同时也意味着人做的事情合于此中道即是善，不合即是恶，或者说过与不及。此时，善不是物的问题，而是人的判断问题，在这个公案里就是“循理便是善。动气便是恶”，只有诚意遵循天理，不着一分私意，才能够让中道显露并践行之。就此而言，可以说“善”的第二层意思是“良知”之用。“善”的第三层意思是“良知”本体之至善，也就是这里说的“廓然大公”“未发之中”“天地生意，花草一般。何曾有善恶之分”，这个意思在这里表述尚不十分清晰，需要结合阳明对“四句教”的解释来明了其义：

> 良知本体原来无有，本体只是太虚，太虚之中，日月星辰，风雨露雷，阴霾饐气，何物不有？而又何一物得为太虚之障？人心本体亦复如是，太虚无形，一过而化，亦何费纤毫气力？②

陈来先生将这里“良知本体原来无有”解读为心体的“无滞”性③，笔者想要补充的是，良知的这种“无滞”性与其“生成”性是同构的。所谓“生成”性指的是“日月星辰，风雨露雷，阴霾饐气”都是从太虚中生成，同样万事万物如花草在人心中的显现方式（善恶）也是由“良知”发用而生成（意向性构造），而太虚或“良知”本身并没有现成存在者意义上的固定属性，所以这个“至善”是无内容的，这样一来，仅仅称之为

---

① 传习录：第 101 条［M］//陈荣捷．王阳明传习录详注集评．台北：台湾学生书局，1983：123-124.

② 王守仁．王阳明全集：下册［M］．上海：上海古籍出版社，1992：1306.

③ 陈来．有无之境：王阳明哲学的精神［M］．北京：人民出版社，1991：204.

“善”或“至善”似乎并不能够尽其大义。故尔阳明更倾向于用“诚”“明”这样的概念来描述：“‘明则诚’矣。非若后儒所谓明善之浅也。”① “明”是“良知”之发用无所不照、无不中道；“诚”是“良知”本体之不息的发用生成。

所以，阳明认为告子说性无善无不善本身并没有问题：“告子病源，从性无善无不善上见来。性无善无不善，虽如此说，亦无大差。”② 不过阳明的这种肯定并非从天命之性、气质之性的理气思路而来，因为在阳明这里“性”就是心之“本体”，所以这里讨论的实际上是心之“本体”的无善无不善。他认为告子的真正问题在于将性执定了看：“但告子执定看了，便有个无善无不善的性在内，有善有恶，又在物感上看，便有个物在外。却做两边看了，便会差。无善无不善，性原是如此。悟得及时，只此一句便尽了。更无有内外之间。告子见一个性在内，见一个物在外，便见他于性有未透彻处。”③ 执定了看就会将“本体”理解为一个在内的现成存在者，这样的一个现成“本体”理解显然会造成体用内外之二分。

总的来说，阳明赋予了“本体”至善的生成性，这是一种对“本体”存在方式的不同于前代理学的理解，不过“本体”的静态永恒性在阳明这里还是被极力强调以保证善恶价值的基础，譬如他多次说人心本体与圣人无异，又有十足精金之比喻等等，都在强调“本体”超越个体、时间、历史、差异的绝对同一性。因此，其“本体”的生成性意义并没有得到彻底贯彻，没有彻底清除“本体”的静态超时间因素，他在解决这个问题上的不彻底性既造成其思想中的某些含混之处，也造成了其后学沿着不同理解方向展开的道路分裂，下面我们就工夫层面再略作讨论，以理解阳明的这种不彻底性在其思想尤其是工夫论层面出现的困难。

6. 良知与工夫

我们先来通过阳明与陆原静的对答来理解其工夫论的一些特质：

> 来书云：佛氏又有常提念头之说。其犹孟子所谓“必有事”，夫子所谓致良知之说乎？其即常惺惺，常记得，常知得，常存得者乎？

① 传习录：第164条［M］//陈荣捷．王阳明传习录详注集评．台北：台湾学生书局，1983：232.

② 传习录：第273条［M］//陈荣捷．王阳明传习录详注集评．台北：台湾学生书局，1983：330.

③ 同②.

于此念头提在之时，而事至物来，应之必有其道。但恐此念头提起时少，放下时多，则工夫间断耳。且念头放失，多因私欲客气之动而始。忽然惊醒而后提。其放而未提之间，心之昏杂，多不自觉。今欲日精日明，常提不放。以何道乎？只此常提不放，即全功乎？抑于常提不放之中，更宜加省克之功乎？虽曰常提不放，而不加戒惧克治之功，恐私欲不去。若加戒惧克治之功焉，又为思善之事，而于本来面目又未达一间也。如之何则可？

戒惧克治，即是常提不放之功，即是必有事焉，岂有两事邪？此节所问，前一段已自说得分晓。末后却是自生迷惑，说得支离及有本来面目未达一间之疑。都是自私自利将迎意必之为病。去此病自无此疑矣。①

陆原静所问还是纠缠于本体与工夫如何可能相互作用，也就是体用作为两种存在样态，其间是否有作用。“只此常提不放，即全功乎”问的是能否从本体上醒觉即可获得全体。“于常提不放之中，更宜加省克之功乎？虽曰常提不放，而不加戒惧克治之功，恐私欲不去”问的是是否除了存养本体之功外，还需要在其发用上用功，否则当本体发用之时，又会产生私欲。“若加戒惧克治之功焉，又为思善之事”，是担心只在发用上做功，又会有将迎意必之病。所谓将迎意必之病如果放在前面分析的结构中的话，就是当良知醒觉发现有私意之时，须得另起一个意念克制此私意，使其遵照良知之意行动，但这个另起的克制之念本身并不能等同于良知在此境遇中的善良意志与判断权衡，这就会造成终归有一念不是良知所发，不能在一种彻底的无念状态下让一切意念皆来自“良知”之用，而没有其他任何意念，哪怕是思善之念，所以也就不能达到彻底的“致良知”。对不思善不思恶这条道路阳明并不否定：

先生尝语学者曰，“心体上着不得一念留滞，就如眼着不得些子尘沙。些子能得几多，满眼便昏天黑地了”。又曰，“这一念不但是私念。便好的念头亦着不得些子。如眼中放些金玉屑，眼亦开不得了”。②

① 传习录：第163条［M］//陈荣捷．王阳明传习录详注集评．台北：台湾学生书局，1983：231.

② 传习录：第335条［M］//陈荣捷．王阳明传习录详注集评．台北：台湾学生书局，1983：380.

因为人始终在变化的境遇中行动，真正重要的不是心存善念，而是让行动皆发用于良知自然。如果有善恶之念留滞，就意味着外界境遇已经变化，意念却还是昔之意念，那么此意念必定不可能是发用于良知，因为良知无方随境而化，即便是善念，因其不起于良知，也是师心自用之善念，欲于此求至善，无异于刻舟求剑也。

陈荣捷先生引王应昌云："原静以戒惧与本来面目隔一层。曾闻先生戒惧即本体之训否?"此训就是前面说的"能戒慎恐惧者是良知也"。所以，在阳明而言，"戒惧克治，即是常提不放之功，即是必有事焉，岂有两事邪?"就是我们前面分析过的，良知的监察功能并不是其用之全部，否则必然会造成"有两事"。因为监察功能并不是一个抽象的命令，它必然从属于一个对境遇的判断，即当下境遇中应当如何行事才是合于中道，此即"知是知非"。**良知的这种判断发用的为善意欲要求其他意念都听从于、符合于它，它是一种类似于"力"的具有意向的东西，所以具有牵引力能够让其他"力"被克制、牵引并遵从，这样，当所有其他意念遵从之后，也无非是人只剩下良知之意志。这是一种非现成化的理解"意""善"的方式。它只能在"存在即生成"的存在论图景下才能达成。**如果停留在一种现成固定化的存在论图景下，就会认为，良知首先知道如何做为正当，这是它在境遇中自然发用获得的判断结果或曰方案，其次它又有一种能力能够让其他意念听从于此方案。这个思路首先造成良知之二用，一为方案，一为力量，如果用朱子学的话语来说就是一为天理性体，一为虚灵明觉，这显然是不符合阳明思想的。这其实也不是朱子的思想，因为在朱子心有二体，复其本体是居敬与穷理两条路径交相用力的结果，最终也不是为了窥见某个"本来面目"，那恰恰是朱子极力反对的。**在陆原静这里，就表现为朱子学架构的残余思路与阳明学说之间的扞格不入。**所以阳明说"此节所问，前一段已自说得分晓。末后却是自生迷惑，说得支离"。由此，我们也可以理解"严滩问答"之旨归："有心俱是实，无心俱是幻，是本体上说工夫。"这里的"心"指的是心之本体"良知"，如果让意念都是从"良知"所发，是之谓"有心"，这样意是真实无妄之诚意，意之所在的事事物物则妍媸自别，会以本真的方式显现。反之，意念不是直接从"良知"本体所发，而是从遮蔽之体所发，则所发一切皆为幻妄。因有"发用"是否依据"本体"之别，故尔是从体言用，"本体上说工夫"。"无心俱是实，有心俱是幻，是工夫上说本体"，这里的"心"指的是有执有滞之心。当人醒觉到妄心希望通过用功致良知的时候，应当做的不是另发一意去克除私念，那样便是“两事”，而应当让一切意念不管是戒慎恐惧还是从容中道都自然从“良知”流出，始为真实无妄，否则纵然是好的念头也会构成遮蔽，从而造成幻妄。因为是用功而致良知，故尔是“工夫上说本体”。理解了阳明工夫与本体的基本关系，下面我们来讨论其困难。

工夫论的最终目的是完全回复良知本体，不仅使得“性”是“心”的基础，而且让“心”彻底清除后天遮蔽，回归先天本体，也就是“心即理”或“心即性”，这样，人的一切意念都是从其先天本体所发，就能够发而皆中节，从容中道，从心所欲不逾矩。如前所述，阳明经常强调良知本体是一个虚灵又无具体内容的至善意向性，对于这样的存在者，人只能在具体境遇中体会到其用，而很难直接洞见其本体。况且，本体既然是至善，从逻辑上来说人的工夫只能用在去除本体遮蔽上，而不能说用在本体上，故尔阳明比较强调“事事物物上致良知”，也即是即用见体：“然至善者心之本体也。心之本体那有不善？如今要正心，本体上何处用得工？必就心之发动处才可着力也。心之发动不能无不善。故须就此处着力，便是在诚意。”① 不过，这里也有一个隐含的困难，就是一念之诚、一事之和与良知本体的未发之中是什么关系，换句话说，就是当“良知”在一事上发用，并正其不正之念以归于正的时候，就是“良知”本体崭露之时，这种**一事一物上的崭露与其全体大用之间是什么关系**？如果按照禅宗顿悟之说，当下明心见性，即可成佛。然而在阳明这里，当下“良知”发用之时，不能称为明心见性，只能说是见“良知”之一用。所以，这里的本质性问题是如何从“用”上来理解“体”，如何从“用”上去复“体”，“体”的存在方式与“用”的存在方式有没有本质性区别，如果有，那么两种不同的存在方式如何可能相互作用，如果没有，那么顿悟之说在儒家这里能否成立。

阳明在这个问题上有两种基本说法，首先，他认为有一事“已发之和”并不能证明已经复归“未发之中”：

> 澄问“喜怒哀乐之中和。其全体常人固不能有。如一件小事当喜怒者，平时无喜怒之心。至其临时，亦能中节。亦可谓之中和乎”？先生曰，“在一时之事，固亦可谓之中和。然未可谓之大本达道。人性皆善。中和是人人原有的。岂可谓无？但常人之心既有所昏蔽，则其本体虽亦时时发见，终是暂明暂灭，非其全体大用矣。无所不中，

---

① 传习录：第 317 条［M］//陈荣捷. 王阳明传习录详注集评. 台北：台湾学生书局，1983：368.

然后谓之大本。无所不和，然后谓之达道。惟天下之至诚，然后能立天下之大本”。曰，“澄于中字之义尚未明”。曰，“此须自心体认出来。非言语所能喻。中只是天理”。曰，“何者为天理”？曰，“去得人欲，便识天理”。曰，“天理何以谓之中”？曰，“无所偏倚”。曰，“无所偏倚，是何等气象”？曰，“如明镜然。全体莹彻，略无纤尘染着”。曰，“偏倚是有所染着。如着在好色好利好名等项上，方见得偏倚。若未发时，美色名利皆未相着。何以便知其有所偏倚”？曰，“虽未相着，然平日好色好利好名之心，原未尝无。既未尝无，即谓之有。既谓之有，则亦不可谓无偏倚。譬之病疟之人，虽有时不发，而病根原不曾除，则亦不得谓之无病之人矣。须是平日好色好利好名等项一应私心，扫除荡涤，无复纤毫留滞。而此心全体廓然，纯是天理。方可谓之喜怒哀乐未发之中。方是天下之大本”。①

从这里来看，本体发用的暂时之微明不能等同于全体大用，就好像明镜有一处未被污垢遮蔽，所以能发暂时之微明，却不等于整体的去弊。平时好色好利好名之心虽然没有发用，但就其“体”而言却是存在的，这个“体”虽然是遮蔽意义上的“蔽体”，却也与良知本体构成了一个心之整体，这个整体是不能称为“未发之中”的。但是暂时之微明就其“明”之纯粹性而言，与整体之明并无分别，所以阳明有时又会强调此间的无差异性：

黄以方问，“先生格致之说，随时格物以致其知，则知是一节之知，非全体之知也，何以到得‘溥博如天，渊泉如渊’地位”？先生曰，“人心是天渊。心之本体，无所不该。原是一个天。只为私欲障碍，则天之本体失了。心之理无穷尽。原是一个渊。只为私欲窒塞，则渊之本体失了。如今念念致良知，将此障碍窒塞，一齐去尽。则本体已复，便是天渊了”。乃指天以示之曰，“比如面前见天，是昭昭之天。四外见天，也只是昭昭之天。只为许多房子墙壁遮蔽，便不见天之全体。若撤去房子墙壁，总是一个天矣。不可道眼前天是昭昭之天，外面又不是昭昭之天也。于此便见一节之知，即全体之知。全体之知，即一节之知。总是一个本体”。②

① 传习录：第 76 条［M］//陈荣捷. 王阳明传习录详注集评. 台北：台湾学生书局，1983：104.

② 传习录：第 222 条［M］//陈荣捷. 王阳明传习录详注集评. 台北：台湾学生书局，1983：300.

黄氏疑惑的是因良知的崭露而用功所体悟到的良知仅仅是当下在此一件事情上所知的是非，而不能说是面临所有可能境遇的是非与中道，那么当下一节之知与全体之知的关系是什么。阳明讲的意思是当下一节之知是全体之知的一部分，其他的因为工夫不到，尚且被遮蔽。然而，这一节与全体之间并没有质的差异，因为这里所谓的部分和全体并不是空间意义上或结构意义上的，也不是用和体之间的关系，而是同一本体在不同境遇中发用的片刻之意与所有境遇中可能发用的意的关系，因此就其至善而言并无二致。所以“见一节之知，即全体之知。全体之知，即一节之知。总是一个本体”。这样一来，在逻辑上就不排除一种可能，即从一节之知窥见并顿悟到全体之知，也即是顿悟本体之说。

上述两种说法之间的困难与不可兼容性，并不能仅仅理解为针对不同根器之人的不同工夫径路，也不能以早年晚年思想之差异来简单说明。总体来看，虽然阳明早年比较偏于前一种工夫，晚年则往往“轻于向高明一路指点”，但这两种思想之间的困难是始终存在的，因为这个困难来自对“体”和“用”两种存在方式关系的根本理解。阳明大致认为，对上根之人，能够借助此一点灵明悟透本体，一了百了，从此发皆中节；而对于下根之人，则需要在事事物物上省察逐渐磨掉尘垢。这两个路向就是王门后学分化的主要原因，**其背后的实质是对“体用”关系的不同理解**，即能从“用”上反过来修正扩充“体”，还是这样做无济于事，只会日与心斗，需要从根上解决。这种不同的实质是，“即本体即生成”① 这个原则是否能够贯彻到底。如果能够贯彻到底，那么“体”“用”根本而言并不是两种存在方式，“用”必然能够化为“体”。如果不能贯彻到底，只能在“体”上理解“用”，就“本体”去理解“发用”，不能就“发用”去理解“本体”，或者说只能“即用见体”，而不能“由用生体”，那么就还是要回到追求直悟本体的老路上去。邹东廓、欧阳南野诸人虽然具体工夫有差异，但就其偏于直悟本体来说是一致的；聂双江归寂之学，王一庵诚意工夫，刘蕺山之独体，尽管概念、门径千差万别，就其追求本体究竟工夫

---

① 从这里还能看出牟宗三“即存有即活动”说法的问题，这个说法其实背后的思路还是认定“存有”为静，所以要用“即动即静”的说法来修饰，而其实阳明后文恰恰是要破除以动静来理解“体”的思路。所以应该换一个更加恰当的表述，笔者以为用“即本体即生成”才能更好地表述阳明的立场。所谓诚者成也，至诚无息，真实无妄之意都包含其中。此外，之所以不用“存有”而用“本体”是因为“本体”并不能等同于“存有”，只有当“即本体即生成”的生成立场在积极意义上贯彻到底，不再作现象、本质的二元区分之时，才能将“本体”等同于“存有”或“存在”。

而言却是惊人地一致。而如果反过来忽略“本体”只就“发用”理解“本体”又会走向以流行发用为良知、以知觉为性之学。至于刘狮泉、王塘南、李见罗等二元论者则一定程度上向朱子的框架回归，采取从体用两面下手的径路，可以算是一种折中路线[①]。但是，只要历史性生成没有真正成为“本体”不可或缺的维度，那么阳明后学的这些探索也只不过是穷尽了无历史性体用模式的诸多可能而已，真正开启出体用的历史性维度这个突破的出现还要待明末清初。船山正是此间大家之一，关学、洛学、闽学与王学各自体用模式不同的展开在船山这里获得了一个汇合，此汇合并非外在拼凑，而是借助于历史视域的引入内在贯通的。不过，需要指出的是，历史视域并非始自明末，它始终或隐或现地在理学内部作用，只不过一则在晚明之前没有成为一个大势，二则往往限于史学式的外部影响，没有获得更加哲学化的反思并自觉地与理学思维融合。譬如，“一体两用”其实并非阳明所发明，这个思想具有理学渊源，在伊川那里已经表现出萌芽，后来在以胡宏、张栻为代表的湖湘学派那里被明确提出，湖湘学派典型主张为“天理人欲同体而异用，同行而异情”[②]，“心为已发”，“性立天下之大本”，“性善不与恶对”[③]，这些思想在阳明那里都有着不同程度的表现，这些前文已经论述甚多，不再赘言。这种影响虽未必是直接的思想传承，但至少能说明两者的本体论应当有相通之处。湖湘学派受到春秋学与史学影响很大此乃不争事实，所以他们的思想和程朱一脉相比较而言，对“体”的理解明显有着更强的时间性与生成性的维度。不过在湖湘学派那里，这些来自史学的因素还没有与理学构成一个完备的统一体，而阳明思想的形成由于更多的是出自思想自身逻辑的发展要求，所以相对而言要更加圆融。下面我们将在本章勾勒的体用思想史基础上以船山为核心来探讨这种汇合的方式及其意义。

① 此段王门后学之分流主要参考彭国翔《良知学的展开——王龙溪与中晚明的阳明学》（台湾学生书局，2003 年）以及彭国翔《阳明后学工夫论的演变与形态》（《浙江学刊》，2005 年第 1 期）。笔者理解与概括如有误读，文责自负。

② 胡宏. 胡宏集［M］. 北京：中华书局，1987：327.

③ 陈来. 宋明理学［M］. 上海：华东师范大学出版社，2003：115-124.

第二章　船山天道之体用

船山所论之体用，迥异特出之处首先在于“体”最根本之义乃是宇宙存在的“全体”，较偏于静态实存义；“用”相应地也是宇宙大化之流行，较偏于动态流行义①。其“体用”思想都是从此“全体大用”根基而获得。这里所谓的“全体”自然并非所有存在者集合这样一个外在意义，其实我们很难用西方哲学概念来简单地为这个“全体”下一个定义，一定要比附格义的话，也许接近于黑格尔的“绝对精神”之义。贺麟先生当年想用“太极”来翻译黑格尔的“绝对精神”概念，很大程度上就是在船山意义上使用“太极”这个概念的。然而，如果我们不能深入船山的概念体系内部，将其精微曲折之处一一道出，那么所有这些外在的比附与格义都将毫无意义。所以，在讨论过程中笔者将尽量不外在地使用西方概念，在涉及西学的时候更多会使用遮诠法，即说明其异于西学之处，避免误解，以期在宋明道学大背景下，将船山思想体系中“体”的多层意义及相互关系分殊清楚。

讨论船山体用思想之前，我们先要对其问题意识做简略的先行勾勒，以领会其立论之良苦用心。

就外部意识来说，船山痛感于晚明心学之狂妄空疏，力图让儒学重归正途，故其着力于对心学与异端之批判。首先，真正积极意义的批判必然伴随着自身的反思，即“修其本而胜之”，这就要求重新建构儒学体用论。其次，真正深入的内在批判必须入室操戈，同时将对方的体系扬弃在自身之中。所以，儒学的重建也必须看到理学、心学、气学乃至异端的问题所在并解决之。在船山看来，心学与异端的根本问题之一在于对天人关系的不当处理，他在《周易外传·系辞上传第八章》中说：

---

① 这种区分并非绝对，后文会有更详细分殊。

且夫人之生也，莫不资始于天。……忘天者禽，主天者狄。羔乌之恩，知有亲而不知有天；蹛林[①]之会，知有天而不恤其亲。君子之异于禽也，岂徒以禋祀[②]报始哉？……若其异于狄也，则用重而物则薄也，天子之外未有干焉者。等人而专于天子，而抑又用之以薄，非能侈然骤跻于帝之左右矣。狄之自署曰‘天所置单于’，黩天不疑，既已妄矣。而又有进焉者，如近世洋夷利玛窦之称‘天主’，敢于亵鬼倍亲而不恤也，虽以技巧文之，归于狄而已矣。

呜呼！郊祀之典礼至矣哉！不敢昧之以远于禽，不敢主之以远于狄。合之以理，差之以量。圣人之学《易》，于斯验矣。[③]

这里的“禽”是指不知有天之禽兽，而“狄”的“主天”指的是黩天与亵鬼，也就是妄以人意取代天意，在船山看来单于和基督教会称自己是天意的代表皆为僭越亵渎[④]，如果我们参考船山的其他论述，就会发现他所谓的“主天”者不仅包括夷狄与西方，释、道甚至有些儒者都在不同程度上有“主天”之妄举。

首先，主张法天法道的道家可入此列，《读四书大全说 · 论语 · 子罕篇》：“若云以道为法，浅之则谓道远人；而推其极，必将于若有若无之中，立一物曰道。老氏缘此而曰：‘人法天，天法道。’呜呼！道而可法，则亦虚器而离于人矣，奚可哉！”[⑤] 这是说，如果讲人法道的话，会导致人依凭自己私智在飘渺虚无之中妄立一物曰道，这是人对天的僭越，而最终也会推出一个外在于人和万物之道。

其次，佛家追求对真如本体的参悟以期与之合一，对此思路与儒家之别，程子早已有言，“释氏本心，吾儒本天”。我们也可以说释氏是将宇宙本质理解为一永恒本体——真如本心，其地位等同于儒家之天，因为释氏以为万法世界皆由心体幻化而出，在此意义上，也可以说佛家与道家类似，同具有一种上同于天之倾向，所以船山说：“《庄子》一书，止是一

① 蹛林：匈奴秋社之处。匈奴土俗，秋社绕林木而会祭，故称。

② 禋祀：古代祭天的一种礼仪。

③ 周易外传：系辞上传第八章［M］//王夫之．船山全书：第 1 册．长沙：岳麓书社，2011：1014–1015.

④ 本书涉及的所有对非儒家的其他宗教或文明之批判，除非特别说明，皆为王船山观点，既不等于事实陈述，也不宜等同于笔者本人态度。

⑤ 读四书大全说：论语：子罕篇［M］//王夫之．船山全书：第 6 册．长沙：岳麓书社，2011：736.

‘天’字。《老子》道德自然，自然者，天也。浮屠一真法界，亦天也”①；“圣贤之教，下以别人于物，而上不欲人之躐等于天”②；“圣人尽人道，而不如异端之欲妄同于天”③。

再次，在船山看来，儒家心学一脉亦有此种“妄同于天”之倾向，其以为人即为天地之心，人之本心圣愚皆同，故可发见本心而成圣，推之至极更有当下一念顿悟即为圣之说，故船山曰：“自异端有直指人心见性之说，而陆子静、王伯安附之，陷而必穷，动之不善，宜矣。……《渐》者，学、诲之善术也。世岂有一言之悟而足为圣之徒、俄顷之化而令物皆善哉！异端之顿教所以惑世而诬民也。”④

最后，又有邵雍为代表的以术数测天之学，在船山看来尤为穿凿，“邵子之图，如织如绘，如饤如砌，以意计揣度，域大化于规圆矩方之中。尝试博览于天地之间，何者而相肖也？”⑤且会使得作为圣人之精蕴的大易流为《火珠林》之类算命陋术。

在船山看来，人所能把握认识的天，其实只是人对天道之整全理解中的一个区域，此为“人之天”，或依曾昭旭之言，为“在人之天道”，也就是意识到人自身的有限性。异端之为异端，在于其“不体天于心以认之，而以天道为真知，正是异端窠臼”⑥。所以“有即事以穷理，无立理以限事。故所恶于异端者，非恶其无能为理也，冏然仅有得于理，因立之以概天下也”⑦，此即船山痛恶的“以理限事”“执一贼道”。

然而，天作为传统思想一切意义与存在的源头与基础，是人必须希慕而上达者，没有天的奠基，儒者不仅无以修齐治平，甚至家国天下本身都将失去意义依托。但是，如果将“明体达用”理解为一个直接贯通的过

---

① 搔首问［M］//王夫之. 船山全书：第12册. 长沙：岳麓书社，2011：648. 船山对佛老庄的批评在多大程度上符合其原义，这个问题颇为复杂，需要深入佛道领域方能充分回答，并非本书所能涉猎，但我们可以暂时给出两点说明：1）船山的批评在对佛道的一些末流弊端方面来说是成立的。2）即便船山对佛道存在不少误解，我们还是可以通过其批评所指来理解船山自己的问题意识。

② 读四书大全说：孟子：尽心下篇［M］//王夫之. 船山全书：第6册. 长沙：岳麓书社，2011：1144.

③ 周易内传：系辞上传第五章［M］//王夫之. 船山全书：第1册. 长沙：岳麓书社，2011：529.

④ 周易内传：渐［M］//王夫之. 船山全书：第1册. 长沙：岳麓书社，2011：427.

⑤ 周易内传发例［M］//王夫之. 船山全书：第1册. 长沙：岳麓书社，2011：668.

⑥ 搔首问［M］//王夫之. 船山全书：第12册. 长沙：岳麓书社，2011：648.

⑦ 续春秋左氏传博议：士文伯论日食（昭公七年）［M］//王夫之. 船山全书：第5册. 长沙：岳麓书社，2011：586.

程，在逻辑上便很难避免对最终真理的设定与通达——对天的终极体悟——从而造成异端之僭越。如何能够让天人关系避免上述危险又不至流于功利权谋之学，是船山关注问题之所在，而体用结构的重建便是其重要努力之一。

就内部问题来说，如本书第一章所分析的，体用概念从其被儒家思想化用开始，就充满了困难与张力。如何由体生用，不仅是宇宙论、本体论层面的问题，更与人在世界上的生存和实践直接关联，或者我们也可以说，在国人这里它们根本是一个问题，有着怎样的体用关系，就有着怎样的对人与伦理政治实践的理解，反之亦然。从前文论述可以看到，体用在二程那里就分为两种径路：伊川明析形上形下却又力图打并为一的“体用一源显微无间”思路，在朱子的理气两分“两体一用”体系中达成极致。生成性本体固是源自玄学与释氏，却在明道先生那里获得了儒门“实有”“流行”之义，不过其道体学说还是以比较浑融的面貌出现。此径路在阳明那里获得精微阐发，并且首次开辟出工夫与本体相互生成的思路，只是超时间良知本体的形而上学残余，以及复得心之本体的去历史性倾向，都使得其体用相生思想无法贯彻到底。随着王门后学将阳明思想在不同方向中的可能性穷尽，也随着中晚明以降程朱思想的复兴，体用学说的这两条道路渐趋融合，互相吸收精华以解决自身困难，故晚明诸家多为不拘于一家之说者，船山便是应运而生的集大成者之一。

船山虽然“归本横渠，修正程朱”，但其“体用相涵”“体用相生”的思想却有不少资源是从阳明学所得，大致可以说在体用之学上，他以易学与横渠气学为本建立起生生不息的全体大用，心性之学方面其实对程朱和阳明皆有吸收与拓展，又将其赋予历史性维度从而回归经史实学。本章的任务是从天道本体层面来呈现船山的体用思想，这些问题船山较为集中地在其易学论著中讨论，本章也相应地主要依靠分析其易学思想来建构起体用框架，对其他著作的引用与讨论多为辅助印证之功。

第一节　太极全体

本节要义：

船山的“太极”与天、道、诚等概念所指相通，都是宇宙一气流行之全体。“太极”即是气化流行的存在本身，所以它不是一个“物”，不能被理解为最高存在者、全体存在者或唯一存在者，而是一切存在者得以可能之根基。船山通过对“无”和“有”的分析批评了内在与外在两种作为天地万物存在根据的超越性本体。

1. 无

“无”可分为“无待之无”与“有待之无”。“有待之无”是气之散或曰某种具体存在的缺失。没有在先的气之“有”，就没有具体的存在与缺失。把“无”的缺失义赋予形而上学意义，就会将“有待之无”视作“有”的本体，并人为构造出作为终极本体的“无待之无”的幻象。“体无用有”思路下的体用关系就不再是一物之不同侧面，而成为两物之外在关系，是以体用殊绝。

2. 有

船山也反对将太极理解为世界自身之中作为万物存在根据的不变本体。不变者并不比变化者更加接近真实本质，世间万有，静乃相对，动是绝对。“太极”并无一本质之“极”，故可曰“无极”。“太极”作为宇宙存在全体也不是现成存在者集合，它既不是一个虚空的场域，也不是实室的质料构成物之集合。“太极”作为存在本身是万物从中涌现的本源与返还的归宿，先于一切局部个体上显现出的具体规定性。宇宙全体从来皆有，未尝有一个阶段为无。事物的生成是气之汇聚造成的显现，部分为整全之显现。整体与部分之间是体用关系。

3. 太极与易

太极不是宇宙全体的现象外之本体，也非其中的规范性本体，而是此大化全体。“生”，是同一者在其自身中本有的差异性与丰富性之显现。两仪、四象、八卦、六十四卦、三百八十四爻，都是太极本有，因“时”不同而隐显形式有异。太极“全体”是能动能生成之体，而非静态规范性之体。此整全大体之存在与其自身变化流行之关系即“体用相函”关系。以全易言之，乾坤并建以为体，六十二卦皆其用。

船山认为宇宙由“气”构成，对此整全之气有数种称谓，如“太极”“无极”“天”“浑天”“道体”“阴阳”等，大致说来，它们所指是一样的，都是宇宙一气流行之大全，我们在本书中将其称为“全体”。仔细分殊的话，我们也会看到这些概念又各自描述了这个“全体”的不同面向。陈祺助对此做过精当总结：

> 船山的本体论是一元实有的本体。对于此一本体，言道者可以根据对其诠释之不同，而赋予不同之名……例如：
>
> 以其为超绝无对之全体，则谓之天。“其升降飞扬，莫之为而为万物之资始者……则谓之天。”
>
> 就其为浑沦为一，“大而无尚”，“语道至此而尽”，自具主宰之天则，则谓之太极。
>
> 就其为使万物出形入象，出象入形，“众著而共由”之大路，且为万化的主持分剂者而言，则谓之道。
>
> 就其为资始资生万物之本体，乃实有而非虚无，则谓之诚。“阴阳有实之谓诚”。①

这些概念中，“太极”在宋明理学中具有比较重要的本体意义，所以我们先从“太极”概念开始讨论，但在讨论中请读者不要忘记的是，就船山而言，在大多数情况下，“太极”与天、道、诚等概念所指为一，只是各自强调了不同面向而已。

“太极”概念较早出自《周易·系辞》“易有太极，是生两仪”，以及《庄子·大宗师》“在太极之先而不为高，在六极之下而不为深”。对庄子“太极”可见最早的解释当数唐成玄英疏：“太极，五气也。六极，六合也。”这种以气解释的思路与孔颖达注《周易》类似，其曰：“太极谓天地未分之前，元气混而为一，即是太初、太一也。”只是孔注《系辞》以为“太极”乃先天地之混元一气，成玄英则对应于六极将“太极”解释为五行之气。而俞樾考证则以为庄子“太极”之义当为“天”，并引《释文》对《系辞》的解读“太极，天也”。此外，《淮南子·览冥训》曰“引类于太极之上”，高注“太极，天地始形之时也”。

以五行之气解释“太极”的思路仅见于《庄子》注疏，且在后世影响甚小，姑且不论。以混元之气解释“太极”则成为后世思想的主要思路之一，虽然在此混元之气与天地万物关系的思考上多有分歧。这种思路多倾向于以时空中的某种质料运动解释天地万物之存在来源。此种倾向在唐代较为盛行，从孔颖达疏中即可窥见端倪。降至宋明理学，以张横渠为代表的气学一脉对其多有吸收发挥。

另外，解释“太极”还有自玄学以降的形而上思路，所谓形而上思路

① 陈祺助．王船山“阴阳理论”之诠释［M］．高雄：复文图书公司出版社，2003：70.

在这里指的是认为天地万物之存在根据皆为某最高存在者，至于此最高存在者是有还是无，是外在于万物还是内在于万物发挥作用，诸家看法皆不同，又可分为不同流派。以此本体论思路解释“太极”，肇始自王弼，明确提出者则为韩康伯，韩注《系辞》曰：“夫有必始于无，故太极生两仪也。太极者，无称之称，不可得而名，取有之所极，况之太极者也。”后理学家将“太极”从无转有，重归儒家立场，而其形而上意味却保留下来。程子以“一阴一阳者”为形而下气，“所以一阴一阳者”为形而上之道，即天理是也。此种理气二分思路至朱子而大成，朱子思想虽多有变化，其晚年定论仍以“太极”为天理，逻辑上先于气①，因于气而显现发用。然而这样做的困难前文已述，不管是在本体论层面还是心性论层面都会造成“一用两体”的尴尬。船山以清算心学与异端为己任，归本于横渠程朱，他的“太极”学说是对前述两条道路的融合，批评了作为天地万物存在根据的超越性本体。

笔者这里所谓超越指的是在变动不居现象之背后另有一更真实的不变存在者，有些思想将此不变存在者理解为外在于现象界之本体，现象界一切事物都是由此本体所生，我们可以称之为外在本体，这种对世界根据的解释往往偏于宇宙论方向。还有些思想强调本体不可离于现象，内在于现象并且对事物具有规定作用，此之谓内在本体，其理路往往偏于本体论方向。船山对外在本体的批判主要是通过对“无”的分析，对内在本体的批判则是通过对“有”的分析，下文将分别从这两方面来解读船山的批判。需要说明的是，本章所涉及问题多有前辈相关研究，本书的原则是：在前人已有详论且无甚疑义之处，简要概括或引用其基本论断作为定论而略谈；而于前人所略或仍有精义而待阐发之处，尤其是涉及体用问题的领域进行深入分析讨论。

1. 无

要理解船山对佛老二氏本体说之批判，必须从他们“有无”之分歧入手。我们先来从老氏“虚能生气”这个船山批判之典型切入问题。船山认为“太极”是一切变化与实有的整全大体（就其实有整全而言谓之体，就其变化流行而言谓之用，实乃一物之两面），而非某种让变化得以在其中

---

① 参看陈来《朱子哲学研究》（华东师范大学出版社，2000 年）“理气先后”章第四节“晚年定论”。

发生的虚或无：

> 绘太极图，无已而绘一圆圈尔，非有匡郭也。如绘珠之与绘环无以异，实则珠环悬殊矣。珠无中边之别，太极虽虚而理气充凝，亦无内外虚实之异。从来说者竟作一圆圈，围二殊五行于中，悖矣。此理气遇方则方，遇圆则圆，或大或小，絪缊变化，初无定质，无已而以圆写之者，取其不滞而已。王充谓从远观火，但见其圆，亦此理也。①

人要画圆珠并不能将其内在的充实画出，就其所绘之图而言，和想要画圆圈者无异，皆画一圆圈，而其所指则迥异。圆珠不是一个中空的场所，所以没有中间和边缘的虚实之别。太极也不是一个虚空之场所，阴阳五行被包裹其中运行。严格来说，太极也不能理解为一个充实的圆球，因为当我们想象一个圆球之时，其前提仍然是在一个已有的空间之中，我们无法想象一个作为空间整体的圆球，如果这样的话，太极仍然是在一个已有空间中的存在者。而在船山看来，太极是一切我们能够想象、言说、感知的存在全体，时间与空间也都是基于太极而得以可能，所以太极根本来说不能够以广延意义描述，方圆等广延性都是理气统一体在具体场所中的显现，太极本身是无滞无形无定的。人们之所以要用圆圈来描画太极，只是取圆这个意象的无滞性与圆满性。

船山针对老子天地橐籥之说，认为以天地为橐籥之说根本的问题源自其认有为无，无能生有：

> 视之而见，听之而闻，则谓之有；目穷于视，耳穷于德，则谓之无；功效可居，则谓之实；顽然寂静，则谓之虚。故老氏以两间为橐籥，释氏以法界为梦幻，知有之有而不知无之有，知虚之虚而不知虚之实，因谓实不可居而有为妄。②
>
> 老氏以天地如橐籥，动而生风，是虚能于无生有，变幻无穷；而气不鼓动则无，是有限矣，然则孰鼓其橐籥而令生气乎？有无混一者，可见谓之有，不可见遂谓之无，其实动静有时而阴阳常在，有无无异也。③

① 思问录：外篇［M］//王夫之. 船山全书：第12册. 长沙：岳麓书社，2011：430.

② 张子正蒙注：可状篇［M］//王夫之. 船山全书：第12册. 长沙：岳麓书社，2011：361-362.

③ 张子正蒙注：太和篇［M］//王夫之. 船山全书：第12册. 长沙：岳麓书社，2011：24.

这里值得注意的是，船山所谓的“有”与老氏之“有”意义不同，这种差别就字面意思来看，在于船山指出的，老氏徇耳目之见，穷于耳目之时，便以“有”为“无”。但这只是一个简单的概括，要展开讨论还需要对有无概念意义做进一步分殊。

宇宙太极之“有”与具体事物“有无”之“有”，虽然同为“有”字，意义却不在同一层面。具体事物之“有”乃是一种与“无”相对待的“有”，一切具体事物必然有其生灭，其生是从无到有，其灭是从有到无；其作为“有”是偶然，并不必然而“有”，“有”终将化为“无”，故尔可称为相对待之有无，也就是具体存在者之存在。而宇宙太极之“有”乃是无对待之“有”，是绝对之“有”，也就是存在本身。任何一“物”都是气之暂时凝聚所成，“太极”即是气化流行的存在本身，所以它并不是一个“物”，不能被理解为最高存在者、全体存在者或唯一存在者，而是一切存在者得以可能之根基。此处只是一个简要论断，在深入分析“有”之前，我们先来探讨“无”的意义，因为在船山看来，“无”是相对的，“有”是绝对的，“无”总是依赖于“有”的。

“无”也可以划分为两个层面的意义，即“无待之无”与“有待之无”。熊十力先生在《体用论》中将此二者区分为“总计无”与“别计无”，剖分殊为清晰，引用于此：

> 且世间计无，约分二种：曰别计无，曰总计无。总计无者，如计太虚，空空洞洞，是谓之无。……别计无者，谓于一一事理，或时计为无。……如某书纵在他处是有，而克就我手边说确实是无……所以别计无，是有其所谓无，未可斥以无据。唯总计无，即以为有所谓太虚，本来空洞无物。而从无生有之幻想每原于此，……魏晋玄学之徒多属于此派，其说盖自老子启之也。张横渠以太虚名天，气化依之起，亦有生于无之论。①

熊公以为“总计无”或曰“体之无”为妄说，“别计无”虽则未尝无据，归根结底仍是俗人之浅见，此思想承自大易横渠船山一系。下面的分析将会展示，此两种“无”之义也为船山所反对。首先是具体事物的“有待之无”，船山继承横渠思想，认为事物之生灭其实乃是一气之聚散屈伸，故曰：

① 熊十力．体用论［M］．上海：上海书店出版社，2009：10-11.

> 明有所以为明，幽有所以为幽；其在幽者，耳目见闻之力穷，而非理气之本无也。老庄之徒，于所不能见闻而决言之曰无，陋甚矣。……屈伸者，非理气之生灭也；自明而之幽为屈，自幽而之明为伸；运于两间者恒伸，而成乎形色者有屈。彼以无名为天地之始，灭尽为真空之藏，犹瞽者不见有物而遂谓无物，其愚不可瘳已。①

> 言幽明而不言有无，张子。至矣。谓有生于无，无生于有，皆戏论。不得谓幽生于明，明生于幽也。论至则戏论绝。幽明者，阖辟之影也。②

就具体一物而言，其“有”，为气之所聚；其“无”，为气散于幽玄，复归太虚。此太虚并非虚无之义，而是无形之气：“人之所见为太虚者，气也，非虚也。虚涵气，气充虚，无有所谓无者。”③ 如果不是有一个根本在先的气之“有”，就不可能有具体事物之“有”与“无”。将气之聚散幽明理解为具体事物之有无，是将视域局限于当下之一事一物，斤斤于一事一物之生灭得失，此乃俗人之浅见，不知气有聚散而无生灭，“因耳目不可得而见闻，遂躁言之曰无，从其小体而蔽也”④。所以“有待之无”其实是人之俗见。

然而，怀持“有待之无”的俗谛不仅会使人执着于物，还会造成更加严重的后果。如果不是将“有待之无”理解为存在者存在方式的转变，即由聚而散、由显入隐，而是将“有待之无”理解为一个存在者就其自身而言——而非就变为他者而言——由存在变为“不存在”，“有”“无”便可以相互转化。这种转化中的有无双方是不可共存的关系，也就意味着“有待之无”已经被理解为可以不依赖于有而存在，即“无待之无”：

> 言无者激于言有者而破除之也，就言有者之所谓有而谓无其有也。天下果何者而可谓之无哉？言龟无毛，言犬也，非言龟也。言兔无角，言麋也，非言兔也。言者必有所立，而后其说成。今使言者立一无于前，博求之上下四维古今存亡而不可得，穷矣。⑤

① 张子正蒙注：大易篇［M］//王夫之．船山全书：第12册．长沙：岳麓书社，2011：272-273.

② 思问录：内篇［M］//王夫之．船山全书：第12册．长沙：岳麓书社，2011：410.

③ 张子正蒙注：太和篇［M］//王夫之．船山全书：第12册．长沙：岳麓书社，2011：30.

④ 同②415.

⑤ 同②411.

船山此段话多为引用，最后一句说的无所立之“无”显然是“无待之无”。此段大义为，人所讨论的“无”一定针对某种具体存在者，如毛、角这样的有所立者，对于绝对不存在的对象，我们连谈论它都是不可能的，所以“无”一定是“有待之无”。“有待之无”我们在第一章第一节讨论王弼《老子注》中的体用思想时便已经涉及，在那里我们引用了船山关于“车之无”与“器之无”的比较与批评，在这里其实也可以作相似的追问，“毛之无”与“角之无”是否相同？如果不同，它们的差别源自何处？这里船山其实给出了回答：“毛之无”的表述指向的是犬的存在属性在龟身上的缺失，这种缺失归根结底还是对“有”的描述，即某种“有”当下不在某个时空位置而已。如果我们把这种缺失赋予形而上学意义，就会将“有待之无”视作诸如“大音”“大象”的本体，由此再进一步反推出作为终极本体的“无待之无”，这在船山看来只是人为构造之幻象①。这种“无”之幻象除了被理解为某种不可名状的终极本体，还可能被理解为一个为万物实存与运动提供场所的虚空（橐龠）。

此外，“无”成为“无待之无”同时也就意味着存有之物和“无”的不相待，这样一来，“体无用有”思路下的体用关系就不再是一物之不同侧面，而成为两物之外在关系。是以横渠批评其体用殊绝：“若谓虚能生气，则虚无穷，气有限，体用殊绝，入老氏有生于无自然之论，不识所谓有无混一之常。”前文所引船山对橐龠之说的批判便是基于对横渠此言之注释。

以上所论船山与佛老的差别是从“无”的角度而谈，如果我们认同船山之义，即所有对“无”的理解归根结底都是基于对“有”的理解，那么在此思路下，儒家与佛老更根本性的差别必然来自他们对“有”或曰何为更真实存在的理解分歧上。佛老二氏所理解的真正的有或真实存在的要义在于不随境而迁者方为真实存在，所以会认为具体事物之生灭变迁证明了“有”的不真实性，并试图去寻找更加真实不变的存在。所以道家所说的“无”之究竟义并非“不存在”，反倒是更加真实无妄之存在，所谓“无”固然有敞空虚空之义，但那只是“道”的显现方式之一。“道”之所以被称为“无”更根本的原因在于它没有任何具体规定性，故尔无以名之，只能称其为“无”。老子所谓的“视之不见”“听之不闻”“搏之不得”“道常

---

① 此种“无待之无”的人为构造性陈赟已做过详尽分析，可参看陈赟《回归真实的存在》（复旦大学出版社，2007 年）第一章第一、二小节。

无名”，以及王弼所说“无形无象，无声无响，故能无所不通，无所不往”，“欲言无邪，而物由以成。欲言有邪，而不见其形。故曰‘无状之状，无物之象’也。不可得而定也”，都昭然若揭地指向此义。将此种更真实的“无”或“道”无所不通地贯注于一切具体事物之中，使其能够获得其具体规定性从而发用，这才是道家所论“无”之意义。佛家在对待现象与本体的思路上与道家有相似之处，因诸行诸色皆为因缘和合而生，缘起性空故万法皆无自性，也即是说，凡变动者皆为不真之现象，唯有不变真如为世间唯一真实存在。虽然佛老二氏，尤其是佛家各宗派对具体事物是否真实存在的判断有所不同，对本体是内在于现象还是外在于世界的理解也有各家分歧，但他们以不变为更真实无妄之存有，且以不变为变化之根基的思路如出一辙。

不过上文我们描述的很大程度上是横渠眼中的佛老，诚然，他对佛老的批评并非完全公允，“体用殊绝”“物与虚不相资”的主要指向在于体外于用、用外于体。显然，《老子》中“无”的丰富意义非此一言可断，即便是后来的王弼、韩康伯诸家所论之“无”体，也不是外在于现象的本体。其实，就中国自身的思想资源来看，从来都是反对外在于现象之本体。张岱年先生也指出，儒道两家本体观念“不以‘实在’与‘幻象’的区别来讲体用……强调体用的统一。即体离不开用，用离不开体”①，此种外在本体说恐非中国本土资源，而乃来自佛教小乘之论。其传入中土数代之后已遭大乘诸家批驳，如华严宗便是以“理事圆融”立体用不离之说。理学诸儒更是不同意外在之体，相应地对“太极”之理解也是内在于现象世界的。台湾学者陈祺助对理学诸儒有精要总结：“就太极之生阴阳而言，各家都有一基本共同点，即认为阴阳并不等于太极，但太极也并非在阴阳之外，别为一体，而与阴阳对立者。太极即在阴阳之中与之为体，所以运之、动之，以生之者。”② 船山作为横渠的服膺者，其批评固然多有直接继承之处，但更多的则是更加深入地发展。这不仅仅是思想本身的发展趋势所致。我们不能忘记的是，宋初儒者们更多面对的是来自外部异学的压力与挑战，而明末儒者们所面临的思想症结更多地来自儒家在扬弃佛老之学后，其内部受到所谓禅学空疏之学的浸染影响，所以力图正本清源。对船山而言，需要的是更加精细地分殊清楚儒家内部诸多倾向的正学

① 张岱年．中国哲学中的本体观念［J］．安徽大学学报，1983（3）．

② 陈祺助．王船山“阴阳理论”之诠释［M］．高雄：复文图书公司出版社，2003：18．

异端之别，这一点由其《读四书大全说》的精细风格即可略见一斑。故尔，船山之论虽然大多数时候看起来是针对佛老而发，但不可忽略的是，这些批评总也潜在地指向着诸多儒学内部流派。这样我们就不能停留于简单的“体用殊绝”或“物与虚不相资”这样对外在本体说之批判，而要从船山对“有”或曰真实存在的论述出发才能真正正本清源，看清其标举之大旨所在。

2. 有

我们从船山对老庄之学的理解入手，可以更好地分殊清楚船山在本体问题上对真实存在之理解。因为，船山专门对《老子》《庄子》作过注疏，而意态颇有不同，其《老子衍》旨归在于“入其垒，袭其辎，暴其恃，而见其瑕矣”①。船山在其著作中对庄子虽多有批判，然于庄学专门作《庄子通》《庄子解》严肃疏解，且曰“凡庄生之说，皆可因以通君子之道”②，那么在船山看来老庄之道差别何在呢？

船山认为，庄子之所以不同于老氏异端，而能够引而入君子之道，便在于庄子对浑天全体之理解：

> 观于此，而庄子之道所从出，尽见矣。盖于浑天而得悟者也。……天之体，浑然一环而已。春非始，冬非终，相禅相承者至密而无畛域。其浑然一气流动充满……物化其中，自日月、星辰、风霆、雨露，与土石、山陵、原隰、江河、草木、人兽，随运而成，有者非实，无者非虚。庄生以此见道之大圜，流通以成化，而不可以形气名义滞之于小成。……皆浑天无内无外之环也……其言较老氏橐龠之说，特为当理。周子《太极图》，张子“清虚一大”之说，亦未尝非环中之旨。③

所谓“浑天”在船山看来与“太极”无异：“太极一浑天之全体。”④这里的“环”并非前文所批判之空心圆圈，而是指一气之浑然流动无始无终。船山认为，庄子、周子、张子思想的根本要义，都是此“浑天无内无外之环”。此环中任何一物都是此气“随运而成”的暂时聚合，很快又会

① 老子衍：自序［M］//王夫之．船山全书：第13册．长沙：岳麓书社，2011：15．
② 庄子通：叙［M］//王夫之．船山全书：第13册．长沙：岳麓书社，2011：493．
③ 庄子解：杂篇：则阳［M］//王夫之．船山全书：第12册．长沙：岳麓书社，2011：395．
④ 周易内传发例［M］//王夫之．船山全书：第1册．长沙：岳麓书社，2011：658．

回归大化流行，此之谓物化其中，所以“有者非实”。然而，正因一切物皆为气所构成，所以物之成毁有无只是此气之聚合分离，是以“无者非虚”。这样一来，有无之间既非本体与发用的关系，也不存在何者更加真实存在的问题，天地之常并非“无”，而是“有无混一之常”。有无归根结底是气之隐显聚散，此气方为最真实之大有，这种存在根基取向学界一般称之为“气论”，横渠在《正蒙·太和篇》中极倡此义，船山在《张子正蒙注》中也畅发此论：

虚空者，气之量；气弥纶无涯而希微不形，则人见虚空而不见气。凡虚空皆气也，聚则显，显则人谓之有；散则隐，隐则人谓之无。……盖阴阳者气之二体，动静者气之二几，体同而用异则相感而动，动而成象则静，动静之几，聚散、出入、形不形之从来也。……或聚或散，或出或入，错综变化，要以动静夫阴阳。而阴阳一太极之实体……①

不过，这种非虚非实思路初看起来极像佛家缘起性空之论，朱子也曾因此批评横渠之说为“大轮回”。对此还需深入辨析以看清船山学说特出之处。朱子认为：

横渠辟释氏轮回之说。然其说聚散屈伸处，其弊却是大轮回。盖释氏是个个各自轮回，横渠是一发和了，依旧一大轮回。②

释氏所谓轮回者乃一切有生命者虽然肉体躯壳会坏灭死亡，却皆有某种主体不灭③，以另一种生命形式重生于六道中另一躯壳。所以朱子说释氏是个个各自轮回，他以为横渠之说为大轮回指的是，一切存在事物都由太虚之气聚合而成，散而复归于太虚，归根结底是一气流转，即前文船山所言浑天之环，故尔称其为大轮回。这个批评其实甚不妥当，因为释氏之所以称轮回，其精要乃是一不变主体在变动现象中的穿梭往来，好似一人不断换衣服，却仍是此人，本体与现象两无相待。故横渠批评其“形自形，性自性，形性、天人不相待而有”④。而横渠之要乃在于，性形并非

① 张子正蒙注：太和篇［M］//王夫之．船山全书：第12册．长沙：岳麓书社，2011：23-24.

② 朱子语类：卷99［M］//朱熹．朱子全书：第17册．上海：上海古籍出版社，2002：3335.

③ 至于此主体为何，不同佛教派别有不同说法，此不赘述。

④ 同①25.

二物，只是一气之清浊而已，本体的流行细缊即是现象，所以并无一不变本体，生死也不过是气之屈伸往来，自然也就无甚轮回之说。此义船山阐之甚明，他通过诠释《易经系辞》“原始反终，故知死生之说”，来为横渠辩护：

> “原”，有本而生也。“反”，归诸其故也。……《易》言往来，不言生灭，“原”与“反”之义著矣。以此知人物之生，一原于二气至足之化；其死也，反于细缊之和，以待时而复，特变不测而不仍其故尔。生非创有，而死非消灭，阴阳自然之理也。朱子讥张子为大轮回，而谓死则消散无有，何其与夫子此言异也！①

朱子的指责归根结底是因其理解太极为不变之天理，并以此理解横渠之说，自然扞格不入，这在其对“太和”之理解上犹为见出：

> 问：“横渠说‘太和所谓道’一段，考索许多亦好。其后乃云‘不如野马纷纭，不足谓之太和’，却说倒了。”曰：“彼以太和状道体，与发而中节之和何异！”②

横渠“太和”之原义此处姑不论，在朱子门生看来，“太和”如果指的是“道”，就应当是形而上之天理，是体；而“野马纷纭”显然指的是气化流行，是用，故尔“说倒了”。本书“朱子体用”一节已有对其“道体”概念的解读，其应当理解为太极之理，那么此处朱子的回答就应当被理解为质疑横渠之语气，可以解释为一种反问，大致可以翻译为：他以“太和”来描述道体，这与发用之和还有什么区别？言下之意即为：两者应当是有区别的，这样运用“太和”概念，的确如其弟子所言，是“说倒了”。

而在船山看来，“太和”本身就是包括形上形下，体用合一的整体：“未有形器之先，本无不和，既有形器之后，其和不失，故曰太和。”③ 如果从这个角度来看，反倒是朱子执守一不变本体贯穿于现象的思想更像是释氏轮回之说。这就涉及船山对第二种本体，即内在本体的批评，显然，这种批评更多的是针对儒家自身思想中的派别倾向。

---

① 周易内传：系辞上传第四章［M］//王夫之. 船山全书：第 1 册. 长沙：岳麓书社，2011：520.

② 朱子语类：卷 99［M］//朱熹. 朱子全书：第 17 册. 上海：上海古籍出版社，2002：3329.

③ 张子正蒙注：太和篇［M］//王夫之. 船山全书：第 12 册. 长沙：岳麓书社，2011：15.

船山对内在本体之批评的要义在于太极是否是宇宙内在的不变本体，广义来说，也就是世界自身之中是否有某种不变的根基。船山在解读“为政以德，譬如北辰”时对朱子不变本体有明确批评。朱子之说如下：

北辰，北极，天之枢也。居其所，不动也。①

朱子曰：“北辰是天之枢纽，中间些子不动处，缘人要取此为极，不可无个记认，所以就其旁取一小星谓之极星。天之枢纽，似轮藏心，藏在外面动，心都不动。”问：“极星动不动？”曰：“也动，只他近那辰，虽动不觉，如射糖盘子，北辰便是中央桩子，极星便是近桩点子，虽也随盘转，缘近桩子便转得不觉。……辰非星，只是中间界分。极星亦微动，辰不动，乃天之中，犹磨之心也。”②

船山批评如下：

北辰之说，唯程氏复心之言为精当③。朱子轮藏心、射糖盘子之喻，俱不似，其云“极似一物横亘于中”，尤为疏矣。使天之有枢，如车之有轴，毂动而轴不动，则自南极至北极，中间有一贯串不动的物事在。其为物也，气耶？抑形耶？气，则安能积而不散，凝而不流？若夫形，则天地之间未有此一物审矣。且形，固能运形而不能运气者也。天枢之于天，原无异体。天之运行，一气俱转，初不与枢相脱，既与同体，动则俱动。特二十八宿、三垣在广处动，北辰在微处动，其动不可见耳。

…………

……抑于北辰立一不动之义，既于天象不合，且陷入于老氏“轻为重君，静为躁根”之说。毫厘千里，其可谬与？④

二人之差异并非只是对天枢北辰这个天象问题的看法，正如船山所言，北辰运动与否归根结底是一个对天道本体的理解问题，对这个问题如果理解不当，就可能陷入老氏重静轻动的无为之学。在朱子来说，任何事

① 朱熹. 四书章句集注［M］. 北京：中华书局，1983：53.

② 胡广，杨荣，金幼孜，等. 四书大全校注：上［M］. 周群，王玉琴，校注. 武汉：武汉大学出版社，2009：350.

③ 程复心曰：“枢，门簨也。天常转动，北辰却是天之北极中间不动处，如门簨相似，故为天之枢也。仍不是不动，只动时还在元处。”（同②）

④ 读四书大全说：论语：为政篇［M］. 王夫之. 船山全书：第6册. 长沙：岳麓书社，2011：595-597.

物表面的运动背后一定有永恒不变之道枢，否则天地将无常而变乱，所以其所理解之天象亦有一北辰作为天枢，而且此辰并非具体形气所成之星，“只是中间界分”，也即只是一个抽象的理论之点，所以在这一点上，船山以形气论辩对朱子所作的批评是无效的，朱子可以回答说他所谓辰非气而无形，就好比几何题目求得之圆心坐标，并非真有一实存之圆心，北极星只是恰好在此圆心坐标附近可以起到定位功能。船山批评真正的意义是从“天枢之于天，原无异体”这句话开始的，天枢与天并不是一则为抽象本质，一则为形体现象的两种存在形式，而是“一气俱转”。这里的“转”并不是物体围绕某个抽象圆心的运动，而是前面所说的浑天之环，即一气流行，是以虽曰“枢”，而就其存在层面而言不殊于天，皆为气也。所以船山认为天地万物存在之根据并非不变之本体，不变者并不比变化者更加接近真实本质，并进一步阐明，世间万有，动为源初样态，静乃相对，动才是绝对：

> 太极动而生阳，动之动也；静而生阴，动之静也。废然无动而静，阴恶从生哉？一动一静，阖辟之谓也。由阖而辟，由辟而阖，皆动也。废然之静，则是息矣。“至诚无息”，况天地乎？“维天之命，于穆不已”，何静之有！①

这样一来，世间万有便不再需要一个静止不动本体作为它们存在之根据，或者说万有之本体便是万有自身。那么“太极”实际上并无一核心之“极”，故可曰“无极”：

> “太极”之名，始见于此，抑仅见于此，圣人之所难言也。“太”者极其大而无尚之辞。“极”，至也，语道至此而尽也；其实阴阳之浑合者而已，而不可名之为阴阳，则但赞其极至而无以加，曰太极。太极者，无有不极也，无有一极也。唯无有一极，则无所不极。故周子又从而赞之曰：“无极而太极。”阴阳之本体，絪缊相得，合同而化，充塞于两间，此所谓太极也，张子谓之“太和”……太极非孤立于阴阳之上者也。②

圣人慎言、难言太极，因单论“太极”容易造成形而上误解，以其为一切存在者的最高顶点或最核心本质，这样理解的话，便会拘于一隅而失

---

① 思问录：内篇［M］//王夫之．船山全书：第12册．长沙：岳麓书社，2011：402.

② 周易内传：系辞上传第十一章［M］//王夫之．船山全书：第1册．长沙：岳麓书社，2011：561-562.

全体。“无有一极”意味着没有一个离于事物的本体，没有一个离于天下之用的天下之体。“无有不极”意味着本体不仅与事物不可分离，更是充盈于事物整体，直可谓事物本身（后详）。“太极”本即浑天阴阳全体，并无一极可言，故“太极本无极”也，因其极大极至而无以加，故曰“太极”。关于“太极”与“阴阳”之关系，陈祺助有细密精审之研究，其结论曰：“阴阳乃太极本然之体，太极是阴阳浑合不分的状态，太极是对阴阳为无所不极、至足无缺之体的赞词，太极是阴阳之气中的主宰分剂之理。”① “太极和阴阳所指之实都是同一内容，然而却各有其不同的义界：阴阳着重其实际存在之材质或气，太极则强调其主宰生化之性或理。阴阳和太极从其实质来说，两者可书上等号。”②

如果说“太极”作为整全大体绝非“无”，而乃包含万有之大有，“太极”“浑天”乃是永不停息之动，并因此动而成其为至诚真实无妄，那么“太极”是否能理解为一切存在者之集合，或者作为质料之气的运动呢？“太极”作为“大有”与具体事物之有无是什么关系呢？这是我们接下来要讨论的问题。

> 太极之在两间，无初无终而不可间也，无彼无此而不可破也，自大至细而象皆其象，自一至万而数皆其数。故空不流而实不窒，灵不私而顽不遗，亦静不先而动不后矣。夫惟从无至有者，先静后动而静非其静；从有益有，则无有先后而动要以先。……要此太极者混沦皆备，不可析也，不可聚也。以其成天下之聚，不可析也；以其入天下之析，不可聚也。③

船山这里连续用了几组对立的概念来破除对“太极”的误解，笔者将这种误解称为现成存在者集合的思路。存在者集合理解的问题在于：第一，存在者的存在必须是在某种场域之中，这个场域又是什么呢？它又存在在哪里呢？场域和存在者又是什么关系呢？显然，这样的理解很容易导

---

① 此处“主宰分剂之理”不能理解为朱子意义上的形而上之体，而应当理解为“理气虽有异名而实则相与为一”。参看陈祺助《王船山“阴阳理论”之诠释》（复文图书公司出版社，2003年）第27页。船山“理”之意义已多有人论之甚详，如曾昭旭在《王船山哲学》第三编第二章第二节，陈来在《诠释与重建：王船山的哲学精神》第三章，陈赟在《回归真实的存在》第三章第二节等等，后文有论，此不赘述。

② 陈祺助．王船山“阴阳理论”之诠释［M］．高雄：复文图书公司出版社，2003：31.

③ 周易外传：系辞上传第九章［M］//王夫之．船山全书：第1册．长沙：岳麓书社，2011：1016.

向上文分析的体用殊绝或者橐籥之论。第二，集合这个概念的流俗用法往往意味着无关联的存在者聚集在一起的外在共处关系，这无疑是船山反对的。而集合较为严格的用法指的是具有共同属性或定义的事物汇总构成的整体，这同样是一种外在关系，而且，如果我们要定义一个集合能够涵盖万有，那么这个集合似乎只能被称为“存在者”。而“太极”概念力图指涉的不仅是存在者的全体，更是作为一切存在者基础的存在本身，这种存在论层面的描述就超越了针对存在者层面的集合意义。所以船山说“空不流”“实不窒”“不可析”“不可聚”，皆是要避免将“太极”理解为具体之物的思路，它既不是一个虚空的场域，也不是实窒的现成质料构成的物之集合，也不仅是后者在前者中的存在与运动，甚至也不能理解为唯一的整全大物，因为谈及物一般都会理解成为时空中的某个存在者。而“太极”作为存在本身是万物从中涌现的本源与返还的归宿，先于一切局部个体上显现出的具体规定性，如动静、析聚、空实等等，所以就“太极”本身而言无始终彼此，或者说，它通古今始终为一：“今夫天，彻乎古今而一也，周乎六合而一也，通乎昼夜而一也。”① 因此，张学智先生指出：“说它（太极）是超时空的绝对体，并非说它是现世之外主宰现世界的‘第一推动者’，而是说它是世界大全本身。它是有，永远存在，至大无外，至小无内，时间空间不足以形容它，规范它。”② 这里所谓超时空指的是时空内在于太极，而非太极在时空之内，船山强调这个是为了说明宇宙全体从来皆有，未尝有一个阶段为无。而具体事物也不是从“无”、“道”或“太极”中“生”出来的，它们作为“太极”中存在的一个部分，自始至终也都不是“无”，它们的生成其实不过是气的汇聚造成的一种显现罢了，所以船山也反对生成论意义上的道生万物之说：“道一而已矣，……不得曰道生一，……一生二，二生三，三生万。”③

总之，由本节的简要勾勒可见，“太极”全体之“有”，并不宜直接等同于具体事物之“有”的意义。我们需要先讨论“太极”作为整全大体的意义，然后才能够处理其与具体事物、时位、卦象之关系。所谓整全，一般理解是与部分相对，不过整全与部分的结构可以有许多方式，在船山这里，部分应当被理解为整全的显现，船山主张“由用见体”，这种显现必

① 尚书引义：泰誓中［M］//王夫之．船山全书：第 2 册．长沙：岳麓书社，2011：330.
② 张学智．明代哲学史［M］．北京：北京大学出版社，2000：553.
③ 尚书引义：咸有一德［M］//王夫之．船山全书：第 2 册．长沙：岳麓书社，2011：304.

定是在“用”中的显现，因此我们也可以说它们之间是体用关系，船山对此的概括是“太极有于易以有易”，下试详之。

3. 太极与易

船山曰：

> “《易》有太极”，固有之也，同有之也。太极生两仪，两仪生四象，四象生八卦，固有之则生，同有之则俱生矣。故曰“是生”。“是生”者，立于此而生，非待推于彼而生之，则明魄同轮，而源流一水也。……故不知其固有，则绌有以崇无；不知其同有，则奖无以治有。无不可崇，有不待治。故曰“太极有于《易》以有《易》”，不相为离之谓也。[①]

“易”在这里并非指《周易》一书，而是指包括乾坤阴阳，变易无方的大化全体。“易有太极”，之所以说“固有之也”，是因为太极不是外于宇宙全体的现象外之本体。所以，如果不明了这一点，就会贬低现实世界而崇尚外在虚空本体。“同有之也”指的是太极就是此大化全体，而非其中的某种支配性、规范性本体，理解此意，才不会依赖某个玄虚之体去限制“有”的意义。当然，这并不是说，“太极”与宇宙全体大用完全等同，如上一节所论，宇宙大有可以从很多角度用概念来理解与规定，“太极”主要是就其浑沦为一的主宰之义而论的。相应地，这里的“易”也不能等同于“太极”，因为“是生两仪”，“易”还包含乾坤两仪以及由此生而出的卦爻[②]。这里的“生”不是由此生彼之生，而是“立于此而生”的“是生”。陈祺助解释说：“太极和仪象卦爻并不是互相外在、对立的不同之物，以致太极之生两仪等，乃必须太极先立于此……即在此太极之体上而生之，所以称为‘是生’者；是者，此也。”[③] 在此需要解释一下“明魄同轮”与“源流一水”两个譬喻：“魄”的意思是月初生或圆而始缺时不明亮处，魄与明便如同阴与阳，不是月亮生出两种不同东西，是同一月亮因时而显现或隐藏自身之别。源头与下游也是同一水之不同样态。明白此

---

① 周易外传：系辞上传第十一章［M］//王夫之. 船山全书：第1册. 长沙：岳麓书社，2011：1023-1025.

② 正如“易”在此不是仅仅指《周易》一书，卦爻在此也不仅仅是指那些《周易》符号，而是还指向卦象背后象征的宇宙实际的以及可能的变化形态。

③ 陈祺助. 王船山“阴阳理论”之诠释［M］. 高雄：复文图书公司出版社，2003：32.

两譬喻，便能理解船山所谓“固有”“同有”之生，是同一者在其自身内部原本就蕴含有的差异性与丰富性之显现，是全体与其自身流行生成的关系，即全体之大用。对于此“生”船山有多处论述：

> 生者，非所生者为子，生之者为父之谓。使然，则有有太极无两仪，有两仪无四象，有四象无八卦之日矣。生者，于上发生也。如人面生耳目口鼻，自然赅具，分而言之谓之生耳。……要而言之，太极即两仪，两仪即四象，四象即八卦，犹人面即耳目口鼻，特于其上所生而固有者分言之，则为两、为四、为八耳。邵子之术，繁冗而实浅，固其不足从，以《经》考之自见。故读《易》者以不用《先天图说》为正，以其杂用京房、魏伯阳、吕岩、陈抟之说也。①
>
> 所自生者肇生，所已生者成所生。无子之叟，不名为父也。②
>
> 非太极为父、两仪为子之谓也。阴阳，无始者也，太极非孤立于阴阳之上者也。③
>
> 固合两仪、四象、八卦而为太极。其非别有一太极，以为仪、象、卦、爻之父明矣。④

这几则论述不约而同地反对父子譬喻，因为父子为二体，“若太极为父，阴阳为子，则有父无子之时，亦等于承认有太极而无阴阳之时。本无阴阳之太极却因动静生出阴阳，这又回到船山所批判的‘虚能生气’‘无能生有’之‘体用殊绝’的二元论。所以太极不能孤立于阴阳之上之外，以做为仪象卦爻之父。”⑤ 邵雍之说之所以浅陋，正因其将“生”外在机械地理解，好似有一本体不断破成两片，如此便会造成有太极而无阴阳之时，船山认为邵雍的说法及其先天易云云皆为外于现象之本体学说，来自道家影响，故尔不可遵从⑥。耳目口鼻之于人面，是其本来自然就有之

---

① 周易稗疏：两仪生四象［M］//王夫之．船山全书：第1册．长沙：岳麓书社，2011：789-790.

② 周易外传：系辞上传第十一章［M］//王夫之．船山全书：第1册．长沙：岳麓书社，2011：1024.

③ 周易内传：系辞上传第十一章［M］//王夫之．船山全书：第1册．长沙：岳麓书社，2011：562.

④ 同②.

⑤ 陈祺助．王船山“阴阳理论”之诠释［M］．高雄：复文图书公司出版社，2003：32.

⑥ 这里船山的批评也隐含地指向朱子。《朱子语类》：“云：‘“太极生两仪，两仪生四象”，此如母生子，子在母外之义……’曰：‘是如此。’”（朱子语类：卷94［M］//朱熹．朱子全书：第17册．上海：上海古籍出版社，2002：3130）

物，合而言之则曰人面，分而言之则曰耳目口鼻，这才是太极与两仪卦爻之关系。所谓分而言之，固然是待人而言说，但人之所以能够分言阴阳两仪，并不是人妄自命名，而是源自太极自身之发用流行，所以太极之生阴阳两仪除了自然本有之义，还有显现发用之义，此显现用船山的话说是“功用发生之谓也”。船山通过对周敦颐“太极动而生阳，静而生阴”的解读来批评“生成”之义，阐发“显现”之义。

> 周子曰：“动而生阳，静而生阴。”生者，其功用发见之谓，动则阳之化行，静则阴之体定尔。非初无阴阳，因动静而始有也。①

周子太极图说常常被理解为宇宙在时间中生成阶段的描述，在船山的阐释中，周子之论尽管也包含宇宙论层面的生成理解②，但更根本来说是由体生用的体用论，而且是对体作为全体在其自身之内功用发生的描述。按照前面船山对“生”的理解，阴阳与太极同在固有，绝非因于动静而有，所以这里的“生”便必须理解为显现。显现的意思是说：“阴阳虽先于动静而有，但其性情功效却必须因动静之用才能彰著发见。”③“阴阳虽非因动静而有，却因动静而始发见，由动静之用而彰著两者判然相异之性情功能。”④ 所以，阴阳不是因动静而有，而是太极本有的健顺之德⑤，阴阳为体，动静为用。阴阳发用显现的更精微图景是由卦爻之象来呈现的：

> “两仪”，太极中所具足之阴阳也。“仪”者，自有其恒度，自成其规范，秩然表见之谓。“两”者，自各为一物，森然迥别而不紊。……乃自一画以至八卦，自八卦以至六十四卦，极于三百八十四爻，无一非太极之全体，乘时而利用其出入。其为仪、为象、为卦者显矣；其原于太极至足之和以起变化者密也，非圣人莫能洗心而与者也。⑥

两仪、四象、八卦、六十四卦、三百八十四爻，这些都是太极全体之显现，都是源于太极之和，原本即具有的，它们的差别只是在于因“时”不同，显现出的方式以及显密程度有异。

---

① 周易内传发例［M］//王夫之. 船山全书：第1册. 长沙：岳麓书社，2011：659-660.

② 本章第五节将会讨论生成层面的意涵。

③ 陈祺助. 王船山“阴阳理论”之诠释［M］. 高雄：复文图书公司出版社，2003：34.

④ 曾春海. 王船山易学阐微［D］. 台北：辅仁大学，1978：97.

⑤ 对此阴阳健顺之德的详细讨论参看本书第三章第一节和第五节。

⑥ 周易内传：系辞上传第十一章［M］//王夫之. 船山全书：第1册. 长沙：岳麓书社，2011：561-562.

由上述讨论可以看出船山之“全体”的两个特点：

其一，此“体”必定是能动能生成之体，而非静态规范性之体，而且其能动性并非不变质料之机械运动，那样必然若非“实窒”便需要一虚空之橐籥以供质料运动，终将导致另有一物“鼓其橐籥令生气”的思路。所以此“动”应当结合“生”来理解，却又不能理解为父生子、此生彼之生，而是具体规定性从“大有”中显现之义。具体规定性的显现不是一蹴而就的，不是鸟兽草木直接从大化流行中跃然而出，“大有”或曰“太极”必须首先显现为阴阳两仪这样的几乎无任何具体规定性的两体，然后才能逐步由此两体交相作用，从而进一步分化呈现为杂多乃至万物。

其二，此“体”之变化流行即是“用”，“用”不外于“体”并与“体”相函，也就是说其体用关系在最源初意义上不是两物之关系，或者一物与世界之关系，而是整全大体之存在与其自身变化流行之关系，此即“体用相函”。万物之“生”如果被理解为由此体生彼体，那么体用关系的意义就会被理解成为两物之关系，不管此关系是逻辑的先后环节，还是因果链条，都将最终逆推出一个超越性终极本体，从而导致体用殊绝，这是船山力图避免的方向。

乾坤并建与阴阳十二时位说是船山易学的基本架构，它与前论“太极有于易以有易”之说相为呼应，其立场相通，不过侧重各有不同。船山认为易学原理究其根本与天道是一致的[①]，不过“太极”学说比较偏于宇宙论层面之描述，“乾坤并建”“十二时位”所论则集中于卦象义理之讨论。朱伯崑先生指出此思想贯穿船山一生：“其早年著作《稗疏》解释《系辞》文‘参伍错综’……所说‘卦各有六阴六阳’，即乾坤并建说的滥觞。其后，王氏在《外传》中，概括为‘乾坤并建’，并从理论上作了全面的阐述，晚年于《内传》中，又以此解释《周易》经传中的文句，成为其解释辞象关系的体例之一。”[②] 我们可以从船山晚年的《周易内传发例》中看到此论的明确表述：

> 《乾》《坤》并建，为《周易》之纲宗，……盖所谓“《易》有太极”也。周子之图，准此而立。其第二图，阴阳互相交函之象，亦无已而言其并著者如此尔。太极，大圆者也。图但取其一面，而三阴三阳具焉。

---

① 参看陈祺助《周易卦理与天道原理如何一致》一文，笔者没能找到原文台湾发表出处，只能列其网络文献地址于此：http://www.doc88.com/p—013708007335.html。

② 朱伯崑．易学哲学史：第4卷［M］．北京：华夏出版社，1995：62.

其所不能写于图中者，亦有三阴三阳，则六阴六阳具足矣。特图但显三画卦之象，而《易》之乾坤并建，则以显六画卦之理。乃能显者，爻之六阴六阳而为十二；所终不能显者，一卦之中，向者背者，六幽六明，而位亦十二也。十二者，象天十二次之位，为大圆之体。太极一浑天之全体，见者半，隐者半，阴阳寓于其位，故毂转而恒见其六。《乾》明则《坤》处于幽，《坤》明则《乾》处于幽。《周易》并列之，示不相离，实则一卦之向背而《乾》《坤》皆在焉。非徒《乾》《坤》为然也，明为《屯》、《蒙》，则幽为《鼎》、《革》，无不然也。①

船山重申其太极为一大圆之说，并就卦象而论，认为每一卦象其实是太极整体或曰乾坤并建整体的部分显现。这个整体包含有十二时位，其中六阴六阳，当其显现为乾卦六阳爻之时，六阴爻便隐藏于幽，不为人所见，反之亦然。六阴为坤，六阳为乾，此六阴六阳永远构成一个阴阳平衡的太极整体，是以称之为"乾坤并建"。同样，每一卦的显现背后都有其错卦隐藏，人永远只能看到太极向其显现的六爻。这样一来，《周易》之首就不再是乾卦，而是乾坤二卦为首，两卦不分先后。

《乾》《坤》并建于上，时无先后，权无主辅，犹呼吸也，犹雷电也，犹两目视、两耳听，见闻同觉也。……然则独《乾》尚不足以始，而必并建以立其大宗。②

那么，太极乾坤并建全体与其余六十二卦关系为何呢？船山多次明确称其为体用关系。

《易》者，互相推移以摩荡之谓。《周易》之书，《乾》、《坤》并建以为首，《易》之体也；六十二卦错综乎三十四象而交列焉，《易》之用也。③

故《乾》《坤》并建而统《易》……卦画之所设，乃固然之大用也。④

① 周易内传发例［M］//王夫之. 船山全书：第1册. 长沙：岳麓书社，2011：657-658.
② 周易外传：系辞上传第一章［M］//王夫之. 船山全书：第1册. 长沙：岳麓书社，2011：989.
③ 周易内传：上经乾坤［M］//王夫之. 船山全书：第1册. 长沙：岳麓书社，2011：41.
④ 周易内传：系辞上传第一章［M］//王夫之. 船山全书：第1册. 长沙：岳麓书社，2011：507.

> 以全《易》言之，《乾》《坤》并建以为体，六十二卦皆其用。[①]

这就需要我们仔细推究它们之间的关系以更好地理解船山体用思想。

> 《乾》有六阳，《坤》有六阴；而其交也，至《屯》、《蒙》而二阳参四阴，至《需》、《讼》而二阴参四阳，非阴阳之有缺也。《屯》、《蒙》之二阳丽于明，四阳处于幽，《需》、《讼》之二阴丽于明，四阴处于幽，其形而见者为《屯》、《蒙》，其隐而未见者为《鼎》、《革》，形而见者为《需》、《讼》，隐而未见者为《晋》、《明夷》，余仿此：变易而各乘其时，居其位，成其法象，非所见者有，所不见者无也。故曰"《乾》、《坤》其《易》之蕴邪"，言《易》藏畜阴阳，具足充满，以因时而成六十二象。[②]

这段话是说从乾坤以下六十二卦都是太极整体的不同显现而已，并且就具体卦象进行解读，分析它们都是如何阴阳向背、错卦相成。其陈义甚明，无须赘为解说，只是需要注意最后一句话：《周易》包含阴阳是整全圆满的，"因时成象"指的是此圆满太极会因"时"不同而显现为六十二象。"时"在古代一般指一种具体情境，在易学中"时"是具体情境通过"象"呈现出来的介于抽象与具象之间的一种具有指引意义的空灵形式，所以这里的"时"其实并不是在"时间"之中的，而是"太极"显现发用的不同可能性，如月相的明暗变化可能。当然，这并不是说六十二象不能够在"时间"中、现实中与某些情境关联对应，并起到指引意义，只是说它源初的意义不是在时间中依照某种次序而展开的。对于诸卦爻与太极之体用关系我们在下面三节从三个方面由大到小依次分析：（1）乾坤二卦与六十二卦的纯杂关系。（2）卦序问题。（3）象爻关系。

第二节　纯杂体用

本节要义：

宇宙从未有一个阶段，出现纯粹的乾坤阴阳，世间也没有任何东西是

---

① 周易内传：系辞下传第九章［M］//王夫之．船山全书：第1册．长沙：岳麓书社，2011：607.

② 张子正蒙注：太和篇［M］//王夫之．船山全书：第12册．长沙：岳麓书社，2011：30.

绝对的阴阳而不包含其对立面，阴阳二气仍是“至纯”之“一气”。“纯”字原有两义：1）整全义：即用见体，体之外无用。2）纯粹义：此体并非由杂多构成，而是至纯一气。杂多只是纯全之体在一隅之显现，知纯全本体才能够不拘于一隅而用乎杂。君子当努力获得对全体的领会，由此事功悟道，而不能执守一端之用而废全体之纯备。“纯”为体，“杂”为用，两者只是对宇宙全体从不同角度的描述。

卦象皆是太极本体之显现，六爻变化而十二位阴阳具足。阴阳不是一对固定内涵概念，不是具体属性，而是两个形式概念，其中可以充实以各种相对性意涵。个体虽是宇宙全体在一隅一端之发用显现，但也是自足的整全之体，和本体同样健顺五常具足。从流行中窥见造化，为“即用见体”（本体、全体）；从流行中化生万物，故“用可生体”（个体、定体、端体）。六十四卦与太极的关系既是易学，也是真实宇宙中本体之显现、本体定体之关系以及定体之显现这些不同层次体用关系的理解与表述。阴阳对待与整全不同于事物之理的整全，故船山的“物物一太极”与朱子不同，不认为万物中皆有整全之理。

首先需要说明，严格说来，乾坤二卦也是太极全体在两种时位下的显现方式而已，它们其实与六十二子应当并列，只不过船山认为它们两者显现形式特别明晰，将其合而并建能够非常明确地指示出太极十二时位的全体，因此特标举立出，以示它们是其余六十二卦之本，但其实真正作为六十四卦之本的还是太极全体①。所以，船山在使用乾坤二卦的时候常常具有歧义性，有时是指和六十二卦并列的卦象，有时其实指的就是太极全体，有时则是在强调阴阳健顺之德。不过只要我们能够理解他的基本思想结构，忽略其滞词之处，也不至于产生太大误解。

> 以其纯而不杂、易简之德，备天下险阻之变而无不通。六十二卦、三百八十四爻，无非《乾》、《坤》之所自为，则抑无非《乾》、

① 就此来看，说乾坤并建亦可，说离坎并建亦可，只要是两个错卦，都可以合在一起用来指示太极全体，只不过乾坤并建除了指示全体之外，还同时指示了阴阳健顺之德，所以能够更加完整地传达出船山思想。如果站在“天之天”的立场上，太极全体显现为乾坤并建恐怕并不比其他的显现方式更为高明纯粹。只能说是在“人之天”的立场上，因为乾坤二卦与阴阳及其相关之德有着似乎“天然”的相类之意，所以人会特意拈出此二卦，法象天地健顺之德。在这个意义上，乾坤二卦带有双重意义，在“天之天”的立场上它只是六十四卦象中并无特别意义的环节，在“人之天”的意义上它反倒是卓然特出之天地大德，所以船山要强调“乾坤并建”，而非“坎离并建”。

《坤》之所自知也。①

十二位之阴阳亦无不备也。无不备，无不纯矣。故非天下之至纯者，不能行乎天下之至杂。②

要注意这里的“纯”不是指纯乾纯坤或纯阴纯阳，从十二时位之说的逻辑来看，不可能宇宙有某一个阶段出现纯粹的乾坤阴阳，所以船山认为，“邵子谓天开于子而无地，地辟于丑而无人，则无本而生，有待而灭，正与老、释之妄同，非《周易》之道也”③。此外，我们不能将十二时位说作一种机械化判然分际的理解，譬如说认为虽然十二时位整体是六阴六阳均衡乾坤并建，但是其中一爻依照其阴阳不同，可以是纯阴纯阳。船山明确认为世间没有任何东西是绝对的阴阳而不包含其对立面：

《周易》并建《乾》、《坤》于首，无有先后，天地一成之象也。无有地而无天、有天而无地之时，则无有有《乾》而无《坤》、有《坤》而无《乾》之道，无有阴无阳、有阳无阴之气，无有刚无柔、有柔无刚之质，无有仁无义、有义无仁之性，无阳多阴少、阴多阳少、实有而虚无、明有而幽无之理……④

即便是天地或者阴阳爻这样初看起来至纯者之中还是有阴阳之别：

纯阳为天，纯阴为地，而天有阴，地有刚，又各自为阴阳；二而四，四而合二，道本如是，非判然一分而遂不相有也。在天有阴阳，在阳有老少，在数有九七，在地有柔刚，在阴有老少，在数有六八，于是而四象成。故《易》一爻之中，有阴有阳，有老有少，而四象备焉。⑤

这样，所谓“天下之至纯”显然不是说乾坤二卦各自作为纯阴纯阳相交而生出六子或六十二子，如同父母生子一般（六子或六十二子只是沿用易学传统说法而已），船山紧扣乾坤并建之全体，以“纯”字强调此全体

① 周易内传：系辞下传第十二章［M］//王夫之．船山全书：第1册．长沙：岳麓书社，2011：614．

② 周易外传：系辞上传第一章［M］//王夫之．船山全书：第1册．长沙：岳麓书社，2011：987．

③ 张子正蒙注：大易篇［M］//王夫之．船山全书：第12册．长沙：岳麓书社，2011：277．

④ 同③276．

⑤ 同③279．

虽有阴阳两面，却非两种性质不同本体和合而成，其本质依旧为“一”，阴阳只是此一气流行时呈现出的不同样态如屈伸、动静、聚散、隐显、幽明、往来、虚实、清浊……。船山绝非二元论者，而是持贯彻到底的一元论立场①。气这个概念在中国古代从未被理解为无精神性的质料，而是万物之能动本源（或至少是本源之一），其概念内涵随其在体系中的本源性程度而变化，大体可以说，“气”的奠基性愈是根本，它的规定性就愈少。在船山这里，“气”作为天地万物唯一本源，几乎没有任何规定性可言，而天地万物的存在及其具体规定性都是由“气”之流行发用而显现，就此来说，“气”的规定性似乎只有“真实存有”与“生成发用”——不过存在与生成已经很难说是规定性了，因为它们不是存在者层面的属性。而阴阳概念相较“气”而言虽然似乎更加具体，但其意涵如前所述，仍是随境而迁，无固定内容只具有形式指引，阴阳二气归根结底仍是“至纯”之“一气”。此“至纯”之气因流行样态不同而分阴阳，又因阴阳之交感摩荡生出六子五十六卦乃至天下万物。船山在《周易外传·系辞上传第一章》中阐发此义：

> 雷霆、风雨，相偕以并作，则《震》、《巽》合矣。日月、寒暑，相资而流行，则《坎》、《离》合矣。男女相偶，以正位而衍其生，则《艮》、《兑》合矣。《震》之一阳，自《巽》迁者也。《巽》之一阴，自《震》迁者也。《坎》、《艮》之阳，自《离》、《兑》迁也。《离》、《兑》之阴，自《坎》、《艮》迁也。迁以相摩，则相荡而为六子；未摩而不迁，则固为《乾》《坤》。故《震》、《巽》一《乾》《坤》也，《坎》、《离》一《乾》《坤》也。《艮》、《兑》一《乾》《坤》也。惟其无往而非纯《乾》纯《坤》，故《乾》《坤》成卦，而三位各足，以全乎《乾》之三阳、《坤》之三阴而六位备；因而重之，而六位各足，以全乎《乾》之六阳、《坤》之六阴而十二位备。《周易》之全体，六阳六阴而已矣。其为刚柔之相摩，荡为八卦者，无往而不得夫《乾》《坤》二纯之数也。其为八卦之相摩，荡为六十四卦者，错之综之，而十二位之阴阳亦无不备也。无不备，无不纯矣。
>
> 故非天下之至纯者，不能行乎天下之至杂。不足以纯而欲试以杂，则不贤人之知能而已矣。故曰“所恶于执一者，为其贼道也，举

① 陈祺助在其书中就此问题作了严密到位的论述。参看陈祺助《王船山“阴阳理论”之诠释》（复文图书公司出版社，2003 年）第三章第 61～78 页。

一而废百也。”霸者之术，亦王者之所知，而王道规其全，则时出为事功，而无损于王者之业。异端之悟，亦君子之所能，而君子体其全，则或穷乎孤至，而无伤于君子之德。

故天下无有余也，不足而已矣；无过也，不及而已矣。撰之全，斯体之纯；体之纯，斯用之可杂。几不能不摩，时不能不荡。以不摩不荡者为之宗，以可摩可荡者因乎势，以摩之荡之者尽其变。故可鼓也，可润也，可运也，可成也。而未鼓、未润、未运、未成，《乾》《坤》自若也。方鼓、方润、方运、方成，《乾》《坤》自若也。统六子而为《乾》《坤》，六子之性情咸具，而但俟其生。与六子而并为八卦，父母之功能固著，而不倚于子。故致一者其机也，互交者其情也，皆备者其诚也。诚者亡他，皆备而已尔。①

第一段话是说乾坤之外的六子中每一个单卦都与其错卦构成一对完整的乾坤，而且由于乾坤并建是在先的整全大体，所以六子单卦中的阴阳爻变化实质是隐显的变迁，譬如离卦中的阴爻便是从坎卦而来，或者，说得更准确些，原本乾坤并建中阴爻和阳爻的隐显变化造就了坎卦与离卦。这里的“迁”字容易被理解为运动交换或者生出，而其实只是说隐显变化而已，如果结合船山晚年所论便不会有此误解：

《乾》有六阳，《坤》有六阴；而其交也，至《屯》、《蒙》而二阳参四阴，至《需》、《讼》而二阴参四阳，非阴阳之有缺也。《屯》、《蒙》之二阳丽于明，四阳处于幽，《需》、《讼》之二阴丽于明，四阴处于幽，其形而见者为《屯》、《蒙》，其隐而未见者为《鼎》、《革》，形而见者为《需》、《讼》，隐而未见者为《晋》、《明夷》，余仿此：变易而各乘其时，居其位，成其法象，非所见者有，所不见者无也。故曰“《乾》、《坤》其《易》之蕴邪”，言《易》藏畜阴阳，具足充满，以因时而成六十二象。②

所以朱伯崑先生概括说：“所谓乾坤相交而为六十二卦，不是如李之才和邵雍所说以乾坤两卦爻位互易解释六十二卦的形成，而是以乾坤两卦阴阳爻位隐显的形式，解释六十二卦的差异。王氏此说，也是对宋易中卦

① 周易外传：系辞上传第一章［M］//王夫之. 船山全书：第1册. 长沙：岳麓书社，2011：987-988.

② 张子正蒙注：太和篇［M］//王夫之. 船山全书：第12册. 长沙：岳麓书社，2011：30.

变说的否定。”① 即就此整全大体而言，并没有凭空而生出阴阳之爻。所以不管如何隐显变迁，究其根本来说仍是此乾坤并建之整体，所以说“无往而非纯乾纯坤”，“无往而不得夫乾坤二纯之数也”。摩荡者，《周易内传·系辞上传第一章》解释说：“‘摩’者，两相循也。‘荡’者，交相动也。”“摩”即是指阴阳刚柔相互因循作用，“荡”指的是阴阳刚柔之间交感作用产生的运动。八卦六十四卦都是由此乾坤至纯而来，六子五十六卦都是乾坤摩荡作用所显现，“要非《乾》《坤》之至足，亦恶能摩荡以成八卦之经纬，而起六十四卦哉”②。所以就此来说，所谓阴阳的往来消长都是此十二时位内部隐显造成的次第变化而已：“往来者，往来于十二位之中也。消长者，消长于六阴六阳之内也。”③ 六十二子为用，乾坤并建为体，用即是体自身之作用，故不外于体。

乾坤并建既整全而无所不备，故尔可以称之为纯。船山之所以将纯与整全齐备关联起来，首先并不是任意的，纯字除了纯粹之义，本即有读若“全”字之音，也有整全齐备之义④。其次，这是为了同时强调纯字原本就具有的两个方面的意思：1）整全义：宇宙全体即是乾坤并建之体，现象即本体，本体之外无现象，此为整全之义。由此整全之义也可以说，即用见体，体之外无用。2）纯粹义：此体并非由杂多构成，而是至纯一气⑤，如此方不至于在杂多中又寻找本质，陷入体中又有体、体外又有用之困境。

由此纯粹整全之“纯”，船山在上引《周易外传·系辞》材料的第二段给出了儒学高于诸子与异端的理由：以一般思维看来，杂多固然不如单一本体整全与真实，但也是因此，杂多具有更加多样化变幻无方的丰富形态，尽管它们距离本、体遥远，现象的丰富性却是不容否认的。而在船山看来，杂多只能被作为纯粹整全之体在一时或一端的显现来理解，所以杂

① 朱伯崑．易学哲学史：第4卷［M］．北京：华夏出版社，1995：74.

② 周易内传：系辞上传第一章［M］//王夫之．船山全书：第1册．长沙：岳麓书社，2011：509.

③ 周易外传：序卦传［M］//王夫之．船山全书：第1册．长沙：岳麓书社，2011：1110.

④ 读为“quán”音者，《仪礼·乡射礼》：“二筭为纯。一纯以取实于左手，十纯则缩而委之。”郑玄注：“纯，犹全也。”作“皆、全、都”义者，《墨子·节用上》：“若纯三年而字子，生可以二三年矣。”孙诒让间诂：“《周礼·玉人》注：‘纯犹皆也。’”又有“大”之义，《书·文侯之命》：“殄资泽于下民，侵戎我国家纯。”孔传：“侵兵伤我国及卿大夫之家，祸甚大。”《汉书·礼乐志》：“惟慕纯德。”颜师古注：“纯，大也。”

⑤ 这里说的至纯一气当然是同时包含阴阳健顺之德的纯，而不是孤阴孤阳的纯。

多无论是其整全、真实还是变化之丰富，都远不如整全之大体。就此来看，船山似乎做了一个倒转，最丰富、最变化无方的是至纯本体，杂多则只能被理解为一时一隅之发用显现，所以只有依于对至纯本体的领会，才能够不拘于一隅之杂，才能真正用乎杂。反之，船山认为，诸子异端的方式自认为捕捉到了纯粹的本质，其实则是“执一贼道，举一废百”。

如果我们把眼光再转向理学领域，典型的王霸义理人欲天理之辨的模式是完全对立的，如水火不容，“去得一分人欲，便是一分天理”，“人欲净尽天理流行”。即便是前述湖湘学派的诸多命题，如“天理人欲，同体异用，同行异情”“性善不与恶对”也都仅仅是在“一体两用”的框架下讨论的，虽然已经有了整全之体发用为部分显现的思路倾向，但并没有建立起详备圆融的体系，两用之对立及其与本体之关系都还没有获得足够的说明。后来阳明对“一体两用”之思想做了推进与深化，不过其主要努力是在心性论层面，于本体论并无过多关注。但从其著名的“儒释道三间房”[①] 比喻以及中晚明三教合一倾向来看，将诸子异端理解为儒学全体之一端的思路是当时儒学界的常见倾向，只不过少有人全方位地给出完备系统说明。这里船山认为霸道之术并不是王者所疏略的，只是王者基于对更整全大体的领会来运用霸道之术，所以其事功不害王道。同样，异端所悟之道非君子所不能，而君子更有对全体之把握，所以不会害道。船山基于乾坤并建理论对儒学与诸子异端的说明似乎要比阳明“三间房”比喻更加缜密翔实。正是基于对儒学与诸子异端关系的如此理解，船山在其春秋学及史论中多有特出之论并形成其独特的体例风格，于此本书第四章有论，此不赘述。

上引《周易外传·系辞》材料第三段开头所论“无过唯不及”之论，船山在其《读四书大全说》中多有发挥，针对的是儒学中人对其有限性僭越的倾向（相关论述请参看本章第六节），而其立论基础便是基于对此至纯全体之理解。就本节问题来说，船山论述六子八卦六十四卦之生，摩、荡、鼓、润、运、成与否，风雨雷电之运行止歇，乾坤皆自若，因为它们都是备于乾坤并建全体。船山最后又以“诚”字总结，如前所论，“诚”既为真实无妄，则此宇宙唯一大全之体自然无所不备。

---

① 参看《王阳明全集》卷三十二《传习录拾遗》（上海古籍出版社，1992 年）第 1180 页以及黄宗羲《明儒学案》卷二十五《南中王门学案一·语录》（收入《黄宗羲全集》第 8 册，浙江古籍出版社，2005 年）第 588 页。

总之，六十二子（实则六十四卦）之用是太极全体因时之显现，所以用不外于体，也不能理解为体之部分，因为体只是因发用而隐显不同，其纯全大备始终自若，不会因此而割裂，所以任何发用都是基于全体。故君子应当始终努力去获得对此全体的领会，在此全体领会下获得事功与悟道，而不能执守一端之用而废全体之纯备。

船山对纯为体、杂为用的解释还有另一层意义。《十翼》中的《杂卦》将六十四卦分为三十二对，每一对都具有相反之德，船山就此提出问题：

> 夫错因向背，同资皆备之材；综尚往来，共役当时之实。会其大全而非异体，乘乎可见而无殊用。然则卦杂而德必纯，德纯而无相反之道，其亦曙矣。而《杂卦》之德恒相反者，何也?①

朱伯崑先生指出："错卦乃两卦合为一体，十二阴阳皆见，故说'同资皆备之材'。综卦为四卦合为一体，亦十二阴阳皆备，故说'共役当时之实'。所以错卦并非异体，综卦亦非殊用，即皆为十二阴阳之大用"②。"曙"在这里即是"明"之义。船山提出的问题是，如果说卦虽杂多，但它们应当有一个统一之道，即纯德，既然说德纯就应该没有相反之道，为何《杂卦》所论之德皆为相反之道呢？船山的回答是因为"道之所凝者性也；道之所行者时也；性之所承者善也，时之所承者变也；性载善而一本，道因时而万殊也"③。这里，一三五分句与二四六分句各自描述了"道"的一个面向，前者强调的是"道"之常，后者强调的是"道"之变。结合后文所言"天之生斯人也，道以为用，一阴一阳以为体。其用不滞，其体不偏"④，就可以看出，当侧重于人受天之禀赋时，船山强调的是人之"性"所承于天的乃是"道"之"善"与"一本"，偏重其为"纯"、为"体"。当侧重于人对"道"的理解时，船山强调的是"道"之因时而变，偏重其为"杂"、为"用"。所以"纯"实际上具有两层意义：天之天之纯，人之天之纯。天之天与人之天的区分意义本章第六节以及第三章有详细论述，此处只需指明，人之天之纯归根结底还是来自天之天之纯，不管人或是天之"纯"都并非指一个与自身绝对同一的本体，这样的本体显然与变化是不能兼容的，"道"之"用"因时之万殊虽然是变，其整全之大

① 周易外传：杂卦传［M］//王夫之. 船山全书：第1册. 长沙：岳麓书社，2011：1111.

② 朱伯崑. 易学哲学史：第4卷［M］. 北京：华夏出版社，1995：99.

③ 同①1112.

④ 同①1114.

体却不偏不倚[1]，所谓“用”即是“体”在其自身之内的运动，本体将变化与杂多包含在自身之内，也就是“杂”在“纯”之内，故其言“杂统于纯，而纯非专一也”[2]。前面说过，乾坤并建阴阳同备，此之谓“纯”，而所谓“杂”指的是阴阳的往复相间：

> “杂”者，相间之谓也。一彼一此，一往一复，阴阳互建，而道义之门启焉。故自伏羲始画，而即以相杂者为变易之体。文王因之，而以错综相比为其序。[3]

“纯”指的是常与统一：

> 故纯者相峙，杂者相迁，听道之运行不滞者，以各极其致，而不忧其终相背而不相通。是以君子乐观其反也。
>
> 杂统于纯，而纯非专一也。积杂共处而不忧，如水谷燥润之交养其生，生固纯矣。变不失常，而常非和会也。随变屡迁而合德，如温暑凉寒之交成乎岁，岁有常矣。杂因纯起，积杂以成纯；变合常全，奉常以处变；则相反而固会其通，无不可见之天心，无不可合之道符也。[4]

“纯”既非单一，也有阴阳之相对，那么“杂”相较于“纯”之不同并不在于其有阴阳相间，而在于“变易”。所以说“杂”乃是“往复”“相迁”，且“运行不滞”。这样理解的**“纯”不是贯穿于万物背后的不变单一本体，“杂多”也不是真的比“纯”要更加复杂，“杂多”应当被理解为对“纯”的内部运动的描述性概念。“纯”为体，“杂”为用，两者只是对宇宙全体从不同角度的描述，前者偏于整全粹然之意，后者偏于一隅流行之意**。船山举例说，譬如温凉寒暑的往复变迁成为“岁”，“岁”之常不是抽象出来的一个规则，而就是这种往复整体，在此整体中，温凉、寒暑各有相反之德，却又因其处于此整体往复变迁中而可以会通。所以外于岁之往复则无常，亦无温凉寒暑之变迁。“积杂以成纯”，人只能就变易运动去理解纯然全体；“奉常以处变”，人必须在对全体的理解中去应对具体杂多变化。纯、杂是相互成全对方的，“合而见其纯焉，分而见其杂焉，纯有杂而杂不失纯，孰有知其始终者乎?”[5] 相应地，任何具体的杂多与变易都

---

① 关于船山“中体”思想的论述可参看本书第四章第二节。

② 周易外传：杂卦传［M］//王夫之. 船山全书：第1册. 长沙：岳麓书社，2011：1112.

③ 周易内传：杂卦传［M］//王夫之. 船山全书：第1册. 长沙：岳麓书社，2011：638.

④ 同②.

⑤ 周易外传：序卦传［M］//王夫之. 船山全书：第1册. 长沙：岳麓书社，2011：1110.

必然不外于体，任何一种卦德都是整全之体的显现。所以后文船山再次强调："以生以死，以荣以贱，以今以古，以治以乱，无不可见之天心，无不可合之道符。"① 只有意识到，生死荣贱、今古治乱，都不过是纯然之流行、全体之大用②，才能在任何世事中都见出天心道符，才能在任何际遇中都领会与坚持纯然之德——"充天地之位，皆我性也；试天地之化，皆我时也。是故历忧患而不穷，处死生而不乱，故人极立而道术正。"反之，在船山看来，如果不能始终在整全中把握两端的一致性，或曰由杂而见纯，那么就会走上异端或小人之道：

> 反者，疑乎其不相均也，疑乎其不相济也。不相济，则难乎其一揆；不相均，则难乎其两行。……惊于相反而无所不疑，道之所以违，性之所以缺，其妄滋矣。规于一致而昧于两行者，庸人也。乘乎两行而执为一致者，妄人也。
>
> …………
>
> 异端者，小人之捷径也。有庄周之"寓庸"，斯有胡广之"中庸"；有庄周之"至乐"，斯有冯道之"长乐"。曰："盛一时也，衰一时也，盛德必因于盛时，凉时聊安于凉德。古人之道可反，而吾心之守亦可反也。吾自有所保以怙成于一德，而他奚恤哉?"……匡之以大，则云"吾从其一致"；责之以正，则云"吾善其两行"。始以私利而诐行，继以猖狂为邪说，如近世李贽之流，导天下以绝灭彝性，遂致日月失其贞明，人禽毁其贞胜，岂不痛与！③

"一揆"出自《孟子·离娄下》中所言"先圣后圣，其揆一也"，意指先圣后圣虽然行迹不同，其道则一也④。"两行"出自《庄子·齐物论》："是以圣人和之以是非而休乎天钧，是之谓两行。"船山《庄子解》曰："两行，两端皆可行也。"⑤ 船山将其拿来放在此处讨论《杂卦》问题，指

---

① 周易外传：杂卦传［M］//王夫之. 船山全书：第1册. 长沙：岳麓书社，2011：1114.

② 这里隐含的问题在于，如果荣贱治乱都是纯全大体的因时显现，它们之间是否并不存在善恶差别呢？就"天之天"的层面的确如此，但"人之天"的层面却可以分出善恶，参看本书第三章第一节、第五节相关论述。

③ 同①1113-1114.

④ 王夫之《四书训义·孟子·离娄章句下》："九州异土，而风俗可一，百世异时，而道德可同。"（四书训义：孟子：离娄章句下［M］王夫之. 船山全书：第8册. 长沙：岳麓书社，2011：487）

⑤ 庄子解：内篇：齐物论［M］//王夫之. 船山全书：第13册. 长沙：岳麓书社，2011：106.

的是道本身在具体事物中展开的相反之德。不能从相反与变易中见出整全之常道，便会对变与常的统一性产生疑惑而走上妄途。庸人只知执常而不知相反相成之道，妄人则会认为“两行”中不存在道之统一性，从而以为一切流行变化或一隅之德都可以从其自身获得合理性，而无视背后整全大体，这样导致的后果是其生命与操守不再有一以贯之之道，肆意妄为并为自己的行为寻找到合理性的解说，落在心性之学上便是王门后学之流弊，以知觉流行为性，狂而不返，最终导致李贽这样率导天下灭绝人伦的狂徒的出现。这些问题归根结底都是因为没有看到“纯”与“杂”的关系，也即是船山所言“天之生斯人也，道以为用，一阴一阳以为体”① 这种以乾坤并建为体、流行显现为用的体用关系。

要从变易中见常道，积杂以成纯，才能同时获得对“一揆”与“两行”的领会，这在逻辑上也预示着求道之学者必须尽可能地投身于变易与杂多的事物。此思路看起来像是程朱一系格物致知的道路，却与其有着根本的不同。程朱的格致穷理是要由至显之事通达至微之理，以获得对“不易之定理”的把握。船山则以为事物与境遇皆是全体因时之显现，要从事物中领会其得以显现背后的整全本体。程朱的思路尽管可以在事实层面强调理事、体用之不即不离、显微无间，但是在观念上来说，终归可以倾向于一个不因具体事物生灭而常存的本体，相应地，变易之事物也就是比不易之定理次一级的存在者，那么，以变动不居之现象为研究对象的史学也因此成为“玩物丧志”或“有尾无首”之学②。而在船山的思路下，历史则是人得以领会“全体”不可或缺的精神资源，同时，鉴于其强调的，理解任何一个具体事物必须尽可能从整全之体出发，并因之而丰富对整全之体的领会，其史学便不易流于泛滥无归的博闻强记之学，这一点我们在后文讨论船山经史策论时会进一步深入，这里我们仅就在整全之体中理解具体事物这个思想再作阐发。

一切个体事物归根结底都是与宇宙整体相通的，对这个思路明确的表述可以上溯至庄子，其也是宋明理学的基本传统，自程子提出“仁者浑然与万物同体”以降，莫不如此。然而，个体与整体如何相通，各家理路不一。粗略地说，一个学者对宇宙本体的理解决定着个体与整体相通的根据，譬如庄子以气之聚散理解宇宙万物，遂以此论“天地与我并生，万物

① 周易外传：杂卦传［M］//王夫之．船山全书：第1册．长沙：岳麓书社，2011：1114.

② 关于程朱理学更详细的工夫论以及读书次第的相关分析请参看本书第四章第一节。

与我为一”；朱子以太极为理，则以仁之理以及理一分殊讲万物同体①，如此等等不一而足。就程朱一路而言，其理一分殊之说强调的是个体分殊之理通于最高天理，由此理之相通而得万物同体，所以这种同体更多地来自精神对天理之体悟，而非个体之实存层面或气论的相通。因此朱子批评张载是大轮回思想。人若要与万物同体，便应当通过格物致知，最终达到对天理的领会。此外，如前所论，朱子有时会把事物的前后相承关系称为体用关系，在此种世界图式中，个体事物或是作为体用链条中的一环，或是作为天理分殊之用，无论哪种情况，对本体的追溯都会沿此链条反推达至一个最终本体。所谓浑然与万物同体，更侧重的是剥除气之太极，而此太极又是剥离掉杂多的纯理，现实世界的丰富性与差异性容易被忽略，个体存在意义与价值也难以从本体中获得根据，由此又容易导致贵体贱用的倾向。

船山强调在整体中理解事物，并非是为了单向度地从个体上升到本体，因其个体皆是本体在一隅之发显，所以抛开个体的丰富性，本体也将无所依凭。本体的整全性不是作为静态的法则无所不包，而是通过万有的存在而获得实现。所以在从个体通达全体的过程中，个体并未被扬弃，而是通过对全体的领会反过来达到对个体的更好把握。曾昭旭先生对此论述道：“个体非是形而上本体所作用之对象，而直是本体之一端可直通于全体者，于是个体乃真亦有其超越无限之尊严，且直是就其有限之存在而立其无限尊严，非只就其心之创造性说其无限，而在不知不觉中贬损了形色之价值……”② 曾氏此言虽偏重于作为人的个体，放在此处也颇为适用。正如每一卦象皆是太极本体之显现，六爻变化而十二位阴阳具足，任何一个具体事物都是气在一隅之凝聚显现；气之阴阳不是两种不同性质之气，其实只是一气之升降动静不同表现，也即是一体中因生生恒动之本性而生出对待的两面——此两面几乎可以是任何一对相对待的概念，如动静、升降、聚散、归伸等等，究其根本却仍是一体。这样的话，任何个体（或曰定体、端体③）都必然是一个自足的整全之体，和本体同样阴阳具足。因

---

① 参看《朱子语类》卷一百一十九：舜弼以书来问仁，及以仁义礼智与性分形而上下。先生答书略曰：“所谓仁之德，即程子‘谷种’之说，爱之理也。爱乃仁之已发，仁乃爱之未发。若于此认得，方可说与天地万物同体。不然，恐无交涉。仁义礼智，性之大目，皆形而上者，不可分为二也。”

② 曾昭旭．王船山哲学［M］．台北：远景出版事业公司，1983：345.

③ 陈祺助曰：“肇生之体称作本体或全体，所生之体仍名定体或端体。事实上这也正是船山使用这些词的方法。”（陈祺助．王船山“阴阳理论”之诠释［M］．高雄：复文图书公司出版社，2003：102）

为一隅之气与宇宙之气并无根本不同，并不会因其量上的差别而导致阴阳之偏，所以船山论述道：

破者，分析教成两片，一彼一此之谓也。则疑天下之事物，其或得道之此而不得道之彼者有矣。乃君子推而小之，以至于一物之细、一事之微，论其所自来与其所自成，莫非一阴一阳、和剂均平之构撰；论其所体备，莫不有健顺五常，咸在其中而无所偏遗。故欲破此一物为有阴而无阳，彼一物为有阳而无阴，此一事道在仁而不在义，彼一事道在义而不在仁，而俱不可得。

大而大之，道之全者如大海之吞吸，无有堤畔；小而小之，道之全者亦如春霖灌乎百昌，一滴之中也是者阳蒸阴润所交致之雨。则“礼仪三百”，三百之中，随一焉而仁至义尽；“威仪三千”，三千之中，随一焉而仁无不至，义无不尽也。此亦借在人者以征天地固然之道。

故“鸢飞戾天”，疑于阳升，而非无阴降；“鱼跃于渊”，疑于阴降，而非无阳升。健顺五常，和成一大料药，随炝一丸，味味具足，斯则以为天下莫能破也。[①]

任何一个个体，不管如何分拆，皆不可能有阴无阳或有阳无阴，因为阴阳不是一对具有固定内涵的概念，不能作为存在者的具体属性，而是两个形式概念，其形式中可以填充进各种可能的相对性意涵[②]。所谓相对性意涵指的是诸如明暗、表里、上下、主客、动静这样的相对之义，这每一对概念，我们都能立刻断定前者皆为阳，后者皆为阴，但是我们却无法找到一个能够贯穿这些相对之义的统一性规定，所以我将阴阳称为形式概念。要讨论并界定阴阳意义是一个太过深远的问题，并非本书能够处理，这里仅为本书内容服务而简要勾勒。阴阳首先不是诸如广延数量这样的属性，因为属性一般来说是就一物自身而言的客观性质，而阴阳总是就一物之两面（如表里），或相对的两者（如男女），或多者（如壶杯）之间关系而言的。换言之，属性是孤立的，阴阳是联系的。相应地，属性一般来说是较为固定的，阴阳则会因关系变化而变，如士对妻而言为阳，对其君而言为阴。相类似，阴阳也不能理解为西方哲学中用来谓述实体的范畴，像

---

① 读四书大全说：中庸：第十二章［M］//王夫之. 船山全书：第6册. 长沙：岳麓书社，2011：496.

② 所以，朱伯崑先生认为船山阴阳十二时位过度强调阴阳的对等平衡，由此倒向均衡论，这种批评是不成立的。参看朱伯崑《易学哲学史》第四卷第103页。

“关系”“受动”这样的范畴固然可以用来描述非孤立个体，但它们都有明确的分门别类与内涵规定，而阴阳如上所述只是一对可以用来填充的表达物自身或者物物关系的形式概念。其实不仅阴阳，中国哲学中有不少常用的概念皆有类似特点，如元亨利贞、仁义礼智、健顺等等，不过相较之下阴阳尤为典型而已。所以船山主要是以乾坤并建阴阳十二时位之说来表达自己的整全之体思想。

在上述材料中，船山认为小至滴水，大到川海，皆有阴阳升降于其间，皆有道全具于其中。礼仪三百、威仪三千，每一个具体的细节礼法都是礼法全体之一端，却也都在其自身之内将仁义表现整全。故尔，就定体与本体的关系来看，定体是本体因时之一端显现，虽然显现有差异但阴阳具足。如果比附于六十四卦与太极之关系，否泰剥复的卦象即昭示着太极全体在某个“时”显现的境遇势态，便如同天地之运有阴阳升降春夏秋冬不同之“时”。而就每一卦而言，又有六爻阴阳时位之别，就好像天地之运在每个“时”中又有着阴阳隐显不同的格局，如复卦时天地阴盛阳隐而有一阳开始发显。进而言之，尽管每一爻放在整个卦象中可以被称为阴或阳，但这只是一个对待关系，就其自身而言，如前所述，却是阴阳四象皆备。这就好像鸢飞于天，看似为阳升，但就鸢自身而言，仍是阴阳齐备。**每个个体虽是宇宙全体在一隅一端之发用显现，但就健顺五常味味具足而言，个体与全体并无差别**。

就个体（定体）自身来看，它又可以因时不同而显现不同，从而生出不同境遇之卦，此仍是六十四卦与太极之关系，不过是物物一太极，每一境遇的卦体象征着此个体遭际不同境遇势态以及相应的不同显现发用。卦中有爻，个体之下又可再生发出个体；草长莺飞是宇宙全体之发用流行在一端的显现，而草、莺又各自可视为体，所以，从流行中窥见造化，可称为“即用见体”（本体全体），从流行中化生万物，故“用可生体”（个体、定体、端体），此体又可生用，用中又可见体生体。“本体、定体之名义乃随互为阴阳之相对殊体间的关系，用以诠释不同对象。全体、端体之意亦然。”① 此之谓“体用相函”，船山也称之为“乾坤有体，则必生用，用而还成其体”。对这样一种宇宙图景，陈祺助有精到描述：“宇宙生化的图象，乃是无数‘阴阳之体’各自为阴阳相异之殊体，彼此互为阴阳，相感以动更生无穷阴阳之体的流行过程。在这一流行过程中，无尽的‘阴阳之

① 陈祺助．王船山“阴阳理论”之诠释［M］．高雄：复文图书公司出版社，2003：103.

端体’从‘阴阳之本体’肇生；既生之端体又自成本体，更生端体，无止息地衍生无穷，无远弗届，终见太和一气乃浑沦为一之体。”① 所以，六十四卦与太极的关系并不仅仅是卦体与太极关系的易学问题，同时也是对真实宇宙中本体之显现、本体定体之关系以及定体之显现这些不同层次体用关系的理解与表述。

船山此理论乍看起来近乎朱子“总体一太极”“物物一太极”之说，其实还是有不少差别。按照陈来先生的研究，朱子“总体一太极”“不是指宇宙万物的总和为太极。万物并不是太极，万物之体才是太极。这句话是说，把天地万物作为一个总体来看，其中有一个太极，是整个宇宙的本体。或者说宇宙总体受此太极支配。这个太极是一。这是从宇宙本体的角度来讲的，即这个太极是宇宙的普遍规律、万物的存在根据”。“物物一太极”指的是“一切万物都禀受此理以为性，以为体。万物之性理虽然是‘分’（禀受）自太极而来，但并不是分有了太极的一部分，因为每一物的性理与作为宇宙本体的太极是相同的”，“总起来看宇宙万物的本体只是一个太极，同时每一事物之中也都包含着一个与那‘为一太极而一’的太极完全相同的太极作为自己本性。在这种关系中，‘理一分珠’实即指‘理一分多’，‘多’之间并无差别”②。也就是说，朱子“物物一太极”强调的是太极作为先天整全之理以“理一分殊”“月印万川”的方式内在于每一个具体事物之中并规定着此事物之性。

船山之太极说则从气论立足给出个体之于本体的统一性说明：首先，这种统一性来自万物皆为一气之流变化生，这就决定了万物具有共同的存在基础。其次，这种统一性来自作为乾坤并建全体的太极与六十四卦的隐显关系，船山比喻其为明魄同轮，任一卦体都是太极全体的因时显现，相对应的，所谓万物皆因于道，任何一个具体事物都是气之本体在流行变化中的生成，其阴阳隐显之整全性与气之本体并无二致。不过需要指出的是，如前所论，阴阳作为形式概念并不包含对具体存在者存在属性的内涵规定，所以，阴阳的对待与整全并不能够直接等同于事物之理的整全。**船山的思想虽然可以用“物物一太极”来概括，但其太极之指涉与朱子完全不同，所以不能认为他也有认为任何事物中都有整全之理的想法**。因此船山在讨论孟子“万物皆备于我”的时候强烈反对这样的解释

① 陈祺助．王船山“阴阳理论”之诠释［M］．高雄：复文图书公司出版社，2003：103．

② 陈来．朱子哲学研究［M］．上海：华东师范大学出版社，2000：115-116．

路线：

> 异端之说曰“若见相非相，是为见如来”；唯相非相，乃如两镜相参，同异互摄，而还相为有也。将此物之中有彼物，则附子有大黄之理，虎狼有虾蚓之理乎？抑蠢物之中有灵物，则枭獍有麟凤之理，犬牛有尧、舜之理乎？且灵物之中有蠢物，则龟鹤有菌耳之理，周、孔有豺虎之理乎？①

如此一来，可能便会导致“使性而同矣，则犬之性犹牛之性，牛之性犹人之性矣！”② 船山的批评尽管是指向《四书大全》中引用的程复心之言，但也潜在地指向朱子“物物一太极”的讲法。在船山这里，他为了避免上述问题，采取的策略是通过天人（物）之辨来精细区分德、性、理诸概念的不同意涵及其适用层次，理这个概念一般是指气在一个相对狭窄的范围内于个体事物上呈现出的文理条理，而非整全之德。至于对理如何从阴阳中化生出来的精细讨论涉及个体事物的德、性、理诸关系，本书将在第三章第五节详细分析。

第三节　卦序与条理

本节要义：

1. 卦序批判

船山反对对卦序的三种解释方式：相因、相成、相反。

卦与卦并非前后相因，而是皆因于乾坤并建全体，形势所对应的卦象之间没有相因关系。事物皆因于宇宙整体之大因。相成说的本质在于，将后卦理解为前卦内在蕴意的展开，方能使得前卦完成自身。卦体自足，无待于后卦来完成自身。应当在整体关联中去理解卦象，但不能执定为某种固化的先后次序。相反指的是阴阳变化时有偏至，两卦各自不能具备全德，须待他卦救补，方成就一整全之德。船山认为，每一卦都是阴阳各六具足，蕴含太极整全之道。相因、相成、相反之说皆不可从，是人以私意穿凿之智。

---

① 读四书大全说：孟子：尽心上篇［M］//王夫之．船山全书：第6册．长沙：岳麓书社，2011：1118.

② 同①1117.

2. 有节无期与条理非序

“有节无期”是说：阴阳往来变化的格局无法预期，但阴阳的变化并非杂乱无序，不会逾越节度。“节”并非规律能够对事物发展的因果次序给出严格规定性，人只能在一定的时空限度内对事物之理及其变化趋势有所洞察，也有可能扭转趋势，但不当自视为对真理或“全体”的彻底把握。

“条理非序”是说：有阴阳往来错综之变化，才会有六十四卦相次之条理。但人不可以执定某种卦象序列，强天以从人。易象结构与宇宙图式虽然同构，但时间与历史中的现实事物之变化不能等同于易象变化。六十二卦可以作为乾坤太极的不同显现而共存，现实中的事物却不可能同时将其一切可能的时位尽皆显现，就理论解释来说当然可以说纯杂一体，物物太极，味味具足，但就一时一隅而言，性理与时位相较于整体而言仍有偏颇可能。所以，船山对《周易·序卦》的批评并非否定现实事物之偏颇或相因。

人应当理解自身命限之所在，明了其机巧安排终不能如大化流行无私而自然圆满，因此敬天乐天，又努力穷理尽性，不断向整全努力，尽管人不可能最终达到对天道的彻底把握。

1. 卦序批判

以上所论只是在基本思路上解释了乾坤并建全体与六十二子的体用关系，下面我们讨论其具体展开。

船山在《周易外传·序卦传》中提出三类图式，阐述乾坤两卦演变为六十二卦的逻辑进程。朱伯崑先生于此有精审研究与论断，姑节引于此：

> 其一，乾坤两卦变为六子卦，乾坤六子卦进而变为五十六卦。……乾坤作为父母卦，不是由于其相交即爻象互易而生出六个子女，而是其自身表现为六子卦……①
>
> ……王氏以乾坤坎离为经，以震巽艮兑为纬……从乾坤并建开始，到既济未济为终，经纬交错，但皆是十二阴阳或显现屈伸或升降往来的结果，此即“一实万变之理皆具”。②

---

① 朱伯崑. 易学哲学史：第4卷［M］. 北京：华夏出版社，1995：75-76.

② 同①79.

> 其二，乾坤变为十辟卦，此十二辟卦进而变为五十二卦。……此十二辟卦演变的程序，是根据阴变阳合的法则，不是根据阴阳爻象从多至少或从少至多的消长顺序，此即“不以次而消长”，这是效法天地包容，本无先后界限。王氏此说的意义是反对汉易以卦气说解释十二辟卦的顺序……所谓阴阳消长，不是从无到有或从有到无，而是表示阴阳相交，其多寡不均。①
>
> 其三，乾坤并建，展开为八错卦，二十八综卦，共三十六象，六十四卦。②
>
> ……此是说，《周易》六十四卦的顺序，无非是错综相配……③
>
> ……此三类图式都在反对《序卦》文对易序的解释。……认为六十四卦的程序，并非像一条链子前后连续的过程，即后卦因前卦而有，而是无渐、无待、无留。……由此，王夫之得出结论说：“六十四卦之相次，其条理也，非其序也。”是说，六十四卦卦序，无前后连续的顺序，但有条理上的程序。“条理”，指逻辑上的展开，有法则可循。“序”，指时间上的因果联系。④

后卦因前卦而有的说法由《序卦》而来，“无论是象数学派还是义理学派……大都阐发此意”⑤。虽然具体诠释径路不同，但都将前后卦之间的关系理解为必然的序列链条，而这是船山最极力反对之处⑥。不过，朱伯崑先生将序直接等同于时间上的因果联系，似乎稍有不妥，因为卦象固然可以对应于时间中的具体境遇，但卦象本身不能因其有序，便简单地称其为在时间中存在，在接下来的分析中我们会明了此点。

船山主要反对的是对卦与卦之间关系的三种解释方式：相因、相成、相反。“因之义穷则托之成，成之义穷而托之反，唯其意之所拟，说之可立，而序生焉，未有以见其信然也。”⑦ 这三种解释都是人私意所测，并非大易之道，不可见信。我们来逐一审视其批驳。首先是相因：

---

① 朱伯崑. 易学哲学史：第4卷［M］. 北京：华夏出版社，1995：80.

② 同①84.

③ 同①87.

④ 同①87-89.

⑤ 同①94.

⑥ 船山并非首倡批判《序卦》者，韩康伯即已明确反对序卦六十四卦顺序之说，但并不能理解为这是义理派与象数派的分歧，由《程氏易传·上下篇义》即可知。

⑦ 周易外传：序卦传［M］//王夫之. 船山全书：第1册. 长沙：岳麓书社，2011：1092.

> 天地之间，皆因于道。一阴一阳者，群所大因也。时势之所趋，而渐以相因，遂私受之，以为因亦无恒，而统纪乱矣。且因者之理，具于所因之卦，则《屯》有《蒙》，《师》有《比》，《同人》有《大有》，而后卦为赘余矣。……如是者，因义不立。①

船山以为，万物都是因于道，阴阳是万物之根本大因。如前所论，阴阳是纯然有常之体，即此之谓“恒”也。这里所谓的“时势”云云并不是指卦，而是指现实人事，船山在《周易外传·系辞上传第一章》中同样批评了邵雍卦序之说，并明确分殊道：

> 夫人事之渐而后成，势也，非理也。天理之足，无其渐也，理盛而势亦莫之御也。《易》参天人而尽其理，变化不测，而固有本矣。莫待于渐以为本末也？如其渐，则泽渐变为火，山渐变为水乎？②

现实人事有时势之变迁，才会有所谓渐而后成。卦象固然能够在现实中对应某种特殊境遇，但卦象自身并不是直接以现实性方式存在的，每一卦皆蕴含其理，此理是自身具足而非渐趋而生，因为就上一节所论“乾坤并建”的思路来看，每一卦逻辑上都是源自太极全体阴阳十二时位，而非从另一卦衍变而来。这并不是要否认现实中事件形势之间可能有相因关系，只是说形势所对应的卦象之间没有相因关系。譬如革卦既可以用来指示去故，也可以指示汤武革命这样的时势，甚至还可以指示皮革；鼎卦既可以用来指示取新，也可以指示天下初定休养怀柔之际，还可以指示烹饪之鼎。现实中有可能如汤武革命之后王者兴而定天下，却也可能如莽操之流篡位之后而天下愈乱。我们不能因为前一种事实而笃定革卦之后必然继起鼎卦，即便说这里论及的是应然之理，鼎革之际应当怀柔以定天下，船山也会反对在历史中有某种执定后天下必然可得治的道理③。同样，制革未必以鼎，去故未必有新。所以，无论是在卦象所指示的现实层面，还是卦象义理层面，船山都反对一种必然的先后次序。诚然，在某些局部关系中我们可以讨论分析其先后次序，但如果只盯住在具体时势中逐渐变化事物的局部关系，只看到因者与所因者的相因关系，却看不到具体事物始终

① 周易外传：序卦传［M］//王夫之．船山全书：第1册．长沙：岳麓书社，2011：1092.

② 周易外传：系辞上传第一章［M］//王夫之．船山全书：第1册．长沙：岳麓书社，2011：990.

③ 《周易外传》革卦中船山论述汉代便是以刚道而安天下。至于更典范性的表述可参看本书第四章最后一节所论及的《读通鉴论·叙论》。

都是因于道（道在这里并不是指抽象法则而是阴阳二气）——有常之大体，就会以为局部之“因”是可以随境遇而变化，无常无恒。譬如阴阳二气可以春日化生草木，也可以秋日萧杀万叶，只盯住一隅之因，看不到阴阳消长之大道，就无以知常道，会导致否认有常具足之天理，而纲纪紊乱。进一步说，就因者与所因者的关系来看，所因者作为原因其内在之理必定整全地包含了因者之理，这也就意味着卦序中前一卦之理包含着后一卦之理，那么后卦便成为多余之物，或者至少和前卦不是在并列平行的义理层面上，故尔卦卦相因之说不成立。

由此段材料我们还要注意到，不管是现实人事层面，抑或卦象层面，船山对“因”的理解都不是因果链中前者对后者的推动生成，亦非前者对后者的理之规定，也就是说，并非我们熟知的亚里士多德四因说中的动力因与质料因、形式因。就人事之前后相成，船山更惯常使用的概念是“势”与“理”的交相作用。如果要用“因”的概念，那么事物并非前后相因，而是皆因于宇宙整体之大因。同样，在卦象层面，卦卦亦非前后相因，而是皆因于乾坤并建全体。“因”之义近乎整全之体在一隅情境中之发用显现，故尔因者之理必定具足于所因者全体。一隅情境中诸多事物之相互关系首先是基于此一隅的整体性情境来理解，后者又当进而依于整全大体来理解，这都不仅仅是就个体间相互作用来规定事物之间关系。

其次是相成：

> 受成者器，所可成器者材，材先而器后。器已成乎象，无待材矣。前卦之体象已成，岂需待后卦乎？假无后卦，而前卦业已成矣，何以云“履而泰然后安”，“革物者莫如鼎”耶？若《无妄》之承《复》，《萃》之承《垢》，阴阳速反而相报，非相成明矣。而曰“复则不妄”，“相遇而后聚”。如是者，成义不立。①

被完成者为器，用以完成器的质料为材，这样理解材器关系的话，先有材然后才有器。显然，如果将一卦理解为器的话，卦之体为象，当卦象显现的时候，即是此卦此器已成，无须另待他卦为材而后成。如果没有后卦，前卦便已经完成的话，《序卦》所说如同履泰、革鼎的关系显然是不成立的。以相成关系理解前后卦的思路，其本质在于将后卦理解为前卦内

---

① 周易外传：序卦传［M］//王夫之. 船山全书：第1册. 长沙：岳麓书社，2011：1092-1093.

在蕴含的自身展开的可能性，这种内在可能性需要在时间中的一个展开过程，方能使得前卦充分完成自身。如果说，船山对卦卦相因说的批评是在卦之理的层面上进行的，认为以非时间中的线性逻辑因果关系来理解卦序是不成立的，那么他对相成说的批评则是认为在时间中的，以时间性的展开方式来完成自身的关系来理解卦序同样是不成立的。当然，把阴阳二气的全体运行看作一个整体，任何一卦都是整体的一部分，缺少其他卦的相成，则意义过程不完备，这样的在整体关联中去理解卦象的思路船山是始终坚持的，他只是强调不能将这种关联执定为某种固化的先后次序。

再次是相反：

> 阴阳各六，具足于《乾》《坤》，而往来以尽变。变之必尽，往来无期。无期者，惟其无心也。天地之既无心矣，淫亢孤虚，行乎冲委，而不辞其过。故六十四象有险有驳而不废，一隆世之有顽谗，丰年之有夷稗也。险而险用以见功，驳而驳用以见德，胥此二气之亭毒。险易纯驳，于彼于此，不待相救而过自寡。谓寡过者必待后起之救也，吾未见《贲》立而《噬嗑》之合遂不苟，《遁》来而《恒》可舍其所而弗久居也。以此卦之长，补彼卦之短，因前卦之屈，激后卦之伸，然则南粤之暄，致北胡之冻，诘旦之风，解今日之暍乎？是以极重相争者与艰难之际，抑亦乱必安之土而强施檃括于阴阳矣。如是者，反义不立。①

所谓相反指的是两卦之德相对待方成就一整全之德，两卦各自独立之体不能具备全德，甚或险驳，须待他卦救之补之。它的隐含指向是阴阳变化时或有偏至，遂导致某种境遇下显现出一种过于极端或残缺不善的卦象势态。而在船山看来，乾坤变化无心而不可期，所以其变化生成的卦体卦德也未必皆为正中平和，必然有险有驳，但既然皆从乾坤流行大用而来，每一卦都是阴阳各六具足，则其必然蕴含有太极整全之道。每一卦相较于太极为一隅之用，但因其阴阳具足，故就此一隅中又可视之为个体或曰卦体，此卦体就其自身来说仍是体用皆备而卦德整全的。所以“险而险用以见功，驳而驳用以见德”，险易纯驳皆能在自身中成其全德，而不必待他卦之相救相成。而在两卦相反之说这种理解下的卦体卦象，由于没有给出其各自与整全大体的关系说明，便成为片面孤立的对某种境遇的总结，即

① 周易外传：序卦传［M］//王夫之．船山全书：第1册．长沙：岳麓书社，2011：1093.

便因时需要相救相补，也只不过是一种从权之道，而无必然之内在关联。这样的理论终将导致对各种天地事物的牵强说明，是人以理限事、以理限天之典型。

相因、相成、相反之说皆不可从，是人以私意穿凿之智，是以船山认为“三义不立，而舞文以相附合，故曰非圣人之书也”①。在此基础上，我们也可以明了船山何以说卦与卦之间关系乃是“无渐”“无待”“无留”。

“无渐”是说一卦变至另一卦不是阴阳逐渐消长而成，船山论证说：“往来之序，不先《震》、《巽》而先《坎》、《离》；消长之机，不先《复》、《姤》而先《泰》、《否》。”② 朱伯崑先生解释说：“泰否其可见者为六阴六阳，居《周易》卦序之中间，而不是在震巽四阴二阳或四阳二阴以及复姤五阴一阳或五阳一阴之后，此说明阴阳往来消长出于六阴六阳之大用，不是渐进的过程，此即无渐。”③ 用船山的概括便是：“道建于中以受全体，化均于纯以生大用，非有渐也明矣。”④ “无待”“无留”是说“无待，则后卦不因前卦而有；无留，则前卦不资后卦以成”⑤，前文剖析已明，不必赘述。以上所论皆为船山对卦序的批判，那么船山自己是本着怎样的精神理解六十四卦的相互关系的呢？换句话说，六十四卦作为太极之用，此诸多用之间的关系为何呢？

如前所论，船山本人提出的三种卦象关系的解释并不是遵照某种固定顺序，而更多侧重的是解释卦象之间如何在阴阳整体中错综变化，但其晚年所作《周易内传发例》中舍弃了这三种解释，其曰：“间尝分经纬二道，以为三十六象、六十四卦之次序，亦未敢信为必然，故不次之此篇。”⑥ 但这并不意味着船山的基本思路发生了变化，因为他提出又舍弃这三种解释的原因是：“《易》之为道，自以错综相易为变化之经，而以阴阳之消长屈伸、变动不居者为不测之神。”⑦ 这段话有两个基本意思：一者，易之道是以错综相易为基本形式；二者，阴阳的消长屈伸、变动不居是不可以人为执定的。前者是其早年所提出三种解释所本的内在精神，船山出于对后者的理解又在晚年最终舍弃早年三种解释。不过并不能说船山晚年较之

① 周易外传：序卦传［M］//王夫之．船山全书：第1册．长沙：岳麓书社，2011：1093.

② 同①1110-1111.

③ 朱伯崑．易学哲学史：第4卷［M］．北京：华夏出版社，1995：89.

④ 同①1111.

⑤ 同④.

⑥ 周易内传发例［M］//王夫之．船山全书：第1册．长沙：岳麓书社，2011：676.

⑦ 同⑥.

早年的思想有重大变化，这两条基本思想在早年《周易外传》中已多次出现，故尔这种不同，只是早年较为肆意发挥，晚年更加谨慎的态度与心境差别而已，并不会影响我们对船山的基本理解。相应地，我们在讨论的时候亦不必过分纠结于此三种解释模式，而要更多地注意船山思考的根本方向性。

2. 有节无期与条理非序

船山在《序卦传》中提出了一种非常独特的理解周易秩序的思路，可以称之为“有节无期”“条理非序”，我们先来讨论“有节无期”：

> 然则《周易》何以为序耶？曰：《周易》者，顺太极之浑沦，而拟其动静之条理者也。……材效其情而情无期，情因于材而材有节。有节则化不溢于范围，无期则心不私于感应。
>
> 藉其不然，无期而复无节，下流且不足于往来；有节而复有期，一定之枢，一形之堃，将一终而天地之化竭矣。此京房八卦世应之术、邵子八八相乘之数所以执一以贼道，而《周易》之妙则固不然也。
>
> 故阳节以六，阴节以六，十二为阴阳之大节而数皆备；见者半，不见者半，十二位隐见俱存，而用其见之六位，彼六位之隐者亦犹是也。故《乾》《坤》有向背，六十二卦有错综，众变而不舍《乾》《坤》之大宗。阖于此阖，辟于此辟，节既不过，情不必复为之期。消长无渐，故不以无心待天佑之自至；往来无据，故不可以私意邀物理之必然。岂必《乾》左生《夬》，下生《姤》，《坤》左生《剥》、下生《复》之区区也耶？①

船山的解释中关键的话是“材效其情而情无期，情因于材而材有节”。这就需要理解“材”“效”“情”的意涵。

船山在《周易外传·系辞下传第九章》中说：“夫彖者材也，爻者效也。效者，材之所效也。”这里的“效”不是效仿，而是见出功效。船山又说：“彖之效而为爻，犹爻之效而为变也。”说的即是彖作为材，将自身发用为具体阴阳之爻的显现，相应地，爻之发用即为阴阳之变迁。船山还在《周易外传·乾》中说道：“天地其位也，阴阳其材也，乾坤其德也。”

① 周易外传：序卦传［M］//王夫之．船山全书：第1册．长沙：岳麓书社，2011：1093.

也就是说，天地之阴阳本身也可以理解为材。就上下文来看，“材效其情”的“材”理解为阴阳而非象更为妥帖。

“情”在船山这里是一个很常见而广义的概念，在其易学中，惯常用义之一是“情形”“情境”“情实”①。船山还以情才（材）对举：“六阳六阴，才也。……当位、不当位之吉、凶、悔、吝，其上下来往者情也。如《泰》、《否》俱三阴三阳，其才同也；以情异，故德异。”② 船山还说过：“阴阳有定质而无定情。”③ 由此可见，这里“情”指的是阴阳的上下往来变化所构成的具体格局，才（材）指的是阴爻阳爻是构成卦体的基本材料。

结合上文所论，船山“材效其情而情无期，情因于材而材有节”这话是说，阴阳在往来变化中呈现的具体格局与情境是无法预期的，然而阴阳的变化并非杂乱无序，而是有一定的节度与限制，不会肆意妄为逾越节度之范围。既然人不能凭借此“节”来预期感应乾坤之变化，这说明此“节”并非规律或定理能够对事物发展变化的因果次序给出严格规定性。从下文来看，“节”指的是阴阳必定各六，其十二时位也必定是隐显各半，无论乾坤如何错综变化，阖辟流行，都不可能逾越这种节度。所以船山说：

> 无所不极，无可循之以为极，故曰无极。往来者，往来于十二位之中也。消长者，消长于六阴六阳之内也。于《乾》、《坤》皆备也，于六子皆备也，于《泰》、《否》、《临》、《观》、《剥》、《复》、《遁》、《大壮》、《夬》、《姤》皆备也，于八错之卦皆备也，于二十八综之卦皆备也。错之综之，两卦而一成，浑沦摩荡于太极之全……④

如此看来，这个阴阳之“节”就很像是杜牧比喻的盘中走丸，杜牧曰“丸之走盘，横斜圆直，不可尽知。其必可知者，知是丸不能出于盘也”，此论兵法之用存乎一心，如同一丸在盘中运动，丸在盘中如何纵横方圆地运动不可预期，然所知者丸必不越此盘也。不过“丸之走盘”的比喻容易带来一个误解，即以为丸仅仅受到盘的一个外部规定，而无内在规定性。

---

① 可参看《周易外传·系辞下传第三章》：“今夫象，玄黄纯杂，因以得文；长短纵横，因以得度；坚脆动止，因以得质；大小同异，因以得情。”此处“情”之义为“情实”。“《易》聚象于奇偶，而散之于参伍错综之往来，相与开合，相与源流。开合有情，源流有理。”此处“情”之义为“情实”或“情境”。又《张子正蒙注·太和篇》：“故物无定情，无定状，相同而必有异。”此处“情”之义为情形、情状。

② 读四书大全说：孟子：告子上篇［M］//王夫之. 船山全书：第6册. 长沙：岳麓书社，2011：1072.

③ 周易外传：晋［M］//王夫之. 船山全书：第1册. 长沙：岳麓书社，2011：911.

④ 周易外传：序卦传［M］//王夫之. 船山全书：第1册. 长沙：岳麓书社，2011：1110.

其实所谓“节”对事物的规定是同时从内在与外在进行的，或者说，如果一种规定性是事物的真正内在尺度，那么它也必然给事物外在展开可能性以限制与节度。《中庸》说“发而皆中节谓之和”，船山分析道：“乃君子之为喜、为怒、为哀、为乐，其发而中节者，必有所自中，非但用力于发以增益其所本无，而品节皆自外来。”① 也就是说，“节”并非一个来自外部的对事物的限定，而是事物内在尺度对其自身的限定②。进一步说，事物对自身的限定同时也是此事物得以区分于其他事物或者混沌的自为存在。所以，“节”除了有节度、节文之义，还有节律之义，在此意义上，“节”也就是事物展开自身的方式。落在阴阳问题上，“节”即是“整全之体”中之阴阳往来变化的规定性。此“整全之体”可以是太极全体也可以是端体或定体，不过即便是端体或定体，作为一个“整全之体”仍然包含有完备的六阴六阳，此六阴六阳往来变化的方式是错综往来，隐显各半，所能显现的具体格局又无法预期。这样一种规定性似乎没有道出任何现实境遇所可能有的具体规定性，所以“节”也如同阴阳概念一样，只能被理解为一种形式规定性，并不涉及任何诸如属性、形象、德目、势态等具体规定性。“节”的意义与其说是为了认识世界与事物的具体规则与法度，不如说是为了理解世界与人自身的限度。人能够看到天地万物皆是阴阳十二时位隐显所致，然而，“节既不过，情不必复为之期”，六阴六阳何时在何物上展现自身为何等之象，以及象与象之间会如何转化走向，其转化会

---

① 读四书大全说：中庸：第一章［M］//王夫之．船山全书：第 6 册．长沙：岳麓书社，2011：474.

② 杜牧《樊川文集·卷十·注孙子序》。有趣的是，黄宗羲在《明儒学案·发凡》中也引用了此段话，其曰：“大凡学有宗旨，是其人之得力处，亦是学者之入门处。天下之义理无穷，苟非定以一二字，如何约之，使其在我。故讲学而无宗旨，即有嘉言，是无头绪之乱丝也。学者而不能得其人之宗旨，即读其书，亦犹张骞初至大夏，不能得月氏要领也。是编分别宗旨，如灯取影，杜牧之曰：‘丸之走盘，横斜圆直，不可尽知。其必可知者，知是丸不能出于盘也。’夫宗旨亦若是而已矣。”黄宗羲以宗旨来概括盘之于丸的意义。所谓宗旨，阳明《传习录》有数处提及，如第 5 条：“某要说做一个（知行），是什么意？若不知立言宗旨。只管说一个两个，亦有甚用……今若知得宗旨时，即说两个亦不妨。亦只是一个。若不会宗旨，便说一个，亦济得甚事？只是闲说话。”第 315 条：“已后与朋友讲学（四句教），切不可失了我的宗旨。”大义为为学之头脑。黄氏宗旨一词当是承继阳明之意。宗旨既然是一个学者立言为学的内在根本精神方向，那么它不仅构成了学者学术的内在规定性，也必然起到从外部限定大概格局的节度意义。譬如在《浙中王门学案》中黄氏对王龙溪评价道：“龙溪悬崖撒手，非师门宗旨所可系缚……”（黄宗羲．明儒学案：卷 11［M］．北京：中华书局，1985：226）这样我们可以看到，黄宗羲在引用杜牧譬喻的时候想要表达的宗旨之义与船山之“节”非常接近。此外，还值得注意的是，在黄宗羲这里，学者宗旨与本体之“心”的关系，近似于船山体用之义。

带来怎样的具体境况，这些却是人无法执定预测的。这当然不是说人对于阴阳消长完全不可把握（如果这样的话，春夏秋冬都是不可理解的了），而是说人只能在一定的时空限度之内对事物之理及其变化趋势有所洞察，也有可能通过自身的努力在一定程度上扭转趋势，但不应当也不可能自视为对真理或“全体”的彻底把握，无论这种把握是以怎样的形式，是冥契、体证，还是直观、理性等等。就事件与历史而言是如此，就卦象而言更是如此，因为卦象既不是抽象定理，与具体事物也没有严格的对应关联，只是起到象征与指引作用①，当然也就没有一种消长根据让人能够断定必然有“乾左生夬，下生姤，坤左生剥、下生复”。

接下来我们来看“条理非序”：

> 虽然，博观之化机，通参之变合，则抑非无条理之可纪者也。故六十四卦之相次，其条理也，非其序也。②

“非序”前文所论已备，关键在于“条理”。如果“条理”是六十四卦之相次，那么“相次”和“序”有何不同呢？“相次”固然有次第相继之义，却不仅如此，《周礼·考工记·画缋》：“画缋之事，杂五色……青与白相次也，赤与黑相次也，玄与黄相次也。”郑玄注：“此言画缋六色所象，及布采之第次。”显然，这里的“相次”指的是六色相杂共同构成绘画之象。画中自然有诸色之条理，否则便不成其为绘画，却不能因此说某色在某色之前，其中有必然之序。而且条理并非先于色彩，而是由六色的显现组成，六色所组成之条理可以有多种变化，没有固定严整的先于绘画之条理。船山对“相次”的定义亦与此相通：“为之次者，就其一往一来之经纬而言之尔。”③ 所谓的往来经纬指的是诸卦之错综关系：“往来之迹，为错综之所自妙”④，如同有了色彩之杂会方有绘画之条理，有了阴阳往来错综之变化，才有六十四卦相次之条理。阴阳之错综消长乃是天道大公无私之运行，是以非人之私意可测，人之所知只能就阴阳运行之隐显获得，此即天道向人的显现，其中阴阳的消长有微妙之机，往来运行有实在之迹，人遂得以见出条理：

---

① 这种指引主要还是在义理层面，而非吉凶成败，换言之，君子玩易的目的并不在于预测或干涉未来，而在于对个人德性的提升。具体讨论参看本书第四章“占学一理”的相关论述。

② 周易外传：序卦传［M］//王夫之．船山全书：第1册．长沙：岳麓书社，2011：1094.

③ 同②1110.

④ 同②1095.

> 人之用天地者，随其隐见以为之量……六位著而消长往来，无私而不测者行焉。消长有几，往来有迹，而条理亦可得而纪矣。①

六十四卦之条理都来自阴阳运行所成之象，此象向人显现，人遂得以理解此条理并有六十四卦之名：

> 卦相次而各成象，象立而有德，因德以为卦名而义行焉。……盖卦次但因阴阳往来消长之象，天之所以成化也；名义后起于有象之余……②

但这并不是说人可以执定某种卦象序列，强天以从人，因为归根结底一切条理都是由阴阳运行生成显现的，乾坤并建即是宇宙全体，故天下之理皆由此出：

> 盖以化为微著，以象为虚盈，以数为升降，太极之动静，固然如此以成其条理。条理成，则天下之理自此而出。人以天之理为理，而天非以人之理为理者也。故曰相因，曰相成，曰相反，皆人之理也。《易》本天以治人，而不强天以从人。③

需要注意，虽然船山认为《周易》的易象结构与宇宙图式是同构的，但这只是在整全地理解宇宙层面可以等同，而时间与历史中的现实事物之变化并不能够直接等同于易象变化。六十二卦可以作为乾坤太极的不同显现而共存，现实中的事物却不可能同时将其一切可能的时位尽皆显现，就理论解释来说当然可以说纯杂一体，物物太极，味味具足，但就一时一隅而言，性理与时位相较于整体而言仍有偏颇可能。“道之所凝者性也；道之所行者时也；性之所承者善也；时之所承者变也；性载善而一本，道因时而万殊也。”④ 太极易理或道是整全且具有无穷显现可能的，天下之理或道凝之性则必然是有限而偏滞的。所以，船山对《序卦》的批评并非否定现实事物之偏颇或相因。至于这个问题涉及的更精细的性理之辨将在第三章展开，而历史与时位问题则将在第四章展开，本章后半部分要处理的问题将集中于天人之辨。

除了我们前面讨论过的相因、相成、相反诸义之外，船山还强调卦象

---

① 周易外传：序卦传［M］//王夫之. 船山全书：第1册. 长沙：岳麓书社，2011：1095.
② 同①1104-1105.
③ 同①1096.
④ 周易外传：杂卦传［M］//王夫之. 船山全书：第1册. 长沙：岳麓书社，2011：1112.

变化的两个特性，捷与圆：

> 凡综卦有错，用综不用错者，以大化方来方往，其机甚捷，而非必相为对待，如京氏邵子之说也。故曰“《易》圆而神”，“神”以言乎其捷也。“圆”以言乎其不必相为对待也。[①]

所谓错综，船山在《周易内传·系辞上传》中给出词源学之训诂为：“错，冶金之器，交相违拂之谓。综，以绳维经，使上下而交织者，互相升降之谓也。”“其错也，一响一背，而赢于此者诎于彼。其综也，一升一降，而往以顺者来以逆。”由此朱伯崑先生解释说：“错卦表示卦象响背屈伸对立，综卦表示爻象升降往来。”[②] 之所以“用综不用错”，是因为综卦不像错卦那样阴阳严格相对待，而且阴阳爻位的变化，更加体现了大化往来流行之德，“其综卦相次者，以捷往捷来，著化机之不滞，非因后起之名义而为之次”[③]。是以“神”形容的是阴阳往来之“捷”，即阴阳流行之“不滞”。这个解释思路显然是来自横渠《正蒙》：“太虚为清，清则无碍，无碍故神；反清为浊，浊则碍，碍则形。”[④] 船山也说：“神者，不可测也。不滞则虚，善变则灵，太和之气，于阴而在，于阳而在。”[⑤] 因为阴阳流行的本质是不滞善变的，所以天地万物变化无端，不能以人所理解的齐整秩序来要求天地间事物，也就不能够要求万物严格相对待，不管这种相对待是物与物之间的，还是物或情境势态在其自身内部呈现包含的。船山对“相对待”这种“强天以从人”的思路多有批评，不仅表现在其对京房与邵氏象数之学的批评，也表现在其对“既济”“未济”卦的解读上。

传统对“既济”卦辞“终乱”的解读，或为盈不可久的警戒之意（朱子），或为居安思危之慎重（孔颖达），或为贞固以守之持重（伊川），虽有不一，但大致方向相近，大多认为此卦代表事成之象，代表一种暂时性的圆满，所当注意者为努力防止此圆满状态的丧失。

船山则一反传统，认为“既济”代表的并非圆满状态，其基本思路为：天地之道虽然一阴一阳并无偏胜，但也不会像国际象棋棋盘一样泾渭分明地交错相间，像“既济”卦象一样，“屑屑焉逐位授才而一一之也”。

---

① 周易外传：序卦传［M］//王夫之. 船山全书：第1册. 长沙：岳麓书社，2011：1104.

② 朱伯崑. 易学哲学史：第4卷［M］. 北京：华夏出版社，1995：87.

③ 同①.

④ 张子正蒙注：太和篇［M］//王夫之. 船山全书：第12册. 长沙：岳麓书社，2011：31.

⑤ 张子正蒙注：参两篇［M］//王夫之. 船山全书：第12册. 长沙：岳麓书社，2011：46.

这种“屑屑焉”的方式只能是人为的机巧安排，“此人事之有造，终不及天地之无忧矣”。天道无忧而不可测，所以真正的兴旺之世绝无清浊分明的强立界限：“天下之方兴也，国是无大辨于廷，清议无成言于野，非有楚楚然必定之清浊也。”反倒是清浊分明、君子小人各为其党之际是天下将乱之时：“清浊太别而疑战承之，岂或爽哉！甘、傅申训之后，尹、仲作诵以还，汝南月且之方明，洛、蜀是非之既定，商、周、汉、宋，此四代者，亦由是而不延，故君子诚患之也，诚防之也。”由此船山总结道：“人事之所争，屑屑而不能及天地之大者，命也。学焉而必致其精微，以肖天地之正者，性也。知其不能及天地，故君子乐天；知不能及，而肖其正以自奠其位，故君子尽人。穷理尽性而至于命……”① 这里船山发表的议论当然有对历代尤其是明代党争祸国的反思，但这种反思并不限于政治领域，而是以易道作为根基，即人应当理解自身命限之所在，明了其机巧安排终归不能如大化流行无私而自然圆满，因此对天有敬畏之情，所以乐天。与此同时，又深知其与天道相通之处在于天命之性，是以努力穷理尽性，不断地向着更整全②地把握努力，尽管人不可能最终达到对天道的彻底掌控③。现在我们可以看到，船山之所以反复强调人应当努力在一种整全之体中理解其用之显现，并不仅仅出于宇宙论的建构需要，其深层的关切在于如何重新构建一种适当的体用结构，以使天人各得其位。为了更好地理解此点，我们接下来讨论船山的彖爻关系。

第四节　彖爻一致

本节要义：

彖爻一致是易学基本解释诉求，但统一两者始终存在困难。船山提出

① 周易外传：既济［M］//王夫之．船山全书：第1册．长沙：岳麓书社，2011：972-975.

② 当然不是抽象空疏的整全，而是带着对整全之体已有的理解，以及始终相伴随的对整全理解的诉求，着眼于事事物物的具体之理来扩充对全体的理解。这是一种类似于诠释学循环的工夫道路，其具体展开参看本书第三章对心性工夫的讨论。

③ 船山的思考在此存在一个问题，即《周易》六十四卦整体性建构即是对宇宙整体的完整法象，那么《周易》的完整性从何而来？是否也是人的僭越所为？即便辩护说这种完整性源自圣人尽性知天，但是在船山的论述中也有着明确的表述，认为圣人也不可能充分完整地把握天道，这是人的绝对有限性。换言之，人的有限性与经典的绝对性两种思路之间实际上有着潜在的冲突。

象爻兼顾，以象求爻，以爻不悖象为第一义。

1. 大衍之义

大衍之数五十，其用四十有九，自王弼开始，便将此不用之一解释为体，后世莫不然。对挂一不用的解释往往体现出此一与诸用的关系，也即体用关系。船山以此一为五十之全体，在太极为混沦周遍之体，在所占之事为其整全定体。

2. 卦主说

船山反对两种解易方式：第一种方式是拘于一隅，困于细屑之用。参究易学不再是为参天地之大用，而是为了一时一事之吉凶得失。典型代表为焦赣之《易林》。第二种方式是，笼统地将整体大旨简单贯注到每一个具体的章句解释之中。第一种是一叶障目，见用不见体；第二种是只有空疏之体，而无广大之用。

船山不立现成条例限定每卦之主。为主之爻不限于一爻而增至二爻，将刚柔往来、有应无应以及初上为功皆包括在内，以此说明六十四卦各有其中心观念，卦与爻不容分离。六爻并非孤立地存在，而是全卦之德不同的表现形式。卦理则一，其所处的时位则有异。爻义虽因时位而异，但各爻又都分有全卦之德。

执两端皆不可，应当在象中体会爻义，又由诸爻参详会通以明象，在这个体用相生的诠释学循环中逐渐达至对全体大用的把握。整体不是自明显现，必须从用开始，又不拘于用，始终努力由用得体，继而明体达用。这样一个体用相生的动态过程，便是太极象爻借助人发用显现的过程。

彖者，断也，是对一卦整体之象所下概括断语，即卦之整体。“爻者，效也”，即是卦体在具体某一时位所见出的功效之用。就易学史来说，彖爻一致乃是基本的解释方向：“历代的易学家，从春秋的筮者，到清代学者，都努力寻求卦爻象和卦爻辞间的内在的联系，或者通过对卦象的各种解释，或者通过对卦爻辞的注释，将二者统一起来，以证明《周易》是神圣的典籍，具有完整的奥妙的思想体系，是圣人之书。”① 然而，鉴于统一这两者的巨大困难，学者们虽然大体承认彖爻一致的大前提，但在具体解释上会有各自所取不同径路，例法原则各有不同侧重，譬如当彖辞和爻辞不一致的时候，究竟应当强爻从彖、舍彖论爻，还是采取折中之道，而

① 朱伯崑. 易学哲学史：第1卷［M］. 北京：华夏出版社，1995：11.

从每家的解释倾向中也往往可以窥见其基本思想面貌。

朱伯崑先生指出："从易学史上看，关于《周易》的体例，王氏突出地辩论了彖和爻的关系，提出彖爻一致说。彖指卦辞或一卦之义，爻指爻辞和爻义。《彖》传是对卦辞的解释，《小象》是对爻辞的解释。其论彖爻关系，又包括此二传的关系。王氏所以讨论此问题，是企图解决一卦之中卦辞和爻辞不一致的现象。他提出的论点是，彖爻兼顾，以彖求爻，'以爻不悖彖为第一义'。"① 下面我们具体分析船山学说蕴含的体用思想，为了更好地见出其独特之处，我们将在讨论中多有与其他彖爻学说的比较。

1. 大衍之义

本书首章已论，王弼提出体用概念之初，虽然其"体"字用法仍有先秦整全之体意涵，但其对本、母、无等概念的理解却有着较强的虚静倾向，相应地，本母其所发用之世间万物千变万化，其本体却恒常不变。后来程朱一脉尽管强调体用一源显微无间，此种倾向却未改变。阳明虽然赋予本体生成性与构造性，但依旧没有完全去除这种静态倾向。在船山这里，又重新将体用概念回复到先秦儒学充满生机劲健的理解中去，并由大易之学建构其一套整全的贯通天人的体用结构。这种差别我们可以通过卦主说的比较来看到。

前文已论，王弼认为每卦必以一爻为主："凡彖者，通论一卦之体者也！一卦之体必由一爻为主，则指明一爻之美以统一卦之义……"也即是彖以一爻为体，以其余五爻为用。类似的，王弼对大衍之数其一不用的解释为："演天地之数，所赖者五十也。其用四十有九，则其一不用也。不用而用以之通，非数而数以之成，斯易之太极也。四十有九，数之极也。夫无不可以无明，必因于有，故常于有物之极，而必明其所由之宗也。"② 这是以不用之一为太极本体，以其余四十九为用，体之无必须因于用之有方能发显。

船山大衍之义与其卦主之说也有相类似的结构，我们先来简要介绍其大衍之义以及对王弼的批评，由此思路再理解其卦主之说。所谓大衍之数五十，其用四十有九，自王弼开始，便将此不用之一解释为体，后世莫不然。对挂一不用的解释往往体现出此一与诸用的关系，也即体用关系。船

---

① 朱伯崑．易学哲学史：第 4 卷［M］．北京：华夏出版社，1995：37.

② 周易正义：卷 7［M］．王弼，注，孔颖达，疏．北京：北京大学出版社，2000：328.

山在早年的《周易外传》中认为：

> 大衍五十，而一不用。一者，天之始数也，亦地之始数也。一一而二，二固始于一也。繇是而十，繇是而五十，皆以一为始。太极之有数生于动，《易》之变化，亦动也。动君动①，则一可不用，以君四十有九。……
>
> 不用之一，以君动而不以君静，故大衍之数，常者五十，而乘乎变者四十有九。一因动以为君，未动则合五十而为一。合而为一者，太极混沦周遍之体，而非动而倚数，于五十之中立一以为一矣。立一以为一，而谓之太极，韩康伯之臆说也；立一于数外，与四十有九参立，乃自外来而为之君，此老氏之所谓一也。《易》固不曰"挂一以象太极"，太极不可与阴阳析处而并列也。②

这里不用之"一"首先是天地之始，天地五十皆由"一"而来。君，在这里是当然不是现实之君，而是取其隐喻中的统领主导意义。传统一般认为君必须为静而无为，静为躁根，静而无为方能御群臣，道家、法家莫不如此。儒家思想中也有这个维度，前面我们讨论"为政以德譬如北辰"的解读便与此有关。而船山这里则认为是"动"来统领"动"，因为如此段所言，没有太极之动，也就没有变化，亦无所谓四十九。船山接着分析，因为统领的是"动"，因此"一"便不必为用，而是来统领"四十九"，所以大衍之数五十之中的四十九为变，在这里，变化显然和用的意义相通，是用来解释系辞经文四十九为用的。"一因动以为君"这一句中的"君"不再是前面的动词用法，而是名词意义，这说的是"一"之所以为君是因于太极不是静态的存在，而是内涵变化生成，即"四十九"之动，如果没有动，那么"五十"仍当视为整全大一。所谓未动之时以及上文的天地之始，自然都不是现实时间意义——船山多次强调未有无天地之时——而是人对本体本然状态的思考理解，或曰对于太极本体的整全唯一这个维度的描述，所以合五十为一，此即太极之体。船山接着批评了两种对"一"与"五十"关系的理解："一"既不是内在地贯穿于五十中的本体太

---

① 此句《船山全书》本句读有误，"动，君动"当作"动君动"。依《周易外传镜诠》与《王船山〈周易外传〉笺疏》改。参看陈玉森、陈宪猷《周易外传镜诠》（中华书局，2000年）第760页，谷继明《王船山〈周易外传〉笺疏》（上海人民出版社，2015年）第221页。

② 周易外传：系辞上传第九章［M］//王夫之. 船山全书：第1册. 长沙：岳麓书社，2011：1018-1019.

极——韩康伯之思路（其实朱子也近于此），也不是外于四十九之用的外来之君——老子之思路。“一”就是五十合一之体，当动之时，此体发用而有四十九变，此即为用。

船山晚年《周易内传》中的表述与外传有所不同：

> “其用四十有九”者：其一，体也，所占之事之体也。蓍之待问也无不衍，而人筮以稽疑者一事尔。置一策以象所占之成事，人谋定而后用其余以审得失吉凶之变也。事虽一而变无穷，故四十有九动而不已，以应静俟之一。一无常主，因时而立，其始固大衍五十之中同可效用之一也。①

直观来看，不同处在于早年以此一为太极混沦周遍之体，晚年以此一为所占之事之体。不过从我们前文讨论过的全体与定体的关系来看，一为太极之体还是一事之体，并无根本差别，因为不管此体是小是大，皆有具足之德，“随尬一丸，味味具足”，且全体、定体之间的体用结构亦无二致。只是船山这里的表述更加强调一事一物之定体太极之义。这里还有一个问题，就是不用之“一”是动还是静，上文船山有“动君动”的表述，本章第一节讨论对于“譬如北辰”的解释时，也曾经指出，朱子将天枢理解为一个抽象的圆心，故尔不动为静。船山则认为天象作为气始终运转变化，并无此不动之轴，这个解释与《周易》内外传中对“一”之静的描述并不矛盾。首先此处之“一”是太极整全之体，所谓“动”一定是整体内部的变化生成，太极本身必然是超越动静的，“空不流而实不窒，灵不私而顽不遗，亦静不先而动不后矣”②。那么船山为何又要用“静”来形容此“一”呢？这可能是船山认为，此一既为整全大体，则其相对于四十九便好像是静，便好似月之本体相对于阴晴圆缺为静，然而归根结底，阴晴圆缺都还是此体变化显现所致，故曰“事虽一而变无穷”。诚然，逻辑上除非有另外一个整体参照，才能知道此整体到底是动是静。既然我们在太极内部，那么太极整体之动静我们是不知道的，知道的都是太极内部的动静变化。只有跳出太极，才能知道太极动静，然而这是不可能的。所以，如果谈太极为本体，则不能谈本体动静。如果追问到底，船山必然还是会

---

① 周易内传：系辞上传第九章［M］//王夫之．船山全书：第 1 册．长沙：岳麓书社，2011：548.

② 周易外传：系辞上传第九章［M］//王夫之．船山全书：第 1 册．长沙：岳麓书社，2011：1016.《周易外传镜诠》第 754 页中也解释说：“动、静、既动且静是太极的三种状态。”

承认，本体之“一”超乎动静，而此处则不免为因时说法之俗谛①，它表述的静也不是一般意义上与动相对待之静，而是作为动之整体的二阶概念的静。总之，在对大衍之义的诠释中，船山思想与王弼的主要差别在于对事物之主的理解是事物中之一体，还是事物之全体。这种差别也反映在其卦主思想中。

2. 卦主说

在考察船山卦主思想之前，首先要明了的是，船山反对两种解易方式。

第一种方式是拘于一隅，困于细屑之用。正所谓“执一句一义而论先圣之书，微言隐，大义乖，他经且然，奚况《易》哉!”② 这种反对不仅来自其对经学方法的理解，更是源自其对易理的理解——船山对彖爻一致的解释与其乾坤并建思想具有相似的体用结构。其主张乾坤并建为体，六十二卦为用，同样，彖为体，爻为用：

> 以全《易》言之，《乾》《坤》并建以为体，六十二卦皆其用。以一卦言之，彖以为体，六爻皆其用。用者，用其体也。原其全体以知用之所自生，要其发用以知体之所终变。舍《乾》《坤》无《易》，舍彖无爻。六爻相通，共成一体，始终一贯，义不得异。③

因为用是体的变化显现，所以只有从全体出发才能够知道用之所生，反之，也只有从具体发用处才能够明了本体所可能的诸多变化及其具体向人显现的形式。“夫彖者材也，爻者效也。效者，材之所效也。”④ 六爻既

---

① 实际上，在《周易外传》此章中，船山区分出动静是在以人测天的立场中，且有象、数两种路径的差别。前者偏静，后者偏动，但此问题延展开来太过复杂，会偏离本书主旨过远，故暂且悬置。

② 周易内传发例［M］//王夫之. 船山全书：第1册. 长沙：岳麓书社，2011：670. 诚然，按照现象学—诠释学方向对人理解问题乃至生存论的考察，不从整体出发理解任何一个东西或者道理都是不可能的。而且，每一代注经者都必然在试图从全体出发去构建出一以贯之的圆融解释。具体到船山之前的历代易学，也并没有仅仅局限于某卦或者某爻，它们都有各自的整体建构，哪个解释更为圆融的问题往往是仁者见仁智者见智，就此而言，道术为天下裂本身就构成了经典诠释史的必然道路。这里之所以强调从整体出发，还是在船山的体用论视域下，强调某些具体解经方向的差异，就譬如对于不用之“一”的解释，显然船山还是更加凸显整体全体的大义。

③ 周易内传：系辞下传第九章［M］//王夫之. 船山全书：第1册. 长沙：岳麓书社，2011：607.

④ 周易外传：系辞下传第九章［M］//王夫之. 船山全书：第1册. 长沙：岳麓书社，2011：1060.

然是同一卦材不同时位之发用显现，它们自然具有统一性，对爻辞的解读便不能仅仅拘于一隅而求：

> 盖读书者一句而求一句之义，则句义必忒，况于《易》之为学，以求知天人之全体大用；于一爻而求一爻之义，则爻义必不可知。①

就彖爻的材效关系来说，船山力主材重于效，即彖重于爻：

> 夫《易》，广矣，大矣。学《易》者或有所择矣，然亦择材而非择效。择材则专，择效则固也。故颜子用《复》，曾子用《泰》，以择德也。文王、箕子同事暗主则皆用《明夷》，《既济》、《未济》共临坎险则胥伐鬼方，以择用也。择德者从其性之所近，择用者从其心之所安，咸必其材之具成，而后始成乎其章。故利用者，亦以静为主，而动于其静。故动亦大矣，非乘于一效之偶著，而舍所主以从之，为能应天下之赜也。盖静者所生，动者其生。生于所生，则效固因材而起矣。②

易之广大或非人所能全而体之，则需有所择，那么应当选择作为材的整全卦体，而不应当选择具体一隅之功效。专即是纯笃，固即是固陋。《周易外传·复》解释说，颜子用复，是指复卦一阳五阴，当戒慎以养阳治阴，是以有颜子克己复礼之说；曾子用泰，是指泰卦阴阳齐致以建大中，当先立己方能裁成辅相，是以有曾子忠恕一贯之道。此二者皆有取于卦德。文王、箕子皆见于明夷卦之彖辞，即皆取明夷一体之大用。既济九三、未济九四皆伐鬼方，取一爻之小用。船山总结认为不管是择德择用，都要基于彖材之具，六爻方能焕然成章。这里的静不是道家意义上的虚静本体，还是上文分析的本体，相对于发用而言可以称其为静，是相对之义而非究竟义，只需看其曰“静者所生”便可了然此所谓静仍是能生生不息之本体。不依于彖之全体，舍彖从爻，则必不能达至幽深奥妙。效因材起，则爻依彖成，而用从体生也。如果**只盯住在一时一位之用，斤斤于此而力求幽深或者当下的实用功效，就会导致一种碎屑繁细的思维方式，参究易学也不再是为参天地之大用，而是为了一时一事之吉凶得失**。船山认为其典型代表为焦赣之《易林》。

焦氏《易林》之主要特色在于将“之卦”之义发展到极致，“之卦”

---

① 周易内传发例［M］//王夫之．船山全书：第1册．长沙：岳麓书社，2011：670．

② 周易外传：系辞下传第九章［M］//王夫之．船山全书：第1册．长沙：岳麓书社，2011：1061．

之说最早见于《春秋左传》所记载晋文、穆姜之占，又称为“卦变”，来自筮法。焦赣认为每一卦都可能变为六十四卦，于是便有四千九十六种变化。故船山说：“盖所谓之卦者，一出于筮人，而极于焦赣四千九十六之《繇辞》。”① 船山在内外传中多有对焦氏之批评，其曰：

> 且夫《彖》之效而为爻，犹爻之效而为变也。极四千九十六于三百八十四之中而无异占，极三百八十四于六十四之中而岂有殊旨哉！焦延寿尝屑屑以分矣，卒无别研之几，故但有吉凶而无忧患之故，则亦恶用此纷纷射覆者为也！②

在船山看来，只求效而不求体，必将导致不断向下求效，由象之效而为爻，再由爻之效而为变（卦变），这就是焦赣的屑屑之学。岂不知如果六爻与彖是统一无异的话，三百八十四爻于六十四卦也是统一的，那就没有必要再变为四千九十六占。这样的繁复之学，已经背离了易学义理的基本宗旨，成为一种纯粹的吉凶占卜，而无关乎君子之道：“繁冗重复，而究不足以尽天道人事无穷之理数，以为忧悔吝而补过之明鉴。”③

所以易之道须有“易简”之义，所谓“易简”便是以简统繁，以材统效，以体统用。如果不理解易道的这种精神，一味追求繁杂之用，必将沦为小人之学。“易简”的实质在于不仅为用而用，还要因用而得体。因用得体在船山这里不是说要从现象中去证悟某种超越于现象的本体，而是要从局域之变中不断获得对全体的领会，再从对全体的领会中更好地权衡局域之变。从爻中去领会卦之全体，从卦体中去领会太极全体，这个过程不是单向度的，还要再从全体中返回到当下情境去体察中道，方能超乎吉凶得失的计算，领会卦爻的义理指引。这种不断向着对整全大体的领会提升，再由全体返还局域的因用得体方向是君子的道路。易道之三义“不易”“变易”“易简”在此道路上，不再是对应于不同存在层面——如理之不易、气之变易——的区别性概念，而是在上述回环往复中共同建构起一个生成性结构，本书第三章论及的体用相生也要在这个意义上理解。反之，只能在局域中盯住得失计算的用的，即为小人④。且人之机巧，不论

---

① 周易内传发例［M］//王夫之. 船山全书：第1册. 长沙：岳麓书社，2011：678.

② 周易外传：系辞下传第九章［M］//王夫之. 船山全书：第1册. 长沙：岳麓书社，2011：1063.

③ 同①664.

④ 至于吉凶与义理在工夫实践层面的更精微关系讨论，可参看本书第四章第四节“占学一理”中的论述。

如何加倍繁复，终究无以穷尽天下之万殊："若以易简而知险阻言之，则三百八十四之《爻辞》通合于六十四《彖》之中，已足尽天人之变。如以为少而益之，则天化物理事变之日新，又岂但四千九十六而已哉！"焦氏之学舍本逐末，"诡于吉凶，而无得失之理以为枢机"，则"为小人细事之所取用，亵天悖理"①，必将龠而无归，是形与影竞走也。君子之学与小人之学差别正在于此：

> 故君子之于《易》也博，用其简；细人之于《易》也锢，用其繁。用其简，则六十四《彖》之中以备杂物撰德而不遗；用其繁，则极延寿之四千九十六占，以迄于邵子万万有奇之策，以测其始终本末而不能该。故曰："观其《彖辞》，则思过半矣。""易简而天下之理得。""日新""富有"，岂他求之哉！②

除此之外，执一句一义而忽略全体，还容易导致一种倾向，即完全不顾经书融贯之旨，而以一己之意任意发挥诠释句义，这在中晚明心学思潮中尤为常见，所以也是船山批评的对象："释《经》者得句而忘其章，得章而忘其篇，古今之通病也。近世姚江之徒，拈单辞片语以伸其妄，皆此术尔，亦释氏离钩得鱼之淫辞，而君子奚取焉！"③ 船山还进一步将这种倾向归结为以"意"解《易》：

> 彼将曰："《易》者意也，圣人各以其意遇之也。"圣人有其意，则后之为术数异端者亦可有其意矣。私意行则小智登，小智登则小言起。故或以律为《易》，或以兵为《易》，或以节候为《易》，或以纳甲为《易》，或以星度为《易》，既偶测其偏，而纳全体于一隅；由是而王辅嗣以重玄为《易》，魏伯阳以炉火为《易》，李通玄以十玄六相为《易》，则滥淫于妄，而诬至道以邪辞，亦曰"意至则《易》存，意不禁则《易》无方"。故《易》讼于庭而道丧于室，非一晨一夕之故矣。④

百家各执一端，往而不返，道术遂为天下裂。船山认为要避免各种怪力乱神之方术以私意小智解易的局面，就不能任意在一隅之用中解释爻，

① 周易内传发例［M］//王夫之．船山全书：第1册．长沙：岳麓书社，2011：678.

② 周易外传：系辞下传第九章［M］//王夫之．船山全书：第1册．长沙：岳麓书社，2011：1063.

③ 同①662.

④ 同②1062.

而必须始终在整体中把握一爻之用。不过，卦体本身也只是太极全体因时之显现，而非整全大体，所以每一卦必定有其基本宗旨，此宗旨往往会体现于卦中某一爻。于此，船山对王弼卦主之说部分赞许，因其说虽有过分易简之倾向，但仍有对大义之追寻，无此则易学便沦为小人占吉凶之书：

> 以《易》为学者问道之书而略筮占之法，自王弼始。嗣是言《易》者不一家，虽各有所偏倚，而随事以见得失之几，要未大远于《易》理。……意古之占法，动爻虽不一，但因事之所取象、位之与相当者，一爻以为主而略其余。特自王弼以来，言《易》者置之不论，遂失其传……①

船山反对的第二种方式是，笼统地将整体大旨简单粗暴地贯注到每一个具体的章句解释之中，这样做是另一种执一的方式。如果说前一种是一叶障目不见泰山，见用不见体，那么此种便是只有空疏之体，而无广大之用。两种方式都背离了"致广大而尽精微，极高明而道中庸"的君子之道。第二种方式落在易学上便会造成："旧说概云当某卦之世则皆有某卦之道，主辅不分，施受不别，遇《履》则皆履物，遇《畜》则皆畜彼，至于说不可伸，则旁立一义，如《讼》九五为听讼，而不问所讼者为何人之类，揆之卦画，参之彖辞，绝不相当，非义所安……"② 讼卦九五爻辞为"讼元吉"，朱子本义解曰："阳刚中正，以居尊位，听讼而得其平者也。"王弼、伊川亦类似，以为此爻所象乃是在位听讼者，即近于今天所说法官。船山《周易内传》《周易外传》都以为此爻是"为下所讼"者，即今天所说被告。不过船山在内外传中都没有给出充分的解释为何九五一定为被讼者而非听讼者。从这里的材料来看，他也许是认为传统解读方法要用一卦之义简单规定每一爻的基本方向，而不考虑施受，也即主动被动之别，这就必然会造成在有些爻位上难以说通，于是再另立一义，而与卦画彖辞都无法相合。这样一来，势必也会走上以私意解卦的道路。既然执两端皆不可，那么应当如何在彖的整体性中理解爻之发用呢？

船山自然知道，即便说彖爻的统一性存在并且被圣人揭示，于后之学者却并非自然显明的，这就需要在彖中体会爻，又由诸爻参详会通以明彖，在这个体用相生的诠释学循环中逐渐达至对全体大用的把握。

---

① 周易内传发例［M］//王夫之. 船山全书：第1册. 长沙：岳麓书社，2011：678-679.

② 同①666.

> 有即爻之得失而象占在者，如“潜龙勿用”，则“龙”者初九之德，“潜”者初九之时，“勿用”则示修龙德而在潜者当以藏为道之类是也。……且如“潜龙勿用”，义固尽于爻中矣，而非六阳纯成、自强不息，则无以见一阳初动之即为龙。①

以乾卦初九爻为例，此爻之义已经从爻辞“潜龙勿用”得到充分的显现，即所谓初九之时，龙德当以潜藏为道。然而，如果不是从整个乾卦体会到六阳之纯，及其劲健生生不息之象，便难以体会何为龙德，也无法把握何以一阳初动便体现龙德。反过来说，不从六阳各自纯德分别体察，劲健之龙德也无法充分展开，从而被人丰富理解。是以“六爻合一，而爻之义大明矣”②。所以**在象爻体用关系之中，固然必须在对整体理解的视域中去把握用，此整体却不是自明显现的，必须从用开始，又不拘于用，始终努力即用而见体，再由体而发用。这样一个体用相生的动态过程，便是太极象爻借助人发用显现的过程，也是人明体达用的过程**。

我们还可以通过对材效关系的讨论来理解这种体用相生的动态关系。前面说过，“象者材也，爻者效也”，效指的是象作为体之发用。但效还有另一种意义。

> 材成而斫之，在车为车，轮舆皆车也；在器为器，中、边皆器也。各效其材，而要用其材，故曰：“同归而殊涂，一致而百虑。”舍其同归一致，叛而之他，则涂歧而虑诡于理，虽有卮言之不穷，犹以条枚而为栋梁，析豫章而为薪蒸，材非其材，乌效哉?③

“各效其材”的“效”字，在这里指的是对材的运用，因于此用，材方得为车为器而成其体，材尚未斫之前，并不能称为车或器。只是在具体的发用之中，材才向我们显现为具体事物，此为即用见体。而当体显现之后，体的每一部分都是从属于此体整全性的。这个说法看起来简单，其实在对具体事物的分析中很容易陷入迷惑。说轮舆都是车的一部分，失去任何一个部分，车都不再成其为车，车之用是轮舆共同构成的，因此轮舆皆为车之用，这很好理解。而在器中，便容易带来歧义。器之边为陶土构成，围成中空之形，方能盛水，此中空显然不以陶土为质料，那么盛水之

① 周易内传发例［M］//王夫之. 船山全书：第1册. 长沙：岳麓书社，2011：669-670.
② 同①666.
③ 同①661.

功用是来自边之材呢，还是来自器中央的“空”或者“无”呢？中空是否属于器的一部分呢？在船山看来，道家会认为此器由有、无两部分组成，中空之“无”是器之体，边之有为器，而器之用乃是从中空之“无”而来。船山认为，实际上，中、边共同构成了器，有、无构成了一个整全的器之体，不管有还是无都只是此体之一部分，只不过它们因各自之于整体的结构功能不同而以不同的方式构成器之体，也构成此体盛水之用。人与器物的源初关系并不是在客观化或者理论化的态度中去打量研究，而总是在合用性的指引下去理解器物对自己的意义。在杯子的例子中，是盛水之用指引着人理解中、边相互意义以及各自对于整体的意义，也只有从此用出发才能理解整全之体，没有对器皿盛水之体用合一的理解，就无法理解何以中间之空无与边上的陶土能够构成一个整体。另外，当人面临“材”的时候，也总是就其日常生存目的中的用来看到材之为材者，譬如匠人总是在木头的具体用途中来看树木，他无法看到“逍遥乎寝卧其下”的使用方式，才会有散木立于道旁而匠人不顾的事件发生。匠人凭借“用”来选材并将其加工成为器物，才会有器物整全之体，由此体才能将“用”充分实现出来，所以由效选材和因材施用之间必然是不可割裂的统一结构。总之，无论是器物的制作、使用与分析，还是象爻关系，都要放在体用相生、材效相成的结构下来理解。

为了更好地理解这里的思想，我们可以参考船山《周易外传》中对道家思想的批判，以及对器与无、体与用关系的论述。其批判曰：

> 老子曰：“三十辐共一毂，当其无，有车之用。”夫所谓无者，未有积之谓也。未有积，则车之无即器之无，器之无即车之无，几可使器载货而车注浆？①

船山的逻辑是，如果说所谓“无”便是“有”之缺席的话，那么车之无与器之无作为有之缺席并无二致，这样的话，为何不能使器承载货物，用车来装水呢？由此可见，“无”必然是与“有”共同构成体而发挥作用的。只盯住某个抽象本体，并且将此抽象本体无差别地贯注到一切具体的事物中去，就会使得事物丧失其丰富现实性，沦为此本体的抽象之用，此即船山所批判的消用以归体。本书第一章第一节已经讨论过王弼有无体用思想，以及特殊之无与本无的差别，不过这种差别在王弼思想中并没有以

① 周易外传：大有［M］//王夫之．船山全书：第1册．长沙：岳麓书社，2011：862.

明晰的思想语言表述出来，就此来说，船山恰恰是通过这种质疑将王弼思想中尚未充分结晶的东西明白呈现出来。此外，老子与王弼的思想自然都比这里的描述要复杂得多，这里船山的描述更加接近于对他们的一种流俗的理解。然而我们大致可以说，正是此种流俗的理解统治了后来道家之主流，所以在这个意义上，船山的批评可以说更多的是针对道家尤其是道教思想在后世之流弊。不过无论如何，一种思想的流弊的产生总是来自此思想中蕴含的可能性或偏颇之处，就此而言，船山的批评固然有将道家思想简单化的嫌疑，却也道中某些本质性症结所在。

需要注意的是，结合前文所论用为整体之显现，从用而知体，其所知者也仅仅是体之因时所显，并不能因一隅之用便能把握整全大体，所可以知者，唯是确有此体，否则不能有此用。故从用仅能知体之“有”，若想更整全地理解体，就必须“相胥”相生。回到象爻关系的话，现在我们可以更好地理解下面这段话：

> 夫象者材也，爻者效也。效者，材之所效也。一木之生，枝茎叶花合而成体者，互相滋也；一车之成，辐毂衡轴分而效用者，功相倚也。其生也，不相滋则破而无体；其成也，不相倚则缺而废用。故爻倚象以利用，抑资于象以生而成体。吉凶悔吝之效，未有离象以别有指归者也。故曰：“观其《彖辞》，则思过半矣。”①

枝茎叶花都是材之所效，这并不只是说，它们都是树这个本体之功效，单单这样理解的话，枝茎叶花之间没有有机的相互滋养生成，那么树也就只不过是一棵枯树而已，本体也只不过是一个外在的抽象之名。故船山曰：“夫无体者，唯死为近之。不观天地之生而观其死，岂不悖与！”②枝茎叶花之所以能够相滋成用，固然是因为有一个树之整体才能够赋予它们相互的关系意义，以及在此意义整体下各自的规定性与效用。另一方面，这个树之整体也不是僵化不变的，而是在枝茎叶花的相滋相合中不断生成日新之体，这个过程同时也是在生成新的枝茎叶花之形态。车之比喻亦然，只不过强调的重心是辐毂衡轴配合而发挥的功效。③

① 周易外传：系辞下传第九章［M］//王夫之. 船山全书：第1册. 长沙：岳麓书社，2011：1060.

② 周易外传：大有［M］//王夫之. 船山全书：第1册. 长沙：岳麓书社，2011：861.

③ 树木与车这两个比喻就易学整体部分关系而言皆可成立，但就天地万物之生成而言又有差异，详见本章第五节中的讨论。

船山的卦主学说正是基于上述体用关系而得出的，其曰：

> 唯《乾》《坤》以纯为道，……自此而外，则卦各有主。或专主一爻行乎众爻之中，则卦象、卦名、卦德及爻之所占，皆依所主之爻而立义。或贞悔两体相应，或因卦变而刚柔互相往来，则即以相应、相往来者为主。或卦象同，而中四爻之升降异位，或初、上之为功异道，则即以其升降刚柔之用爻为主。非在此一卦，而六爻皆其有一德也。①

事物之体用相生，任一部分都不可缺少并不意味着没有主辅之分，树虽有枝茎叶花相滋，必有根与干为主。船山与前人卦主之说不同之处在于他并不想立一个现成条例来限定每一个卦之主。不仅可以有一爻为主，亦可以有两爻为主，“为主之爻不限于一爻而增至二爻，将刚柔往来，有应无应以及初上为功皆包括在内，以此说明六十四卦各有其中心观念，卦与爻不容分离”②。不仅如此，船山还认为在爻与爻的互动中能够因爻外之爻而得其义：

> 《易》之为学，以求知天人之全体大用；于一爻而求一爻之义，则爻义必不可知。且如“潜龙勿用”，义固尽于爻中矣，而非六阳纯成、自强不息，则无以见一阳初动之即为龙，况其会通于爻外之爻以互相应求，与立一占者、学者于卦爻之外，以垂训戒者乎！③

这种因他爻而得义的情况譬如其《周易内传》中认为同人卦九三爻辞乃是阐发九五爻辞之义，又如蛊卦九二、九三皆发初六之义。船山曰：

> 凡爻辞皆有此爻而发彼爻之义者，彼爻为卦主，而此爻乃其所际之时，所遇之事也。④
>
> 《易》之以本爻所值之时位发他爻之旨，若此类者众矣……⑤

朱伯崑先生总结道：“在王氏看来，六爻并非孤立地存在，而是全卦之德不同的表现形式。卦理则一，其所处的时位则有异。爻义虽因时位而异，但各爻又都分有全卦之德。”⑥

以上三种模式是船山解爻的基本径路，但正如朱伯崑先生指出的，

---

① 周易内传发例［M］//王夫之．船山全书：第1册．长沙：岳麓书社，2011：664.

② 朱伯崑．易学哲学史：第4卷［M］．北京：华夏出版社，1995：40.

③ 同①670.

④ 周易内传：同人［M］//王夫之．船山全书：第1册．长沙：岳麓书社，2011：159-160.

⑤ 周易内传：蛊［M］//王夫之．船山全书：第1册．长沙：岳麓书社，2011：190.

⑥ 朱伯崑．易学哲学史：第4卷［M］．北京：华夏出版社，1995：42.

“实际上仍不能自圆其说，不能不承认存在着许多例外……王氏所设的各种体例，与卦爻辞义不合者甚多。他同历代易学家一样无力突破这一难点”①，并认为船山为了解决这个难题，继承发挥了伊川随时取义之说，认为“对卦爻辞的理解，不能局限于一种格式。如其所说：‘惟易不可为典要。故玩彖爻之辞者亦不可执一以求之。’……‘不可执一以求之’，即不能将某种体例视为既定的公式，到处套用。王氏此论颇多，成为其解易的另一种体例”②。朱先生这里的总结就细节而言可谓精当，但他将“不可执一以求”理解为船山解易的另一种体例，却有不妥。实际上，**“不可执一以求”恰恰是反对执定体例解经，这不仅是船山解易的总原则，甚至可以说是其解经的总原则**。譬如船山在其春秋学中提出了几个重要命题：“《春秋》无常例”“无立理以限事”“理随势变”“春秋义海”③，这几个命题内容虽然不同，但所指方向都包含了对“经”的基本理解，与此处的“不可执一以求”恰成呼应。解易不可执一实际上涉及船山体用思想非常核心的问题，我们留在本章最后一节重点讨论。在本节来说，我们大致可以总结认为，体用相生的理论在彖爻关系中，一方面就彖爻自身来说，有了彖之体，阴阳爻方能依凭此整体意义而有其功用，爻显效用的同时也是它们相因相倚共同生成彖体的过程：“卦者，爻之积也。爻者，卦之有也。非爻无卦，于卦得爻。性情有总别而无殊，功效以相因而互见。”④ 另一方面，就人对彖爻的理解而言，应当既在彖之整体性中理解把握爻义，并力图寻求它们之间的一致性；同时又因为“用皆因体而得，而用不足以尽体”⑤，所以当因爻义而反过来更广大精微地体察到彖之大义：“原其全体以知用之所自生，要其发用以知体之所终变。舍《乾》《坤》无《易》，舍彖无爻。六爻相通，共成一体，始终一贯，义不得异。”⑥ 这种由用得体与明体达用的动态体用，在彖爻关系中来说，既是本体论，也是诠释学⑦。

---

① 朱伯崑. 易学哲学史：第 4 卷［M］. 北京：华夏出版社，1995：43.

② 同①.

③ 参看本书第四章第四节。

④ 周易外传：剥［M］//王夫之. 船山全书：第 1 册. 长沙：岳麓书社，2011：879.

⑤ 思问录：内篇［M］//王夫之. 船山全书：第 12 册. 长沙：岳麓书社，2011：428.

⑥ 周易内传：系辞下传第九章［M］//王夫之. 船山全书：第 1 册. 长沙：岳麓书社，2011：607.

⑦ 一个顺理成章的问题是，如果说彖爻具有统一性，那么诸如《易传》这样的文本与《易经》之间是否也与彖爻一样具有统一性呢？船山坚持《易传》与彖爻的统一性并提出四圣一揆命题。不过鉴于此问题涉及体之历史性，所以我们将其放在第四章以便展开更加充分深入的讨论。

第五节　体用相生

本节要义：

道（德）之本义是气之健顺良能，不是先于天地的本体，而是内在于天地万物的精粹之用。“体用相生”之“生”具有“生成”与“生而固有”双重意涵。

宇宙一气流行中显出阴阳二分，阴阳动静有其分纪，生成事物遂有条理，条理是具有实在性的气之文理而非观念或法则，可对气之流行有主持分剂之用。“川流与道为体”这句话意指双方交互为体，交互为用。

“川流为道之体”，此“体”为“质体”之义。川流是气之所凝，道是气之良能，故道并非独立于气的另外一物落在川流之中为主宰，它就是凝为川流之气固有的良能。此良能有乾道之劲健，万物因不息变化而生成，此即“逝者如斯”，“道以善川流之用”。

“道为川流之体”，此“体”近于“本体”之义。有气之良能方有流行聚散，才有川流存在，川流是此道显现于个体事物之发用。除了乾道之劲健不息，还必须“于动几见其不息者，于静诚亦见其不迁”，川流彰显坤道之含藏承载，人方能“就川流言道”，从川流上见出乾道之不息，此即“川流以显道之用”。

“体”的“质体”与“性体”双重意涵构成概念基本张力，船山“与道为体”之说中的双重意义与之呼应，以乾坤之道交织并用建构出“体”的双重意涵。在“相与为体”结构中，体用的对待关系转换成了同一者与自身的生成关系。宇宙“全体”在气化流行中将自己生成为万物，此即大德敦化；于万物持守中又有流变，此即小德川流；万物又交相为用，并行而不悖；于此不迁与流逝的体用网络中体现出道之大用。这是船山“体用相生”之义。

前文我们也曾先行提出过船山“体用相生”的命题，并在易学义理层面对之进行阐发，本小节将通过对船山“道，体乎物之中以生天下之用者也”“与道为体”两个命题的分析，在天地万物的实存变化层面来展示“体用相生”的细致结构及其核心意涵。

1. 道生天下之用

“道，体乎物之中以生天下之用者也”这个命题的核心落在两个关键字上：道与生。

首先我们对船山“道”的意涵略作说明，船山对“道”这个概念的使用并不太严格，比较多义。曾春海教授指出，如被化生之物显用时之途径，人伦间的当然之道，又指阴阳在主持分剂下所化生万物之方向与历程。于万物言，则道是万物内具其所当循之道，是以道之于万物则有事物所循以为当然法则之法则义，犹如万物生成变化所当行之道路。① 本节仅就天道之自然运化层面的核心用法来讨论，道之实践意涵可参看本书第三章第八节尽器贯道之论。就天道层面而言，陈祺助教授指出，船山之道体有时即指阴阳之全体，不过更多时候还是指阴阳之气自具的主持大用。其有三方面表现：其一，是对阴阳纯杂同异、多寡老稚的数量之调配分剂。其二，乃阴阳之气化生万物时，其所具有的相互制约的作用。其三，道对于阴阳的主持之用乃神妙莫测，而非有一成之型②。总之，“就其为使万物出形入象，出象入形，‘众著而共由’之大路，且为万化的主持分剂者而言，则谓之道”③。笔者想补充的是，船山有时也把气的主持分剂之用称为理，“理只在气上见，其一阴一阳，多少分合，主持调剂者即理也”④。因为船山认为理是气之理，当其成型，也可反过来对气有作用。船山有时区分道、理二字并不严格，大体而言，船山论道之时，更加强调的是作为气内在之良能意涵；而论理之时，更强调其在具体事物上的分殊之用，究其本源仍是作为气之良能的道。⑤

接下来我们分析船山对“生”的诠释。本章第一节已述，船山认为太极生两仪乃至四象八卦六十四子之“生”不是父生子之生，而是面上生有口鼻之生。前文主要是在易学层面分析这个比喻的同在固有和构成意义，以及“生”的“功用发见”之义。但易学从来不仅仅是纯粹的义理研讨，

---

① 见曾春海《王船山易学阐微》(台北辅仁大学博士论文，1979年)第78、97、99页。转引自陈祺助《王船山“阴阳理论”之诠释》(复文图书公司出版社，2003年)。

② 陈祺助. 王船山“阴阳理论”之诠释 [M]. 高雄：复文图书公司出版社，2003：54.

③ 同②70.

④ 读四书大全说：论语：子罕篇 [M] //王夫之. 船山全书：第6册. 长沙：岳麓书社，2011：727.

⑤ 不过下一章我们会看到，船山更常用来指涉这个意涵的概念不是道，而是德。本节所论主要是在“道生天下之用”或“与道为体”的命题中之意涵，而非船山更惯常的用法。

它法象天地，所以也必然包含着具体事物层面的“生—成”意义。这里我们进一步在宇宙论或曰生成论层面阐发“生”之意涵。

先要更精细地区分两种生成差别。第一种，父母生子之生，如同工匠制作一双鞋，物生成的过程总是在成品之外，当鞋诞生之际，也就是生成结束之时。同样，父母孕育孩子并且将其生出这个过程至孩子诞生之日终止，从此之后，生成的过程结束，孩子成为独立性的存在。这样理解的个体事物之存在及其本性都是外在于生成活动的，事物也因此被理解为作为时间内因果序列中一环的存在者，体用关系在因果序列中成为两个事物的外在关系，尽管它们彼此之间具有生成关系。这是船山反对的体用结构。

第二种生成好像耳目口鼻生于人面上，需要注意，这里的“生”尽管包含“有”之义，但不能等同于“有”。譬如我们可以说树上“生”有枝茎叶花，但不会说墙上“生”有钉子，而只能说墙上“有”钉子。“生”和“有”的这种用法差别在于两个方面。

第一，人面并非外在于耳目口鼻的独立性存在，人面即由耳目口鼻所构成，树与树叶果实亦然，因此船山把**生的意义规定为“分而言之”“自然赅具”“生而固有”，也即是部分整体的关系**。但是钉子与墙却没有这种“固有”关系，只是偶然地共处相合而已，因此不能用“生”。不过，这并不意味着“生”仅仅指的是对存在整体的分割与称谓，这就牵扯到“生”的第二层意义。

第二，**“生而固有”的关系中还必须包括生成性**。上一节我们讨论过树木生枝茎叶花与车之辐毂衡轴这两个比喻，就易学整体部分关系而言，两个比喻可以相通，但就万物生成而言，还需区分。轮子与车有着“固有”关系，但不能说车上生有轮子，因为轮子与车不具有生成关系；可以说树上生有枝茎叶花，因为它们之间具有生成关系，而且树生枝茎叶花的过程也是完成其自身的过程。综合上述，“生”的意义在于，作为部分的存在者既被存在整体所规定，同时也被其生成，被生成的过程同时也是整体生成自身的过程，这就是船山“生者，于上生也”的意义。

现在我们可以分析船山“道，体乎物之中以生天下之用者也”① 这个命题的意涵。首先，这是强调，道在物中所以物才能生用。也就是说“生”不仅仅指称一个整体如人面可以分为耳目口鼻各个部分，而确实具有上文分析的动态生成之义。接着我们借助船山的自问自答来进一步分析此命题的意义：

---

① 周易外传：乾［M］//王夫之. 船山全书：第1册. 长沙：岳麓书社，2011：821.

曰："老氏之言曰：'有物混成，先天地生。'今曰'道使天地然'，是先天地而有道矣；'不偏而成'，是混成矣。然则老子之言信乎？"

曰："非也。道者天地精粹之用，与天地并行而未有先后者也。使先天地以生，则有有道而无天地之日矣，彼何寓哉？而谁得字之曰道？天地之成男女者，日行于人之中而以良能起变化，非碧霄黄垆，取给而来贶之，奚况于道之与天地，且先立而旋造之乎？

"若夫'混成'之云，见其合而不知其合之妙也。故曰'无极而太极'，无极而必太极矣。太极动而生阳，静而生阴，动静各有其时，一动一静，各有其纪，如是者乃谓之道。今夫水谷之化为清浊之气以育荣卫，其化也合同，其分也纤悉，不然则病。道有留滞于阴阳未判之先而混成者，则道病矣，而恶乎其生天地也！

"夫道之生天地者，则即天地之体道者是已……"①

如果说道先天地而存在，那么其生成天地万物的过程必然是创生，也即是一个外在于天地万物的本体，在一种外在的生成过程中创生出天地万物。这样的孤悬于虚空中之道，谓其体用殊绝并不为过。实际上，道不是先于天地的本体，而是内在于天地万物的精粹之用，所谓生成是道内在于万物之中，以其良能让万物生长变化，而不是如父生子，或青天黄土有冥冥不可测之神道，向人或物的馈赠。

所谓"混成"，船山认为这个说法仍是将道与物理解为二，只看到道内在运行于物之中而不知它们是一而二，二而一的。只看到"合"，而不知"妙"，则似乎有两物外在嵌合，所以"妙"是强调根本仍旧为一。这个思路显然来自横渠《正蒙》："一物两体，气也。一故神，张子自注：两在故不测。两故化，张子自注：推行于一。此天之所以参也。"② 船山注释说："自其神而言之则一，自其化而言之则两。神中有化，化不离乎神，则天一而已，而可谓之参。"③ **宇宙本是一气流行不测，就其不测而又不息而言可谓之神，其实即是作为道之良能。流行之中必然显出阴阳之二分，阴阳动静有其分纪，因此分纪可生出无穷变化，变化会生成事物则自然有条理形成，条理是具有实在性的气之文理而非观念或法则，就像河道之于河**

① 周易外传：乾［M］//王夫之．船山全书：第1册．长沙：岳麓书社，2011：822-823.

② 张子正蒙注：参两篇［M］//王夫之．船山全书：第12册．长沙：岳麓书社，2011：46-47.

③ 同②47.

水，可对气之流行有主持分剂之用，此即为具体事物之理。不过，河道与河水毕竟是二物，而阴阳二气无论如何聚散分合，归根结底仍是一物，与道为一。此处所举饮食养生之例也还是要说明此义。

荣卫之说出自《黄帝内经·素问》："荣，水谷之精气；卫，水谷之气。"《说文》："精，择也。从米，青声。"《增韵》："凡物之纯至者皆曰精。"精之本义即精米也，并非后世与物质相对之精神义。而在中医来说，血便是人体气之精者。荣指血的循环，卫指气的周流。荣气行于脉中，属阴，卫气行于脉外，属阳。荣卫二气散布全身，内外相贯，运行不已，对人体起着滋养和保卫作用。五谷与水化为清浊之气，依其清浊纯杂之不同，分别行于荣卫，如果有某些水谷之气不能纤悉毕分，或者不能完全化于荣卫，人便会生病，是谓食谷不化。船山这是譬喻如果水谷中有某种精妙本体超越变化而持存，而不能转化为人身之气，那么人就会有病。相应地，如果道是某种先于天地万物的持存者，天地万物生成之后道又混于天地万物之中，必然也会造成道之病或天地之病。

所以道不外于天地而存在，它就是造化之良能与化迹，因此船山反对老子"道生天地"之说，而主张"天地体道"，这是对"道，体乎物之中以生天下之用者也"命题的精炼概括，指的是天地万物皆为道发用的体现。"道者天地精粹之用"，指的是气之良能会生成万物滋养万物，所有这些都是在"全体"自身之中。两方面结合起来就是说，气之整体通过在自身内"生成"天地万物来发用，"生成"包含前文分析的双重意义，用不是外在的创立，而是自身蕴含的丰富性的展开，也是对宇宙整体自身的不断生成。不过，此种"体用"关系还是更加侧重于由体生用，下面我们借助于"与道为体"这个命题来进一步阐发船山的交互性体用关系。

2. 与道为体

本书第一章"朱子体用"一节讨论过"与道为体"，为了方便比照，此处再为简述。此说法出自程子对《论语·先进》中"子在川上曰：逝者如斯夫，不舍昼夜"一则的注释，朱子《四书章句集注》也引用之，其曰："此道体也。天运而不已，日往则月来，寒往则暑来，水流而不息，物生而不穷，皆与道为体，运乎昼夜，未尝已也。是以君子法之，自强不息。及其至也，纯亦不已焉。"① 《四书大全》引用朱子盛赞此条之语：

---

① 朱熹. 四书章句集注 [M]. 北京：中华书局，1983：113.

“此是形容道体，伊川所谓与道为体，此一句最妙。……道之本然之体不可见，观此则可见无体之体，如阴阳五行，为大极之体。”① 前文已述，朱子“与道为体”之“体”的意涵是将此“体”理解为“质体”“形体”，或曰作为“道”之承载者的具体存在者。因为在朱子来说太极是理，阴阳五行是气，理不可见，见于气方能窥见理在形体上的作用。所以朱子所理解的“与道为体”就是指万物作为道（天理）在其中运行的载体，使得道得以为人发见：“道无形体，却是这物事盛载那道出来，所以指物以见道，道之体便在这许多物事上，只是水上较亲切易见。”②

船山在其《读四书大全说》中同样就“与道为体”大加发挥，不过他的理解与朱子又有差别：

> “与道为体”一“与”字，有相与之义。凡言“体”，皆函一“用”字在。体可见，用不可见；川流可见，道不可见；则川流为道之体，而道以善川流之用。此一义也。必有体而后有用，唯有道而后有川流，非有川流而后有道，则道为川流之体，而川流以显道之用。此亦一义也。缘此，因川流而兴叹，则就川流言道，故可且就川流为道体上说，不曰道与川流为体。然终不可但曰川流为道之体，而必曰川流与道为体，则语仍双带而无偏遗。③

首先要说明船山理解的“与道为体”的句法意涵，他说，“程子既云‘与道为体’，则犹言目与明为体，耳与聪为体”④。由此，可以明确“甲与乙为体”这句话的基本意涵是，甲是体，乙是用。但按照船山的说法，“甲与乙为体”相比起“甲为乙之体”，还要多一层意思，就是“相与”，即“乙也为甲之体”，甲乙交互为体。要理解这个思路，需要我们更加细致地分析。

船山所说的第一义看起来接近朱子之论，此“体”也同于朱子“质体”之义，但他们是基于完全不同的存在论基础而说着类似的话。在“川

① 胡广，杨荣，金幼孜，等. 四书大全校注：上［M］. 周群，王玉琴，校注. 武汉：武汉大学出版社，2009：536.

② 同①. 此外，《朱子语类》卷三十六“子在川上”章，也可印证之：问：“如何是与道为体？”曰：“与那道为形体。这体字却粗，只是形体。”问：“犹云‘性者道之形体’否？”曰：“然。”

③ 读四书大全说：论语：子罕篇［M］//王夫之. 船山全书：第6册. 长沙：岳麓书社，2011：734.

④ 同③737.

流为道之体”这句话中，道指的是气中固有的健顺归伸之良能。川流本身就是气之所凝，所以道并非独立于气的另外一物落在川流之中为主宰，它就是凝为川流之气固有的良能。此良能有乾道的劲健一面，所以川流不息逝者如斯，是为“**道以善川流之用**”。此良能只能内在于川流而发用，其本身不可见，所以说“**川流可见，道不可见**”。

船山说的第二义是“**道为川流之体**”，这里的“体”不再是“质体”，而是“本体”之义。“**唯有道而后有川流**”说的是，因为宇宙整全之体中有气之良能，所以才会有阴阳之气流行聚散，才会有作为个体的川流存在。道之发用流行无所不在，川流是此道显现于个体事物之发用，所以说“**川流以显道之用**”。道在先，川流在后，故曰有体而后有用。

然而，如果如上文分析的，“与道为体”的双重意涵只是借用了“体”的不同意义而已，那么这里船山想要说的无非是：气之良能作为本体生出具体事物，这是一层体用关系；具体事物又有其流行变化之用，这又是一层体用关系。两层体用关系构成一个体用序列链条，这与朱子体用思想又有什么分别呢？船山的真正意图还需要进一步发详。

就第一义来说，乾道之用，其主要意义在于推动川流不息，即“逝者如斯”，但“逝者”不仅川流，天地之间万物皆不断变化，所以船山说：

> 川流既与道为体，逝者即道体之本然。……此逝者浩浩于两间，岂但水为然哉！……“逝者”二字是统说，“斯”字方指水。“如斯”者，言天理之运亦如斯，人心之几亦如斯也。①

万物的不息归根结底仍是源自宇宙“全体”本然浩浩不息，“逝者”所指在究竟义上即此。每个事物包括天地就其自身而言有形体与实存，但这些个体的存在并不像它们看起来那样是一个个孤立现成的静止事物。气凝聚为个体仅仅是暂时显现的形态，实际上万物都在一刻不息地变化生成，它们的存在就是生成本身，此即所谓“逝者如斯”。只是川流与一般事物不同之处在于它是以奔流不息的存在形态显现的，所以由川流便可领会天地间一切事物莫非逝者，体莫非用。天地间流逝不息的不仅仅是川流，故“逝者”也是统说。然而并非人因可见之川流承载道出来，所以领会到川流背后有一个超然不可见的天理本体，然后再效法之。所以他特别

① 读四书大全说：论语：子罕篇［M］//王夫之．船山全书：第6册．长沙：岳麓书社，2011：736.

反对程子“君子法之”之说，《四书大全》中新安陈氏亦有类似之论：“欲学者于川流上，察识道体之自然不息，而法之以自强不息也。”① 船山反对的理由在于：

> 若云以道为法，浅之则谓道远人；而推其极，必将于若有若无之中，立一物曰道。老氏缘此而曰：“人法天，天法道。”呜呼！道而可法，则亦虚器而离于人矣，奚可哉！②

这仍是我们前面反复论述的船山对超越性本体之批评，至于他强调的道器不可离，本书将在第三章第八节详为阐发其工夫意义，此处仍是扣紧天道本体之义。

就第二义来说，道之用并非仅有乾道之劲健不息，如果从天地万物身上只看到流行变化，那么任何个体事物都会丧失其存在的独立性边界，万物都无所驻留，只是作为气之流变的刹那形态而存在，物无贵贱，生死一也。对此船山论述道：

> 逝亦是天地化理之一端。有逝则有止，有动则有静，有变则有合，有几则有诚。若说天地之化，斯道之体，无不如此水之逝而不舍，则庄子藏山、释氏刹那之说矣。③

如果只看到逝者一端，似乎只见用而不见体，实际上人会因用之流逝不息而舍弃用，另寻不可见之体，遂有消用以归体之说。所以船山强调不能只看到道的“逝者如斯”这一个面向，必须“于动几见其不息者，于静诚亦见其不迁”。有这种与“逝者”相对的“不迁”，方能有具体事物可言，否则放眼所及，皆为流变而无物为真，到头来仍是会走上轻现象而重本体之路。“川流以显道之用”所表达的正是此义，气需凝止为川流，川流才能作为个体事物彰显坤道之含藏承载，人方能理解并命名川流这种个体事物，才能进而“因川流而兴叹，则就川流言道”，从川流上见出乾道之不息。因此要说“川流与道为体”，而不可反过来说。

就坤道不迁一端而言，道之用显现为事物；就乾道逝者一端而言，则事物为体，道在其中有对其流行变化的主持分剂之用。道体通过事物发显其

---

① 胡广，杨荣，金幼孜，等. 四书大全校注：上［M］. 周群，王玉琴，校注. 武汉：武汉大学出版社，2009：536.

② 读四书大全说：论语：子罕篇［M］//王夫之. 船山全书：第6册. 长沙：岳麓书社，2011：736.

③ 同②737.

用，事物通过其用成就道体。所以船山曰："其往也，浑沦而时合；其来也，因器而分施。其往也，无形无色，而流以不迁；其来也，有受有充，而因之皆备。抟造无心，势不能各保其固然，亦无待其固然而后可以生也。"① 不迁之固然与流变之不息并不矛盾，而恰恰是相与为体、相与为用的。

本书第一章第一节，曾指出"体"的两个重要基本意涵：(1) 个体事物的存在整体，也即是这里所说的"质体"或"形体"之义。(2) 个体事物的内在本质，往往称为"本体"或"性体"。**"体"的这双重意涵始终构成概念内部的基本张力，而船山"与道为体"之说中的双重意义显然与之对应，并揭示出中国思想内部原本就有的内在结构，即乾坤之道交织并用恰恰建构出"体"的双重意涵**：川流能够作为"质体"持存，是因为坤道的含藏承载，而这又彰显了作为"本体"的乾道之运化创生，故又曰道为川流之体；川流能够不舍昼夜，是因为内在于其中的乾道劲健不息，乾道必须基于坤道聚现出的川流之"质体"才能发用，故曰川流为道之体。

这种交织并用落在具体事物上就是"川流与道为体"的命题结构，如果就更源初的意义而言，船山认为"道以阴阳为体，阴阳以道为体，交与为体，终无有虚悬孤致之道"②。阴阳为体，道为用，指的是健顺之道必须在一阴一阳之气上才能显现。道为体，阴阳为用，是说气中有健顺动静之良能，所以有阴阳动静隐显聚散。不过，"道相阴阳……则阴阳亦固有夫道矣"③，健顺良能并非外在于阴阳之本体，而是阴阳固有之物。

至此我们看到，船山"交互为体"的建构思路落实在从气本源到具体事物不同层面，同时还勾连起了不同层面的交互关系，建构出一张交织细密的体用相生之网，贯穿于宇宙整体各个层面与环节。从宇宙整体之义，到气作为形质与良能的双重意义，再到"体"作为"质体"与"形体"的双重意义以及万事万物的交相为用，皆为如此。而此诸多复杂交互的体用关系，最终还是落在气作为宇宙整体在其自身内部的"生（乾）—成（坤）"意义上。

在"与道为体""相与为体"的结构中，事物之体用在不同语境下几乎可以互换，体用这对概念的对待之义被削弱了许多。**削弱体用对待之义**

---

① 周易外传：系辞下传第五章［M］//王夫之．船山全书：第1册．长沙：岳麓书社，2011：1045.

② 周易外传：咸［M］//王夫之．船山全书：第1册．长沙：岳麓书社，2011：903.

③ 周易外传：系辞上传第五章［M］//王夫之．船山全书：第1册．长沙：岳麓书社，2011：1004.

是为了清算如下思路：将不迁与逝者分属两个世界，前者是后者的本质与根据。这个思路还会强调不迁贯穿于逝者之中，体不能离开用而独立存在，然而不迁者如何贯穿于逝者之中并且仍旧保持自身，不迁者的存在方式与逝者的存在方式是否相同，若二者的存在方式不同其如何可能混成，这些都是含糊不清而且难以自圆其说的。体用概念对待之义的削弱意味着两个世界或不同存在层面区分的取消，但这并不意味着体用概念丧失了自身的界限，它们的**彼此对待关系转换成了同一者与自身的生成关系**。

应当说，将体用理解为同一者及其某种面向的显现，这从最初就是中国哲学对体用这两个概念意义的基本理解。只是从王弼开始将这两个概念放在一起做对待时，它们才开始逐渐脱离源始意涵，而指涉不同存在层面甚至不同存在者或存在属性。不过体用的源初意义还始终被汉语保留持守着，只是更多地不是在思想性概念中，而是在日常语言中使用。譬如在朱子那里，也会这样用，有弟子问道之体用，朱子答曰："假如耳便是体，听便是用；目是体，见是用。"① 这个说法便是体用最素朴的意义，却也是蕴含着各种丰富意义的源头。但这个回答并不是朱子体用概念的严格用法，只需参看语类他处即可明了。阳明以良知为心体之说，重新赋予体这个概念动态生成意义，其"心外无物"之说又有以显现为用之义，又曰"本体上何处用得功？必就心之发动处才可着力也"，此说亦有由用得体之意。不过，一则阳明之体虽是"即存有即活动"，却又说本体人人皆同，本体无有损益，仍是有现成不变本体之意。二则其由用得体主要是在消极去蔽意义上回复心之本体，而无在积极意义上生成心之本体之义，距离"体用相生"仍有一线之间。

船山尽管不自觉地受到王学影响，不过其体用主要架构仍是由易学得力而来。**体用可以说是援引了先秦源始意义：同一者及其某种面向的显现**。船山进而用大易生生之义来强调"用"之究竟义，就是气之整体通过生成与自身发生关联，并回到自身。道不是外在于生成的规范法则，生成也绝非作为一种外在流逝变化从而远离真正的不变本体。而这样理解的"体"亦静亦动，既是不迁，也是逝者，"即存有即活动"亦不足以形容此体，因为体之生成包含着两个维度：生与成。生是宇宙全体之大用，因生而有所成，成者作为具体事物亦是逝者，只是成者亦有体，故其变迁中有

① 朱子语类：卷 1［M］//朱熹．朱子全书：第 14 册．上海：上海古籍出版社，2002：116.

某种持守，好比一棵树虽有新陈代谢仍可谓其为树而非水土化合作用，有持守遂有条理，如此树之脉纹，有条理则积而成势影响气之流行，如树的水分营养必由脉络中输送，沿纹路而生长，如有物在其中主持分剂之。而其实并无一实在性的本体在其中，就此主持分剂之用即为道，或曰理。成者生生不息，并最终归于大化流行，复生他物，是因成而有生。就宇宙“全体”而言，可以说体是生生不息的阴阳本体，用是万物之成。就万物而言，可以说体是万物自身，用是万物内部不断地流变复生。因此，当我们以“存在即生成，生成即存在”来概括船山思想之时，所指并非万物皆流变或无物长存之类的俗谈，而是说：宇宙“全体”在气化流行中将自己生成为万物，此即大德敦化；于万物持守中又有流变，此即小德川流；万物又交相为用，并育而不相害，道并行而不相悖；于此不迁与流逝的体用网络中体现出道之大用。这才是船山“体用相生”论之义。船山以如此“体用相生”的结构消解掉“贵体贱用”的同时，实际上也完成了对宋明道学诸多对待概念的重新赋义：“不易”与“变易”，“纯”与“杂”，“道”与“器”，“理”与“气”，“性”与“形”，等等。这些对待概念不再能够皆然二分，或贵此而贱彼，而是在相互共属中成就对方，同时也成就自身。

体用二者还可以用一个概念来表述：“诚”。“诚”既有真实无妄之义，又有生生不息化成万物之义，用《中庸》中的话说就是“诚者自诚也，而道自道也”。所以“诚”在船山这里其究竟义不是一个具体之德目，而是“乾坤全体”之至德：“天地，一诚无妄之至德，生化之主宰也。”① 合之则曰诚，分之则曰体用，体用关系不是一种静态格局或属性关系，也不是一种单向度的本体之功用，其根本之义是绝对者生成自身的不息之诚。那么人在天地之诚中，处于一个怎样的地位和拥有什么意义呢？这是本章最后一小节要讨论的问题。

第六节　易无方体

本节要义：

本节的任务是从认识论角度来解释人对于“体”如何获得理解，以及

① 周易内传：系辞上传第一章［M］//王夫之．船山全书：第1册．长沙：岳麓书社，2011：507．

这种理解的限度，由此天人关系方能过渡到下一章的心性工夫问题。船山认为此前的宋明道学预设了人对本体的终极把握或同一，这种对虚妄本体的设定会导致人僭越于天。

1. 体用胥有

一隅显现之理不能够用来约束规范整全之体，人对于全体永远不可能达到彻底洞察与把握。人一方面应当明了自身分限，不妄自同天，另一方面在由用得体、明体显用的循环中达乎更整全理解，此即“体用胥有”之义。船山反对两种倾向：只盯住感官经验层面的舍体逐用；独断地舍弃万有而汲汲于体悟虚玄本体。

2. 易无方体

人能据以为方体的只是“全体”在一隅显现的具体情境事物；气方聚于此而成文理，人据此已然之迹而获得一隅之理。但“全体”无方所、无定体，无从以理限之。“易无方体”与“由用得体”是同命题的两种表述，强调的都是整全之体本身不可能被知识完全把握，端体亦然。

3. 体本无体

端体之用的意义环节不是任意的，却会因时因用而变。用无定用，由用所得之体也是无定之体。就端体的存在基础言之，其气亦如“全体”，健顺五常，味味具足。故个别事物也如“全体”有不可穷尽性。因人有着对“全体”之大用的理解，即万物交互为体用的意义网络，个别意义环节才能得以安放。此无限生成的“全体”之大用无定，故万物、四时、天地乃至宇宙“全体”皆无方体，无定体。

本章前面数节都是从天道自然流行角度来分析体用意涵，本节的任务是从认识论角度来解释人对于“体”如何获得理解——“体用胥有”，以及这种理解的限度——“易无方体”“体本无体”，由此天人关系方能顺理成章地过渡到下一章的心性工夫问题。

在“彖爻一致”一节中我们曾经强调过，端体只有在整全之体中才能获得理解。然而宇宙整体不是一个具体事物，或曰存在者，而是大化流行的存在自身。所以它不同于一般认识对象，我们虽然可以对其有所理解，却不可能获得对它的整全理解或知识。只有当“全体”向我们显现发用为某一具体存在者，我们才能就此一端之体去认识，并获得某种程度上的知识与理解：就易学而言，即太极显为一卦之时；就现实经验而言，即是我们与某一事物打交道之时。与此同时，因为我们深知当下与之打交道的一端之体只是全体在一时一隅的显现发用，所以我们可以凭借对当下一端之体的认识而获得对全体的某种领会。获得这种领会的同时我们也领会了三件事：第一，我们总是已经在对“全体”的某种领会之中，否则便不可能生存，也不可能对当下一端之体有所理解，我们当下对全体的领会可以与我们已有的领会产生融合，从而获得更宽广的视域；第二，我们借助视域的融合与扩展获得了对当下情境与事物的更好理解；第三，我们只能通过“全体”的因时显现去对之有所领会，这意味着尽管我们始终有对整全之体的理解诉求，却永远不可能获得对它的整全把握与认识。此外，象爻关系与太极六十二卦关系的同构性意味着，我们可以把上述思路平移到象爻关系以及我们与端体的关系之中。也就是说，即便是一卦一爻，或者一沙一草，它们也都是在因时向我们显现，相应地我们也永远不可能获得对它们的整全知识。①

以上勾勒出的基本图景显然与我们所熟知的宋明理学基本架构大相径庭，无论是朱子的由事事物物上求定理到有朝一日豁然贯通全体大用无不明，还是阳明孜孜以求言必称之的复其心之本体，都从逻辑上预设了一个人对道之本体的彻底把握或契悟。而在船山看来，这种预设来自人为地对虚妄本体的设定，终必导致人僭越于天。不过，因为朱子的道路是下学上达之渐进，是以虽有二体之困难，流弊尚不显著，阳明之法门却会开顿悟狂禅，是以船山批驳不遗余力。②针对人为预设本体，船山提出了“体用胥有”之说。

1. 体用胥有

前文已多次涉及“体用胥有”的问题，不过没有展开讨论，只是作为暂时性现成结论一笔带过，因为这涉及船山本体论的核心，而且不能片面理解，必须结合其另一个维度方能把握，即明体达用。明体达用本是宋明儒学共识，不过船山特立之处在于其体为全体，其用为显现，所以也许称其为明体显用更为恰切。此论前文所述已详，但仍然留有疑团，即人何以可能对全体有所领会，不管这种全体是宇宙全体、周易经传全体，还是一

---

① 本段部分概念与思路受启发于张汝伦《〈存在与时间〉释义》（上海人民出版社，2012 年）第 13 页关于理解和认识的区分。

② 可参看《周易内传·渐》：“世之为学者不知此义（渐），灭裂躐等，而鄙盈科之进为不足学。自异端有直指人心见性之说，而陆子静、王伯安附之，陷而必穷，动之不善，宜矣……《渐》者，学、诲之善术也。世岂有一言之悟而足为圣之徒、俄顷之化而令物皆善哉！异端之顿教所以惑世而诬民也。”（周易内传：渐［M］//王夫之．船山全书：第 1 册．长沙：岳麓书社，2011：427）

隅个体之整全性。船山力辟心学、禅学直接通过某种直观契悟把握本体的道路，所以他必须说明人何以可能，以及通过何种方式能够对全体有所洞见，否则前文所论便都会成为空谈。不过本节不拟在具体工夫论层面多做展开，仍集中于描述其本体论的基本架构，而将心性、工夫等问题放至第三章深入讨论。

在这个问题上船山的基本架构是，从天的角度来说（即船山所谓天之天），天道周流整全而不可测，它在一隅之显现虽然总是全体之用，但此一隅之理（气在流行中显现出的条理）并不能够用来约束规范整全之体。因为“气”并不是一种机械的均匀质料或介质，而“理”又只是气凝于一隅之文理。此外，全体始终有隐藏自身的幽玄一面，所以开显的永远只是局部一隅之理。从人的角度来看（即船山所谓人之天），人只能通过体在用上的显现去把握领会全体，鉴于发用总是因时而显的，所以尽管人能够由用得体，对整全大体有所洞见或领会，但人对于全体永远不可能达到彻底的洞察与把握。人一方面应当始终明了自身作为有限存在的分限所在，不僭越妄自同天，另一方面又努力在由用得体、明体显用的循环中不断希圣希天，达乎更整全的理解，此即体用胥有之义。接下来我们具体讨论此架构各部分的意涵，首先是“由用得体”。

“由用得体”最有名的论述出自《周易外传·大有》：

> 故善言道者，由用以得体；不善言道者，妄立一体而消用以从之。“人生而静”以上，既非彼所得见矣，偶乘其聪明之变，施丹垩于空虚，而强命之曰体。聪明给于所求，测万物而得其景响，则亦可以消归其用而无余，其邪说自此逞矣。则何如求之“感而遂通”者，日观化而渐得其原也哉！故执孙子而问其祖考，则本支不乱。过宗庙墟墓而求孙子之名氏，其有能亿中之者哉！此亦言道者之大辨也。①

陈赟教授的解读为，之所以要由用得体，是因为“本体本来不是当前可见的东西，因此，它也不可以为感性经验（耳目之聪明）所把握。一旦把本体的把握托付给耳目的知觉观测，‘乘其聪明之变，施丹垩于空虚’，就导致了把视觉视野中的‘景响’强命为本体的情况。换言之，本体的思辨构造与把握本体的方式密切相关，当本体放弃了本体当前可见的东西，而在主体知行活动视域之外直接去探求本体的时候，就很可能发生人为构

① 周易外传：大有［M］//王夫之. 船山全书：第1册. 长沙：岳麓书社，2011：862-863.

造本体的现象。”[①] 这段解读对于知行视域的点出非常关键，本书第三章第八节将会详细处理知行问题的生存论内涵。但此解读中也存在误读，“乘其聪明之变，施丹垩于空虚”指的恰恰不是把对本体的把握托付给耳目，空虚是耳目不可得而闻见的东西，这里船山反对的是不凭借耳目，运用人之私智去将色彩涂抹于虚空之上，凭空构造一个本体。“景”是影子，“响”为回声，传统一般将“景响”用来比喻无根据的、传闻的、不可捉摸或牵强附会的。[②] 船山用“景响”一词是为了比喻，道家虚空不可捉摸之妄论非由耳目而得，以体统用，让一切用都从此凭空构造的虚空本体出发去以私意妄测理解，就好像凭“宗庙墟墓而求孙子之名氏”。由此可见，陈氏解读偏离了船山的意向，且其解读前后不一，本体如果并非耳目可得闻见，那么人对它的理解必然会有人为构造的成分，何以说一旦托付于耳目，便导致把“景响”强命为本体呢？即便以视觉中心主义的视域理论来解释此人为构造与目见并不矛盾，也很难解释人为构造与耳目所闻见“景响”之间的关系。

船山此论述意思其实很明白，既然“人生而静”以上非可得见，便只能从“感而遂通”出发去理解本体，而不能妄用私智测度本体，再因本体而消用。“感而遂通”不是依凭神秘感应契悟本体，指的就是全体在一隅之流行显现为人耳目所闻见，由此对全体而有所领会，此即“执孙子而问其祖考”。妄用私智指的是，不依凭耳目真实经验妄用智慧构造出的本体幻象，然后再执此虚妄本体去推演天道人事，此即“过宗庙墟墓而求孙子之名氏”。然而，人又不能拘于耳目之闻见，因为耳目之闻见很容易以隐显为有无，陷入船山批评的“诸子之陋”而割裂体用。正确的做法是不仅“由用得体”，还要“体用胥有”：

> 天下之用，皆其有者也。吾从其用而知其体之有，岂待疑哉！用有以为功效，体有以为性情，体用胥有而相胥以实，故盈天下而皆持循之道。[③]

《周易外传镜诠》对此段的解读可谓切要：“功用必以存在为根据，而实体亦以存在而表现其性情；则功效与性、情均是有具体实在的内容。

① 陈赟．回归真实的存在［M］．上海：复旦大学出版社，2007：158.

② 晋向秀《难〈养生论〉》：“此殆景响之论，可言而不可得。”参看《汉语大词典》“景响”条目2。

③ 周易外传：大有［M］//王夫之．船山全书：第1册．长沙：岳麓书社，2011：861.

胥，相互也，谓体与用皆为真实之存在，而又均以其实在之内容互相依赖、互相发明。此推而广之，乃天下万事万物无不遵循之道。”①

由此两段材料可以明了的是，“由用得体”并不是否定“体”先于“用”，或者否定“体”之存在，而是反对脱离现象玄谈“本体”，或者以“体”为贵，以为有“体”在手便可统领众多现象这样的贵体贱用倾向。“体用胥有”反对两种倾向：一种是只盯住耳目感官的经验层面屑屑以求用，这样会导致舍体逐用——焦氏易学甚至《火珠林》类方技是也；另一种是独断地舍弃万有而汲汲于体悟虚玄本体。“体用胥有”主张在体用相胥相生之中逐渐扩充人对“体”的理解与对用的把握。然而，人无论对“全体”还是“端体”的理解皆有限度，这就是船山强调的“易无方体”。

2. 易无方体

讨论“易无方体”之前，首先需要考察船山的“天人之辨”。船山天人之辨的问题在近代研究中并没有成为关注的重点，最近几十年才逐渐进入学者关注的视域。台湾学者相对大陆学者要早一些，他们在二十世纪八十年代就注意到船山天人之辨并做了深入研究，早期奠基性的著作有许冠三《王船山的致知论》、曾昭旭《王船山哲学》、林安梧《王船山人性史哲学之研究》等，分别从不同角度展开讨论了船山天人关系。其中比较全面，也相对更有代表性和影响力的是曾昭旭《王船山哲学》，有专章研究“船山之天化论”，后来台湾的研究基本上是按照其给出的框架和概念展开的。大陆学者本世纪才开始多有对船山天人之辨的研究，代表性著作是陈赟《回归真实的存在》，此外邓辉《王船山历史哲学研究》《王船山道论研究》、周兵《天人之际的理学新诠释》、刘梁剑《天·人·际》都有相关论述，不过基本没有超出曾昭旭或陈赟的大致框架。比较来说，大陆的研究借用西方现代哲学思想的理论发挥较多，但相应地也有颇多误读与过度诠释之处。台湾的研究更加贴近传统自身的脉络，以素朴的方式来呈现船山思想的面貌，但于细微义理阐发不够。笔者将先以陈赟的解读为例简要指出大陆研究的一些误读之处，以澄清一些基本问题，然后引述台湾学者研究成果并在其基础上结合体用问题继续阐发。

① 陈玉森，陈宪猷．周易外传镜诠［M］．北京：中华书局，2000：135．此解读略有瑕疵在于训“体”为“实体”不甚妥当，因为“实体”这个概念本身在西方也是含义众多，其演变之复杂甚于中国之“体”，直接拿来套用实难尽情。如果不能严格界定“实体”是在什么意义上使用，反不如直接就中国已有概念进行描述。

陈赟教授引用了船山如下一段话：

> 故人之所知，人之天也。物之所知，物之天也。若夫天之为天者，肆应无极，随时无常，人以为人之天，物以为物之天，人物之合以敦化，各正性命而不可齐也。①

并做出论断："所谓天之天（广义的天之天包含物之天，它与人之天相对）不是人之所知的对象，它是在人类经验之外的独立存在。相对于人的存在，它是一种相对恒定的不在场者，……天之天还意味着那样一种存在状态……存在者是本然如此的，自本自根的，是独化的，……彼此之间是没有沟通的……天之天没有与主体发生关系，因此，它还不是展现主体力量的场所，还没有成为意义关系中的存在……接近于西方近代哲学，特别是马克思所谓的自在之物，当然，前提是，我们必须剔除自在之物在康德那里的超验色彩。……人之天是为我之物……它以人为中心而被组织为一个经验的总体，一种意义关系的存在……一个意义的宇宙，它拥有一种意义的结构，我们当前的活动都指涉着这个结构整体。……自在之物与为我之物的区分是相对的、辩证的区分，不能绝对化。它们通过主体的活动而得以发生转换。自在之物一旦进入人的认识领域，一旦与人发生关系，就转化为为我之物"②。

此论断中问题颇多，姑且不论马克思的自在之物是否能够通过剔除康德超验色彩就可简单达至，以及马克思的自在之物和现象学意义整体能否直接嵌合，单就其与船山思想的抵牾来讨论的话，此论断最大的问题在于将"天之天"理解为一种处于人视域之外的存在者。第一，就这段材料来看，非常显然的是，如果说广义的"天之天"包含"物之天"的话，那么这个所谓的广义"天之天"必然也包含"人之天"，而绝非与"人之天"相对。第二，"天之天"不能理解为存在者或存在者的某种存在状态，而是存在者得以从中生成自持的基础。即便单就"物之天"而言，所谓"各正性命而不可齐"，指的不是"物之天"，而是"人物之合"。再者，"各正性命"来自《易经》，船山《周易内传》对其注释说："乾以纯健不息之德，御气化而行乎四时百物，各循其轨道，则虽变化无方，皆以乾道为大正；而品物之性命，各成其物则；不相悖害，而强弱相保；求与相合，以

① 尚书引义：皋陶谟［M］//王夫之．船山全书：第2册．长沙：岳麓书社，2011：271.

② 陈赟．回归真实的存在［M］．上海：复旦大学出版社，2007：220-222.

协于太和。”显然，在船山思想中，万物绝非彼此了无相干，而是基于太极全体而交感化合，万物之间也不是基于人的视域方能获得会通，它们能够在人的视域中会通的基础恰恰是在于作为一气流行的“天之天”。“不可齐”则显然是对庄子的回应，船山在《庄子解》中其实也不认为《齐物论》的思想乃是齐物，而认为是“两行”①，所以陈赟教授的“独化”解读不合于船山的基本思想。第三，也是最关键的误读，“天之天”绝非什么在人的认识领域外的自在之物，也不外在于人的意义整体结构。由于本书不拟过多涉及西方哲学具体问题，这里单就其提及的现象学意义整体来廓清问题。其实，任何一个东西，只要我们能够谈论它，它就已经进入了意义整体。作为视域的意义整体之所以为视域，恰恰是因为它总是在我们理解的背景之中，并先在地决定着我们的任何观看、言说与领会。即便我们说一个东西不存在，这里也有着我们对这个东西的某种领会，以及对存在的基本理解，我们才可能得以言说它的不存在。所以，当船山说“天之为天者，肆应无极，随时无常”的时候，“天之天”已经是被人所领会的天，“肆应无极，随时无常”这个描述绝非在人的意义整体之外，这个描述已经包含了我们对“极”“常”与“无极”“无常”的理解，以及我们对“天之天”的理解。“天之天”“物之天”“人之天”的区域划分是人基于其对天的整体领会做出的区分，绝非什么经验或意义整体之外的某种自在之物，如果是那样，我们对“天之天”无法做出任何道说，而实际上，船山的诸多命题如“神无方而易无体”“周流六虚不可为典要”“天无心而成化”“混沦而无得失”等都是在不断申义其对“天之天”的理解。当然，当我们说一切描述都是人的理解之时，并不是简单地要在船山的诸多区分与描述之外再加上一个大括号，将它们都括入意义世界而了事，而是要申明，正如我们一再强调的，在船山看来，用是整全之体对人的显现，一切用都是基于生存实践的领会理解，这种对具体之用的理解必须基于对整全之体的理解。如果一定要和现象学做一个类比的话，整全之体并不是任何具体存在者，它就是存在本身，此在对任何具体存在者的理解，以及区域存在论的划分都是基于对存在本身的理解，没有和此在无关的存在。

廓清上述误解之后，显然，船山这里所说的“人之所知”的“知”，不能等同于理解，相应地，人所不知，也不是说它完全在人的视域之外。

① 庄子解：内篇：齐物论［M］//王夫之. 船山全书：第13册. 长沙：岳麓书社，2011：93.

曾昭旭对此有如下解读："天之天、人之天与物之天，则此三名实俱在一更高层次之人之天之下而分者。即，此高一层次之人之天是就人创造的心体之真实照彻所及而言（照彻到那里，人之天即推扩到那里），此低一层次之天之天、人之天、物之天则是就人心照彻之对象，亦即此客观之自然界而言也。唯天之天只原则地指谓此无穷之客观密藏及其运化之全体。至人之天、物之天则指谓一一有区量、有范限、有定理之端体耳。而凡为人心所照者，即成客观之存在而可系于人心而有其用。天之天既是原则地指谓无穷之全体，而全体只能为人心所虚笼泛照，则其知亦是虚知，其用亦是虚用。虚知者，但以清虚一大等笼罩之词虚状之也。虚用者，即于此立一无限之全体，使人自知其有限。"①

曾昭旭先生此段解读略有问题，以"天"为客观之天地自然，以"天之天"化为"人之天"的过程是"纯客观存在之'天之天'即逐渐吸纳于人而转成亦客观亦主观之'人之天'矣"②，这个论断是不妥当的。即便我们抛开现象学的理解问题，传统哲学中的天也是超越于主客之分之上的绝对者，正如我们不能以西方哲学中的"上帝""绝对精神"为客观存在一样，"天之天"与"人之天"也不能以主客二分而论。不过除此微瑕，曾氏之解读还是非常符合船山思想的基本结构的，可谓精辟切当。我们接下来要在此基础上讨论的问题是：所谓虚知实知、虚用实用究竟有何不同，彼此关系为何？"天之天"作为无体之体于人意义为何？

前文讨论"有节无期""条理非序""如丸走盘"的时候曾经指出，"节"只能理解为一种形式规定性，并不涉及任何诸如属性、形象、德目、势态等具体规定性。"节"的意义与其说是为了认识世界与事物的具体规则与法度，不如说是为了理解世界与人自身的限度。同样，卦序的批判也表明了人的机巧安排终归不能如大化流行无私而自然圆满。船山对"全体"之无方所、无定体的反复陈义也是在此意义上讲的，也就是说我们并非完全不能把握"全体"，我们能通过"全体"向我们的显现领会到"全体"的整全性，但是它如何因时而向我们显现这件事情本身是无法预期的。这就是曾氏"虚状"之义。这里的"虚"应当被理解为空灵的形式概念，"实"指的是让具体规定性进入形式概念，对之获得充实，下面的分析会逐步展示之。

---

① 曾昭旭．王船山哲学［M］．台北：远景出版事业公司，1983：360.

② 参看曾昭旭《王船山哲学》（远景出版事业公司，1983 年）第三章第一节，354 页以降。

《周易·系辞上》有一段话："范围天地之化而不过，曲成万物而不遗，通乎昼夜之道而知，故神无方而易无体。"船山《周易内传·系辞上传第四章》注释曰：

> 相肖曰"范"，统摄曰"围"。昼夜，相因而迭为隐见者也。此统挈上文而言。与天地相似，"范围其化而不过"也。知周道济，尽知仁之用，"成物而不遗"也。知幽明、生死、鬼神、屈伸一致之理，"通昼夜而知"也。"通"者《易》通之，"知"者使人知也，此皆与天地之道相弥纶者也。①

首先要提请注意的是，船山这里有些表述和他的基本思想其实有相当大的冲突。这里说，《易》范围天地之化，"范"指的是《易》道与天地之化是相肖的，这意味着，人，至少是作《易》的圣人对于天地之化——"天之天"不仅有理解，而且具有整全把握的能力。这和船山一贯强调的天人之辨、易无方体、天道之不可穷尽、人乃至圣人的有限性等，显然很难兼容。进而言之，如果圣人都不可能彻底洞察天道，何以能够取法天地而作《易》？如果《易》无法尽天道，那么本章大部分基于易学的立论都会丧失其合法性。也即是说，**对人有限性的强调以及对形而上本体的消解，本身就可能对传统经学乃至圣人谱系的权威性构成挑战**，尽管这种挑战未必不可化解，不过船山身处传统之中，似乎尚未给予这种危险足够的注意，他只是含混地以"相似"带过。而这种挑战也要到近代才成为足够强的力量，最终瓦解传统的神圣性，所以这里我们只是点出问题，不拟过多展开，还是按照船山思想的大趋势来进行解读。

按照船山的讲法，人对天地之化的把握不是极尽精微的，而是仿佛、类似，以"易象"的方式，所谓"象"者像也，是通过摹仿天地法象而得。"《易》之象数，天地之法象也。《乾》《坤》统其全，卦爻尽其变，其体与天地合也。'弥'，遍也。'纶'，联合而尽其条理也。"② 船山认为《易》是能够遍尽天地之道的，不过，如同前文所论，"条理非序"，人能够理解天道的条理，并不意味着便能够通过条理洞察和预知世界上一切事物、现象与变化。《易》对天道——"天之天"的这种把握的方式船山称之为"围""统摄"。"围"者，自外而包之谓也；"统摄"者，统全体而把

① 周易内传：系辞上传第四章［M］//王夫之. 船山全书：第1册. 长沙：岳麓书社，2011：523.

② 同①519.

其大局也。不管是“范围”“肖”“统摄”，还是前文所论之“节”“条理”，都强调了两个方面的意义：一方面，人对“天之天”的整全性以及此间条理可以理解与把握；另一方面，这种理解并不能够等同于“人之所知，人之天也”的“知”。

“人之所知”的“知”应当如何理解呢？船山曰：“阴阳变合盈虚消息之几，取之当体，知其所以然而不能言其必然，言其必然而造化固又有不然者，先知之说所以妄也。”① 人能知道的是“所以然”，人不能言的是“必然”，此义有些类似于前文分析过的“有节无期”和“条理非序”命题。“所以然”可以指事物分殊之理，也可以指事态的具体情况②，人能够对一隅之理、一时之情有所知，却不可能对整全天道以及事态细节洞察无遗，所以也就无从预知“必然”，即现实事物发展的必然趋势及其后果。船山曾经举例说，治乱相承是一理也，然而文武周公三圣相继，并不必然盛极而衰，春秋之世也不必然否极泰来。这是因为：首先，治乱相承只是理之一也；其次，天下政治的具体状况也非人能彻底把握；最后，以人所知一隅之理、一时之情，强去限定、预测全体就会成妄诞之说。所以，“知”应当理解为人对一时之情或一隅之理的部分把握（并非彻底洞察），比较接近于今天的知识概念，不过不能局限于理论知识，实践性的对情境的把握以及对某种德目的体察都可以归属其下。

关于“知”与“不知”，船山论述道：

> 目所不见，非无色也。耳所不闻，非无声也。言所不通，非无义也。故曰“知之为知之，不知为不知”。知有其不知者存，则既知有之矣，是知也。因此而求之者，尽其所见，则不见之色章；尽其所闻，则不闻之声著；尽其所言，则不言之义立。虽知有其不知，而必因此以致之，不迫于其所不知而索之，此圣学异端之大辨。③

其要义为，当人知道有某种超出其知识之外的东西存在时，他已经看到了自身知识的边界，也就开始对超出边界的东西有所知。他应当做的是即此物之存在而尽可能地去尽其所见，尽其所闻，尽其所言，从而获得对此物的知识。而异端之学则是对知识的边界没有反思，不因其所知而尽

① 礼记章句：中庸［M］//王夫之．船山全书：第4册．长沙：岳麓书社，2011：1311.

② 此二者可以分殊而言，却不能完全割裂二分，因为船山之理是气之文理，所以必然是在具体情境之理，而非抽象之理。

③ 思问录：内篇［M］//王夫之．船山全书：第12册．长沙：岳麓书社，2011：401.

之，反倒于完全没有任何认识的虚空懵懂之物凭空求索，就会“从其目之穷于见，耳之穷于闻，心之无据以测者，遂谓之太虚（笔者按：虚空之义）尔”①。船山认为这种凭空求索在异端之学那里主要是集中在对人不可知之天的寻求上。“天之所不可知，人与知之，妄也；天之所可知，人与知之，非妄也。”② 这种妄求其实就是将一端之见未经反思地直接运用到对全体的理解上：“所恶于异端者，非恶其无能为理也，冏然仅有得于理，因立以概天下也。……私为理以限天，而不能即天以穷理之说也。”③即天以穷理显然指的是人就其所知的“人之天”去求索，借助于“全体”向人一隅之显现而由用得体。

现在我们可以明了，所谓“由用得体”之“得”，并不是得到在手之义，而是对其有所得、有所领会之义。因此，“由用得体”是一个没有尽头的努力过程，对“全体”有所领会之后，还要再凭借对“全体”的领会才能理解一隅之用，是为“体用胥有”。而船山反对的是，“以私意测之”④，“执人之理以强使天从之也”⑤，“执理以限天”⑥。这里的“测”“强”“限”都意味着人的一种狂妄僭越，由一端之知而欲通达对全体之知。对全体的领会正如曾昭旭所言，囊括了“天之天”“物之天”“人之天”，我们可以称之为“绝对之天”，其实它也就是船山之“无极”概念：“无极，无有一极也，无有不极也。有一极，则有不极矣。”⑦ 但不论是“绝对之天”还是“无极”或者其他概念，在船山看来都不过是对绝对者的“喻”或“像”而已：“天曰无极，人曰至善，通天人曰诚，合体用曰中，皆赞辞也。知者喻之耳。喻之而后可与知道，可与见德。”⑧“全体”先于映入眼帘的一切具体事物，对“全体”的领会也先于一切具体知识。“全体”流行于一隅向人显现为具体情境事物，气方聚于此而成文理，人方能由此而把握此“所以然”之文理，而可得定理知识或实践德性：“行而后知有道，

① 礼记章句：中庸［M］//王夫之．船山全书：第4册．长沙：岳麓书社，2011：1264.
② 诗广传：论麟趾［M］//王夫之．船山全书：第3册．长沙：岳麓书社，2011：306.
③ 续春秋左氏传博议：士文伯论日食（昭公七年）［M］//王夫之．船山全书：第5册．长沙：岳麓书社，2011：586－587.
④ 周易内传：系辞上传第四章［M］//王夫之．船山全书：第1册．长沙：岳麓书社，2011：531.
⑤ 思问录：外篇［M］//王夫之．船山全书：第12册．长沙：岳麓书社，2011：438.
⑥ 张子正蒙注：参两篇［M］//王夫之．船山全书：第12册．长沙：岳麓书社，2011：45.
⑦ 思问录：内篇［M］//王夫之．船山全书：第12册．长沙：岳麓书社，2011：402.
⑧ 同⑦.

道犹路也。得而后见有德，德犹得也。”① 所以，定理本身只有就具体方所中的事物而言才有意义，“全体”本身不是任何具体事物，无方所，无定体，也就无从以理限之，船山尤为赞赏《系辞》中“神无方而易无体”之论：

> “无方”者，无方而非其方，“无体”者，无体而非其体；不据以为方、体也。吉凶之数，成物之功，昼夜之道，皆天地已然之迹，有方者也。而所以变化屈伸，“知大始”而“作成物”者，其神也；细缊之和，肇有于无，而无方之不行者也。《易》之阴阳六位，有体者也。而错综参伍，消息盈虚，则无心成化，周流六虚，无体之不立者也。故《周易》者，准天地之神以御象数，而不但以象数测已然之迹者也。后之为《易》者，如卦气，如游魂、归魂、世应，如纳甲、纳音，如《乾》一《兑》二、方圆整齐之象，皆立体以限《易》，而域于其方，虽亦一隅之理所或有，而求以肖无方之神，难矣哉！②

“方”指的是“方所”，“所谓‘无方’，是指‘无滞于一隅之方’”③。“无体而非其体”，前一“体”字指的是宇宙“全体”的任何显现方式，也即是个体端体，后一“体”字指的是整全大体，此言之义为任何显现归根结底都还是整全大体的一部分，此即“明魄同轮”之义。所以这里的“方”与“体”不是相对待的概念，而是平行概念，它们归根结底都是“全体”之“用”：“方体，以用言；……凡方而皆其可行之方，凡体而皆其可立之体，……无方体者，神之妙……”④ “全体”不会停止其运化，也不会滞留一隅，所以说“不据以为方体”，恰恰因为如此，“全体”方能无所不至，无所不极：“无体之不立者也”。人能据以为方体的只是天地已然之迹，已然之迹首先意味着“全体”在一隅有所成物；再者，所成之物向人显现，人遂可据此已然之迹而获得一隅之理。而“情无可期”，人又不可凭此一隅之理以限无方之《易》，此即“易无方体”之义。

在船山看来，除了如卦气游魂、纳甲京房这一类私意测度，以求先知

---

① 思问录：内篇［M］//王夫之．船山全书：第12册．长沙：岳麓书社，2011：402.

② 周易内传：系辞上传第四章［M］//王夫之．船山全书：第1册．长沙：岳麓书社，2011：523-524.

③ 许冠三．王船山的致知论［M］．香港：香港中文大学出版社，1981：18.

④ 张子正蒙注：至当篇［M］//王夫之．船山全书：第12册．长沙：岳麓书社，2011：196.

之妄，还有另一种妄举，便是佛老之说。佛老之说的问题在于两个方面：一是以天代人。即是因人道源自天道，遂以此为据直接以“天之天”取消“人之天”的价值，导致人伦灭坏、政废礼弛，此之谓任天。换言之，没有区分“名教”与“自然”的界限：

> 鱼之泳游，禽之翔集，皆其任天者也。人弗敢以圣自尸，抑岂曰同禽鱼之化哉？天之所生而生，天之所杀而杀，则是可无君也；天之所哲而哲，天之所愚而愚，则是可无师也；天之所有因而有之，天之所无因而无之，则是可无厚生利用之德也；天之所治因而治之，天之所乱因而乱之，则是可无秉礼守义之经也。①

名之曰任天，其实不识天，道家所谓自然之道，不过是物之天：

> 天道自天也，人道自人也。人有其道，圣者尽之，则践形尽性而至于命矣。圣贤之教，下以别人于物，而上不欲人之躐等于天。天则自然矣，物则自然矣。蜂蚁之义，相鼠之礼，不假修为矣，任天故也。过持自然之说，欲以合天，恐名天而实物也，危矣哉！②

二是以人同于天。其鄙陋者或求长生不死，或期转生天界净土；高明者则以直契玄珠、明心见性为鹄的。究其根本，仍是立一道之本体或真如佛性，并认为人能够通过体证修真、或顿或渐等诸多法门最终完全复得本体或与之合一。所以船山认为程子“圣学言天，异端言心”未足以尽义：

> 圣学言天，异端言心。程子或以答问者，砭其枯守此心强为思索之病，非通论也。《庄子》一书，止是一“天”字。《老子》道德自然，自然者，天也。浮屠一真法界，亦天也。不体天于心以认之，而以天道为真知，正是异端窠臼。③

所谓“体天于心”正是明了天人之辨，不是天道之本然为真知，而是当识清人之限度，以在人之天道为真知。上述两个问题，前一种病在无为，后一种失之虚玄，于僭妄则一也。

---

① 续春秋左氏传博议：吴征百牢（哀公七年）［M］//王夫之．船山全书：第5册．长沙：岳麓书社，2011：617.

② 读四书大全说：孟子：尽心下篇［M］．王夫之．船山全书：第6册．长沙：岳麓书社，2011：1144.

③ 搔首问［M］//王夫之．船山全书：第12册．长沙：岳麓书社，2011：647-648.

总之，**船山天人之辨的核心要义是人须当明了其知识与实践的限度，它与“由用得体”之说是同一个问题的两种表述方式，强调的都是整全之体本身不可能被知识完全把握。正如太极卦体的关系与象爻关系具有同构性，体的不可知维度在端体身上亦然存在**。我们要通过对端体之无体的讨论来理解船山强调体本无体的另一个用意。

3. 体本无体

体本无体的意义首先是反对脱离用而谈体。《论语·颜渊》：樊迟问仁。子曰：“爱人。”问知。子曰：“知人。”

朱子《四书章句集注》注曰：“爱人，仁之施。知人，知之务。”在朱子看来，爱并非仁之体，而是仁之用：“仁者，爱之理，心之德也。”知人亦然。

《四书大全》记载朱子门人有问曰：“爱人知人，是仁知之用。圣人何故但以仁知之用告樊迟，却不告以仁知之体?”朱子曰：“体与用虽是二字，本末未尝相离。用即体之所以流行者也。”①

船山对此问深为不满，辟之曰：

> 此等问头极劣。想来，此公全未见道，又不解思索，只管胡问。在朱子婆心，犹为解释，以愚当此，直付之不答可也。仁知之体，如何可以言语说得！不但圣人不言，门人亦未尝问也。②

不过实际上，按照语录记载，这不能理解为朱子对门人提问的容忍与苦口婆心，而是由朱子的基本思想架构所应得之义，朱子本人也曾设问此语以考其门人③。体是朱子与门人主要思辨讨论的对象，而在船山看来，圣贤问答，从不及体。“《五经》、《四书》，亦但言仁则曰仁，言知则曰知

---

① 胡广，杨荣，金幼孜，等. 四书大全校注：上［M］. 周群，王玉琴，校注. 武汉：武汉大学出版社，2009：610.

② 读四书大全说：论语：颜渊篇［M］//王夫之. 船山全书：第 6 册. 长沙：岳麓书社，2011：787.

③ 可参看《朱子语类》卷四十二两段记载，其一：文振说“樊迟问仁，曰‘爱人’”一节。先生曰：“爱人、知人，是仁、知之用。圣人何故但以仁、知之用告樊迟，却不告之以仁、知之体?”文振云：“圣人说用，则体在其中。”曰：“固是。盖寻这用，便可以知其体，盖用即是体中流出也。”其二：或问：“爱人者，仁之用；知人者，知之用。孔子何故不以仁知之体告之，乃独举其用以为说? 莫是仁、知之体难言，而樊迟未足以当之，姑举其用，使自思其体?”曰：“‘体’与‘用’虽是二字，本未尝相离，用即体之所以流行。”《四书大全》将此两端概括合并。

而已，即此为体，而更无可引喻而博说之者。”[①] 船山这里批评对“体”的追问当然不是拒绝言语的道说，而是主张论仁便言仁，论知便言知，而不能将仁知视为用，再去另寻一玄虚不可见本体，当然更是反对某种言语无法道说的只有通过会心契悟或神秘体验才能达至的最高本体[②]：

> 老子曰“善者不辨，辨者不善”，又曰“知者不言，言者不知”。他看得道理直恁高峻，才近人情，即亏道体。……
>
> 即此是他固执不通处。将者道理，死拏定作一处，而视天下无可喻者。其离人以立于独，既已贱视生人之同得，而删抹半截道理，孤寻向上去，直将现前充塞之全体、大用，一概以是非之无定而割之。[③]

也就是说，船山反对“得意忘言”并不是简单出于对语言和真理关系的不信任，而是因为道家远离了丰富的事物本身，将充塞两间之全体大用都贱视之，孤寻向上别求本体，自然是不可以言语喻之[④]。

> 盖凡天下之为体者，可见，可喻，而不可以名言。如言目，则但言其司视，言耳，则但言其司听，皆用也。假令有人问耳目之体为何如，则其必不能答，而亦不足答，审矣。[⑤]

船山认为天下所有事物，可以与之打交道发生关系从而获得理解，也可以用语言来比喻，这些都必须借助于用，就好比我们对耳目的理解是通过用它们而获得的，但是脱离了用而直接去描述其体本身是不可能的，也是没有意义的。又如：

> 北人有不识稻者，南人有不识麦者。如欲告之，则亦曰麦似稻，稻似麦，以其有饱人之用，一也。若令以一言蔽其体之何若，便通身是

---

① 读四书大全说：论语：颜渊篇［M］//王夫之. 船山全书：第 6 册. 长沙：岳麓书社，2011：787.

② 船山对“得意忘言”的批评散见于多处，此不赘引。可参看《船山全书》第一册第 566、1029 页，第六册第 638、809～811、869 页，第十二册第 422 页等。

③ 读四书大全说：论语：宪问篇［M］//王夫之. 船山全书：第 6 册. 长沙：岳麓书社，2011：809.

④ 道家依凭不可言说定义的道来超越具体的准则、概念、原理、礼法，这个思路其实和易无方体也有着相通之处，只不过船山将这个思路中道不可言说的维度做了更加精密深入的推演。

⑤ 同①788.

口，也不得亲切。即能亲切于吾言，亦必不能亲切于彼心，固矣。①

北人识麦，南人识稻，这里的识不是说有对于稻麦的知识，而是说南北之人各自认识稻麦，即理解稻麦在其生活世界中具有何等意义，理解如何与稻麦打交道，稻麦构成其生活世界意义整体中的一个基本环节。让稻麦得其用的意思是使之充分在其环节中尽其性，同时也使得意义整体运行流畅。离开了这个生活世界的意义整体，任何一个环节就其自身而言都是无所谓用的，也就无所谓体。所以北人欲告南人不识麦者，只能譬喻说麦似稻。譬喻的意思是让人借助类比，将一个陌生之物安置入其熟悉的意义世界中的一环，在稻麦而言，即有饱人之用。如果抛开与之打交道的方式，又不能譬喻，实际上就是去除意义整体去谈一个孤悬之体，必将无以言之。所以，“由用得体”不是说通过用去感悟某个事物或德目之“本体”，而是获得对事物端体或者“全体”的理解。

从端体之用言之，个别事物之于人所对应的意义环节固然不是任意的，却也会因物性以及先于人的意义世界变化而变化。便如稻麦固然不可筑物制器，然因其时其人其用不同，既可饱人，亦可病人，甚至可以杀人，这样用无定用，由用所得之体也是无定之体。此外，就端体的存在基础言之，前文有论，船山以为任何一个个体都与全体一样，健顺五常，味味具足，这意味着，**个别事物就其自身而言也如同天有着不可测度性和无尽的丰富性**。

最后要说的是，个别事物之所以能够发用向人显现为意义环节，一方面是因为它是“全体”流行暂时之聚，是具有承载功能的“质体”；另一方面则是因人有着对“全体”之大用的理解，即万物交互为体用的意义网络，个别意义环节才能得以安放。此无限生成的“全体”之大用，即“天之天”向人之开显。大用无定，故万物、四时、天地乃至宇宙“全体”皆无方体、无定体：

天地之不言，四时之不议，万物之不说，非不言，不议，不说也，不能言，不能议，不能说也。不能言，不能议，不能说者，无可言，无可议，无可说也。今一动物于此，使自说其目何以视，耳何以听；一植物于此，使说其花何以荣，实何以成；其可说乎？有形者且

① 读四书大全说：论语：颜渊篇［M］//王夫之．船山全书：第6册．长沙：岳麓书社，2011：788.

尔，况天地四时乎！然而自古固存之大常，人固见为美，见为法，见为理，而得序；则存者存于其无待存也，神者神于其无有形也。意者其有本根乎，而固无根也。孰运行是？孰主张是？孰纲维是？沉浮以游，日新而不用其故，何根之有哉？名之曰本根，而实无本无根，不得已而谓为本根耳。①

这里说的不能言说，显然指的不是动物植物没有说话的器官与能力，而是和上文稻麦所指相通，不过侧重点不同，这段材料强调的是任何事物其实都没有自性，万物之用、四时之序、天地之常都只是"全体"向人显现之用，它们都是本于周流六虚无待无形之气。此气不是任何现成存在者，也不能被现成化为任何固定意义，所以实无本根，也即实无本体，但它又是一切意义与存在者之基础，所以说不得已而谓为本根，即所谓"全体"。还要注意的是，当船山说"神无方而易无体"的时候，并不是说此气之运行没有超出一隅之外的常道，从这段材料可以看出，船山认为"全体"只有"自古固存之大常"，人可以由此大常在更具体事物上的显现见出美、法、理、序等更加充实有内容的秩序与规定性，不过此问题不便在此处展开讨论，大常与具体理序的关系将在第三章第五节讨论。

第七节　本章小结

本节要义：

船山所论之"体"，其究竟义是"气之全体"，"气"生生不息即"诚"，"全体"本"无体"。"无体"有三层意义：第一，"全体"在源初意义上不包括形体、端体、定体，这些"后来之体"都是"全体"所生，是"全体"之用，而非"全体"自身。第二，"全体"背后并无一不变本体为之主宰。第三，人能对"全体"有所领会却不能彻底把握，获得整全性知识。人对一切"后来之体"的知识都基于对此"全体"的理解，此即"因体见用"；人对端体、定体的知识都必须基于用而获得，又能反过来达成更加丰富的对"全体"的理解，此即"由用得体"。"全

① 庄子解：外篇：知北游［M］//王夫之．船山全书：第13册．长沙：岳麓书社，2011：335．

体”生成“端体”的方式就是其自身内部的流行的聚散，聚散显现中有条理能为人理解，却无固定之“序”而不可测不可期。宇宙“全体”与万物相与为体：“全体”在气化流行中生成为万物，此即大德敦化；于万物持守中又有流变，此即小德川流；万物又交相为用，并育而不相害，道并行而不相悖；于此不迁与流逝的体用网络中体现出道之大用。气聚为物，遂有“端体”以及相应的文理显现，人能够就此把握认识一隅之定理。“端体”也是小的“全体”，物物一太极，所以，即便对一端之体，人也不可能获得整全性知识。人只能不断地在“因体见用”“由用得体”的“体用相生”循环中达至“体用胥有相胥以实”，并始终明了自身知识与理解的限度。

我们现在可以对本章做一个小结。船山所论之“体”，其究竟义是“气之全体”，“气”的最基本规定性是生生不息——“诚”，“全体”本“无体”。**“无体”有三层意义：第一，“全体”在源初意义上不包括形体、端体、定体，这些“后来之体”都是“全体”所生，是“全体”之用，而非“全体”自身。第二，“全体”背后并无一不变本体为之主宰。第三，人能对“全体”有所领会却不能彻底把握，获得整全性知识**。人对一切“后来之体”的知识都基于对此“全体”的理解，此即“因体见用”；人对端体、定体的知识都必须基于用而获得，又能反过来达成更加丰富的对“全体”的理解，此即“由用得体”。“全体”生成“端体”的方式就是其自身内部的流行的聚散，聚散显现中有条理能为人理解，却无固定之“序”而不可测不可期。宇宙“全体”与万物相与为体：“全体”在气化流行中生成为万物，此即大德敦化；于万物持守中又有流变，此即小德川流；万物又交相为用，并育而不相害，道并行而不相悖；于此不迁与流逝的体用网络中体现出道之大用。气聚为物，遂有“端体”以及相应的文理显现，人能够就此把握认识一隅之定理。但“端体”也是一个小的“全体”，物物一太极，所以，即便对一端之体，人也不可能获得整全性知识。人只能不断地在“因体见用”“由用得体”的“体用相生”循环中达至“体用胥有相胥以实”，并始终明了自身知识与理解的限度。

还要特别说明的是，虽然船山以救弊补偏为程子“圣学言天，异端言心”之言开释，但显然的是，不仅佛老异端，也不仅仅是程朱之学，整个宋明理学其大端都可以说是“以天道为真知”，不论是偏于言天之理学，抑或长于言心之心学，都没有明天人之限。“以天道为真知”的思路显然一脉相承自佛老体用之论。大致说来①，道家以没有任何具体规定性的“无”为“全体”，其妙处在于如此理解的体不能被现成化为固定的现成本体，亦可谓得道之一端。问题在于其用只是自然之用，其体也没有获得在人心的展开，正所谓“蔽于天而不知人”，其体虽可生用，体用关系却没有交互生成性与历史性，它所呼唤的只是回到某个理想的自然素朴状态。佛家以真如为体、万象为用，妙处在于能够让体不必凭借万有之实而自在生用。问题是以“体真用空”为论者持守不变本体之说难以使得体用无间，体用皆空的大乘中观学说，其理事一源、显微无间之义虽圆融，终究以万象为空难以生出伦理政治之大用。宋明道学体贴天理良知，化无为有，转空成实，但其对本体的理解承袭佛老。横渠气学虽有宏阔之论，却阐发不够精微，亦无后学承续，广大其论。在理学而言，将体理解为静存不变者，遂不能独自生用，必须依凭气或心而成用，终有两体一用之困境。在心学而言，将体理解为动态生成性本体，其生成之用却不能在积极意义上还成其体，终究陈义不够圆融，于是其后学或有现成本体之论，或有归寂得体之说。且无论理学心学都没有天人之辨，原则上都认为人可能达到一种与天合一之境。当这种倾向结合现成本体以及以知觉为本体之论，在中晚明发展至极，流弊所及，满街圣人。其后，明末清初的学风为之一变，一方面穷则反本，学者重新向先秦源始儒学寻找大义；另一方面，不可否认的是，阳明心学在产生流弊的同时，其体用相生之学的发端也为向源始儒学的回归提供了精微的学理基础②。这一点从宗主心学的黄梨洲之《明儒学案》序即可获得旁证。其曰：

> 盈天地皆心也，变化不测，不能不万殊。心无本体，工夫所至，即其本体，故穷理者，穷此心之万殊，非穷万物之万殊也。是以古之君子，宁凿五丁之间道，不假邯郸之野马，故其途亦不得不殊！奈何

① 这里我们将试图抛开船山以及一般儒学立场对佛老之简单化处理，力图给其一个简要却不失公正的描述。

② 体用相生，道之常与理之变，这个思路如果追溯源流，似乎与先秦、汉道家思想有一定关联。参看《淮南子》：“故圣人所由曰道，所为曰事。道犹金石，一调不更；事犹琴瑟，每弦改调。故法制礼义者，治人之具也，而非所以为治也。故仁以为经，义以为纪，此万世不更者也。若乃人考其才，而时省其用，虽日变可也。天下岂有常法哉？当于世事，得于人理，顺于天地，祥于鬼神，则可以正治矣。”只不过在道家那里更加强调道的与时俱迁，并以此来否定执守礼法的意义。材料最后的“人理”，应当指的是具体人事中之势，或曰事理，但并非具有超越性的原则。由此也可以看出汉初“理”字的用法尚循古义。

今之君子，必欲出于一途，使美厥灵根者，化为焦芽绝港。夫先儒之语录，人人不同，只是印我之心体，变动不居，若执定成局，终是受用不得。①

盈天地间皆心也，人与天地万物为一体，故穷天地万物之理，即在吾心之中。后之学者，错会前贤之意，以为此理悬空于天地万物之间，吾从而穷之，不几于义外乎？此处一差，则万殊不能归一。夫苟工夫着到，不离此心，则万殊总为一致。学术之不同，正以见道体之无尽也。奈何今之君子，必欲出于一途，剿其成说，以衡量古今，稍有异同，即诋之为离经畔道，时风众势，不免为黄芽白苇之归耳。夫道犹海也，江、淮、河、汉以至泾、渭蹄涔，莫不昼夜曲折以趋之，其各自为水者，至于海而为一水矣。使为海若者，汰然自喜，曰："咨尔诸水，导源而来，不有缓急平险、清浊远近之殊乎？不可谓尽吾之族类也，盍各返尔故处！"如是则不待尾闾之泄，而蓬莱有清浅之患矣。②

我们如果将其与船山下面这段话相比较就能看出二者对体的理解的惊人相似：

道者，物所众著而共繇者也。物之所著，惟其有可见之实也；物之所繇，惟其有可循之恒也。既盈两间而无不可见，盈两间而无不可循，故盈两间皆道也。可见者其象也，可循者其形也。出乎象，入乎形；出乎形，入乎象。两间皆形象，则两间皆阴阳也。两间皆阴阳，两间皆道。③

简要来说，船山与梨洲对体的理解尽管运用了完全不同的概念，但基本的结构是相通的，其共同性有三：其一，皆以体为超越执定成局之无尽全体。其二，此体所变化之万殊归根结底与此体并无不同，如江淮河汉与海同为水，换言之，用莫非体也。其三，工夫所至还能生体，由用得体。尽管这种对比十分粗糙，但由之我们也能够见出，体用学说在很大程度上反映了一个时代学术思想的核心面貌。而重新发现天人之辨无疑是明末清初儒者们借助于阳明心学的体用思想向先秦回归的重要环节。

① 黄宗羲．明儒学案［M］．北京：中华书局，1985：序跋 9.

② 同①序跋 7.

③ 周易外传：系辞上传第五章［M］//王夫之．船山全书：第 1 册．长沙：岳麓书社，2011：1003.

还需要注意的是，不仅仅是后来之学者，即便是代表着人终极境界的圣人，在船山看来也不可能穷尽天道：

> 道之在天下也，岂有穷哉！以一人之身，邈然孤处于天地万物之中，虽圣人而不能知、不能行者多矣……君子知此，念道之无穷而知能之有限……①
>
> 圣人可以言诚者，而不可以言天道。非谓圣人之不能如天道，亦以天道不尽于圣人也……要在圣人则终为人道之极致……不得竟以天道言圣人审矣。②
>
> 圣人只是圣人，天地只是天地……无端将圣人体用，一并与天地合符，此佛、老放荡僭诬之词，不知而妄作。③

这种对圣人“降格”的倾向从明中叶王学开始④，至明末清初已成为学者的共识，如黄梨洲也说：“道无津涯，非圣人之言所能限，事有时复，非圣人之制所能尽。后世苟有明者出，发圣人所未发……为圣人所未为，而吻合圣人必为之事，此固圣人之深幸，而拘儒之所大骇也。”⑤ 但我们显然可以看出，黄梨洲这段话虽然与《传习录》中一则材料表面类似⑥，背后依据则大相径庭。阳明的依据乃是去时间性的心体灵明，梨洲则特别强调道的历史性展开与天人之辨。最后由此义对本书下一章基本问题略为发详，以承前启后。

体用这对概念到了明末清初实际上已经陷入了一个难以解决的困境，政治与伦理秩序必须依凭人之教化来实现，儒家之教化必须有其先天基

---

① 周易内传：谦［M］//王夫之. 船山全书：第1册. 长沙：岳麓书社，2011：168.

② 读四书大全说：中庸：第二十章［M］//王夫之. 船山全书：第6册. 长沙：岳麓书社，2011：532.

③ 读四书大全说：论语：述而篇［M］//王夫之. 船山全书：第6册. 长沙：岳麓书社，2011：709.

④ 可参看李丕洋《略论王阳明的圣人观及其历史意义》（刊于《阳明学刊》第五辑，巴蜀书社，2011年）。

⑤ 黄宗羲. 明儒学案：卷54［M］. 北京：中华书局，1985：1297.

⑥ 《传习录》第21条：问，“圣人应变不穷，莫亦是预先讲求否”？先生曰，“如何讲求得许多？圣人之心如明镜。只是一个明，则随感而应，无物不照。未有已往之形尚在，未照之形先具者。若后世所讲，却是如此。是以与圣人之学大背。周公制礼作乐，以文天下。皆圣人所能为。尧舜何不尽为之，而待于周公？孔子删述六经，以诏万世，亦圣人所能为。周公何不先为之，而有待于孔子？是知圣人遇此时，方有此事。只怕镜不明。不怕物来不能照。讲求事变，亦是照时事。然学者却须先有个明的工夫。学者惟患此心之未能明，不患事变之不能尽”。曰，“然则所谓‘冲漠无朕，而万象森然已具’者，其言何如”？曰，“是说本自好。只不善看，亦便有病痛”。

础，这种先天基础在传统视域中只能来自天。“天命之谓性”几乎是中唐以降的儒者们毋庸置疑的共同前提，然而此性之善恶却成了异常棘手的问题，人性来自天，天无不善，人性何以有恶？如果人性为善，则恶从何来？除此之外，人性是否完整地包含了天道也是麻烦的问题。如果完整包含，这就意味着人只要能够通过某种方式反观达至此永恒天道本体——无论是心体还是性体——即可成圣。就理学而言，虽然强调性体不外于吾心，然二体如何合一终是难以道破。就心学而言，如果吾心真有此不变本体，直窥本体的禅学路径无疑是最好法门，四书不过是印证手段，五经不过是圣人糟粕，历史与政治也都将成为玩物丧志之所，废学而空谈心性便成了必然归宿。此外，一旦成圣与同天成为同一命题，逻辑上又不得不承认天道本体人人具有，那么人将会不再反思其限度，天地间无事不可为也。孔子曰：“君子有三畏，畏天命，畏大人，畏圣人之言。”心中既有天道本体，则天命自然不足畏。人人心中本体皆同，则大人亦与我无异而无可畏。人人当下即可成圣，则吾言即同于圣言，何须再读圣人之书。执守不变道体最终导致的必然是无畏者的出现。然而，若不承认教化在天命的基础，则儒家自身的根基必将动摇。如何以一种新的方式理解心体、性体、道体，使它们既能相通又能保持生生不息之机，如何既有敬畏自持之心，又能不断下学上达，致广大而尽精微，如何在“全体”至善的基础上解释人伦善恶问题，又不至于诿罪于气扼杀勃勃生机，从而恢复一种充实丰沛的政治行动力与历史视域，这些都是这个时代的儒者们苦心孤诣要解决的问题。本章我们主要工作在于对船山“天之天”层面体用关系之描述，也在最后简要给出其天人之辨的基本格局，下一章我们要集中讨论的是船山的体用相生与天人之辨达成了怎样的一种心性论与工夫论，在多大程度上解决了上述问题。

第三章　船山心性之体用

第一节　无善无恶与继善成性

本节要义：

船山多次批判阳明“无善无恶”学说，实则有所继承。天道涵盖所有而无定体，故不可言性。气运化流行皆可称为道，个体端体方能言性。道在天，善在天人之际，性在人、物。继之者善也，“‘继’者，天人相接续之际”。天道与性的关系类乎“全体”与端体的体用关系，继与善对应于体生用的“生”这个过渡接续环节。

乾坤知能的内涵可用“继”字统摄。“继”之在天，乃其劲健不息推动贯注进万事万物，即为知；“继”之在地，为实成其体而皆虚中不滞承顺天理，即为顺。在天地而言，继是一种自然状态，说“全体”或天无善无恶亦可。善恶分野在天人相续之际，能够承继天地之健顺，使其在人的世界继续其丰沛充盈的生生不绝，即为善，反之则为恶。知能在人的两种恶的可能性分别是间断与阻滞，它们分属乾坤，表现形式不同，就其造成不继而言则一。恶的究极之义不是道德判断，而是劲健生机的间断或阻滞。

船山“继”意义与阳明“善”的“生成”与“无滞”之义相通，差别在于阳明直接将良知等同于天道本体，取消天人之别，而代之以体用之别。船山严格区分天人之别：在天人关系来说，天为体，性为用，体因“继”之劲健不息、虚灵无滞而于人成性。在人自身而言，性为体，其用由“继”而生，工夫既不间断，也不实窒而执一，这样又能因习而成性，因“继”而生体，由用生体，是为性日生日成。

船山心性工夫的创见如“习与性成”“性日生日成”“心志”“格物”

“以行统知”等问题已有诸多学者细致剖析，本章试图在前人基础上结合体用论以理解船山上述创见的思想基础。与宋明道学的一般思路迥异的是，船山的人性之体用固然基于天道体用，其结构却不尽相同。这种差别来源于船山着力强调的天人之辨，所以，在讨论其人性体用论之前必须先以天人之辨为核心，勾勒出其人道与天道体用论的关系，我们先从天人之辨的善恶问题来考察。

船山对“无善无恶”说的批判可谓不遗余力，散见于其著作多处，这是因为他深恶晚明轻狂士风，认为这都是源于王阳明“无善无恶心之体”之论。其批判对象主要在于泰州龙溪。“后之学者，于心知无功，以无善无恶为心知，不加正致之功。始专恃慎独为至要，遏之而不胜遏，危矣。即遏之已密，但还其虚，虚又受邪之壑，前者扑而后者熹矣。泰州之徒无能期月守者，不亦宜乎”①，并且认为这会导致士大夫以此为自己的各种猖狂行为辩护，“儒之駮者，窃附之以奔走天下，曰无善无恶良知也。善恶本皆无，而耽酒渔色、罔利逐名者，皆逍遥淌瀁，自命为圣人之徒，亦此物此志焉耳”②。更有甚者，小人阉党也以此学说为己张目，“姚江王氏阳儒阴释、诬圣之邪说；其究也，为刑戮之民、为阉贼之党皆争附焉，而以充其无善无恶、圆融理事之狂妄，流害以相激而相成”③。至于李贽此种祸害人心无忌惮之徒正是传自龙溪，“李贽生祠，贽死即拆毁，弃其像于沟壑。……贽为郡守，恣其贪暴，凌轹士民，故滇人切齿恨之。贽受法于龙溪。龙溪之告唐应德曰：‘他人以戒定慧治贪嗔痴，公当以贪嗔痴治戒定慧’，宜其心印之若此”④。并且认为，“无善无恶”之说，最大的问题在于颠覆了人们的道德观念，使得人不复有善恶之别，是为“无耻之耻”也：

> 自古小人淹没宠利，不恤君亲者，即无所不至，未敢以其所为公然标榜与天理民彝相亢，其良心固尚不尽亡也。自龙溪窃释中峰之说，以贪瞋痴治戒定慧，惑世诬民；李贽益其邪陷，奖谯周、冯道而诋毁方正之士。时局中邪佞之尤者，依为安身之计。猖狂之言，正告天下而无复惭愧。有以书劝张文烈公家玉剃发出降者，曰：“杨子拔

① 思问录：内篇［M］//王夫之．船山全书：第12册．长沙：岳麓书社，2011：412.

② 读通鉴论：梁武帝一四［M］//王夫之．船山全书：第10册．长沙：岳麓书社，2011：639.

③ 张子正蒙注：序论［M］//王夫之．船山全书：第12册．长沙：岳麓书社，2011：10.

④ 搔首问［M］//王夫之．船山全书：第12册．长沙：岳麓书社，2011：625.

一毛而利天下不为，轲也讥之。”狂悖之言，出口时不顾人讪笑如此。更有作诗者曰：“豫让何当称国士，李陵原不愧家声。”至此，则虽舜为天子，皋陶为士，亦末如之何矣。此二人皆以进士起家，仕至宪司者。今没其名，非有所忌畏，《春秋传》所谓使求名而不得也。①

显然，船山此段材料直接将明亡之时士大夫气节沦丧的现象归咎于龙溪李贽对于道德伦理的解构，而追本溯源，阳明则自然难辞其咎。这种批判也集中在前面我们讨论过的“有无之戏论”上，正如陈来先生所指出的，“船山对虚无说的批判始终是和对王学中无善无恶的批判联系在一起”②。但这并非意味着船山思想中没有“无”之维度，事实上，虽然与传统一般用法有所差别，“无”始终构成着他体用学说中一个重要的面向，这既体现在“易无方体”之说，也表现为其对“无善无恶”有条件地运用。船山始终把“无善无恶”限制在“天之天”的范围内，在他看来，王学的问题恰恰就在于将天之德直接等同于人之德。

此篇专就人而发，性之蕴于人所受而切言之也。《中庸》曰“天命之谓性”，为人言而物在其中，则谓统人物而言之可也。又曰“率性之谓道”，则专乎人而不兼乎物矣。物不可谓无性，而不可谓有道，道者人物之辨，所谓人之所以异于禽兽也。故孟子曰“人无有不善”，专乎人而言之，善而后谓之道；泛言性，则犬之性，牛之性，其不相类久矣。尽物之性者，尽物之理而已。虎狼噬人以饲其子，而谓尽父子之道，亦率虎狼之性为得其道而可哉？禽兽，无道者也；草木，无性者也；唯命，则天无心无择之良能，因材而笃，物得与人而共者也。张子推本神化，统动植于人而谓万物之一源，切指人性，而谓尽性者不以天能为能，同归殊途，两尽其义，乃此篇之要旨。其视程子以率性之道为人物偕焉者，得失自晓然易见；而抉性之藏，该之以诚明，为良知之实，则近世窃释氏之沉，以无善无恶为良知者，其妄亦不待辨而自辟。学者欲知性以存养，所宜服膺也。③

其实张载《诚明篇》更多强调的是人之性皆来源于天，船山则在此章

① 搔首问［M］//王夫之. 船山全书：第12册. 长沙：岳麓书社，2011：648.

② 陈来. 诠释与重建：王船山的哲学精神［M］. 北京：生活·读书·新知三联书店，2010：347.

③ 张子正蒙注：诚明篇［M］//王夫之. 船山全书：第12册. 长沙：岳麓书社，2011：112.

前言中特别强调此篇专就人而发，所谓尽性并不是简单地以天能为人能，虽然人能究其根本来自天，然而并不能直接将二者等同。天能人能虽然同归，毕竟殊途，须得两尽其义，而不能直接混同。即便是程子对《中庸》“率性之谓道”的注释，在船山看来也有问题。程子曰：“道，犹路也。人物各循其性之自然，则其日用事物之间，莫不各有当行之路，是则所谓道也。”① 这是说人与物各自有天命之性，所以也各行其道。而船山认为，物只有性，而无道，道是人与物与禽兽的关键区分②。一旦说到道就与善关联起来了，有善而后才能谈得上人道。《中庸》所谓的尽物之性，只是人去尽物之理，而不是程子说的人物各行其道。其实人物各行其道，与人去尽物之理并不矛盾，船山这里对程子的批评我们不应着实，而应该理解为一种由担忧流于王学而来的特别强调。“抉”，指的是挑开、揭开深藏之性使之显露，同时，“抉”还有个意思，是折断、断裂，因为强行己意独断地以良知诚明来囊括性，必然会造成简单化地断裂处理。

陈来在《诠释与重建：王船山的哲学精神》中指出：“船山的儿子王敔有明确的表述，他在为船山所作的《行述》中说：‘至于守正道以屏邪说，则参伍于濂洛关闽，以辟象山之谬、斥钱王罗李之妄。’与直指象山不同，在这里的叙述中，船山似乎不是整体地批判王门后学，而是直斥阳明后学中诸如钱德洪、王畿、罗汝芳、李贽等崇尚无善无恶和专讲不学不虑的流派。王敔的这些说法按之于船山本人的著述，应当说大体上是符合船山所表达的主张的。”③

熊十力先生《读经示要》曰：

> 王船山妄驳二氏同人于天，遂以性与天道，强分层级，此乃以褊心而误解圣言，不可从。
>
> 附识：……万物由道而成，譬如众沤由大海水而成，学者于此深心体玩，则如王船山以天道与性命分层级与大小之说，其为戏论不待言。船山平生痛诋姚江，以为淫于二氏。其实姚江于本原处确有悟，船山反之，适以自蔽耳。船山弟子唐端笏，字须竹，一字躬园，衡阳

① 朱熹．四书章句集注［M］．北京：中华书局，1983：17．

② 显然，船山这里所谓的“道”是狭义的在人之天道，而不是广义的天道。可参看《读四书大全说·中庸》第一章第二、三条。船山对“道”概念的运用虽然有时比较随意，但大体上还是有其基本意涵。其基本意涵下文有述，其他地方或有特别用法，将随文解释。

③ 陈来．诠释与重建：王船山的哲学精神［M］．北京：生活·读书·新知三联书店，2010：15．

人。尝得《白沙集》、《阳明传习录》，读之而嗜。迎船山住驳阁严，为剖析源流，知后来心学之谬。船山示以《思问录内外篇》、《周易内外传》。据此，则船山晚年，与躬园讨论白沙与姚江之学，只谓后来心学渐谬，非姚江之失也。据船山《易传序》、《内外传》皆其晚年之作。其以此示躬园，故是晚年事。惜船山前此各书，谈本体之失，皆不及改定。①

熊公此段中“附识”也认为船山晚年思想受其弟子影响有所变化，其批判矛头所指只是阳明后学，而非阳明本人，熊公此论当有维护门户之意，不可尽从。最明显证据便是，船山晚年重要著作《张子正蒙注》序论中有明确批判姚江王氏之言②，所以只能说大体而论，船山晚年对阳明批评不似早年如此激烈，绝不可谓其认同阳明之学。在这一点上，王敔与陈来的判断方为持平之论。这一点从船山晚年《俟解》中对阳明及其后学的评价也可得印证：“阳明抚赣以前，举动俊伟，文字谨密，又岂人所易及！后为龙溪、心斋、绪山、萝石辈推高，便尽失其故吾。故田州之役，一无足观。使阳明而早如此，则劾刘瑾、讨宸濠事亦不成矣。盖斥奸佞、讨乱贼，皆分别善恶事，不合于无善无恶之旨也。”③ 也就是说，船山最为痛恶的是将无善无恶以及现成良知之说过分推崇以至于完全不分天人之别的流派，就此而言，熊公确有卓识之处：船山的确不自觉地受到心学影响，尤其是在无善无恶的问题上有相当程度的相似结构；而在关键的天人之辨上，又与心学分道扬镳，分性与天道为二，造成了船山与心学思想的根本性结构差异。

《周易·系辞》曰：“一阴一阳之谓道，继之者善也，成之者性也。”船山以此为据，严格区分了“道”“善”“性”三者各自的范围：

人物有性，天地非有性。阴阳之相继也善，其未相继也不可谓之善。故成之而后性存焉，继之而后善著焉。言道者统而同之，不以其序，故知道者鲜矣。④

这里的“道”与前文意义不同，是因为诠释的文本有差别，“率性之

① 熊十力．读经示要［M］．上海：上海书店出版社，2009：11-12．

② 张子正蒙注：序论［M］//王夫之．船山全书：第12册．长沙：岳麓书社，2011：10．

③ 俟解［M］//王夫之．船山全书：第12册．长沙：岳麓书社，2011：488．

④ 周易外传：系辞上传第五章［M］//王夫之．船山全书：第1册．长沙：岳麓书社，2011：1006．

谓道”是就人之修身成性而言，这里的“道”则是在天之天道，“道”字本身在经典文本中的意义差别就很大，不可以辞害意，而以为船山前后思想矛盾。再者，虽然论善与性时船山有时也提及物，但基本上都是为了类比，无论是就上下文理还是参照《周易内传》所言“道统天地人物，善、性则专就人而言也”，都可以明显看出，他在诠释《系辞》这段话的时候着重点还是以善、性所论专为人所发。

我们先来澄清道、性二者，再着重讨论继善问题。先说“道”字。这里的“道”实为天道之义，船山以阴阳为气，所以他所谓的“道”并非先于道的形而上之理——“所以一阴一阳者”，而就是阴阳之气的运动合成，“阴阳充满乎两间，而盈天地之间唯阴阳而已矣。一一云者，相合以成，主持而分剂之谓也”①，所以天道是涵盖所有者，气运化流行皆可称之为道，“道者，物所众著而共繇者也……两间皆阴阳，两间皆道”②。气因化成而有物，有此物遂有此物之条理，遂有此物之性，而所有一切之大全本体即为一阴一阳二气运行，故称之为道：“此太极之所以出生万物，成万理而起万事者也，资始资生之本体也，故谓之‘道’，亘古今，统天人，摄人物，皆受成于此。”③如果在讨论天道的时候混同地将人与物皆涵盖起来，就其根本而言固然没错，但仍旧不能称得上知道，因为这是没有分清各自界限。

> 若夫天，则未有体矣。……性则敛于一物之中，有其量矣。……有其量，非融然流动之量。故曰“道大而善小，善大而性小”也。④
>
> “成之”，谓形已成，而凝于其中也。此则有生以后，终始相依，极至于圣而非外益，下至于牿亡之后犹有存焉者也。于是人各有性，而一阴一阳之道，妙合而凝焉。然则性也，命也，皆通极于道……⑤
>
> 天无己也，天亦无性也。性，在形中者，而天无形也。即此时行物生者，斯为天道不息，而非有生死之间断，则大公而无彼此之区宇也。⑥

---

① 周易内传：系辞上传第五章［M］//王夫之. 船山全书：第1册. 长沙：岳麓书社，2011：525.

② 周易外传：系辞上传第五章［M］//王夫之. 船山全书：第1册. 长沙：岳麓书社，2011：1003.

③ 同①.

④ 同②1006.

⑤ 同①526.

⑥ 读四书大全说：论语：里仁篇［M］//王夫之. 船山全书：第6册. 长沙：岳麓书社，2011：637.

有所成的个别端体如人、物方能谈的上性，天地无方所无定体，自然也就不可言性。既然是个别端体，自然有其限量，而不能等同于道之全体，便如一沤之水，量不及大海之水。一沤之水其所本固是大海水，且就其本源形态而论，“随虺一丸，味味具足”，但仅就当下而言，此沤既已有所成形，便有此一隅之形态，与他沤自是不同，故可说其自有其性。此沤小，而海水为大，故性小而道大，究其本则终归性命皆通于道。性的更复杂问题请容后文深入讨论，本节只需明了其与道之基本分限即可。此处关键之处乃在继、善的问题上：

> 相继者善，善而后习知其善，以善而言道，不可也。……天则道而已矣。道大而善小，善大而性小。道生善，善生性。道无时不有，无动无静之不然，无可无否之不任受。善则天人相续之际，有其时矣。……有其时，非浩然无极之时；……故曰“道大而善小，善大而性小”也。①

天人相继而有善，人因此善而修习之，方能明善，然而道在天，善在天人之际，性在人、物，此间分野不可混淆。所以，这里所谓的“继”不是指简单的前后相续，而是强调天道落在人这里有所不同，已经不再是本然之天道：“‘继’者，天人相接续之际，命之流行于人者也。”② 天人接续之后方能称得上善。由“道生善，善生性”可知，善是处于“道”与“性”的中间环节。“道”既然是气全体流行，“性”是一隅端体之凝结而成，那么这个中间性环节只能是指气凝成端体的动态过程本身。“‘继’者，天人相接续之际”意味着，如果说“道”与“性”分别标示着两种不同的存在层面的话，那么继与善则不属于任何一个既定的存在层面，而是两个存在层面的生成关系之连接——相续之际。故《续春秋左氏传博议》曰：“‘一阴一阳之谓道’，道不可以善名也。‘成之者性也’，善不可以性域也。善者，天人之际者也，故曰‘继之者善也。’”③ 对此唐君毅总结道：“人道之善不在天，亦不在人，而在天人之际。”④

---

① 周易外传：系辞上传第五章［M］//王夫之．船山全书：第 1 册．长沙：岳麓书社，2011：1006.

② 周易内传：系辞上传第五章［M］//王夫之．船山全书：第 1 册．长沙：岳麓书社，2011：526.

③ 续春秋左氏传博议：莒庚舆以人试剑（昭公二十三年）［M］//王夫之．船山全书：第 5 册．长沙：岳麓书社，2011：597.

④ 唐君毅．中国哲学原论：原教篇［M］．北京：中国社会科学出版社，2006：391.

善有其时，非浩然无极之时，可见天道本身无所谓“时”，因为它囊括了所有现实的具体情境，以及一切可能的情境，而善是在天人相续的交接之处才得以显露的，这个交接之处必然有了某种具体性，却又还没有达到成形个体。因为一旦达到成形个体，就不再称其为善，而是称之为性。实际上，按照船山的话来说，善凝于具体事物或人之中才能称为性，所以说善生性。换言之，在第二章我们分析的体用框架下，显然“道”是就全体而言，“性”是“道”在一隅之凝聚显现，所以此二者的体用关系可以类同于“全体”与端体的体用关系，那么**“道”与“性”在此意义上也可以称为体用关系，“道生善，善生性”的说法也证实了此点。这样一来，我们看到，继善其实是对应于体生用的“生”这个过渡性环节**[①]。因此船山说：“善有体焉，有用焉。继之者善，体营而用生也；成之者性，用凝而成体也。”[②] 如果说第二章我们主要还是在以一种相对静态的方式描画出天道层面的体用结构的话，那么本章之着眼点就在于从“生”字切入，以理解这种体用相生究竟意味着什么，在人与天互动的过程中，这种“生”究竟如何使得体用关系获得新的意义，从而使人合天。

回到继善的问题，船山既云“继之则善矣，不继则不善矣”[③]，可见善是对继的判断性描述，我们只有充分理解了“继”的意义，才能明了其何以称为善。“继”既然是勾连天人、体用的居间者，那么它必然具有分别侧重于天人两个维度的基本意义。其实“继”字本身也有这两个意义。其一：前后相续；接连不断。如《周易·离》：“大人以继明照于四方。”其二：延续；使之不绝。如《论语·尧曰》：“兴灭国，继绝世。”《荀子·王制》：“存亡继绝，卫弱禁暴。”前者偏于自然义，即所谓天[④]；后者偏于主动义，即所谓人。

> 甚哉，继之为功于天人乎！天以此显其成能，人以此绍其生理者也。性则因乎成矣，成则因乎继矣。不成未有性，不继不能成。天人

---

① 由“善具其体而非能用之，抑具其用而无与为体”，也可以证实在船山思想架构中，继、善是处于体用之间的环节。

② 续春秋左氏传博议：莒庚舆以人试剑（昭公二十三年）[M] //王夫之. 船山全书：第5册. 长沙：岳麓书社，2011：598.

③ 周易外传：系辞上传第五章 [M] //王夫之. 船山全书：第1册. 长沙：岳麓书社，2011：1008.

④ 《荀子·解蔽》批评庄子“蔽于天而不知人”即是此义，在船山实为天之天，不过当天之天和人之天对举时一般即简称为天与人。

相绍之际，存乎天者莫妙于继。然则人以达天之几，存乎人者，亦孰有要于继乎！①

“绍”者，继也。这段话虽然也谈人，但细察其文义，皆是说天以其连绵不绝将生理贯注于人，由此连绵不绝之继而成人，遂有性。须得注意者，这里强调人从天所继者并非一个静态之性，而是“生理”。“生理”有两种可能含义：一种是“生之理”，重点落在静态规范性意义的“理”上；另一种重点落在“生”上，强调人性继承于天的是一种劲健不息之力量生机。无论是就船山的整体思想，还是此段文义来看，显然都是后者之义。“所谓存乎天者莫妙于继”也有两层意思：一者，因天之绵延而有人，道凝于人者有性存焉；二者，人从天所存之性无他，此绵延劲健之“继”也②。故尔，人之所以能够达于天，其机其要皆在此劲健之“继”。

广义之天是囊括天地万物之全体，天人之“继”便是在这个意义上说的。狭义之天则往往指与地相对的清虚一大，天与地之德也往往用乾坤来指代。《周易·系辞上》曰：“乾以易知，坤以简能。”船山曾经用乾知坤能来描述“继”之为善：

“继”者，天人相接续之际，命之流行于人者也。……在阳而为象为气者，足以通天下之志而无不知，在阴而为形为精者，足以成天下之务而无不能，斯其纯善而无恶者。③

因此，天人之“继”可以结合乾坤之知能来进一步分殊理解，《周易外传·系辞上传》对乾坤知能所体现的天人关系有详细论述。

夫《易》，天人之合用也。天成乎天，地成乎地，人成乎人，不相易者也。天之所以天，地之所以地，人之所以人，不相离者也。易之则无体，离之则无用。用此以为体，体此以为用。所以然者，彻乎天地与人，惟此而已矣。故《易》显其用焉。

夫天下之大用二，知、能是也；而成乎体，则德业相因而一。知

① 周易外传：系辞上传第五章［M］//王夫之. 船山全书：第1册. 长沙：岳麓书社，2011：1007.

② 《周易折中·系辞上传第五章》按语亦道出继字的天人授受双重意义：“但谓之付，则主于天地而言，谓之受则主于人而言，唯谓之继，则见得天人承接之意，而付与受两义皆在其中矣。天付于人而人受之……”（李光地. 周易折中［M］. 北京：九州出版社，2002：792）

③ 周易内传：系辞上传第五章［M］//王夫之. 船山全书：第1册. 长沙：岳麓书社，2011：526.

者天事也，能者地事也，知能者人事也。今夫天，知之所自开，而天不可以知名也。今夫地，能之所已著，而不见其所以能也。清虚者无思，一大者无虑，自有其理，非知他者也，而恶得以知名之！块然者已实而不可变，委然者已静而不可兴，出于地上者功归于天，无从而见其能为也。虽然，此则天成乎天，地成乎地。人既离之以有其生而成乎人，则不相为用者矣。此之谓“不易”也。

…………

……无思无虑而思虑之所自彻，块然委然而不逆以资物之生，则不可以知名而固为知，不见其能而能著矣。而夫人者，合知、能而载之一心也。故曰“天人之合用”，人合天地之用也。①

这里所说的《易》指的是天之全体，合天地人三者而言，分而言之则可曰天地人，其实仍是“天之天”“地之天”“人之天”②，则天地人三者皆不可离于天道全体，然而毕竟三者并非一物，尤其是人，乃是全具天地之德者，人之知能即来自天地之知能，所以可以说人离乎天地而自有其生，自有其性，不能够与天地混同相易，是以不易。之所以不可混同，是因为在天之知能与在人之知能不同。所谓知在这里有两个意思，一是天理，一是认识领会。清虚一大自有其理，然而无思无虑，虽然自有天理流行，却不能说它真的对外在于自身的他者有所认识领会，只有人才能把握认识此天理，所以只能说人有知，知来自天，却不能以知来命名天。然而，天虽然无思无虑，一切思虑却都是从天而来。彻，乃彻上彻下之彻，贯通而无所不在之谓也。船山之天理非静态规范义，而为流行无所不在，贯彻于每一事物，天下万物皆为天理流行贯彻所生，故曰“夫弥亘初终而持之一贯”。此种流行贯彻即为天理，即为知，所以，在此意义上也可以说天为知，知的根本意义乃是乾德劲健不息：“夫天秉乾德，自然其纯以健，知矣。”由此劲健不息而生知之第二义——识：“当其为《乾》，信之笃而用之恒，不惊万物之变而随之以生识。”③ 对此陈氏父子诠释精当，其曰：“乾之德，刚健、中正，无心而行，为善是继，故能闲邪存诚，得

---

① 周易外传：系辞上传第一章［M］//王夫之. 船山全书：第1册. 长沙：岳麓书社，2011：983-984.

② 天之天、地之天统而言之，皆可说是广义的天之天。此外，陈氏父子于《周易外传镜诠》中对此解释为“天乃天道之天，地乃天道之地，人乃天道之人”，似乎不够精当，容易被误解为将天分为三个部分而已。

③ 同①984-985.

信于永久，此天之所以化物，无所忧虑而用其易也。……故圣人之用世，因时顺世，以德化物，物亦顺其变化，此所谓‘不惊’，所谓‘随之以生其识’。‘识’，即《大畜·象》所说‘君子以多识前言往行，以蓄其德’中之识，指修养其德也。”① “知”如果理解为对天理的认识领会，那么它与修养其德在内涵上并无二致。

乾健坤顺，“知者惟其健，健者知之实也”②。相应地，“能”指的也就是坤之德顺，“能者惟其顺，顺者能之实也”③。正如张学智教授指出的，能作为顺，其义在于，“地对天所设立的潜在势能，总能够妥善地具体化、现实化，总能没有先入之见地按照其固有理则实现出来”④。这样我们可以看到，**知与能所表述的内涵其实可以用“继”字统摄起来。“继”之在天，乃其劲健不息推动贯注进万事万物，即为知；“继”之在地，为实成其体而皆虚中不滞承顺天理，即为顺。天地又可统称广义之天，知能此二义合之便是“继”，于在天之道、于在地之物皆绵延不绝，因其自然流行而继，故为天之天**。“在王夫之眼里，宇宙万物是一个连续不断的洪流，终始如一，不容毫发间断。其间万物网结勾连，丝丝入扣，是一个有机延绵体。万物因为有了连续性而各得其理、焕然成章，有间断有匮缺就失其完整、失其关联、失其光彩。”⑤ 不过，天地本身之“继”不可能中断：“天地初未尝有损，杂者自杂，不害其纯，则终古而无不易也，无不简也，皆自然也，吉凶其所不讳也。圣人所忧患者，人而已矣。”⑥ 所以天地虽有分别，其所谓际其实是亲密无间而无际也，“天地之际，间不容发……离乎地即天也，其际至密无间”⑦。所以，**在天地而言，继是一种自然状态。更关键的地方还在于天人之际，即知能在人这里是如何合天地之用的。**

> 夫知之所废者多矣，而莫大乎其忘之。忘之者，中有间也。万变之理，相类相续而后成乎其章，于其始统其终，于其终如其始。非

① 陈玉森，陈宪猷. 周易外传镜诠［M］. 北京：中华书局，2000：637.

② 周易外传：系辞上传第一章［M］//王夫之. 船山全书：第1册. 长沙：岳麓书社，2011：984.

③ 同②.

④ 张学智. 王夫之“乾坤并建”的诠释面向：以《周易外传》为中心［M］. 复旦学报（社会科学版），2012（4）.

⑤ 同④.

⑥ 同②985.

⑦ 周易内传：泰［M］//王夫之. 船山全书：第1册. 长沙：岳麓书社，2011：145.

天下之至健者，其孰能弥亘以通理而不忘？故以知：知者惟其健，健者知之实也。能之所穷，不穷于其不专，而莫穷乎窒中而执一。执一而窒其中，一事之变而不能成，而奚况其赜！至善之极，随事随物而分其用，虚其中，析其理，理之所至而咸至之。非天下之至顺者，其孰能尽亹亹之施而不执乎一？故以知：能者惟其顺，顺者能之实也。①

所谓废、忘、穷、执一，显然都是只有人才可能发生的情况。"道体自然，如何障塞得？只人自间断，不能如道体何也。"② 所谓忘，指的是有间断，不能始终如一、绵绵相续地使天道在人这里继续生生不息，这样就无法通理多识而修养其德，所谓"不继则不善"是也。不忘听起来像是表述一种被动的承接，其实在人而言他需要的是一种非常刚健的主动性。窒中则有滞，有滞则不能虚灵其心以应万变，更不能深探隐微之理。所以，顺在人而言，也不是消极地无所作为，而是敞空开放自身，以使其心不滞于一隅，能够在变幻无方的情境中分析把握最为中道的选择，方能使得天道在此境遇中继续尽其无穷之大业③。否则，"人有所不继，则恶兴焉"④。所以，**知能在人这里所遭遇的两种恶的可能性分别是间断与阻滞，它们虽然分属于不同的乾坤之德，表现形式不同，但就其造成不继而言则一。**

由此可见，善在船山这里其本义首先并非纯粹人之天的伦理道德层面的价值判断，也不是天之天的天道论层面的价值判断，因为"天无所不继"⑤，是以将天称为善乃是一种囫囵吞枣的粗大之言："以善说道，以性说善，恢恢乎其欲大之，而不知其未得其精也。"⑥ 其实是不能用善恶这样的概念来直接给道下判断的，所以在这个意义上，说"全体"或天无善无恶亦无不可："盖道在未继以前，混沦而无得失，雨旸任其所施，禾莠不妨并

① 周易外传：系辞上传第一章［M］王夫之．船山全书：第1册．长沙：岳麓书社，2011：983-984．

② 读四书大全说：论语：子罕篇［M］//王夫之．船山全书：第6册．长沙：岳麓书社，2011：736．

③《周易内传·系辞上传第十一章》："亹亹"，大业之无穷也。（周易内传：系辞上传第十一章［M］//王夫之．船山全书：第1册．长沙：岳麓书社，2011：563）

④ 周易外传：系辞上传第五章［M］//王夫之．船山全书：第1册．长沙：岳麓书社，2011：1008．

⑤ 同④．

⑥ 同④1006．

茂，善之名未立，而不善之迹亦忘。”① 唐君毅曾经论船山之善恶曰：“故自船山论之，一切罪恶，皆原于物有所不足与缺乏，而非原于有所多余。……一切恶，皆只是不善。不善只是未有善；未有善，只是于善亏欠。即由此亏欠处，立不善之名。而所谓至善者无他，充满其善之量，使无亏欠，而皆实而已。充满其善之量，是谓极于善，极于善乃至善。”② 此论虽有灼见，仍未能探本立论。**善恶的分野实际上是在天人相续之际，能够承继天地之健顺，使其在人的世界继续其丰沛充盈的绵延不绝，即为善，反之则为恶。恶的究极之义也不是道德判断，而是一种缺失，这种缺失不是西方流溢说意义上的存在层级的下降，而是劲健生机的间断或阻滞。**

对天的去伦理化描述还见于《张子正蒙注·太和篇》：

> 故善气恒于善，恶气恒于恶，治气恒于治，乱气恒于乱，屈伸往来，顺其故而不妄。不妄者，气之清通，天之诚也。③

张载原文为“天地之气，虽聚散、攻取百途，然其为理也顺而不妄”。这句话只是强调气不妄行，并未涉及善恶治乱问题。船山注释却有意将“不妄”与“善恶治乱”区分为两个层面。这样做，首先是为了强调这里的理为气化聚散之条理，换言之，品类分殊之理并非先于事物，而是随着气之汇聚品类而有。其次，善恶治乱之气的描述消解了气之理的伦理特色，善恶治乱，都是气。如果再参看下一句注释“散而仍得吾体，故有生之善恶治乱，至形亡之后，清浊犹依其类”，天之去伦理化与人之善恶治乱明显做了分际④。在具体现实世界，有善恶治乱之别，但在本源之气而论，善恶治乱皆顺其故⑤而不妄。在王弼那里，“不妄”与“理”指涉的

① 周易内传：系辞上传第五章［M］//王夫之．船山全书：第1册．长沙：岳麓书社，2011：528-529.

② 唐君毅．中国哲学原论：原教篇［M］．北京：中国社会科学出版社，2006：404.

③ 张子正蒙注：太和篇［M］//王夫之．船山全书：第12册．长沙：岳麓书社，2011：19.

④ 此思路就其源流而言或是来自横渠。《横渠易说·系辞上》：老子言“天地不仁，以万物为刍狗”，此是也；“圣人不仁，以百姓为刍狗”，此则异矣。圣人岂有不仁？所患者不仁也。天地则何意于仁？鼓万物而已。圣人则仁尔，此其为能弘道也。鼓万物而不与圣人同忧，天道也。圣不可知也，无心之妙非有心所及也。天不能皆生善人，正以天无意也。“鼓万物而不与圣人同忧”，圣人之于天下，法则无不善也。

⑤ 所谓“故”，即是气已有之势，落在具体事物上就是气质之束缚，落在人文层面便是历史的势态，没有先天不变之理，只有人文化成的历史性之道。“故”还有个意涵，就是历史的不断生成性。历史性问题将在本书第四章展开，此不赘论。

同为事物之秩序[①]，但在船山看来，“不妄”似乎不能直接等同于“理”，至少不是传统理学意义上的“理”，否则他不会煞费苦心在这段注释中刻意避开“理”而以“不妄”论之。因为船山这里理解的“不妄”是“天之天”的层面，并不关涉到善恶治乱等秩序意义，而仅仅是清通与诚。这种去伦理化的天道描述如果以体用概念来表达的话，天之天层面，体之自然流行化生万物即是用，任何一个具体端体都是天道之用，其用无所不在，也不会停歇，故无有不善。好比乾坤并建为全体大正，所生六子亦无有不正：

> 《乾》《坤》非隅也，行乎四维而各适有正也。《震》、《兑》、《坎》、《离》非正也，受《乾》《坤》之化而各司其一偏也。谓之“正”，谓之“隅”者，人之辞也。大圜普运，无往而非正也。[②]

正偏、全隅之别，都只是人之天的判断区分，就天之天本身而言，无往而非正。因此“犬牛之性不善，无伤于天道之诚。在犬牛则不善，在造化之有犬牛则非不善”。[③]是以，无体而非用，无用不成体，体与用之间固然可以说乃是“继”之绵延流行，但因此“继”不可能间断，亦不可能变化出新，无所谓参赞化育，所以对此天道之“继”亦无须冗喙。王弼最初创建“体用”概念之时虽然仍存古义，但其玄学思想体系偏于自然，故尔“体用”概念在后来的使用中受到自然之义很大影响。道家一脉主张人之继天乃原封不动地承袭其自然之道，所以圣人在处理有无体用关系时以自然之道为理想。宋明道学虽然反对道家，但他们反对的着眼点是道家对天道的理解过于虚静，要扭转对天道的基本理解，相应地为人道之改变提供依据。而在体用关系的天人同构来说，宋明道学与佛老并没有本质区别。在朱子理学来说，体用关系在人这里固然与天道不同，因天地无心而人有心可主性情，但正如我们第一章所力图呈现的，朱子的体用结构造成了心有二体之困难，在朱子而言，其解决之道是最终的圣人理想。圣人心即理，心即性，所发自然无不中节，这样的体用理想结构也就终于和天道完全相同。阳明心学的情况比较复杂，我们现在可以回到其“无善无恶”问题与

---

① 物无妄然，必有其理。

② 周易外传：说卦传［M］//王夫之. 船山全书：第1册. 长沙：岳麓书社，2011：1083-1084.

③ 读四书大全说：孟子：告子上篇［M］//王夫之. 船山全书：第6册. 长沙：岳麓书社，2011：1054.

船山做对比讨论，以期更好理解二人体用结构。

第一章讨论阳明的时候我们引用过其与薛侃论花间草是否当除的材料，并分殊其“善”的意义为三种内涵：(1) 具体事物之善。(2) 人行动之中道合宜。(3) 良知本体之至善。并且进一步说明第三种意义阳明也称之为“无善无恶”，乃是心体的“无滞”性，而且这种“无滞”性与万物在太虚或良知中的“生成”性是同构的，亦可说是诚明。显然，这种“生成”与“无滞”，与船山“继”的两个维度知能所指是相通的，只不过如上所论，在船山这里，知能有天人之别，人须“不忘”与“不执”，依靠自身的主动性，为学日益，方能继承天之知能。而在阳明这里，由于良知本体即是天道太虚本体，所以，阳明更加强调的是为道日损的去弊工夫，以期回复先天良知本体。

进一步来说，阳明的第二种人之善作为具体境遇中本体之发用，也是基于良知本体（亦是天道）之无善无恶，由此又产生出第一种善：对境遇中事物的善恶判断。这个结构也不是无差别性的本体直接贯注，而是充分体现出了体发为用的过程中差异性的出现。阳明说：“天地生意，花草一般。何曾有善恶之分？……佛氏着在无善无恶上，便一切都不管。不可以治天下。圣人无善无恶。只是无有作好，无有作恶。不动于气。然遵王之道，会其有极。便自一循天理。便有个裁成辅相。”天道虽然无善无恶，人却要在具体境遇中裁成辅相，使花草各得其所，即是体无善恶，用有善恶。不过，阳明的问题也出现在这里。其一，他直接将良知本体等同于天道本体，这样便抹杀了天人之别，而代之以体用之别，却又没有仔细说明无善无恶之体如何生出有善有恶之用，他对即体即用的强调遂极易造成二者之混淆。其二，既然本体始终不变，那么人主要应当做的就是虚中无滞以顺应良知发用，“诚意只是循天理。虽是循天理，亦着不得一分意”。也即是说，特别强调的是坤德之能。相应地，这种对用的理解也会反过来影响其对良知本体的理解，所以阳明好以镜之虚灵无住而喻心体。虽然阳明也强调乾德之知劲健不息，但显然他对本体与工夫的理解还是偏于坤德。

船山虽以天为无善无恶，却同样强调劲健不息之乾德，以为乾坤知能交相为用方能成就盛德大业，此上文已述。相较之，阳明一味以虚灵无滞形容天体未免显得坤德过盛而佛老气味过重。此外，船山严格区分天人之别，这样一来，人之体用关系虽是从天而来，却绝不可等同于天之体用，即便圣人亦然。

> 圣人只是圣人，天地只是天地。……无端将圣人体用，一并与天地合符，此佛、老放荡僭诬之词，不知而妄作。圣人立千古之人极，以赞天地，固不为此虚诞，而反丧其本也。①

如果说之前宋明道学的天人同构是一种默认的世界图式的话，那么当船山要反对这种世界图式的时候，就不能像讲天人同构一样直接言说，而必须给予充分论证和批判。曾昭旭在其书中分殊其天人之别有四：1）天化是全，性则有量。2）天化不息，人有间断。3）天化日新，人有留滞。4）天化无心，人道有择。② 其实，这里的第二、三条涉及的便是上文所论知能问题，而天化之所以能日新，正因其不息也，人之间断或留滞皆可归结于不继也。人继天之体用结构我们将在后面章节详细分殊，现在做一个小结以方便下文讨论。

天之全体固是粹然至善，然就其本身而言不可以善名。因为善标识的是由体生用的生生不息之德，若无此生生不息，则宇宙为一块然死物，有何善可言。唯有天道全体在绵延相续之“继”中不断生成万物端体，方能就此称其为善，因此善而成物，气凝为成形之质，则有性生焉。“凡物皆太和絪缊之气所成，有质则有性，有性则有德，草木鸟兽非无性无德，而质与人殊，则性亦殊、德亦殊尔。”③ 人之性并不是像其他事物一样是一个已完成的现成状态，也不是有一种潜在的永恒先天本体等待人去蔽回复，而是作为一种未知的可能性有待人去努力生成，不能如同万物一样不必付出努力便自然继天成性而粹然至善。然而，却不能因此说性不善，因为人“所得者皆一阴一阳继善之理气，才虽或偏而德必同，故曰‘人无有不善’”④。“道外无性，而性乃道之所函。是一阴一阳之妙，以次而渐凝于人，而成乎人之性。则全《易》之理不离乎性中……”⑤。**在天人关系来说，天为体，性为用，体因“继”之劲健不息、虚灵无滞而于人成性。在人自身而言，性为体，其用仍是由“继”而生，工夫既不间断，也不实窒而执一，这样又能因习而成性，因“继”而生体，由用生体，是为性日生日成。**

---

① 读四书大全说：论语：述而篇［M］//王夫之．船山全书：第6册．长沙：岳麓书社，2011：709.

② 曾昭旭．王船山哲学［M］．台北：远景出版事业公司，1983：362-388.

③ 张子正蒙注：至当篇［M］//王夫之．船山全书：第12册．长沙：岳麓书社，2011：195.

④ 同③．当然，这里的德、才、性都被赋予了新的意义，后文有论，此不赘述。

⑤ 周易内传：系辞上传第五章［M］//王夫之．船山全书：第1册．长沙：岳麓书社，2011：526.

第二节　性之基本义

本节要义:

整全之性意义源自第二章整全之体在个别端体上的实现，个别事物就其自身而言是整全之体，又有特殊性，是他物无法替代的特殊之端体。“全性”合理气而言，其中之理不等于天地之性，来自天德的健顺五常是天地之性。凡有性之物即体用不可分，除非是无性之物与人造之物。“有性之物”虚实相通，即体即用，近于今天的生命体概念，有生有死者。无性之物与人造之物“方其有体，用故不成”，因其虚实表里之间没有内在生机能借助天地之气自发絪缊化生，共同构成不断生成自身的统一活体。它们没有自身的内在目的性，借助于人的使用它们的用才能彰显，“待乎用之而后用著”，这个用也就与体没有先天必然关联，只是一个外加的临时的关系。故无性之物如笛子虚实不相为用，借助人之吹气，方能虚实相资而成律，气只能行于虚，而不能于其形质中滋生。而人之实中有虚灵行于其间，无论身心，凡生气所至，皆可虚实相资而成性。性最核心的意义是在不断生成中获得。生成并不是物诞生之际的一次性成型过程，死也不是一个终极的一次性事件，生死相与终始，性为体，其用即为生，用还生体，此即下节问题，性日生日成。

船山对性的论述散见于多部著作中，较集中的有中年的《尚书引义》《读四书大全说》，晚年的《思问录》与《张子正蒙注》，涉及部分论述的还有中年的《周易外传》，以及晚年的《四书训义》《周易内传》等等。在讨论船山性论的时候首先遇到的麻烦在于其使用的概念经常在不同著述中有不同意义。不过这种意义差别并非来自明显的思想变化，本书前言已论及船山思想架构的稳定性，也指出船山没有严格使用一些概念，尤其是在不同的著作之间。本书处理原则是努力在船山基本思想架构中找到一种能够圆融涵盖不同论述的诠释，当不同著作的概念出现无法统一的差异时，至少应当去努力赢获船山概念分歧背后的结构性统一。换言之，概念运用时的歧义性在本书的研究中是不重要的，重要的是概念背后的思想结构。

船山论性所使用的基本概念有：性，天地之性，天命之性，气质之性，气质中之性。性字依据其使用场合与意义之不同，又可分殊为：合理气的整全之性，作为仁义礼智四德的性，作为理的性，作为健顺之德的性，人独有之性，人与动物皆有之性，人与万物（人造工具除外）皆有之性。粗略说来，这些概念各自的意义及其相互关系如下：

整全之性的意义来自第二章整全之体这个概念在个别端体上的实现，也就是任何一个个别事物就其自身当下而言是整全之体，同时又与其他事物不同，有其自身特殊性，是任何他物无法替代的特殊之端体。为方便后面的讨论，这个意义上的性我们称之为“全性”。气因聚成形，因形而有此“全性”，气在一隅之流行必然呈现有文理，是以此“全性”乃是合理气而言：“合理与气，有性之名。”① 就此而言，天下万物各有其形亦各有其性，人有人之性，犬马有犬马之性。

传统理学的概念中，“性”一般指的是事物之理，“全性”既然包括理气，那么也可以从理的角度来论性。所以船山经常在接着理学传统讨论问题的时候在仁义礼智四德之性、健顺之性意义上使用性的概念。又因为此性在传统理学中被认为来自天命，所以也称作天地之性、天命之性。只不过我们不可以忘记的是，理、德这些概念在船山这里都不再是传统理学视野下的静态规范意义，此后文有述。此外，不能简单地将“全性”之理等同于天地之性，人与万物不同之处在于人性中有一部分来自整全天德，具备整全的健顺五常，此部分是天地之性。“全性”之理的另一部分则称为气质之性。总之，天地之性、天命之性、仁义礼智之性、健顺之性，这几个概念所指相同，只是依据不同语境各自强调的方向有所差别。因为天地之性只有人具有，所以当性作此意义时，船山往往会论断说只有人有性，其他事物无性。

与天地之性相对的传统理学概念是气质之性，这个问题船山所论复杂，当在本章第四节细为分殊，这里先行给出的论断是，**船山分别运用了“气质之性”和“气质中之性”两个概念。前者指的是气在形质中表现出的能动性，具体表现为声色臭味攻取异同。后者则指的是“全性”中之理。也就是囊括了天地之性和气质之性二者**。下面我们详细讨论船山的性论，首先是“全性”概念。

陈祺助曾经指出：“性之为法则并不是某种静态的存有，更不只是

① 读四书大全说：孟子：尽心上篇［M］//王夫之．船山全书：第6册．长沙：岳麓书社，2011：1108．

‘应然的规范’——毋宁说性乃是应然规范所自生之本，是道德法则的根源；更确切地说，性乃是全备万理的实体。……性之实蕴是气或理气，故为能动能生的活体，……能内在地、自行地决定一切应为、当为之法则的实体…… 船山之性乃理气凝一之实体，盖仁义不但是规范，更是‘气’。”① 陈教授此说法可谓直探本源，道出船山之性的究竟义实乃从其天论贯彻而下，实乃人作为一整全之体的存在本身，我们在后面的讨论中须得时时记得，作为理气融贯一体的“全性”是其他所有对性之分殊的基础。而且，仅就此意义来说，“性”即是“一隅之气”：“故曰：‘形色，天性也。’气而后成形，形而后成色，形色且即性，而况气乎!”② 仁义这样的被传统理学认为是理的概念在船山这里其第一义也应当是气：“在天为阴阳者，在人为仁义，皆二气之实也。”③

不过，这并不意味着要将此全体义贯彻到每个讨论之中，船山固然时时强调从全体（天之天）视之，一切用都只是此体的显现从而无不正无不全，然而他也非常注意另一个相对的视域，即从端体（人之天）视之，则一隅之显现固有其偏颇不全之处，而这种视域的区分在心性论中尤为重要。所以，船山论性，虽然皆从“全性”之根基出发，然而落在理学的具体问题中时，一则必须回应前人的概念传统，不可另起炉灶而无视经学理学的基本问题域，二则性之问题毕竟还是须得具体分殊方能极尽其广大精微，方不至于笼统含混。所以，船山所言之性，在绝大多数情况下还是就气中之理，或者说端体之气的规定性而论的。只不过我们不能忘记的是，正如许多研究者一再指出的，船山之理绝非朱子学框架下的静态规范，而是具有生成性、能动性的气之理。

“性”字的多义性造成从表面上来看船山对“性”字用法相当不规范，似乎多有不一之处，然而，我们若不以辞害意而善知言，还是能够析绎出其不同场合的意涵并寻得其一以贯之之处。我们先从其所论“无性之物”切入来初步讨论“性论”包孕的体用关系，并由此理解其所谓“无性”与“有性”的差别，以获取船山之“性”的最基本义。

在《读四书大全说·孟子·梁惠王上篇》中，船山反对云峰分“心之

① 参看陈祺助论文《“喜怒哀乐未发”或“仁义礼知未发”——关于陈来教授诠释船山中和思想之商榷》(《鹅湖月刊》第32卷第5期，总第377期)。

② 读四书大全说：孟子：告子上篇［M］//王夫之. 船山全书：第6册. 长沙：岳麓书社，2011：1058.

③ 同②1053.

德”“心之制”为体，“爱之理”“事之宜”为用的说法，认为这是割裂体用，并论证道：

> 说性便是体，才说心已是用。说道便是体，才说德便已是用。说爱是用，说爱之理依旧是体。说制便是以心制事，观朱子利斧劈将去之喻自见。利斧是体，劈将去便则是用。如何不是用？说宜是用，说事之宜便是体。事是天下固有之事。乃其大义，则总与他分析不得。若将体用分作两截，即非性之德矣。
>
> 天下唯无性之物，人所造作者，如弓剑笔砚等。便方其有体，用故不成，待乎用之而后用著。仁义，性之德也。性之德者，天德也，其有可析言之体用乎？当其有体，用已现；及其用之，无非体。盖用者用其体，而即以此体为用也。故曰“天地细缊，万物化生”，天地之细缊，而万物之化生即于此也。①

船山以性为体、以心为用的思想可参看陈来所论②，本章第六节会有进一步讨论，这里仅探讨其体用思想。陈来认为船山这里表现了即体即用的思想，“体用结合不相分离。体必有用。用必由体；有体便现用，有用无非体，用者用其体，一切用都是即体而为用”，并将此归结为“就实存而论体用”，“拒绝分析的立场”，“压缩了理论和逻辑分析的空间”，这个论断似乎不妥。

船山以体用论利斧，就《四书大全》原文以及《朱子语类》卷五十一的相关论述来看并不能说是违背朱子之义，不过在朱子而言，并没有明确地表达出这个思想，而且通观朱子体用之论，似乎极少在这种最素朴意义上使用体用概念③：一个事物的整全个体与其功用的关系，或曰，事物自身及其运动发用。这个意义固然可以说是“就实存而论体用”，却并不能简单地说其拒绝分析。纵观船山全书，其体用思想显然有着清晰又不乏细致深刻的思考，只是其偏于融贯的思维方式往往使得单纯从知性的分析立场切入容易造成误解。不过偏于融贯的思想未必轻于分析，即便拒绝分析也不等于压缩理论空间，除非我们将理论思考完全等同于知性分析。况且，素朴的意义往往蕴含着丰富的源头与可能的拓展空间，正如本书一直努力

---

① 读四书大全说：孟子：梁惠王上篇［M］//王夫之．船山全书：第6册．长沙：岳麓书社，2011：894-895.

② 参看陈来《诠释与重建：王船山的哲学精神》（生活·读书·新知三联书店，2010年）第七章第二节“性为体，心为用”。

③ 参看本书第二章第六节。

展示的，恰恰是这个意义在船山这里获得了极大的发挥与各个层次的展开。就此处而言，体用关系的关键点在于在船山看来，天下凡有性之物即体用不可分，但有两种物的体用是分离的，它们分别是无性之物与人造之物，显然，性与体用之间有着非常重要的内在关联。

船山认为无性之物以及人造之物①虽有体，却不能伴随体而即有用，而是要待到“用之”才能显现出其用来。“用之”的主体显然是人，人造之物如弓剑笔砚须待人而显用很好理解，无性之物指的是什么呢？船山以为凡有得于天，有形有质者，皆有性。

> 得，谓得之于天也。凡物皆太和絪缊之气所成，有质则有性，有性则有德，草木鸟兽非无性无德，而质与人殊，则性亦殊，德亦殊尔。②

一方面这里说草木鸟兽皆有性有德，另一方面，船山似乎从未提及无生命的事物譬如瓦石亦有性，那么无性之物可能是指瓦石这样的无生命者。就其与人造之物如弓剑笔砚的平行类比来看，这种可能性还是非常大的。此外，船山在论人与笛性差异时有这样一段话不仅可以作为旁证，还可以帮助我们进一步理解何以无性之物体用分离。其曰：

> 乃其（人性）有异于笛者，则笛全用其窍之虚，气不能行于竹内。人之为灵，其虚者成象，而其实者成形，固效灵于躯壳之所窍牖，而躯壳亦无不效焉。凡诸生气之可至，则理皆在中，不犹夫人造之死质，虚为用，而实则糟粕也。③

笛作为人造之物，之所以为死质是因其“虚为用，而实则糟粕也”，曾昭旭解读为一般之物形质僵固无自觉，其不善在于化理唯能用其虚而不能贯于其实④，我们可以由此方向更加深入细致地讨论。

首先，这显然是针对道家以无为体、由无生用之说。在第二章我们详

---

① 对“天下唯无性之物，人所造作者”这句话有两种断句理解方式，一种是说“无性之物”与“人所造作者”是并列的两种物，一种是说“无性之物”即是“人所造作者”，笔者比较倾向于按照前者理解，但就语法与思想逻辑上却很难提供非常确凿的论断证据，唯有妄断于此，以待方家指正。不过就下文的讨论来说，这两种理解方式的分歧对于本书论点并不会造成重大影响。

② 张子正蒙注：至当篇［M］//王夫之. 船山全书：第12册. 长沙：岳麓书社，2011：195.

③ 读四书大全说：论语：阳货篇［M］//王夫之. 船山全书：第6册. 长沙：岳麓书社，2011：858-859.

④ 曾昭旭. 王船山哲学［M］. 台北：远景出版事业公司，1983：517.

细讨论过船山对有无之说的批评，其要旨在于体用殊绝（第一节）与消用归体（第五节），也即是如果将有无虚实判然划分为两种截然相异的存在方式或存在者——其典型者如橐龠之说，那么车、器这样的事物它们的虚空部分（用）与实有部分（体）相互之间就没有内在的必然关系。然而，船山对道家的批评主要还是从天地生化角度而谈的，他也可以有条件地承认道家立场，即就人造之器具以及无性之物来说的话，体并不能够自发地显现为用，必须借助于人的主动作为虚实体用之间才能建立起关联。而且在发用之时，实的部分仅仅是作为限制规定虚的意义而存在的，真正起到载物承浆作用的还是虚的部分。

从无性之物及人造之物的规定性我们可推断出**“有性之物”的特征当是虚实相通，即体即用**，比较接近于我们今天所说的生命体概念，有生有死者。在船山看来，虚实二者之间应当是具有内在一致性，只有虚实相通才可能即体即用，也即是上文所说的“天地细缊，万物化生”。船山对“细缊”的解释是“太和未分之本然”①，太和在船山这里其义等同于太极，即是宇宙全体，“阴阳异撰，而其细缊于太虚之中”②，“二气交相入而包孕以运动之貌”③，所以二气交感化生的万物并不是有静无动、有实无虚的死物，而是有内在运动的能生之物。《周易·系辞》有句话说“乾坤其《易》之缊邪!”船山在《周易外传》中通过对这句话的发挥以及对“缊”的解读，详细讨论了器物的虚实问题。

> 夫缊者，其所著直略切也。著者，其所归也。归者，其所充也。充者，其所调也。是故无以为之缊，既郛立而不实，亦瓦合而不浃矣；既绝党而相叛，亦杂类以相越矣。而不见天地之间乎？则岂有坚郛外峙，而龙杂内塞者乎?④

这里对“缊”的训读须得结合其他著作方能明畅，船山《说文广义》曰：

> 缊，本训绋也。绋者，乱丝也，……贫贱者无绵以充袍内之箸

① 张子正蒙注：太和篇［M］//王夫之. 船山全书：第12册. 长沙：岳麓书社，2011：15.
② 同①.
③ 周易内传：系辞下传第五章［M］//王夫之. 船山全书：第1册. 长沙：岳麓书社，2011：597.
④ 周易外传：系辞上传第十二章［M］//王夫之. 船山全书：第1册. 长沙：岳麓书社，2011：1025-1026.

(此处通“著”，附着、穿着之义，笔者注)，故袍有箸者谓之缊……衣之而暖也。借为中藏之义者，袍有表里，缊箸表里之中，不见而充实，故体物而用不显、实为用之所储曰缊，所谓“乾坤其《易》之缊邪!”①

《周易内传》曰：

“缊”，衣内絮著也，充实于中之谓。②

朱伯崑先生解释为“如衣内棉絮充满衣内一样”，并由此解释说：“著，谓附着；归，谓归并；充，即充实；调，谓相济。”③ 按照船山的说法，缊的作用在于使器之表里合而为一：

有其表者，有其里者，则有其著者，著者之于表里，使其二而可以一用，非既已二而三之也。④

所以船山会说，如果没有内在的充实，就会使得事物的表如同城墙空立而无以实之，内部庞杂而无神，内外瓦合临时凑合，天地间生物无有如此者。所以“成表里之各用，以合用而底于成，则天德之《乾》，地德之《坤》，非其缊焉者乎?”⑤ 船山以天地乾坤之德称赞缊，足以见对其之重视。他进一步分析缊之意涵为“是故调之而流动以不滞，充之而凝实而不馁，而后器不死而道不虚生”⑥，也即是说，缊作为阴阳二气的交感化生，并不是一种外在于物的运动生成，如同父生子一样，生成过程在物出现的时候告一段落，而是生成过程与物相与始终，包孕着运动，并将虚实变化带入物之中，使得物的内部阴阳虚实不断在相济流动而不会陷入死滞僵固，物之实质虽然充实却不会因为没有后继之气而馁。所以缊之化生乃是贯通虚实的，因为太虚与物其实都不过是二气而已，虚并不是外在于物的空间，而是既外在于物同时与物亲密无间，又内在于物并与实质共同构成物之全体。是以“器不死，则凡器皆虚也；道不虚生，则凡道皆实也”，

① 说文广义：缊［M］//王夫之. 船山全书：第9册. 长沙：岳麓书社，2011：386-387.

② 周易内传：系辞上传第十二章［M］//王夫之. 船山全书：第1册. 长沙：岳麓书社，2011：567.

③ 朱伯崑. 易学哲学史：第4卷［M］. 北京：华夏出版社，1995：119.

④ 周易外传：系辞上传第十二章［M］//王夫之. 船山全书：第1册. 长沙：岳麓书社，2011：1026.

⑤ 同④.

⑥ 同④1027.

这样理解的物不再是死器，看起来实窒，但其质其实有气运行于其间不断化生；而道也不是道家虚而生物与万物不相资之橐籥，而是始终与物共在，涵括虚实的化生不息之德。在此意义上，道即是絪缊化生，所谓即体即用指的便是物之全体与其中气之絪缊化生；在天而言，宇宙全体为体，阴阳二气化生万物为用；在物而言，“天地之气”凝为形质即成其体，“天地之气”作为“形后之气”与“形质之气”继续交感而化生其体，使得其形质与性变化生成，此即为用，“形质之气”与“形后之气”皆来自天地之气。[①] 可以看出，这种个体意义上的体用关系仍旧是我们在第二章描述的宇宙本体体用论的延续，理解了体用的这种意义，才能真正理解船山何以能说“当其有体，用已现；及其用之，无非体。盖用者用其体，而即以此体为用也”，因为体用本只是就气的形质与运动两个不同维度而谈的，用并不是指向外在于体的其他目的，而是其自身内在目的的发用，同时也是天命不断在个体上的实现。用船山的话说就是：“形日以养，气日以滋，理日以成；方生而受之，一日生而一日受之。受之者有所自授，岂非天哉？故天日命于人，而人日受命于天。故曰性者生也，日生而日成之也。”[②] 虽然船山这里说的是人，但其实一切有生命之物皆如此。“凡天地之间，流峙动植，灵蠢花实，利用于万物者，皆此气机自然之感为之。盈于两间，备其蕃变，‘益无方’矣。而其无方者，唯以时行而与偕行，自昼徂夜，自春徂冬，自来今以溯往古，无时不施，则无时不生。故一芽之发，渐为千章之木；一卵之化，积为吞舟之鱼。”[③] 譬如一棵树从无到有是其始，树之体是天地之气所凝而成的木，其用便是天地之气继续进入木中不断地流动于虚实表里之间造成的新陈代谢与生长，有此树之体方能有此树之性，方能不断地领受着天命而生长。**“用”时时刻刻伴随并生成着“体”，使得“体”作为实之形质与天作为太虚之神始终保持着亲密的生成关系。天命不断馈赠授予，物接受这种绵绵不绝的生气并转化生成自身之性，这就是“继善成性”，所以继善必须是将虚实一以贯之而用其絪缊之神方能成己成物。**

---

① “气丽于质”与“质以含气”所言之气指的都是构成特定形质的气，可称为“形质之气”；聚成形前的气可称为“天地之气”；“气因于化”之气指的是形质形成以后在其周围时空环境中与之往来的天地之气，可称为“形后之气”（原注：船山自己有时称之为生气）。（陈来. 诠释与重建：王船山的哲学精神［M］. 北京：生活·读书·新知三联书店，2010：153）本章第四节会对此有更详细论述。

② 尚书引义：太甲二［M］//王夫之. 船山全书：第2册. 长沙：岳麓书社，2011：300.

③ 周易内传：益［M］//王夫之. 船山全书：第1册. 长沙：岳麓书社，2011：349.

无性之物与人造之物之所以“方其有体，用故不成”，是因为它们的虚实表里之间没有一种内在的生机能够借助于天地之气自发地絪缊化生，让虚实表里共同构成一个不断完成自身的统一活体。只有借助于人的使用它们的用才能彰显出来，“待乎用之而后用著”，它们没有自身的内在目的性，这个用也就与体没有先天必然关联，只是一个外加的临时的关系。

自然，船山并不否认无性之物与人造之物也是由天地之气化生所凝而成（或借人手而成），既有其质则必有其存在之理，而且只要它存在着，天地之气便依然作用之，否则无性之物与人造之物若只是块然死质，那么连变化本身都是不可能的。差别只是在于它们没有自身的生成之性，只能被动地接受天之运化，所以船山认为命比性大，它们可谓有命，而不可谓有性。或者说，非生物有理而无性，理与性的差别便在于性乃是能生之理：“此一物之所以生之理者，则性也……夫在天则同，而在命则异……其同者知觉运动之生，而异以性；其同者絪缊化醇之气，而异以理。乃生成性，而性亦主生，则性不同而生亦异；理别气，而气必有理，则理既殊而气亦不同。”① 不过总的说来，无性之物与人造之物并不是宋明道学所关注的对象，船山对此也没有多加讨论②。我们之所以讨论它们更主要的用意还是在于在对比中去理解性之意涵。

现在我们回到船山所论述的人笛差异，便可以清楚地理解其所谓有性之物尤其是人与无性之物的差别在于：无性之物如笛子的虚实是不相为用的，只有借助于人之吹气，方能使得虚实相资而成律，气只能行于虚，而不能于其形质中滋生；而人之实中亦有虚灵行于其间，使得无论是躯壳还是心，凡生气所至，皆可虚实相资而成性。

而道家的问题即在于单单以虚为神：“盖神运于虚，而老氏以虚为神，暂止其躁动窒塞之情，亦能以机应物而物或应；惟其虚拟圣人之天载而遗乎物性，则与太虚之絪缊一实者相离，而天下之不能通必矣。”③ 佛家的问题同样在于玩弄精魂：“以作弄此精魂为工夫”，“乃云‘心生种种法生，心灭种种法灭’。生之谓性，死即无性也”，“释氏尽他说得玄妙，总属浅鄙”。

① 读四书大全说：孟子：尽心上篇［M］//王夫之. 船山全书：第6册. 长沙：岳麓书社，2011：1119.

② 作为人生存实践对象的器及其相关物性则属于另一个领域的问题，将在本章最后一节专门讨论。

③ 张子正蒙注：天道篇［M］//王夫之. 船山全书：第12册. 长沙：岳麓书社，2011：73.

在船山看来，佛道理论有一个共同点，便是将虚实生死对立，只看到变合而“其所变所合者之为何物，总不曾理会在”①。将虚实对立便会贵无而贱有，求虚而忘实，终至玄虚之学而不可以治天下；将生死对立便会以生为苦而以死为终，终至离于生死而别求他道。它们都没有看到，如果物时时刻刻都在生成着新的自身，也就时时刻刻都在毁灭着旧的自身，这样，生与死便不可能是对立的，而是同一化生过程的两面而已②。

所以，性在船山这里最核心的意义是在不断生成中获得的。船山所谓的生成并不是物诞生之际的一次性成型过程，死也不是一个终极的一次性事件，那样的话，就会陷入“生之谓性，死即无性也”的分裂中去。生死和物相与终始，性为体，其用即为生，用还生体，这就是我们要讨论的下一个问题，性日生日成。

第三节　性日生日成

本节要义：

“性日生日成”思想融合宋明多家之学，性体生成的存在基础承自横渠，与外物的交互关系多取程朱一脉，性体之生成性源自阳明。它们并不是外在拼凑的，而是基于气论思想的内在需求。

1. 性非初生

“天命之谓性”之天命在此前都被理解为初生之际一次性事件，逻辑后果是工夫的最终目的皆是要回复某个终极本体，此谓“复性”。故之前各家学派皆可谓“生之谓性”，而非“生生之谓性”。“性日生日成”的重要批判指向是顿悟之说。

2. 渐顿之别

顿悟指的是不假时间和阶次，直接悟入真理。共同特点是将性理解为与生俱来且无可损益之物，只要承认此先天本体，便不能否认有一种直接通达发见终极真理的顿悟之路。它看起来为“人皆可以为尧舜”承诺了最

① 读四书大全说：孟子：告子上篇［M］//王夫之．船山全书：第6册．长沙：岳麓书社，2011：1056-1057.

② 这里所论述的仅仅是船山所理解的佛老，而非学术史意义上的佛老之学。且其道家所指偏于老子之学，众所周知的是，庄子对生死的统一性论述较多，而前文已论，船山对于庄子往往是比较有保留地赞许。

坚实根基，并提供了易简纯粹的通达道路，却容易导向无根基甚乃猖狂妄行的道路。如果不是将“生”理解为日夜不息的生成，“性”便会被理解为初生之顷，达到“上达”境界时，之前的下学工夫便成为外在于目的之手段。如果将“体”理解为物中固定现成之本质，“用”是由此发出的外在性功能，那么无论如何强调体用一源或即体即用，都不能由用而反生其体，二者终将分裂，物成为无性之死物，工夫成为上墙抽梯的工具性存在，人的在世生存都塌陷为通向终极之境的渡桥。

3. 始终生死

生成不是气之属性，是万物始源天地之气的存在状态。天地之气不是具体存在者，是先于存在者的全体大用。个体生机一天未断绝，便刻刻不停地承受天地生气阳光雨露等滋养，每一刻都在生着新的自我，是谓之始，每个生之成也都是一种暂时的终结。

4. 生性说的困难

天始终命于人，性始终生成变化，人何以能在变化中择善固执？船山归于“理之本正”，是否又回到道学先天之性传统？仁义之性始终不断化入人的生理。草木仅能承受生长收藏之气，禽兽仅能承受知觉运动之气，唯有人才质善而可以承受清明之气以存仁义之心。但若问才质之善何来，则又必然追溯回初生之际禀受之性。这些困难表明“性日生日成”之说只是船山思想的结论，还必须发掘结论的前提性架构。

“性日生日成”这个思想是船山相当源发性的思想，且贯穿始终。《周易外传》中便已提出，在《尚书引义》中也多有触及，随后的《读四书大全说》中船山自道其思想历程曰：“愚于《周易》《尚书》传义中，说生初有天命，向后日日皆有天命，天命之谓性，则亦日日成之为性，其说似与先儒不合。今读朱子‘无时而不发现于日用之间’一语，幸先得我心之所然。”① 又曰：“愚尝谓命日受，性日生，窃疑先儒之有异。今以孟子所言‘平旦之气’思之，乃幸此理之合符也。”② 及至晚年《周易内传》《思问录》《张子正蒙注》中亦多有此论。当然，这并不是说船山早年没有读过《四书大全》与《孟子》，只是证明船山创立此说就经典文本而言的资源更

① 读四书大全说：大学：传第一章［M］//王夫之．船山全书：第6册．长沙：岳麓书社，2011：405.

② 读四书大全说：孟子：告子上篇［M］//王夫之．船山全书：第6册．长沙：岳麓书社，2011：1077.

多来自“五经”尤其是《易经》而非“四书”，也即是更加偏重于向先秦经典的回归，而非直接来自宋明道学体系，其后带着此种新的视域重新审视“四书”之时才获得了印证而甚感宽慰。另外，其思想逻辑则吸纳融合了宋明道学的多家之学，譬如，就性体生成的存在基础而言无疑是承自横渠，就其与外物的交互关系而言则多取程朱一脉，就性体之生成性而言则来自阳明思想。这种融合并不是外在的拼凑，而是由船山对体的理解贯穿始终的。我们先来讨论“性日生日成”思想的基本要义。

1. 性非初生

船山认为性的生成不是一次成型而无可损益的过程。

> ……夫天命者，岂但初生之顷命之哉？但初生之顷命之，是持一物而予之于一日，俾牢持终身以不失。天且有心以劳劳于给与，而人之受之，一受其成侀而无可损益矣。①
>
> ……悬一性于初生之顷，为一成不易之侀，揣之曰：“无善无不善”也，“有善有不善”也，“可以为善可以为不善”也，呜呼！岂不妄与！②

万物的生成都是来自天命，这是任何道学家都不会否认的，但之前的学者在理解“天命之谓性”的时候都**将天命理解为初生之际的一次性事件，其直接逻辑后果就是将性相应地理解为在初生之际从天获得的源初本然状态**。对这种存在状态不同层次或角度的理解带来了不同的性论基础。而在船山看来，**所有这些性论的共同点在于将性理解为一种静止的现成之体。静止现成主要并不是指存在层面的静止不变，而更多地强调工夫论层面，最终的目的是要回复某个终极本体，即所谓“复性”**。在他列举的这些性论中并没有包括性善论，这是因为他也部分地赞同性善论（却并非在道学的一般意义上理解的，详于后）。然而，整个宋明道学传统的性善论，就对性理解的现成性而言，与此处船山批评的对象并无二致，在道家与佛家亦然。甚至可以说，自魏晋以至宋明，儒释道各家学派对性的理解几乎都是初生之顷不易之侀。所谓“侀”，本通“形”字，《字彙·人部》曰“侀，即形字”，但与“形”字相比更加着重在已成而不可更改之意上，

① 尚书引义：太甲二［M］//王夫之．船山全书：第2册．长沙：岳麓书社，2011：299.
② 同①302.

《广韵·青韵》曰“侀，成也”，是以《礼记·王制》曰：“刑者侀也，侀者成也。一成而不可变，故君子尽心焉。”孔颖达注曰：“上刑是刑罚之刑，下侀是侀体之侀。训此刑罚之刑以为侀体之侀，言刑罚之刑加人侀体。又云‘侀者成也’，言侀体之侀，是人之成就容貌，容貌一成之后，若以刀锯凿之，断者不可续，死者不可生，故云‘不可变’，故君子尽心以听刑焉，则上悉其聪明，致其忠爱是也。”由此可见，“侀”字既有物体形体之义，又有已成不变之义，按照《礼记》的描述，还有一个引申的意义，即是对人体的肉刑造成的后果：残破而不可再生之体，这便是为何船山特意使用这个字来表述一种对“性”的一成不变的理解。在这个意义上，之前的各家学派皆可谓“生之谓性”，而非“生生之谓性”。船山“性日生日成”之论，是欲破除此千余年性论传统，可谓绝大见识之所在。然此论并非凭空所发，乃以其易学体用论为根基，在心性论层面明究天人之辨而得，实有其首尾融贯的整全体系，此非单就性论性所可明也。而若明了船山整体思想，则此论虽乍看别出心裁，实乃水到渠成应有之义。

将性理解为物之初生源始状态的“生之谓性”传统又可分化为两条道路：一者，是将此源始状态仅仅理解为个体的现实实存状态，具体到人性论来说，是将人初生之际的一切现成属性都归结为性。大体说来，性恶论、性善恶混、性三品等都是在此方向上对性的理解。此论的困难在于其只有实然，而无应然，所以很难为人后天的应然行为给出基础。第二条道路理解的个体源始状态包含且更加看重其内在的先天本质，认为人初生之际除了实存状态的各种本能之外，还有一种先天之性，它是人一切应然行为的基础，同时也是人的最终目的——回复此先天之性。对此先天之性的追寻与强调，必然导致对个体实存状态的轻视，贵体而贱用，对性与体的理解偏于静止虚寂，以变化为非本质的虚妄。此道路的不同展开方式构成了魏晋以降的性论主流。

在船山看来，首先各种异端都具有此问题。其批判佛家二本曰：

> 要其所谓二本者：一、性本天地也，真而大者也；一、形本父母也，妄而小者也。打破黑漆桶，别有安身立命之地。父母未生前，原有本来面目，则父母何亲，何况兄子，而此朽骨腐肉，直当与粪壤俱捐。其说大都如此。盖惟不知形色之即天性，而父母之即乾坤也。①

① 读四书大全说：孟子：滕文公上篇［M］//王夫之．船山全书：第6册．长沙：岳麓书社，2011：975．

佛家的问题在于认性为先天真大者，如此则后天受于父母之形质为妄，于是父母兄子皆与其真性无关，须当出家而别求父母未生时本来面目，究其根源，即在于只以先天之性为性，不以后天形质为性。

这种倾向在道家则为先天胎元：

> 测性于一区，拟性于一时，所言者皆非性也，恶知善？
>
> 命曰降，性曰受。性者，生之理，未死以前皆生也，皆降命受性之日也。初生而受性之量，日生而受性之真。为胎元之说者，其人如陶器乎！
>
> "成性存存"，存之又存，相仍不舍。故曰"维天之命，于穆不已"。命不已，性不息矣。谓生初之仅有者，方术家所谓胎元而已。①

此说之谬在于仅仅就初生所成之侀来理解性，以为唯有出生之时禀受天所授予的胎元，天命仅此一时，而不知天无时无刻不在降命于人，而性也在这种"于穆不已"中"存"而不息。这样的谬说就如同将人之形体理解为陶器，所求者为陶器中所盛之物，所以船山说异端"死认著者劈初一点灵光，如陶人做瓮相似，一出窑后，便尽着只将者个用到底去。彼但欲绝圣弃知，空诸所有，故将有生以后，德撰体用，都说是闲粉黛"②。陶器与瓮都是船山所说的无性之死物，无用之体，以此论人，则先天后天，虚实性形皆无关联，身体皮囊乃至人伦政治天地万物皆为寄旅，而孤悬一性如百代之过客。

不仅佛老异端使然，船山在《读四书大全说·大学》中，就吴季子对"顾諟天之明命"一句的诠释也提出其批评。吴季子曰：

> 有生之初，天固以此明德、而毕附之矣。其毕附之者，即命也，故不谓之明德而谓之明命。奉承此命，而存养此明者，当何如？朝于斯，夕于斯，立则见其参于前也，在舆则见其倚于衡也。夫然后目击道存，而所以明明德者，不敢不用其力，盖不如是，则惧坠天之明命，而失其毕付之初意也。③

这是说初生之时，天将整全之明德附之于人，因为是天之命，所以这

---

① 思问录：内篇［M］//王夫之. 船山全书：第12册. 长沙：岳麓书社，2011：413.

② 读四书大全说：论语：先进篇［M］//王夫之. 船山全书：第6册. 长沙：岳麓书社，2011：752.

③ 胡广，杨荣，金幼孜，等. 四书大全校注：上［M］. 周群，王玉琴，校注. 武汉：武汉大学出版社，2009：38.

里不说“明德”，而说“明命”。人所要做的便是不断地牢牢持守住此“明德”，无须臾之松弛，否则就会失坠此德。船山批评的焦点仍是在“有生之初”上，并发挥其“性日生日成”之论：

> 当有生之初，天以是命之为性；有生以后，时时处处，天命赫然以临于人，亦只是此。盖天无心成化，只是恁地去施其命令，总不知道。人之初生而壮、而老、而死，只妙合处遇可受者便成其化。在天既无或命或不命之时，则在人固非初生受命而后无所受也。
>
> ……若以为初生所受之命，则必凝滞久留而为一物。……吴季子专属之有生之初，……使然，则汤常以心目注想初生时所得，其与参本来面目者，相去几何耶?①

这里所说的“一物”是凝滞不化而与形体无资的初生现成之性，如果这样理解明德与天命，那么商汤目之所在皆成性存存的性便与佛家“本来面目”没有分别。儒家区别于异端之处恰恰在于其对天命的回应是贯穿其一生始终不懈的努力，而不是直窥某种本体的一蹴而就。船山这里“心目注想初生时所得”显然是对吴季子“然后目击道存”的比拟。“目击道存”出自《庄子·田子方》，后多用来形容人能够通过心目直接窥见本体，或当下契心直悟于莫逆之间。而船山《庄子解》中则对此言作了生成性的解读：

> 目击而道存者，方目之击，道即存乎所击。前乎目之已击，已逝矣；后乎目之更击，则今之所击者又逝矣。气无不迁，机无不变，念念相续而常新，则随目所击而道即存，不舍斯须而通乎万年。②

道不再是某种可以固持把握的本体，而是在气机变逝中的不断的生成常新。求道不是说玄冥参，而是在当下斯须的生成中不断地存性生性，这是一个没有终极境界的持续性努力，所以，船山“性日生日成”的一个很重要的批判指向是顿悟之说。

2. 渐顿之别

顿悟之说指的是不假时间和阶次，直接悟入真理。晋宋间已有道生立

① 读四书大全说：大学：传第一章［M］//王夫之．船山全书：第6册．长沙：岳麓书社，2011：405.

② 庄子解：外篇：田子方［M］//王夫之．船山全书：第13册．长沙：岳麓书社，2011：322.

顿悟义[①]，后为“直指人心，顿悟成佛”之旨，禅宗南宗更主其说，与“渐悟”“渐修”相对[②]。然而顿悟之内在精神不仅是禅学所有，先秦道家经典也多有类此之论。宋明道学虽以批判异端为鹄的，亦多有学者其为学工夫意趣偏于禅学，其相互之间也多以禅学为判教，彼此攻伐，而究竟何为禅学遂成为一难以分明的杂乱公案。近人钱穆先生曾于《宋明理学概述》中有一精彩之论，与此处问题密切相关，节引于此：

> 一种思想，只要真能鞭辟近里，真能笃实易简，真到人人易知易能的阶段，反身当下而即是，用不着对古圣贤古经籍传统再追求。这样的思想，便早是佛教中的禅学了。……许多人说陆王心学是禅，正为其早带有这样的精神。再追溯上去，程颢早带有这种精神了，连孟子也有这一种精神。禅宗本是佛教传入中国后，由中国人自己开创的新宗派。我们也可说，中国思想里，本带有这一种禅的意味呀！……静坐与禅实在不相干。或者又以不读书为禅，此近似而不全是。……宋明儒所公认为儒释疆界者，以为释氏以觉为性，只尊知觉，而吾儒则以理为性，要在知觉中悟出义理。但认有理的还可以是禅。……但儒中有一派，认此种理不必向外求，即我本心便会自懂得，此即陆王一派所谓的心学。心学发展到极点，便成为儒学中之禅。从前佛学中禅学所争，也争这一点。他们不认为成佛成菩萨只限一条路，人人可以各就自己方便成佛成菩萨。四面八方，都通到佛地，条条路可以去佛国。所以最单简却是最广大，最径直却是最曲折。……条条是路便成没有路。于是上路的便易猖狂妄行，而流弊不胜了。禅宗精神，本在放宽路，让人走。但循至条条是路，尽人可走了，则实际会变成没有路。……学术思想的流弊，到了这一步，其势非变不可了。势需另开道路，另定规辙，这是晚明思想界的事。[③]

之所以许多儒者会认为理不假外求，反求本心即可，是因其如船山所云，将性（或曰在人之天理、心之本体）理解为与生俱来且无可损益之物，有此先天基础，才不用再去追求古圣贤古经籍，因本人之心体与古圣

① 《宋书·夷蛮传·天竺迦黎国》：“宋世名僧有道生……幼而聪悟，年十五，便能讲经。及长有异解，立顿悟义，时人推服之。”

② 《坛经·般若品》：“我于忍和尚处，一闻言下大悟，顿见真如本性。是故将此教法，流行后代，令学道者顿悟菩提，令自本性顿悟。”

③ 钱穆．宋明理学概述［M］．北京：九州出版社，2011：332.

贤心体并无二致。所以尽管说释氏本心，儒家本天（理），但当儒家讲心与性、天直接等同的时候，便会走上禅学道路。只要承认这样一个先天本体，逻辑上便不能否认有一种直接通达发见终极真理的顿悟之路，所以禅学归根结底是一种以易简为纯正的工夫精神。这种精神实为中国哲学里一种根深蒂固却又必须警惕的倾向，它看起来为“人皆可以为尧舜”承诺了最坚实的根基，并且提供了简便快捷而又纯粹中正的通达道路，实际上却会导向最曲折而无根基甚乃肆无忌惮猖狂妄行的道路，所以船山认为“异端者，小人之捷径也。有庄周之‘寓庸’，斯有胡广之‘中庸’；有庄周之‘至乐’，斯有冯道之‘长乐’”①，是“易简工夫终陆沉”也。这尤其体现在晚明士风之中，是以船山对此深恶痛绝，多有批判之论。

我们在第一章第四节讨论阳明体用的时候也曾经指出，如果不能将“即本体即生成”这个原则贯彻到底，从而看到“体”“用”并非两种存在方式，而是只能就“体”去理解“用”，不能就“用”去理解“体”，那么就还是要回到追求直悟本体的老路上去。就此而言，阳明的“本体”之生成性没有贯彻到底，只能在消极意义上生成“蔽体”，所以其工夫也只能说是“即用见体”——“见”是让其复归、显现之义，到了船山的“性日生日成”才进一步达到“即用生体”。故尔，必须基于船山性论去理解其对顿悟的批判，也只有“性日生日成”说才能从本源上彻底清算顿悟与禅学。

船山通常是把陆王心学与异端并列等同的，其对顿悟的批判也往往将二者联系在一起，这很容易理解，因为心学与禅学都预设一个先天心之本体。相较之下，船山对朱子的批评则较少，更是极少将朱子与异端相提并论，然而在涉及顿悟问题之时，船山却对朱子一些说法提出了批评。众所周知，朱子在其《大学格物补传》里说：“至于用力之久，而一旦豁然贯通焉，则众物之表里精粗无不到，而吾心之全体大用无不明矣。此谓物格，此谓知之至也。”又于《四书大全校注·宪问》中对孔子“下学上达”之语发论曰：“方其下学人事之卑，众人所共，又无奇特耸动人处；及其上达天理之妙，忽然上达去，人又捉摸不着，如何能知得我？知我者毕竟只是天理与我默契尔。”② 船山借助于孟子“集义所生”对此“一旦豁然贯通”与“忽然上达”提出了批评：

① 周易外传：杂卦传［M］//王夫之．船山全书：第1册．长沙：岳麓书社，2011：1113．

② 胡广，杨荣，金幼孜，等．四书大全校注：上［M］．周群，王玉琴，校注．武汉：武汉大学出版社，2009：654．

> 朱子抑有“忽然上达”之语，则愚所未安。若立个时节因缘，作迷悟关头，则已入释氏窠臼。朱子于《大学补传》，亦云“一旦豁然贯通焉”，“一旦”二字亦下得骤。……
>
> 孟子曰“是集义所生者”，一“生”字较精切不妄。循循者日生而已，豁然贯通，固不可为期也。曰“一旦”，则自知其期矣。自知为贯通之“一旦”，恐此“一旦”者，未即合辙。……
>
> “忽然上达”，既与下学打作两片，上达以后，便可一切无事，正释氏“砖子敲门，门忽开而砖无用”之旨。释氏以顿灭为悟，故其教有然者。圣人“反己自修”而“与天为一”，步步是实，盈科而进，岂其然哉！故曰天积众阳以自刚，天之不已，圣人之纯也。①

如果不是将“生”理解为日夜不息的生成，而是一瞬间的获得，那么就“性”而言便会将“性”理解为初生之顷；就境界而言便会认为，当有朝一日达到“上达”境界之时，之前的下学工夫便都成为佛家所说的“敲门砖”，成为外在于目的的工具手段。换言之，**如果将体理解为物中固定现成之本质，用只是由此发出的外在性功能，那么不管如何强调体用一源或即体即用，都不能由用而反生其体，用也最终必将与体分裂，物成为无性之死物，工夫成为上墙抽梯的工具性存在，人的在世生存都塌陷为通向终极之境的渡桥**。即便这种终极之境声称它自身是不离日用伦常的先天未化，鉴于前此的一切工夫历程都将被忘却遗弃或仅是作为去除后天遮蔽的消极剥落，那么最终也不过只剩下一个仅仅生存于当下的无历史、无世界的虚灵之浮明。所以船山以为，“豁然贯通”或“上达”的终极之境是不可期的，所谓不可期并不只是意识到生而有涯或自身禀赋分限不足，而是说，它们只能被作为一个路标式的指引形式存在，而绝不能被立为一个终极境界。这里的问题根本还是天人之辨，人绝无可能冲破其有限性，达到彻底意义上的“天人合一”——消泯天人之际也是一切顿悟学说的前提。如此则所谓圣人之纯也只不过是如同天之不已，如同乾道积众阳而劲健不息。所以，船山在注释乾卦上九亢龙有悔时一反传统，力赞其德曰：

> 德极其刚，行极其健，非无一时极盛之观，而后且有悔。然不损其龙德者，自强不息，尽其大正，则悔所不恤，圣人固不以知罪易其

① 读四书大全说：论语：宪问篇［M］//王夫之．船山全书：第 6 册．长沙：岳麓书社，2011：811-812．

心也。此爻于理势皆君子之所戒，唯学问之道不然，愤乐而不知老之将至，任重道远，死而后已，不以亢悔为忧。故《文言》专言天道人事，而不及圣学。①

……其亢也，初不恤悔；有悔矣，而龙德不屈，伯夷所以思虞夏而悲歌，孔子所以遇获麟而反袂也。②

船山以为学问之道绝无止境，龙德当自强不息，死而后已。就理势而言虽曰君子所戒，但字里行间仍是以此为君子所当为。孔子周游列国而不见遇，犹发愤忘食乐而忘忧；作《春秋》而曰知我罪我，虽知罪而不易其心；悲泣于获麟，虽有悔而龙德不屈。此皆生生不息之圣学，不以有悔为意，此方为源始儒家最核心、最不可或缺的大德。船山“性日生日成”之说正是要回归到这样一个传统，他以为一旦学有所止，则必将流于异端。

艮卦之象为山，传统解释偏于止静，船山《周易内传》则将诠释方向引向“行止随时”之义，且诫学者曰：“非初学之可与。止之急，则必不能敦。异端之所以无定守，而为陆王之学者终于无忌惮，皆未历乎变而遽求止也。”

渐卦上巽下艮，船山进一步发挥道：

……有《艮》止之德，而后《巽》以入焉。居安资深而左右逢原也，《渐》之所以利也。世之为学者不知此义，灭裂躐等，而鄙盈科之进为不足学。自异端有直指人心见性之说，而陆子静、王伯安附之，陷而必穷，动之不善，宜矣。

……《渐》者，学、诲之善术也。世岂有一言之悟而足为圣之徒、俄顷之化而令物皆善哉！异端之顿教所以惑世而诬民也。③

所谓艮止之德并非指终极境界，而只是在当下情境中去用敬致知，“若圣贤学问，则只一个‘无不敬’、‘安所止’，就此现前之人伦物理，此心之一操一纵，以凝天德”④，而所谓渐，即如源泉滚滚不舍昼夜，盈科而后进，方充分体现了天地之气滋润化生万物之大德。船山甚至认为渐乃是人禽之别：

---

① 周易内传：乾［M］//王夫之. 船山全书：第1册. 长沙：岳麓书社，2011：49.

② 同①64.

③ 周易内传：渐［M］//王夫之. 船山全书：第1册. 长沙：岳麓书社，2011：427.

④ 读四书大全说：论语：子罕篇［M］//王夫之. 船山全书：第6册. 长沙：岳麓书社，2011：732.

夫人之所以异于禽兽者，以其知觉之有渐，寂然不动，待感而通也。若禽之初出于鷇，兽之初坠于胎，其啄龁之能，趋避之智，啁啾求母，呴噳相呼，及其长而无以过。使有人焉，生而能言，则亦智侔雏麑，而为不祥之尤矣。是何也？禽兽有天明而无己明，去天近，而其明较现。人则有天道命而抑有人道性，去天道远，而人道始持权也。①

所谓知觉有渐，指的是人初生之际并不像禽兽那样天明发达，各种本领不待学而具，而是要三年始免于父母怀抱。人虽亦有天明，更重要的却在于己明，只有当人远离了天道——船山自注（引文中小字）在这里的意思是初生之命——才能够让人道充分发挥其作用，船山对其注释为性，这个性显然不是初生者，而是后天生成者。所以船山继续论之曰：

且夫所云“生”者，犹言“性”之谓也。未死以前，均谓之生。人日受命于天，命讫则死。则日受性于命。日受性命，则日生其生。安在初之为生，而壮且老之非生耶?②

船山看到，只有以性的生成性从根本上消解掉性的初生现成性，才可能彻底清算异端与心学的明心见性之顿教：“非有一性焉、命焉，如释氏之欲见之也。‘见性’二字，在圣人分上，当不得十分紧要……”③

以先天之性为根据的顿悟之说既然目的是回复此性本然之体，那么逻辑上必然还会带来好静恶动的倾向。表现在工夫上，即是以静坐内观的方式求此本体。宋明道学常以静坐为入门工夫，又时时批判静坐为禅学，也表现了在这个问题上道学试图与禅学划清界限却又囿于自身的困难无法彻底廓清的矛盾。船山生性之说克服了此种困境，尤为强调以动而不息为天德天道：

天下日动而君子日生，天下日生而君子日动。动者，道之枢，德之牖也。④

① 读四书大全说：论语：季氏篇［M］//王夫之．船山全书：第6册．长沙：岳麓书社，2011：850．

② 同①852．

③ 读四书大全说：论语：子罕篇［M］//王夫之．船山全书：第6册．长沙：岳麓书社，2011：732．

④ 周易外传：系辞下传第一章［M］//王夫之．船山全书：第1册．长沙：岳麓书社，2011：1033．

> 太极动而生阳，动之动也，静而生阴，动之静也。……废然之静，则是息矣。“至诚无息”，况天地乎！①

由此船山得出了与前人迥异的生死观或曰始终观。

3. 始终生死

死亡作为每个人的必然归宿，一直构成着哲学与宗教的基本动力。相应地对死亡的理解也往往标示着一种思想别于他者之处，可以说有多少种哲学与宗教，便有多少种对死亡的理解。

死亡不仅构成着动力，也是人的绝对分限所在。无数智者试图越过此边界，将思想的触角投入到那混沌难以测度的彼岸，这种做法在先秦之人尤其是儒者看来乃是人的一种僭越，因为那是在人能力之外的地带，最好的方法是悬置对它的知识与判断。但这并不是说儒者对死亡没有理解，只是说纯正的儒者总是恪守着孔子的训导“未知生焉知死”——唯有从对生的理解出发才能理解死。先秦道家惯常以梦喻生死，却并没有奢望将知识扩展到边界之外，或者说并不假设或希求死后的生活，反倒是以此消解掉人超越死亡的妄图。后世道教追求长生之说也无非是试图将生尽量延续而已。

佛教的进入为中国人带来一种异质文明的视域，也使得中国人的目光重心首次更多地集中在死上，而非生上。按照船山的说法，佛教“是未知生而欲知死之一大病……故说个‘生死事大，只办腊月三十日一套除夕筵席’。却不知除夕之前，衣食全不料理，则早已冻馁而死，到腊月三十日，便煞铺设焜煌，也无用处。乃徒欲据元旦以知除夕，不亦傎乎！”② 这个说法看起来粗糙简单，却也道出了某些真理。佛教在中国并不能够解决泱泱大国的治理问题，遂将自身定位为精微的性命之道，而将政治领域划归为儒家负责的形而下鄙俚之所，所谓各安其道。儒家对其回应的努力直接促成了宋明道学的形成，却也正因如此，宋明道学对很多问题的理解多有求本而舍末、贵体而贱用之倾向。船山这里反对的便是仅仅将目光盯住死亡问题，而忘记了死的前提本是生。生才是一切之本，而死本非生之对立面，而是天地生生之德中的一个维度。为了说明这个问题，船山首先区分

---

① 思问录：内篇［M］//王夫之．船山全书：第12册．长沙：岳麓书社，2011：402.

② 读四书大全说：论语：先进篇［M］//王夫之．船山全书：第6册．长沙：岳麓书社，2011：753.

了一般意义上的生死与始终的不同。

《周易·系辞》曰："原始反终，故知死生之说。"船山认为始终异于生死，"所以然者，言死生则兼乎气，言始终则但言其理而已。如云气聚而生，散而死，可以聚为始而散为终乎？"① 说生死是就气来说的，始终则仅是就其中的道理而言。这里的生死是就一般意义来说的，也就是初生与死亡，"方生之日谓之生，正死之日谓之死。但自形气言之，则初生者吾之始也，正死者吾之终也。原始反终而知死生之说，则死生所指有定，而终始所包者广矣"②。在这个意义上，生死仅仅指气聚散的开头结尾两个点而已，始终则范围更加广大。接下来，船山以为依传统这样理解的生死始终是有问题的，他要依据圣人之言提出一种新的意义上的生死概念和始终概念：

> 愚于此，窃疑先儒说死生处都有病在。以圣人之言而体验之于身心形色之间，则有不然者。今且可说死只是一死，而必不可云生只是一次生。生既非一次生，则始亦非一日始矣。庄子藏山、佛氏刹那之旨，皆云新故密移，则死亦非顿然而尽，其言要为不诬；而所差者，详于言死而略于言生。③

说死是一次性的终结犹可，生却不能说是一次性的，始亦然。庄子藏山、佛氏刹那都是在比喻说明大化流行刻刻不息，万事万物都处在永远的流变中，无法捕捉使其停滞，所以每一刹那前一刻的事物都已逝去不复存在，即此而言，庄佛亦有所见，将死理解为一次性的终结也不能够尽其义。只是如前所言，异端太过重死而轻生。而先儒们对生死的理解同样有其问题：

> 先儒诸说，唯朱子"生理已尽，安于死而无愧"一语，为有津涯；其余则非愚所知，而间乱于释、老者多矣。语录有云"能原始而知其聚以生，则必知其后必散而死"，既即释氏假合成形之说，且此气之聚散，听之寿命者，何用知之，而亦何难于知，乃消得圣人如许郑重耶？而朱子答之曰"死便是都散了"，亦聊以破释氏死此生彼之妄，其于圣人之言，则全无交涉，所谓不揣其本而争于末也。诊其受病之原，只误认一"生"字作生诞之日"生"字解，而其或鄙或倍，

① 读四书大全说：论语：先进篇［M］//王夫之．船山全书：第6册．长沙：岳麓书社，2011：750.

② 同①.

③ 同①.

乃至于此，是以辨贵明而思贵慎也。①

生死并不能够简单地以气之聚散理解，这样容易将气理解为纯粹质料性存在，而这样一个自然哲学层面的说明与人之生死的根本意义问题了无干涉。朱子的解释单纯理解为破除佛教轮回之妄犹可，却与圣人之精义无甚关联。也就是说，船山的气之聚散并不能以近代以来的唯物主义纯粹自然运动来理解，在这个问题上，船山甚至罕见地批评了横渠：

> 水之为沤为冰，激之而成，变之失其正也。沤冰之还为水，和而释也。人之生也，孰为固有之质？激于气化之变而成形！其死也，岂遇其和而得释乎？君子之知生者，知良能之妙也；知死，知人道之化也。奚沤冰之足云！张子亦有沤冰之喻，朱子谓其近释氏。②

这个批评应当是针对张子《正蒙·动物》所言："海水凝则冰，浮则沤；然冰之才，沤之性，其存其亡，海不得而与焉。推是足以究死生之说。"③ 批评的重心在于水变化为浪花或冰块，都是激变而不正，最终复归于水方是中和之归宿。这样比喻人之生死，首先会将人的存在理解为天地间不和谐的存在，而以死为归正反本的一次性事件，从而易于重死轻生，重体而轻用。其次，人之生死与一般气之聚散不同，其中有良能与人道，其妙化方体现出天地之大德，所以不能将人的生死比喻为沤冰之变，也不能单只将眼光聚焦在初末两个节点上。而且，这样以纯粹自然运动来理解生死，无法为人生价值意义奠基，必然会为释氏轮回之说留下发挥的空间，是"所谓不揣其本而争于末也"。

以初生之际来理解生，还会带来一种后果，即是对"命"理解的狭隘和鄙陋：

> 若靠定初生一日，则只有迎头一命，向后更无命矣，而何以云"莫非命也"哉？此理不达，则世之为推算之术者，以生年月日悬断吉凶，猥鄙之说昌矣。④

因为这样理解，命变成了初生之时对人所有规定性的来源，自然也就

---

① 读四书大全说：论语：先进篇［M］//王夫之．船山全书：第6册．长沙：岳麓书社，2011：753.

② 思问录：内篇［M］//王夫之．船山全书：第12册．长沙：岳麓书社，2011：415.

③ 张子正蒙注：动物篇［M］//王夫之．船山全书：第12册．长沙：岳麓书社，2011：103.

④ 同①.

可以以种种术数之说来推算人之吉凶福寿。《论语·雍也》中孔子对伯牛之疾叹命，朱子以“有生之初，气禀一定而不可易者”言命，船山也批评说：“谓有生之初，便栽定伯牛必有此疾，必有此不可起之疾，唯相命之说为然，要归于妄而已矣。”“圣人说命，皆就在天之气化无心而及物者言之。天无一日而息其命，人无一日而不承命于天，故曰‘凝命’，曰‘受命’”①。是以对所有这些外道之学，要想正本清源，就必须重新理解生。

> 以理言之，天下止有生而无所谓死，到不生处便唤作死耳。死者生之终……“始终”二字，当自有义，断不可以初生之一日为始，正死之一日为终也。
>
> 要以未死以前统谓之生，刻刻皆生气，刻刻皆生理；虽绵连不绝，不可为端，而细求其生，则无刻不有肇造之朕。……
>
> …………
>
> ……有一刻之生，便须谨一刻之始。到曾子易箦时，也只是谨始，更不可谓之慎终。……
>
> …………
>
> ……凡自未有而有者皆谓之始，而其成也，则皆谓之终。既生以后，刻刻有所成，则刻刻有所终；刻刻有所生于未有，则刻刻有所始。故曰曾子易箦，亦始也，而非终也。反诸其所成之理，以原其所生之道，则全而生之者，必全而归之；而欲毕其生之事者，必先善其成之之功：此所谓知生而知死矣。②

“天下止有生”这首先是一个存在论层面的论断，其次才是生存论层面对人的描述。也即是说，生成本身是万物始源天地之气的存在状态，生成即是存在，存在即是生成，这种体用关系甚至不能用属性来表述，因为一旦说生成是气的属性，就意味着有一个在下的存在者作为基底（substance），属性仅是附加在此基底上的外在之用。天地之气不是任何具体存在者（所以船山也常说“无体”），而是先于任何存在者的全体大用，在此意义上，无所谓死，若天地之气有死，则宇宙归寂万化不生矣。只有就具体的个体而言才谈得上生机之断绝，此后其存在仅是一个耗散殆尽的过

① 读四书大全说：论语：雍也篇［M］//王夫之. 船山全书：第6册. 长沙：岳麓书社，2011：676-677，677.

② 读四书大全说：论语：先进篇［M］//王夫之. 船山全书：第6册. 长沙：岳麓书社，2011：751-752.

程，虽然就其与外在世界的关系而言仍可谓之生，譬如草木灰成为肥料，然就其自身而言不复具有生成性，即与人造之死物无别，故称“死者生之终”。所以，只要个体的生机一天尚未断绝，便刻刻不停地承受天地生气阳光雨露等滋养，每一刻都在生着新的自我，是谓之始，每一个生之成也都是一种暂时的终结。曾子易箦的举动虽然是临死所为，但这种行动同时又是对其生命的日新之生，所以亦是始，而不可但谓之终。所以，船山认为只有“知生”，理解了生的真正意义，才可能“知死”，而非妄论死而废生，“此是圣贤异端一大铁界限，走漏一丝，即成天壤，而废仁义、绝伦理之教，皆其下游之必至矣”①。

4. 生性说的困难

以上我们讨论了船山“性日生日成”的基本意涵及其意义旨归，下面我们在本小节分析此说可能遇到的内在困难。

就宋明道学的传统性论来说的话，人初生之顷既有“气质之性”又有“天地之性”，学者通过后天之学能够变化的只是“气质之性”。“天地之性”可能被私欲遮蔽，可以通过后天工夫去蔽让它重新呈现，却不能说它会变化。人每日新陈代谢与天地交流，只能说是气日生日成，不能说理日生日成，不变的天理落在人身上所成的“天地之性”保证了人向善的可能性基础。船山强调气先于理，理随势变，落在心性论即为“性日生日成”之说。然而，若是没有不变的“天理”作为根基，则此说容易泛滥无归而成支离虚无之学。船山在其《尚书引义·太甲二》中论述“习与性成”的时候，似乎尚未明确意识到这个论点所可能带来的逻辑后果。一方面船山承认初生之时，天有命于人：

> 初生之顷，非无所命也。何以知其有所命？无所命，则仁、义、礼、智无其根也。幼而少，少而壮，壮而老，亦非无所命也。何以知其有所命？不更有所命，则年逝而性亦日忘也。②

如果没有初生所命之性，仁义礼智便没有在人性中的内在根基；而幼少壮老的过程中天不断更有所命，以使仁义礼智之性不会被磨灭遗忘。这

---

① 读四书大全说：论语：先进篇［M］//王夫之．船山全书：第6册．长沙：岳麓书社，2011：752.

② 尚书引义：太甲二［M］//王夫之．船山全书：第2册．长沙：岳麓书社，2011：299-300.

也即是说，船山还是承认宋明道学的基本前提，即天命于人之性包含仁义礼智，至少包含其根基。

另一方面船山在论证“性日生日成”的时候并没有说明是就理而言还是就气而言：

> 形化者化醇也，气化者化生也。二气之运，五行之实，始以为胎孕，后以为长养，取精用物，一受于天产地产之精英，无以异也。形日以养，气日以滋，理日以成；方生而受之，一日生而一日受之。受之者有所自授，岂非天哉？故天日命于人，而人日受命于天。故曰性者生也，日生而日成之也。①

这里船山先是就形、气、精等气层面的因素来论证，然后列举了形、气、理都在日生日成，最后归结为性日生日成，却没有给出性的定义，从上下文来看，似乎可以解释为包含形、气、理的一个整全之体称为性。这个解释就船山自身思想体系而言并没有太大问题，不过在下文他的表述似乎又有含混：

> 惟命之不穷也而靡常，故性屡移而异。抑惟理之本正也而无固有之疵，故善来复而无难。未成可成，已成可革。性也者，岂一受成侀，不受损益也哉？②

如果按照上文所言性之定义，那么天始终命于人，性始终在生成变化，这本身没有问题，然而如前所论，人何以能够在变化中择善固执呢？这里船山将理由归于“理之本正”，这似乎是说最终还是要依凭一个先天之正理，如果是这样的话，“性日生日成”之说便又回到了道学传统的先天之性上去，只不过换了些概念和说法而已。不过，这显然不是船山的真正意图，所以他在两年之后的《读四书大全说·孟子·告子上篇》中，借助于孟子“夜气”之说重新讨论了生性说同理气的关系问题。

> 雨露者，天不为山木而有，而山木受之以生者也；则岂不与天之有阴阳、五行，而人受之为健顺、五常之性者同哉！在天降之为雨露，在木受之为萌蘖；在天命之为健顺之气，人受之为仁义之心。而今之雨露，非昨之雨露；则今日平旦之气，非昨者平旦之气，亦明矣。到旦昼

---

① 尚书引义：太甲二［M］//王夫之．船山全书：第2册．长沙：岳麓书社，2011：300.

② 同①301.

牿亡后，便将夙昔所受之良心都丧失了。若但伏而不显，则不得谓之亡。且其复也，非有省察克念之功以寻绎其故，但因物欲稍间，而夜气之清明不知其所自生。若此者，岂非天之日命而人之日生其性乎？①

此段大义甚明，乃是说夜气滋养人如同雨露滋养山木，都是日复一日未有间断的，以此论证日生其性。但这里有个类比值得玩味，即说天降雨露木生萌蘖，这是木之生性；在人则天命为健顺之气，人受之为仁义之心，此为人之生性。这个类比完全不同于宋明道学的一般讲法，惯常的观念会认为，健顺之气与仁义之心都属于气而不是理或性。即便说此仁义之心乃是类似于朱子思想体系下的存仁义之性统性情的心，那么无论是否有夜气滋养，于人的仁义之性并无生成助益，最多可以理解为夜气清明使得人的本然之性更加容易崭露。深谙道学的船山自然清楚这个表述会引起的批评，所以他代质疑者设问并自问自答：

乃或曰，气非性也，夜气非即仁义之心，乃仁义之所存也，则将疑日生者气耳，而性则在有生之初。而抑又思之：夫性即理也，理者理乎气而为气之理也，是岂于气之外别有一理以游行于气中者乎？夫言夜气非即良心而为良心之所存，犹言气非即理，气以成形而理具也。岂气居于表以为郛郭，而良心来去以之为宅耶？故朱子说"夜气不曾耗散，所以养得那良心"，以一"养"字代"存"字。只此天所与人清明之气，健顺故清明。养成而发见到好恶上不乖戾，即是良心，而非气外别有心生，审矣。②

这个设问表明船山当时已经意识到其性日生之说与道学传统的关键分歧所在。船山在讨论大多数道学心性论问题的时候，还是尊重概念传统，在理的意义上使用性这个概念。船山说明，他所说的理不是一个穿梭游行于不同的气之中的外在之理，而必须是气之理。如果说夜气不等于良心，而仅仅是存放良心的场所，那么岂不是说气仅仅构成一个外在的容器，良心可以来去或盛放在此容器中么？这必然将导致前文分析过的虚实体用二分，以及由此导致的明心见性之说。

但这段话中对仁义之心和良心的表述比较奇怪，需要加以解释。在设

① 读四书大全说：孟子：告子上篇［M］//王夫之. 船山全书：第6册. 长沙：岳麓书社，2011：1075-1076.

② 同①1076.

问中，如果说日生为气，而非性，那么与之平行的质疑应当是说“夜气非即仁义”，而不是说“夜气非即仁义之心”。因为仁义是性，属理；仁义之心是心，属气。在回答中，良心这个概念显然是对仁义之心的同义替换。说夜气不是存放良心的处所，也容易被理解为如下之义：将良心理解为一般的心之概念，而将夜气理解为人的身体。而实际上从其对文来看，夜气与良心的关系显然等同于气与理的关系。而在下文，船山又说“发见到好恶上不乖戾，即是良心”，这却是从已发之道心而论良心，与上文以理论良心似乎难以统一。此外，与本条上下相邻的一七、一九条中也有对仁义之心的论述。一九条曰：

> 必须说个仁义之心，方是良心。……盖但言心，则不过此灵明物事……所以具众理、未即是理，而能具之。应万事者，所应得失亦未定。大端只是无恶而能与善相应，然未能必其善也。须养其性以为心之所存，方使仁义之理不失。
>
> 孔子曰“操则存”，言操此仁义之心而仁义存也……①

此条显然明确地区分了仁义之心与仁义的差别，陈来也指出：“对于船山，‘仁义’与‘仁义之心’是不同的，二者的区别是‘仁义，善者也，性之德也。心含性而效动，故曰仁义之心也。’仁义是性之德，即构成本性的具体德目，是善的；仁义是‘性’，而仁义之心是‘心’，二者的区别就是性与心的区别”②。以此观之，船山在一八条中的表述为了照顾孟子的概念，造成了自身表述的一些问题。不过亦未必全然如此，船山在一七条中有如下之论：

> 在天者，命也；在人者，性也。命以气而理即寓焉，天也；性为心而仁义存焉，人也。故心者，人之德也；气者，天之事也。③

“命以气”这个说法放在船山的体系中是很自然的表述，而与之对文的“性为心”则是船山心性论中的一个重要命题：性体心用④。简要言

---

① 读四书大全说：孟子：告子上篇［M］//王夫之．船山全书：第6册．长沙：岳麓书社，2011：1077.

② 陈来．诠释与重建：王船山的哲学精神［M］．北京：生活·读书·新知三联书店，2010：245.

③ 同①1073.

④ 参看陈来《诠释与重建：王船山的哲学精神》第七章第二节“性为体，心为用”。后文亦有论，此不赘述。

之，船山心性论乃是彻底的一元论，性之发用即为心，心又可还存此性，所以说“性为心而仁义存焉”，也即是在不严格的意义上，有时心、性二者因其一源而可以互换。不过无论如何，船山在一八条中的一些表述不够清晰，如果我们不拘于孟子的概念，一些关键句子似乎应当改为“夜气非即仁义，乃仁义之所存也，……夫言夜气非即仁义而为仁义之所存，犹言气非即理，气以成形而理具也。岂气居于表以为郛郭，而理来去以之为宅耶”，方能够更明晰地传达船山之意。这样和下文船山所论“天之与人者，气无间断，则理亦无间断，故命不息而性日生”，也就能够顺理成章地衔接了。

总之，不管船山的表述是否有问题需要修改，其言说意图还是比较明确的，其夜气之论的目的在于说明，气无不善，天地之气于平旦之时清明而与人相接，便能使其健顺之性感化于人生成仁义之性①。所以船山说：

> 若云唯有生之初天一命人以为性，有生以后唯食天之气而无复命焉，则良心既放之后，如家世所藏之宝已为盗窃，苟不寻求，终不自获；乃胡为牿亡之人非有困心衡虑反求故物之功，而但一夜之顷，物欲不接，即此天气之为生理者，能以存夫仁义之心哉?②

这也是气论的必然推论，既然日受天之气，则必然也日受天之理，这样，仁义之性就不是人初生之际的一次性赋予者，而是始终不断化入人的生理。但问题尚未彻底解决，我们依然可以问，鸟兽草木都能够禀受天之日日化生，则人之性何以异于犬马之性？船山解释道：

> 天与人以气，必无无理之气。阳则健，阴则顺也。一阴一阳则道也，错综则变化也。天无无理之气，而人以其才质之善，异于禽兽之但能承其知觉运动之气，尤异于草木之但能承其生长收藏之气。是以即在牿亡之余，能牿亡其已有之良心，而不能牿亡其方受之理气也。理气谓有理之气。③

也就是说天给予万物的必定皆为有理之气，但草木仅能承受其生长收藏之气，禽兽仅能承受知觉运动之气，唯有人才质善而可以承受清明之气

① 可参看陈来《诠释与重建：王船山的哲学精神》（生活·读书·新知三联书店，2010年）第八章第五小节“夜气”，第300页。

② 读四书大全说：孟子：告子上篇［M］//王夫之．船山全书：第6册．长沙：岳麓书社，2011：1077.

③ 同②1076-1077.

以存仁义之心。但我们若问才质之善何来，则又必然追溯回初生之际的禀受之性。而且同为天所给予的健顺阴阳之气，何以人受之则为仁义，禽兽受之则为知觉运动，草木受之则为生长收藏？所以“性日生日成”之说的关键在于，这里是否有个永远无法剔掉的先天人性设定，如果有，在何等意义上不同于传统道学要回复的心体或者性体。为了回答这个问题，我们还必须更加深入地分析船山气质之性学说，才能最终理解“性日生日成”理论的前提性架构。

第四节　气质之性与气质中之性

本节要义：

船山以“气质中之性”来诠释道学“气质之性”概念，其具体结构如下：

构成特定形质的气，可称之为“形质之气”；聚成形前的气可称之为“天地之气”；形质形成以后与之往来的天地之气，可称之为“形后之气”。“形质之气”是与人性相近的先天禀赋，“形后之气”是与人性相近的后天生成性原因。初生之时，气丽于质，生出质中之文理“型范”，它相对气有静态性与范围约束之义。人之型范相近，情才皆可以为善。质与气的交互关系要点如下：

(1) 质由气聚而成，于初生所成之后，即有较为固定的型范。气则运行不息，日日作用于质。

(2) 气之成质无心化成，全体或长久来看大公而至正，单就一时一隅而言难保不会时有偏至。但气总体来看为善，是养气向善的基本原动力。

(3) 气凝于质之后，不再同于本然之气，船山以凝、继这样的字眼来体现出分化区别。

(4) 质之型范有厚重之势，有势遂有能，即不是被动承受作用之气，而是能够通过型范自持而立，并归纪外界相作用之气化入自身。

(5) 型范的这种势能并非绝对的，质归根结底仍是为气所构成，并无先天不变之理内在于质，质之文理型范并非一成不变，而是在与气交互作用中生成。

(6) 性为气之纪，纪为纲领法度之义。纪又有治理主持之义，性气相生。

“气质中之性”即“本然之性”，二性实一而称谓指向不同。就其初生之际可称为“本然之性”，就其日生日成而言，为“气质中之性”。失其本性说的不是先天本体不再寓于人之中，或被遮蔽需要回复，而指的是质与外界之气攻取过度，窒浊而不复清明，不再能够继善成性。善根本而言是个体继承并保持气之生生不息，化用外界清明之气，因习改变型范，使之渐趋完备中正而合于天。

由上所论可知，船山虽然反对将性理解为初生之际一成不变之侀，但他还是认为在初生之际人与禽兽草木之性已经有了根本差别，是这种差别决定着不同的人、物在后天日受日生方向的不同，为了更深入地理解这种差别，我们来讨论船山对初生之际所受禀赋的论述，宋明道学对此的讨论是围绕着气质之性概念而展开的，船山亦莫能外之。

不少学者指出，如果说西方思想传统的经典范式是形质论的话，中国思想范式则可称为文质论。在形质论传统中“质料总是低于形式，形质论的实质，在于以技艺制作的模式来理解一切自然的和人为的事物。文质论却并非如此。《白虎通》云：‘事莫不先有质性，后乃有文章也。’‘文’取相于质实自然上的纹理，所以不能脱离质实自然而存在。……质不是永远被动的，文也不是永远主动的。……文并不绝对地高于质，质也不是绝对地优于文”①。需要注意的是，文质这对概念本身也在不断流变，有时也会在中国式的形而上学建构中呈现出某些类似西方形质论的特点。譬如，在程朱理学的讨论中，“气”与“质”常常共同使用，并与“理”（原义即是文理）相对。不过因为“气”这个概念获得了非常实在的宇宙构成本源意义，“质”的意涵也相应地退居到现实物体层面。“文”这个概念也由原本事物的自然文理获得了形而上学实体意义，成为颇具独立性的“理”。所以文质论范式转化成为理气论，而随着明中叶以降“气学”与“实学”的复兴，“气”具有了越来越根本性的结构功能，很多特点呈现出向先秦文质论范式的回归，不过衍生出了更加精细的结构，在船山这里是以气、质、性、型范等范畴来建构的。

1. “气质之性”与“气质中之性”

（整全之）性既是天地之气所凝形质之体，同时也是此形质借助于天

① 吴飞. 人伦的“解体”：形质论传统中的家国焦虑［M］. 北京：生活·读书·新知三联书店，2017：197.

地生气不断继善的生成，那么，物性差别的根源便在于不同天命所产生的形质不同，由此又会产生不同物继善成性的能力之不同。船山将得之于天者称为命，命大而性小，有时他将性做一个相对狭义的理解，仅指有知觉能运动者，也即是草木无性，禽兽与人有性。

> 禽兽，无道者也；草木，无性者也；唯命，则天无心无择之良能，因材而笃，物得与人而共者也。①

在这种用法中，天命、性、道所指范围逐渐狭窄，"'天命之谓性'，为人言而物在其中，则谓统人物而言之可也。又曰'率性之谓道'，则专乎人而不兼乎物矣。物不可谓无性，而不可谓有道，道者人物之辨，所谓人之所以异于禽兽也"②。须注意者，像这样以"道"专指"人道"的用法在船山这里较少，"道"最常见的用法还是就天之气化流行而言，"一阴一阳之道，妙合而凝焉。然则性也，命也，皆通极于道……道大而性小"③。

既然人之性与他物皆不同，是以在此意义上，船山也时常以性字专指人而言。

> 道统天地人物，善、性则专就人而言也。④
>
> ……才言性即是人之性，才言道即是人之道。气外无性，亦无道也。⑤

性的这三种用法——天命、人性、知觉——在宋明道学话语系统中是比较常见的，也即是对应着道学家们对天地万物存在秩序的层级划分：首先是天，其次是人可以秉承天之全德，再次为禽兽有知觉而无整全之德，又次为草木无知觉而有生，最后是枯槁者无觉无生。⑥ 最后两种因其无知觉无生，因此亦无性。具体到船山在讨论心性问题的时候，以"人性"与"知觉"两种用法较为常见，尤其是"人性"意义，对其又可以进一步分殊为天地之性与气质之性。

---

① 张子正蒙注：诚明篇［M］//王夫之. 船山全书：第 12 册. 长沙：岳麓书社，2011：112.

② 同①.

③ 周易内传：系辞上传第五章［M］//王夫之. 船山全书：第 1 册. 长沙：岳麓书社，2011：526.

④ 同③.

⑤ 读四书大全说·孟子·尽心下篇［M］//王夫之. 船山全书：第 6 册. 长沙：岳麓书社，2011：1141.

⑥ 这种区分可以参看陈来《朱子哲学研究》第六章第四节"枯槁有性"，第 136 页。

船山分别在中年的《读四书大全说》与晚年《张子正蒙注》中详细讨论此天地之性与气质之性的问题，而且表述并不一致。这种思想异同我们放在下一节情才问题中讨论，本节先来看船山在《读四书大全说》中对气质之性的论述：

> 程子创说个气质之性，殊觉崚嶒（笔者按：高耸突兀，特出不凡）。先儒于此，不尽力说与人知，或亦待人之自喻。乃缘此而初学不悟，遂疑人有两性在，今不得已而为显之。
>
> 所谓“气质之性”者，犹言气质中之性也。质是人之形质，范围著者生理在内；形质之内，则气充之。而盈天地间，人身以内人身以外，无非气者，故亦无非理者。理，行乎气之中，而与气为主持分剂者也。故质以函气，而气以函理。质以函气，故一人有一人之生；气以函理，一人有一人之性也。若当其未函时，则且是天地之理气，盖未有人者是也。未有人，非混沌之谓。只如赵甲以甲子生，当癸亥岁未有赵甲，则赵甲一分理气，便属之天。乃其既有质以居气，而气必有理，自人言之，则一人之生，一人之性；而其为天之流行者，初不以人故阻隔，而非复天之有。是气质中之性，依然一本然之性也。①

首先要说明的是，气质之性的说法，其实是由张载最先提出的，程朱继承之。船山这里程子创说的说法有误，曾昭旭猜测可能是为横渠讳，这个说法或有过度之嫌。第一，船山中年时虽然也力赞横渠，但并没有鲜明地表示归本横渠，晚年方有此论。第二，从船山晚年的《张子正蒙注》中涉及的讨论来看，他依旧认为此说是程子所创，横渠对其有所纠偏②。考虑到船山颠沛流离的治学条件③，此误情有可原且无关大碍，亦不必特为之讳。

其次，需要特别注意的是，船山明确表达他作此论的目的是防止对性

---

① 读四书大全说：论语：阳货篇［M］//王夫之．船山全书：第6册．长沙：岳麓书社，2011：857-858.

② 譬如“程子谓天命之性与气质之性为二，其所谓气质之性，才也，非性也。张子以耳目口体之必资物而安者为气质之性，合于孟子，而别刚柔缓急之殊质者为才，性之为性乃独立而不为人为所乱。盖命于天之谓性，成于人之谓才，静而无为之谓性，动而有为之谓才。性不易见而才则著，是以言性者但言其才而性隐。张子辨性之功大矣哉”（张子正蒙注：诚明篇［M］//王夫之．船山全书：第12册．长沙：岳麓书社，2011：129-130）这段话，显然先举程子之论，后举张子之论，并认为其“辨性之功大矣哉”。

③ 如劳思光所言：“船山平生踪迹多在两湖，故于当世学人殊少交往。船山思想固有许多特色，然其了解他人理论处每多隔阂，即与此种经历上之限制有关。学者不可不知。”（劳思光．新编中国哲学史：第3卷下［M］．桂林：广西师范大学出版社，2005：512）

的理解的二元论倾向，“疑人有两性在”，这是我们在后面的讨论中要时刻牢记的。

船山这段话大义似乎并不费解，乃是以“气质中之性”来重新诠释“气质之性”：人出生以后，有形有质，气涵于其中，有此气其遂有此理，理即性也，则就此人整全个体而言所具有的理即是此人之性，此理人人不同，故人性亦随其气质而各有不同，此个体独特之性即为“气质中之性”。然而，这段话里又存在许多困难，从而带来诸多不同解读。我们将通过对曾昭旭与陈来两位先生不同解读的讨论来深入理解船山此篇材料。

陈来先生认为，“质以函气，故一人有一人之生；气以函理，一人有一人之性也”说的是“不同的个体形质所函的气有所不同，从而每人都有其特殊的生命体质；又由于不同个体形质所函的气有所不同，所以这些气中所函的理也有所不同，也就是气质中之性相近而不同。这个说法在朱子学里叫做‘气异而理异’”①。

另外，“是气质中之性，依然一本然之性也”，是“以反对朱子学把本然之性与气质之性区别开来的做法，而这似乎是说，气质之性不受气质的影响，与本然之性相同。这种说法在朱子学中叫做‘理同而气异’，可是，这样一来，又怎么能论证性相近之说呢？”②

陈来先生对这两句话的基本解读并无问题，不过问题的关键还是在于理气概念的内涵，内涵的细微变化会造成对整个结构判断的变化。按照《朱子哲学研究》，朱子“气异而理异”“理同而气异”的理字是不同的：后者指的是“天地普遍之理，在人则指性理，在性即本然之性”③；前者指的是“个体人物的分理（也可称为气质之理），在性即气质之性”④。“而朱熹哲学中气质之性这一概念并不是专指气之性（如横渠所谓动静、相感、攻取之性），而是指本然之性坠入气质之中后表现出来的性……只要说到气质之性，自然包括本然之性在其中”⑤，“本然之性作为本体即存在于气质之性之中，正如泥浆中本身即包含有水一样”⑥。朱子晚年认为人物皆有本然之性，又皆有气质之性，只是物所禀受的性偏而不全，人禀

① 陈来．诠释与重建：王船山的哲学精神［M］．北京：生活·读书·新知三联书店，2010：150.

② 同①.

③ 陈来．朱子哲学研究［M］．上海：华东师范大学出版社，2000：141.

④ 同③.

⑤ 同③137.

⑥ 同③140.

受全而又有遮蔽之不同。陈来先生进一步认为，朱子并没有完全解决此二者的矛盾，在“理同而气异”的思路下，人与物皆分有整全的本然之性，只是因蒙蔽不同而造成差别，这就会推致将理实体化的思路。而如果彻底坚持“气异而理异”的径路，最终会导致理只是气之条理的气本论①。

显然，在陈来先生的思路下，“气异而理异”与“理同而气异”分属于气本论与理本论两条道路。前者能够比较好地说明不同人的性之禀赋差异，却难以充分区分人禽之辨，从而难以给道德伦理奠基。后者虽然能够为人伦奠基，克服相对主义或功利主义，然而又无法将自身与佛家区别开来，从而容易陷入没有分殊的平等主义中去。也是在这种思路下，陈来先生提出了对船山的质疑，认为：“船山最后的推理也不清楚，照其最后几句所说。当形质已成之后，质以函气，气以函理，一人一生，一人一性，而那些未聚的理气仍只是天地流行之理气，并不受已聚成形的形质所影响。从这里如何推出‘是气质中之性，依然一本然之性也’的结论？船山所用的‘本然之性’的概念与朱子学是同是异？”② 实际上，陈来先生认为船山的“本然之性”与朱子是相同的，所以他会在上文质疑的注脚中引用了唐凯麟的一个解释：“这就是说，气质之性即气质中所涵之理，借用朱子的话来说，就是本然之性。”③ 并接着说“气质中之理当然是来自天地之理，但假如气质中之理与天地之理全同，那它就不受特定气质所影响，又如何说明性是相近而不是相同呢？”而直到此章结束，并没有对船山“本然之性”给出一个解读，只是从命性区分的角度消解了“本然之性”这个说法本身，而对此处疑难以及上述两条道路的调解问题并未做出充分说明。

曾昭旭先生的研究则认为船山“表面看似与朱子所解理在气质之中不异，而实不同也。朱子乃是在理气不离不杂之纲维下解之者；而船山则是在‘理为气之理，气为理之气’，理气浑凝为一之纲维下解之者。故依船山，只可说性为‘气质中之性’（曾氏原注：实当说为‘气质中之理’，此因顺‘气质之性’之名，故尔）却不可说为‘性（理）寄在气质之中’。故实与朱子截然相异也。……其实义遂在确立人之个体性，以使此天地生

① 陈来. 朱子哲学研究 [M]. 上海：华东师范大学出版社，2000：143.

② 陈来. 诠释与重建：王船山的哲学精神 [M]. 北京：生活·读书·新知三联书店，2010：150.

③ 唐凯麟. 试论王船山的人性论 [C] //湖南省社会科学院，湖南省哲学社会科学学会联合会，湖南省船山学社. 王船山学术思想讨论集. 长沙：湖南人民出版社，1984：300.

化之理，有一特殊基底以发用者……是以船山每从个体性言体，而云‘乾以阴为体而起用，坤以阳为用而成体’，云‘据器而道存，离器而道毁’，云‘性载神以尽用’也。此即人之个体性之存在意义”①。曾氏此论点出船山与朱子之不同，若单就此段所论，陈来当亦无异议，唯曾氏并未从根本上说明船山如何面对陈来所提出的理学与气学各自的困难，也就是说并没有将概念自身的逻辑推演至极以明了其内部可能蕴含的困难。譬如，此处曾氏将船山“气质中之性”解释为“气质中之理”，这个说法与陈来上文所言的“气质之理”是完全不同的概念，因为船山反对“性（理）寄在气质之中”这个说法，至少在《读四书大全说》中也反对本然实体意义上的“天地之性”的说法②。所以，曾氏所谓的“气质中之性（理）”逻辑上应当是与朱子迥异，不包含“天地之性”或“本然之性”的，那么其所谓“天地生化之理”以人之个体为基底发用又是什么意义呢？这些在曾氏论述中并没有得到清晰的说明，似有大而化之之嫌。而陈来先生所提出的问题其实是性论最为关键之处，是讨论宋明道学绝不可回避的问题，我们继续就船山此篇材料以及相关论述来讨论，以试图呈现船山是如何解决此困难的。

2. 气、质关系

接上文之论，船山在此篇材料中以笛来譬喻气、质、性关系。

> 以物喻之：质如笛之有笛身、有笛孔相似，气则所以成声者，理则吹之而合于律者也。以气吹笛，则其清浊高下，固自有律在。特笛身之非其材，而制之不中于度，又或吹之者不善，而使气过于轻重，则乖戾而不中于谱。故必得良笛而吹之抑善，然后其音律不爽。
>
> 造化无心，而其生又广，则凝合之际，质固不能以皆良。医家所传《灵枢经》中，言三阴三阳之人形体之别、情才之殊，虽未免泥数而不察于微，而要不为无理。抑彼经中但言质而不言气，则义犹未备。如虽不得良笛，而吹之善，则抑可中律。气之在天，合离呼吸、

---

① 曾昭旭．王船山哲学［M］．台北：远景出版事业公司，1983：516.

② 参看阳货三：“新安又云有‘天地之性’，一语乖谬。在天地直不可谓之性，故曰天道，曰天德，繇天地无未生与死，则亦无生。其化无形埒，无方体，如何得谓之性！‘天命之谓性’，亦就人物上见得。天道虽不息，天德虽无间，而无人物处则无命也，况得有性！”（读四书大全说：论语：阳货篇［M］//王夫之．船山全书：第6册．长沙：岳麓书社，2011：863-864）

> 刚柔清浊之不同，亦乘于时与地而无定。故偶值乎其所不善，则虽以良质而不能有其善也。此理以笛譬之，自得其八九。
>
> 乃其有异于笛者，则笛全用其窍之虚，气不能行于竹内。人之为灵，其虚者成象，而其实者成形，固效灵于躯壳之所窍牖，而躯壳亦无不效焉。凡诸生气之可至，则理皆在中，不犹夫人造之死质，虚为用，而实则糟粕也。
>
> 气丽于质，则性以之殊，故不得必于一致，而但可云“相近”。乃均之为笛，则固与箫、管殊类，人之性所以异于犬羊之性，而其情其才皆可以为善，则是概乎善不善之异致，而其固然者未尝不相近也。
>
> 气因于化，则性又以之差，亦不得必于一致，而但可云“相近”。乃均之为人之吹笛，则固非无吹之者，人之性所以异于草木之有生而无觉，而其情其才皆有所以为善者，则是概乎善不善之异致，而其能然者未尝不相近也。①

这几段话的基本含义如下：笛譬如人，人有形质正如笛有竹身，此形质不同决定了性之差异。笛之形质不同于箫管，正如人之形质不同于犬羊，所以人性异于犬羊之性；同为笛，材料与尺寸又皆不相同，正如人与人之智愚贤不肖各不相同，所以性相近。人虽然形质贤愚不同，但都可以在自身个体基础上获得天之全理，正如笛子虽然有不同，但得善吹者亦可合于音律。“唯当知此所谓理（笔者按：指以笛音律之理譬喻人所秉承之天理），实谓天地生化之纯理至理，非一事一物形构之理也。此处以音律喻之，固比譬未妥，读者宜简别之。”② 此外，陈来先生指出，气在这里前后所指不同：“气丽于质”与“质以含气”所言之气指的都是构成特定形质的气，可称之为“形质之气”；聚成形前的气可称之为“天地之气”；“气因于化”之气指的是形质形成以后在其周围时空环境中与之往来的天地之气，可称之为“形后之气”（原注：船山自己有时称之为生气）。③“形质之气”与“形后之气”皆来自天地之气，前者是人性相近的禀赋性原因，后者指的是人生之后日日接续天地之气，而性日生日成，这是人性

① 读四书大全说：论语：阳货篇［M］//王夫之．船山全书：第6册．长沙：岳麓书社，2011：858-589．

② 曾昭旭．王船山哲学［M］．台北：远景出版事业公司，1983：519．

③ 陈来．诠释与重建：王船山的哲学精神［M］．北京：生活·读书·新知三联书店，2010：153．

相近的生成性原因。

以上我们借助于笛子譬喻给出了一个基本结构，诚然，任何一个譬喻都不可能完全表达出指涉对象的全体，在立象以道出某些本质的同时，必定有其不甚切合甚乃引起误解之处，是以善喻者如庄子，随立随扫，不善解喻者如郑人，买椟而还珠。船山自己也对笛喻之不切合处做出说明，不过，他仍然很看重这个比喻的功效，所谓得其八九也，所以，我们还需要借助于上下文以及其他材料进一步深入讨论这个譬喻中精微难解之处，譬如：以气吹笛之气与陈来分殊的三种气是什么关系，在人而言有何意义？气与质又有什么关系？这里所谓的善与不善应当在何等意义上理解？笛之虚实体用与人有何异同？如此等等，以力求获得一个比较圆满的诠释。

曾氏对此数段论述说："天地之理之内在于人而为性者则并不随质之有限而有限……然而令此性之全体大用不能自觉以发用者何？……以理之不能发用，归诸质之凝合未善，与气之生化未善。……至此所谓气，即指天地生化之实用，乃即与理为一者，此理气行于质中，即成乎善，善者，即此生化之用能自由表现之谓也。然而当气分凝为一一之形质，形质即可有其自成之范限与机括，当此范限机括极端僵固之时，生化之理气即难入以起用，而几若暂熄，而此形质即只能顺其一定之型以终，若然者即谓之质之不良也。……不可据以否定天理本质上的善（原注：即本质上是能起生化之用者），故不善之缘，毕竟在质而不在理也。……以上所论，是就一般之物而言，其形质僵固，不能有化理之自觉……物之不善，唯在其为僵固之'死质'，使化理唯能用其虚而不能贯于其实，亦即，物只能为化理之工具，而不堪与化理合一也……人不只是天地化理之工具，人同时可以是与天地之化理合一同体者也。于是化理即不必单属诸天，而亦可属诸人……故人之有性，虽亦以丽于质故，使人人间不无小异，然其必有此本质上能发用，存在上亦必可发用之性，则无殊也。此即天化之理虽即气而存，而唯能于人之形质有其全体大用之自觉，以成为人特有之性之故。"①

曾氏此论最重要之处在于点出船山不善之缘在质，而形质之所以不善，是因其"僵固"，使得生化之理气难以入于其中，运行于其间。不过曾氏这里的解读未尝切实道出僵固与生化之理气的确切含义以及这种对善之理解带来的根本性思路变化。本章第二节曾就笛子虚实一段材料讨论过船山性之体用意义以及内在完成自身的生成意义。人与笛子不同之处在于

① 曾昭旭. 王船山哲学［M］. 台北：远景出版事业公司，1983：345，518-520.

人能够主动地生成自身，这种生成不仅是在形质层面，也是在情才与德性层面，所以，如果说笛子需要善吹者方能成就其音律，那么人则需要自身不断通过习才能取纳天地之善气以变化其气质。上引材料最后两段对文从初生之本与生后之用两方面说明了人何以能如此。

船山在讨论生成关系的时候反对寄、寓、造这样的概念，认为其会导致对生成的理解的体用殊绝与外在化，他最常用的是丽、凝这样强调一贯性的概念。“丽”字的哲学化用法见于《周易·离》：“离，丽也。日月丽乎天，百谷草木丽乎土，重明以丽乎正，乃化成天下。”王弼注：“丽，犹著也，各得所著之宜。”孔颖达疏：“丽，谓附着也。”船山在原有“附着”之义的基础上进一步发挥，他解释说：“丽者，依质而生文之谓也”。也即是说，初生之时，气丽于质，不是一个气聚集为形质遂一成不变的单向度下降过程，而是在此过程中会生出质中之文理，为了区别于非形质之气的文理，船山对此质中之文理专门使用了一个概念：型范。此概念强调的是气丽于质生文之后，反过来相对于外在流行之气的静态性与范围约束之义。范围约束之义下文有论，这里船山以此静态性说明初生之时形质各异，是以性亦不相同，此之谓固然。所谓性相近，必有同有异方可称之为相近。人初生型范之固然皆不同于犬羊，虽有差别，却又有相同之处，情才皆可以为善，所以就初生之本而言性相近。

已生之后，船山的论述与上一段大致相似，只是几个关键词做出了区分，“而其情其才皆可以为善……而其固然者未尝不相近也”变成了“而其情其才皆有所以为善者……而其能然者未尝不相近也”。其意图在于说明，性之固然乃是可以为善，性之能然乃是有所以为善。前者为体，后者为用，性之体用皆相近而可以为善，船山之体用既然相生，则固然必有能然，其能然之为善必反过来生成新的固然，在船山接下来的讨论中，是就质与气的交互关系阐发此点的。

> 盖质，一成者也；气，日生者也。一成，则难乎变；日生，则乍息而乍消矣。夫气之在天，或有失其和者，当人之始生而与为建立，所以有质者，亦气为之。于是而因气之失，以成质之不正。乃既已为之质矣，则其不正者固在质也。在质，则不必追其所自建立，而归咎夫气矣。若已生以后，日受天气以生，而气必有理。即其气理之失和以至于戾，然亦时消时息，而不居之以久其所也。
>
> …………

质能为气之累，故气虽得其理，而不能使之善。气不能为质之害，故气虽不得其理，而不能使之不善。……故知过在质而不在气也。

乃其为质也，均为人之质，则既异乎草木之质、犬羊之质矣。是以其为气也，亦异乎草木之气、生气。犬羊之气也，故曰“近”也。孟子所以即形色而言天性也。

乃人之清浊刚柔不一者，其过专在质，而于以使愚明而柔强者，其功则专在气。质，一成者也，故过不复为功。气，日生者也，则不为质分过，而能为功于质。且质之所建立者，固气矣。气可建立之，则亦操其张弛经纬之权矣。气日生，故性亦日生。生者气中之理。性本气之理而即存乎气，故言性必言气而始得其所藏。

乃气可与质为功，而必有其与为功者，则言气而早已与习相摄矣。是故质之良者，虽有失理之气乘化以入，而不留之以为害。然日任其质，而质之力亦穷，则逮其久而气之不能为害者且害之矣。盖气任生质，亦足以易质之型范。型范虽一成，而亦无时不有其消息。始则消息因仍其型范，逮乐与失理之气相取，而型范亦迁矣。若夫繇不善以迁于善者，则亦善养其气，至于久而质且为之改也。……

……乃所以养其气而使为功者何恃乎？此人之能也，则习是也。是故气随习易，而习且与性成也。

质者，性之府也；性者，气之纪也；气者，质之充而习之所能御者也。然则气效于习，以生化乎质，而与性为体，故可言气质中之性；而非本然之性以外，别有一气质之性也。①

此部分材料意思比较清晰，大致有如下要点：

（1）质由气聚而成，于初生所成之后，即有较为固定的型范。气则运行不息，日日作用于质。

（2）气无论在成质之前还是之后，都是无心化成的，虽然就其本源全体或长久来看大公而至正，单就一时一隅而言难保不会时有偏至。所以并不能保证质之必正，亦不能保证形后之气作用于质之时必正。但因气总体来看为善，所以是养气向善的基本原动力。

（3）质虽由气而来，当其成形，气凝于质之后，便不再同于本然之气。不能够再毫无区分地笼统谈论气质。船山之一元论并非无差别无区分

① 读四书大全说：论语：阳货篇［M］//王夫之．船山全书：第 6 册．长沙：岳麓书社，2011：859-861．

的一元论，而是以凝、继这样的字眼来体现出分化区别。

（4）有上述分化差异，质之型范遂有厚重之势，有势遂有能，即不是被动承受作用之气，随外界之气而变，而是能够通过其型范自持而立，并归纪外界相作用之气而化入自身。

（5）型范的这种势能并非绝对的，质归根结底仍是为气所构成，且船山并不认为有某种先天不变之理内在于质，所以质之文理型范并非一成不变，而是在与气的交互作用中缓慢变化而不断生成。

（6）质之型范，或曰质中气之理，它是否就是性，在这篇材料中尚不明确，须留待下一节结合其他问题回答。这里所能明了的仅仅是船山以性为气之纪，纪为纲领法度之义。纪又有治理主持之义。“性以纪气，而与气为体。可云气与性为体，即可云性与气为体。质受生于气，而气以理生质。”① 此即为性气相生之道。

归结以上要点，可以举个形象的比喻，气譬如河流，型范譬如河道。河道本是河流所至而生的自然型范，河道既成，则其势必然规定着河流的轨迹流向。河道本身却并非一成不变，河流在长年的冲刷乃至泛滥中必然会改变河道甚乃决堤而出。然而若能时时疏通维护河道，则可使河流渐趋中正清澈，灌溉良田造福万民。

这里的气中之理与个体形质中的型范，其实是同一个东西的两种表述，前者倾向于强调文理形式意义，后者强调的是规范约束意义，两者都不是一成不变之例，而是在约束气的过程中也会因气之流行而渐变。船山“气质中之性”即是“本然之性”，指的是构成人的“气—质—理”这样一个统一整体，而不是蕴于人之中的某个先天本体。这个统一整体既包含气凝为质所带来的的文理差异，即个体独特性，也包含源自“气”的先天生生不息之德，因观察与解释角度不同而有不同之名。就其初生之际便已有，并且秉承“天地之气”生生不息之德而言可称为“本然之性”；就其“气—质—理”统一不可分而言，称为“气质中之性”。二性实一而称谓指向不同，“非本然之性以外，别有一气质之性也”。人之所以异于禽兽草木，既是“本然之性”的不同，也是“气质中之性”的不同。气之理并不是独立于气的不变法则，只要有气便有其理，即便是所谓的失理之气也并不是气真的丧失了其内在本体，而只是理气这个不可分割的整体发生了变

① 读四书大全说：论语：阳货篇［M］//王夫之．船山全书：第6册．长沙：岳麓书社，2011：861.

化而相应地气中之文理也发生了变化，不再中正："气之失理，非理之失也，失亦于其理之中"①。此外，在船山看来，如果说人因为纵私欲而失其本性，这说的既不是"气质中之性"中的某个先天本体不再寓于人之中，也不是这个本体被欲望遮蔽而需要以工夫磨洗后天尘垢，或观照先天本体以求复得，而指的是质与外界之气攻取过度，变得更加窒浊而不复清明，相应的"气质中之性"也更加窒浊而不再能够生生不息地化用交通天地清明之气。

所以，如果就成形质之前的气来看，固然为善，其理亦善，然因天地之气尚未成形质则不可言性，故船山批评说：

> 新安又云有"天地之性"，一语乖谬。在天地直不可谓之性，故曰天道，曰天德，繇天地无未生与死，则亦无生。其化无形埒，无方体，如何得谓之性！"天命之谓性"，亦就人物上见得。②

气凝为质之后，质中之性尽管依旧有不息与生成之德，但因其质必有窒碍或攻取，故并非纯善。所以"气质中之性—本然之性"，只能说是相近，而不可言善。所以船山比较孔子性相近与孟子性善论后给出结论如下：

> 孟子惟并其相近而不一者，推其所自而见无不一，故曰"性善"。孔子则就其已分而不一者，于质见异而于理见同，同以大始而异以殊生，故曰"相近"。乃若性，则必自主持分剂夫气者而言之，亦必自

① 读四书大全说：论语：阳货篇［M］//王夫之．船山全书：第 6 册．长沙：岳麓书社，2011：861．

② 同①863-864．此外，需要说明的是，这里船山批评新安天地之性之说，但是在《正蒙·诚明篇》的注释中却又讨论天地之性。其曰："性以健顺为体，本太虚和同而化之理也，繇是而仁义立焉。随形质而发其灵明之知，则彼此不相知而各为一体，如源之分流矣；恃灵明之知发于耳目者为己私智，以求胜于物，逐流而忘源矣。……天所命人而为性者，即以其一阴一阳之道成之。即一非二曰通，此外无杂曰极。人生莫不有性，皆天道也，故仁义礼智与元亨利贞无二道。……天地之性，太和细缊之神，健顺合而无倚者也。"（张子正蒙注：诚明篇［M］//王夫之．船山全书：第 12 册．长沙：岳麓书社，2011：116，118，128）也就是说，《张子正蒙注》里面对天地之性的理解被特意虚化了，这一方面是为了顺应注不破经的需要，不能直接批评天地之性，需要为其找一个解释；另一方面，这种解释的方向顺应了船山自己思想的要求，用健顺的生生不息之德来理解天地之性，从而破除有物先天地的对"天地之性"的理解。而这里对新安的批评则是刻意将天地实化。然而，新安的原文也明确说"性善，以天地之性言，非天地之性悬空不著乎气质而自为一物也"（胡广，杨荣，金幼孜，等．四书大全校注：上［M］．周群，王玉琴，校注．武汉：武汉大学出版社，2009：700）。也许船山揪住批评的是接下来两句关于"天地之性，虽不杂乎气质，亦不离乎气质"的话，也就是性必然是杂乎气质的意思。总之，两处船山所论所指皆不尽相同，不可非此即彼也。

夫既属之一人之身者而言之。孔子固不舍夫理以言气质，孟子亦不能裂其气质之畛域而以观理于未生之先，则岂孔子所言者一性，而孟子所言者别一性哉?①

这是说孟子是就性在天之本源而论性善的，其所论其实并非性，只能说是天命天道天德。孔子说的才真正是现实中的人性。至于其论孔孟所言为一，只是个委婉的调和，究其根本，船山还是反对性善之说，而赞同孔子性相近之说。因为讲性善者都是将性一分为二，认为就本然之性来说为善，现实之性必然有不善。而船山反对有二性，反对将“本然之性”理解为一个未生之先的先天之性：“孟子亦不能裂其气质之畛域而以观理于未生之先”。所以，船山思想中的人性，既是秉承天地之善的本然之性，也是具体现实中的性，又是可以变化生成的性。由此，船山认为孟子所论其实是命，而非性，孔子“性相近”之性才是真正的“性”：

虽然，孟子之言性，近于命矣。性之善者，命之善也，命无不善也。命善故性善，则因命之善以言性之善可也。若夫性，则随质以分凝矣。一本万殊，而万殊不可复归于一。《易》曰“继之者善也”，言命也；命者，天人之相继者也。“成之者性也”，言质也；既成乎质，而性斯凝也。质中之命谓之性，此句紧切。亦不容以言命者言性也。故惟“性相近也”之言，为大公而至正也。②

总之，船山“气质中之性”的说法必须基于其对气、质的区分才能理解透彻，这样的性论既保证了一元论的基础而无二本之虞，又能够给出对不善来源的说明。我们可以看到这种结构下理解的善在最根本意义上依旧是个体在自身内部继承并保持气之生生不息，这样个体才能够化用外界清明之气从而使自己不会被型范所限定，并且进而通过不断地习改变型范，使之渐趋完备中正而合于天：“善养者，何往而不足与天地同流哉!”③

还需要略为澄清一些表面的困难：既然说孟子不能观理于未生之先，何以又说孔子“于质见异而于理见同，同以大始而异以殊生”，这样说岂非还是说在生之先有一个相同的理么？船山的意思其实是孟子不能将质与理分开而求一个先于质之理，而孔子于不同的质见出的相同之理，不是就

① 读四书大全说：论语：阳货篇［M］//王夫之．船山全书：第 6 册．长沙：岳麓书社，2011：862.

② 同①.

③ 同①.

真正的现实具体“质中之理”而言的，而是就理之大始，也即是天道天德而论。因为理皆有共同的始源，所以虽然分殊成形而有各自“气质中之性”，但这些各自的性必然是相近的。

从历史与政治的视野来看，宋明性善论都强调了普遍的先天人性预设，其区分先天后天背后的重要意图是要为平民社会政治思想重新奠基，给出不依赖于自然禀赋如才性、智慧等等的普遍成圣可能性。这种平民社会转型的大趋势从孔子设私学肇始，至宋代方彻底完成，思想界诸多转向也与之相关，诸如：五经学转向四书学，以孝经为逻辑主导的政治结构转向以普遍明德为核心的《大学》阐释，以及阳明后学的民间路线，等等。在此问题上船山似乎有双重倾向，当他强调人的向善可能性的时候，会说人皆可以为尧舜（同时也强调了圣人的有限性）；当他强调性相近习相远的时候，会把未开化的庶民或小人类比于禽兽：

> 天下之大防二：中国、夷狄也，君子、小人也。非本未有别，而先王强为之防也。夷狄之与华夏，所生异地，其地异，其气异矣；气异而习异，习异而所知所行蔑不异焉……君子之与小人，所生异种，异种者，其质异也；质异而习异，习异而所知所行蔑不异焉……乱则人理悖。①

应该说，这种地异、气异、质异、习异的讲法相比起性善论来说更加合乎船山人性论。这里关于华夏夷狄、君子小人的论述除了明朝灭亡的历史因素之外，也凸显出明末清初儒者在应对平民社会转型的问题上进退维谷的态度，对此问题的更政治哲学化的讨论将会在本书第四章展开。单就人性论层面的问题来看的话，真正的困难在于，如果说“气质中之性”就大始而言有共同根源造成其相近的话，那么犬牛之性同人一样皆来自天命大始，何以犬牛之性与人之性不可言相近，而只能说人性善，犬牛之性不善呢？船山对此质疑回答说：“人有其气，斯有其性；犬牛既有其气，亦有其性。人之凝气也善，故其成性也善；犬牛之凝气也不善，故其成性也不善。”② 但针对这个回答，我们仍然可以进一步质疑，既然人之气异于犬牛之气而彼此相近，那么人之气中必然有异于禽兽的某种共同之处，使得我们可以将所有的人都称为人，这个共同的东西如果理解为某种先天不变本

① 读通鉴论：东晋哀帝三［M］//王夫之. 船山全书：第10册. 长沙：岳麓书社，2011：502. 还可与晋怀帝七，晋惠帝三、一三对看。

② 读四书大全说：孟子：告子上篇［M］//王夫之. 船山全书：第6册. 长沙：岳麓书社，2011：1054.

体，则又将回到传统理学的窠臼中去，且小人、夷狄皆可为尧舜；如果否认其不变性，那么它究竟为何，又是何以能够规定人性共同之处的呢？

其实，我们在本章开始讨论继善成性的时候已经多少涉及了此问题，但只有在前几节充分理解船山性论结构的准备之下，我们才能再次回到继善成性的问题，去思考人性继之于天者究竟为何。

第五节　四德的天人之辨

本节要义：

1. 情才非性

气质中之生理才称得上真正的性。同异攻取属于情才，源自气之生理，但气凝为质之后，一定程度上丧失了太和健顺之能，根据保留程度之多少可以分出草木、禽兽与人的差别。就天而言，气之体为周流六虚而无方所的宇宙全体，气之德为劲健不息之知能，或曰元亨利贞四德，气之用是局部的运化变合聚散显现；就人而言，气之体为人的理气身心整体，气之性是仁义礼智四德，气之用是人与外界事物的往来行为。

2. 德、性、理之辨

德相较于理是大化之良能，理是具备更多规定性的条理，所以船山批评程子以理言天。理是在气化中显现出的条理，而刚柔健顺等天德是气之所以化，人性整全承继的是天德。船山不是将性奠基于理，而是奠基于气之德。狭义的理对应于情、才，是实然者（亦有攻取之能动性）。人须在境遇中达成对分殊之理的认识，继善成性与性日生日成都是对性之虚德的充实与丰富。

3. 四德之辨

“元”是整全之体的大德，始终不断地包有并作用于万物，既从内在构成万物生生不息之良能，又从外在以气化流行发育万物。性中不具备万物具体之理，需通过格物致知去发见；天德天理乃至元亨利贞可以说包有万理，在人之仁义礼智却尚未获得具体规定性，只是一种形式性的规定与引领。元亨利贞落于人身上之后则其德用分化，德成为仁义礼智，用成为人感官的同异攻取，即情才。当情才为性德所贯通引领时，德发为用，用还成德。人在实践中对中道的追求，即对仁义礼智的领会与适宜的运用，这才是性之生成。

1. 情才非性

告子以生之谓性，所以孟子批评说这样就无以区分人之性与犬牛之性。我们在本章第二节第三节讨论过船山对“生之谓性”说的批评，那里船山是以不息的生成来反对初生之际一成不变之侧，是在纵向的生成性意义上批判的。这里我们从船山对告子的批评入手，来理解船山所理解的生生之德就其自身而言与告子生之谓性的差别，以切入船山所理解的人性的根本规定性。

> 朱子谓告子只是认气为性，其实告子但知气之用，未知气之体，并不曾识得气也。告子说“勿求于气”，使其能识气之体，则岂可云“勿求”哉！若以告子所认为性之气乃气质之气，则荀悦、王充“三品”之言是已。告子且以凡生皆同，犹凡白皆白者为性，中间并不分一人、禽等级，而又何有于气质之差也！①

朱子在其自身的框架里，以理为性，故认为告子把气当作用而不知性。在船山的框架里，气才是性之为性的基础，所以他不能同意朱子尊性贬气的说法，而声称告子其实并不知气之体，但知气之用。而荀悦、王充的性三品之论相较之下显然是试图以分析差异性的方式来理解性，这里所谓将性认作气质之气的思路在第三节分析过，指的是将性仅仅理解为个体初生之际的现实实存状态，那么性的三品区分是就气凝结为质之后的所有属性特征来做出的。船山认为，并不是作为形质之气的一切属性都可以称为性，其中还包括情、才，只有气质中之生理才能称得上性。性三品说的问题在于将情、才皆含混进来而论性，看起来是有差异有区分的讨论，其实因为在根基上就已经将诸多问题含混在一起未加区分，那么在此含混基础上的任何区分都只能是表面随意的而不具有思辨严格性。而告子的问题则在于仅仅以气之用为性，这里的气之用指的是“生”，而且是无差别无区分的“凡生皆同”，无分于人之生与禽之生。更进一步地说，告子对“生”的理解也是停留在最表层的气之运动攻取而已，此即船山所谓的情、才，所以告子实际上是就情、才而论性：

> 天不能无生，生则必因于变合，变合而不善者或成。其在人也，

① 读四书大全说：孟子：告子上篇［M］//王夫之．船山全书：第6册．长沙：岳麓书社，2011：1052．

性不能无动，动则必效于情才，情才而无必善之势矣。在天为阴阳者，在人为仁义，皆二气之实也。在天之气以变合生，在人之气于情才用，皆二气之动也。此“动”字不对“静”字言。动、静皆动也。繇动之静，亦动也。

告子既全不知性，亦不知气之实体，而但据气之动者以为性。动之有同异者，则情是已；动之于攻取者，则才是已。若夫无有同异、未尝攻取之时，而有气之体焉，有气之理焉，即性。则告子未尝知也。

故曰“性犹杞柳也”，则但言才而已。又曰“性犹湍水也”，则但言情而已。又曰“生之谓性”，知觉者同异之情、运动者攻取之才而已矣。又曰“食色性也”，甘食悦色亦情而已矣。其曰“仁，内也”，则固以爱之情为内也；爱者七情之一，与喜怒哀乐而同发者也。

孟子曰：“乃若其情，则可以为善矣。”可以为善，则可以为不善矣，“犹湍水”者此也；“若夫为不善，非才之罪也。”为不善非才之罪，则为善非才之功矣，“犹杞柳”者此也。杞柳之为杯棬，人为之，非才之功。即以为不善之器，亦人为之，非才之罪。①

气之生理必须通过变合才能实现，变合中便会有一隅之偏颇不善，在人而言亦然，性之生理必须通过情才方能发用，情才同样不能保证必善。在天之阴阳对应于在人之仁义，这是天德与人性的对应，变合则对应于情才。在天阴阳作为气之实为静，变合作为气之动为动；在人仁义作为性为静，情才为气之动。不过船山自注说动静是相对而言的，其实没有静，因为阴阳、仁义都不是静态规范属性，说静亦动也，第一层意思指的是它们具有生成能动性，第二层意思指的是它们自身也在不断发生着变化，只是相较变合而言未若其动之昭著而已。而告子以气之动者为性，显然指的是变合之动，这种动是仅仅就一种实然的现成性变化而言的，就其不同方面又可以分殊为情、才，“动之有同异者，则情是已；动之于攻取者，则才是已”，“情者阳之变，才者阴之合”。② “情才”指的是阴阳变合同异攻取，对此还需要再稍作分殊。

“情”在船山常见的意义有两个，一是情实之义，一是七情之义，而这里船山通过“同异”将两个意义关联了起来。动则必然有情实之差异，

① 读四书大全说：孟子：告子上篇［M］//王夫之．船山全书：第6册．长沙：岳麓书社，2011：1053.

② 同①1053，1055.

既然有了情实之差异，则人的知觉七情也会相应地生出好同恶异、甘食悦色的不同情绪："知觉者同异之情"。情因为出于对气在一隅偏至的同异判断，而不必然来自对全体大用的理解，是以不必然为善，仅只是可以为善。

这是《读四书大全说》的思路，船山晚年《张子正蒙注》的讲法与之有所不同。上一节我们就曾提到，《张子正蒙注》对"气质之性"与"天地之性"的解释与《读四书大全说》不同，因为这个问题还涉及对情才的理解，故尔放在本节讨论。陈来先生指出："船山这里（《张子正蒙注》）所说的关于天命之性和气质之性的论点与其在《读书说》中的观点有所不同，这应当是出于尊重张载自己对两种性加以区分的原因。"① 也即是注不破经之义。不过，需要补充的是，尽管船山在两部著作中出于注释的需要所使用的概念意义不同，但结构以及结构中各部分元素的意义与功能并没有根本区别，所以我们只要不执着于概念的名相变化，还是能够会通其早晚著作，获得一个统一的理解。

> 形而后有气质之性。
>
> 气质者，气成质而质还生气也。气成质，则气凝滞而局于形，取资于物以滋其质；质生气，则同异攻取各从其类。故耳目鼻口之气与声色臭味相取，亦自然而不可拂违，此有形而始然，非太和细缊之气、健顺之常所固有也。旧说以气质之性为昏明强柔不齐之品，与程子之说合。今按张子以昏明强柔得气之偏者，系之才而不系之性，故下章详言之，而此言气质之性，盖孟子所谓口耳目鼻之于声色臭味者尔。②

这里气与质的相生关系与《读四书大全说》中的讲法基本相同，认为质与气因同异而有攻取，就太和细缊之气本身而言是没有同异攻取之分的，只有在一隅成形成质，方能谈得上质与气或质与质间的攻取关系。差别在于：《读四书大全说》中认为同异攻取应当属于情才，而非气质之性，"动之有同异者，则情是已；动之于攻取者，则才是已"③；《张子正蒙注》

① 陈来. 诠释与重建：王船山的哲学精神［M］. 北京：生活·读书·新知三联书店，2010：415.

② 张子正蒙注：诚明篇［M］//王夫之. 船山全书：第 12 册. 长沙：岳麓书社，2011：127-128.

③ 读四书大全说：孟子：告子上篇［M］//王夫之. 船山全书：第 6 册. 长沙：岳麓书社，2011：1053.

中则认为属于性，所谓才，指的是“刚柔缓急之殊质”。这应当是因为张子本人的话为“口腹于饮食，鼻舌于臭味，皆攻取之性也。……人之刚柔、缓急，有才与不才气之偏也”，所以船山认为口耳目鼻这样的食色之欲是属于攻取之性，也即气质之性。尽管在概念的使用上有这样的差异，不过基本的结构并没有变化①，而且，上一节我们看到的船山对于性非有二的特别强调，在《张子正蒙注》中依旧保持：

> 盖性者，生之理也。均是人也，则此与生俱有之理，未尝或异；故仁义礼智之理，下愚所不能灭，而声色臭味之欲，上智所不能废，俱可谓之为性。而或受于形而上，或受于形而下，在天以其至仁滋人之生，成人之善，初无二理……故告子谓食色为性，亦不可谓为非性，而特不知有天命之良能尔。若夫才之不齐，则均是人而差等万殊，非合两而为天下所大总之性，性则统乎人而无异之谓。②

初看起来，食色不可谓非性的讲法很接近程朱之言，但差别在于，无论是程子还是朱子，他们在论及食色性也时，只是就其皆为人初生之禀赋而言的，根本而言，食色和仁义源自两种存在根基：气与理。而当船山论及食色作为气质之性，他的意思是这种同异攻取是因气凝为形质而有，而气、形、质其实元只是气一而已。况且，同异攻取归根结底还是源自气之生理，太和絪缊之神，阴阳健顺之德，人人皆有而不异，此即张载所说的“天地之性”。

> 天地之性，太和絪缊之神，健顺合而无倚者也。……天地之性原存而未去，气质之性亦初不相悖害，屈伸之间，理欲分驰，君子察此而已。③

气必然凝而有形质，有形质则必然有同异攻取，此乃宇宙阖辟自然流行，不可谓不善，故气质之性未必为悖害，实际上，在下一节道心人心的讨论中我们会看到，气之同异攻取这个层面绝不是需要抛弃的渣滓之物。

总而言之，船山认为情、才的本质是质对于气的同异攻取作用，此作

---

① 笔者以为，船山晚年之所以抛弃了“气质中之性”的讲法，而重新回到“天地之性”与“气质之性”的讲法，除了注不破经的要求外，可能也是有意识地向道学传统概念回归，并且考虑到只要论述得当，完全可以赋予已有概念新的结构性功能，而不必另起炉灶。这实际上也是中国传统学术的基本做法。

② 张子正蒙注：诚明篇［M］//王夫之. 船山全书：第12册. 长沙：岳麓书社，2011：128.

③ 同②.

用源自气凝为质之后，一定程度上丧失了太和絪缊之气的健顺之能，无法完全像太虚之气一样生生不息又虚灵无滞。告子仅看到了质的这种作用能力及其所生成的攻取运动，并以此理解性，却没有看到性并不是气质之气的攻取运动或推动此运动的禀赋，即气之动，而是气之静——所谓静是相对气之实然性攻取运动而言，其实性是能主持调剂气之生理。气凝为质之后并非完全丧失了健顺之德，根据其保留健顺之德的程度之多少可以分出草木、禽兽与人的差别，人从天禀受的“性”在最大程度上保留了健顺之德的整全性，此整全的健顺之德使得质不会沦为死物，能够运化天地清明之气，从而变化自身气质。现在再结合本书第二章的论述，我们便可以了然船山何以认为告子只知气之用，不知气之体。盖就天而言，气之体即为周流六虚而无方所的宇宙全体，气之德为劲健不息虚灵无滞之知能或者更具体展开即为元亨利贞四德，气之用乃是其在局部的运化变合聚散显现；就人而言，气之体即为人的理气身心整体，气之性是仁义礼智，气之用是人与外界事物的往来行为。人的行为可能为善，亦可能为不善，告子以此为性，故认为性如湍水，流动无分东西，他没有看到，人的整全之体不仅仅有此运动能力，更有从天德秉承元亨利贞所成的仁义礼智之性。所以说“夫告子之不知性也，则亦不知气而已矣”①。

在朱子理学的结构中，宇宙之体为太极，太极为静态天理，落在人这里即为性。船山则将体与理分殊开，整全个体对应宇宙全体，性对应的不是太极，而是天德。这种体用关系与理气关系扭转的意义需要结合下面的材料继续分析。

> 理即是气之理，气当得如此便是理，理不先而气不后。理善则气无不善；气之不善，理之未善也。如牛犬类。人之性只是理之善，是以气之善；天之道惟其气之善，是以理之善。“易有太极，是生两仪”，两仪，气也，唯其善，是以可仪也。所以《乾》之六阳，《坤》之六阴，皆备元、亨、利、贞之四德。和气为元，通气为亨，化气为利，成气为贞，在天之气无不善。天以二气成五行，人以二殊成五性。温气为仁，肃气为义，昌气为礼，晶气为智，人之气亦无不善矣。
>
> 理只是以象二仪之妙，气方是二仪之实。健者，气之健也；顺

① 读四书大全说：孟子：告子上篇［M］//王夫之. 船山全书：第6册. 长沙：岳麓书社，2011：1057.

者，气之顺也。天人之蕴，一气而已。从乎气之善而谓之理，气外更无虚托孤立之理也。[①]

阴阳之气为宇宙整全之体，理（严格说来当是德）不再是内在于气的静态本体，而是标识指示气之妙。船山并没有说“理是二仪之妙”，而用了“象”字，依笔者拙见，这当是为了刻意将“理”字虚化，消解掉其本体意义，而突出其象征指示的形式意义。这种形式意义本节后文详论，此处仅先以譬喻作形象说明：理作为气之文理，譬若树之年轮叶脉，人可以通过它直观地理解气是如何年复一年运行生成于树之中，却不能说年轮叶脉即是树之生机本身，而人愈是多地与树木打交道，栽培灌溉并细心照料观察树木的生长，便愈是能精微地理解年轮叶脉中昭示出的树木的生长变化。人需要在实践中不断去充实丰富对年轮叶脉作为树之文理提供的象征形式的理解，才能在各种风霜雨雪的境遇中懂得当如何照料树木使其健康茁壮地成长，而非执定此理便可成为优秀园丁。在天而言，气之于理具有存在意义上的优先性，理或曰天德必然是在气化运行中显现出的某种势态，所以“惟其气之善，是以理之善”。但就已成形质的个体而言，则理或曰性的主持分剂功能便如叶脉一般对于运行于其中的气起到主导作用。所以当船山说“气之不善，理之未善也。……人之性只是理之善，是以气之善”的时候，并不是在理学意义上认为有一个在先之性理决定着气的本质，只是在强调“气质中之性”反过来对气的能动作用。这种作用在天为二气之良能，即和气、通气、化气、成气分别昭示的元亨利贞四德；在人为温气、肃气、昌气、晶气之仁义礼智四德。

我们现在可以进入船山性论最核心的部分，即如何理解人从天所禀之性，才能既从人性中给出伦理政治的坚实根基，又不会陷入前文一再分析的不变本体以及相应的“复性”思路的诸多流弊。

2. 德、性、理之辨

我们首先分辨德与理的差别，上文船山言理只是一个泛泛的与气相对的称呼，是为了突出归根结底理仍只是气之理，“气外更无虚托孤立之理也”。船山虽然也在非严格意义上用理来称呼元亨利贞、仁义礼智，但他更倾向于以德来称之，德相较于理更加突出的是一种大化之良能，理则更

---

① 读四书大全说：孟子：告子上篇［M］//王夫之. 船山全书：第 6 册. 长沙：岳麓书社，2011：1052.

加偏于指向在分殊中包含有更多具体规定性的条理①。所以船山常常论及天德，却罕有提及天理，并认为程子用理来言天是不恰当的：

> 太极最初一〇，浑沦齐一，固不得名之为理。殆其继之者善，为二仪，为四象，为八卦，同异彰而条理现，而后理之名以起焉。气之化而人生焉，人生而性成焉。繇气化而后理之实著，则道之名亦因以立。是理唯可以言性，而不可加诸天也，审矣。②

只有在具体的同异条理中，理之名方起，有了个体才进而有性之名。浑沦之天固然无所谓理，即便是人性因其整全地承继天德，所谓的理其实也即是仁义礼智之德："若夫人之实有其理以调剂夫气而效其阴阳之正者，则固有仁义礼智之德存于中，而为恻隐、羞恶、恭敬、是非之心所从出。此则气之实体，秉理以居，以流行于情而利导之于正者也。"③ 仁义之性与情才的差别在于其本源自阴阳健顺，不滞于形质，所以没有同异攻取："夫在人之气，唯阴阳为仁义，而无同异无攻取，则以配义与道而塞乎两间。"④ 船山以为这种仁义健顺之德在天而言不宜称其为理：

> 天为化之所自出，唯化现理，而抑必有所以为化者，非虚挟一理以居也。
>
> 所以为化者，刚柔、健顺、中正、仁义，赅而存焉，静而未尝动焉。赅存，则万理统于一理，一理含夫万理，相统相含，而经纬错综之所以然者不显；静而未尝动，则性情功效未起，而必繇此、不可繇彼之当然者无迹。若是者，固不可以理名矣。无有不正，不于动而见正；为事物之所自立，而未著于当然；故可云"天者理之自出"，而不可云"天一理也"。⑤

所谓理是在化中显现出的气之条理，而刚柔、健顺、中正、仁义诸天德并非化，而乃所以为化者。如果非要用理这个传统道学概念的话，那么

---

① 这个思路应该是继承自张载《正蒙》："由太虚，有天之名；由气化，有道之名；合虚与气，有性之名；合性与知觉，有心之名"，"神，天德，化，天道。德其体，道其用，一于气而已"。

② 读四书大全说：孟子：尽心上篇［M］//王夫之．船山全书：第6册．长沙：岳麓书社，2011：1110.

③ 读四书大全说：孟子：告子上篇［M］//王夫之．船山全书：第6册．长沙：岳麓书社，2011：1053-1054.

④ 同③1054.

⑤ 同②.

天德只能说是赅存万理的一理，而经纬错综的万理还没有在当然中显著出来，是以“固不可以理名矣”。所以为化者不是理，而是赅存万理的理一，所谓静而未尝动并不是说真的有那样一个时间中的起始状态，静与动，理一与分殊都只是理解的角度不同而已，就其整全源始状态来说，经纬错综都未尝显现，所以不能称之为有理，这个“理一”其实不是一般意义上的理，而是刚柔健顺中正仁义这样的一些形式概念，也即是德。《周易》曰：“立天之道曰阴与阳，立地之道曰柔与刚，立人之道曰仁与义。”这里的道就是船山所说的德，船山以为阴阳刚柔仁义都是指气之德而言，具体变合运动中的万理方能称之为理：“仁义，一阴阳也。阴阳显是气，变合却亦是理。”① 一定要说阴阳仁义是理的话，也只是理一：“纯然一气，无有不善，则理亦一也”②。既然无有不善，则不宜以善称之，“且不得谓之善，而但可谓之诚”③。此即本章第一小节所论的在天之“无善无恶”，“大要此处著不得理字，亦说不得非理”④。所以船山更倾向于用“诚”“几”这一对概念来名之：“所以周子下个‘诚’‘几’二字，甚为深切著明。气之诚，则是阴阳，则是仁义；气之几，则是变合，则是情才。情者阳之变，才者阴之合。若论气本然之体，则未有几时，固有诚也。”⑤

“几”指的是气化变合，之后遂有善与不善分化，“有变合则有善，善者即理。有变合则有不善，不善者谓之非理。谓之非理者，亦是理上反照出底，则亦何莫非理哉!”⑥ 我们看到，这里对“理”字的使用很大程度上去除了传统道学中很强的伦理意义，而仅仅是就气化变合中呈现出的条理而论的，气无论如何变合，情才同异攻取，终归会有条理呈现，所以无往而非理也。对理的这种去伦理倾向不代表船山是相对主义论者或虚无主义论者，恰恰相反，船山是出于不让性成为僵化现成之物这样一个更深的考虑。在船山看来，情才攻取皆是出于理，乃是气之用层面，所以他不是如道学传统那样将性奠基于理，而是要将性奠基于气之体层面的德。“气本然之体”之诚对应于人即是“本然之性”，如前所论，同时也是“气质中之性”：

---

① 读四书大全说：孟子：告子上篇［M］//王夫之. 船山全书：第6册. 长沙：岳麓书社，2011：1055.
② 同①.
③ 同①.
④ 同①.
⑤ 同①.
⑥ 同①.

> 唯本有此一实之体，自然成理，以元以亨，以利以贞，故一推一拽，"动而愈出"者皆妙。实则未尝动时，理固在气之中，停凝浑合得住那一重合理之气，便是"万物资始，各正性命，保合太和"底物事。故孟子言"水无有不下"，水之下也，理也，而又岂非气也？理一气，气一理，人之性也。①

此段数个"理"字，显然都指的是"理一"，也即是"天德"，它既是推动气之动的妙用本源、气之良能，也是人之性。所以船山总结说：

> 告子专在俄顷变合上寻势之所趋，孟子在亘古亘今、充满有常上显其一德。如言"润下"，"润"一德，"下"又一德。此唯《中庸》郑注说得好："木神仁，火神礼，金神义，水神信，土神知。"康成必有所授。火之炎上，水之润下，木之曲直，金之从革，土之稼穑，十德。不待变合而固然，气之诚然者也。天全以之生人，人全以之成性。故"水之就下"，亦人五性中十德之一也，其实则亦气之诚然者而已。②

现在我们可以对船山德、性、理三者关系做一个小结：鉴于宋明道学传统对理字极其广泛的使用，船山对理字的运用也并未做出严格界定，往往既可以指天道、理一、天德，也可以指性、情、才，所以必须结合上下文来理解其所指。而在前文分析中明确的是，狭义的理就人而言并不能够直接对应于性，而应当对应于情、才。如果说广义的理包括了德、性，那么当船山以元亨利贞、健顺五常、仁义礼智来讨论人对于天的秉承关系之时，即便他也使用理这个概念，究其所指是与传统理学的理之意义完全不同的。从上段材料可以看出，他认为，告子单单是以"势之所趋"理解性。在船山概念中，势与理是相关的，船山曰："理当然而然，则成乎势矣……势既然而不得不然，则即此为理矣……理与气不相离，而势因理成，不但因气。"③ 又曰："言理势者，犹言理之势也，犹凡言理气者，谓理之气也。理本非一成可执之物，不可得而见；气之条绪节文，乃理之可见者也。故其始之有理，即于气上见理；迨已得理，则自然成势，又只在势之必然处见理。"④ 差

① 读四书大全说：孟子：告子上篇［M］//王夫之. 船山全书：第6册. 长沙：岳麓书社，2011：1055-1056.

② 同①1056.

③ 读四书大全说：孟子：离娄上篇［M］//王夫之. 船山全书：第6册. 长沙：岳麓书社，2011：990，992.

④ 同③992.

别在于，势是更大范围内的对气更加具有能动性之理。所以告子所理解的性可以说是就情、才而言的理，是从气之用出发的；孟子则是就古今上下之常显现出的德来言性，是从气之体出发的。就气之体出发，则德乃是气内在之健顺良能，是所以然者，属静；就气之用出发，理是气运动显现出的条理，是实然者（亦有攻取之能动性），属动。当孟子说“人性之善也，犹水之就下也”的时候，他指的是水内在之能，而非水流东西显现出的条理，所以此之谓德，而非理。此外，水之就下之性仅仅是其德之一，其还有润之性；且水又只是五行之一，五行之德皆来自气的诚然大德。如果说具体的水之理，则因清浊大小不同而千差万别，只能因地制宜，在具体境遇中不断地充实深化对各种分殊之理的理解，而不可能只凭借“润下”的空灵之德便可筑堤治水造福一方。继善成性与性日生日成都要在这种意义上理解为对形式性之德的充实与丰富。

理解了船山的德、性对应关系与德、理之别，我们现在可以讨论在天之元亨利贞与在人之仁义礼智的关系。

3. 四德之辨

在传统中国哲学中，仁义礼智与元亨利贞相对应几乎是个毫无异议的论题，只是在什么意义上相关联各家诠释皆有不同，不能将这种差别理解为一种前启蒙时代神秘主义或独断论式的任意阐释，正如不能认为西方思想家们对希腊神话的解读是不严格的肆意发挥。其实，每个思想家都是从自身哲学体系的严格思考出发来做出其独特诠释路径的，须细微剖析方能理解其用心所在。

船山在不同地方将天之四德与人之四德做出不同的对应。因为谈到人之德的时候，传统的说法往往是五常仁义礼智信，所以无法直接对应于天德，就需要做出取舍。船山在《周易外传》中认为人之四德应当是仁义礼信，而非仁义礼智，其理由在于“智”不能作为一种独立的德，它在五行对应于水，必须依于四德才能发挥作用：

> 是故夫智，不丽夫仁则察而刻，不丽乎礼则慧而轻，不丽乎义则巧而术，不丽乎信则变而谲，俱无所丽，则浮荡而炫其孤明。幻忽行则君子荒唐，机巧行则细人捭阖。故四德可德而智不可德。①

① 周易外传：乾［M］//王夫之．船山全书：第1册．长沙：岳麓书社，2011：824.

这种对“智”的理解有些接近于康德所说的知性，而非理性，“智”本身并不能给出自身的内在目的，也没有综合统一的能力，必须借助于四德的引领才能够成就真正的德性。反过来说，四德也必须通过“智”才能够着实地发用：

> 是故夫智，仁资以知爱之真，礼资以知敬之节，义资以知制之宜，信资以知诚之实；故行乎四德之中，而彻乎六位之终始。终非智则不知终，始非智则不知始。故曰“智譬则巧也”，巧者圣之终也。曰：“择不处仁，焉得智！”择者仁之始也。是智统四德而遍历其位，故曰“时成”。各因其时而藉以成，智亦尊矣。虽然，尊者非用，用者非尊，其位则寄于四德而非有专位也。①

这样理解的“智”看似任何一种德都离不开，非常尊贵，而其实是一种贬低，以为它只是一种附属工具性的虚浮灵明，异端便是因为太过看重此浮明而有弊：

> 惟不知此，故老氏谓上善之若水，而释氏以瓶水青天之月为妙悟之宗。其下者则刑名之察，权谋之机，皆崇智以废德。②

由此可知船山此立论乃是出于批评异端而发，恐偏于激扬文字之辞，而非平心静气之论，其实中国传统哲学理解的“智”极少有现代工具理性之意。故而此论颇为罕见，在其大部分著作中都还是将仁义礼智对应于元亨利贞，即便是在提出仁义礼信四德说的《周易外传》中亦然。所以下文不特别讨论仁义礼信之说，而还是就其主要的仁义礼智四德而论，我们先来看船山对“元”的论述。

船山在《周易外传·乾》中批评了前人对“元”的理解：

> 先儒之言“元”曰：“天下之物，原其所自，未有不善。成而后有败，败非先成者也；有得而后有失，非得而何以有失也?”
>
> 请为之释曰：“原其所自，未有不善”，则既推美于大始矣。抑据成败得失以征其后先，则是形名器数之说，非以言德矣。③

这里所称先儒指的是伊川先生。此说法出自《程氏易传·大有卦》：

---

① 周易外传：乾［M］//王夫之. 船山全书：第1册. 长沙：岳麓书社，2011：824.

② 同①.

③ 同①825.

“元之在乾为元始之义，为首出庶物之义，它卦则不能有此义，为善为大而已。曰：元之为大可矣，为善何也？曰：元者物之先也，物之先岂有不善者乎？事成而后有败，败非先成者也。兴而后有衰，衰固后于兴也。得而后有失，非得则何以有失也。”又《二程遗书》卷二十二上：“天下之理，原其所自，未有不善。”《朱文公易说》卷十五中朱子将此二说合一曰：“程先生曰：‘天下之理，原其所自，未有不善。’《易传》曰：‘成而后有败，败非先成者也。得而后有失，非得何以有失也’。”想来船山是从朱子所引程子之说而立论的，不过朱子此说倒也无异于程子原义。船山的批评所指在于两点：其一，以成败得失立论，会流于法家之说；其二，以善为始而非终。船山认为程子以成败得失立论是为了破释氏：“意者，立成败得失之衡，以破释氏之淫辞耶？则得之尔矣。……奖成与得，以著天理流行之功效，使知败与失者，皆人情弱丧之积，而非事理之所固有，则双泯理事，捐弃伦物之邪说，不足以立。”① 然而，此论却非的论，“虽然，于以言资始之‘元’，则未也”。因为“执成败、据得失以为本，法家‘名实’之论也”②，之所以“执此说者之始于义而终于利矣”③，究其根本是因为对“元”的理解问题，即第一点实际上是基于第二点立论的，“以成为始，以得为德，而生生之仁不著”④。船山提出他对“元”的理解：

> 《文言》曰：“元者，善之长也。”就善而言，元固为之长矣。比败以观成，立失以知得，则事之先，而岂善之长乎！《象》曰：“大哉乾元，万物资始。”元者，统大始之德，居物生之先者也。成必有造之者，得必有予之者，已臻于成与得矣，是人事之究竟，岂生生之大始乎！
>
> …………
>
> 夫一阴一阳之始，方继乎善，初成乎性，天人授受往来之际，止此生理为之初始。故推善之所自生，而赞其德曰“元”。成性以还，凝命在躬，元德绍而仁之名乃立。天理日流，初终无间，亦且日生于人之心。唯嗜欲薄而心牖开，则资始之元，亦日新而与心遇，非但在始生之俄顷。⑤

---

① 周易外传：乾［M］//王夫之．船山全书：第1册．长沙：岳麓书社，2011：826.
② 同①.
③ 同①.
④ 同①.
⑤ 同①825-826.

船山承认“元”作为开端资始的意义，“元”作为先于具体存在事物的资始者是整全之体的大德，所以可以说“物皆有本，事皆有始，所谓‘元’也”[①]，而且，“纯《乾》之为元，以太和清刚之气，动而不息，无大不届，无小不察，入乎地中，出乎地上，发起生化之理，肇乎形，成乎性，以兴起有为而见乎德；则凡物之本、事之始，皆此以倡先而起用，故其大莫与伦也”[②]。但他认为所谓“善之长”不能理解为实存事物的成与得。“形未成，化未著，神志先舒以启运，而健莫不胜，形化皆其所昭彻，统群有而无遗，故又曰‘大’也。……温和之化，恻徘之几，清刚之体，万善之始也。以函育民物，而功亦莫伴其大矣。”[③] 所以它也贯穿物之始终，是人事之究竟。在天为“元”，在人为“仁”，一阴一阳之始，天人授受之初，皆是此生生大德所为。而万物成得之后，人一生始终，此“元”“仁”之德又不断日生于人物之中。“天无心，不可谓之仁；人继天，不可谓之元；其实一也。”[④] 天无心，则其乾元之德自然而作用于人物；人有心，须得努力作为方能继善成性，所以终生持守方能让“仁”德在自己身上不断发挥其生生之用。这一点我们可以结合船山《春秋家说》中对“元年”之“元”的论述来理解。其曰：

> 凡数之立，以目言之则二继一；以序言之则二继初。目以相并而彼此别，序以相承而先后贯，其理别矣。故《易》言“初”言“二”以达于“上”，《春秋》书“元”书“二”以迄于终。《乾》始不可言“九一”，《春秋》不可言“一年”，一也。
>
> ……夫《乾》之资始，《坤》之资生，仁也。唯仁以始，唯仁以终，故曰“乃统天”。统天者，统天之所有造，而六位时成一元矣。浸令天之以“元”始，以“亨”“利”中，以“贞”终，则始无“贞”而终无“元”。俯仰以观天地之化，曾是各有畛而不相贯乎？故夫人君以仁体元也，自践祚之初迄顾命之顷，无异致也。初年而元，将二年而不元矣，其将取法于亨乎？而体仁长人之德，岂一年而竟乎？志学之事，在谨于始；凝道之功，必慎于终。故曰仁以为己任，死而后已。天以仁覆，地以仁载，历终如始，而大始者不匮。故春夏生而亦有杀，秋

① 周易内传：乾［M］//王夫之. 船山全书：第1册. 长沙：岳麓书社，2011：50.
② 同①.
③ 同①43-44.
④ 同①51.

冬杀而固有生。有序成，无特用也。仅然以始居仁而莫统其后，则亨者倚于文，利者倚于惠，贞者倚于谅矣。①

分析这段材料之前先要理解其论述所指在于道学传统中以《程氏易传》与《朱子本义》为典型的对元亨利贞的理解。伊川将元亨利贞理解为事物发展的各个阶段："元者，万物之始。亨者，万物之长。利者，万物之遂②。贞者，万物之成。"③ 这与上文船山批评的程子观点显然如出一辙。朱子对元亨利贞的解释偏于象数吉凶："元，大也。亨，通也。利，宜也。贞，正而固也。"所以胡炳文曰："'元、亨、利、贞'，诸家便作四德解，唯《本义》以为占辞。"④ 不过程朱两先生之间其实并无太大分歧，朱子对《象传》"首出庶物万国咸宁"注释说："盖尝统而论之，'元'之者物之始生，'亨'者物之畅茂，'利'则向于实也，'贞'则实之成也。实之既成，则其根蒂脱落，可复种而生矣。此四德之所以循环而无端也。"⑤ 这也是就事物不同阶段来理解的，可以说这种理解方向在两先生并无二致⑥。这正是船山此段材料批评的观点。

本书第二章第三节讨论船山对《周易·序卦》的批评时曾分析过条理与序的差别：条理无先后次第，是太极全体自身显现所致，序则表现为逻辑或因果意义上的先后关系。六十二卦并无先后关系，且任何一卦中都有整全的太极，只因隐显不同而显现出条理差异。这里船山要讨论的是《春秋》之纪年，爻位所代表的事物发展过程，以及四德在具体事物上发用流行，这些不再是空灵的卦象形式，而都与时间以及实存事物相关，是以必然有其生灭始终之过程，也必然有先后承接关系。船山特别强调"序"之

① 春秋家说：隐公［M］//王夫之. 船山全书：第5册. 长沙：岳麓书社，2011：109-110.

② "遂"字的解读可参看朱子对于遂与成的差别说明："利"者生物之遂，"贞"者生物之成。遂与成，如何分别?《论语》遂事不谏，注云，遂谓事虽未成，而势不能已也，则知遂是方向成之势，而贞则成矣。故曰"利"则向于实也，"贞"则实之成也。（李光地. 周易折中［M］. 北京：九州出版社，2002：496）

③ 易传序［M］//程颢，程颐. 二程集：第3册. 北京：中华书局，1981：695.

④ 李光地. 周易折中［M］. 北京：九州出版社，2002：38，40.

⑤ 同④495.

⑥ 朱子相关论述尚有许多，不便一一列举，此处仅再举其代表作《周易本义》中的论述："元"者，生物之始，天地之德，莫先于此，故于时为春，于人则为仁，而众善之长也。亨者，生物之通，物至于此，莫不嘉美，故于时为夏，于人则为礼，而众美之会也。和者，生物之遂，物各得宜，不相妨害，故于时为秋，于人则为义，而得其分之和。贞者，生物之成，实理具备，随在各足，故于时为冬，于人则为智，而为众事之干，干，木之身，而枝叶所依以立者也。

特点在于“先后贯”，他将序与目比较并认为诸如一二三四这样的数目只能叫做目，因为它们之间仅仅是并列性的差异，而没有先后一贯之道。而序则既有先后关系，又有一贯之道。“元”作为大始既是万物生成的源头，又始终与万物同在，所谓同在是指既从内在构成万物生生不息之良能，又从外在以气化流行发育万物。显然，这依旧是船山全体大用之义在“元”与万物关系上面的体现，也即是说，如果将船山体用关系在此做一个类推的话，“元”乃是最源初整全意义之德，以“元”为首，不能只理解其源初之义，还应当体察其始终不断地包有并作用于万物的整全之义。所以，元亨利贞不能判然划分畛域，“春夏生而亦有杀，秋冬杀而固有生”，元为始为春、亨为长为夏、利为遂为秋、贞为成为冬这样一个四分法是不足取的。“有序成，无特用也”，说的即是源初与整全无偏至的双重意义。犹为重要的是落在人身上后，“谨始慎终”“仁以为己任，死而后已”这样终身不倦不止的志学道路。

需要指出，对于“元”的贯通涵盖性，程朱其实也有过类似的说法。程子认为：“四德之元，犹五常之仁。偏言则一事，专言则包四者。”① 朱子也说：“四者之间，生气流行，初无间断，此‘元’之所以包四德而统天也。”② 不过，虽然就“元”包四德而言，程朱与船山表述相似，然而一方面，如果分言四德，则程朱显然还是偏于将其理解为事物的不同实然阶段，另一方面，程朱也没有像船山那样特别强调“元”在万物中的不断的生成作用，而是如船山所批评的，更倾向于作开端式的理解。而且船山不仅仅强调“元”的贯通涵盖性，其对亨、利、贞的解读皆秉持着类似的精神：

> “亨”，古与烹、享通。烹饪之事，气彻而成熟；荐享之礼，情达而交合；故以为“通”义焉。《乾》以纯阳至和至刚之德，彻群阴而欣合之，无往不遂，阴不能为之碍也。“利”者，功之遂、事之益也。《乾》纯用其舒气，遍万物而无所吝者，无所不宜，物皆于此取益焉。物莫不益于所自始，《乾》利之也。“贞”，正也。天下唯不正则不能自守；正斯固矣，故又曰正而固也。纯阳之德，变化万有而无所偏私，因物以成物，因事以成事，无诡随，亦无屈挠，正而固矣。③

这段话论述明白，无须赘言，只请读者注意其诠释仍旧是紧紧扣住

① 李光地. 周易折中［M］. 北京：九州出版社，2002：495.

② 同①.

③ 周易内传：乾［M］//王夫之. 船山全书：第1册. 长沙：岳麓书社，2011：44.

“通”“遍”“正”“固”这样的方向，且亨、利、贞都被诠释为纯乾之气展现出的不同良能，如亨为“至和至刚之德”，可以通万物而无滞，利为气对万物的舒益，贞为气之无私而变化万有。如前所论，此诸种良能一方面并不能被划分到气之用的层面，因为气之用乃是实然的攻取运动；另一方面也不能直接等同于气之体，因为气之体当是太极整全大体。在本章第一节我们讨论过，善标识的是由体生用的生生不息之德，唯有气之全体在绵延相续之“继”中不断生成万物端体，方能就此称其为善，因此善而成物，气凝为成形之质，则有性生焉。现在我们可以明了，在船山看来，气之体所以能生用，是因为气中有一种劲健不息的大能，能够推动气不断流行化生。此能纯然至善，所以可以称其为良能，或曰天德。只有气之全体才能充沛无间、不息不滞，所以只有在全体来说此良能天德方是整全而纯粹的。气分化流行的时候会进而呈现出更加复杂的形态，于是天德也会相应地分化为不同的四德——元亨利贞、仁义礼智，究其根本，则仍是乾元劲健之德。所以船山区分了大德小德：

> 仁、义、礼、信，推行于万事万物，无不大亨而利正，然皆德之散见者，《中庸》所谓“小德”也。所以行此四德，仁无不体，礼无不合，义无不和，信无不固，则存乎自强不息之《乾》，以扩私去利，研精致密，统于清刚太和之心理，《中庸》所谓“大德”也。四德尽万善，而所以行之者一也，《乾》也。①

仁义礼智（信）之所以能够行，仍是因纯全之乾德。如前所论，此德亦可称为“诚”，故船山又说：“盖诚者性之撰也，性者诚之所丽也。……性有仁义礼知。诚以行乎性之德”②。此种诚、健之乾德是体生用的根本动力，也是人从天所继者，是为继善成性。性中并不具备万物具体之理，需要通过格物致知去发见。其所谓秉承天理，也不是如阳明所言自然无不知、无不能，而是秉承诚健之德，或者，更具体些的话，是仁义礼智信之德。天德天理乃至元亨利贞固然可以说包有万理，在人之仁义礼智却不尽然，它们可以说是人性中的不变者，却又尚未获得具体规定性，只是一种形式性的规定与引领。我们可以从对下面材料的分析获得说明。

① 周易内传：乾［M］//王夫之. 船山全书：第1册. 长沙：岳麓书社，2011：59.

② 读四书大全说：中庸：第二十二章［M］//王夫之. 船山全书：第6册. 长沙：岳麓书社，2011：541-542.

乃性为天之所命，而岂形色、嗜欲、得丧、穷通非天之所命乎？故天命大而性专。天但以阴阳、五行化生万物，但以元、亨、利、贞为之命。到人身上，则元、亨、利、贞所成之化迹，与元、亨、利、贞本然之撰自有不同。化迹者，天之事也。本然之撰以成乎仁义礼智之性者，人之事也。此性原于命，而命统性，不得域命于性中矣。

形色虽是天性，然以其成能于人，则性在焉，而仍属之天。属之天，则自然成能，而实亦天事。故孟子冠天于性上以别之。天以阴阳、五行为生人之撰，而以元、亨、利、贞为生人之资。元、亨、利、贞之理，人得之以为仁义礼智；元、亨、利、贞之用，则以使人口知味，目辨色，耳察声，鼻喻臭，四肢顺其所安，而后天之于人乃以成其元、亨、利、贞之德。非然，则不足以资始流形，保合而各正也。故曰：此天事也。①

要理解这两段话，须得明了“撰”字之义。从船山其他材料来看②，“撰”最主要的意思有两个：作用显现，具备固有。从这里与本然二字连用，又与化迹对言来看的话，“撰”字应当指的是具备固有③。

---

① 读四书大全说：孟子：尽心下篇［M］//王夫之．船山全书：第6册．长沙：岳麓书社，2011：1137－1138．

② 《周易内传·系辞下传第六章》：“阴阳合德而刚柔有体，以体天地之撰，以通神明之德。”《周易本义》以撰为事。《周易内传》注释说：“阳卦体刚，阴卦体柔，体立而用因以著也。‘撰’，其所作也。凡物理之不齐、人事之至颐，皆天地健顾之德所变通而生。”《周易外传》：“天地之德合。合以成撰，撰备而体不缺，德乃流行焉。”“有体乃有撰。阳亦六也，阴亦六也。阴阳各六，而见于撰者半，居为德者半。合德、撰而阴阳之数十二，故《易》有十二；而位定于六者，撰可见，德不可见也。”“《乾》《坤》必有而知数位之十二皆备，居者德而见者撰也。……阴阳各六以为体，十二相通以合德，而可见者六以为撰。”**从这些来看，“撰”的意思应当是显现、显露、发用。**

此外，在《读四书大全说·中庸》中“撰”的一些典型用法如下：“尽人之能，成己成物。而固与性合撰，功必与效而不爽”，**作**。“乃君子推而小之，以至于一物之细、一事之微，论其所自来与其所自成，莫非一阴一阳、和剂均平之构撰”，**作**。“仁、义之有撰，礼之有体，则就君子之所修者而言也”，**显现**。“只此不思不勉，是夫妇与圣人合撰处，岂非天哉”，**具备**。“如‘动容周旋中礼’四事，皆推本其性之撰，而原其所以得自然咸宜者，性之德也，而非以性为自然之词也”，**具备**。“盖诚者性之撰也，性者诚之所丽也”，**具备**。“天地之所以为道者，直无形迹。故君子之道：托体高明，便不悖于天之撰；流行不息，便不悖于天之序；立体博厚，便不悖于地之撰；安土各正，便不悖于地之理。然而天地之所见于人者，又止屈伸往来、阴阳动静之化，则已非天地之本体”，**此处“撰”字与理序对言，当是指外在的发用显现，如同上面十二时位的地方与内在隐德对言**。“彼但欲绝圣弃知，空诸所有，故将有生以后，德撰体用，都说是闲粉黛”，**此处又是与内在之德对言**。“智礼，文也；仁义，质也。文者迹著而撰微，质者迹微而撰著：则固并行而无衰王之差矣”，**这里和作用义近似**。

③ 船山在选择一些独特的字表达其用意之时，通常是双取其两个相反相成之义。元亨利贞既然是诚健之德，则其具必然同时蕴含有发用之能，是以当同时体会船山此意。

此两段话的重点之义在于人之仁义礼智与天之元亨利贞不同，因为在天来说，元亨利贞会自然分殊在万物中成化迹，由此即可生成万理，所以天之元亨利贞可谓体用兼备且两者自然相成而不可分。元亨利贞落于人身上之后则其德用分化，其德（此处理指德）成为仁义礼智，其用则成为人感官的同异攻取，即前文所论情才。当情才为性德所贯通引领时，德发为用，用还成德。

换言之，天以阴阳五行之气作为人之形质来源，而此气运行中自然具备之德元亨利贞，即人之为人者。元亨利贞作为气化运行的基本形态，既有条理的一面，亦有流行的一面，前者偏静而能主持分剂，后者偏动而能生成感应。是以前者在人即为仁义礼智，后者在人而为感官欲望，两者在人身上相合而又成在人之元亨利贞。船山下文又说“天命不息，而人性有恒”①，也即是说，人性之仁义礼智为恒而不变者，然而这个不变不是离乎气之不变，而是气自身具备的运行形式。当我们说形式的时候不是指法则，恰恰相反，它并不是一种直接具备具体规定性的法则，而是只有在具体情境下才会显现出具体规定性的空灵形式。此形式与具体规定性之间并没有一种严格的知性逻辑关系，而是在情境中当下生成的决断。也即是说，它并非绝对的定言命令形式，也不是有详细规定的假言命令。不顾具体情境的言必信行必果者在儒家看来其实是硁硁然小人哉，儒家也不认同法家式的将一切可能条件与相应判断都严格规定好的行为指引大全，真正的中庸之道应当永远是在情境中权衡决断的无可无不可。而人在实践中对中道的追求又能够反过来丰富充实其性，也就是对仁义礼智的领会与适宜的运用，这才是真正的性之生成，也是本章第八节所讨论的格物致知之学。

在道学传统看来，当天理落于人而成其为性之后，混杂了许多属于气质层面的东西，所以其惯用的词是“蔽”，也就是“多”了些东西遮蔽在本然之性上，所以会说“天命之性”与“气质之性”合在一起构成现实中的人性。而在船山的思路下，命大而性小，当天德成人性之后，并非“多”了些东西混杂进来，反倒是“少”了些东西。按照第二章我们论述过的纯杂关系来说的话，传统道学与船山都以为在天为纯，在人为杂，但他们对纯杂的理解大相径庭。道学传统理解的杂是相对于不变本体而言的

① 读四书大全说：孟子：尽心下篇［M］//王夫之．船山全书：第6册．长沙：岳麓书社，2011：1138.

杂多现象，故尔比纯要“多”。船山理解的杂则是气化流行在一隅显现的条理，所以比纯全大体要“少”。这样一来，他所谓的“本然之性”和“气质中之性”，就其相同点来说，皆持有健顺五常之德。但是，此人德与天德相比，尽管就诸种良能而言并不缺失匮乏，却仍旧不如天德自然而包有万理，而只能在一隅之攻取变合中发用，也即是“仁义只是性上事，却未曾到元亨利贞、品物流行中拣出人禽异处。君子守先待后，为天地古今立人极，须随在体认，乃可以配天而治物”①。所以人要做的是让“本然之性”能够不断发用生成，不忘不执，继承乾坤知能，让此性日生日成，致广大而尽精微。圣人所能不再是发见其先天本体，而是就其所处之境遇让仁义礼智与具体条理恰到好处地相合，由此又可创制发明，从而丰富仁义礼智的内涵。仁义既然不是现成本体，人就只能在实践中体认之，所以“孔子作《春秋》，何曾有仁义作影本！只权衡来便是仁义”②。

本节所论，已基本解决前文所提出的性之两难问题：船山将同由诚而不息的健顺之德分化出的德、理分殊为不同层面，前者为体为能，后者为用为实，并将德虚化为形式性概念，或曰待充实体认的虚灵良能，以此方式，既保证了伦理政治的基础，又无寻求现成不变先天本体之虞。这种人性论架构下的体用关系相比第二章又有了新的意义：一方面，形质之全体非如太虚全体周流无滞，难以直接类比于天道层面将全体作为大本而发用流行；另一方面，体在道学传统中无论是指性还是心，都不能够与人身全体等同，尽管中国传统并没有截然二分的身心二元论，但身心毕竟不同。所以，体的全体意义被削弱，取而代之的是作为所以然或曰能然的一种虚灵良能之义，而用也相应地指称气质中之文理以及由此理所生出的气化变合。但这并不意味着船山的体用概念前后矛盾。首先，人性论层面的用和在天之用并没有本质差别，只是区域范围的缩小；其次，就体来说，我们曾一再强调天的无体之义，无体指的是大化全体作为太虚之气是无方所不可典要的，其最源初规定性仅有诚之良能。所以，若论天之体，全体的说法只是为了帮助读者理解的一个暂时性描述，其终究不如诚这个概念更能允恰地标识出天的有无双重意义，而人所禀于天者即为此体，所以体这个

① 读四书大全说：孟子：离娄下篇［M］//王夫之．船山全书：第6册．长沙：岳麓书社，2011：1027．

② 同①．

概念的上述差异性不仅不是船山概念使用上的矛盾，反倒更加昭示了他天人之辨的重要意义。

另外，儒家传统自孔子便有关于天之无为维度的描述，如“为政以德”章，本书第二章第一节已有论及，本书第二章第六节与第三章第一节也详论天的“无”之维度以及天人之辨，在四德问题上船山也有类似考虑。《礼记·哀公问》载，公曰：“敢问君子何贵乎天道也?”孔子对曰：“贵其不已，如日月东西相从而不已也，是天道也。不闭其久，是天道也。无为而物成，是天道也。已成而明，是天道也。”孔子在这里虽然字面上力赞天道无为而化成万物，但其中主要强调的还是天道劲健不息之义。船山注释曰：

> 日月运行，循环不舍，而光辉下逮，久而不渝；生成万物，无有作辍，而功用昭著：此二者皆天体无息之大端，君子之法天者，法此而已。敬以成身，而不已其敬，则自强不息之实也。盖成身之理，敬以践形，取之人道而已足，唯其存敬之功，则法天之健，斯以为天人之合德，而非躐等希天，舍其必尽之物则，以弃礼而妄托于无为，卒至辱身捐亲，如异端之所为也。①

船山强调的是，天固然有其无为之一面，但人法天只应当法天之健德，而不能躐等而妄同于天，效法天之无为，否则便会落入异端之道。这是船山四德天人之辨的另外一层考虑。

最后要说的是，性论的问题尚未完全解决，如果说仁义礼智只能在人的实践中不断被体认的话，那么人是否但依靠其良能即可不断继善成性?这样一来，除了具体为学次第渐顿工夫，船山与阳明岂非并无差别?上文所引船山论孔子作《春秋》单凭权衡之义，与阳明五经只是圣人心体，体认得自家心体则与圣人无异之论又如何区分?如果这些问题不能回答的话，岂不是又要回到阳明心学的道路上去?

船山作为经史大家，其丰富的经史著作已然提醒我们，除了本章已有的论述之外，必然还有着关键性元素尚未揭示。本书第四章所要做的工作，便是从经权的关系入手，进入船山经史之学，从而最终给出一个回答。但在此之前，我们还必须完成一个准备性工作，对船山的心性工夫问题做出深入的分析。

---

① 礼记章句：哀公问［M］//王夫之. 船山全书：第4册. 长沙：岳麓书社，2011：1189.

第六节　性与心

本节要义：

1. 基本结构

船山之性乃理气凝一之实体，此体虚实兼具，就此“全体”之虚明一面说是“心”，就此“全体”中函有条理一面说是仁义礼智四德。四德秉自元亨利贞，兼具规范生成之义，是在实践工夫中与心、情有着互动相生关系的日生日成之体。“性凝为心”的“性”指的是身心理气虚实相合的整全之体，心是此气凝结后自然而具的良能神明，“身—心”是一体的虚—实、隐—显之两端而已。

“心统性情”之“心”指的是“性—心—情”的结构总体，此乃船山心之广义，需要和后面“正心（志）”与“道心人心”等意涵区别开。“正心”之心近于“志”，忿懥、恐惧、好乐、忧患属于意，意有已发未发，而志始终在。

“性”“理”“神明”“几”，皆为一气，所异者，只是动静虚实清浊，“合性与知觉，有心之名”的“知觉”，也只是交会相遇之气机。

2. 仁义与知觉

心既为气所凝，气的同异攻取之性落在心上，与外物交会便会表现为知觉运动之心，不能简单地将知觉运动称为人心。从体的角度来看，仁义之心与灵明之心根本上不可分开，因为它们同为身心整全一体；就其效用而言，因气本有劲健之德与同异攻取感应之用，由此不同的效用区分出的仁义之心与灵明之心又不可混同为一。当昏蒙遮蔽住仁义之心，需要做工夫求放心的时候，是以灵明心求仁义心，而之所以可能如此，除了仁义心在人性上的源初性之外，也是因为灵明心与仁义心的同源同体性，故曰“本同而末异”。除了同体而异用、因用而得体的思路外，还有体用网络结构以及此结构下体用相生之意。

3. 四端

四端处在性情之间的状态，就相通之处而言：四端虽为性而与情相近；四端既可以称为性之尾（实即性之用），也可以称为情之首，情从此心（即四端）上发生，而与之终始。就相异之处而言，四端相对四德而言可称为用，相对情（中节之情）而言可称为体，情虽纯乎用，却可以扩充四端甚至与之背道而行，四端也可以为情提供规范节度。四端（性）与情不是简单线性体用关系，因为四端纯然为善，情则可以为不善，为此还需要进一步探讨这里的首尾究竟应该如何理解。

船山认为情虽然由性所生，但已生之后则二者不能再等同，而是“一合一离”。所谓合，指的是好像竹根生笋，虽然不是一物，却不可认为毫无关联，而是依旧根脉相连相通相成。所谓离，指的是好像父生子，虽然同气连枝，却终究不是一物，不可尽肖，各有其举动作为。这还是我们强调的同一差异之两端并论之意。因此四端与性虽然分属已发未发，却只是一物之首尾，并非竹根生笋或父生子之义。

4. 道心人心

性与四端合而言之为道心，情与四情合而言之为人心。道心人心不以性情而分，皆统性情，各自所藏与所显不同。气质之性乃人心之府藏，表现为声色臭味攻取异同，却是源自气之生理，即阴阳二气健顺之能，所以天命之性才是本源，人心亦统性也。在天而言，气之生理必须通过变合才能实现，变合中便会有一隅之偏颇不善；在人而言亦然，性之生理必须通过情才方能发其大用，是以道心亦统情也。性与情、道心与人心之间并没有本质性断裂差别，阴阳健顺之德始终只有在气之同异攻取中才能获得大用。情既发自气质之性，气质之性又是同异攻取之义（非气质中之性），所以，相较于天命之性而言，气质之性反倒是较为虚的存在。

就道心之已发未发而论，仍是传统体用关系的意涵，即某种本体与其作用显现的关系，不过体已经不再是现成实存之物，而是气之健顺之德。人心之未发已发较为特殊，人心之体既非传统意义上的某种实存之物，亦非如气之生理般较为实在，而是同异攻取之几，其本质为虚，是实有之气因其所凝之物形性不同而产生的相互感应关联。这是体的进一步虚化。

当情合于健顺之性从而发而中节之时的整体图景：天道运行，虚实运化翕辟成变而成万物，气凝于人身，而有清浊之分，健顺之能或仁义礼智四德为其本源性力量，与万物之同异攻取则为次生之功用，由四德发而为精微之四端，由同异发而为有力之四情，四端又凭借四情而生出成己成物之大用，并反过来变化气质，使得人之“全性”愈加清明而合乎天命，亦使得天地秩序流转不滞，万物各得其所。在此图景下，气贯穿始终，不断在自身中生化出不同定体，遂有文理，落在人身，产生了更加复杂的与自身虚实交互作用的结构，不再是甲乙丙丁依次生发的体用链条，也不是心性二体之相互中介，而是宇宙中虚实万物皆在相互作用的网络中彼此感应运化，互为中介而交相发用。此即本书最开始描述的体用概念最源初的意涵：体用并不是泾渭分明的不同存在层级或形态，而是在天地万物交错变化的意义网络中不断生成、勾连、显现的意义环节，人与万物都既在将自己的禀赋参与运动，同时也是在将他物的禀性实现出来。这里没有一个需要通过后天工夫去除遮蔽的自在不变本体，相应地也无须轻视甚乃忽略变化者的层面，即同异变合的人物交会以及人文化成的历史变迁。

1. 基本结构

对于船山"性—心—志—意"的生成性结构，论者多矣，本书力图做的是在前人研究格局之上，来检讨船山心性论在多大程度上解决了我们在第一章中所展示的朱子阳明心性论层面的体用张力，以及本章前文所述疑难。

为方便后文细致检讨船山心性论的诸多关节，不妨先行对其整体构架做一个简要描述。船山认为人身为气之所凝，"形无非气之凝"①，有形而后有性。仁义礼智四德为性，性凝为心，此心又可称为"明德"。"心"虽就其根源而言为性所凝，"夫此心之原，固统乎性而为性之所凝"②，却有其自主性，"此心既立，则一触即知，效用无穷"③。不过此"心"为广义之心，"但此所谓心，包含极大，托体最先，与'正心'心字固别"④，而道学惯常讨论的"正心"之心则近于"志"，"此所正之心，则孟子所谓志者近之矣"⑤，忿懥、恐惧、好乐、忧患这些属于意的层面，意有已发未发，而志始终在。喜怒哀乐四者则为情，"性自行于情之中，而非性之生情"，"情元是变合之几"⑥。志意之间的关系较为复杂，有待第七节分说，本节先检讨"性—心"关系。

船山对"性—心"关系的论述散见于《读四书大全说》《张子正蒙注》《尚书引义》《思问录》等著作中，因为在"四书"、《正蒙》、《尚书》等不同的经典中，"心"的概念本有多种意涵，船山在注释时也会因其出处不同而取不同意义，我们需要做的是，先分殊清楚"心"之不同意涵，然后

① 思问录：内篇［M］//王夫之．船山全书：第12册．长沙：岳麓书社，2011：408.

② 读四书大全说：大学：圣经［M］//王夫之．船山全书：第6册．长沙：岳麓书社，2011：401.

③ 同②.

④ 同②394－395.

⑤ 同②401.

⑥ 读四书大全说：孟子：告子上篇［M］//王夫之．船山全书：第6册．长沙：岳麓书社，2011：1066.

再寻得一贯之义。

首先，船山反对将心视作器官性的存在，但这并不是为了反对生理主义，而是为了强调身心虚实一体性：

> 一身若虚若实，腑脏血肉，筋骨皮肤，神明何所不行，何所不在，只此身便是神明之舍，而岂心之谓与？①

神明所行在既为心，故心充满于身，非谓五脏之一：

> 而心之神明，散寄于五藏，待感于五官。……一藏失理，而心之灵已损矣。……一官失用而心之灵已废矣。其能孤扼一心以绌群用，而可效其灵乎？②

之所以要如此强调身心一体性，唐君毅先生认为，“由船山重养气，而身体由气成，故不轻视此身。心诚能持志，则耳目五官之小体，皆心之神明所寄。故船山反对孤持一心而贱身之说”③。进一步说，这也和本书前论船山对整全之体以及虚实相通④的理解相关，人身受形于天且得其全，则其身必然不可虚实判然二分，否则体用殊绝。是以船山反对《四书大全·孟子·尽心上篇》中所引新安陈氏以心为“神明之舍”的说法：

> 新安意，以心既是神明，则不当复能具夫众理；唯其虚而为舍，故可具理。此与老子“当其无，有车、器之用”一种亿测无实之说同。夫神明者，岂实为一物，坚凝窒塞而不容理之得入者哉！⑤

此批判实际上不仅是为新安陈氏而发，更根本地是指向朱子歧性与知觉为二之说。如前所论，朱子即以心有二体，分为主理之“性体”与主气之“心主”，则极易导向以心为“神明之舍”的虚实二分之论，而有二体一用之歧义。阳明合二为一，虽得即体即用之意，却只注重由体生用，未能对体自身之生成性与变化性做出阐发，而是倾向于将其理解为要通过工夫去除遮蔽，回复本然面目的一个超越性不变本体。船山以宇宙气化流行以及太极全体大用为基础，以天人之辨为视域，重新诠释了性之概念。船

① 读四书大全说：孟子：尽心上篇［M］//王夫之．船山全书：第6册．长沙：岳麓书社，2011：1104.

② 尚书引义：毕命［M］//王夫之．船山全书：第2册．长沙：岳麓书社，2011：412.

③ 唐君毅．中国哲学原论：原教篇［M］．北京：中国社会科学出版社，2006：401.

④ 参看本书第二章第一节、第三章第二节。

⑤ 同①.

山之性乃理气凝一之实体，此体虚实兼具，这里所说的“身心一体”之论，是就此“全体”之虚明一面说，便是“心”；就此“全体”中函有条理一面说，则是仁义礼智四德。不过此四德由于是秉自元亨利贞，兼具规范生成之义，因此并非某种应当去弊回复之本体，而是在实践工夫中与心、情有着互动相生关系的日生日成之体。性—心—情虽有分殊不同，根本而言是不同层面却同为气的存在。在此勾勒下，我们可以看清船山身心一体的体用论结构，也能够明白，当船山说“性凝为心”的时候，这里的“性”指的是身心理气虚实相合的这个整全之体，即本章第二节所用的“全性”概念：

> 气浃形中，性浃气中，气入形则性亦入形矣。形之撰，气也；形之理则亦性也。形无非气之凝，形亦无非性之合也。①

我们对比下面两段对于性、心的描述，对船山一以贯之的气论心性就更加明晰了：

> 性是二气五行妙合凝结以生底物事，此则合得停匀，结得清爽，终留不失，使人别于物之蒙昧者也。②
>
> 原心之所自生，则固为二气五行之精，自然有其良能，良能者，“神”也。而性以托焉，知觉以著焉。③

性、心皆为二气五行凝结以生，心乃是此气凝结后自然而具的良能神明。因此船山的“身—心”不再是一般意义上的身体与脏器或心灵之谓，而是作为“全性”的整全之体的虚—实、隐—显之两端而已：

> 盖曰“心统性情”者，自其所含之原而言之也。乃性之凝也，其形见则身也，其密藏则心也。是心虽统性，而其自为体也……④

“心统性情”乃张子所创，朱子极为赞许，但朱子之意乃是心为知觉能动主体，其以静态理—性为规范，发用为情。心虽含性，可说其不即不离，一而二二而一，终归一则为理，一则为气，分属不同存在方式。船山对“心统性情”的理解则全然不同。首先，如上所引，性先于心，“性者，

① 思问录：内篇［M］//王夫之．船山全书：第12册．长沙：岳麓书社，2011：407－408.

② 读四书大全说：大学：圣经［M］//王夫之．船山全书：第6册．长沙：岳麓书社，2011：395.

③ 读四书大全说：孟子：尽心上篇［M］//王夫之．船山全书：第6册．长沙：岳麓书社，2011：1111.

④ 同②400.

天人授受之总名也”①，心实际上是性之“自为”，“以本言之，则天以化生，而理以生心。以末言之，则人以承天，而心以具理”②。因此，**“心统性情”之“心”指的实际上是“性—心—情”这样一个结构总体，此总体乃船山心之广义**，需要和后面我们将要分析的“正心（志）”与“道心人心”等意涵区别开，对此结构总体，可借用船山自己的说法，称其为“明德心”：

> 缘“德”上著一“明”字，所以朱子直指为心，但此所谓心，包含极大，托体最先，与“正心”心字固别。③

以“明德”解释“心”，源自朱子《四书章句集注》：“明德者，人之所得乎天，而虚灵不昧，以具众理而应万事者也。”船山对这个说法解释道：

> 性是二气五行妙合凝结以生底物事，此则合得停匀，结得清爽，终留不失，使人别于物之蒙昧者也。德者有得之谓，人得之以为人也。……明德唯人有之，则已专属之人。属之人，则不可复名为性。性者，天人授受之总名也。故朱子直以为心。而以其所自得者则亦性也，故又举张子“统性情”之言以明之。乃既以应万事，则兼乎情，上统性而不纯乎性矣。

陈来先生对这段话评价说：“（船山）认为明德之德，即人所得于天而使人有别于物的本质属性。……所谓‘性’是人与物所得于天的共同的东西，而由于明德只是人之性，所以不能称之为性，故朱子解释为心。这个心是统乎性情的心，从明德是‘所得乎天’来说，明德之心包括性；从明德能‘应万事’来说，明德又包括情。船山既以明德为人之性，又以明德为心统性情之心，虽然这种讲法可以表现出他努力于朱子《章句》的解释，但这两方面的关系他并没有给以清楚交代。”④ 如果单就船山此段话而言，的确有些心性问题没有交代清楚。但如果放在船山整体著作的心性论建构中来看的话，还是能够理解其性与心关系：

---

① 读四书大全说：大学：圣经［M］//王夫之. 船山全书：第6册. 长沙：岳麓书社，2011：395.

② 读四书大全说：孟子：尽心上篇［M］//王夫之. 船山全书：第6册. 长沙：岳麓书社，2011：1112.

③ 同①394-395.

④ 陈来. 诠释与重建：王船山的哲学精神［M］. 北京：生活·读书·新知三联书店，2010：59.

> "心统性情"，"统"字只作"兼"字看。其不言兼而言统者，性情有先后之序而非并立者也。实则所云"统"者，自其函受而言。①

陈来先生将"函受"二字解释为"包括之义"②，这个"包括"并非是说"心"先于"性"，而是说当"性"生出"心"之后，"性"藏于"几"：

> 盖性，诚也；心，几也。几者诚之几，而迨其为几，诚固藏焉，斯"心统性"之说也。③

所谓"几"，"亦即性体缘感于外物、物我一往一来之交所致之用……人性是理气一实之体或'诚'体，心乃性体与外物接触、感应之事几上所生的知觉灵明或'几'。性体能动、能生，是以当其效动于事几，性中仁义之德的实蕴也就必然兼统、涵藏于其所生的知觉之心"④。知觉、神明皆源自气化自然之几，究其实，仍只是气化之文理，是以可称其为"化理"：

> 此气化之肇夫神明者，固亦理矣，而实则在天之气化自然必有之几，则但为天之神明以成其变化之妙，斯亦可云化理而已矣。⑤

所谓"理"，归根结底仍只是"气"：

> 盖言心言性，言天言理，俱必在气上说……⑥

因此，"性""理""神明""几"，皆为一气，所异者，只是动静虚实清浊，"合性与知觉，有心之名"的"知觉"，也只是交会相遇之气机：

> 人之有性，函之于心而感物以通，象著而数陈，名立而义起，习其故而心喻之，形也，神也，物也，三相遇而知觉乃发。⑦

由此，则"明德心"实为气化流行在人之交涵相蕴的结构统一体：

---

① 读四书大全说：孟子：公孙丑上篇［M］//王夫之．船山全书：第6册．长沙：岳麓书社，2011：945.

② 陈来．诠释与重建：王船山的哲学精神［M］．北京：生活·读书·新知三联书店，2010：251．船山这里"函"针对的是情，"受"则强调的是"心"源自"性"。也即是说，"心""受"于"性"而"函"乎"情"，是为"函受"。

③ 读四书大全说：孟子：尽心上篇［M］//王夫之．船山全书：第6册．长沙：岳麓书社，2011：1106.

④ 陈祺助《"喜怒哀乐未发"或"仁义礼智未发"——关于陈来教授诠释船山中和思想之商榷》(《鹅湖月刊》第32卷第5期，总第377期)。

⑤ 同③1111.

⑥ 同③1109.

⑦ 张子正蒙注：太和篇［M］//王夫之．船山全书：第12册．长沙：岳麓书社，2011：33.

> 故繇性生知，以知知性，交涵于聚而有间之中，统于一心，繇此言之则谓之心。①

故尔，要理解上述种种概念，不仅要明了它们相互之间的生成作用关系，更要明了它们在气论根基上的一体性。船山在注释张子名言“由太虚，有天之名；由气化，有道之名；合虚与气，有性之名；合性与知觉，有心之名”之前，首先强调说：“名者，言道者分析而名；言之各有所指，故一理而多为之名，其实一也。”② 这并不是说船山反对概念名相的析别，实际上船山对异端动辄“万法归一”“殊途同归”的圆融说法相当拒斥，由本书前文章节也可以看出船山概念辨析的精细风格并不逊于朱子。只不过，船山彻上彻下的气一元论建构方式，决定了他必须不断地在同一性中强调差异性与生成性，又在差异性与生成性中强调同一性：“学者须于同中显异，方能于异中求同，切忌劈头便从同处估量去，则直不知择。”③ 如此建构的体系，短处在于著作容易晦涩难懂，长处则在于其体系在摒弃了空疏大言的同时，又具有很强的一以贯之解释力，以及从传统道学通向经史之学的开放性。在这样一个基本理解下，为了比较完整地把握船山“性—心”初步结构，下面分殊船山的性与知觉关系。

2. 仁义与知觉

宋明道学虽然在心—性关系上分歧较大，但基本都认可一个自二程以降的判教思路，认为异端以“知觉”为性，儒学则是以天理为性——在不同的解释体系下，天理可以是标准的理学概念，也可以理解为气之条理，或良知良能。船山也是从这个角度对异端以知觉为性多有批评，而其特别之处仍是如上所论，在同一性前提下强调其差异性与生成性。

如上所论，心既为气所凝，气的同异攻取之性落在心上，因与外物交会气机便会表现为知觉运动之心，船山认为心的这种功能并非人所独有，草木亦有运动，鸟兽亦有知觉，而人心不仅仅有知觉运动而已，所以不能简单地将知觉运动称为人心：

---

① 张子正蒙注：太和篇［M］//王夫之．船山全书：第12册．长沙：岳麓书社，2011：33.

② 同①32.

③ 读四书大全说：孟子：告子上篇［M］//王夫之．船山全书：第6册．长沙：岳麓书社，2011：1084.

知觉运动，将与物同，非人之心也。……其非仅以知觉运动之灵明为心者亦审矣。①

异端所看重的仅仅是心之知觉灵明：

只缘后世佛、老之说充斥天下，人直不识得个心，将此知觉运动之灵明抵代了。其实者知觉运动之灵明，只唤作耳目之官。释氏谓之见性、闻性，又唤他做性。虽说来分裂，则似五官有五性，其实此灵明之随体发用者，未尝不一。②

此知觉心不仅仅异端看重，它其实是任何人都需要专注的：

只教此知觉之心不昏不杂，此异端之所同。而非但异端也，即俗儒之于记诵词章，以至一技一术之士，也须要心不昏惰，不杂乱，方能习学。此又不过初入小学一段威仪，一个径路耳，故小道得以同之，俗儒得以同之，而异端亦得以同之。③

这个讲法很好理解，心的知觉运动功能几乎可以说是人生存所必需的基础，我们甚至可以说，即便是昏聩之人其知觉运动心也不可能被彻底遮蔽，所以船山认为它只是做好任何事情都必需的初入门工夫而已。船山进而批评朱子将孟子的“求放心”理解为此种入门工夫④，而所求之“放心”其实即是仁心，“已放者谓之放心，未放者谓之仁而已”⑤。如上节所论，仁在船山这里本是气之生生大德，人由气所凝而秉承此劲健之德，是为人性之本：

然仁义自是性，天事也；思则是心官，人事也。天与人以仁义之心⑥，只在心里面。唯其有仁义之心，是以心有其思之能，不然，则但解知觉运动而已。犬牛有此四心，但不能思。此仁义为本而生乎思也。盖仁义者，在阴阳为其必效之良能，在变合为其至善之条理，元有纹理机芽在。纹理是条理，机芽是良能。故即此而发生乎思，如甲必坼，

① 读四书大全说：孟子：告子上篇［M］//王夫之. 船山全书：第6册. 长沙：岳麓书社，2011：1080-1081.

② 同①1090.

③ 同①1083.

④ 同③.

⑤ 同①1084.

⑥ 依行文不同船山有时用“仁心”，有时用“仁义之心”的概念，读者结合上一节“四德”思路，自当能领会其意，无须笔者一一为之分殊解释。

若勾必萌[①]；非块然一气，混杂椎钝，不能有所开牖也。故曰“天之所与我”，与我以仁义，即便与我以思也。此从乎生初而言也。[②]

这段材料中除了我们熟悉的船山基本思路如天人之辨、人禽之辨、仁义为气之良能，还有一个值得注意的论点，他认为仁义因其良能而“在变合为至善之条理”。我们知道船山认为气之变合里面包含同异攻取感应，那么至善之“纹理机芽”所发生的“思”与气之变合攻取之间是怎样的关系呢？或者说，仁义心与知觉心或曰灵明心是何关系呢？船山结合孟子“求放心”论述道：

唯知此，则知所放所求之心，仁也；而求放心者，则以此灵明之心而求之也。仁为人心，故即与灵明之心为体；而既放以后，则仁去而灵明之心固存，则以此灵明之心而求吾所性之仁心。以本体言，虽不可竟析之为二心，以效用言，则亦不可概之为一心也。……识得所求之心与求心之心本同而末异，而后圣贤正大诚实之学不混于异端。[③]

船山的意思是，从体的角度来看，仁义之心与灵明之心根本上不可分开，因为它们同为身心整全一体；但是就其效用而言，因气本有劲健之德与同异攻取感应之用，由此不同的效用区分出的仁义之心与灵明之心又不可混同为一。当昏蒙遮蔽住仁义之心，需要做工夫求放心的时候，是以灵明心求仁义心，而之所以可能如此，除了仁义心在人性上的源初性之外，也是因为灵明心与仁义心的同源同体性，故曰“本同而末异”，“于同显异，而后可于异明同”[④]。除了同体而异用、因用而得体的思路外，我们再次看到了体用网络结构以及此结构下体用相生之意。船山之所以认为仁义心与知觉心“本同”是因为灵明心只是攻取变合之几，它在根本上必定是源自阴阳健顺之德：

性以健顺为体，本太虚和同而化之理也，繇是而仁义立焉，随形

---

① 甲坼意为草木发芽时种子外皮裂开。《周易·解》：“天地解而雷雨作，雷雨作而百果草木皆甲坼。”勾萌意为草木发芽生长。《隋书·音乐志下》：“勾萌既申，芟柞伊始。”船山以此二者比喻自然生生之德。

② 读四书大全说：孟子：告子上篇［M］//王夫之. 船山全书：第6册. 长沙：岳麓书社，2011：1091.

③ 同②1082-1083.

④ 同②1090.

质而发其灵明之知，则彼此不相知而各为一体，如源之分流矣。①

所以，攻取之性与湛一之性皆谓性：

> 气之与神合者，固湛一也，因形而发，则有攻取，以其皆为生气自然之有，故皆谓之性。生以食为重，故言饮食臭味以该声色货利。②

湛一之性与攻取之性，皆不可缺，食色也是人不可割除的天性，仁义心—知觉心的概念几乎可以等同于其“道心—人心”概念，落在道心人心概念上来说的话，道心不是要灭人心，“道心终不离人心而别出”。在讨论道心人心之前还需要先疏解四端性情关系。

3. 四端

在粗略把握了船山广义的“性—心”结构之后，还需要对此结构中的一些传统道学概念给予诠释，主要是以下数个概念：性—情、道心—人心、已发—未发。船山对这些概念的辨析沿袭了上述差异同一两端并用的思路，因此为了更好地理解它们，不妨从介乎两端之间的某些居间者来切入问题，我们先从“四端”开始。

朱子对于四端的解释是：

> 恻隐、羞恶、辞让、是非，情也。仁、义、礼、智，性也。心，统性情者也。端，绪也。因其情之发，而性之本然可得而见，犹有物在中而绪见于外也。③

“在朱子，性是体，情是用，心统性情，仁义礼智是性，是体，恻隐羞恶辞让是非是情，是用。”④ 船山反对朱子之说，认为其误以性为情：

> 今以怵惕恻隐为情，则又误以性为情……⑤

船山认为“孟子言情，只是说喜怒哀乐，不是说四端……恻隐是仁，

---

① 张子正蒙注：诚明篇［M］//王夫之. 船山全书：第12册. 长沙：岳麓书社，2011：116.

② 同①123.

③ 朱熹. 四书章句集注［M］. 北京：中华书局，1983：238.

④ 陈来. 诠释与重建：王船山的哲学精神［M］. 北京：生活·读书·新知三联书店，2010：277.

⑤ 读四书大全说：孟子：滕文公上篇［M］//王夫之. 船山全书：第6册. 长沙：岳麓书社，2011：965.

爱只是爱，情自情，性自性也”①，四端当归入性，而非情，却又是性之发用。“孟子言‘恻隐之心，仁也’云云，明是说性，不是说情。仁义礼智，性之四德也。”② 船山之性非仅为规范义，兼具存有与活动，故仁义礼智四德可发用活动，而不必如朱子架构下必须凭借某种能动力方得以显现其规范作用。因此，**性可贯穿已发未发**，“未发时之怵惕恻隐与爱亲敬长之心，固性也；乍见孺子时怵惕恻隐之动于心也，亦莫非性也”③。船山认为孟子“恻隐之心”之“心”并非“心统性情”之义，而即指四端：

> 若张子所谓“心统性情”者，则又概言心而非可用释此“心”字。此所言心，乃自性情相介之几上说。《集注》引此，则以明“心统性情”，故性之于情上见者，亦得谓之心也。“心统性情”，自其函受而言也。此于性之发见，乘情而出者言心，则谓性在心，而性为体、心为用也。仁义礼智体，四端用。④

性为体，四端为用，即性情相介之几。“乘情而出”，不是朱子意义上的理乘气而动，因为性即气，本身即可发用而无需别有一气之能动。情对于性之发见可以起到影响，要理解这种影响，需要从作为“性情相介之几”的四端来澄清性情关系。“几者，往来变化之际也”⑤，“动静者，阴阳交感之几也”⑥，“有气而后有几，气有变合而攻取生焉”⑦，“且夫人之有人心者，何也？成之者性，成于一动一静者也。一动一静，则必有同、异、攻、取之机”⑧，心既与物接，则必有同异攻取，是以有情，“情元是变合之几”⑨。“相介”，指的是四端在这种人物交感之中起到了连接性情的环节作用：

---

① 读四书大全说：孟子：告子上篇［M］//王夫之. 船山全书：第6册. 长沙：岳麓书社，2011：1065-1066.

② 同①1064.

③ 读四书大全说：孟子：滕文公上篇［M］//王夫之. 船山全书：第6册. 长沙：岳麓书社，2011：963.

④ 读四书大全说：孟子：公孙丑上篇［M］//王夫之. 船山全书：第6册. 长沙：岳麓书社，2011：946.

⑤ 曾昭旭. 王船山哲学［M］. 台北：远景出版事业公司，1983：407.

⑥ 周易内传：系辞上传第五章［M］//王夫之. 船山全书：第1册. 长沙：岳麓书社，2011：524.

⑦ 思问录：内篇［M］//王夫之. 船山全书：第12册. 长沙：岳麓书社，2011：405.

⑧ 尚书引义：大禹谟一［M］//王夫之. 船山全书：第2册. 长沙：岳麓书社，2011：264.

⑨ 同①1066.

蔡西山竟将“端”字作“尾”字看，固是十分胆识。……

…………

要此四者之心，是性上发生有力底。乃以与情相近，故介乎情而发。恻隐近哀，辞让近喜，羞恶、是非近怒。性本于天而无为，心位于人而有权，是以谓之心而不谓之性。若以情言，则为情之贞而作喜怒哀乐之节四端是情上半截，为性之尾。喜怒哀乐是情下半截，情纯用事。者也。情又从此心上发生，而或与之为终始，或与之为扩充，扩充则情皆中节。或背而他出以淫滥无节者有之矣。故不得竟谓之情，必云情上之道心，斯以义协而无毫发之差尔。①

从这一段可以看出四端之居间状态，就相通之处而言：首先，四端虽为性而与情相近；其次，四端既可以称为性之尾（实即性之用），也可以称为情之首；再次，情从此心（即四端）上发生，而与之终始。就相异之处而言，四端既然可以发生，则它相对四德而言可称为用，相对情（中节之情）而言可称为体，然而情则纯乎用，虽则纯乎用，却可以扩充四端甚至与之背道而行；反过来，四端也可以为情提供规范节度。但是，并不能够据此而认为四端（性）与情是体用关系，因为四端纯然为善，情则可以为不善，为此还需要进一步探讨这里的首尾究竟应该如何理解。

若情固繇性生，乃已生则一合而一离。如竹根生笋，笋之与竹终各为一物事，特其相通相成而已。又如父子，父实生子，而子之已长，则禁抑他举动教一一肖吾不得。情之于性，亦若是也。则喜、怒、哀、乐之与性，一合一离者是也。故恻隐、羞恶、辞让、是非，但可以心言而不可谓之情，以其与未发时之所存者，只是一个物事也。性，道心也；情，人心也。恻隐、羞恶、辞让、是非，道心也；喜、怒、哀、乐，人心也。其义详《尚书引义》。

…………

性，无为也；心，有为也。无为固善之性，于有为之心上发出，此是满腔仁义礼智之性，在者里见其锥末。亦为受囊故。故西山以尾言端，则已非萌芽之谓矣。萌芽即笋义。

…………

① 读四书大全说：孟子：公孙丑上篇［M］//王夫之．船山全书：第6册．长沙：岳麓书社，2011：946.

> 发而始有、未发则无者谓之情，乃心之动几与物相往来者，虽统于心而与性无与。即其统于心者，亦承性之流而相通相成，然终如笋之于竹，父之于子，判然为两个物事矣。①

由此理解船山的性情关系，一方面，情虽然由性所生，但已生之后则二者不能再等同，而是“一合一离”。所谓合，指的是好像竹根生笋，虽然不是一物，却不可认为毫无关联，而是依旧根脉相连相通相成。所谓离，指的是好像父生子，虽然同气连枝，却终究不是一物，不可尽肖，各有其举动作为。这还是我们强调的同一差异之两端并论之意。因此四端与性虽然分属已发未发，却只是一物之首尾，并非竹根生笋或父生子之义。本书第二章曾经引用过船山论述，他无论早年还是晚年，在讨论太极生两仪四象八卦关系的时候，多次反对父子譬喻，因为父子为二体，而两仪四象八卦为太极整全之体的不同显现而已，因此船山用面上生耳目鼻口来比喻之，是为明魄同轮之意。但这里的“生”显然与天道层面之“生”不同，船山不断强调性情虽相通，却究竟并非一物，这里仍是天人之辨，只不过落在心性论问题上在此呈现为性情之分殊。另一方面，相对于性，情有自主性。天所生物自然而合其性，纵然其性不得齐备整全，可以称之为不善，但在天而言则无不善。即便禽兽有情，其情也只是自然合道，无所谓自主所得，也就无所谓善恶，“禽兽有天明而无己明，……故羔雏之能亲其母，不可谓之孝，唯其天光乍露，而于己无得也”②，只有人才能主动有为地合情与性③。船山多次极力强调人不仅性不同于禽兽，其情亦然④，也不是人只要自然由性发用其情即可上通天道⑤。在心性论层面船山舍弃了明魄同轮或面生耳目鼻口之喻，是为了突出天人之辨、人禽之辨，强调人有自主权衡，情可能生恶，不可自然顺下，“人则有天道命而

① 读四书大全说：孟子：滕文公上篇［M］//王夫之．船山全书：第6册．长沙：岳麓书社，2011：964.

② 读四书大全说：论语：季氏篇［M］//王夫之．船山全书：第6册．长沙：岳麓书社，2011：850-851.

③ “草木有气而无情，禽兽有情而无理，兼情与理合为一致，乃成乎人之生。”（四书训义：孟子：公孙丑章句上［M］//王夫之．船山全书：第8册．长沙：岳麓书社，2011：218）

④ “人之形色足以率其仁义礼智之性者，亦唯人则然，而禽兽不然也。若夫喜怒哀乐爱恶欲之情，虽细察之，人亦自殊于禽兽，此可以为善者。……”（读四书大全说：孟子：告子上篇［M］//王夫之．船山全书：第6册．长沙：岳麓书社，2011：1072）

⑤ “能不以慕少艾妻子仕热中之慕慕其亲乎，能不以羊乌之孝、蜂蚁之忠事其君父乎，而后人道显矣。顺用其自然，未见其异于禽兽也。”（思问录：内篇［M］//王夫之．船山全书：第12册．长沙：岳麓书社，2011：407）

抑有人道性，去天道远，而人道始持权也"[①]。但这并不意味着船山完全舍弃了天道体用生成结构，只是引入了更加精微复杂的结构。

4. 道心人心

性与四端合而言之则为道心，情与四情合而言之为人心。这个表述看似对应工整，仔细考虑就会发现，性与四端分别为未发已发，故道心乃合未发已发而言；而情与四情其实没有差别，难道**人心只有已发而无未发**？且船山认为，即便性之四德没有发用为四端之时，此性亦不失而备于心，"即其未见孺子入井时，爱虽无寄，而爱之理充满不忘"[②]，情却不然，"喜、怒、哀、乐之情，当未发时，虽可以喜、可以怒、可以哀乐，而实无喜怒哀乐也"[③]。所以船山继续说道"发而始有、未发则无者谓之情"[④]，船山还说过"情便是人心，性便是道心"[⑤]，性或曰道心有未发已发，然则**情未发之时其体为何**？情的根源按照船山的说法，"乃心之动几与物相往来者"[⑥]。但这样依旧没有澄清人心之未发与情未发之体问题，为此我们需要先对船山道心人心的意思做出疏解，然后再回头解决性情的错综关系，以及上述两个疑难问题。

对《读四书大全说》中涉及的道心人心之说，台湾学者陈祺助先生与陈来先生的意见颇有分歧，陈祺助有专篇商榷之文[⑦]。如果单就对船山的整体理解而言，陈祺助之文，较合于船山义，不过他对陈来先生的批评却有过度诠释之嫌，且并未专门对道心人心结构做精细论证。此外，曾昭旭先生对《尚书引义·大禹谟》中道心人心之说有梳理阐发，但似仍有未尽之蕴，本书拟在曾氏研究基础上将道心人心与性情体用问题关联以勾勒出

---

① 读四书大全说：论语：季氏篇［M］//王夫之．船山全书：第6册．长沙：岳麓书社，2011：850.

② 读四书大全说：孟子：滕文公上篇［M］//王夫之．船山全书：第6册．长沙：岳麓书社，2011：964.

③ 同②.

④ 同②.

⑤ 读四书大全说：孟子：告子上篇［M］//王夫之．船山全书：第6册．长沙：岳麓书社，2011：1066.

⑥ 这里的"心"字用法略显含混，当不是道心人心或统性情心之义，亦非"四端之心"的意思，可能接近于一般灵明知觉的意义。因为从下文来看，此心之动几而发乎情，既可能"与性无与"，也可能"承性之流而相通相成"。

⑦ 参看陈祺助《"喜怒哀乐未发"或"仁义礼智未发"：关于陈来教授诠释船山中和思想之商榷》(《鹅湖月刊》第32卷第5期，总第377期)。笔者概括如有误读，文责自负。

船山性心情的完整结构。

首先要指出的是，《尚书引义》与《读四书大全说》虽然偶尔用词有些歧义，但相互之间却不存在根本分歧，也并非如陈来先生所言，有不尽相同之处。船山自己明确认为他在《尚书引义》中阐发的道心人心之义是可以与《读四书大全说》相互印证的：

> 性，道心也；情，人心也。恻隐、羞恶、辞让、是非，道心也；喜、怒、哀、乐，人心也。其义详《尚书引义》。①

其次，陈来先生认为相异之处在于："如《尚书引义》有'今夫情则迥有人心道心之别也'的说法，以道心人心皆为情，即与其读《中庸》说的讲法有异。"② 这里船山只是在说情可以划分为道心人心两种，但道心人心绝不只是情而已，逻辑上绝不能等同于"以道心人心皆为情"。就好像说围棋子可以有黑白之别，但不等于说黑白都是棋子。

总之，《尚书引义》与《读四书大全说》创作年代只相差两年，其思想根本来说与后者并无太大差异，只是因为著述体例不同导致行文风格与概念会有差别，而如果忽略滞词之处，将其和《读四书大全说》互为参照，就会发现二者基本的思想结构并无二致。下面我们来看船山的道心人心之论。

> 夫舜之所谓"道心"者：适丁历切于一而不更有者也，一即善也。"惟精惟一"，仅执其固然而非能适尝只切。于有，弗精弗一，或蔽其本有而可适于无者也；未发人心有其中道心，已发人心有其和道心，有其固有；而未发无不中犹人无翼，已发无不和如人不飞，无其所无者也。固有焉，故非即人心而即道心；下广释之。仅有其有（笔者按：此指道心），而或适于无，故曰微也。③

此段论人心道心之区分，第一个"适"字读音若"狄"，其义为主，是说道心主于一，"不更有"指的是道心纯然无杂；第二个"适"字读音若"是"，其义为去、往，是说持守住其固然之纯而不游骑无归。两句话相合其实便是程子"主一无适"之义，不过，船山特意选取"适"字的双

① 读四书大全说：滕文公上篇［M］//王夫之. 船山全书：第6册. 长沙：岳麓书社，2011：964.

② 陈来. 诠释与重建：王船山的哲学精神［M］. 北京：生活·读书·新知三联书店，2010：98.

③ 尚书引义：大禹谟一［M］//王夫之. 船山全书：第2册. 长沙：岳麓书社，2011：261.

重意义，是为了强调道心（有主）与人心（易适）的同一与差异并存之义，这也是船山惯常使用的语言游戏。下面船山的意思是，正因为道心为固有主一者，所以“有其固有”，不论人心未发还是已发，道心始终在人心之中。换言之，道心并不仅仅是未发，它同样有未发已发、隐显两种状态。此段引文后半部分无翼不飞云云较为晦涩，与其前文批判异端有关①，主要意思是强调道心为实有之本，有可能会适于无，但只是道心被遮蔽不再起到主持作用，而非消亡，实乃无用而非无体，因此称之为“微”。而人心虽然有妄，却非如异端之论自无中生有，也不能非此即彼，以人心即道心。这是对上述第一个疑难的回答。

> 奚以明其然也？心，统性情者也。但言心而皆统性情，则人心亦统性，道心亦统情矣。人心统性，气质之性其都，而天命之性其原矣。原于天命，故危而不亡；都于气质，故危而不安。道心统性，天命之性其显，而气质之性其藏矣。显于天命，继之者善也，惟聪明圣知达天德者知之。藏于气质，成之者性也，舍则失之者，弗思耳矣。无思而失，达天德而始知，介然仅觉之小人，告子、释氏。去其几希之庶民，所不得而见也。故曰微也。人心括于情，而情未有非其性者，故曰人心统性。道心藏于性，性亦必有其情也，故曰道心统情。性不可闻，而情可验也。②

此段船山开宗明义，道心人心不以性情而分，二者皆统性情，只是各自所藏与所显不同。气质之性乃人心之都，都即府藏之义，气质之性在船

---

① 此问题与正文所论关联不大，于注文略作说明，《大禹谟》开篇船山批评异端以无为本的心论之后总结说：“儒之驳者亦曰：‘无善无恶心之体’，要亦此而已矣。有者不更有，而无者可以有；有者适（此处读作 shì，笔者注）于无，而无者适于有；有者有其固有而无其固无，无者方无若有而方有若无；无善则可以善，无恶则可以恶；适于善而善不可保，适于恶而恶非其难矣。若无而俄顷之缚释；若有而充塞之妄兴，岌岌乎有不终朝之势矣，故曰危也。若夫有不更有而适于无，固有此而本无彼者，彼惛不知，殆盲者之于日，极意而得盘与籥耳。所以然者，人心无相续之因，则固可使暂澄者也。自好之士，厌饫于恶而思返，矫敝于已末，分析人心之动机，嗒然丧据，因铲灭以观其静；则人心之下游，壅闭渟洄，如隔日疟之有间也。斯其时，非无清朗虚涵之光影，如蕉空中，如水映月，迷留玩悦，因以为妙道之攸归，终身处堂，以嬉于人心之中，而信滨危之可保。”这段话要结合本书第二章的有无问题来理解，根本之旨意在说明，在无善无恶的前提下，“有”是有局限的，“无”反倒是无限的，因其无限，所以对无的理解可以任意构造，遂无节无理而人心可以肆意妄为。也是因此，善恶都成了不固定无法界定与持守者。因此，必须认清“大有”才是真正万法所本的无限者，无论隐显微危，真正的“有”始终存在而贯穿一切变化生成之中，这个思路在本节即展现为道心与人心的关系。

② 尚书引义：大禹谟一［M］//王夫之. 船山全书：第2册. 长沙：岳麓书社，2011：261-262.

山这里指的是气在形质中表现出的能动性，具体表现为声色臭味攻取异同①。然而，**一切变合同异攻取归根结底必然是源自气之生理，即阴阳二气健顺之能，所以天命之性才是本源，人心亦统性也**。也正因如此，即便它被遮蔽危殆，却绝不可能彻底消亡，因为它即是在天阴阳二气的存在方式本身，人又得其全，所以只要人还是人，它便危而不亡。但气之生理必须通过变合才能实现，变合中便会有一隅之偏颇不善，在人而言亦然，性之生理必须通过情才方能发其大用②，因为天命之性虽可发用为四端，但“恻隐、羞恶、恭敬、是非之心，其体微而其力亦微，故必乘之于喜怒哀乐以导其所发，然后能鼓舞其才以成大用”③，是以道心亦统情也。但天命之性落在气质之中，构成了现实中整全的人性，“气质之性其藏”，情才不必善，是以人心危而不安，但这并不意味着人心必定不善，“喜、怒、哀、乐，只是人心，不是人欲”④。总而言之，从天命之性与气质之性的关系以及继善成性思路来看，性与情、道心与人心之间并没有本质性断裂差别，“气之诚，则是阴阳，则是仁义；气之几，则是变合，则是情才”⑤，“情元是变合之几，性只是一阴一阳之实”⑥，无论如何同异攻取，阴阳健顺既是其本源，也始终在其中，在此意义上，船山于《读四书大全说》中说：

> 惟性生情，情以显性，故人心原以资道心之用。道心之中有人心，非人心之中有道心也。则喜、怒、哀、乐固人心，而其未发者，则虽有四情之根，而实为道心也。⑦
>
> 情自是喜怒哀乐，人心也。此四端者，道心也。道心终不离人心而别出。⑧

“道心之中有人心”强调的是阴阳健顺的本源意义，无论是四情已发还是未发之前的气质之性，究其本源必定仍是阴阳健顺，这个思路其实就

---

① 参看本书第三章第二节。

② 参看本书第三章第五节。

③ 读四书大全说：孟子：告子上篇［M］//王夫之. 船山全书：第6册. 长沙：岳麓书社，2011：1067.

④ 读四书大全说：中庸：第一章［M］//王夫之. 船山全书：第6册. 长沙：岳麓书社，2011：472.

⑤ 同③1055.

⑥ 同③1066.

⑦ 同④473.

⑧ 读四书大全说：孟子：公孙丑上篇［M］//王夫之. 船山全书：第6册. 长沙：岳麓书社，2011：946.

是太极纯杂的体用关系在心性论层面的同构性展开。“实为道心”的意思是“不是喜怒哀乐之未发便唤作中，乃此性之未发为情者，其德中也”①。“道心终不离人心而别出”强调的是阴阳健顺之德始终只有在气之同异攻取中才能获得大用。这两段话虽然表面上看来不合，不过如果明白其各自强调重点之所在，便只能说船山这里语有滞词，却不能说其前后矛盾。故曾昭旭总结道：“道心人心，实只就统体一贯之性情，各偏就其一端以立名，以方便体其纯德耳；实则人心之原即是道心，道心之委即是人心。原而不贯于委，即不发用而微；委而不思其原，即失其实而危耳。”② 至此我们可以回答前文第二个疑难问题，即情未发之时，其体若无之疑。**情既发自气质之性，气质之性又是同异攻取之义（非气质中之性），所以，相较于天命之性而言，气质之性反倒是较为虚的存在**——曾昭旭对此论述道：“以人心但重在指其‘一动一静之几’本身，而不重其所以动静之实（即阴阳之气，健顺之德，仁义之理，皆实有者也）之故，其本质即是虚的，故人心之几虽亦可说有其性情体用，却只是虚的性、虚的情；虚的体、虚的用。以凡几则必有其作用，而用必有体，体即是此几，而几本身却只是动静之交替相续，亦即只是因缘和合，故有体用而只为虚体虚用也。此虚体即谓‘了知作用之灵’，此虚用即谓之‘喜怒哀乐之情’。”③由是可观船山道心人心互藏其宅、交发其用的结构：

> 今夫情，则迥有人心道心之别也。喜、怒、哀、乐，兼未发。人心也。恻隐、羞恶、恭敬、是非，兼扩充。道心也。斯二者，互藏其宅而交发其用。虽然，则不可不谓之有别已。
>
> 于恻隐而有其喜，于恻隐而有其怒，于恻隐而有其哀，于恻隐而有其乐，羞恶、恭敬、是非之交有四情也。于喜而有其恻隐，于喜而有其羞恶，于喜而有其恭敬，于喜而有其是非，怒、哀、乐之交有四端也。故曰互藏其宅。以恻隐而行其喜，以喜而行其恻隐，羞恶、恭敬、是非，怒、哀、乐之交待以行也，故曰交发其用。
>
> ……
>
> 然则判然其为二乎？而又非也。我固曰藏其宅、交发其用。④

① 读四书大全说：中庸：第一章［M］//王夫之．船山全书：第6册．长沙：岳麓书社，2011：474.

② 曾昭旭．王船山哲学［M］．台北：远景出版事业公司，1983：430.

③ 同②420.

④ 尚书引义：大禹谟一［M］//王夫之．船山全书：第2册．长沙：岳麓书社，2011：262-266.

在前文所论的图景下，其实此论已经比较明白畅达：四端之任一端皆可通过喜怒哀乐之情而成其用，而四情之任一亦可成就四端。所需注意者，乃是此种互藏互用结构背后之体用关系[①]。单就道心之已发未发而论，则其体用比较明白，也是传统体用关系的意涵，即某种本体与其作用显现的关系，虽然这种体已经不再是现成实存之物，而是气之健顺之德，不过毕竟仍是扣紧阴阳二气而论，尚且容易理解。而人心之未发已发则较为特殊，盖因人心之体既非传统意义的某种实存之物，亦非如气之生理般较为实在，而是同异攻取之几。如曾氏所言，其本质为虚，换言之，是实有之气因其所凝之物形性不同而产生的相互感应关联。如果说，在朱子那里的体用链条还是比较倾向于诸如两仪四象八卦这样的较实之物，那么在船山这里，体已经不再拘于实存，而是涵盖了感应气机这样的虚物。不唯如此，互藏其宅、交发其用的表述，犹有深意。本书第二章第三节曾经论述过船山虚实一贯的一元论立场，第三章第二节论述过虚实的统一性，保证了即体即用，以及虚实相资成性，由此体用相生，性日生日成。在这里我们看到了一种新的可能，设想当情合于健顺之性从而发而中节之时的整体图景：天道运行，虚实运化翕辟成变而成万物，与此同时，气凝于人身，而有清浊之分，健顺之能抑或仁义礼智四德为其本源性力量，与万物之同异攻取则为次生之功用，由四德发而为精微之四端，由同异发而为有力之四情，四端又凭借四情而生出成己成物之大用，并反过来变化气质，使得人之“全性”越发清明而合乎天命，亦使得天地秩序流转不滞，万物各得其所。在此图景下，**气贯穿始终，不断在自身中生化出不同定体，遂有文理，落在人身，产生了更加复杂的与自身虚实交互作用的结构，不再是甲乙丙丁依次生发的体用链条，也不是二体之相互中介。或者如果说这里依旧有中介作用的话，那也并非心主灵明与某种实在法则本体之作用，而是宇宙中虚实万物皆在相互作用的网络中彼此感应运化，互为中介而交相发用。**[②] 当其达至最理想的境界之时，体用、中介已经无分彼此，宇宙亦成为一部和谐之交响乐，“若先王全体此心，则如火炎昆冈，水决金堤，通梢一致，

---

① 船山在《周易外传·复》中便已提出“性情互藏其宅，理气交善其用”，不过在《读四书大全说》中才得以畅发此义，因此这里他说“我固曰”。

② 船山认为前文所论之“仁义心—知觉心”与“道心—人心”意涵相同：“知觉运动之心，固为性所居，而离性亦有其体，性在则谓之‘道心’，性离则谓之‘人心’。”（读四书大全说·孟子·告子上篇）由此，前文所论的“仁义心—知觉心”之结构亦可与此处相互印证。

更无首尾矣”①。其实本书在第一章第一节已经描述过体用概念最源初的意涵，即是此意义网络之生发，体用二者并不是泾渭分明的不同存在层级或形态，而是在天地万物交错变化的意义网络中不断生成、勾连、显现的意义环节，人与万物都既在将自己的禀赋参与运动，同时也是在将他物的禀性实现出来，“小德川流，大德敦化”，体之用固然变化无方，体本身却也可以在用中被解释、生成与变化，用也可以理解为万物之间意义关联的不断生成变化。本书前文章节勾勒了在思想史中这种体用最初意涵的变迁固化，以及如何经由道学诸儒重新开启，并在船山这里重新获得阐发。现在我们看到，不论程朱还是阳明，都认为人之先天性体或心体落在具体现实的人身上会受到遮蔽，这种遮蔽不管是气质意义还是习惯意义，都是在原本剔透的本体上附加了一些需要剥离的异己之物，因此常用明镜蒙尘之喻。而在船山，就其天道纯杂体用而言，“纯”不是贯穿于万物背后的不变单一本体，“杂多”也不是真的比“纯”要更加复杂，“杂多”应当被理解为对“纯”的内部运动的描述性概念。杂之于纯，并非是多了些杂多之物，反倒是少了些整全性。船山的心性论也有着类似的结构，**人心并不是从外在地附加在健顺性体上的某种驳杂之物中生发而来，而就是在阴阳健顺之体生出的同异变合中。故尔，这里没有一个需要通过后天工夫去除遮蔽的自在不变本体，相应地也无须轻视甚乃忽略变化者的层面——同异变合的人物交会以及人文化成的历史变迁**。工夫的目的是要让“道心者，动静之实，成材建位之富有，和顺而为光晖之自发也”②，与“人心者，阴阳翕辟之不容已”③，二者重新妙合为一：“一阴一阳之妙合无间，而不相为同、异、攻、取者，微也。是故恻隐、羞恶、恭敬、是非，并有于心，区畛不差，而容函协一。有能审其权衡而见其妙合者，其惟见天心而服膺弗失者乎！”④ 因此，除了道学传统惯常的察识性之本体思路，船山还特别强调对天德之体扩充的维度：“天能者，健顺五常之体也；人谋者，察识扩充之用也。……大人不失其赤子之心，而非孤守其恻隐、羞恶、恭敬、自然之觉，必扩而充之以尽其致，一如天之阴阳有实，而必于阖辟动

① 读四书大全说：孟子：公孙丑上篇［M］//王夫之. 船山全书：第6册. 长沙：岳麓书社，2011：946. 诚然，这种理想境界严格来说是永不可能实现的，而且，所谓理想境界云云本身已经在某种程度上预设了不变本体，从而取消了历史维度，不过这在船山来说因其天人之际的分殊并不会成为问题。

② 尚书引义：大禹谟一［M］//王夫之. 船山全书：第2册. 长沙：岳麓书社，2011：266.

③ 同②.

④ 同②265.

止神运以成化，则道弘而性之量尽矣。盖尽心为尽性之实功也。”① 唯有如此，原本形式性、功能性的虚德才能够在人身上获得充实。如何扩充是下面两节要讨论的格致诚正工夫论，我们先来看“志—意”结构。

第七节　志与意

本节要义：

“正心”之“心”近乎孟子所谓“志”，无论是否有具体的意念产生，“志”始终在，《大学》传文所说的忿懥恐惧好乐忧患，船山认为它们都是意，而非志。

1. 镜喻

古人认为物性与其向人的意义显现（美丑、善恶、是非）之间并没有一个事实与价值的鸿沟，工夫的最终目标就是回复此心至于“虚明湛然”的境界。船山本人接受“物性—意义”一体性的前提，但在天人分殊的结构下，削弱了善恶的伦理意义，赋予其“纯杂”“偏全”的存在论意涵，并更多地赋予“物性—意义”结构以时间性与生成性因素。儒者并不希求物之妍媸在心中如其所是地静态孤立显现，而是让天下万事万物各得其所。人只能在其有限性视域下依照心志意向做出善恶是非判断，而不可能亦不应当让事物向人显现出无善无恶、无历史性、无情境的意义，这是船山反对“镜喻”的最根本指向：物之于人的关系应当是实践性、意向性真理，而非静观性真理。

2. 意

志、意在根源上可归一，现实中则为二物。二者交互为用。意无恒体，没有一个恒常的、能够作为善的引领或根基之体，所以意或有或无，随境而生，而不必善。“意”的意涵比情宽泛，人心一切与外界感通之动皆可称为“意”，“意”起源于“欲”。船山区分两种意：第一种漫然因事由欲而生之意，当绝之；第二种存养有本之“意”，它与私欲之意在本与用上皆异，实即“道心”之发用，在此发用中“志”起到了关键性的主导引领之功。

3. 志

志是心中相比起“意”更加具有恒定性与主导性的功能性结构。其

① 张子正蒙注：诚明篇［M］//王夫之. 船山全书：第 12 册. 长沙：岳麓书社，2011：117.

一，志包含两个规定性，分别为“虚灵不昧”与“善于所往”。其二，志为性之所自含，这是强调志中必然包含着源头的性理为其主宰与取向，志是心有所持而向道、接物发用善意的主导性力量。

4. 诚意正心

志虽有主导性，意也会反过来陵夺志的力量。船山认为“正心”先于“诚意”，方能先立乎大本。将“欲正其心者先诚其意”解释为有了想要正其心的欲求，然后才可能用力于诚意工夫。将“意诚而后心正”解释为想要验证心是否已正，须从所发之意上来察其是否为善。存养是涵养心志方向，省察是所发意念的规训问题，就工夫次第而言，要先正心后诚意，就所得境界之验证而言，意无不诚才证明心已得其正。心与意“相为体用”，而无分于主辅，故曰“动静无端”。

《大学》传第七章说：“所谓修身在正其心者，身有所忿懥，则不得其正；有所恐惧，则不得其正；有所好乐，则不得其正；有所忧患，则不得其正。”[①]船山认为这里“正心”之“心”，既非意念，也非统性情之心，而是介乎二者之间[②]。船山认为朱子的“心主”表述不够分明，因为此心虽有通常的主宰权能之义，但主宰并不足以尽其义[③]。船山认为“正心”之“心”近乎孟子所谓“志”，它和主宰权能的差别在于，无论是否有具体的意念产生，“志”始终在，而且带有方向性，志者心之趋向，具有恒定性与主导性。而传文中所说的忿懥恐惧好乐忧患，船山认为它们都是意，而非志：

> 凡忿懥、恐惧、好乐、忧患，皆意也。不能正其心，意一发而即向于邪，以成乎身之不修。[④]

① 因船山对《大学》版本以及经传章节顺序皆以朱子《章句》为准，故为方便起见，本章如无特别必要，引用时亦以朱子《章句》为准。至于《大学》本文之义，本书姑置不论。

② 《读四书大全说·大学·圣经》：朱子于正心之心，但云“心者身之所主也”，小注亦未有委悉及之者，将使身与意中间一重本领，不得分明。非曰“心者身之所主也”其说不当，但止在过关上著语，而本等分位不显，将使卑者以意为心，而高者以统性情者言之，则正心之功，亦因以无实。

③ 《读四书大全说·大学·圣经》：与五官百骸并生而为之君主，常在人胸臆之中，而有为者则据之以为志。故欲知此所正之心，则孟子所谓志者近之矣。惟夫志，则有所感而意发，其志固在，无所感而意不发，其志亦未尝不在，而隐然有一欲为可为之体，于不睹不闻之中。

④ 读四书大全说：大学：传第七章［M］//王夫之．船山全书：第6册．长沙：岳麓书社，2011：423-424.

船山提出的这个解释思路初看起来相当奇怪，因为《大学》格致诚正修齐治平次第分明，而在船山的这个解释下，似乎“正心”反倒比“诚意”更加根本，当然，这并不意味着船山无视《大学》本文以及整个宋明道学解释传统，仔细绎读之后我们会发现，船山恰恰是为了从根本上对宋明道学的“正心”诠释史做出检讨与回应。因此，为了更好地理解船山心志概念，须得明了其潜在的批评指向以及宋明道学的相关问题域。宋明道学对心的讨论中有一个极其常见的比喻：明镜。镜喻最早的源流可追溯到先秦，《庄子》《管子》《荀子》皆有类似表述①，后又有佛家明镜台之论。镜喻的基本要义在于如果心如明镜般虚灵明澈，便可以让外物妍媸自别、如其本然地显现于人心之中，与此同时人心又可以不受遮蔽，无有滞障地依其本然之体发用，从而达到发而中节。理学与心学虽然论“心”有很大差异，却都不约而同地使用镜喻而未觉有何不妥，这意味着他们对“心”的理解有着某种潜在的共同前提。船山则认为镜喻乃异端之说，是以对其批判不遗余力。本节首先要做的是，研究船山《大学》“正心”章节解释中对镜喻的批判，以澄清道学传统中理学心学的某些共同前提，以及船山心志论的潜在批评指向，然后才能更好地理解他的“志—意”体用结构。

1. 镜喻

《四书章句集注》中朱子对《大学》传第七章中“所谓修身在正其心者，身有所忿懥，则不得其正；有所恐惧，则不得其正；有所好乐，则不得其正；有所忧患，则不得其正”的注释如下：

> 盖是四者，皆心之用，而人所不能无者。然一有之而不能察，则欲动情胜，而其用之所行，或不能不失其正矣。

《四书大全》又收录朱子之言如下：

> 心才系于物，便为所动，所以系于物者有三事，未来先有个期待之心，或事已应过，又留在心下不能忘，或正应事时，意有偏重，都是为物所系缚。便是有这个物事，到别事来到面前，应之便差了，如何心得其正？圣人之心莹然虚明，看事物来，若大若小，四方八面，莫不随物随应，此心元不曾有这物事。……盖这物事才私便不去，只

① 《荀子·解蔽》“故人心譬如槃水，正错而勿动，则湛浊在下，而清明在上，则足以见须眉而察理矣。微风过之，湛浊动乎下，清明乱于上，则不可以得本形之正也。”

管在胸中推荡，终不消释，使此心如太虚，则应接万务，各止其所，而我无所与可也。看此一章，只是要人不可先有此心耳。①

船山《读四书大全说》中此章有连续数篇针对朱子的批评，因其还涉及了《四书大全》中其他与镜喻主题相关的材料，为方便下面的讨论，将朱子其他材料也引用于此：

人之一心，湛然虚明，如鉴之空，如衡之平。以为一身之主者，固其真体之本然。而喜怒忧惧，随感而应，妍媸俯仰，因物赋形者，亦其用之所不能无者也。故其未感之时，至虚至静，所谓鉴空衡平之体，虽鬼神有不得窥其际者，固无得失之可议；及其感物之际，而所应者又皆中节，则其鉴空衡平之用，流行不滞，正大光明，是乃所以为天下之达道。②

人心如一个镜，先未有一个影象，有物事来，方始照见妍丑。若先有个影象在里面，如何照得。人心本是湛然虚明，事物之来，随感而应，自然照得高下轻重，事过便当依前恁地虚方得。若事未来，先有一个忿懥好乐恐惧忧患之心在这里，及忿懥好乐恐惧忧患之事到来，又以这心相与滚合，便失其正。事了又只若留在这里，如何得正。③

此外，朱子多次谈及心如明镜或在“不期不留不系”问题上有类似论述④，陈来先生对朱子“心体虚明”做出如下论断：“朱熹以虚明不仅为修养所欲达之境界，而且认为在根本上就是心的本然状态。一切修养不过是复其本体之虚明。”⑤ 从《四书大全》引用的程朱门人相关表述来看，程朱后学以及阳明学也有许多追求“不期不留不系”境界的表述。尽管道学家在使用“镜喻”时与佛家具有差异性⑥，但“镜喻”中更常见的是诸如“心体如镜”“廓然大公物来顺应”“无将迎”“一过即化”这样的表述。这里的关键问题是为何“镜喻”在整个宋明道学传统中成为各家学派都惯

① 胡广，杨荣，金幼孜，等. 四书大全校注：上［M］. 周群，王玉琴，校注. 武汉：武汉大学出版社，2009：55.

② 同①119.

③ 同②.

④ 参看《四书大全校注》上册第 22、58、119、263、423、445、448 等页。

⑤ 陈来. 朱子哲学研究［M］. 上海：华东师范大学出版社，2000：219.

⑥ 本书在讨论阳明照心妄心小节时曾经指出过，阳明惯常使用的“镜喻”主要是就不起私意的强调性比喻，佛家的心体可以如镜，阳明所说的心体即便如镜，也是有文理之镜，有是非之感应，它对于物的意向性构造作用是由源自天的良能决定的。

用的意象？仅仅以佛教影响并不能够充分内在地解释这个现象，船山批评提醒我们的是，在宋明道学力辟佛老的同时，不自觉地接受了某些与佛老相同的前提。下面笔者借助船山思想要探讨的是，儒家与佛老在此问题上真正的分际是什么，以及应当如何来理解儒家之“心”。

船山在不以情绪动心的问题上与程朱阳明并无二致：

> 程子谓“忿懥、恐惧、好乐、忧患，非是要无此数者，只是不以此动其心”，乃探本立论……①

船山主要的批评着力于三个问题：(1) 心如太虚、湛然虚明是否应当为儒者所追求的境界？(2) 应当如何理解忿懥、恐惧、好乐、忧患？(3) 心是否应当不期不留不系？我们先来看第一个问题。

> 逐句求义者见传云“有所忿懥则不得其正”，必疑谓无所忿懥而后得其正。如此戏论，朱子亦既破之矣，以其显为悖谬也。而又曰“湛然虚明，心如太虚，如镜先未有象，方始照见事物”，则其所破者用上无，而其所主者体上无也。体用元不可分作两截，安见体上无者之贤于用上无耶？况乎其所谓“如一个镜，先未有象”，虚明之心固如此矣。②

朱子认为忿懥、恐惧、好乐、忧患这四者，“皆心之用，而人所不能无者”，因此船山说朱子破除了必无四者然后得其正的戏论，这是就心之所发而言的，是以谓其“所破者用上无”。但是朱子却又说“湛然虚明，心如太虚”，这是就体上主无，体用不可分，何以能够体为无而用非无呢？盖船山以为“太虚”若果是“无”，则心无从正之：

> 故释氏之谈心，但云明心、了心、安心、死心，而不言正。何也？以苟欲正之，则已有期、有留、有系，实而不虚也。今有物于此，其位有定向，其体可执持，或置之不正而后从而正之。若窅窅空空之太虚，手挪不动，气吹不移，则从何而施其正？且东西南北，无非太虚之位，而又何所正耶？③

只有实体方有正与不正之别，太虚窅窅空空，故无所正。中、正之义相通，因此船山论“喜怒哀乐之未发谓之中”时，反对将无喜怒哀乐之时

---

① 读四书大全说：大学：传第七章 [M] //王夫之. 船山全书：第6册. 长沙：岳麓书社，2011：419.

② 同①420.

③ 同①420-421.

的无善无恶之境视为"中"：

> 如一室之中，空虚无物，以无物故，则亦无有偏倚者；乃既无物矣，抑将何者不偏，何者不倚耶？必置一物于中庭，而后可谓之不偏于东西，不倚于楹壁。审此，则但无恶而固无善，但莫之偏而固无不偏，但莫之倚而固无不倚，必不可谓之为中，审矣。①

其义与此处相通，皆认为以"无"言中正或善恶，实乃戏论。然而，如果船山只是在这个意义上批评朱子，其实是难以成立的，原因如下：

第一，不能将太虚等同于"无"。宋明道学对"太虚"最有名的定义自然是横渠"太虚即气"说，虽然对横渠此论的解释学术界尚有较大争议②，但船山本人将其理解为气之本然则毋庸置疑③，且船山自己也以"太虚"说心："其在于人，太虚者，心涵神也；浊而碍者，耳目口体之各成其形也，……圣人知气之聚散无恒而神通于一，故存神以尽性，复健顺之本体，同于太虚"④。朱子虽然多次将横渠太虚解释为天理，"'由太虚有天之名'，这全说理"⑤，但有时也会解释为气："《正蒙》说'道体'处。如'太和'、'太虚'、'虚空'云者，止是说气。"⑥ 但无论解释为理还是气，终归没有"无"之意涵⑦。进一步说，朱子认为哲学意义上的知觉心乃是气之虚灵特性⑧，亦非"无"之意涵。

第二，船山其实也明白佛老所主之本体即便可以称为"总计无"，但其意义并非彻底的虚空，所谓"无"或"空"更多只是一种遮诠法，

---

① 读四书大全说：中庸：第一章［M］//王夫之．船山全书：第6册．长沙：岳麓书社，2011：470.

② 李晓春．张载哲学与中国古代思维方式研究［M］．北京：中华书局，2012：248.

③ 参看本书第二章第一节"太极全体"。

④ 张子正蒙注：太和篇［M］//王夫之．船山全书：第12册．长沙：岳麓书社，2011：31.

⑤ 朱子语类：卷60［M］//朱熹．朱子全书：第16册．上海：上海古籍出版社，2002：1943.

⑥ 朱子语类：卷99［M］//朱熹．朱子全书：第17册．上海：上海古籍出版社，2002：3229．此外卷九十八亦有类似论述：问"气坱然太虚，升降飞扬，未尝止息"。曰："此张子所谓'虚空即气'也。盖天在四畔，地居其中，减得一尺地，遂有一尺气，但人不见耳。此是未成形者。"又问："气坱然太虚，升降飞扬，未尝止息'，此是言一气混沌之初，天地未判之时，为复亘古今如此？"曰："只是统说。只今便如此。"

⑦ 船山自己也特别对朱子"虚灵不昧"的表述做出解释，参看本节第三部分"志"的相关论述。

⑧ 传统认为朱子认为性即理，心即气，陈来先生对此观点做了修正（参看陈来《朱子哲学研究》第219页），但此问题于本处所论并无影响。

因此他更加着力批判的异端问题在于其将有无虚实对立①，故尔要特别强调其两端一致性。如果单就此而论的话，他与宋明道学诸儒并无根本分歧。因此船山对“心体太虚”的批评如果单就有无本体而言，并不成立。

但这并不意味着船山的批评是基于门户意气，为此需要继续考察第二个问题，忿懥、恐惧、好乐、忧患应当如何理解。前引材料认为这四者都是人的意，儒家绝不反对人有意，关键在于意之所发是否合宜，即是否合于“时”或物，这就涉及所谓的认识问题。

朱子论心常用“虚明”概念，陈来先生非常强调“虚明”的认识意义：“朱熹关于心之本体虚明的思想是说，心作为认识主体，本来是没有偏蔽、没有成见、没有任何情绪干扰的。如果能够经过一定方式的修养以保持这种本体的虚明，在认识在应接事物的时候就不会发生偏差。……所谓心之本体虚明，这里的心指一般的认识主体，包括道德意识活动在内……心体虚明虽然也包含有道德意识方面的意义，但不能把心体虚明仅仅理解为道德意识方面的意义，……朱熹关于心之本体的观念主要是把心作为一般意识活动的主体，要求去除主体偏蔽而提出来的。”② 笔者想进一步明确的是，在中国哲学中所谓认识功能一般说来必然包括道德（或美学）价值判断在内，当朱子比喻心为“鉴空衡平，妍媸俯仰”自然显现的时候，是接受了一个**古典的隐含前提：物性与其向人的意义显现（美丑、善恶、是非）之间并没有一个今天所谓事实与价值的鸿沟**，当人心处于本然状态之时，这两者之间是自然一体的，即《大学》所谓“如恶恶臭，如好好色”，一体性的根基是天道对人与万物的一以贯之。只有在这个前提下，我们才能明晰朱子的如下表述：“此心之体寂然不动，如鉴之平、如衡之平；物之既感，则其妍媸高下随物以应，皆因彼之自尔而我无所与。”③ 物自有是非高下妍媸善恶，臭自有其恶，色自有其好，心只需要让其自然显现即可。在这个意义上，我们可以说在**理想的诚意心体状态下，感受、认识与价值判断以及情感反应是源初一体的**④，之所以出现了区分、错位或不当的价值判断，是因为

① 参看本书第三章第二节。

② 陈来．朱子哲学研究［M］．上海：华东师范大学出版社，2000：220.

③ 晦庵先生朱文公文集：卷51［M］//朱熹．朱子全书：第22册．上海：上海古籍出版社，2002：2379.

④ 这里对此结构只是一个比较简单的勾勒，更加详细的问题将会在本书第四章第一节得到展开。

人被私欲遮蔽，使得此源初之体出现断裂，这样一来，工夫的最终目标当然也就是回复此心至于“虚明湛然”的境界。明道、伊川乃至阳明虽然与朱子思想多有差异，但在此问题上他们却表现出相当的一致性①。甚至船山本人也在一定程度上接受“物性—意义”一体性这个前提，因为，非此则天理将分裂成为客观世界的规律法则与人伦世界的价值法则，两个世界无法统一。甚而，还可能导致人放弃价值世界，皆师心自用，儒家价值根源之天亦将被消解。不过，船山与之前宋明道学的关键性分歧在于“天人之辨”，因此我们需要在本书已有的“天人之辨”视域下重新精细描画船山的“物性—意义”结构，来理解其不同于“镜喻”的时间性要素。

本章第一节已论，船山认为在天而言，无善无恶，“盖道在未继以前，混沦而无得失，雨旸任其所施，禾莠不妨并茂，善之名未立，而不善之迹亦忘”②。天道唯有元亨利贞，而无仁义礼智，亦无善恶是非。“物之天”层面有善恶偏全，而无是非，“犬牛之性不善，无伤于天道之诚。在犬牛则不善，在造化之有犬牛则非不善”③ 故“通而计之皆无妄”④。犬牛在天而言乃造化流行必有之一部分，故非不善，但就其“定体”而言，则为气凝于偏隅一端，故“就一时一事而言之，则无妄者固有妄也”⑤，则此所谓不善并非伦理学意义，而是说气凝有滞，非太虚清通本体。“人之天”层面人所能“继”者，是乾坤健顺生生之德，善恶乃天人相续之际方有，在“人之天”的层面，有偏有全，有性有理，才因之而生出是非正邪。我们可以

① 明道《定性书》中表述非常明晰，伊川亦多有此表述，不再赘引分析。阳明虽然在追溯物与意义的自然一体性时更加强调良知的主体性，但归根结底仍是源于天。具体可参看本书第一章第四节“照心与妄心”部分的相关分析。此外，对此一体性的最明白阐发出现在《传习录》中，阳明曰：“此已被私欲隔断，不是知行的本体了。未有知而不行者。知而不行，只是未知。圣人教人知行，正是要复那本体。不是着你只恁的便罢。故《大学》指个真知行与人看，说‘如好好色’，‘如恶恶臭’。见好色属知，好好色属行。只见那好色时，已自好了。不是见了后，又立个心去好。闻恶臭属知，恶恶臭属行。只闻那恶臭时，已自恶了。不是闻了后，别立个心去恶。如鼻塞人虽见恶臭在前，鼻中不曾闻得，便亦不甚恶。亦只是不曾知臭。”这段话虽然是在讨论“知行合一”，但其对于心物反应的描述与我们这里的分析若合符节。

② 周易内传：系辞上传第五章［M］//王夫之．船山全书：第1册．长沙：岳麓书社，2011：528-529.

③ 读四书大全说：孟子：告子上篇［M］//王夫之．船山全书：第6册．长沙：岳麓书社，2011：1054.

④ 周易内传：无妄［M］//王夫之．船山全书：第1册．长沙：岳麓书社，2011：237.

⑤ 同④.

看到，在此天人分殊的结构下[1]，船山并非不可以承认“物性—意义”的一体性前提，但他对此给出了限制，削弱了善恶的伦理意义，更多地赋予其“纯杂”“偏全”的存在论意涵，并更多地赋予“物性—意义”结构个体性、时代性与历史性因素。这样做是基于如下考虑：意义与物性如果捆绑成为一个固定化体系，心体便只需强调其虚灵澄明功能，忠实地将此结构反映出来即可。如此则易走上异端虚静无为之途。相应地，世界的意义网络也会成为一套超越时间与历史的现成法则，从而无法彰显天地生生之德、人性日生日成之功。而人在具体境域下对中道的追求也极易走上寻求不变本体的道路，从而空疏教条，或躐等而希求同于天。因此，船山要做的是**松动“心—物—意义”的固化结构，在保证伦理德性不会流于相对主义的同时，赋予这个结构时间性或曰生成性要素**。[2]

现在，我们再回头考察船山对“镜喻”之批判，就会发现其批判主旨实际上在于对“过去—现在—未来”三际的强调，这种强调首先是指向天人分殊：

> 是则人之有功于天，不待天而动者也。前之必豫，后之必留，以心系道，而不宅虚以俟天之动。故曰：“诚之者，人之道也。”
>
> 若夫天之聪明，动之于介然，前际不期，后际不系，俄顷用之而亦足以给，斯蜂蚁之义，鸡雏之仁焉耳，非人之所以为道也。人禽之别也几希，此而已矣。或曰“圣人心如太虚”，还心于太虚，而志气不为功，俟感通而聊与之应，非异端之圣人，孰能如此哉？异端之圣，禽之圣者也。[3]

---

① 这种天人分殊的方式似乎有将价值意义完全基于个别主体的相对主义危险，船山有时的表述也可能会造成此种误解，譬如“耕者之雨，行者之病也。丰草之茂，良苗之瘠也”。（周易内传发例［M］//王夫之. 船山全书：第1册. 长沙：岳麓书社，2011：672）但细查上下文，就会看到船山强调的是人因其视域的有限性，无法像天一样无善无恶。参看本书第四章第四节。

② 镜喻问题，熊十力也曾在生成立场上有类似批评：“阳明诗云：‘而今说与真头面，只是良知更莫疑。’如此觌体承当，得未曾有，然自识得此大本已，必须依从他推扩去，如渊泉时出不竭才是。本体良知原是推扩不容已，功夫亦只是推扩不容已，即功夫即本体，焉有现成具足之一物可容拘隘而坚持之乎？佛家说到知体，喻如大圆镜，此便无有推扩。吾谓以镜喻知体，不如以嘉谷种子喻之为适当。须知一棵谷种原具备有芽、干、枝、叶、花、实等等无限的可能，非如镜之为一现成而无所推扩之物也。后儒言知体皆受二氏影响，故其功夫偏于单提保任，其去经言致知之推扩义盖甚远。”（熊十力. 十力语要［M］. 北京：中华书局，1996：313）

③ 诗广传：召南：论采蘩［M］//王夫之. 船山全书：第3册. 长沙：岳麓书社，2011：309. 类似的表述还有《思问录·内篇》：过去，吾识也；未来，吾虑也；现在，吾思也。天地古今以此而成，天下之亹亹以此而生，其际不可紊，其备不可遗，呜呼难矣！故曰“为之难”，曰“先难”。泯三际者，难之须臾而易以终身，小人之侥幸也。（思问录：内篇［M］//王夫之. 船山全书：第12册. 长沙：岳麓书社，2011：404）

动物没有历史，它们虽然会有对于当下遭遇的应对，但这种反应并没有一个历史性的视域，纯粹来自天所授予的聪明本能。本能与心的差别就在于，本能只能“动之于介然，前际不期，后际不系”，虽然因天道普在，“俄顷用之而亦足以给”，但这不是人道的方式[①]：“诚不必豫，待感而通，惟天则然。下此者，草木禽虫与有之，蓍龟之灵是也。”[②] 船山不反对宇宙本体太虚的判断以及天地生气感应，但他不能接受将人直接等同于天的做法，因为这样人心的功能就会丧失掉作为生存基本方向的“志”，而仅仅剩下“感应”，“志”主动，“感应”被动，此乃儒家与异端之大辨。仅主“感应”不仅同人于禽，甚至人器不别：

> 无心而待用者，器而已矣。镜与衡，皆器也。“君子不器”，而谓圣人之心如镜空衡平，可乎！[③]

此外，“感应”看似能够虚灵无滞地应对外在事物，其实未必然：

> “仰面贪看鸟，回头错应人”，恁般时，心恰虚虚地，鬼神亦不能窥其际，唯无以正之故也。不然，岂杜子美于鸟未到眼时，预期一鸟而看之；鸟已飞去后，尚留一鸟于胸中；鸟正当前时，并将心系著一鸟乎？唯其无留、无期、无系，适然一鸟过目，而心即趋之，故不觉应人之错也。[④]

“仰面贪看鸟，回头错应人”乃杜甫诗句，船山在此引用此句乃有所指。朱子《四书或问》讨论“正心”章时，在论述心当如“鉴空衡平”时引用了杜甫诗句：

> 未感之时，至虚至静，所谓鉴空衡平之体，虽鬼神有不得窥其际者，固无得失之可议；及其感物之际，而所应者又皆中节，则其鉴空衡平之用，流行不滞，正大光明，是乃所以为天下之达道，亦何不得其正之法哉？……心在于此，而心驰于彼，血肉之躯，无所管摄，其不为“仰面贪看鸟，回头错应人”者几希矣。[⑤]

---

① 尼采也曾以是否具有历史来区分人兽，参看尼采《历史的用途与滥用》（上海人民出版社，2000 年）第 1 页。

② 思问录：内篇［M］//王夫之. 船山全书：第 12 册. 长沙：岳麓书社，2011：414.

③ 同②421.

④ 读四书大全说：大学：传第七章［M］//王夫之. 船山全书：第 6 册. 长沙：岳麓书社，2011：424-425.

⑤ 胡广，杨荣，金幼孜，等. 四书大全校注：上［M］. 周群，王玉琴，校注. 武汉：武汉大学出版社，2009：119-120.

朱子的意思是，心在未感之时当虚静空平，如此则得其正，其感应自然中节。如果心有所执系，譬如执着于飞鸟，在感应的时候就会不得其正，“错应人”。船山对于同一句诗却做出了完全不同的诠释①。他认为心在虚静之时，之所以鬼神不能窥其际，是因为心自己也是懵懵懂懂②，不得其“正”。无留无系的无主状态下，鸟过则心即趋之，从而“错应人”③。真正的“正心”应该是“正心者，过去不忘，未来必豫，当前无丝毫放过。则虽有忿懥、恐惧、好乐、忧患，而有主者固不乱也”④。其实船山和朱子对看鸟应人的理解都是合乎正常情感经验的，但我们必须注意的是，船山仔细区分了“意”与“情”的差别，“凡忿懥、恐惧、好乐、忧患，皆意也”，而情则是喜怒哀乐。如果单就情而言，船山并不反对其不可滞留。船山自己在《读四书大全说》中讨论“不迁怒、不贰过”问题时，也表达过对黄勉斋“鉴空衡平”说的赞许：

> 此段唯黄勉斋说得该括精允。所云“未怒之初，鉴空衡平；方过之萌，瑕颣莫逃”，是通计其功之熟也。其云“既怒之后，冰消雾释；既知之后，根株悉拔”，则亦于怒与过加功，而非坐收成效之谓矣。呜呼！此勉斋之亲证亲知，以践履印师言而不堕者，为不可及也。⑤

以此可见，船山并不是完全否认心体“鉴空衡平”“心如太虚”这个

---

① 这里并不是在讨论船山与朱子谁对杜甫诗歌的诠释更加正确，两人皆“断章取义”，故不再详究诗歌本义。

② 《读四书大全说·大学·传第七章》：朱子说“鉴空衡平之体，鬼神不得窥其际”，此语大有病在。南阳忠国师勘胡僧公案，与列子所纪壶子事，正是此意。凡人心中无事，不思善，不思恶，则鬼神真无窥处。世有猜棋子戏术，握棋子者自不知数，则彼亦不知，亦是此理。此只是谚所云“阴阳怕懵懂”，将作何用，岂可谓之心正？心正者，直是质诸鬼神而无疑。若其光明洞达，匹夫匹妇亦可尽见其心，岂但窥其际也而已哉？

③ 船山还有类此之论曰：“视眩而听荧者，则物夺其鉴也。物夺其鉴，而方视有蔽其明，方听有蔽其聪；是故贪看鸟而错应人，弓成蛇而市有虎，官虽固存，不能使效其职，其职之固明、固聪，实惟其旷矣。”（尚书引义：洪范三［M］//王夫之．船山全书：第2册．长沙：岳麓书社，2011：354）

④ 读四书大全说：大学：传第七章［M］//王夫之．船山全书：第6册．长沙：岳麓书社，2011：425.

⑤ 读四书大全说：论语：雍也篇［M］//王夫之．船山全书：第6册．长沙：岳麓书社，2011：666-667．勉斋之言可参看《四书大全校注》上册第443页，顺序与船山所引略有不同。又，勉斋此言或是从朱子之语化出，《四书大全》同条目引朱子语：“不迁怒，如镜悬水止；不贰过，如冰消冻释。”（胡广，杨荣，金幼孜，等．四书大全校注：上［M］．周群，王玉琴，校注．武汉：武汉大学出版社，2009：445）

维度，不唯如此，船山还在下文继续说道：

> 己先有怒，则不因于物；不因于物，故物已去而怒仍留，迁之所自来也。……
>
> 因于己则怒迁，因于物则怒不迁。喜怒哀乐，本因于物；昏者不知，以己徇物，而己始为害。……怒因于己，不尽因物，而今且克之使因于物，则固执之己私，亦荡然而无余矣。夫在物者天理也，在己者私欲也。于其因于己而亦顺于天理之公，则克己之功，固蔑以加矣。①

如此对照可以明确，船山在区分“意”“情”的前提下，对“镜喻”的批判实际上不是反对某种滞留情感造成了发用之不正，这里决定性的差别在于人与物之间应当建立怎样的真理关系。

> 唯镜本无象，妍当前而失天下之媸，媸当前而失天下之妍，一影蔽之，更无自体，相映非实，两无所喻，则亦见如不见，闻如不闻，甘苦皆茹而固不知味，是正所谓心不在而无所施其修者也。②

心不在而为影所蔽，正是上文贪看鸟而错应人之义。所谓“妍当前而失天下之媸，媸当前而失天下之妍”，标识出了儒者与异端的基本差别在于是否念念以天下之治为事。**儒者并不希求物之妍媸在心中如其所是地显现，这种静观式的真理并不是儒者所求，儒者寻求的是让天下万事万物各得其所，这就需要每个当下情境中事物的显现与行措之得宜都不是个别孤立事件，而是始终在意义网络的整体性理解视域下，不离于具体情境的显现，同时又与儒者心志及其身之言语行动关联起来。**譬如“耕者之雨，行者之病也。丰草之茂，良苗之瘠也”③，雨和草本身有其物性，但它们并非具有绝对不变的善恶价值，而是会在不同情境下依照人心志意求之异，显现出不同的意义。这个问题我们在本书第一章第四节阳明、薛侃关于花草善恶的公案中已经触及，船山进一步推进之处在于他区分出了天人之辨，在阳明那里人应当效法天之“廓然大公”“未发之中”“天地生意，花草一般。何曾有善恶之分”，船山则认为人的有限性决定着人不能够僭越

---

① 读四书大全说：论语：雍也篇［M］//王夫之．船山全书：第6册．长沙：岳麓书社，2011：668.

② 礼记章句：大学［M］//王夫之．船山全书：第4册．长沙：岳麓书社，2011：1490.

③ 周易内传发例［M］//王夫之．船山全书：第1册．长沙：岳麓书社，2011：672.

于天，而只能在其有限性视域下依照心志意向做出善恶是非判断，行人只能依照其当下视域与目的对雨做出价值评判，农人也不能像周茂叔一样不除草，哪怕是原则上拥有最广阔视域以天下为念的圣人或者天子，也要考虑旱涝问题、人与自然的平衡问题来做出判断，而不可能亦不应当让雨或草向人显现出无善无恶、无历史性、无情境的意义，这是他反对“镜喻”的最根本指向。一言以蔽之，物之于人的关系应当是实践性、意向性真理①，而非静观性真理。只有在此种真理意义上，我们才能理解船山对《大学》结构的独特解释。

2. 意

现在我们可以回到“志—意”的结构问题上来。首先要明确的是，不能简单地将其理解为“志体—意用”。

> 要此诚意之功，则是将所知之理，遇著意发时撞将去，教他吃个满怀；及将吾固正之心，吃紧通透到吾所将应底事物上，符合穿彻，教吾意便从者上面发将出来，似竹笋般始终是者个则样。②

这段话乍看起来似乎是说正心所发即为诚意，但细绎之，便会发现，所谓“遇著”“撞将去”“通透”“符合穿彻”云云，都意味着志、意根本而言乃是两个东西，即便在根源上可归一，但就现实中人的状况而言，则为二物。而这里说的仅仅是在达至意诚心正境界之时，通透穿彻，以诚贯注之时，两者方如竹笋般始终如一。即如前所引，“若先王全体此心，则如火炎昆冈，水决金堤，通梢一致，更无首尾矣”③。但绝不能因此便将二者错认为简单的体用一如关系。下面我们会逐渐展示出，船山认为**志意二者如道心人心一般，是交互为用的结构**。

先看意的概念：

> 今以一言断之曰：意无恒体。无恒体者，不可执之为自，不受欺，而亦无可谦也。……意或无感而生，如不因有色现前而思色等。……④

无恒体指的是没有一个恒常的、能够作为善的引领或根基之体，所以

① 物性意义中包含的时间与历史维度本书第四章将会论及。

② 读四书大全说：大学：传第六章［M］//王夫之．船山全书：第6册．长沙：岳麓书社，2011：411.

③ 读四书大全说：孟子：公孙丑上篇［M］//王夫之．船山全书：第6册．长沙：岳麓书社，2011：946.

④ 同②415.

意或有或无，随境而生，而不必善，或“虽善其意，而亦如雷龙之火[①]，无恒而易为起灭”[②]。“善者，人心偶动之机，类因见闻所触，非天理自然之诚，故不足以尽善。而意不能恒，则为善为恶，皆未可保。”[③]“意”近乎我们今天广义的意念之义，人心与外界感通之动皆可称为“意”。虽说意无恒体，它也有可能以心志为体：

> 又以意之肖其心者而言，则因心发意，心先意后，先者为体于中，后者发用于外，固也。
>
> 然意不尽缘心而起，则意固自为体，而以感通为因。故心自有心之用，意自有意之体。[④]

这里的“心”仍是就志而论，“意肖其心”“因心发意”指的是前面船山描述的，在意诚心正的境界下，意方是缘心而起，就此时而言，可以说“志体”而“意用”，但这并不是大多数人通常之状态。意还可自为体，以感通为因而发，可知还是有个虚体在后，虽不缘心而起，亦可感通而发。就这个描述来看，“意”似乎与船山的“人心”概念很像，船山也明确说：

> 意则因感而生，因见闻而执同异攻取，不可恒而习之为恒，不可成者也。[⑤]

同异攻取正是我们前面讨论过的与“道心”相对的“人心”之发用动力。船山还说：

> 夫意生于心之灵明，而不生于心之存主。灵明，无定者也。畏灵明之无定，故正其存主以立闲。[⑥]

“心之灵明”似乎与前文所论“了知作用”并无太大分别，不过“意”从属于《大学》诠释体系，“人心”则为《中庸》体系，两个体系在道学

① 雷龙指闪电。以其打闪时火光如龙，故称。比喻瞬息有无，不可择善固执。

② 读四书大全说：大学：圣经［M］//王夫之．船山全书：第6册．长沙：岳麓书社，2011：401.

③ 张子正蒙注：中正篇［M］//王夫之．船山全书：第12册．长沙：岳麓书社，2011：167.

④ 读四书大全说：大学：传第六章［M］//王夫之．船山全书：第6册．长沙：岳麓书社，2011：417.

⑤ 张子正蒙注：大心篇［M］//王夫之．船山全书：第12册．长沙：岳麓书社，2011：150.

⑥ 船山经义［M］//王夫之．船山全书：第13册．长沙：岳麓书社，2011：633.

传统中常常互相阐发，但不宜直接等同，还需要具体分殊。

> 身以言、行、动、言，心以所持之志言，意以偶发之念言，知以知是知非言。俗解于心，知两字全不分晓，但云心者身之主，此是宽簷大帽语，直当不曾说。有以统性情之心言者，则是心之全体，知与意皆在其中。有云心是虚灵之觉体，这是知不是心；且此虚灵之心有何不正，而须正之？则此心字以志言明矣。正其心，常持其志使一于善也。知字只说是昭昭灵灵的识，又何以致之？且此昭昭灵灵者，心意之所共有，不尽属知。圣贤之学，其于知也，止以知是非为大用，原不要他明光遍照，如释氏之般若。①

在船山四书学中对于“念”似乎并未作太多关注考察，其用法也非常广泛，既可以像这里用“偶发之念”来解释“意”，也可以指初发之意：“心与物感之始，念忽以兴，则意是也。”② 还可以指与“志”相关的意向：“欲正其心之念。”③ 大体来说，似乎一切思虑情意之萌动皆可以称为“念”。

然后船山点明当处于《大学》话语体系中，与身、意、知并论时，心指的是志。而一般意义的虚灵之觉体，船山称之为“知”，紧接着又补充说，这种昭昭灵灵并不专属于“知”，志、意中也有此昭昭灵灵者④。另外，知也并非昭昭灵灵可以尽其意蕴，因为知中自有条理，以知是知非为大用，而不是像释氏一样，只取其虚灵知觉为贵。这种表述是为了说明灵觉心与《大学》致知的“知”不能等同，“知”的重要特点是知是知非，而且按照船山的讲法，“知”与“智”也不能等同。“知字带用说，到才上方有；此智字则是性体”⑤，性体之智并无是非可言，“方静则有是而无非，方动则是非现”，所以只有包含了发用的“知”才有是非。但“知”也不只是发用，而是体用兼带，所以能知是知非。这是船山对《大学》之“知”的基本规定，后面我们讨论“格物致知”的时候还会进一步展开。

所谓昭昭灵灵者，即是“了知作用之灵”，其实即为“人心”之体，

---

① 四书笺解：大学［M］//王夫之．船山全书：第6册．长沙：岳麓书社，2011：110.

② 四书训义：大学：经［M］//王夫之．船山全书：第7册．长沙：岳麓书社，2011：48.

③ 四书训义：大学：传第六章［M］//王夫之．船山全书：第7册．长沙：岳麓书社，2011：66.

④ 这也是船山体用的独特思路，体并非外在于用，而是与用伴随始终，这一点典型地体现在其《中庸说》中对“中体”的论述。

⑤ 读四书大全说：大学：序［M］//王夫之．船山全书：第6册．长沙：岳麓书社，2011：393.

源于阴阳变合之几而为虚体，故尔此心虽为志意所共有，而不为船山所重。需注意者，所谓“此虚灵之心有何不正而须正之”，并不是说虚灵之心自然而正，故无须正之，而是如前所论，虚灵之心本为虚物，无所谓正不正。所以如果把《中庸》体系的“人心”概念引入大学阐释体系中来的话，船山应该会认为人心未发之体作为“了知作用之灵”贯穿于身志意知。那么人心已发之情是不是能够等同于“意”呢？船山并不这么认为：

> 若夫圣人之毋意，则诚之至也。从心之不逾矩也，一以贯之而无朋从之思也。……举吾情之喜怒哀乐，皆裕其必发，皆达其必行，皆节其必止。故有时生之不吝，而不因于怵然乍恻之意；有时杀之不疑，而不因于愤然勃兴之意。当精之未起，持至理于不可易，而贞胜者不乱于感通，则何有偶然而兴以作其欣戚乎？矩有常也。①

喜怒哀乐之情未必因于怵然乍恻、愤然勃兴之意，如此看来，船山“意”的意涵比“情”要更加宽泛，一切感发所生皆可称为“意”。船山还进一步指出“意”必定是起源于“欲”：

> 意不能无端而起，毕竟因乎己之所欲。己所不欲，意自不生。且如非礼之视，人亦何意视之，目所乐取，意斯生耳。如人好窥察人之隐微，以攻发其阴私，自私意也。然必不施之于宠妾爱子，则非其所欲，意之不生，固矣。②

不过，正如许多前辈学者指出的，船山并不以为“欲”皆为恶，他反对的是“私欲”或说“人欲”，由此而区分两种意：

> 盖漫然因事而起，欲有所为者曰意；而正其心者，存养有本，因事而发，欲有所为者，亦可云意。自其欲有所为者则同，而其有本、无本也则异。③

第一种漫然因事由欲而生之意乃是“子绝四，毋意、毋必、毋固、毋我”之意，也是泛泛意义上的用法：

> 则此意为常人而言，而为意之统词。统常人而言，则其为漫然因

① 船山经义［M］//王夫之．船山全书：第13册．长沙：岳麓书社，2011：648．

② 读四书大全说：论语：颜渊篇［M］//王夫之．船山全书：第6册．长沙：岳麓书社，2011：769．

③ 读四书大全说：论语：子罕篇［M］//王夫之．船山全书：第6册．长沙：岳麓书社，2011：729．

> 事欲有所为者，亦明矣。既为漫然因事欲有所为，则不问其为是为非，俱如雷龙之火，乘阴虚动而妄发，不可必出于私，而固不可有矣。①

尽管它可能不是出于私欲，但仍旧是船山所反对的，“今此言‘子绝四’而云‘毋意’者，新安所云‘以常人之私欲细分之，有此四者’是已”②。儒家不像佛教有些宗派所主张的，要戒除所有意念，所以，第二种存养有本之“意”是船山所赞同的，只是一定要明确，这应当是《大学》“诚其意”之“意”，这里的“‘其’字俱指‘古之欲明明德者’而言……其云‘其意’者，为正心者言之。欲正其心者之意，已远于私”③，如此，则“意生于已正之心，则因事而名之曰意；而实则心也，志也，心之发用而志之见功也，可云‘其意’而不可云意也”④ 。因为“欲明明德者”已有志于至善，故“其意”必发于已正之心，而无有私欲，这种“其意”与私欲之意无论从本还是发用而言，已然迥异，只是因为它也是指向外在事物的，故亦称其为“意”，而其实，它就是心（此心当为“道心”）之发用，在此发用中“志”起到了关键性的主导引领之功。下面我们来看船山“心志”之意涵。

3. 志

前文已论，无论意是否发用，“其志亦未尝不在”，志乃是心中相比起“意”更加具有恒定性与主导性的功能性结构。

> 意则起念于此，而取境于彼。心则固有焉而不待起，受境而非取境。今此恶恶臭、好好色者，未尝起念以求好之恶之，而亦不往取焉，特境至斯受，因以如其好恶之素。且好则固好，恶则固恶，虽境有间断，因伏不发，而其体自恒，是其属心而不属意明矣。⑤

这里的心即为“志”，而此处“受境”须活看，表面上看起来“受”是被动，“取”为主动，实则“受境”反倒凸显人的主动性。因为心固有

---

① 读四书大全说：论语：子罕篇［M］//王夫之. 船山全书：第 6 册. 长沙：岳麓书社，2011：729.

② 同①.

③ 同①728-729.

④ 同①.

⑤ 读四书大全说：大学：传第六章［M］//王夫之. 船山全书：第 6 册. 长沙：岳麓书社，2011：415.

其意向主导性，所以心之“受境”正因其未尝起念求好恶，反倒不会为境所移而失其正，虽然境有间断，而体（心志）却始终存在，一旦“受境”即可发其好恶。相比之下，“取境”反而是被外物所动。对于“志”的主导性，船山明确表述为：

> 若吾心之虚灵不昧以有所发而善于所往者，志也，固性之所自含也。①

在此表述中，有两点须得注意：

其一，志包含两个规定性，分别为“虚灵不昧”与“善于所往”。在船山这里“虚灵不昧”这个概念有两种意涵：作为批判异端的靶子时，“虚灵不昧”一般指的是了知作用之心，或佛家所谓“常惺惺”之义；但有时是船山正面立论所用，如此则当理解船山本人赋予其的独特意涵：

> “虚”者，本未有私欲之谓也。不可云如虚空。“灵”者，曲折洞达而咸善也。尚书灵字，只作善解，孟子所言仁术，此也，不可作机警训。“不昧”有初终、表里二义：初之所得，终不昧之；于表有得，里亦不昧。不可云常惺惺。②

这个解释对朱子《大学章句》中用来解释“明德”的“虚灵不昧”概念做了较大的创造性诠释，主要是将其原有涉嫌于佛老的虚无之义扭转向儒家至善实诚的方向，其意图也很明显，是要保证朱子思想不会被其后学误解，走上异端之途。本章第六节说明过船山的“明德心”指的是广义的涵盖性、知、志、意、情等结构的心之总体，此总体又本然无私而“咸善”，则其“善于所往”的方向应该也是有善无恶的。这样看来“善于所往”不应理解为善于引领方向，而应当理解为于其所往为善。

其二，志为性之所自含，这不仅仅是重复我们熟知的船山思想，即心中一切结构追本溯源都是由性而来，同样也是在强调志中必然包含着源头的性理为其主宰与取向，因此在《张子正蒙注·中正篇》中船山说：“志大而虚含众理，意小而滞于一隅也。”之所以强调此义是因为学界对船山

① 读四书大全说：孟子：公孙丑上篇［M］//王夫之．船山全书：第6册．长沙：岳麓书社，2011：923.

② 读四书大全说：大学：圣经［M］//王夫之．船山全书：第6册．长沙：岳麓书社，2011：395.

“志”的方向性的理解存在争议。陈来与唐君毅两位先生对“志”的理解的分歧，集中在“志”是否必然为善，定向乎道。唐君毅先生认为“志即规定心之思、使常定向乎道者”①，即“志”必然为正且指向道，陈来先生则认为此“志—心”可正可不正。笔者以为上述分歧的主要原因在于，陈先生的诠释主要是就《读四书大全说》中的《大学》部分而论，唐先生则顾及船山整体概念用法②。此外需要注意，船山虽然认为“故欲知此所正之心，则孟子所谓志者近之矣”，但这只是说“近之”，并不能因此便将“正心”等同于“正志”，只能说要“正心”就需要“持志”。诚然，因为《大学》本文用的是“正心”概念，所以船山往往在上下文中并没有对这两者做严格区分，典型段落如下：

> 意无恒体。无恒体者，不可执之为自，……所谓自者，心也，欲修其身者所正之心也。盖心之正者，志之持也，是以知其恒存乎中，善而非恶也。心之所存，善而非恶。意之已动，或有恶焉，以陵夺其素正之心，则自欺矣。③

此段中心、志杂用，几难辨别，不过，至少从“盖心之正者，志之持也”这句话中，可以明确看出，心、志二者还是有细微区分的。《大学说》中的材料如果按照上文区分，亦能辨识差异：

> 夫唯有其心，则所为视、所为听、所欲言、所自动者，胥此以为之主。惟然，则可使正，可使不正，可使浮寄于正不正之间而听命于意焉。④
>
> 此虚灵之心有何不正而须正之？则此心字以志言明矣。正其心，常持其志使一于善也。⑤

总之，船山在解释《大学》“正心”之时，固然会有正与不正的表述，

---

① 唐君毅. 中国哲学原论：原教篇［M］. 北京：中国社会科学出版社，2006：393.

② 在《读四书大全说》的非《大学》部分，以及其他著作中有比较明确的表述，可参看：《中庸说》二十一章、三十三章第五部分，《论语说》里仁第七部分、子罕第三部分，《孟子说》公孙丑上第五部分、第七部分、第十二部分，《孟子说》告子上第二十一部分，《张子正蒙注·中正篇》，《船山经义》，等等。

③ 读四书大全说：大学：传第六章［M］//王夫之. 船山全书：第 6 册. 长沙：岳麓书社，2011：415.

④ 读四书大全说：大学：圣经［M］//王夫之. 船山全书：第 6 册. 长沙：岳麓书社，2011：401.

⑤ 四书笺解：大学［M］//王夫之. 船山全书：第 6 册. 长沙：岳麓书社，2011：110.

甚至偶尔会有概念混乱之处，但我们仍可明白其核心立意在于：**当使意由志而出，否则意便会无本无体。无本无体，并不是说真的有无体之用，而是说虚灵知觉不具有方向性，因此不能保证意念之善的恒定性。因此，如果人不能有专一向善之志，与其说是志不正，毋宁说是无志，或者说是无心**。这一点在《读四书大全说》中其实已明确道出：

> 《大学》夹身与意而言。心者，身之所自修，而未介于动，尚无其意者也。唯学者向明德上做工夫，而后此心之体立，而此心之用现。若夫未知为学者，除却身便是意，更不复能有其心矣。①
>
> 心不欲修其身者，非供情欲之用，则直无之矣。②

在其晚年著作中得到了更加明确的表述：

> 人之所为，万变不齐，而志则必一，从无一人而两志者。志于彼又志于此，则不可名为志，而直谓之无志。天下之事，无不可行吾志者，如良医用药，温凉寒熟俱以攻病，必欲病之愈者，志也。志正则无不可用，志不持则无一可用。婞婞然一往必伸者，介然之气也。气则有伸有屈，其既必迁。以此为志，终身不成。③
>
> 人之所以异于禽者，唯志而已矣。不守其志，不充其量，则人何以异于禽哉！④

由此可见，不能够简单地以现象学的意向性概念来解释“心志”，因为意向性针对的是人的理解构造，并无善恶意义。“心志”描述的是当心中有所持而向道，接物时便得以发用善意的主导性力量。善之本固为仁义，是以船山也常常将“已正之心”等同于“仁义之心”或“道义”：

> 孟子之论养气，曰“配义与道”。养气以不动心，而曰“配义与道”，则心为道义之心可知。以道义为心者，孟子之志也。……
>
> …………
>
> ……唯其心不在也。持之不定，则不在意发处作主。
>
> …………

① 读四书大全说：孟子：梁惠王上篇［M］//王夫之．船山全书：第 6 册．长沙：岳麓书社，2011：892.

② 读四书大全说：大学：圣经［M］//王夫之．船山全书：第 6 册．长沙：岳麓书社，2011：401. 此处心指的是“志”。

③ 俟解［M］//王夫之．船山全书：第 12 册．长沙：岳麓书社，2011：491.

④ 思问录：外篇［M］//王夫之．船山全书：第 12 册．长沙：岳麓书社，2011：451.

……夫操者，操其存乎人者仁义之心也；求者，求夫仁人心、义人路也；从者，先立夫天之所与我者也。正其心于仁义，而持之恒在，岂但如一镜之明哉?①

孟子讲养气，必持志、集义，反之亦然，故如曾昭旭先生所言："（船山）故直以孟子之持志而不动心为正心，亦即必以集义养其浩然至刚之气以应物而不馁，然后其志真可得而持也。"② 明白了船山论"志"的基本思路，现在我们可以进一步来考察志意二者的关系。

4. 诚意正心

船山既然认为在达到意诚心正境界之前，志与意分别为二体，那么它们之间就可能会产生相互影响，前文已对志的主导性作用有所阐发，船山认为意也会反过来陵夺志的力量。《大学》传文第七章说："所谓诚其意者：毋自欺也，如恶恶臭，如好好色，此之谓自谦，故君子必慎其独也!"船山对"自""欺"都做了独特的解释：

苟以意为自，则欺不欺，慊不慊，既一意矣，毋自欺而自谦，又别立一意以治之，是其为两意也明甚。若云以后意治前意，终是亡羊补牢之下策。过后知悔，特良心之发见，而可云诚意而意诚哉？况其所发之意而善也，则已早无所欺矣；如其所发而不善也，此岂可使之谦焉快足者乎？

今以一言断之曰：意无恒体。无恒体者，不可执之为自，不受欺，而亦无可谦也。……所谓自者，心也，欲修其身者所正之心也。盖心之正者，志之持也，是以知其恒存乎中，善而非恶也。心之所存，善而非恶。意之已动，或有恶焉，以陵夺其素正之心，则自欺矣。意欺心。③

船山认为如果把"自"理解为"意"，那么"欺"或"谦"本身便是一个意，而既然说"毋自欺"，"毋"便成为第二个意，如此一来，如果第

---

① 读四书大全说：大学：传第七章［M］//王夫之. 船山全书：第6册. 长沙：岳麓书社，2011：421-423.

② 曾昭旭. 王船山哲学［M］. 台北：远景出版事业公司，1983：468. 曾氏于此有详备精彩论述，可供参考，因与本书所论关系不大，故不赘引。

③ 读四书大全说：大学：传第六章［M］//王夫之. 船山全书：第6册. 长沙：岳麓书社，2011：415.

二个意管束矫正第一个意，终究是亡羊补牢，不可称之为意诚。而如果发的意本来即是善，也就不必强调“毋自欺”；如果所发之意不善，意既已发，又如何能使不善之意自谦快足呢？船山认为“意无恒体”，所以这里的“自”必定不是“意”，而是“心”，其实也就是心中所存之志。本书第一章第四节分析阳明照心妄心时，也面临过类似的问题，即向善的省察意念与一般意念，它们的体是否是同一者，阳明以良知的明觉与遮蔽并存的状态，即“一体两用”的方式来解释这个问题。这里我们看到，船山反对将一般意念与善良意志归为同一层面，二者也并非为同一体所发①。“自”既然为素正之志，那么意若是不善，便有可能对志造成影响。船山不把这里的“欺”解释为伪诈欺瞒之义，而是解释为“陵夺”“欺凌”之义：

> 欺者凌压之谓，如强臣欺君，悍仆欺主一般，全不照顾，任其恣行。自欺者，任意而行，使其素志不能自伸，所知者不能行也；作诈字解者非。②
>
> 立心为主，而以心之正者治意，使意从心，而毋以乍起之非几凌夺其心，故曰“毋自欺”，外不欺内、宾不欺主之谓也。③

船山之所以这样解释，一方面可能是有着与阳明类似的理由，即认为人心之中始终有着不可掩盖的善良明觉④；另一方面，也是为了强调志与意根本而言并非一体，而有着内外宾主之别。需要注意的是，船山并不认为意的作用必然是消极的：

> 若业已有事于仁而未能复礼者，意之所起，或过或不及而不中于礼，……正为可以复礼之基。是一己之意见，非即天下之公理，而裁成有机，反正有力，不得以私意故贬其为为仁之害也。若并此而欲克去之，则必一念不起，如枯木寒崖而后可矣。⑤

---

① 当然，如前所论，如果就其究竟源头而言，性、心、志、意皆为一原，就此而言，船山与阳明处理方式有共通性，皆认为此“体”并不是一个同质的绝对同一者，而是具有差异性与生成性的统一体，不过如本章所论，船山将这种差异性与生成性展示得更加细密严谨。

② 四书笺解：大学［M］//王夫之．船山全书：第6册．长沙：岳麓书社，2011：115.

③ 读四书大全说：孟子：离娄上篇［M］//王夫之．船山全书：第6册．长沙：岳麓书社，2011：995.

④ 《传习录》第206条：“尔那一点良知，是尔自家底准则。尔意念着处，他是便知是，非便知非，更瞒他一些不得。”

⑤ 读四书大全说：论语：颜渊篇［M］//王夫之．船山全书：第6册．长沙：岳麓书社，2011：769-770.

并不是有向道之心努力求仁者即可直接达乎圣境，必经过克己复礼的过程，在学者这个阶段意未必为善，但也未可以私意一概而论，恰恰要因其势之所发，以同异攻取之处引导而归于仁义中正。如果因此而贬低意，认为它必然为害，那么逻辑所归，必然会走上追求一念不起的异端之教。

不过，船山同样反对的是在意之发用上用力，前文已论，即便又生一意对前意有所省察悔过，亦不可称之为意诚。而意念发用瞬间，更是无处用力，“好好色、恶恶臭者，已然则不可按遏，未然则无假安排”①，“窃恐意之方发，更不容人逗留而施其挟持也”②。因为意之发不是人能够预先安排或者临时强迫更改的东西，或者事后省察，或者预先以志引导。船山认为志是以好恶之不同来表现的，“志于彼而不志于此者，则唯其所好所恶者异也”③，但是好恶本身同样也是无处着力的：

> 且试体验看，好恶如何用得力？好之诚如好好色，恶之诚如恶恶臭，天下有好好色、恶恶臭而须用力者乎？抑人之或不好好色、恶恶臭者，其能用力以好恶乎？④

就此而言，立志以好善恶恶还仅仅是工夫的开端，“好恶还是始事，用力才是实著”，“须是好仁、恶不仁，方能勾用力于仁”，“使有能好仁、恶不仁者……则必壹志以求仁……则必正志以去不仁。繇此亘亘绵绵，笃实精灵，一力到底，以从事于仁”⑤。那么究竟如何才能够着实用力呢？《四书大全·中庸》第三十三章中，史伯璿针对戒惧与慎独的先后次第有如下之论：“盖动即慎独，静即戒惧，动静无端，故立言之序互有先后，无所不可耳。”⑥ 船山认为次第先后不可紊乱：

> 《中庸》之言存养者，即《大学》之正心也；其言省察者，即《大学》之诚意也。《大学》云：“欲正其心者先诚其意。”是学者明明

---

① 读四书大全说：大学：传第六章［M］//王夫之．船山全书：第6册．长沙：岳麓书社，2011：412．

② 同①413．

③ 读四书大全说：论语：里仁篇［M］//王夫之．船山全书：第6册．长沙：岳麓书社，2011：631．

④ 同③632．

⑤ 同③631-632．

⑥ 胡广，杨荣，金幼孜，等．四书大全校注：上［M］．周群，王玉琴，校注．武汉：武汉大学出版社，2009：246．

> 德之功，以正心为主，而诚意为正心加慎之事。则必欲正其心，而后以诚意为务；若心之未正，则更不足与言诚意。此存养之功，所以得居省察之先。……故《大学》以正心次修身，而诚意之学则为正心者设。……此存养先而省察后，其序固不紊也。
>
> …………
>
> 盖于学言之，则必存养以先立乎其本，而省察因之以受。则首章之先言戒惧以及慎独者，因道之本然以责成于学之词也。即《大学》“欲正其心”先于“欲诚其意”之旨。①

这里要说明的是，船山认为《中庸》与《大学》中的“慎独”意思是不同的，“《大学》言慎独，为正心之君子言也。《中庸》言慎独，为存养之君子言也”②。所以他将史伯璿所说的“慎独”等同于“存养”，相应地将《中庸》的“戒慎恐惧”等同于《大学》之“诚意”，即是这里所言“省察”。船山既然将“正心”理解为“持志”，即在心中定下好仁、恶不仁的用力方向，并以此“恒体”主导心之发用，那么自然必得先有存养工夫，“正其心，常持其志使一于善也”③，否则即便偶尔有善意，也是雷龙之火，无法保证工夫的持之以恒。“持其志者，持此也。夫然，而后即有忿懥、恐惧、好乐、忧患，而无不得其正。……持之不定，则不在意发处作主。”④ 所以船山认为就为学之次第而言，“正心”必然先于“诚意”，方能先立乎其大本。在这里**船山将《大学》经文“欲正其心者先诚其意”解释为有了想要正其心的欲求，然后才可能用力于诚意工夫**⑤。然而《大学》经文还说“意诚而后心正”，对此船山解释说：

> 《大学》云：“意诚而后心正。”要其学之所得，则当其静存，事未兆而念未起，且有自见为正而非必正者矣。动而之于意焉，所以诚乎善者不欺其心之正也，则静者可以动而不爽其静，夫乃以成其心之正

① 读四书大全说：中庸：第三十三章［M］//王夫之. 船山全书：第6册. 长沙：岳麓书社，2011：580-581.

② 读四书大全说：中庸：第一章［M］//王夫之. 船山全书：第6册. 长沙：岳麓书社，2011：464.

③ 四书笺解：大学［M］//王夫之. 船山全书：第6册. 长沙：岳麓书社，2011：110.

④ 读四书大全说：大学：传第七章［M］//王夫之. 船山全书：第6册. 长沙：岳麓书社，2011：421-422.

⑤ 船山的解释恐怕距离《大学》文本原义有一定距离，不过后者并不在本书研究范围之内，姑且悬置，以俟他日。此外，船山本人可能也对此有所意识，因此在《四书笺解》中还特别对《大学》中“后”“後”之别做出解释，可参看《船山全书》第六册第109页。

> 矣。然非用意于独之时一责乎意，而于其存养之无间断者为遂疏焉。……乃动有息机，而静无闲隙；动有静，而静无动；动不能该静，而静可以该动；则论其德之成也，必以静之无间为纯一之效。盖省察不恒，而随事报功；存养无期，而与身终始。故心正必在意诚之后，而不言之信、不动之敬，较无恶之志而益密也。此省察先而存养后，其序亦不紊也。
>
> …………
>
> ……即大学“意诚而后心正”之旨。①

这是说就为学所得而言，存养而没有遇到事情意念未起之时，有可能自以为心正却未必正。当心发动有意之时，之所以能够不侵扰心志之正而让意念为善，是因为心志虽然为静，但静能涵盖贯穿于动之中，心志发动的同时依旧能够持守住自己好善恶恶方向。恰恰因为这样，所以如果想要验证心是否已正，就必须从其所发之意上来省察是否为善，才能确保存养的心志不仅仅是无恶而已，更是绵密无间，纯一于善。所以从逻辑上来说，只有每个意念都达乎诚善，才能够证明心之为正。总之，**存养是涵养心志方向问题，省察是所发意念的规训问题，就工夫次第而言，要先正心后诚意，就所得境界之验证而言，意无不诚之后才证明心已得其正**。但是严格说来，至善对于人而言永远只能是一个无法达至的最终理想，就此而言存养正心工夫如船山所言必须伴随人一生之终始，如此，则所谓境界所得云云，岂非成为仅仅是照顾《大学》文本次序的一句虚言？船山固然也强调正心诚意之先后不可固执：

> 不知《大学》工夫次第，固云“欲正其心者先诚其意”，然煞认此作先后，则又不得。且如身不修，固能令家不齐；乃不能齐其家，而过用其好恶，则亦身之不修也。况心之与意，动之与静，相为体用，而无分于主辅，故曰“动静无端”。②

“相为体用”不是说心为体，意为用，而是说相互效用，但归根结底仍是分了动静，静存仍是先于洞察，如此，正心既然在工夫次第、体用逻辑上皆先于诚意，工夫必然以此为旨归，则岂非又将回到契悟本体的老路上去？

① 读四书大全说：中庸：第三十三章［M］//王夫之. 船山全书：第6册. 长沙：岳麓书社，2011：581.

② 读四书大全说：大学：传第七章［M］//王夫之. 船山全书：第6册. 长沙：岳麓书社，2011：423.

正如宋明大儒虽都强调存养省察须得并用其力，不可偏执一端，然其后学往往极易走上直契本体的禅学道路。为了充分考察这种质疑是否成立，我们必须发掘出船山《大学》解释的整体结构，为此必须检讨其格物致知之说。

第八节　知与行

本节要义：

1. 尽器贯道

船山认为并不存在一个绝对客观化、没有人的理解与实践参与的物性，物性在合用性指引中向人显现，合用性意义整体最终指向至善。“道”是人应事接物之道，不同于“理”或自然物性。“器”是在人之天中显现的物，因人生存方式变化，而有相应之器，由此而有当然之则与器之道。天之道必待人而成之，此之谓“尽器”。在器物之用上让物性充分显著，是为“知至”；同时让德性在器物上发为合宜之用，定其功效，是为“物格”。“知”是在用物中对物性的洞察与使用之宜。

2. 大学八目

船山认为八目中，心居于最内层次，意、知、物步步向外，八目次第从物格到正心到天下平，是由外而内，再由内至外的同心圆返还格局。船山区分《大学》经文“後”和“后”之不同：“後”字与“前”对，是昨今的时间意义；“后”与“先”对，是缓急之意，在后者的完成依赖于从先者处下功夫。人从事于格物之时，必然已有所知，此知尚未达到纯全，通过物格，知方充分整全地实现。八目的关系皆与此相类。格物致知虽处于同心圆的外层，并非起手大本，但它决定着材质是否能够成器，能否应用成务，在八目中贯穿始终。

3. 知

“知”必须落在尽伦成物上，即实践行动中对人伦物理的精微体察与合宜实现，是一种恰当地建立起人与物关系的能力。“知”包含判断的合宜中道以及技艺因素。道德之知，是一种有待于充实丰富的形式指引，将经验纳入判断力中，使人更加深入地理解道德应当如何合宜地用诸经验。“知”不是本体的获得，是对用的领会。

4. 规矩与巧

朱子将规矩理解为分殊之理则，重规矩而不重巧。阳明将规矩类比于至善灵明，重巧而非规矩。在船山格物与致知的关系类乎规矩与巧，需两者相因相用。“巧”作为“知”，一方面包含着熟练运用规矩的能力，另一方面深谙物性方能借助规矩将最终目的实现。规矩本身不含巧的规定性，巧只是规矩在具体情境中得心应手的运用。“格致相因”凸显实践原则，必须在实践行动中磨砺出统合内外的德性，于各种情境皆能审时度势，权衡出中庸之道。从工夫层面来说，圣人作规矩乃由格物而得，其中亦必有致知工夫；会通天下万殊的格物工夫亦不可离弃。格物与致知交会相贯，在天其理一也，在人须内外相用相成。

5. 知中有行

知与行具有融贯性与实践性。知棋的意涵是尽达杀活之机，它必须包含着在二人对弈这个完整的实践行动中对虚实死活变化的理解与应用，而后才算得穷尽棋理。人尽管应当追求知致与至善，但不可能最终掌握整全性真理从而洞察一切可能情境。“知”除了知识、技艺、判断、实践等意涵外，还包括情意。一个人的行动能够称为真实道德行动，不仅因为外在行为符合道德要求，还必须伴随相应的深厚真实情感。

6. 以行统知

“知先行后”“知行合一”皆是“离行以为知”。卑而下者沦于训诂词章中寻求知识性真理，性好高明者流于恍惚之道。有志求道之行，得失正误不碍其真，其于知亦必有所助益，故“行可兼知”。知则不然，可能只是虚幻构造或者错误理解，不是“实知”，也未必能成为修身之资，反倒可能害道，故“知不可兼行”。工夫的目的不是回复先天本体，而是让体用交互相生。下一章要讨论的是这种体用思想在经典诠释层面的展开。

船山的知行学说非常独特，本节试图按照如下逻辑顺序展开讨论。首先通过对“尽器贯道”的讨论，展示出在人与器物使用关系中建立的非器外抽象之道，由此略窥船山之“知”的实践哲学倾向；然后通过对船山《大学》八目的结构解释，来看清“知”在其思想中的基本定位，进而澄清“知”并非知识意涵，而是人与事物的一种源初理解关系。这种关系始于物之于人的合用性，终于人在实践行动中的成己成物；这种人物关系典型体现在规矩与巧的论述中。由此方能明了“格致相因”的真正意义，以及行之于知的优先性、统摄性，并由此向下一章的经典诠释问题过渡。

1. 尽器贯道

船山道器之论研究者多矣，大要在于船山既以气为存在之基，故可谓盈天下皆气也，亦即盈天下皆器也；道之实即为气运化之当然，故不可孤零虚存，必就器而言道，道即器之道①。此结构在船山乃是一以贯之，前文所论“气质中之性”亦是此意。但前人所论更多侧重在本体论或曰存在论，即船山所谓“天之天”层面，本书第二章第五节也在此层面，讨论了船山道的意涵及其与理相通之意义，即二气之良能，阴阳之本体固具之主持分剂的大用。本节主要就“人之天”层面及其实践哲学意义，即所谓生存论意涵为之发详，方可尽船山之意。且船山道器论与其格物知行学说皆有关联，又可间接窥其经史学问之奥，开启下一章基本问题视域。

我们先勾勒一些基本概念及其相关结构。气具有刚柔健顺中正仁义之德，因此会产生气化流行，在此意义上，船山认为天道诸德乃是气化之所以然，“所以为化者，刚柔、健顺、中正、仁义”②。由此德而有生生不息之气化流行，太极展开而有条理出现，“同异彰而条理现，而后理之名以起焉”③。按照张载在《正蒙·太和篇》中的讲法，“由气化，有道之名”，道、理与气化是什么关系呢④？船山注解《正蒙》此句道：

> 气化者，气之化也。阴阳具于太虚絪缊之中，其一阴一阳，或动或静，相与摩荡，乘其时位以著其功能，五行万物之融结流止、飞潜动植，各自成其条理而不妄，则物有物之道，[人有人之道]⑤，鬼神有鬼神之道，而□⑥知之必明，处之必当，皆循此以为当然之则，于

① 相关的详细研究可参看唐君毅《中国哲学原论·原教篇》第二十章，朱伯崑《易学哲学史》第四卷第119页，陈远宁《中国古代易学发展第三个圆圈的终结》（湖南大学出版社，2002年）第十四章，陈赟《回归真实的存在》第二章。

② 读四书大全说：孟子：尽心上篇［M］//王夫之. 船山全书：第6册. 长沙：岳麓书社，2011：1110.

③ 同②.

④ 船山对道、理、性等概念的使用并不是特别严格，在不同著作中会有出入，这里着重揭示的是船山的思想结构，而非细节差异。

⑤ 中华书局本《张子正蒙注》没有此句，《船山全书》本有此句。笔者认为，当从《船山全书》本，一者其所用底本为船山手书，最为权威（可参看此书编校后记）；二者下文“此二句兼人物言之”与此相合。

⑥ 《船山全书》本校记称，所用底本此字恰在右下边角，糟朽损坏，其他校本皆无此字。但从编校后记所说的底本与其他校本的版本源流关系来看，当以底本为准。

此言之则谓之道。此二句兼人物言之[①]；下言性心，则专言人矣。[②]

阴阳气化中形成万物各自条理，于此遂有物之道、人之道、鬼神之道。下面一句话中的“□”字，笔者揣测可能为“后”字，或“人”字[③]。不管究竟为何，从上下文意思来看，应当不是逻辑判断词如有、无、或等字，所以应该不会有决定性影响。但既有“而”字，则下面数句的意思应该与上面有所分殊。从字面意思上来看，也较为合乎笔者的猜测。下面数句的行动对象如“知之”“处之”的“之”，以及“循此”“于此”的“此”，应当都指的是“理”。这里主要强调的是道与理的差别：**理是气化自然形成的文理，尽管有主持分剂之用，尚无人之实践应用问题；道不是事物人鬼自然之理，而是说人了解它们各自之理，并处置对待合理，这样的方式称为道，着眼点在于人的理解与践行**。此段材料中道与理两个概念的区分略显含混，我们可以和另外一段材料相互印证。

> 就气化之流行于天壤，各有其当然者，曰道。就气化之成于人身，实有其当然者，则曰性。性与道，本于天者合，合之以理也；其既有内外之别者分，分则各成其理也。[④]

这里区分了气化的两个领域：就其流行于天地而言，万物各自之当然称为道；就其成为人身后，人之禀赋中之当然称为性。此二者对人来说是内外之别，而皆是天之气化流行所成，各自有其理，所以可以说合之以理。本章第五节德、性、理之辨中分殊过狭义和广义两种理，此处本于天者所合之理即是涵盖了德、性的广义之理，此处分而各成者则是狭义的人、事、物之文理。两段材料合而观之，船山的意思是说，道与性两个概念，皆为气化流行所生，道偏于指涉万物之当然，性偏于指涉人身之当然，所谓当然，虽有内外之分，而皆是人应该知明处当遵循之则。内、外、性、道不仅就其气化源头而言是统一的，就人的工夫目标而言，也应当最终合二为一，此问题在本节后半部分会详细论述。这里必须强调的

---

① 笔者按，“此二句”指的是张子所言：“由气化，有道之名。”

② 张子正蒙注：太和篇［M］//王夫之. 船山全书：第12册. 长沙：岳麓书社，2011：32-33.

③ 可与《读四书大全说·中庸·第一章》的这段话对参，则虽不中亦不远矣：“尽人物之性者，要亦于吾所接之人、所用之物以备道而成教者，为之知明处当，而赞天地之化育。”

④ 读四书大全说：孟子：尽心上篇［M］//王夫之. 船山全书：第6册. 长沙：岳麓书社，2011：1111.

是，无论是万物之当然，还是所谓的外，都绝非客观规律的意思；以性合道，也绝非人伦当然之理合于客观事物之理。此二者一旦以现代事实价值二分思路将其割裂，便无论如何也不可能再以后天人为努力的方式将其捏合。这里有待深思的是，所谓“当然”应该如何理解，人与物的源初关系究竟如何，这种关系的最高实现何以可能。为此还需要先澄清一下何谓物性，再对船山之“道”进一步发详。

在船山看来，**并不存在一个绝对客观化、没有人的理解与实践参与的物性，物性一定是在合用性指引中向人显现**。本书前文曾多次谈到过所谓用，指的是万物在交相为用的网络中各自成就其性分，但这个描述图景更多地展现的是船山讲的顺的一面，或曰“天之天”的层面：“顺而言之，则惟天有道，以道成性，性发知道。”① 除此之外，尚有逆的一面，“人之天”的层面：“逆而推之，则以心尽性，以性合道，以道事天。”② 从“天之天”的这个层面来说，任何一物皆有其不可穷尽性，而人只能在“人之天”中，在其意义世界开显的合用性中去尽物性。船山通过对《中庸》“率性之谓道”的解读来申明此义。对这句话朱子注曰：“率，循也。道，犹路也。人物各循其性之自然，则其日用事物之间，莫不各有当行之路，是则所谓道也。”船山反对人物皆有其性、道的讲法，认为“所谓性、道者，专言人而不及乎物”③。**在人而言，物之于人的合用性才是人与物打交道的最源始方式，人总是在合用性的视域中去理解物性：**

> 夫人使马乘而使牛耕，固人道之当然尔。人命之，非天命之。若马之性则岂以不乘而遂失，牛之性岂以不耕而遂拂乎？巴豆之为下剂者，为人言也，若鼠则食之而肥矣。倘舍人而言，则又安得谓巴豆之性果以克伐而不以滋补乎?④

天命之于马者，乃是如《庄子·马蹄》所言：“马，蹄可以践霜雪，毛可以御风寒，龁草饮水，翘足而陆，此马之真性也。”但船山认为只有人才能称得上“天命之谓性”，**“人之天”视域中的马之性应当是就人命之而言，牛马之性总是就其为人所乘所耕而言的**，率性为道、成己成物，也

---

① 张子正蒙注：太和篇［M］//王夫之．船山全书：第12册．长沙：岳麓书社，2011：33.

② 同①.

③ 读四书大全说：中庸：第一章［M］//王夫之．船山全书：第6册．长沙：岳麓书社，2011：455.

④ 同③456-457.

是在这个合用性中完成的，巴豆的克伐之性也仅是就人而言。即便在不严格的意义上我们说自然的牛马也有性，那么此性绝不可能因为人不乘不耕便会失去，也无所谓“率性之谓道，修道之谓教。道也者不可须臾离者也，可离非道也”云云。相应地，船山认为这种层面的物性并不是人需要关心好奇的对象：

> 况夫所云尽人物之性者，要亦于吾所接之人、所用之物以备道而成教者，为之知明处当，而赞天地之化育。若东海巨鱼，南山玄豹，邻穴之蚁，远浦之苹，虽天下至圣，亦无所庸施其功。①

近代以来国人有一个基本倾向：总是在批判反思中国为何没有产生西方近代式的科学体系，也有人苦心孤诣要从古代思想中寻找科技萌芽，或者从格物致知之说中发掘追求科学知识的精神。这个倾向背后的成见在于不加批判地接受科学技术的神圣性，而没有看到西方近代以来关于科技对人的控制与异化的诸多反思，更不能理解尼采所言：“在任何时代，不受约束的求知欲本身和对知识的敌视一样，都会导致野蛮。”② 此倾向直接导致的一个后果就是，今天的中国哲学研究也还往往不加批判地将现代知识概念直接应用于古代，尤其是宋明道学关于物性之知的解释上，虽然本节主要讨论的是船山思想，但在一些根本性思路上，古代世界还是有其基本的共同视域的。大体来说，除了某些小道末技，古人并不会去关心诸如马的物种分类、鸣叫方式等纯粹客观知识，或者说即便关心，也必定是基于合用性，譬如如何通过马的鸣叫去区分驽马、良马，找出千里马。必须说明，这个**合用性并不是简单的功利意义，具体的合用性环节安放在意义整体中最终必然指向至善，物也不是外在于目的的纯粹工具意涵，而是通向天地化育的和谐实现**。所以，正如船山所言，“尽物之性者，亦但尽吾性中皆备之物性”③，最终是为了“备道而成教者，为之知明处当，而赞天地之化育”。

此是就物性而论，就道而言，船山有时会强调只有人有道：

> 若牛之耕，马之乘，乃人所以用物之道。不成者牛马当得如此拖犁带鞍！倘人不使牛耕而乘之，不使马乘而耕之，亦但是人失当然，

① 读四书大全说：中庸：第一章［M］//王夫之. 船山全书：第6册. 长沙：岳麓书社，2011：456.

② 尼采. 希腊悲剧时代的哲学［M］. 李超杰，译. 北京：商务印书馆，2006：8.

③ 同①455-456.

于牛马何与？乃至蚕之为丝，豕之充食，彼何恩于人，而捐躯以效用，为其所当然而必繇者哉？则物之有道，固人应事接物之道而已。是故道者，专以人而言也。①

所谓"道"只是专就人而言的，牛马蚕豕有其自然之理，在广义上也可以说它们有其性，却不能说它们有道②。"物不可谓无性，而不可谓有道，道者人物之辨，所谓人之所以异乎禽兽也。"③ 即便我们有时在不精确的意义上说某物之道，其实指的不是物本身有道，而是"人应事接物之道而已"。所以，只能说人失道，而不能说物失道，譬如人使牛耕马乘，我们可以说合乎"当然"，但这个"当然"绝非是就牛马之性而论，牛马之性中并不必然包含为人所用之"当然"，这一点在蚕豕为人捐躯的例子中尤为明显，认为蚕豕之性中有为人捐躯之当然，这显然是荒谬的。尽己之性最终指向至善，它的实现必须涵盖人在共同体中生存活动诸环节。每一个具体环节有其自身之目的，同时又从属于至善整体，譬如耕田自身的目的是收获粮食，但它同时也指向养生、孝老、慈幼、恤孤，并进而从属于家国天下的整体秩序安顿。为了更好地完成耕田活动，人穿牛鼻而使其耕田，它在将牛之合用性充分实现的同时，也更好地推进了耕田本身乃至至善的实现。如果用马来耕田，则不合"当然"，马之合用性——"用"——没有合宜地获得实现，但归根结底仍是人的实践方式不合乎"当然"。马并没有一个自在永恒的马之性，以其为"体"生发出"用"，而是马在人对"合用性"的意求中合宜地实现出其"用"，由是人才能理解马之性—体，此体并非永恒不变，而是会随着人意义世界中"合用性"环节的变化而变化，这是"由用得体"的生存论意涵。由此可见，**所谓"当然"，指的是人在以至善为旨归的应事接物中将事物合用性合宜实现的方式，遵循此方式即为合于道**。用船山的话就是"知之必明，处之必当，皆循此以为当然之则"。"知明"是知物我关系，"处当"是合宜实现，此即为当然之则，此即为道。下面我们探讨物是如何进入人的意义世界，从

① 读四书大全说：中庸：第一章［M］//王夫之．船山全书：第 6 册．长沙：岳麓书社，2011：460．

② 本书第二章讨论过天道层面船山的思想，在那里船山会在自然和物的意义上使用"道"字，如"川流与道为体"，不过中年以后，船山似乎用法更加严整，更多是在本节所论人的实践意义上使用"道"字。

③ 张子正蒙注：诚明篇［M］//王夫之．船山全书：第 12 册．长沙：岳麓书社，2011：112．

而形成道的。

> 无其器则无其道，人鲜能言之，而固其诚然者也。洪荒无揖让之道，唐、虞无吊伐之道，汉、唐无今日之道，则今日无他年之道者多矣。未有弓矢而无射道，未有车马而无御道，未有牢醴璧币、钟磬管弦而无礼乐之道。则未有子而无父道，未有弟而无兄道，道之可有而且无者多矣。故无其器则无其道，诚然之言也，而人特未之察耳。
>
> …………
>
> 形而上者，非无形之谓。既有形矣，有形而后有形而上。……
>
> …………
>
> 器而后有形，形而后有上。无形无下，人所言也。无形无上，显然易见之理。①

船山此篇所论主旨乃是针对佛老歧道器为二、体用殊绝之弊而发，因此论述的时候特意强调道器的不可分离性，表面上看来，这里的逻辑很简单，船山认为必然是先有形，才有形而上下之分。之前的研究一般都解读为，肯定气之实有，肯定一切存在之真实性、个别事物的真实性，从而肯定道与事物不可分离。这个解读思路并不错，但它只注意到“天之天”层面，没有注意到“人之天”意涵。在这段材料中，船山强调的重点绝不仅仅在于道器本源上的不可分离，如果是那样的话，纯粹天道层面的“与道为体”之论已可尽此意蕴，这里船山的立论还有着生存论的重要意义有待我们阐发。

此段材料中的“道”显然指的是人应事接物之道，不能等同为“理”或自然物性，这里的“形”也不能理解为实存物体之广延，因为当船山论“器”之时，他考虑的并不是一切有形存在者之自然文理，而是在人的生存世界中向人显现的物，弓矢、车马、礼器、乐器、父子、兄弟，皆可谓有形之器。那么这里的有形应当指的是气运化流行中向人开显为某种意义之物，物之有形存在并不局限于我们今天所理解的实存客体，物者，事也，但凡气化流行所及，揖让吊伐射御礼乐父子兄弟，皆可称之为物，亦可称之为器。此诸般事物皆是“可有而且无者”，换言之，它们并不必然存在于人的意义世界之中，是人的生存方式发生了变化，开显出了新的生

① 周易外传：系辞上传第十二章［M］//王夫之．船山全书：第1册．长沙：岳麓书社，2011：1028-1029.

存可能性，才会有相应之器被创制并收入人的视域，由此而有当然之则，遂有器之道[①]。譬如，人有了射之意求，才会造出弓矢，从而有射之道；人有了省力意求，才会造车御马，从而有御之道；人有了孩子，才会养之教之，从而有父之道。事物总是在人的意求中向人开显出某种意义维度，从而有相应之道。诚然，我们会有这样的疑问，人的这种意求中难道没有预先包含所意求者的相应之道吗？譬如射之道如果已经先在地被射之意求规定引领，怎么能够说“无其器则无其道”呢？此外，丝竹骨铁作为弓矢之材料，其中没有先在地对于射之道的规范限定吗？船山在《周易内传》中对上述问题做出详细论述：

> “形而上”者：当其未形而隐然有不可逾之天则，天以之化，而人以为心之作用，形之所自生，隐而未见者也。及其形之既成而形可见，形之所可用以效其当然之能者，如车之所以可载、器之所以可盛，乃至父子之有孝慈、君臣之有忠礼，皆隐于形之中而不显。二者则所谓当然之道也，形而上者也。“形而下”，即形之已成乎物而可见可循者也。形而上之道隐矣，乃必有其形，而后前乎所以成之者之良能著，后乎所以用之者之功效定，故谓之“形而上”，而不离乎形。道与器不相离，故卦也、辞也、象也，皆书之所著也，器也；变通以成象辞者，道也。民用，器也；鼓舞以兴事业者，道也，圣人之意所藏也。合道、器而尽上下之理，则圣人之意可见矣。[②]

与中年之论相比，这里对道器的理解更加严谨中正。船山强调“形而上”不仅是有形之物中隐而未见者，它首先必须是形之前既有的“不可逾之天则”。它是气化流行之“所以”，也是人心灵明之源，同时还是万物所以生，显然，它便是我们前文反复论述的劲健生生之大德，故船山以“诚者天之道”概括。所以，这个“不可逾之天则”绝不可以理解为事物的现成法则，那要到了具体事物之文理层面方有，它仍然应当在第二章第四节所申明的“如丸走盘”之节意义上理解。**这里对于天则的强调是要给出一切有形事物一个当然之道，这样一来，船山便势必要在某种程度上承认有先于器物之道，不过那只是天则天道**，所以船山在《思问录》中所言“质

---

① 生存方式的变化所蕴含的历史性意义将在下一章详细展开。

② 周易内传：系辞上传第十二章［M］//王夫之．船山全书：第1册．长沙：岳麓书社，2011：568.

日代而形如一，无恒器而有恒道也”①，并不与其“无其器则无其道”思想矛盾，因为“天之道”与“器之道”的关系是“形而上之道与形而下之器，莫非乾坤之道所成也”②，“乾坤之道”即“诚者天之道”。这种关系近乎前文所论的元亨利贞与仁义礼智的天人之辨，前者作为“不可逾之天则”提供了先于具体器物的基本节律与方向的引领，但它还没有实现为具体规定性；后者体现为车载器乘之所以然，父子君臣之所应然，合而言之则为“当然之道”，乃是前者在有形可见事物上的具体实现与分殊。**只有在有形的器物中，隐而不显的形上之道才能够开显并发用**，“前乎所以成之者之良能著，后乎所以用之者之功效定”，“天之道”之良能必须在形中才能显著，“人之道”之所用也必须在形中才能实现出功效。顺理成章地，船山下面不再一味强调无器则无道，而是论述体用胥有的道器不相离之意。

卦、辞、象与民生日用者皆为器，其中变通成之者、鼓之舞之者为道，此言是从《周易·系辞上》中化用而出，《系辞上》原文曰：“圣人立象以尽意，设卦以尽情伪，系辞焉以尽其言。变而通之以尽利，鼓之舞之以尽神。”“化而裁之谓之变，推而行之谓之通，举而错之天下之民谓之事业。”船山在《周易外传》中说道：“治器者则谓之道，道得则谓之德，器成则谓之行，器用之广则谓之变通，器效之著则谓之事业。……故圣人者，善治器而已矣。”③ 以此可知船山之意在于，圣人所求者不仅在于内在神德，还必须落实于有形器物上，并且变通鼓舞以成就其文章事业，兴天下之大利，如此方算得“合道、器而尽上下之理”，亦即内圣外王之道，这才是船山“道器论”的更深层指向，天之道必待人而成之。所以船山说：

> 人之道，天之道也；天之道，人不可以之为道也。……天之所生而生，天之所杀而杀，则是可无君也。天之所哲而哲，天之所愚而愚，则是可无师也。天之所有因而有之，天之所无因而无之，则是可无厚生利用之德也；天之所治因而治之，天之所乱因而乱之，则是可无秉礼守义之经也。

① 思问录：外篇［M］//王夫之．船山全书：第 12 册．长沙：岳麓书社，2011：453-454.

② 读四书大全说：孟子：滕文公上篇［M］//王夫之．船山全书：第 6 册．长沙：岳麓书社，2011：974.

③ 周易外传：系辞上传第十二章［M］//王夫之．船山全书：第 1 册．长沙：岳麓书社，2011：1028.

……………

……可竭者天也，竭之者人也。[①]

人之道固然是源自并且遵守天之道，但人不能将天之道原封不动地照搬为人之道，否则的话，就可能无君无师无德无礼。天之道只是为人的创制发明提供了可能性，这种可能性必须靠人竭其耳目心思方能获得开显。船山这里讲的君师德礼，与上文所论牛马蚕豖、揖让吊伐、弓矢车马之义皆相通。在这些人类的生活、伦理与政治实践中，物性只是道的基础，弓矢虽然利用了竹、丝、铁之性，但射之道绝非从竹、丝、铁乃至弓矢之性中即可获得，必须依赖于人日复一日的练习，熟悉弓矢的使用之巧并充分地释放出物性中所有的可能，并且配合于人的礼义之德，射之道始得。以往对船山“道器论”的研究往往只注意到其中存在论或曰本体论层面的理论意义，而没有看到船山提出“道器论”更根本的意图在于其指向的生存论实践哲学方向。**船山用“尽器”这个概念更加明确地将此意蕴点出**，这个概念的使用贯穿船山各个时期的著作，从早年的《周易外传》到中年的《读四书大全说》，再到晚年的《思问录》《周易内传》，皆有此思想：

统此一物，形而上则谓之道，形而下则谓之器，无非一阴一阳之和而成。尽器则道在其中矣。[②]

君子之道，尽夫器而止矣。[③]

于道见道易，于器见道难……于器而见道。此以为天理浑然，身心一致者也。[④]

圣人之所不知不能者，器也。夫妇之所与知与能者，道也。故尽器难矣。尽器则道无不贯。……知至于尽器，能至于践形，德盛矣哉！[⑤]

尽器贯道当然有其存在论基础，本章第二节曾就《周易·系辞上》“乾坤其《易》之缊邪”的船山阐释讨论过器物表里内外的统一性，一切有形的器物都充盈着阴阳二气之德，此德将器物之表里内外融为一体，而

① 续春秋左氏传博议：吴征百牢（哀公七年）［M］//王夫之．船山全书：第5册．长沙：岳麓书社，2011：617.

② 思问录：内篇［M］//王夫之．船山全书：第12册．长沙：岳麓书社，2011：427.

③ 周易外传：系辞上传第十二章［M］//王夫之．船山全书：第1册．长沙：岳麓书社，2011：1029.

④ 读四书大全说：论语：雍也篇［M］//王夫之．船山全书：第6册．长沙：岳麓书社，2011：672.

⑤ 同②.

后“器不死而道不虚生”①。在上引第一则材料中这种统一性非常明确，事物是一个不可分割的完整之体，“谓之道”与“谓之器”的区分指的不是事物本然之分，而是“于彼固然无分之地而可为之分，故曰‘谓之’，我为之名而辨以著也”②，“上下皆名也，非有涯量之可别者也”③，也即是说，“‘谓之’不是一种描述，而是一种解释”④，道器的分殊必须在此前提下理解。但道器的这种统一性在人的世界中必须有待工夫才能最终达成。于器见道，不是简单的格一物而知一物之理，而是“天理浑然，身心一致者”，此方可称为“尽器”。夫妇之与知与能者为道，并不是说愚夫愚妇便已明道，而是说任何人在其生活世界中必然有对于天理天则的模糊领会，否则夫妇只如禽兽交合而无恩爱，亦不成其为夫妇矣。然而愚夫愚妇与圣人的差别在于，圣人能够在器物上将隐微的天道之能充分地开显到极致，极致包括两方面意涵：一是“前乎所以成之者之良能著”，天德良能乃器之“所以成之者”，即器而观其于此一隅之发用，即可上通天道，此乃著其前。二是“后乎所以用之者之功效定”，道隐于器中，其用必须借助人方能实现圆满，便如弓矢之道，有君子能恪守揖让进退之礼，又能失诸正鹄，反求诸其身，练习熟悉弓矢之性不辍，又常心怀仁德，弋不射宿，则虽力不同科，终必能尽乎弓矢之道，亦是尽弓矢之器。**如此得来的对弓矢之知乃是合德性与物性为一，合天德与人道为一，故可谓之“知至”**。“知至”的实现不是如异端离形求道式的索隐，“唯一概丢抹下者形，笼统向那没边际处去搜索，如释氏之七处征心，全不依物理推测将去，方是索隐”⑤，故船山晚年之论为器道应当相为体用：

> 义，器与道相为体用之实也；而形而上之道丽于器之中，则即器以精其义，万事万物无不会通于至诚之变化。⑥

这里船山特意说“器与道相为体用”，而不是说“道与器相为体用”，是

---

① 朱伯崑. 易学哲学史：第4卷［M］. 北京：华夏出版社，1995：119.

② 读四书大全说：中庸：第二十一章［M］//王夫之. 船山全书：第6册. 长沙：岳麓书社，2011：536.

③ 周易外传：系辞上传第十二章［M］//王夫之. 船山全书：第1册. 长沙：岳麓书社，2011：1028.

④ 陈赟. 回归真实的存在［M］. 上海：复旦大学出版社，2007：78. 关于船山“谓之”的讨论可参看此书第二章第一节。

⑤ 读四书大全说：中庸：第十一章［M］//王夫之. 船山全书：第1册. 长沙：岳麓书社，2011：490.

⑥ 张子正蒙注：三十篇［M］//王夫之. 船山全书：第12册. 长沙：岳麓书社，2011：232.

为了明确其道器交藏互用之论，而防止读者误解他依旧是以道为体、以器为用的传统思路。义者，宜也，人接事应物合宜，道器方能会通于至诚而极尽其变化。只有在器物之用上才能让物性充分显著，是为“知至”；并让自身德性能够落在器物上发而为合宜之用，定其功效，是为“物格”。不过这还只是就一事一物而言，若是天下之器，则“圣人之所不知不能者”多矣，船山对圣人有限性论断之意义前文已论，这里进一步补充的是，否认圣人全知全能在道器论与工夫论层面的意义在于，它截断了通过直契本体达成全体大用的道路。理论上来说，只有达到“天下之器，皆以为体而不可遗也”，方能“人道之流行，以官天府地裁成万物而不见其迹。故曰天者器，人者道”①。器必合乎天理，道则须为人所行出，这就要求人必须在实践所知与德性的往复运动中方能尽器贯道，此“知”绝非知识之义，而是在用物中对物性的洞察与使用之宜，由此我们已经对船山体用论的实践哲学倾向有所把握，下面我们将通过考察其格致知行学说进一步发掘其精微结构。

2. 大学八目

格物致知的解释历来是《大学》诠释争议之所在，某种程度上甚至是宋明道学判教的标志之一，正如张学智先生所指出的，无论是朱子的即物穷理说，还是阳明的正心致良知之说，“理学中这二种典型的解释都以格物致知为一件事，或一件事的两个方面。王夫之反对以格物致知为一，主张格物与致知是性质不同的两件事”②。有了上文所指出的实践哲学基本方向，我们现在可以从这个区分出发，将其更精微之意放在《大学》“八目”解释结构中来思考辨析：

> 若统论之，则自格物至平天下，皆止一事。如用人理财，分明是格物事等。若分言之，则格物之成功为物格，“物格而后知至”，中间有三转折。藉令概而为一，则廉级不清，竟云格物则知自至，竟删抹下“致”字一段工夫矣。
>
> 若云格物以外言，致知以内言，内外异名而功用则一，夫物诚外也，吾之格之者而岂外乎？功用既一，又云“致知在格物”，则岂可云格物在格物，致知在致知也？③

---

① 思问录：内篇［M］//王夫之．船山全书：第12册．长沙：岳麓书社，2011：405.

② 张学智．明代哲学史［M］．北京：北京大学出版社，2000：602.

③ 读四书大全说：大学：圣经［M］//王夫之．船山全书：第12册．长沙：岳麓书社，2011：402.

《大学》经文说“致知在格物”，船山针对朱子解释“格物、致知只是一事，非今日格物，明日又致知”，强调不能概而为一，否则致知与格物便能够相互替换，如此则“致知在格物”亦成虚言。船山这个批评初看起来有些吹毛求疵，但我们必须注意，这个问题在船山而言并非细节或者表述上的不够严谨而已，**从根本上船山对《大学》八目的次第理解便是完全不同于前人**。他认为八目虽然统而论之，可以一以贯之，甚至都可以格物来贯通，所以像用人理财这样的平天下之事其实也可以算作格物，但如果分殊来看，**八目并非是如先儒所论，从格物开始逐步递进，前者是后者的必要条件，后者因于前者这样的一个事实、逻辑与工夫的先后关系，而是没有相因必然性，“意不因知而知不因物”**。这样说当然不是要彻底斩断“八目”之间的相互关系，而是拒绝以因果链式的单维线性思路来理解，不管这种因果链是逻辑意义还是经验意义上的。

朱子之所以以格物致知为一事，因其理论体系中已经预设了天理的整全性涵盖物理与伦理，贯通外物与人心，所以格天下之物可以与此心全体大用一以贯之。虽则如此，仍不免鹅湖支离之讥。阳明以良知心体囊括天理是非，且天下无心外之物、心外之理，遂有格物正心在致知之说，而以致良知之教贯穿整个大学工夫论。而船山既歧格物与致知为二，又分知为二，那么如果不能够将此数项工夫以某种方式一以贯之，虽有“格致相因”之论，岂非还是支离事业终陆沉？船山重新赋予“八目”交藏互用的网络状“相因”之义，我们前面讨论性、心、志、意、道心、人心时已经反复申明此意，不过这并不意味着船山完全摒弃了《大学》中反复申明的本末先后为学次第，只是他做出了非常特殊的解释，而之前的船山研究似乎对此并未给予太多注意，我们从下面这段材料开始分析：

> 愚谓意居身心之交，八条目自天下至心，是步步向内说；自心而意而知而物，是步步向外说。而《中庸》末章，先动察而后静存，与《大学》之序并行不悖。则以心之与意，互相为因，互相为用，互相为功，互相为效，可云繇诚而正而修，不可云自意而心而身也。心之为功过于身者，必以意为之传送。①

道学传统上无论对《大学》八目具体如何解释，就整体次第而言，一般都会将其解释为由格致到治平，层层推扩出去，并且以在先者为后者之

① 读四书大全说：大学：传第七章［M］//王夫之．船山全书：第6册．长沙：岳麓书社，2011：424．

本，甚至是逻辑上的必要条件。姑且不论《大学》文本本义如何，这个解释路径在道学传统中往往容易造成重内轻外、重本轻末、重体轻用的倾向。而船山将八目内外做出了完全不同于传统的解释，他认为心居于最核心也是最内的层次，这一点本书“诚意正心”小节讨论“自欺”的时候就已经涉及了，船山认为“所谓自者，心也”其实就意味着，作为行动主体最属己的“自”是就心而言的。更为奇特的是，船山认为：“八条目自天下至心，是步步向内说；自心而意而知而物，是步步向外说。”**原本我们熟悉的由格致推扩到治平的同心圆结构中，格致应当是在最内的，但现在“心”处于最内，意、知、物反倒步步向外，这样，八目次第从物格知至到国治天下平，就变成了由外而内，再由内至外这样的格局。**

应该说，这个解释不仅与传统差别极大，就《大学》文本来说，恐怕也会有难以吻合之处。船山自己当然也对困难有所意识，上引的材料中他认为“意居身心之交”，心对于身的能动性是通过意来传送的。而《大学》明确说“意诚而后心正，心正而后身修”，船山的解释至少就文本表层含义来说存在很大困难。他一方面说“意为心身之关钥，意居心身之介，此不可泥经文为次”[①]；另一方面终归不能堂而皇之地违逆经文。上一节讨论诚意正心关系的时候我们已经涉及这个问题，船山将《大学》经文“欲正其心者先诚其意”解释为有了想要正其心的欲求，然后才可能用力于诚意工夫，就工夫次第而言，要先正心后诚意，就所得境界之验证而言，意无不诚之后才证明心已得其正。**船山这样解释是出于他整体思想的体用交藏互用思路，以及强烈的实践哲学诉求。此思路贯穿于八目结构的解释，初看起来相当牵强，船山可能也意识到这一点，所以他在《四书笺解》中借助对于“後”与“后”的区分来为自己的思想辩护。**为方便下面的讨论，尽管读者们想必都已经非常熟悉，我们还是将涉及的《大学》文本引于此，为了显示出经文中“後”与“后”字的区分，有助于读者理解船山所指，我们引用的是繁体字版本：

> 物有本末，事有終始，知所先後，則近道矣。古之欲明明德於天下者，先治其國；欲治其國者，先齊其家；欲齊其家者，先修其身；欲修其身者，先正其心；欲正其心者，先誠其意；欲誠其意者，先致其知；致知在格物。物格而后知至，知至而后意誠，意誠而后心正，

---

① 读四书大全说：大学：传第六章［M］//王夫之．船山全书：第 6 册．长沙：岳麓书社，2011：416.

> 心正而后身修，身修而后家齊，家齊而后國治，國治而后天下平。

船山所论如下：

> 欲明明德二节　此二节俗解分一节知先，一节知後，乃至不通之说。且道如何是知後，岂如事君後其食，作不要紧丢放後面乎！如不曾修身，且莫修身而急于正心，余仿此。身既不修，便陷大恶，又何有于心之不正乎！**《大学》“後”“后”二字异用。“後”者，且勿急而姑待异日之意，对“前”字，则“先”字作在前解。“而后”者，始得之意，言物格知始得至，余仿此。才完了致知之功。不对“前”字，不以“时”言，则“先”字亦是从彼处下功夫，为此工夫地之意。况云“物格而后知至”云云，乃以效之必然者言之，非云“物格而後知致”——有次序不可不知，所後且勿致知，待物已格而後求致知也。本文“欲”字则已有上一截工夫矣，但不得纯全故须下一截工夫以成之。以是思之，知“後”之不通明矣。**○致知格物变文言“在”者，以若云先格其物，则“其”字不妥；若云“先格物”，又不成句耳。时文云“不言先而言在”云云，不通。……致知者，析理之是非，无毫发之差也。故必格物以因事辨理，而后是非昭著；是非昭著，则意之方动，其为善为恶，无不审而知所慎也。此解最明，当详辨之。①

上引材料中黑体字部分在《船山全书》中的校勘与句读出现错误，以至于完全无法领会船山之意，所以笔者重新断句②。材料开端所说的俗解不知何所指，或近于《四书大全》中双峰饶氏之言③，无论何指，船山的意思是比较明确的，他认为八目从格物到平天下之间的关系绝非轻重或时间次第关系。不是轻重关系是说并非在先的为重，在后的为轻；不是时间

---

① 四书笺解：大学［M］//王夫之. 船山全书：第6册. 长沙：岳麓书社，2011：109-110.

② 为方便读者参考，引用《船山全书》原文句读于此：“《大学》‘後’‘后’二字异用。‘後’者，且勿急而姑待异日之意：对‘前’字，则‘先’字作在前解，而“后”者始得之意，言物格知始得至，余仿此。才完了致知之功：不对‘前’字，不以时言，则“先”字亦是从彼处下功夫，为此工夫地之意。况云‘物格而后知至’云云，乃以效之必然者言之，非云物格而後知致有次序，不可不知所後，且勿致知，待物已格而後求致知也。本文‘欲’字则已有上一截工夫矣，但不得纯全，故须下一截工夫以成之。以是思之，‘知［所］後’之不通明矣。”除了句读的差别之外，最后一句“所”字也应当从底本，而不当依校本加上，这一点从笔者的解读中自可顺理成章推断而知。

③ 胡广，杨荣，金幼孜，等. 四书大全校注：上［M］. 周群，王玉琴，校注. 武汉：武汉大学出版社，2009：33. 双峰饶氏曰：“上一节就八目逆推工夫，后一节就八目顺推功效。”

次第关系是说并非把在先的做好再去做在后的。接着在黑体字部分，船山区分了“後”和“后”之不同，《大学》经文仅仅在“知所先後”这句话里面用到了“後”字。八目次第用的都是“后”字。船山认为，“後”字指的是“且勿急而姑待异日之意”，与之相对的是“前”，所以经文上一节中“知所先後”中的“先”是“前”的意思，这个“先後”讲的是时间前后次序的意思。八目这一节的基本句法是“欲 B 者先 A”，“A 而后 B”，这里的“而后”不是时间前后意思，指的是“始得之意”，这是说，后者的完成依赖于从先者处下功夫。譬如“物格而后知至”不能理解成“物格而後知至”，讲的不是物格之后再开始去致知，而是说，知致的完成，即“知至”，必须依赖于格物的工夫。所以下面又说“欲”这个字表明了已有上一截工夫，这是说并非物格之前便没有知，只是知尚未达到纯全，所以要想知至，就必须从下一截格物这里做工夫，才能真正完成已有的上一截“知”之纯全，才能达到下文所说的“析理之是非，无毫发之差也”。所以如果将“后”理解为时间前后次序的“後”，经文就无法解通。“○”后面的话是为了说明“致知在格物”这句话的句法为何不同于前面的“欲 B 者先 A”，船山是从语法通畅的角度来解释的，这样做实际上淡化了八目中格物致知与其他目的差异性，他所反对的“时文”云云显然指的是《四书大全》中引用的朱子对于格物致知一体性的强调①。总之，船山反对对格物致知的两种理解倾向：其一是以朱子为代表的强调格物致知为一事的倾向；其二是将二者判然二分，并且以时间前后次第论之的倾向。**船山主张的是，当人从事于格物之时，必然已经有所知，但是此知尚未达到纯全，必须通过物格，知方能真正充分整全地实现**。就工夫而言，修身为本，起手处落在正心，而格物为末。就达成的境界而言，物格之后知至才算得完成，知至方能证成意无不诚，意无不诚才算得上心正身修。

可以看到，《四书笺解》所描述的格物致知思路与前文所论诚意正心，以及《读四书大全说》的思想都是极为相合的。但这里也存在一些问题，这个结构用来解释八目，直到“意诚而后心正”都没有问题，按

① 朱子曰：“‘明明德于天下’以上，皆有等级，到致知格物处便亲切，故不曰致知者先格其物，只曰致知在格物也。”类似的话还有：“六个欲与先字，谓欲如此，必先如此，是言工夫节次。若致知，则便在格物上，‘欲’与‘先’字差慢，‘在’字又紧得些子。”“致知格物，只是一事，非是今日格物，明日又致知。格物以理言也；致知以心言也。”（胡广，杨荣，金幼孜，等. 四书大全校注：上［M］. 周群，王玉琴，校注. 武汉：武汉大学出版社，2009：30）

照船山的说法都是步步向内，内圈的充分实现依赖于外圈的实践活动。但是从心至天下，按照船山的说法就应当是步步向外，如此一来，“心正而后身修，身修而后家齐，家齐而后国治，国治而后天下平”中的“而后”，就不再是上文所论之义，虽未必是时间次第之义，但应当有因果或逻辑链条的意涵。除非我们将其解释为：修身只有心正之后才算得充分实现，齐家只有身修之后才算得充分实现，等等。这个解释应当说是殊为牵强的。不过无论船山对《大学》的解释是否合宜，我们现在关心的依旧是对船山自身思想的分析。下面我们要进一步澄清格物致知与诚意正心的关系。

前文虽然反复申明船山体用思想中的交藏互用之义，但这绝非意味着没有本末轻重之别，八目工夫的缓急次第船山并非完全否认，《读四书大全说·大学·传第六章》：“经言先后，不言前后。前后者，昨今之谓也。先后者，缓急之谓也。”① 这里虽然没有像《四书笺解》那样详细分辨“後”“后”之别，还是能够看到，船山要极力强调“前后”与“先后”的差别，即缓急并不意味着时间上的必然前后次序。只是**他不同于传统《大学》解释，以格物致知为起手地，而是将最核心的工夫所在落在正心诚意上，格物致知相较之却是处于同心圆的外层**。船山论述道：

> 《大学》固以格物为始教，而经文具曰“以修身为本”，不曰格物为本。《章句》云“本始所先”，夫岂有二先哉？格物致知，一修身之事也。经云“欲修其身者，先正其心”云云，必先欲之而后有所先，吃紧顶著修身工夫，却是正心、诚意。正心、诚意之于修身，就地下工夫也。致知、格物之于诚正，借资以广益也。只劈头说“欲明明德于天下”，便是“知止为始”。从此虽六言“先”，而内外本末，主辅自分。②

格物并非本，修身为本，修身最紧要起手工夫，仍是正心诚意。格物致知对于诚意正心来说，只是辅佐广益的，有帮助正心诚意充分完成实现的作用。孔子说“管仲之器小哉”，船山非常赞赏朱子集注所论，“不知圣

① 读四书大全说：大学：传第六章［M］//王夫之．船山全书：第6册．长沙：岳麓书社，2011：410.

② 读四书大全说：论语：八佾篇［M］//王夫之．船山全书：第6册．长沙：岳麓书社，2011：619.

贤大学之道，故局量褊浅，规模卑狭”，而对于《四书大全》中所引东阳许氏之言“大学之道八事，先以修身为本，而后及家国天下。盖见理既明，行事自然件件中节，不敢逾礼犯分。今管仲如此，只是格物致知工夫未到，见理不明，故为所不当为，逾礼犯分，凡事都要向上，不知反成小器”[①]，船山批评说：“其在管仲，既非对证之药，而其于《大学》本末始终之序，久矣其泥而未通也。”[②] 船山认为管仲的问题不在于格致工夫未到，而在诚正之本未立：

> 今以管氏言之，其遗书具在，其行事亦班然可考。既非如霍光、寇准之不学无术，又非如释氏之不立文字，瞎著去参；而其所以察乎事物以应其用者，亦可谓格矣；其周知乎是非得失，以通志而成务者，亦可谓致矣。……然而终以成其为小器者，则不以欲修、欲正、欲诚之学为本，而格非所格、致非所致也。
>
> 譬之作器者，格物如庀梓漆，致知如精雕镂。器之大者，亦此材也，亦此巧也；器之小者，亦此材也，亦此巧也；规模异而已矣。物不格则材未庀，知不致则巧未工。欲以作大器而大器不成，孔子之所谓“太简”是已；即以作小器而小器亦不成，此则欲为管仲而不能，宋襄公、物不格。王介甫知不致。之流是已。管仲既已得成为器，则其材非不庀，而巧非不精。特其不知止至善以为始，而无“欲明明德于天下”之心，故规模以隘；不以欲诚、欲正之心从事焉，故局量益褊尔。
>
> …………
>
> ……诚意者，天德、王道之关也。欲诚其意，而意期无妄；欲正其心，而心矢不邪；则以之格物而物皆有则，以之致知而知一民义，意益实而心益广矣。此《大学》之条目，相为首尾，端不自格物始而以平天下终；特其效之已成，则自物格以向于天下平，为以次而益大耳。[③]

船山对东阳之批评严格说来对于朱子也是适用的，在朱子而言，格物

---

① 胡广，杨荣，金幼孜，等. 四书大全校注：上［M］. 周群，王玉琴，校注. 武汉：武汉大学出版社，2009：393.

② 读四书大全说：论语：八佾篇［M］//王夫之. 船山全书：第 6 册. 长沙：岳麓书社，2011：619.

③ 同②619-621.

致知既为一事，“惟于理有未穷，故其知有不尽也”，“知既尽，则意可得而实矣，意既实，则心可得而正矣”①，格物穷理之学既是起手工夫，又贯穿大学始终。船山将格物致知理解为“借资以广益”，这绝不是说增广了知识，明白了道理，而是将其在程朱理学那里偏于知识论的倾向扭转为实践意涵，要以行统知。所以他在这段材料中说：“察乎事物以应其用者，亦可谓格矣；其周知乎是非得失，以通志而成务者，亦可谓致矣。”物格是应其用，知致是成务。最终成为大器还是小器的差别在于是否以诚意正心为本，大本有所立则具备了成为大器的潜质，好比良木可以做成好家具的粗胚。但是如果没有格致工夫，也只是个粗胚，不能真正成为供人使用的器具，在此意义上，格致工夫如果有缺，“即以作小器而小器亦不成”。在船山的解释下，格物致知从程朱学的起手工夫转变成了在事物上的实现完成，“格物如庀梓漆，致知如精雕镂”，格物好比将粗胚刷漆成为器具，致知好比在器具上精雕细镂，而正心诚意则决定着材质优劣以及器胚的规模局量之大小。这样看来，**格物致知虽然并非起手大本，但它直接决定着器胚是否能够成器，能否应用成务**，如宋襄公、王介甫因为没有格物致知，故器亦不得而成。

我们现在的问题在于，船山为何要提出这样一个就《大学》文本来看颇为牵强的解释呢？为此需要继续深入分析船山对“知”的解释。

3. 知

《周易·系辞上》曰：“乾以易知，坤以简能。”船山发挥此言认为人必须将此乾坤知能二德相因而合一：

> 夫天下之大用二，知、能是也；而成乎体，则德业相因而一。知者天事也，能者地事也，知能者人事也。……
>
> …………
>
> ……而夫人者，合知、能而载之一心也。故曰“天人之合用”，人合天地之用也。②

知与能不能分开理解，否则便会入于异端：

① 朱熹. 四书章句集注［M］. 北京：中华书局，1983：7.

② 周易外传：系辞上传第一章［M］//王夫之. 船山全书：第1册. 长沙：岳麓书社，2011：983-984.

> 孟子言良知良能，而张子重言良能。盖天地以神化运行为德，非但恃其空晶之体；圣人以尽伦成物为道，抑非但恃其虚灵之悟。故知虽良而能不逮，犹之乎弗知。近世王氏之学，舍能而孤言知，宜其疾入于异端也。①

人对于事物或者道理的“知”绝不是纯粹心灵的感悟或者观念性知识，而必须落在尽伦成物上，也即是在实践行动中对人伦物理的精微体察并合宜实现。这是因为我们前文反复申诉的气化之论与天人之辨，天德为虚，必须于气化中条理显著，于人更需将内在之德、外在物理皆察识扩充：

> 天能者，健顺五常之体；人谋者，察识扩充之用也。……必扩而充之以尽其致，一如天之阴阳有实，而必于阖辟动止神运以成化，则道弘而性之量尽矣，盖尽心为尽性之实功也。②

孟子所谓尽心知性知天，船山认为必须在弘道的实践中才能尽其性，他将这里的“知”解释为“尽”，显然和我们上面论述的尽器贯道之义相通。这个思路并非出于认识论意义上如何获得并穷尽客观知识或道德法则的考虑，而是源自其对于“知”的实践哲学解释。因为**“知”不是知识，所以由“物格”到“知至”中间有隐微曲折与复杂结构，不是物格之后获得物理知识即是知至。**

> 且如知善知恶是知，而善恶有在物者，如大恶人不可与交，观察他举动详细，则虽巧于藏奸，而无不洞见；如砒毒杀人，看《本草》，听人言，便知其不可食：此固于物格之而知可至也。至如吾心一念之非几，但有愧于屋漏，则即与跖为徒；又如酒肉黍稻本以养生，只自家食量有大小，过则伤人：此若于物格之，终不能知，而唯求诸己之自喻，则固分明不昧者也。③

这段话初看分明，似乎只是区分了客观知识与道德知识的来源，其实有不少细微待分辨之处。为了方便讨论，我们对文本做了编号，“而善恶有在物者……无不洞见；”为 1.1，“如砒毒杀人……知可至也。”为 1.2，

---

① 张子正蒙注：诚明篇［M］//王夫之. 船山全书：第 12 册. 长沙：岳麓书社，2011：121.

② 同①117.

③ 读四书大全说：大学：圣经［M］//王夫之. 船山全书：第 12 册. 长沙：岳麓书社，2011：403.

“至如吾心……与跖为徒；”为 2.1，“又如酒肉……不昧者也。”为 2.2。前半段话讲的是与格物相关的“知”，强调知善恶不仅仅是内在道德是非之知，有的时候善恶在物，所以必须通过格物才能获得。它分为两种：1.1 讲的是知人之善恶，1.2 讲的是知物之善恶。问题是，知物之善恶其实不是绝对的关于物性自身的判断，而是基于主体的目的，譬如人参可救人也可杀人，适量的砒霜也可以用来治病，只有不合适的使用，而无所谓物本身的绝对善恶。因此这里的格物其实是明了物性与人的关系，它既非客观亦非主观，因为所谓**明了物性不是仅仅获得关于砒霜或者人参的客观知识，而是基于人不同的目的的合用性**——很显然，诸如砒霜的色泽、比重之类的客观知识与人的善恶使用毫无关系。严格说来，中国古典世界极少有人追寻这个意义上的纯粹客观知识，即便中国人讲无用之大用，也不是古希腊式纯粹因为无功利心的好奇去探寻的知识①。后半段话是解释不依赖于格物的“知”，它同样分为两种：2.1 是自己意念所发之是非判断，而且是不依赖于外界条件的善恶判断；2.2 是关于自己个体特殊性的“知”，自己食量的大小无法从酒肉黍稻这样的物上获得，只能靠自己身体感觉判断。严格说来，2.2 这种不应该叫作知识，至少不是现代意义上的普遍性知识，如果说它具有普遍性意义，那也是仅就个体自身而言的一个相对较为恒定的经验判断，如半斤米可饱，过则不适。总的来看，这里的四种知，其实都不是我们现代意义上的普遍知识，而是特殊情境下的判断结果。1.1 和 2.1 都是道德是非判断，只不过前者是对他人，后者是对自己。1.2 和 2.2 都无关乎道德，但都涉及物之于人的合宜性判断。四种判断按照船山的讲法，归根结底，都是“知善知恶”之知，都是广义的善恶判断。问题在于，**按照现代一般理解，判断是依循某种原则针对某个特殊事物的特殊判断，真正作为知识对象的应当是依循的原则，而非判断本身。以此观之，致知之“知”在船山这里绝不能够和现代的知识概念混淆，它在本段材料中所指，近乎一种恰当地建立起人与物（物、事、人）关系的能力**。

① 笔者并不认为所谓无功利心的好奇求得的知识是更高的真理，恰恰相反，正如尼采早就指出的：“在任何时代，不受约束的求知欲本身和对知识的敌视一样，都会导致野蛮。”（尼采．希腊悲剧时代的哲学［M］．李超杰，译．北京：商务印书馆，2006：8）况且，海德格尔在《存在与时间》中也充分地展示出，普遍命题式的真理其实是更源初的生存论真理的次级衍生形态。不过本书并不想做一个比较哲学的研究，而只是试图尽量呈现出中国古典的真理结构意义。

或曰，当我说砒霜有毒的时候，这个判断依旧可以视为符合论真理，即它符合于服用砒霜会对人身体造成伤害这样一个事实经验，在此意义上可以将其称为知识。问题在于，知砒霜之性，不仅是知道砒霜有毒而已，如前所论，它必须达到“知明处当”。砒霜亦可治病，仅仅知道砒霜有毒，此知是不整全的。即便知道砒霜也能治病，这个知依旧是不整全的，只有我在各种情境下都能够知道为了达成我的目的，是否当用砒霜，用多少砒霜合宜，我对于砒霜的知才是整全的。“知”之中包含着判断的合宜中道以及技艺的因素。知道刀能割物，知道牛有骨节，都算不得“知”，能如庖丁解牛般掌握游刃有余的技艺才能够叫作知牛知刀。换言之，**“知”中既包含着知明，即对于事物的丰富精微理解——物格，同时也包含着处当，即判断与行为上的合宜中道——知致。因此，船山认为格物与致知是通达“知”的两条道路。**

上面讨论的是不涉及道德判断的层面，当涉及道德判断时问题更加复杂。因为道德判断尤为远离符合论真理意涵，知某人为恶，这里的知并没有某个对象可以符合。进一步追问的话，道德知识又在什么意义上是知识呢？如果我们把道德知识理解为判断善恶的伦理准则，实际上它和其他类型的知识，比如被现代科学作为典范的数学知识是完全不同的。一个人如果拥有关于正方形的知识，现实经验中的类正方形事物都可以被他理解为正方形观念的不严格变形，而所谓现实判断，譬如正确判断一个八仙桌是正方形，指的是能够忽略那些和正方形观念不完全符合的具体细节差异，只抓住整体形式的符合。判断对于数学观念本身不会有任何影响，也不会有助于更好地把握正方形观念。但是伦理准则的正确判断，指的绝不是忽略掉一个事件中的具体细节，只抓住大方向用伦理准则做出判断，恰恰相反，能够考虑越多具体细节，权衡多种伦理准则在事件中分量轻重的判断，我们会认为是越合宜的判断。在通过怎样的手段能够更好地完成道德目的的考虑中同样如此。而与此同时，每一次判断，尤其是受挫判断的经验，都能够帮助人更好地理解伦理准则。譬如当我试图运用伦理准则去衡量张巡时，发现他符合某些道德准则，同时又违逆某些道德准则，经过权衡最终对其做出善恶判断。这看来好像仅仅是我将某些原则在现实中完成了一次使用，由此获得了对于某个特殊对象的判断经验与判断结果。如果仅如此的话，这里只有经验的获得而已，谈不上道德知识的增加。但其实当我用道德知识去对现实对象加以判断的时候，并不是将其作为一个简单的工具使用，在此判断过程中我对于道德准则的理解获得了充实，它们对于我不再是抽象法则，对于某个复杂人物的诠衡一方面会让我对道德准则本身获得更深的理解，另一方面会让我对复杂人物获得更深理解，同时我的判断力变得更好。**道德知识，如果我们称之为知识的话，那也是类似于某种有待于充实丰富的形式，所谓充实，指的是将经验纳入判断力中，使人更加深入地理解道德应当如何合宜地用诸经验**。在此，伽达默尔所言或许与船山以行统知思路有异曲同工之妙："在道德知识里区分知识和经验是毫无意义的，道德知识本身就包含某种经验，这种知识或许是经验的基本形式。与这种经验相比较，一切其他经验表现了某种疏异性。"①

道德判断和砒霜的例子虽然不同，但其中都存在着技艺与判断的复杂关系，船山所理解的"致知"，是一种类乎技艺习得的过程。从知晓理到运用得当之间尚有大段用功处，如果认为格物穷理则知自至，便会"删抹下'致'字一段工夫"②。从体用角度来说的话，此前的格物致知解释多少都倾向于致得本体，随即便可以随心所欲地运用，如同宝刀在手，便可天下无敌。**船山的解释要害在于"知"不是某种本体的获得，"知"本身就是对用的领会，真正重要的不是刀谱、刀之理，或者宝刀，而是对刀的知，其实就是用刀的技艺。同样，对道德的知就是能够合宜运用道德的实践判断力，这才是以行统知的意思，也是船山《大学》解释的重心**。还要说明，这里描述的人与物的实践哲学关系，绝不能等同于流俗的符合论形而上学真理观。实践与理论并不是一边是研究，一边是应用或者说行动，真正的实践不可能是纯粹依附于理论性认识的，即便我们不考虑伦理与物理的关系，对一把刀属性的认识无论如何也不可能转换为用刀之技艺，遑论进乎技之道。船山的上述思路在将格物致知类比为规矩与巧的讨论中尤为昭著。

4. 规矩与巧

为了更好地理解船山思想特别之处，需要将其置回思想史背景中去，因此我们要先简要勾勒朱子与阳明对规矩与巧的理解。朱子常以"规矩"来解释涉及"礼"处，且好与"准绳"连用，譬如《朱子语类》中解释《论语》"齐之以礼""博文约礼""克己复礼""子夏门人"等章皆如此用。如"克己复礼"章，其曰：

---

① 加达默尔. 真理与方法［M］. 洪汉鼎，译. 上海：上海译文出版社，1999：414.

② 读四书大全说：大学：圣经［M］//王夫之. 船山全书：第6册. 长沙：岳麓书社，2011：402.

克己者必须复此身于规矩准绳之中，乃所以为仁也。①

克己又只是克去私意，若未能有细密工夫，一一入他规矩准绳之中，便未是复礼。②

这里规矩看起来指的是具体的礼法要求，但朱子又说：

佛氏之学，超出世故，无足以累其心，不可谓之有私意。然只见他空底，不见实理，所以都无规矩准绳。③

这里似乎规矩又近乎理之意涵。虽然朱子也说过"'克己复礼'，不可将'理'字来训'礼'字"④，但他紧接着又说：

克去己私，固即能复天理。不成克己后，便都没事。惟是克去己私了，到这里恰好着精细底工夫，故必又复礼，方是仁。圣人却不只说克己为仁，须说"克己复礼为仁"。见得礼，便事事有个自然底规矩准则。⑤

这似乎是强调克己所复之天理缺乏分殊的细密工夫，因此还需依靠精细的规矩准则才能落到实处。**大体来说，朱子还是比较倾向于将规矩理解为落实在具体事物上的、人可以依循遵守的分殊细密之理**："今复礼，便是天理。但此理无形无影，故作此礼文，画出一个天理与人看，教有规矩可以凭据，故谓之'天理之节文'。"⑥ 虽然上引材料中"规矩"都属于一般用法，没有特别作为概念讨论，但大体还是能够看出朱子的理解倾向。**盖朱子为学特重在细密工夫上皆能一一落实为分殊理则，而反对空疏高远之论以及权变之说，则可想而知，其重规矩而不重巧**：

如梓匠轮舆，但能斫削者，只是这斧斤规矩；及至削镰之神，斫轮之妙者，亦只是此斧斤规矩。⑦

---

① 朱子语类：卷 41［M］//朱熹．朱子全书：第 15 册．上海：上海古籍出版社，2002：1452.

② 同①1453.

③ 同②.

④ 同①1451.

⑤ 同④.

⑥ 朱子语类：卷 42［M］//朱熹．朱子全书：第 15 册．上海：上海古籍出版社，2002：1494.

⑦ 朱子语类：卷 33［M］//朱熹．朱子全书：第 15 册．上海：上海古籍出版社，2002：1176.

朱子在《四书章句集注》中解释孟子“梓匠轮舆能与人规矩，不能使人巧”，也只是引用了尹氏之言“规矩，法度可告者也。巧则在其人，虽大匠亦末如之何也已。盖下学可以言传，上达必由心悟，庄周所论斫轮之意盖如此”，而没有其他发明，且朱子《语类》论及“巧”处，如“言”、“文”、“诗”、解经、解史等方面，几乎皆为贬义。而朱子对“规矩”的思考，并不止于上述，其尤为典型者，乃如下两处。

一处为《语类》卷二十五中讨论“管仲之器小哉”：

> 问：“规矩如何为大器？”曰：“这一个物事方，只是这一个物事方，不能令其他底方。如规可以令天下物事圆，矩可以令天下物事方。把这一个矩看，要甚么皆可以方，非大器而何！”
>
> …………
>
> 问管仲小器。曰：“只为他本领浅，只做得‘九合诸侯、一匡天下’之功。杨雄说得极好：‘大器其犹规矩准绳，无施不可。……’”①

前文有论，船山认为最终成为大器还是小器的差别在于是否以诚意正心为本，而不在于是否有格物致知工夫。朱子则认为如果只能做好某种具体的事业哪怕是“九合诸侯、一匡天下”，都只能称为小器。真正的大器是能够施展于天下一切事物的规矩准绳，在这里规矩准绳不再是上文所言的外在礼法准则之义，而成了能够约束一切事物的通则。只要有规矩在手，要方得方，要圆得圆。其实，它就是朱子之“理”。所以朱子在《四书章句集注》中，解释孟子“规矩，方员之至也；圣人，人伦之至也”这句话说：“至，极也。规矩尽所以为方员之理，犹圣人尽所以为人之道。”这里的道，其实即是理。

其实，孟子说规矩是方圆之至，他的意思是规矩是各种参差不齐事物中方圆的极致体现，规矩的本意是用来制作方圆的工具，所以这个极致不能理解为超出可感世界之上的观念式、理型式的存在，而是现实世界的典范意义，这从后面孟子讲的欲尽君臣之道应当效法尧舜即可看出②。但是朱子将规矩解释为“尽所以为之之理”，以及令天下事物方圆者，虽然不能说规矩本身无形无象，但它的绝对普适性决定了能否把握它便成为实践

① 朱子语类：卷25［M］//朱熹．朱子全书：第14册．上海：上海古籍出版社，2002：911．

② 在道德判断、洞察与行动能力的习得中，更重要的其实不是对法则的获得，而是在典范案例上的体察与磨砺。这一点在本书第四章会详尽展开。

成功与否的关键。

总之，大体而言，朱子讲规矩的时候，或者指的是分殊之理则，或者指的是礼法准绳，都偏向于静态的外在尺度准绳之义。似乎并不重视对于规矩尺度的认识与运用能力之间的区分，相应地也不甚关注“巧”的意义。阳明则恰好走到另一个极端，《传习录》曰：

> 夫良知之于节目时变，犹规矩尺度之于方圆长短也：节目时变之不可预定，犹方圆长短之不可胜穷也。故规矩诚立，则不可欺以方圆，而天下之方圆不可胜用矣。尺度诚陈，则不可欺以长短。而天下之长短不可胜用矣。良知诚致，则不可欺以节目时变。而天下之节目时变不可胜应矣。毫厘千里之谬，不于吾心良知一念之微而察之，亦将何所用其学乎！是不以规矩而欲定天下之方圆，不以尺度而欲尽天下之长短。吾见其乖张谬戾，日劳而无成也已。[①]

这里虽然阳明将规矩类比于良知，其实是放弃了规矩的外在尺度意涵。因为在阳明这里，良知最重要的意涵是应对万事自然中节的至善灵明，而不是某种可以执守的不变法则[②]，它其实更接近“巧”这个概念，而非“规矩”。船山非常重视“巧”，将其等同于“圣功”：

> 大匠能与人以规矩，不能使人巧。巧者，圣功也。博求之事物以会通其得失，以有形象无形而尽其条理，巧之道也。格物穷理而不期旦暮之效者遇之。[③]

下面我们借助于“巧”这个概念来仔细检讨船山著名的关于“格致相因”的论述：

> 是故孝者不学而知，不虑而能，慈者不学养子而后嫁，意不因知而知不因物，固矣。唯夫事亲之道，有在经为宜，在变为权者，其或私意自用，则且如申生、匡章之陷于不孝，乃借格物以推致其理，使无纤毫之疑似，而后可用其诚。此则格致相因，而致知在格物者，但谓此也。

---

① 传习录：第 139 条［M］//陈荣捷. 王阳明传习录详注集评. 台北：台湾学生书局，1983：182.

② 对此本书第一章第四节已有相关论述，关于朱子阳明规矩与巧的更细致探讨，参看本书第四章第一节。

③ 思问录：内篇［M］//王夫之. 船山全书：第 12 册. 长沙：岳麓书社，2011：409.

……知至者，“吾心之全体大用无不明”也。则致知者，亦以求尽夫吾心之全体大用，而岂但于物求之哉？孟子曰：“梓匠轮舆，能与人规矩，不能使人巧。”规矩者物也，可格者也；巧者非物也，知也，不可格者也。巧固在规矩之中，故曰“致知在格物”；规矩之中无巧，则格物、致知亦自为二，而不可偏废矣。

大抵格物之功，心官与耳目均用，学问为主，而思辨辅之，所思所辨者皆其所学问之事。致知之功则唯在心官，思辨为主，而学问辅之，所学问者乃以决其思辨之疑。“致知在格物”，以耳目资心之用而使有所循也，非耳目全操心之权而心可废也。①

从第一句话看来，船山并不像传统解释那样认为格物致知与诚意正心之间有着必然的逻辑相因关系，前者是后者达成的条件，二者也有着工夫先后次第。不学而知者良知也，无须格物而得，母亲对于孩子的慈爱之诚也无须通过格物致知达成，“凡母之于子，性自天者，皆本无不诚”②。当然这并不是要彻底切断意、知、物之间的关系，只是说就知与意的某些维度，如良知与天性之诚而言，它们之间没有必然关联。不过格致诚正虽不必然相因，却也可能有其相因相成之时，如前所言，善恶有在物者，知固有于物格之方至也，此即下面要讨论的格致相因。

船山接着通过申生、匡章心欲孝而其行不合中道，反而陷己于不孝的例子来说明，虽然心中有不依赖于格物的良知，但并不是有此良知孝心即可通达孝道，因为真正的孝道不仅能够合乎作为根本原则的大经，还必须能够变通而合乎时宜，否则同样是流于私意。申生、匡章之孝心不可谓不诚，但诚孝之意不能直接转化为合宜的行动，必须明理知宜，既合于正经大道，又在情境中权变合宜，诚意才有可用武之地。这即是船山对于“物格而后知至，知至而后意诚，意诚而后心正”的解释思路，所以必须格致相因，也即是让心中之知与外物之理能够相合无间。

船山的这个思路隐含着两个批判指向。其一是针对心学强调仅仅依靠良知诚意即可成就明德至善，也即是众所周知的阳明以诚意工夫为大学之本。船山认为明德至善绝不可仅仅依凭诚意或复良知本体而达成。其二也

---

① 读四书大全说：大学：圣经［M］//王夫之．船山全书：第6册．长沙：岳麓书社，2011：403-404.

② 读四书大全说：大学：传第九章［M］//王夫之．船山全书：第6册．长沙：岳麓书社，2011：431.

隐含着对朱子的修正，格物致知在朱子那里是顺承关系，只要能够获得对于规矩理则的知，就能够自然生其合宜之用。在船山这里格物与致知的关系如材料所言，类乎规矩与巧，需两者相因相用，下试详之。

在船山看来，规矩是工匠干活时需要借助的外界法则尺度，它可以传授获得，但它不是知。我们一般说知的时候，总是意味着获得关于某个外在（外物）或内在对象（心灵）的知识，但在船山看来，“巧”才是“知”。“巧”不是对象性知识，它一方面包含着熟练运用规矩的能力，另一方面还意味着能够深谙诸种材料之性，面临各种材料和加工要求都能够熟练完美地借助规矩将最终目的实现，此即上文所论“尽器贯道”之义。换言之，**巧是规矩如何得当合宜地用于物的技艺，其中包含着对物性材质、规矩尺度的理解与运用的能力**。**这种知存乎一心，不是知识，所以不能传授而得，也不能仅仅依靠对物的理论研究而获得，它需要通过与物和规矩不断地打交道从而习得**。所谓存乎一心不是玄妙之体悟，此心当为身心一体之意，只有玄悟，能“得心”但不能“应手”的工匠同样不是巧匠。总之，规矩是关于外在事物的知识尺度，巧是存乎人心之理解与技艺。巧归根结底是一种“用”，因此船山说致知是“求尽夫吾心之全体大用”，而非获得关于事物的分殊之理。不过船山这里似乎略有滞词，“规矩者物也，可格者也；巧者非物也，知也，不可格者也”，如果改成“规矩者物也，可由格而得也；巧者非物也，知也，不可由格而得也”，或更贴切。

然而，巧只有借助于规矩才能获得实践运用，因此说“巧固在规矩之中”，船山以此来解释“致知在格物”。这里的“在”不是说“知”存在于“物”之中或者“致知”的工夫依赖于“格物”，所以船山强调“规矩之中无巧”，巧不是规矩的现成运用，规矩本身并不蕴含有巧的规定性，巧只是规矩在具体情境中得心应手的运用。

通过对规矩与巧的解释，我们看到，船山“格致相因”之说中凸显了实践哲学的原则，“格物”并非得到某些事物之理，“致知”也不只是心中某些德性良知的体证显明，**“格致相因”的真正实现，必须是在实践行动中磨砺出统合内外的德性，然后能够于各种情境皆能审时度势，权衡出中庸之道，最终成己成物**。不过，这是就工夫所达成的最终境界而言。若就工夫本身来说，格物与致知应当是什么关系呢？上引材料最后关于格物致知的经典论述多为人引用，却误解频仍，往往将思辨等同于心官之用，将学问等同于耳目之用，并进而混同于闻见之知，于此种种不可不辨。

船山既言“致知之功则唯在心官，思辨为主，而学问辅之”，则显而易见，思辨与学问都是从属于心官的。“格物之功，心官与耳目均用，学问为主，而思辨辅之”，相应地也就不能解释为心官为主，思辨辅之。思辨与学问的轻重与否都只是对于心官所起作用侧重不同的描述，而不是心官与耳目的主辅之别，实际上，无论格物还是致知，都必然是以心官为主①。此外，“致知之功则唯在心官”，此言亦有滞词，不能理解为获得知无需耳目，只需要凭借心官之用，因为下面紧接着又说：“‘致知在格物’，以耳目资心之用而使有所循也，非耳目全操心之权而心可废也。”此外，船山这句话虽然是想要强调致知一定落在心上，不能舍心而逐耳目之效，但它还包含着另一层意思，即致知工夫最终的达成绝不能舍弃格物。心所循者何？显然是规矩准绳理则，规矩准绳只可由格物而得，耳目资心，如同规矩资巧，不能只有规矩而无巧，只有耳目而无心，反之亦不可。为了理解这一点，我们还需要借助对其他材料的解读，对船山格物致知思想进一步发微。

在《孟子·离娄上》开篇也有一段谈及耳目与心思的材料：

> 孟子曰：“离娄之明，公输子之巧，不以规矩，不能成方员；师旷之聪，不以六律，不能正五音；尧舜之道，不以仁政，不能平治天下。今有仁心仁闻而民不被其泽，不可法于后世者，不行先王之道也。故曰：徒善不足以为政，徒法不能以自行。《诗》云：‘不愆不忘，率由旧章。’遵先王之法而过者，未之有也。圣人既竭目力焉，继之以规矩准绳，以为方员平直，不可胜用也；既竭耳力焉，继之以六律，正五音，不可胜用也；既竭心思焉，继之以不忍人之政，而仁覆天下矣。”

① 对此论断可以作为旁证的是在《四书训义》卷六中船山对致知与学、思关系的论述：“致知之途有二，曰学，曰思。学则不恃己之聪明，而一唯先觉之是效；思则不徇古人之陈迹，而任吾警悟之灵。乃二者不可偏废，而必相资以为功。学于古，而法则具在，乃度之于吾心，其理果尽于言中乎？抑有未尽而可深求者也？则思不容不审也，乃纯固之士，信古已过，而自信轻，但古人有其言，而吾即效其事，乃不知自显而入于微，自常而推于变者，必在我而审其从违，而率然效之，则于理昧其宜，而事迷其几，为罔而已矣。尽吾心以测度其理，乃印之于古人，其道果可据为典常乎？抑未可据而俟裁成者也？则学不容不博矣。乃敏断之士，信心已甚，而信古轻，但念虑之所通，而即欲执为是。而不知先我而得者，已竭其思；仿古而行者，不劳而获。非私意所强求，而曲折以求通，则乍见为是，而旋疑其非，为殆而已矣……学非有碍于思，而学愈博则思愈远；思正有功于学，而思之困则学必勤。”（《四书训义：论语：为政［M］//王夫之. 船山全书：第7册. 长沙：岳麓书社，2011：301-302）

孟子在这里明确指出，仅仅有行动主体的内在技艺或德性，不足以让事物与政治得到完善成就。船山在《读四书大全说》中对这一段也做了重要的阐发，其着眼点落在对“圣人既竭目力焉，继之以规矩准绳”以及后面两个平行句式中“继”字的解释上，他认为朱子集注对这个字的理解有误。朱子注释如下：

> 此言古之圣人，既竭耳目心思之力，然犹以为未足以遍天下，及后世，故制为法度以继续之，则其用不穷，而仁之所被者广矣。①

船山说：

> 《集注》似误看一“继”字，将耳目心思之既竭，作圣人自用之道，圣人已自了当后，又加上一种方便与后人。如此说来，未免害理。②

船山认为对孟子这句话，不能像朱子那样理解为：圣人的耳目心思过于常人，因此他自己无须用规矩准绳，只是出于为后世谋福之意，才制作法度让后世之人虽无圣人之能，也能够方便应对事物与政治。船山认为圣人并非耳目心思聪明过人便可倚此而为，“非在圣人独恃其耳目心思已足给用，但为天下后世不能如已之不待于法，故须与立个法度也”③。船山进一步展开论述：

> 但竭其耳目心思，终不能制器审音而仁天下；于是继求之一定之法，使目有凭以用其明，耳有凭以用其聪，心有依据以行其仁，然后知向之徒勤于耳目之力、心之思者，必至此而后非妄也。规矩准绳元不是目力看出来底，六律元不是耳力听出来底，不忍人之政元不是师心亿度想出来底。
>
> ……规矩准绳因乎象，六律因乎数。圣人不于目求明，于耳求聪，而以吾心之能执象通数者为耳目之则。故规矩、六律之所自制，不得之耳目者而得之于心思，以通天下固有之象数，此以心而治耳目也。不忍人之政，上因天时，下因地利，中因人情。圣人不任心以求天下，而以天下固然之理顺之以为政，此以理而裁心思也。故仰观天

---

① 朱熹. 四书章句集注［M］. 北京：中华书局，1983：276.

② 读四书大全说：孟子：离娄上篇［M］//王夫之. 船山全书：第6册. 长沙：岳麓书社，2011：987.

③ 同②986-987.

> 文，俯察地理，察迩言以执两端而用其中。岂有闭门造车、出门合辙之自用者哉！圣人用之而自不可胜用，乃以垂之后世而亦不可胜用，其理一，其效均也。①

只依靠耳目心思，即便如同离娄、师旷、尧舜一般聪明睿智，也不可能在实践中达乎至善，必须寻求规矩准绳六律法度，耳目心思之灵能才能获得具体而合宜的实现，这明显是对心学道路的驳斥。然后船山进一步区分了两条道路。第一种是规矩准绳六律，它们“因”乎象数，缘于象数，也合乎象数，但它们并不是天然有之，要获得它们当然不可能不凭借耳目之聪明，否则即是“师心亿度想出来底”，但是仅有耳目之能依然不够，必须用心为耳目作则，是人凭借心中能够理解把握处理象数的能力，寻找到的能够贯通天下象数的尺度准则。此所谓“以心而治耳目”，正是前文所论“格物之功，心官与耳目均用”之义。

第二种是不忍人之政。表面上看起来，船山也是强调要“因”乎外在环境条件，不能任心而为，得出的结论却是“以理而裁心思”，何以如此呢？不忍人之政和规矩准绳的区别在于，后者是因乎自然之节律尺度，而前者归根结底是来自人心中固有的天之明德。所以要以耳目之所见、格物之所得来裁断心中明德发用时之所循。

规矩准绳六律因乎象数，仁政因乎天时地利，两条道路虽然皆用“因”字，意涵却有微妙差异。“因”这个字有依靠、沿袭、顺承、缘于、因为等诸多意涵，诸意涵彼此相通，又不宜以现代逻辑因果意涵直接规定，故求其精确之义殊为不易，只能说大体而言，前面“因”字偏“依凭、缘自”之义，后面“因”字偏“遵循、顺承”意涵，二者虽侧重不同却兼有对方之义。这是因为自然之节律、事物之定理、规矩准绳、人心明德，归根结底皆源自天，故能“其理一，其效均也”，这也是格物致知能够相因的天道基础。圣人作规矩准绳六律，乃由格物而得，其中亦必有致知工夫，否则无以通乎天下象数；不忍人之心，多得自致知之功，而欲实现为政，则天时地利人情的格物工夫又不可离弃。格物与致知尽管可以分殊差异，彼此之间却又有交会相贯，在天其理一也，在人须内外相用相成。

至此我们已经从规矩与巧之间的关系上详尽阐发格致相因之义，“巧”

---

① 读四书大全说：孟子：离娄上篇［M］//王夫之．船山全书：第6册．长沙：岳麓书社，2011：987.

这个概念的引入意味着人与规矩的关系不再是单纯的认识意义，而是只有在行动中才能达成知。最后我们再从知行的角度对格物致知做出阐发。

5. 知中有行

> 先儒分致知格物属知，诚意以下属行，是通将《大学》分作两节。大分段处且如此说，若逐项下手工夫，则致知格物亦有行，诚意以下至平天下亦无不有知。
>
> 格致有行者，如人学弈棋相似，但终日打谱，亦不能尽达杀活之机；必亦与人对弈，而后谱中谱外之理，皆有以悉喻其故。且方其迸著心力去打谱，已早属力行矣。①

理学传统将格物致知解释为即物而穷理，主要强调的是认识意义，因此在划分上将格物致知属知，诚意以下属行。船山承认笼统地看也可以姑且这么划分，但**他在自己思想格局中真正想做的是要将八目交织互用，这样的网状结构自然不可能做一个泾渭分明的简单区分，上面我们已经反复陈述格物与致知、诚意与正心皆有相因互用之义，这里船山想要强调的是八目，尤其是格物致知中知与行的融贯性与实践性**。知棋不可能通过学习下棋的规则即可获得，也不是能将棋谱烂熟于心即可，甚至也不能靠对于已有棋谱事后的复盘钻研思考获得。因为知棋的意涵是尽达杀活之机，它必须包含着在二人对弈这个完整的实践行动中对虚实死活变化的理解与应用，而后才算得穷尽棋理。船山承认打谱本身也可以称为行，而从打谱中获得的“知”已经不是对于围棋的纯粹理论性知识，而是包含着实践判断力②。不过，这种行尚且算不得完整的行，它和对弈的差别何在呢？下文船山给出了回答：

> 盖天下之事，固因豫立，而亦无先知完了方才去行之理。使尔，无论事到身上，繇你从容去致知不得；便尽有暇日，揣摩得十余年，及至用时，不相应者多矣。如为子而必诚于孝，触目警心，自有许多痛痒相关处，随在宜加细察，亦硬靠著平日知道的定省温凊样子做不得。是故致知之功，非抹下行之之功于不试，而姑储其知以为诚正之

---

① 读四书大全说：大学：传第六章［M］//王夫之. 船山全书：第6册. 长沙：岳麓书社，2011：409.

② 打谱这种通过温习已有的经典案例，从而获得判断力磨砺的方式，实际上船山相当重视，尤其是在从事历史的阅读与研究之时，参看本书第四章有关《读通鉴论》的论述。

用。是知中亦有行也。①

船山这段话不是随便之论，它其实相当明确地针对朱子阳明两条道路皆给出批评，不落一边。尽管人总会有对未来行动的计划安排，然而事先的算计筹划无论如何精详缜密，十年之功未必不可能一朝尽窘，事态总是会有超出安排预料的情况。这不仅仅是个偶然性的问题，它其实还是天人之辨：人尽管应当追求知致与至善，却不可能最终掌握整全性真理从而洞察或者适用于一切可能情境。这是对理学重穷理倾向的批评，同时也明显有对朱子格物补传中所谓“众物之表里精粗无不到，而吾心之全体大用无不明”境界的批评。接下来船山强调的痛痒相关，看起来似乎也吸收了心学元素，这里的论述与阳明就温凊定省致良知之论极为类似：

> 爱曰：“……如事父一事，其间温凊定省之类，有许多节目。不知亦须讲求否？”先生曰：“如何不讲求？只是有个头脑。只是就此心去人欲存天理上讲求。就如讲求冬温，也只是要尽此心之孝，恐怕有一毫人欲间杂。讲求夏凊，也只是要尽此心之孝，恐怕有一毫人欲间杂。只是讲求得此心。此心若无人欲，纯是天理，是个诚于孝亲的心，冬时自然思量父母的寒，便自要求个温的道理。”②
>
> 先生曰：“若只是温凊之节，奉养之宜，可一日二日讲之而尽。用得甚学问思辨？惟于温凊时，也只要此心纯乎天理之极。奉养时，也只要此心纯乎天理之极。此则非有学问思辨之功，将不免于毫厘千里之缪。所以虽在圣人，犹加精一之训。若只是那些仪节求得是当，便谓至善，即如今扮戏子扮得许多温凊奉养得仪节是当，亦可谓之至善矣。”③

船山与阳明都强调孝子诚心必须践履在具体行动中，内外如一地在每一件事情上都努力达乎至善，只有外在的温凊定省表现而没有内心的休戚相关之情，算不得知。这里的微妙差异在于：阳明强调的是必须有诚孝之心，否则仅有外在行动的表现，仍旧只是戏子之举；而但凡诚有孝心，自

① 读四书大全说：大学：传第六章［M］//王夫之. 船山全书：第6册. 长沙：岳麓书社，2011：409.

② 传习录：第3条［M］//陈荣捷. 王阳明传习录详注集评. 台北：台湾学生书局，1983：30.

③ 传习录：第4条［M］//陈荣捷. 王阳明传习录详注集评. 台北：台湾学生书局，1983：32.

然即可诚心行出温清定省之事，也自然会去讲求温清之节、奉养之宜。船山则认为在温清定省中有许多痛痒相关处，除了有诚孝之心外，还需随宜细查，这里面有许多东西不是事先能够知晓的，即便十余年揣摩苦功，在用时也仍然会有与事态不相应的问题。十年之说很有可能便是针对阳明"可一日二日讲之而尽"之言。便如前文所引，不可谓申生无尽孝之心，之所以流于私意，是因为其孝心没有以真正的德性或曰诚作为根基。

阳明讲《大学》，着眼于诚意："仆近时与朋友论学，惟说'立诚'二字。杀人须就咽喉上着刀，吾人为学当从心髓入微处用力，自然笃实光辉。虽私欲之萌，真是洪炉点雪，天下之大本立矣。"这本身没有问题，但实际上阳明论学之时往往只就事父事君之诚立论，尤其在《传习录》中与弟子就良知问题往复辩论时更是多从事父之温清定省立论。这实际上意味着将"诚""良知"的功效范围压缩在相当狭窄的一个区域内，几乎只是基本的人伦情感日常相处。即便涉及典章制度、名物礼乐之时，阳明也认为需要的时候再去学习也不晚，这些知识性的东西无须深入思辨体察。正如本书第一章第四节所论，这意味着阳明几乎将心的判断权衡能力与知识理则完全分离，这也是他"良知"的基本意涵。这个思路在泰州学派那里便进一步发展为将大学之道仅仅理解为孝悌之道，如此人人易知易行，当下即是天德王道，这虽然为儒学在中晚明的民间化开辟出道路，但也使得儒学内圣外王之道进一步狭隘化，心性之学走到这里必须重返经史实学。

船山正是出于这样的诉求，提出"诚"乃是至德，不仅仅是人之"意诚"，"一乎诚，则尽人道以合天德，而察至乎其极"①；也不仅仅是爱敬之情，"诚之为道，不尽于爱敬之实……若诚身之全功，固有尽性成己、立本知化之成能；而存心致知之学，以尊德性、道问学者，自有其事"②；甚至也不仅仅是孝悌之道，"径以孝弟慈为'明明德'者，黄氏之邪说也。朱门支裔，背其先师之训，淫于鹅湖者，莫此为甚"③。在"致知"工夫上，船山一方面吸收了心学的思路，强调立诚，另一方面把诚从只讲孝悌慈爱温清定省的思路中解放出来，让诚通达更广阔的知的意涵。所谓"痛

① 读四书大全说：中庸：第二十章［M］//王夫之. 船山全书：第6册. 长沙：岳麓书社，2011：526.

② 同①528-529.

③ 读四书大全说：大学：传第九章［M］//王夫之. 船山全书：第6册. 长沙：岳麓书社，2011：430.

痒相关处宜加细查”，尽管在上面的材料中只是在讲温凊定省，但绝不止于此。便如学棋，之所以打谱不可能替代对弈，除了前文所论之外，还有一个很重要的原因在于，打谱之时如坐山观虎斗，是超然于胜负之上的；对弈则是全身心投入，胜负痛痒关切于心，如此方能获得知。这意味着“知”除了我们前文所论的知识、技艺、判断、实践等意涵之外，还有个重要的方面在于情意，没有情意投入的“知”依旧算不得“知”。

其实，强调情意在“知”中的意义并非始于心学，伊川就曾经做过著名陈述：

> 真知与常知异。尝见一田夫。曾被虎伤，有人说虎伤人，众莫不惊，独田夫色动异于众。若虎能伤人，虽三尺童子莫不知之，然未尝真知。真知须如田夫乃是，故人知不善而犹为不善，是亦未尝真知。若真知。决不为矣。①

这里的“真知”首先是在认知理解层面，如知是知非之义。其次，它必须包含着真实的实践经验，或者至少能够转化为真实的实践行动——不为不善。再次，它还意味着必须有伴生的真情实感——在虎伤人的例子中的情感主要是“畏”——以及由此情感而来的行动：色动。真与假的区别在于有没有相应的合宜的喜怒哀乐好恶等情感由“知”中自然生发出来。

然而，后来朱子反复引用伊川此言来说明“真知”之时，较为淡化其情感意义，而尤为强调前两层意义：

> 知，便要知得极。致知，是推致到极处，穷究彻底，真见得决定如此。程子说虎伤人之譬，甚好。如这一个物，四陲四角皆知得尽，前头更无去处，外面更无去处，方始是格到那物极处。②
>
> 人各有个知识，须是推致而极其至。不然，半上落下，终不济事。须是真知。……只为明得不尽。若明得尽，私意自然留不得。若半青半黄，未能透彻，便是尚有渣滓，非所谓真知也。……只为知不至。今人行到五分，便是它只知得五分，见识只识到那地位。譬诸穿窬，稍是个人，便不肯做，盖真知穿窬之不善也。虎伤事亦然。③

---

① 河南程氏遗书：卷2上［M］//程颢，程颐. 二程集：第1册. 北京：中华书局，1981：16.

② 朱子语类：卷14［M］//朱熹. 朱子全书：第14册. 上海：上海古籍出版社，2002：597.

③ 同②.

见得尽，方是真实。如言吃酒解醉，吃饭解饱，毒药解杀人。须是吃酒，方见得解醉人；吃饭，方见得解饱人。不曾吃底，见人说道是解醉解饱，他也道是解醉解饱，只是见得不亲切。见得亲切时，须是如伊川所谓曾经虎伤者一般。①

伊川尝言虎伤者，曾经伤者，神色独变，此为真见得，信得。凡人皆知水蹈之必溺，火蹈之必焚。今试教他去蹈水火，定不肯去。无他，只为真知。②

朱子所谓知得极，知得尽，知得亲切，除了强调理解明白透彻，还尤为强调它必须能够真切转化为真实的实践行动。朱子将情意剥离出真知的思路，也一定程度上影响了其后学的知识主义倾向。然而儒家认为，一个人的行动能够称为真实的道德行动，绝不仅仅是因为外在行为符合道德要求，那样此人很可能是假仁者。甚至也不是行动主体为了符合道德律令，而运用理性或者意志迫使自己按照道德要求去行动。阳明对朱子的批评落脚点之一便在于，道德行动必须伴随有相应的深厚的真实情感。譬如一个人能称为孝，如果只有外在行动上的温凊奉养之举，没有发自内心的对父母的爱敬之情，便只如戏子一般。“孝子之有深爱者，必有和气。有和气者，必有愉色。有愉色者，必有婉容”③，方可谓之真孝，必须真有喜怒哀乐之情发而中节方可谓之和。

船山吸收了阳明对理学知识主义倾向的批评，进一步将这种情感与“知”④ 的关系放置在更宽阔的领域中，除了刚才我们谈到的对弈与打谱的论述之外，更是将儒者面对整个文明传统应有的态度与此关联，其在《读通鉴论·叙论四》中谈到读史时应当采取的态度时这样说道：

设身于古之时势，为己之所躬逢；研虑于古之谋为，为己之所身任。取古人宗社之安危，代为之忧患，而己之去危以即安者在矣；取

① 朱子语类：卷 14［M］//朱熹. 朱子全书：第 14 册. 上海：上海古籍出版社，2002：597.

② 朱子语类：卷 28［M］//朱熹. 朱子全书：第 15 册. 上海：上海古籍出版社，2002：1024.

③ 礼记正义：祭义第二十四［M］. 郑玄，注，孔颖达，疏. 北京：北京大学出版社，2000：1539.

④ 船山虽然对“知”的理解吸收了程朱“真知”概念的内涵，但因船山并不认同某种终极本体或境界，故不喜用“真知”概念，原因详于后。本书中论及船山处，仍尽量用“知”这个概念，有时为了行文清晰，譬如讨论区分虚幻之知和真实之知，则用“实知”概念。

古昔民情之利病，代为之斟酌，而今之兴利以除害者在矣。[①]

这是要设身处地将自身放在历史情境中去，心中忧患古人之安危，斟酌古民之利病，才能够真正获得政治领域的“知”，从而资治。至此，格物致知之学已经不能够简单地再以传统道学中以《大学》为主的格局来穷尽其意涵，而必须将其安放在整个经史解释传统中来理解，这是船山思想中非常重要的部分，也是晚明思想中经史实学思潮的重要组成部分，我们将在本书第四章对其进行全方位的探讨。**现在，我们可以对船山“知”之意涵做一小结：“知”之中包含着在情境中合宜运用道德的实践判断力，包含着借助人—物关系合宜地实现道德目的的能力——认识物性是否合宜于目的以及达成目的的过程中使用物的技艺。除此之外，“知”之实践还必须相伴随有真诚中节的情感。**

6. 以行统知

知行观是宋明道学工夫论的传统问题，较为著名者有“知先行后”“知行合一”之论，船山在《尚书引义·说命中二》中对这两派观点都提出批评，认为它们的本质实际上都是“离行以为知”：

> 离行以为知，其卑者，则训诂之末流，无异于词章之玩物而加陋焉；其高者，瞑日据梧，消心而绝物，得者或得，而失者遂叛道以流于恍惚之中。异学之贼道也，正在于此。而不但异学为然也，浮屠之参悟者此耳。抑不但浮屠为然也，黄冠之炼己沐浴，求透帘幙之光者亦此耳。皆先知后行，划然离行以为知者也。而为之辞曰“知行合一”，吾滋惧矣：惧夫沉溺于行墨者之徒为异学哂也，尤惧夫浮游于惝怳者之借异学以迷也。[②]

“离行以为知”的本质在于“离器而求道”，也即是认为有器外之道、气外之理，这样“知”的获得便可以不依赖于与器物的实践关系，卑而下者沦于训诂词章中寻求知识性真理，此固不待言；而性好高明者或如惠施据梧而空论，或如释氏消心而绝物，或如老氏之流于恍惚之道，或如黄冠道士离体之元神。即便如阳明“知行合一”之说，在船山看来它根本上还

---

① 读通鉴论：叙论四［M］//王夫之. 船山全书：第 10 册. 长沙：岳麓书社，2011：1182.

② 尚书引义：说命中二［M］//王夫之. 船山全书：第 2 册. 长沙：岳麓书社，2011：314.

是“离行以为知”，因为这可能导致两个后果：斤斤于身体力行而不知有道，从而流于墨者；船山尤为忧惧第二种可能，即“浮游于惝怳”。惝怳，有狂纵貌的意思，也有恍惚、模糊的意思，就整篇文字来看应该是后者之意，指异端于恍惚不实处见道，但如执此为真道，则又会导致狂纵，便如王门后学中浙中泰州一系，其流弊为以瞬息浮明为知，解缆放船，不知收束的晚明躁狂之风。船山的批评应该说对于王门后学流弊而言颇中肯綮，但对于阳明“知行合一”之说是否真的合适呢？下面我们来细致考察船山知行学说：

> 夫知之方有二，二者相济也，而抑各有所从。博取之象数，远证之古今，以求尽乎理，所谓格物也。虑以生其明，思以穷其隐，所谓致知也。非致知，则物无所裁而玩物以丧志；非格物，则知非所用而荡智以入邪。二者相济，则不容不各致焉。
>
> 今辟异学之非，但奉格物以为宗，则中材以下，必溺焉以丧志，为异学所非，而不能不为之诎。若奉致知以为入德之门，乃所以致其知者，非力行而自喻其惟艰，以求研几而精义，则凭虚以索惝恍之觉悟；虽求异于异学，而逮乎行之龃龉，不相应以适用，则亦与异学均矣。①

从第一段话可以看出，船山知行观的“知”不能等同于致知之“知”，而是广义的，涵盖了格物、致知两种方式相因相济所获之“知”。象数、历史的学习属于格物，所穷者偏于客观知识，仅有这些知识的话，便如程子所言将会玩物丧志，因此需要思虑以致知。思虑包含但不是仅仅指抽象思辨，因为船山认为它的功用在于不会让人玩物丧志，所以这里的明、隐必然是与德性志向相关。知非所用指的不是抽象思辨所获得的理论知识应用不妥，而是说德性如果不能够与物性事理相合得宜，便无法处理好事物。荡智入邪也不是说知识用到了邪路，而是说没有格物工夫落实，即便求道心切志坚，人的智慧灵明的使用依旧可能会走上异端之途，往而不返，只获得虚幻恍惚之知。所以在第二段话中船山论述了**格物致知如果不能相因相济而各执一端的话，导致的后果和异端并无二致，都是离于器物而求索知**，便是孔子所反对的“索隐”，这还是其尽器贯道之论：“形而上

① 尚书引义：说命中二［M］//王夫之．船山全书：第2册．长沙：岳麓书社，2011：312-313.

者隐也，形而下者显也。……唯一概丢抹下者形，笼统向那没边际处去搜索，如释氏之七处征心，全不依物理推测将去，方是索隐。”① 如此所得，必然不异于异端之学，**共同性在于无法适用，都会导致其所知在现实中致用之时，产生龃龉**。“夫异学者，无患乎龃龉也，龃龉则置之耳”②。因为异端并不在乎是否能够致用，但是君子之学则不然，“君子之学，仰事天，俯治物，臣以事君，子以事父，内以定好恶之贞淫，外以感民物之应违，而敢恃惝恍之冏光，若有觌焉，奉以周旋而无疚恶乎?”③ 船山认为，把知行先后割裂开来的做法在现实中遇到问题几乎是不可避免的，“先所知者与后所行者，求无龃龉而行焉皆顺者，十不得五也”。如果说这里船山的论述还可以解释为偏于知识意涵，那么下面船山的论述就明显不能被此意所拘。

> 孟子“中道”之教，教以行也。能者能从，不但知绳墨彀率而即能从也。……若抑其迈往之志气，从事于耳目之浮明，心思之浅慧，以冀一日者御王良，驾骐骥，骐骋于康庄，正王畿、包显道之以覆辀折轴也。④

彀率指的是弓张开的程度，这里的典故出自《孟子·尽心上》：“大匠不为拙工改废绳墨，羿不为拙射变其彀率。”船山是说人并不是掌握了绳墨、彀率的知识就可以成为大匠、后羿，人也不可能依靠理论知识就能够在实践行动中无往不顺，这里缺失的重要环节，就是我们前文论述过的“巧”。如何能够获得对于“巧”的知？只能是靠日复一日的实践工夫来习得，抹杀这种行动实践的必要性，认为仅仅依靠耳目心思之知解悟性就可以一朝获得实践技艺，像王良一般驾驭驰骋，最后的下场一定会如心学末流覆辀折轴。除了技艺层面的知，船山还论述了德性层面的知，以及它们之间密不可分的关系：

> 夫知也者，固以行为功者也。行也者，不以知为功者也。行焉可以得知也，知焉未可以收行之效也。将为格物穷理之学，抑必勉勉孜

---

① 读四书大全说：中庸：第十一章［M］//王夫之．船山全书：第6册．长沙：岳麓书社，2011：490.

② 尚书引义：说命中二［M］//王夫之．船山全书：第2册．长沙：岳麓书社，2011：313.

③ 同②.

④ 同②313-314.

孜，而后择之精，语之详，是知必以行为功也。行于君民、亲友、喜怒、哀乐之间，得而信，失而疑，道乃益明，是行可有知之效也。其力行也，得不以为歆，失不以为恤，志壹动气，惟无审虑却顾，而后德可据，是行不以知为功也。冥心而思，观物而辨，时未至，理未协，情未感，力未瞻，俟之他日而行乃为功，是知不得有行之效也。行可兼知，而知不可兼行。下学而上达，岂达焉而始学乎？君子之学，未尝离行以为知也必矣。①

"勉勉孜孜"从事格物属于行，"择之精、语之详"在这里是知的达成，这个表述有些近乎知识概念，**"知必以行为功"是说"知"只有通过"行"才能够获得真正的达成。此外，"择精"的讲法暗示了，即便是格物所求的近乎知识之"知"，这种"知"中也必然包含着选择决断的行动意涵，不可能是一个纯粹的认识活动**，因为前文已经讨论过，古人不会追求现代意义上的纯粹知识，一定是在合用性指引的思虑取舍中让物性的某些方面向人显现。这更加充分表明了"知必以行为功"。

下面一句"行于君民"云云，其所论之"知"显然不是知识意涵，而是明道之义，即对"道"的深切著明的体察。**"行可有知之效"不能解释为"实践有检验认识的作用"**②，因为这里的道一定指的是人伦道德，否则何能"行于君民、亲友、喜怒、哀乐之间"。一般所谓实践检验认识指的是理论知识，尤其是科学法则的推演是否能够和经验现象符合。然而知识法则可以检验符合与否，伦理道德应当符合什么对象呢？又如何实践检验？**船山这里是说在人伦生活中体察喜怒哀乐所发是否中节得当，得乃是行为自慊于心而有得，失则是怃然为间其颡有泚而有疑，如此得失都可以获得经验，更加明道。"行可有知之效"应该理解为实践行动中包含着达成"知"的效力**。

在古典世界中，仁义礼智绝大部分时候本非可以怀疑的对象，问题只是在于如何阐发它们的内涵，以及如何能够让它们真实无妄地在自己的人伦生活中充分发挥功用。即便我们将道德称为道德知识，对它的知也必须与科学知识意涵充分划清界限。而这往往是现代哲学在分析传统知行观时，被知识主义倾向所掩盖或忽视的。船山接着论述，行中获得的知未必

① 尚书引义：说命中二［M］//王夫之．船山全书：第2册．长沙：岳麓书社，2011：314.

② 方克立．中国哲学史上的知行观［M］．北京：人民出版社，1982：263.

是依靠思虑而得，有的时候力行于仁，不是为了检验仁，思虑却顾反而会造成无法体贴仁德，这时需要义无反顾，抛开得失思虑，才能够从行中有所得。这个得并不是知道了更多的仁义知识，而只是更加坚定地据守于仁德。**“行不以知为功”，指的也不是若无“实践的力量，思想本身是什么也不能实现”**[①]**，因为这里重要的不是将思想转化为现实，而是德性之深植人心；其真正的意思是，德性实践的真切功效并不一定要依靠思虑才能达成**。

冥思观物所得未必为恍惚虚知，但也无法确定是否达成“实知”。只有在恰当的境域中，对物理人伦协调得当，情有所感而发用中节，又能够力行坚持，才算得达成“知”。“俟之他日而行乃为功”，**“知不得有行之效”，这里当然有一层意思是说思想德性需要适当的外在条件才能够实现出功效，但还有另一层意思在于必须靠“行”才能够确定是否已达成“实知”**。因为“实知”如前所论，包含着对物性、技艺、道德、时遇以及情感多方面的把握、权衡与实践，因此“实知”必然能行。而“知不得有行之效”之“知”非“实知”，只是广泛意义上的理解体悟。“行可兼知，而知不可兼行”，这里的行和知相比有些根本性的差异。首先，船山论知行之学时有个基本前提：**行及其相伴随的体悟不可能是假或者伪**[②]，即便其中的意不尽诚，心志方向也必为正，所谓“苟志于仁矣，无恶也”。其次，行之中只要是有诚意、志于道，那么行本身的得失并不妨碍其为“诚之者”，必有超乎具体得失之所得，而可为修身之资，是“行可兼知”。换言之，**有志求道之行，得失正误不碍其真，其于知亦必有所助益**。而知则不然，有志求道之知，未必都是从行中获得的真切体悟，它可能只是虚幻的构造或者错误的理解，因此就可能不是“实知”，无法在实践中获得真实效果——想要达成的目的或是道德选择的合宜，甚至也未必能够成为修身之资，虚明假知反倒可能害道，故“知不可兼行”。可见，船山**“行可兼**

---

① 方克立. 中国哲学史上的知行观［M］. 北京：人民出版社，1982：262.

② 此论断源自一个基本前提，即船山立论一般都是明确针对向道君子，而非如泰州学派欲及乎熙熙小民，这可能也是出于对王学的反动。如《大学说》曰：“倘必待格致诚正之已尽，而后可云孝子、弟弟、慈长，则即令尧、舜为之长，取一家之人，戒休董威之，且没世而不能。”（传第九章）“家之人固不能与于诚意之学，矧国之人万有不齐，不因其固有之良，导之以易从之功，而率之与讲静存动察之学，不亦慎乎！”（传第九章）“君德可言新，于民不可言明……若民，则勿论诚正，即格物亦断非其所能。”（传第二章）又如前所论，船山大学格局以正心立志为起手处，便已定下了所论知行的基本方向。

知”之论真正的宗旨在于区分了两种知，由君子之行中所得之知与浮明之知，前者其实是一种修身工夫所得经验，后者则偏向于纯粹思辨，它们决定性的差别在于是否必然能够作为修身之资。故船山知行学说的上述区分是落在如何通达“实知”的工夫论上，而非对于“实知”本体的探讨。前文反复申论船山天人之辨时，即已点明，船山绝不认为人有可能通达对于事物或世界的彻底洞察把握，即便圣人也不例外，这就说明“知”在船山这里既不是终极境界，也不是终极本体，所以船山并不喜欢用“真知”概念，本章也只是在为了和虚假之知相区分时才用“实知”概念。在船山自己来说，既然人不可能有终极之“知”——对一草一木、下棋医术或者道之全体皆不可能，那么由修身实践中所得的工夫经验，对于德性而言皆可为资，加入“知”并构成其一部分，则经验与“知”之间并无界限可分，这是“行可兼知”立论之基。所以船山上文最后论及下学上达的意思是：并没有一个既定的境界为“上达”，到了上达才算是达乎“知”，才开始真正的学；**其实每一次行有所得皆是“上达”，其中皆有“知”，下学的行动中一定包含着“知”的生成。**

行文至此可见，船山知行学说讨论的核心是工夫与本体的关系，而其立论的基础仍是落在体用学说上，上文所引其中年知行之论与其晚年《思问录》中所论体用若合符节：

> 佛、老之初，皆立体而废用。用既废，则体亦无实。故其既也，体不立而一因乎用。庄生所谓“寓诸庸”，释氏所谓“行起解灭”是也。君子不废用以立体，则致曲有诚。诚立而用自行。逮其用也，左右逢原而皆其真体。故知先行后之说，非所敢信也。《说命》曰：“非知之艰，惟行之难。”次第井然矣。①

立体而废用是说，佛老思想在开端先立下一个永恒不变之体让人去索求，与此同时又因此体而轻视变化的经验世界，如此用既废，则体亦无实可求，因此最终的后果是只能在用——流变——上来理解体。在船山看来，阳明知行合一之教也是如此，先立下知行合一的“真知”本体，立体废用，最终只因乎用，即其流行灵明而得无善无恶之体。然后船山描述了儒家之学应有的体用关系，首先是“致曲有诚”，《读四书大全说》中如此解释曲与诚这两个概念：

---

① 思问录：内篇［M］//王夫之．船山全书：第12册．长沙：岳麓书社，2011：417.

> “曲”云者，如山一曲、水一曲之曲，非一方一隅之谓也。从纵上说，不从方上说。斯道之流行者不息，而曲者据得现前一段田地，亦其全体流行之一截也。
>
> …………
>
> ……曲者，独于一事上灌注得者诚亲切。其实此诚，元是万行共载的。则养繇基之于射，亦是诚之全体见于一曲，其事小则其所诚者亦小耳。①

曲即是全体流行之一截，在本书第二章已论述过，这正是船山“用”之根本义。于此而有诚，即为由用得体②，由行得知。此体之立，自有用可行，这是由体得用。不过，这只是诚之全体见于一曲，不可故步自封，还需要在用上“左右逢原而皆其真体”，这是在实践行动中就已知之体而益扩充。总合起来看，便是由用得体，体用胥有而相胥以实，此即“以行统知”。

这个结构与其《大学》解释结构也非常吻合：“八条目自天下至心，是步步向内说；自心而意而知而物，是步步向外说。”这个结构中，心正而身修家齐国治天下平，以及心意知物，其实都是从内向外，但是描述的角度不同。前者是就效验范围逐次扩充而言，其中所知也在逐步扩充，不能够简单认为家国天下一理也：“似治国之外，别无平天下之道。既不顺夫理一分殊之义”③。后者其实是将人与物关系的各个环节做了由内而外的分殊④，心志是最内在的意向性概念，意是身心之交，也是与物交接的内在情绪，知是对事物的时遇、道理、情感、中道等方面的综合性体察，物是在前述的心意知综合结构下，向人显现的意义。这四个环节虽然有内外差别，但相互之间又有交错影响。虽然就具体环节，譬如心意可以分出体用，但整体来看，又总是交互生成，难分彼此。工夫的目的不再是回复先天本体，而是如黄梨洲所言，“工夫所至，即其本体”，用船山的话说就是：

---

① 读四书大全说：中庸：第二十三章［M］//王夫之. 船山全书：第6册. 长沙：岳麓书社，2011：544-545.

② 本书第二章第六节论述过，“诚”在船山这里其究竟义不是一个具体之德目，而是“乾坤全体”之至德，落在人身上则当属体这一面。

③ 读四书大全说：大学：传第十章［M］//王夫之. 船山全书：第6册. 长沙：岳麓书社，2011：434.

④ 这种处理方式很有可能是吸收了阳明“四句理”的思路，与朱子思路做了融合。《传习录》第6条：“身之主宰便是心。心之所发便是意。意之本体便是知。意之所在便是物。”（传习录：第6条［M］//陈荣捷. 王阳明传习录详注集评. 台北：台湾学生书局，1983：37）

即源即流，无久刻刻异。无暂。常不废。倘以此为流且暂，已发乃暂然之流。而别求一可久之源，未发天下之大本，故无间断。非愚之所敢知也。佛氏之真知。①

人之心性如滔滔江水，既不是恒常不变，又不是全无自性，但是江水与江源虽然可以获得人为的后天区分，却不可以离江水而别求一源，总而言之，船山反对的是离流之源、离行之知、离用之体。不过，本章所讨论的船山体用思想，还仅是在个体心性层面展开，如果此种体用交互相生网络没有在人文、经典、历史维度获得充分展开，那么人依旧有落入大千世界中孤零单子的危险。船山体用思想在经典诠释层面，或者用传统哲学的话语——经史实学层面如何展开，这是我们下一章要讨论的问题。

① 读四书大全说：论语：季氏篇［M］//王夫之．船山全书：第 6 册．长沙：岳麓书社，2011：856．

第四章　船山经史之体用

本书第二章从宇宙全体角度讨论了体用相生关系建构的根基，第三章讨论了这种关系落在人性层面所带来的异于道学传统的变化，本章试图做的是，一方面讨论这种关系带来的不同以往的诠释经典与历史的视域，另一方面依旧是承接上一章的问题，即如何让人伦政治获得一种生成性的奠基，以及经史之学与这种奠基的关系。本书第二章与第三章所论问题域在传统概念中被称为天道与性命，本章所论则近于工夫论。当然，性命与工夫在传统讨论中总是密不可分，不过本书第三章所讨论的问题更加接近于所谓“体”，或者用现代概念表述的话，是心性、意志等问题的结构与功能，类似西方心灵哲学概念；而本章所论则是近乎用，是心性结构如何通过恰当的工夫通达更加理想至善的境界，以及如何在现实伦理政治生活中达成合宜之道。在中国哲学中心性论、工夫论和实践哲学、政治哲学之间的界限总是难以直接划分，前两章论述中其实已经包含了大量工夫论与实践哲学的内容，尤其是知与行一节，本章所论也必然还会涉及天道心性问题，这里的分殊表现出的更多只是问题意识与阐发方向的差异而已。另外，传统宋明道学的性命与工夫一般不会涉及过多的经学史学问题，而这正是船山与之前道学不同之处，因此本书不得不同样采取强行裂解，将船山的经学与史学中的某些思想安置在工夫论层面去讨论。所以本章所谓的工夫论不同于此前道学传统意义之处有两点：(1) 心性结构等偏于体的问题分在前章讨论，而主要论述作为用的理想人格养成问题。(2) 此种理想人格养成方式，在道学传统中主要是依托于“四书”体系中的诸多工夫问题而展开讨论的，船山尽管也对道学工夫有大量的继承和阐发，但他未止于此，而是将工夫论问题域进一步拓展到经学史学领域，试图让四书五经历史都成为学者理想人格中不可或缺的工夫环节。

还需要说明的是，前两章对船山的体用思想研究，主要是通过分析船山文本去呈现此结构的诸多层面以及样态，如天道易学的义理基础，由天德而来的人性生成思路，以及在此逻辑下必然衍生出的格致诚正身心意志等复杂而又圆融细密的心性工夫结构，由此见出船山的交藏互用相生的体用思想特点。本章试图做的则是在此结构已经比较明确勾画出的基础上，去展现此种结构会带来的经史领域的工夫论变化，就此而言，前文所论乃是船山思想之体，本章所论为船山思想之用。因此，除非必要，本章将不再过多地反复陈诉船山体用思想特点，而是集中发掘前述诸特点会带来怎样的工夫论变化。

因此，本章并不想以传统的经学或史学研究方式来处理船山的经史著作，而是试图在已有的体用结构视域下提炼发掘船山眼中经史之学的工夫论意义。这样做尽管能够让某些思想结晶显现得更加明晰，代价却是会错失许多经史之学的丰富内容。不过当下学界已有不少船山经史之学的专题性研究，典范性的如招祥麒先生所著《王夫之〈春秋稗疏〉研究》等，故尔笔者可心安理得在此等领域藏拙，而专用力于哲学性的工夫论诠释。这样做除了写作自身的逻辑发展之外，也有笔者本人的个人兴趣，即想要寻找一些不同于西方哲学既定框架的哲学言说。众所周知，中国哲学与西方哲学有一个显著差别就在于工夫论领域，其甚至在许多时期与许多思想家那里构成了中国哲学的核心，因为无论是成圣成佛成仙，重要的都不是对目标的知识性认识或者形而上学理解，而是如何能够让自己成为仙圣佛。但在近代以来的中国哲学史研究中，这一部分往往让学者们难以处理，只能削足适履地分置于哲学系的各个二级学科之中。笔者当然不敢自称本书对此难题有所突破，只是寻求一些初步的思路尝试而已。

本章结构如下，首先通过对经权问题历史演变的梳理试图呈现两个问题：其一，人如何借助伦常法则与心灵的判断权衡能力在具体情境中达成中道，这是作为法则的经与权的关系。其二，在此过程中，经典与人在情景中的权衡行动，以及权衡能力本身的养成之间有怎样的关系。这两个问题彼此纠缠而又相通，不仅与工夫论直接相关，与体用问题也紧密相连，因此构成了连接两章的合适桥梁。由此问题通达船山经权思想，并延展至船山体用思想在其经史著作中的表现。这又表现在两个问题上：第一，船山体用思想的独特性，尤其是历史意识，在诠释经史时会带来怎样的具体义理。第二，船山思想中，经史对于工夫论具有怎样的意义，或者用更直白的话说，就是在船山眼中经史对于学者希贤希圣的努力究竟有何意义。这是本章后四节分别从礼、易、春秋、历史四个方面要努力回答的问题。

第一节　道学的经权体用结构及其经史工夫

本节要义：

（1）经学在汉代并非单向的理论指导。《春秋》决狱通过引援形成典范性案例改造秦制，在困境中向经典回归求援，通过返回与诠释获得将自身投入到当下境遇，开启自身和历史的力量。法律的应用、历史的理解和经典的诠释三者统一。“权”既是圣人的最高境界，也是人的日常存在状态。“权”的双重意义标画出儒家“至善”是人历史性生存实践的“中庸之道”。“反经合道为权”的“反”字有违背翻转之义、类推之义、往返回归之义，三义并兼方可谓权。“反”具有“生成性”、“运动性”和“回归性”，不是违反经与否的非此即彼判断。

（2）“经”的经典文本意义及其与实践互动的诠释史意义在程朱这里被削弱，强化了“不易之定理”意义。“定理”在境遇中合宜运用即为“权”。“经”为体，主静，不易不变；“权”为用，主动，灵活权变。以“理”为核心的权衡结构有两种运作方式：一是弱意义的权衡，在一般情境中，凭借某种或几种准则定理在一般情境中应对适当为“日常之权”。二是强意义的权衡，是在特殊的两难困境中做出的决断，可称这种权衡为“困境之权”或曰“准则之权”。最高的准则是至善之天理。天下事物莫不有理，能够达到对囊括众理之“天理”的彻底洞见（圣人境界），就能够面临一切境遇（时）皆做出合宜（中）的抉择。

（3）阳明认为“理”落在心的权衡功能上方可实现，开拓了“权”的新意义：人在具体境遇中对“良知”或“天理”的体认，不是单向度认识功能，根本上也是一种“权”。我们称其为“境遇之权”，“权”代替程朱之“经”成为更源始的根基。“困境之权”和“日常之权”都只是“境遇之权”的变式，“日常之权”包含着“困境之权”，“困境之权”也不仅是不同准则的轻重判断，还包括对境遇与准则的关联判断。“体”作为良知，其具体规定性几乎只剩下至善的虚明灵觉，良知之体即是用，正如经之本为权。

（4）程朱对经史之学的理解与其“经权之辨”内在一致，具有追求超越现象与境遇的真理本体诉求，导致了“去时”倾向，应对境遇时的判断根据是超“时”之定理。“去历史性”是去除“理”在历史中变化与生成的维度，对经史实学的忽视只是它的必然后果。其体现在程朱关于四书五经与历史的为学次第主张：为学的旨归是达到对天理的领会与把握，那么对四书的钻研和体会这种方式更容易体证天理，比起具体事物以及历史事实上的格致具有优先性，这是贵体贱用思想在经史之学层面的展开。四书作为纯正义理，应当贯穿为学之始终本末。

(5) 阳明将“权”理解为人心最本质性的能力，同时也将良知标示为绝对的超越性、普遍性，将去时倾向进一步发展。五经皆史意味着：经作为圣人著述，只是古今皆同的“心体”在当时境遇中的应对，任何人只要复得“心体”，他对境遇的判断权衡就和圣人著述具有同等权利，经学因之丧失其权威性与规定性。阳明希望通过心体与境遇的互动来达到对“心体”灵明的彻底澄明，并由此完成对一切“时机”性事变的自如应对。“经—权”的动态回归结构具有本源性，对它的遗忘易导致对某些真理维度的遮蔽。

本节之所以先从经权概念切入讨论体用，是因为这一对概念非常典型地呈现出人的伦理与政治行为中的体用结构，及其与经典和历史的关联。

经既指传统儒家经典，又有天道天理的意涵，其不同意义体现了不同学派对体的不同理解。经典又永远都是以经典诠释史的形式存在，一个民族的经典及其诠释总是不断地影响着此民族的伦理—政治生活，并汇入民族历史，所以经又与人对真理的历史性理解有着千丝万缕的关联，而这正是我们试图在本章论述的关键问题，即船山之体的日生日成是如何被赋予历史意义，体用概念在纵向的历史性维度中又会带来怎样的思想契机。

权在儒家一直是一个比较难以处理的概念，一方面它代表着全体之大用，即一种在任何情境中都能够洞察全局，从心所欲不逾矩，臻于化境的极高境界——“可与共学，未可与适道；可与适道，未可与立；可与立，未可与权”；另一方面权又似乎极易滑向一种无规矩尺度、唯利是图的狡诈权谋。经权关系因此成了诸多道学家的争议之地，本章第一节对此的分析，可以展示出体用思想看似微妙的差别，却可能带来相当迥异的伦理实践与政治诉求。此外在笔者看来，“经”的多重意义在宋明道学中被逐渐单薄化，这也导致对“权”理解的偏颇，以及对人性和心体的去历史性理解，这都与对体用关系的领会有着内在的一致性。

就权作为一种圣人境界而言，本节讨论的问题可从属于传统道学研究所谓的工夫论部分，然而工夫论是一个很难界定的概念。大体来说，工夫论讨论的是人应当通过怎样的方法步骤达到君子甚至圣贤的理想境界，而这个讨论范围可大可小。狭义的工夫论偏于心性，如格致诚正如何落在每日坐卧行止、洒扫应对、通经览史、下学上达等具体工夫上；广义的工夫论则可能向内拓展到对于心体、性体本身的讨论，向外拓展到修身与家国天下的关系，乃至更加具体的身心修养与历史、政治、教育的关系等等。就此而言，广义的工夫论也很难将现代哲学的分支学科如历史哲学、政治哲学的问题从自身中区分开来。所以**虽然本章多涉及对经典与历史的理解问题，却又不可以今天意义上的历史哲学概之，而是从属于传统的工夫论领域**。

宋初胡安定所提出的"通经致用"乃是宋代儒者们的基本共识，所谓"明体达用之学"的"体"在宋初的主要意义乃是以五经为代表的儒家经典。不过正如钱穆先生所指出的，经历了庆历、熙宁两次变法失败，道学诸公开始更多地将目光从事功转向性命问题，而四书也正是在这个时期逐渐升格地位越过五经。这个倾向基本贯穿了宋明道学史，直到中晚明，随着儒者们对心学的空疏开始警省、反思与批判，尤其是明末儒者们的努力，儒学才又重新回归到经史实学。对此的相关研究已经很多，本节试图做的是从经权体用关系切入来见出上述转向的内在逻辑变迁，以便本章后文展开讨论船山的经权体用思想如何吸纳前人观点，为其向经史实学的回归提供内在学理根基。为此我们需要先对前道学时期的经权问题做一番思想史的回顾与梳理，这样才能充分理解宋明道学立场的特别之处，以及船山思想的意义。

1. 前道学的经权关系勾勒

汉代经学并不能单单从古今文经学之争上来考察，虽然这种考察为我们提供了一个基本的思想脉络。皮鹿门尝言，汉人治经，治一经即有一经的效用。所谓"以《禹贡》治河，以《洪范》察变，以《春秋》决狱，以三百五篇当谏书"的说法绝非汉儒迂阔之说，而是标明了经学在汉代的社会生活尤其是政治生活中提供的全方位指导作用。如果不考虑经学和政治的基本实践关系，我们就很容易把汉代经学理解为一种单纯的思想讨论。这种简单化理解所带来的不仅仅是对政治和社会层面的忽视，更容易对中国古代学术的基本指向产生歪曲。中国古代学术，尤其是儒家思想与经学，始终具有道德实践与政治实践的基本结构，而且正如本章后面将要分析的，这种实践结构并非是单向度的理论指导应用，或者用宋儒的话说，不是仅仅由明体而达用，明体与达用具有一个典型的诠释学循环结构。汉代经学从来都不仅仅是一种纯粹思想的运作，它必然和实践行动是不可分割并且互相发明的。

譬如从春秋学来看，在由汉至唐的政治实践中，“《春秋》决狱”对于法制的儒家化、法与礼的融合都起到了至关重要的作用。简要概括的话，大致可以说，在汉代，《春秋》决狱的典范性运用是在一些疑难案件的判决上给予某种指示，为困境中的权衡提供一个参照系，并通过这种引援形成典范性案例进入成文法。①

为了更好地理解这种运作的实践意义，我们可以和西方诠释学做一个简单的比对参考。西方诠释学传统有几个重要的实践性来源：古希腊对神谕的解释、法学诠释学和圣经诠释学。这几个来源都不是在进行纯粹的理论性思考，而是将文本的意义置入当下的特殊情境之中。以法学实践作为例子，按照德里达的看法：“若一位法官想做出正义的判决，他（或她）便不能自满于只是引用法律。他（或她）每次都必须重新发明法律。若他（或她）想做出负责任的决定，则它不能仅仅引用法律，作为一种规范大纲，用于某个既定的案例；而是在一独特的情况中重新发明一种正义的关系，这意谓着正义不能被降格为约束、处罚或奖赏的计算。”② 也就是说，在一独特的情况中重新理解“义”，这种作为“当下之宜”的“义”不能是一种理论理性的技术性置入操作，也不仅是普遍准则和特殊情境之间的判断力连接，而是理解与应用的一体化结构。法官在追求正义的过程中，对法律条文的应用不是某一个或几个预先给出的普遍准则“下降”到特殊情境中的过程，而是一种诠释学循环：法官对正义的整体性理解作为视域预先规定了这个特殊情境向法官呈现的方式，而法官在思考何为正义判决的过程中会造就对法律条文的重新理解，这种理解反过来又会修正和丰富法官对正义以及当下特殊情境的理解。这种理解与应用不可能具有数学式的理论精确性，但它却是一切理论精确性追求的先决条件，因为作为解释的理解不是主体的一种行为方式，而是“此在”本身的存在方式：“应用不是理解现象的一个随后和偶然的成分，而是从一开始就整个地规定了理解活动。应用不是某个预先给出的普遍东西对某个特殊情况的关系。解释者任何情况下为了理解文本，必须把文本与他自己所处的具体境况联系起来。”③ 这样，我们就可

① 陈壁生在《经学、制度与生活》（华东师范大学出版社，2010 年）中对于“亲亲相隐”制度的形成给予了一个典范性的考察说明。

② 德里达．解构与思想的未来［M］．夏可君，译．长春：吉林人民出版社，2006：52.

③ 加达默尔．真理与方法［M］．洪汉鼎，译．上海：上海译文出版社，1999：416.

以理解为何按照伽达默尔的看法，法学诠释学具有一种典范意义。

而在汉代，经学诠释学（今文经学）更是对法学诠释学（决狱）具有根本的规定与指示意义。汉承秦制，秦制以法家为本，虽然汉朝多有革除秦弊，但任何一个制度的运行，都不可能单纯依靠某种理想凭空建构，必定是在前朝制度损益基础上完成，“汉家自有制度，本以霸王道杂之”①。自萧何承秦律之后，法家以律令一刀切的平均式断案精神逐渐被“亲亲、尊尊、相隐”等具有分殊与权衡的儒家精神所渗透改造。这个过程是相当漫长的，儒生理想对汉制的改造在王莽变法中达到了高潮，也遭到了最彻底的失败。但儒家伦理最终以较为和缓的方式逐渐渗透和改造了汉制，东汉古文经学的兴起并不代表今文经学对社会生活的影响力消失，实际上“《春秋》决狱”的思想在东汉通过典型案例的构建更加深厚地影响着社会政治法律生活。魏晋南北朝期间，经学的衰落其实应该被看作是其阐释开放性与生命力的丧失，而不是社会层面影响力的消退，事实上，这个时期，恰恰是中国法律儒家化的阶段②。瞿同祖先生说“中国法律之儒家化可以说是始于魏、晋，成于北魏、北齐，隋、唐采用后便成为中国法律的正统”，这个过程也是中国礼法融合的过程。“《唐律疏议》就是集前代法律之大成者，‘一准乎礼，而得古今之平’就是其法律的本质。法条中都渗入了儒家经义的精神，诸如：亲亲相隐、八议、服制定罪、官当、存留养亲、十恶等等都体现了儒家礼义精神。所以，经过魏晋南北朝后而集大成的《唐律疏议》是整个法律的儒家化尤其是魏晋南北朝法律的儒家化之成果的浓缩和再现。”③ 这种融合过程在唐代的最终完成也是汉魏经学的经世致用力量衰退的标志④。

在这种渗透改造过程中，以《春秋》为核心的经学诠释学起到了至关重要的作用⑤。在下面的分析中我们会看到，这种渗透改造不是单纯的学派争论或王霸杂用能够解释的，它实际上包含了如下两个重要因素：(1)“经”

---

① 《汉书·元帝纪》。

② 关于两汉魏晋《春秋》决狱和法律构建的关系可参看兰州大学刘强硕士论文《两汉时期“春秋决狱”研究》、中国政法大学毛春红硕士论文《论“春秋决狱”》、湖南师范大学宋洁硕士论文《魏晋南北朝法律的儒家化》、清华大学赵建林硕士论文《魏晋“春秋决狱”研究》等相关研究。

③ 宋洁. 魏晋南北朝法律的儒家化［D］. 长沙：湖南师范大学，2006：57.

④ 更具体的论述可参看钱穆《两汉经学今古文平议》（九州出版社，2011 年）“孔子与春秋”以及拙著《朱陈王霸之辨义疏》第一章“圣人与历史”。

⑤ 江旭伟. 浅析“汉承秦制”与“春秋决狱”的关系［J］. 研究生法学，1996 (1).

之于法的超越性和互动性[①]；（2）对人在具体境遇中权衡决断之本质的深刻理解。

第一个因素不是本节讨论涉及的重点，这里只需要指出，这种超越性和奠基性不能被理解为最高宪法之于具体成文法的类比关系。首先，经学诠释学有其自身的严格性要求，经对于法的指引作用只是它的丰富性之一。其次，经的意义并非现成固定的，它总是在诠释中被不断地开启与丰富的，这就需要具体情境与经文本身的互动，而不是固定不变的经义。这里实际上已经蕴含了后来船山所理解的体用之间的诠释学循环[②]。

笔者想着力讨论的是第二个因素，它对后文对道学与《春秋》关系的讨论有重要帮助。

先回到"《春秋》决狱"本身，《后汉书·应劭传》云："故胶西相董仲舒老病致仕，朝廷每有政议，数遣廷尉张汤亲至陋巷，问其得失。于是作《春秋决狱》二百三十二事，动以经对，言之详矣。"从这个记录可以看出，以《春秋》决狱并不仅仅是经学家们的迂阔理想，也是朝野上下的基本共识。不仅是决狱，春秋学的应用范围包括政令、灾异和礼乐制度的讨论，这四者根本而言都是从属于政治性实践的。《春秋决狱》和《汉书·艺文志》著录有《公羊董仲舒决狱》十六篇，今俱已不传，但以唐宋类书这种方式流传下来的两汉"《春秋》决狱"案例非常多，这里我们只通过一个典型案例来获得对经学诠释学的指引与权衡功能的基本理解。《太平御览》卷六百四十对董仲舒决狱有这样一条记载：

> 甲父乙与丙争言相斗，丙以佩刀刺乙，甲即以杖击丙，误伤乙，甲当何论？或曰：殴父也，当枭首。议曰：臣愚以父子至亲也，闻其斗莫不有怵怅之心，扶伏而救之，非所以欲诟父也。《春秋》之义，许止父病，进药于其父而卒。君子原心，赦而不诛，甲非律所谓殴父也，不当坐。

法律所能够规定的，只能是对某类行动性质的裁定与判决，而不可能事无巨细地涵盖所有千变万化的具体情境，所以，法律的应用永远需要一种对于"宜"的判断，才能够让"义"获得更好的实现。"殴父当枭首"

① 参与"决狱"的经书不仅是《春秋》，《诗》《尚书》《周官》等皆可以被援引入疑难案件的审理，可参看何汝泉《略谈"以经决狱"》（《重庆社会科学》，1995年第6期）、刘立志《汉人引"诗"决狱刍议》（《南京师范大学文学院学报》，2002年第3期）。

② 参看本书第二章"象爻一致"一小节，以及本章后文所论。

这条律令如果直接运用于这个案例，显然是不适宜的，会造成对“义”的伤害。但是对适宜与否的判断并不能简单地通过对更高的律令的引援来做出，这样援引的律令或者德目——在这个案例中是“孝”——如果仅仅被作为更加具备普遍性与绝对性的原则来使用，对它的理解也就必然更加形式化、抽象化，从而更加缺少具体规定性，这样在援引的时候实际上无法获取对现实权宜的有力指引。在这里真正需要的是更高的实践智慧，以完成对具体情境的裁夺。这种实践智慧的磨炼和应用不能够通过概念分析和理论推导来完成，只能够通过“学而时习之”来培养，“学”与“习”并不是先有了理论学习，然后再将所学的理论知识应用到实践中去。这种二分法实际上忽略了人更加源初的存在方式，所以也不可能通过事后补上的辩证说明得到统一。习，鸟数飞也，鸟学习飞翔之过程本身既是学，亦是习，既是知，也是行，上一章我们已经充分展示了船山思想中理解与实践即知行的统一性，这种统一性当然不是船山所特有，它自始至终地贯穿在儒家传统中，只是不同时期理论结构有差异而已。总之，“学”“习”所指向的并不仅仅是对于事事物物皆有定理之“知”，也不仅仅是对“天理”的体证，而是始终在具体而微妙的境遇中对中庸之道的体察与权衡。这种体察与权衡并非是师心自用，恰恰相反，从两汉经学的基本传统来看，这种权衡意味着不断地在现实困境中向着传统与经典回归求援，并通过这种返回与诠释获得将自身投入到当下境遇，开启自身和历史的力量。

董仲舒在这个案例中先是给甲的行为和动机做出基本的定性，然后引援了《春秋》昭公十九年许世子止的公案：许公有疾，许世子止进药不宜导致父亲死亡。虽然《春秋》经记载的是许世子止弑父，但是按照公羊家的说法，从动机来考察的话，这种弑父可以得到一定程度的宽恕，也就是“君子原心，赦而不诛”。这种断案方式初看起来和判例法相似，不过还需要进一步考察这种判例法的内在精神。

各个民族国家最早的法律形态基本上都是判例法，尤其在中国，一般现代研究认为所谓“五刑之属三千”指的就是判例。伽达默尔在《真理与方法》中曾经讨论过法学诠释学和历史诠释学之间的区别，并得出结论认为，法律的应用、历史的理解和经典的诠释三者是统一的。具体到汉代春秋学中，这三者的统一尤为典型。

《春秋》首先是鲁史，“晋之《乘》，楚之《梼杌》，鲁之《春秋》，一也”。不仅孔子在笔削的过程中贯注了对历史的理解和诠释，同时《春秋》也是使得“乱臣贼子惧”的正名分之书，或者如程子所说，是对那段混乱历史的断案之书。这三者的统一就蕴含着中国古人对于历史理解的最根本也是最重要的方向：以历史磨砺人的德性与智慧，这种磨砺的现实指向是作为修齐治平的政治道德生活。所以章实斋《文史通义》开篇即曰："六经皆史也，古人不著书，古人未尝离事而言理，六经皆先王之政典也。"柳诒徵《国史要义》亦有类似观点："行政妙用，基于累世之经验，非一时一人凭理想而制订也。……古之有史，非欲其着书也，倚以行政也。"政治活动为何必定要依赖于历史经验呢？简要概括的话，正如海德格尔在《存在与时间》中所指出的，人的生存首先是历史性的，因此理解和实践也永远都被其历史性所规定。历史首先不是作为已消逝事件的抽象记录，而是为人的世界奠基，是先于个体生存的，决定理解和实践的视域总是已经被传统所塑造，一切都从传统中来，并最终被汇入传统之中。而作为人在世存在基本实践方式的道德实践与政治实践，在历史的连续统一体中必须不断地回溯到过去，重新理解作为典范性历史的经典，才能开启出真正富于民族生命力的道德与政治生活。这就是汉代经学家以《春秋》决狱这种判例法的真正精神内核。

黄震在对汉代《春秋》决狱的研究中指出："适用春秋决狱的判例分为三种情况：①可能适用两条以上的法律条文出入很大……②可能适用的法律条文与伦理人情相冲突……汉承秦法的律文规定均与已被定于一尊的儒家伦理观念相左。③难于找到适用的明文规定的法律条文……为了解决疑狱，司法官吏不得不求教于已经被尊为官学和最高指导思想的儒家经典。"①

也就是说，《春秋》决狱和一般的判例法还有些差别，即它并不是普遍应用的，只有在一般的法律难以解决的困境中，才需要《春秋》这更高权威的出场。不过这种权威并非独断论式的命令，而是提供了更加深刻地理解案例的契机：裁决者通过对历史经典中圣人典范式判决的领会，回到当下具体却又与经典具有某种共同性的境遇中，做出自己的权衡。这种对历史的领会与实证主义的史学研究大相径庭，这种"历史理解的真正对象不是事件，而是事件的'意义'。所以并不是某个自在存在的对象和主体对这个对象的接触"②，历史客观主义所追求的客观事实完全是一个近代科学主义的幻象，如前所述，历史是人不可能超越的基本存在结构，因

① 黄震．汉代"春秋决狱"的判例机制管窥［J］．中央政法管理干部学院学报，1999（2）．

② 参看《真理与方法》"法学诠释学的典范意义"小节。

此，我们只能在历史中，通过历史性的生存实践才能得以真正理解历史的意义。具体在《春秋》中，圣人典范式的判决并不是作为抽象的律令可以直接套用的，对判决的理解不可能脱离开历代经学家的诠释史，也不可能是对诠释史的通盘接受，因为我们在汉代《春秋》决狱或者议政的案例中，也会看到争执双方都引用《春秋》来为自己辩护的情境（可参看《汉书·终军传》博士徐偃一事），这就更加需要对圣人典范的再理解，同时也是实践运用，这就是孔子所谓的“权”。

孔子曰：“可与适道，未可与立；可与立，未可与权。”与之相呼应的另一段话是在《史记·孔子世家》中记载的孔子晚年作《春秋》之前所说的：

> 及西狩见麟，曰：“吾道穷矣！”喟然叹曰：“莫知我夫！”子贡曰：“何为莫知子？”子曰：“不怨天，不尤人，下学而上达，知我者其天乎！”“不降其志，不辱其身，伯夷、叔齐乎！”谓“柳下惠、少连降志辱身矣”。谓“虞仲、夷逸隐居放言，行中清，废中权”。“我则异于是，无可无不可。”子曰：“弗乎弗乎，君子病没世而名不称焉。吾道不行矣，吾何以自见于后世哉？”乃因史记作《春秋》，上至隐公，下讫哀公十四年，十二公。①

这一段话中孔子列举了几位古之贤人并且对他们一一做出评论，虽然评价很高，但显然并没有达到极致，因为那几位贤人的行事只能说是在某些美德方面达到了极致，只能说是“可与立”，而“未可与权”。接下来孔子对自己异于诸贤之处总结为“无可无不可”，《孟子·万章下》中说“伯夷，圣之清者也；伊尹，圣之任者也；柳下惠，圣之和者也；孔子，圣之时者也”，和孔子这段话表述的方向是共同的，都是把“时中”之“权”作为圣人的最高境界，这种境界达到化境即是“从心所欲不逾矩”。而从上下文来看，孔子欲以《春秋》自见于后世的“道”，一定也和“无可无不可”之“权”有密切联系。那么孔子为何要以《春秋》来作为载道之文呢？这个问题显然远远超出本书所能承载的范围，但在讨论春秋学时又是一个不可回避的问题，笔者在这里只是试图从对“权”和“时”的分析提供某个角度的诠释，以便后文的讨论。

“时”字在先秦并没有现代物理学的“时间”意义，而是指一个事件

① 《史记·孔子世家》。

中包含天地人等各方面条件因素的，变动不居从而具有“时机性”的“境遇”。这个“境遇”不是静态的，而是具有趋向性的，这种趋向性可以被理解为“势”。《春秋穀梁传·僖公二十二年》曰：“道之贵者时，其行势也”，道的运用不是理论科学应用式的普遍性，而是只有在某个“时”中获得其恰如其分的理解和实践，才可贵，道的运用借助于“势”才能获得更加充分的流行。对于“时势”的理解、把握和实践，就是“权”。

从对“权”的分析我们可以看出，“权”具有双重意义：一方面，“权”指的是圣人的最高境界，这种至善的理想是一般学者不可能达到的境界；另一方面，人的一切生存活动和伦理政治实践都是在具体的“时势”中进行的，也即是说，“权”同时也是人的日常存在状态。“权”的双重规定性标画出了儒家对“善”的基本理解：首先，“至善”不是某种最高的真理本体，而一定是人历史性的生存在具体实践中的“中庸之道”，也就是“义”。其次，能够实践得宜的能力并不能通过纯粹理论性运思获得，而是必须在“时”中不断地磨砺才能够培养出，这是一种实践智慧，也即是上一章我们讨论的“真知”。最后，圣人作为“权”的典范，是每个人必须努力效法的榜样。但这种学习并不是遵从于圣人制定的严格伦理体系，而是具体丰富的历史通过圣人之手获得一种持守的力量，从而成为一个民族的经典，后来的世世代代都通过对作为“史”的“经”的学习和实践，从传统中汲取力量和智慧，并将自己融汇到这个传统中去。这就是为何孔子在作《春秋》时说道“我欲载之空言，不如见诸行事之深切著明也”，无历史无情景的抽象伦理诫命不可能获得作为民族经典的无穷开放性。而汉代经学的实践意向无疑是很好地领会了孔子所指示出的这个方向，汉代春秋学的参政、议礼、决狱，乃至论灾异，都是具有强烈的政治实践意义的。以此观之，宋儒对汉儒“反经合道”为“权”的批评存在着一个重要误解，下试详之。

宋儒多重经而轻权，如《四书章句集注》“可与共学，未可与适道；可与适道，未可与立；可与立，未可与权”一节，朱子引洪氏曰“权者，圣人之大用。未能立而言权，犹人未能立而欲行，鲜不仆矣”。此种思路盖以经为体、以权为用，且未有所立则不可权。又有甚者如陈淳谓非当生死大节关头则不可以权，此皆患小人借行权之名而为无忌惮之事，故为此防制矫枉之说（更深刻的原因后文将会分析）。宋人又多驳汉儒“反经合道”之言。“反经合道”盖出自《公羊传·桓公十一年》：“权者，反于经，然后有善者也。”祭仲为保社稷而逐君，又不害及无辜，故公羊称之。而宋儒对此提出了严厉的批评。程子曰："汉儒以反经合道为权，故有权变权术之论，皆非也。权只是经也。自汉以下，无人识权字。""世之学者，未尝知权之义，于理所不可，则曰姑从权，是以权为变诈之术而已也。"①"古今多错用权字，才说权，便是变诈或权术。"② 这种批评放在宋儒的体用架构内无疑是一个自然结果，既然用皆由体而发，"经"又是天理本体的现实性结晶，那么悖逆天理的行为必然只是权诈之术。

笔者却认为宋儒其实错会"反"字。反字有违背翻转之义，如"小人反是"；又有类推之义，如"举一隅不以三隅反则不复矣"；还有往返回归之义，如"自卫反鲁"。此三义并行不悖，于此处当互相发明，而不可执守一"违背"之义也。若谓反经乃是违背经方可有善合道，然则祭仲的选择独"为人臣止于忠"为经，而安国匡社稷非经邪？在此经与彼经以及具体境遇之间权衡抉择，方为权。权有不尽合于义者，因有宜与不宜之别。义者宜也，盖天下决无一定不易之义，必落于事上方可参详探究，回环往复于诸经义之间而决断其宜否，此之谓权。故反字之义可参《道德经》"反者道之动"，"大曰逝，逝曰远，远曰反"，适道的过程本身就是不断反经而权的过程，这和前文所论船山的即用见体思想颇有相通之处。

对"反"字的这种理解除了训诂的根基以外，自然也需要经典文本的支撑。限于篇幅这里笔者只举三个例子为证：

《孟子·尽心下》："君子反经而已矣。经正，则庶民兴；庶民兴，斯无邪慝矣。"③

《春秋繁露·玉英第四》："夫权虽反经，亦必在可以然之域，不在可以然之域，故虽死亡，终弗为也……故诸侯在不可以然之域者，谓之大德，大德无踰闲者，谓正经。诸侯在可以然之域者，谓之小德，小德出入可也。权谲也，尚归之以奉巨④经耳。故《春秋》之道，博而要，详而反一也。"⑤

《论语·子罕第九》："可与立，未可与权。'唐棣之华，偏其反尔。岂

---

① 河南程氏粹言：卷1［M］//程颢，程颐. 二程集：第4册. 北京：中华书局，1981：1176.

② 河南程氏遗书：卷18［M］//程颢，程颐. 二程集：第1册. 北京：中华书局，1981：234.

③ 朱熹. 四书章句集注［M］. 北京：中华书局，1983：376.

④ 巨：巨大。《礼记·三年问》："创巨者其日久，痛甚者其愈迟。"孔颖达疏："巨音巨，大也。"《汉书·齐悼惠王刘肥传》："齐临菑十万户，市租千金，人众殷富，巨于长安。"颜师古注："巨，大也。"

⑤ 苏舆. 春秋繁露义证［M］. 北京：中华书局，1992：79-80.

不尔思？室是远而’。子曰：‘未之思也，夫何远之有。’”① 何晏注曰：“有所立，未必能权量其轻重之极。……赋此诗者，以言权道反而后至于大顺。思其人而不得见者，其室远也。以言思权而不得见者，其道远也。夫思者当思其反，反是不思，所以为远。能思其反，何远之有？言权可知，唯不知思耳。思之有次序，斯可见矣。”②

孟子此则讨论的问题是中道、乡愿、狂狷之间的关系，乡愿乃是无经无守之“权”，狂狷则是“执一”之权，“中道”才是“权”的理想境界。而孟子最后以“反经”作为总结，乃是明确地指出要超越乡愿与狂狷而至于中道，根本的道路就是向“经”的回归。“反经”绝不是对“经”的违反，否则与下文“经正”显然矛盾。相反，通过“返经”这种回归方能使得“经正”而民免于邪慝。而且孟子这里的表述应该有针对墨家“权”论的矫枉，《墨经·大取第四十四》：“于所体之中而权轻重之谓权。权，非为是也，亦非为非也。权，正也。”孟墨相同之处在于都认为“权”的目的是实现“正”，但墨子所谓的权轻重是一种利害层面的轻重取舍，如断指和断腕的选择。这种思路自然为孟子所不取，所以孟子要强调“反经”为正。

董仲舒此则讨论的也是“权”的问题，“谲”与“正”对，出自《论语·宪问》，原义为“诈”，但这里“谲”字的意思为“权变”。“谲”字的这种用法汉人常用③。引文中第一个“反”字有“违反”之义，也就是说“权”是对于“常”的一种“变”。第二个“反”则明显是返回、回归之义，明确地将“权”之“变”总结为向“巨经”（也就是大经）、“正经”的回归。这里所谓的“巨经”并不是具体的某一部经书，也不是某种形而上的最高原则或本体，而是对“经”所建构的意义整体之理解。这个意义整体不是固定不变的结构，是在人的“学”“习”“思”“反”中不断地生成丰富的，它也就是董仲舒所谓的“一”。只有在这样的意义整体中才可能区分出大德和小德，巨经与小经。对某些具体原则的违背根本上是为了更好地返回到“一”。“一”在董仲舒的思想中不是无内容、无差别的最高本体，恰恰相反，“一”蕴含着丰富的差别性、异质性，“一”中包含着“变”与“常”：

> 天无常于物，而一于时。时之所宜，而一为之。故开一塞一，起

① 朱熹．四书章句集注［M］．北京：中华书局，1983：116．宋以前注者皆以“可与立”“唐棣之华”此二则为一则，伊川在对“反经合道”的批评中才将此二则分开。

② 刘宝楠．论语正义［M］．北京：中华书局，1990：358．

③ 如《文选·张衡〈东京赋〉》：“玄谋设而阴行，合二九而成谲。”李善注：“谲，变也。”

一废一，至毕时而止，终有复始于一。一者，一也。……故常一而不灭，天之道。①

天虽然无常于物，在每一个作为具体境遇的“时”之所宜中却都有“一”贯穿其终始，“常”与“变”（无常）、“经”与“权”都统一于“一”，所以董仲舒在《天人三策》中说：“《春秋》大一统者，天地之常经，古今之通谊（义）也。”这种统一过程并非静态体系，需要人不断地在具体境遇中通过向“经”回归，一次次地重新开启“经”中的丰富意义，从而更好地理解“一”，在“权”中通达“义”之宜。这也就是何晏注中“能思其反”“言权可知”所表达的意思。为何“其道远也”，因为“权道反而后至于大顺”，这句话更清晰的表述在孔颖达那里就是“权道亦先反常而后至于大顺也”，因为有反常、境遇之类推、最终回归这三个环节，所以权之道具有迂回之远的特质。因此，必于反字三义并兼方可谓权，小人而无忌惮者只知反经而不知返经，腐儒迂士则固守定理而不知类推变通，是皆不可称权，明此则无权变权术之论，亦无腐儒误国之说。更进一步说，“反对”“违反”如果是一种真正的“反”，则不可能是简单的违背或倒转，而一定是一种在对话中的辩证运动。这里所说的对话，可以是两个主体之间的语言交谈，也可以是两种或数种不同原则之间的对话，甚至可以是人和经典与历史的不断对话。在对话的过程中，对当下的处境会得到进一步理解，同时对于不同原则之间关系的理解以及这种关系背后的意义整体也会丰富化。最终，行动者在由经到权、由权反经的过程中，对经本身获得更加深刻的洞察与体悟。也即是说，真正的“反”一定是具有“生成性”、“运动性”和“回归性”的，而不是违反经（抑或遵守经）的一次性非此即彼判断。

2. 程朱理学的经权结构②

当我们把目光转向程朱的时候，我们会惊讶地发现，虽然伊川和朱子在对孟子“反经”以及《论语》“未可与权”的阐释中，必然有对“反经乃是回归常经”的阅读经验和训诂理解，但他们都没有将这种理解经验与“反经合道为权”相合，而是有意识地将二者分离开来。

① 苏舆．春秋繁露义证［M］．北京：中华书局，1992：346.

② 伊川和朱子的思想自然有很多细致的差异，但本书更加关心的是他们对“经权之辨”理解的共同结构，而且就笔者所见材料来看，在这个问题上他们二人并无根本性不同，是以本书多有程朱合说。这种行文虽然不尽合理，但为了集中清晰地探讨本书的核心问题，适当舍弃在所难免。

《孟子》“反经”一段，《四书章句集注》注曰：“反，复也。经，常也，万世不易之常道也。”① 《论语》“未可与权”一章，朱子引程子曰“汉儒以反经合道为权，故有权变权术之论，皆非也。权只是经也。自汉以下，无人识权字”，又按曰：“先儒误以此章连下文偏其反尔为一章，故有反经合道之说。程子非之，是矣。然以孟子嫂溺援之以手之义推之，则权与经亦当有辨。”②

显然，伊川对“未可与权”的汉儒解释不满，但他的不满其实是来自一种明显有意的误读③，因为伊川一定读过《论语》的何注孔疏，但他却将注疏里明显具有“回归”意义的“反”解读为“违反”，并以此为理由将《论语·子罕》的这最后一则分为两则。《论语》的这两种章句方式孰对孰错并不是我们这里要考察的问题，我们关心的是，这种有意识地分离所依凭的视域与汉儒相比发生了怎样的变化。

我们还是回到经权的关系上来思考，刚才引用的朱子按语对伊川“权只是经”的说法略有质疑，认为“权与经亦当有辨”，但如果我们参考其他的材料就会发现伊川对“权”和“经”还是做出了一定区分，“权只是经”的说法只是他的一种强表述形式。

伊川曰：“夫临事之际，称轻重而处之以合于义，是之谓权，岂拂经之道哉?”④ 又曰：“权量轻重，使之合义，才合义，便是经也。今人说权不是经，便是经也。”⑤

现在我们可以比较清晰地看出，在伊川看来，真正的“权”是不可能违反“经”的，合于时宜的中道之“权”其实就是“经”，但相较之下，“权”更侧重强调的是人在具体境遇中对轻重的判断权衡。这种“经权之辨”在朱子这里获得了更加明晰的表述。朱子曰：“‘义’字大，自包得经与权，自在经与权过接处。”“经自是义，权亦是义，‘义’字兼经、权而

---

① 朱熹. 四书章句集注［M］. 北京：中华书局，1983：376.

② 同①116.

③ 苏舆在《春秋繁露义证·竹林第三》中引用《新语·明权篇》，以区分西汉公羊家与后汉理解的差别，认为“权者，反于经而合于道，……盖反经以适道，有善为旨。《公羊》家本不轻言，《后汉》传论以权为反常，于义未全，渐失《春秋》意矣”（苏舆. 春秋繁露义证［M］. 北京：中华书局，1992：50），可备一说。

④ 河南程氏粹言：卷 1［M］//程颢，程颐. 二程集：第 4 册. 北京：中华书局，1981：1176.

⑤ 河南程氏遗书：卷 18［M］//程颢，程颐. 二程集：第 1 册. 北京：中华书局，1981：234.

用之。”“权者，乃是到这地头，道理合当凭地做，故虽异于经，而实亦经也。”① 那么何为“经”呢？伊川曰：

> 庸只是常。犹言中者是大中也，庸者是定理也。定理者，天下不易之理也，是经也。②
>
> 经者，百世所不变也。③
>
> 不偏之谓中，不易之谓庸。中者，天下之正道，庸者，天下之定理。④

以上几则是伊川对于“经”的理解的典型性表述，也为后来的理学家如朱子所看重。在第一则材料中，伊川将“经”和“庸”“常”通过“不易之定理”而关联相通，第二则材料更加强调“经”的不可变易性，第三则材料可以作为辅证帮助我们更好地理解前两则对“经”和“庸”不易之定理的表述。

“经”原本的经典文本意义及其与实践互动的诠释史意义在伊川这里被削弱了，相应地强化了“不易之定理”意义。这种变化显然与我们前文一再陈述的道学传统中对超越性本体的理解相关，这里我们可以更加明晰地看到这种本体观的逻辑后果是：“经”如果被理解为“不易之定理”，百世不变的标准，那么对于人实践之中道而言最重要的首先是对这种“不易之定理”的学习和把握，其次是让“定理”在具体境遇中获得恰到好处的运用，此即为“权”。在本书第一章勾勒的伊川“体用一源”思想下，“权”既然是对“经”的运用，那么“权”自然即是“经”，差别只是在于，“经”为体，主静，不易不变，“权”为用，主动，灵活权变。人对于“经”的运用如果灵活而合于时宜，这种合宜即是“义”⑤，因此“义”兼体用⑥，兼“经”“权”。这

---

① 朱子语类：卷 37［M］//朱熹. 朱子全书：第 15 册. 上海：上海古籍出版社，2002：1376.

② 河南程氏遗书：卷 15［M］//程颢，程颐. 二程集：第 1 册. 北京：中华书局，1981：160.

③ 河南程氏经说：卷 8［M］//程颢，程颐. 二程集：第 4 册. 北京：中华书局，1981：1157.

④ 朱熹. 四书章句集注［M］. 北京：中华书局，1983：17.

⑤ 岳天雷、宋卫平在其论文《程颐权说探略》中认为：“程颐在这里是把经权视为义的两种不同属性：经体现出义的伦理纲常和道德规范等永恒不变的属性，权则表现出义在不同境遇中灵活变通的属性。既然经权都是义的体现或表现，那么义就成为二者连接的纽带，贯通的桥梁，从而使权等同于经。”笔者以为他们对经权各自不同倾向的描述是正确的，但经权并非义之属性，毋宁说义是对于权是否合宜的判断。

⑥ 道学传统对“义”字的运用有两种层面，一是作为本体的人之性，一是实践运用的合宜，这里论述的是第二种用法的意义。

就是伊川理解经权的基本结构。就此基本结构而言，朱子与伊川并无二致①，所不同者只是朱子更多地将“理”字引入经权讨论中，这种引入会更加明晰地呈现出这个结构的重要特点，也和我们之后要讨论的理学家对经史的态度有重要关联，故详引数条于下：

圣人既以为可见，恐是道理必有合如此。“可与立，未可与权”。吾人见未到圣人心下，这般所在都难说。②

太王、汤、武是“吊民伐罪，为天下除残贼”底道理。常也是道理合如此，变也是道理合如此，其实只是一般。……所遇之变如此，到圣人处之皆恁地，所以为圣人，故曰遭变事而不失其常。③

盖天下有万世不易之常理，又有权一时之变者。如“君君臣臣、父父子子”，此常理也。有不得已处，即是变也。然毕竟还那常理底是。④

只缘道理只是一个道理。一念之初，千事万事，究竟于此。若能先明诸心，看事物如何来，只应副将去。如尺度，如权衡，设在这里，看甚么物事来，长底短底，小底大底，只称量将去，可使不差毫厘。世上许多要说道理，各家理会得是非分明，少间事迹虽不一一相合，于道理却无差错。一齐都得如此，岂不甚好！这个便是真同。⑤

学者若得胸中义理明，从此去量度事物，自然泛应曲当。……若要一一理会，则事变无穷，难以逆料，随机应变，不可预定。……只是讲明义理以淑人心，使世间识义理之人多，则何患政治之不举耶！⑥

头三条材料强调的是，“权”都为变，虽然粗看起来不合于“理”，但深究的话任何真正合宜的“权”必定是合于“道理”或“常理”的，类似

① 为求行文简洁，正文不便详引朱子论权之材料，于此补充几条以作旁证：“圣人平日只是理会一个大经大法，又却有时而应变达权；才去应变达权处看他，又却不曾离了大经大法。”又曰：“尧舜禅授，汤武放伐，虽事异常，然皆是合当如此，便只是常事。如伊川说‘经、权’字，‘合权处，即便是经’。”朱子论权于《朱子语类》卷三十七有集中表述，可参。

② 朱子语类：卷 33［M］//朱熹．朱子全书：第 15 册．上海：上海古籍出版社，2002：1180.

③ 朱子语类：卷 35［M］//朱熹．朱子全书：第 15 册．上海：上海古籍出版社，2002：1270.

④ 朱子语类：卷 58［M］//朱熹．朱子全书：第 16 册．上海：上海古籍出版社，2002：1861.

⑤ 朱子语类：卷 30［M］//朱熹．朱子全书：第 15 册．上海：上海古籍出版社，2002：1094－1095.

⑥ 朱子语类：卷 13［M］//朱熹．朱子全书：第 14 册．上海：上海古籍出版社，2002：405.

的表述伊川也有，只不过伊川表述时只说“能用权乃知道，亦不可言权便是道也”①。伊川虽然平时多论“理”，但他所说的“道”之意义还是比“经”或一般定“理”更加广阔、灵动、圆融：“君子之道，随时而动，从宜适变，不可为典要，非造道之深，知几能权者，不能与于此也。”② 对“道”通彻领会才能使得人真正用“权”：“学者当以道为本。心不通乎道，而较古人之是非，犹不持权衡而酌轻重。”③ 也就是说，“道”是判断“权”是否合宜的尺度。这个思路在朱子这里类似，只不过朱子将“道”字替换成了“道理”或“常理”、“天理”。如果说“道”字还多少保留了合宜尺度的灵动圆融性的话，那么“理”字则更加强调的是一种静态结构。

这种以静态之“理”为核心的权衡结构有两种运作方式：第一种方式是弱意义的权衡，它是在一般情境中的行动判断，也就是凭借某种或几种准则定理在一般情境中应对适当。我们可以称其为“日常之权”，在上引第四、五条材料中，朱子想强调的就是这种弱意义上的权衡：世间具体的事事物物是千差万别的，如果只理会那些纷繁的事物，就会“事变无穷，难以逆料”。在朱子看来，正确的方式应该是穷究义理，使胸中有明彻的义理，再以这些义理去量度权衡事物，就会“自然泛应曲当”。落在读书工夫上，用程子的话说就是“学者先读《论语》《孟子》，如尺度权衡相似，以此去量度事物，自然见得长短轻重”。读《论语》《孟子》，则心中存有天理，心可以此天理为秤锤，去权衡量度事物。天理若无分殊终难落在实处，故又以为天下事事物物皆有定理，进学致知，于事事物物之定理皆了然于胸，则心中自有千万秤锤，然后可以临事不惑，随物称量，上达于圣境。

第二种强意义的权衡，是在特殊的两难困境中做出的决断，在两难困境中，仅靠第一种“日常之权”并不足以完成判断。在这种境遇中，“权”之宜的问题会转化成不同定理之间孰轻孰重的判断，譬如在祭仲这里需要权衡的是社稷与君孰轻孰重，我们可以称这种强意义上的权衡为“困境之权”或曰“准则之权”。用朱子的表述就是：“权处是道理上面更有一重道

① 河南程氏遗书：卷 22 上［M］//程颢，程颐．二程集：第 1 册．北京：中华书局，1981：295.

② 周易程氏传：卷 2［M］//程颢，程颐．二程集：第 3 册．北京：中华书局，1981：784.

③ 河南程氏文集：卷 9［M］//程颢，程颐．二程集：第 2 册．北京：中华书局，1981：601.

理。”“时节到这里，道理当恁地做，虽然反经，却自合道理。但反经而不合道理，则不可。若合道理，亦何害于经乎？”① 随之而来的问题是**不同定理间权衡之依据何在**？依照理学的思路必定需要一更高定理权衡此二者，如此不断倒推，最高的准则就是至善之天理，这也就是我们在本书第一章第三小节朱子体用关系的第四种含义“先后序列之体用”所得出的必然逻辑后果。

现在我们可以清晰地看到，“日常之权”在程朱看来其实就是“经”，程朱在与“经”相对意义上使用的“权”是“准则之权”，“准则之权”乃是在发生冲突的道理上面寻找“上面更有一重”的道理，它的本质依旧是“经”的运用。所以程子会说权即是经，朱子会说“经是已定之权，权是未定之经”，而当其门人说“权只是经之用。且如称衡有许多星两，一定而不可易。权往来称物，使轻重恰好，此便是经之用”的时候，朱子对其基本认同。

这个思路会带来下述两个后果：

体用结构：一切“权”最终的依据在逻辑上都必然需要追索到对“天理”的明彻体察。失去最高准则的依凭，一切权衡不仅难以获得“中道”，甚至容易流于功利权谋。这样，我们也就理解了为何在理学家这里，往往强调对“道”或“天理”的洞察乃是“权”的先决条件，圣人体察天理，才能权，并进而否定未达圣境之常人“权”的权利，典型的说法如下：

> 程子曰：“心通乎道，然后能辨是非，如持权衡以较轻重……”②
>
> 朱子曰：“然须是圣人方可与权。若以颜子之贤，恐也不敢议此。”③
>
> 所谓经，众人与学者皆能循之。至于权，则非圣贤不能行也。④
>
> 权是最难用底物事，故圣人亦罕言之。自非大贤以上，自见得这道理合是恁地了不得也。⑤

这种对“天理”的洞察并非如理学家眼中的异端，只有“理一”，而

① 朱子语类：卷37［M］//朱熹．朱子全书：第15册．上海：上海古籍出版社，2002：1378.

② 朱熹．四书章句集注［M］．北京：中华书局，1983：233.

③ 同①1375.

④ 同①.

⑤ 同①1380.

无“分殊”。因为对作为最高根据的“理一”的洞察并不能够确保在具体细密的“分殊”中都能够轻重权衡适宜，对“分殊”之理的精熟体察方能成就“权”之宜。所以朱子曰：

> 权乃经之要妙微密处。非见道理之精密透彻纯熟者，不足以语权也。①
>
> “权之用便是如此。见得道理精熟后，于物之精微委曲处，无处不入……”问：“‘巽以行权’，权是逶迤曲折以顺理否?”曰：“然。巽有入之义，巽为风，如风之入物，只为巽，便能入，义理之中，无细不入。”②

朱子这里是对由体达用的结构分析。在这个结构中，对“天理”的体察是一切行动之义的最高尺度，而“准则之权”只是“日常之权”的一种变式，“经”对于“权”具有根本的优先性与决定性。

工夫次第：学者不可能初学入手即对天理洞察入微，在未达圣境之前无时无刻不在具体境遇中面临待处理的事件，这种情况下，对基本准则的熟悉乃至不假思索的运用，即“日常之权”能够帮助学者在日常生活中把握住大义之方向。因此就为学次第而言，它同样优先于“准则之权”，此即为程朱所理解的“立”。所以伊川曰：“立而化之，则可与权。”③ 这和本节开头所引朱子章句的意思是一样的，强调的是先有所立，能够在日常境遇中守好基本准则，然后才可能在非常困境中获得“权”之宜。

总之，不论是就体用结构而言，还是就为学次第而言，经之于“准则之权”（权）都具有优先性，这种优先性背后的根本依据来自对“天理”的绝对认同，以及理对于气（事）的优先性与规定性：天下事事物物莫不有理，只要能够达到对囊括众理之“天理”的彻底洞见（圣人境界），就能够面临一切境遇（时）皆做出合宜（中）的抉择。

现在我们看清楚了程朱所理解的“权”对圣人境界的依凭，也就同时可以领会为何程朱在描述“权”之“义”的时候会感到言不尽意。程子曰：

---

① 朱子语类：卷 37［M］//朱熹. 朱子全书：第 15 册. 上海：上海古籍出版社，2002：1382.

② 朱子语类：卷 76［M］//朱熹. 朱子全书：第 16 册. 上海：上海古籍出版社，2002：2596.

③ 近思录：卷 3［M］//陈荣捷. 近思录详注集评. 上海：华东师范大学出版社，2007：77.

刘绚问："读《春秋》，以何道为准?"子曰："其《中庸》乎！欲知《中庸》，其惟权乎！权之为言，称轻重之义也。权义而上，不可容声矣，在人所见如何耳。"①

学《春秋》亦善，一句是一事，是非便见于此，此亦穷理之要。然他经岂不可以穷？但他经论其义，《春秋》因其行事，是非较着，故穷理为要。尝语学者，且先读《论语》、《孟子》，更读一经，然后看《春秋》。先识得个义理，方可看《春秋》。《春秋》以何为准？无如《中庸》。欲知《中庸》，无如权，须是时而为中。若以手足胼胝，闭户不出，二者之间取中，便不是中。若当手足胼胝，则于此为中；当闭户不出，则于此为中。权之为言，秤锤之义也。何物为权？义也。然也只是说得到义，义以上更难说，在人自看如何。②

"权义而上"，便是作为最高尺度的"天理"。"天理"尽管有超越性，但它不是一个形而上学式的抽象法则，而是蕴含着一切具体准则丰富的现实规定性。正因此，对"天理"本身的把握和领会是困难的，也是难以言传的，虽然这种难以言传不同于禅宗强调的对真如本体的直观体证，而是蕴含着丰富的小大精粗之分殊，但儒家中庸之道的境遇性实践，决定着这种把握与领会同样也只能是靠"自家体贴出来"。这个体贴过程最终指向的是"众物之表里精粗无不到，此心之全体大用无不明"，在这种境界中，心与天理合而为一。所以，当门人向朱子询问对伊川"义以上更难说"如何看的时候，朱子回答道："此如有人犯一罪，性之刚者以为可诛，性之宽者以为可恕，概之以义，皆未是合宜。此则全在权量之精审，然后亲审不差。欲其权量精审，是他平日涵养本原，此心虚明纯一，自然权量精审。"③

上引两则伊川"权"和"义"的讨论都涉及对《春秋》《中庸》的讨论，我们可以看到，如同汉儒"反经合道"和"《春秋》决狱"有着内在一致结构，在宋儒这里对五经与四书为学次第的理解也和"经权之辨"有不可忽视的内在关联。不过在讨论这个问题之前，为获得一个对宋明理学

① 河南程氏粹言：卷1［M］//程颢，程颐．二程集：第4册．北京：中华书局，1981：1205.

② 河南程氏遗书：卷15［M］//程颢，程颐．二程集：第1册．北京：中华书局，1981：164.

③ 朱子语类：卷37［M］//朱熹．朱子全书：第15册．上海：上海古籍出版社，2002：1376.

“经权之辨”更加完整的理解，先以阳明为典型，勾勒出前述程朱“经权之辨”思路继续发展的逻辑后果。

3. 阳明心学的经权结构

权之本义即为秤锤，前引材料亦多以称量轻重为喻。然秤锤为物，故可以与物相上下，定理非物，形而上之理何以能落在万变之事物中，与之上下低昂，度量轻重？这就需要人心于认识天理外，另有一判断功能。不管“理”具有何等根本的规定性，这种规定性总归要落在心的权衡功能上方才可能获得真正的实现。因此在上引材料中，朱子认为只有让此心“虚明纯一”，才能“权量精审”。不仅如此，心的权衡功能在不同定理准则之间的判断上也是不可或缺的，对“天理”的领会最终必须转化为心之能，也就是说，最终认识功能与判断功能必须统一于心之本体，这也就是阳明所谓的“良知”“良能”。所谓“知善知恶是良知”，在这个描述中，“知”既包含对“理”的认识功能，又有对具体境遇的领会把握，还有对善恶是非的判断权衡，所以“知行合一”是此中应有之义。而且，由于一切认识最终是服务于对时宜行为的抉择的，这种抉择中判断功能的重要性显然超过对“理”的认识功能。更进一步地说，对“理”的致知并非纯粹的认识功能，“穷理”的过程必然包括对“理”与“非理”、是与非、善与恶的判断。所以，当心之本体“良知”集诸多功能于一身之后，心对理的认识功能也将从属于判断功能，从而退至次要的地位。

> 问“孟子言‘执中无权犹执一’”。先生曰，“中只有天理，只是易。随时变易，如何执得？须是因时制宜。难预先定一个规矩在。如后世儒者要将道理一一说得无罅漏。立定个格式。此正是执一”。①
>
> 节目时变，圣人夫岂不知，但不专以此为学。而其所谓学者，正惟致其真知，以精察此心之天理，而与后世之学不同耳。……夫良知之于节目时变，犹规矩尺度之于方圆长短也。节目时变之不可预定，犹方圆长短之不可胜穷也。故规矩诚立，则不可欺以方圆。而天下之方圆不可胜用矣。尺度诚陈，则不可欺以长短。而天下之长短不可胜用矣。良知诚致，则不可欺以节目时变。而天下之节目时变不可胜应

---

① 传习录：第 52 条［M］//陈荣捷. 王阳明传习录详注集评. 台北：台湾学生书局，1983：89.

矣……求诸其心一念之良知，权轻重之宜，不得已而为此（舜不告而娶）邪？①

在阳明看来，最根本的问题在于对心之本体“良知”的磨砺，只有这样才能够应对种种复杂境遇，从容中道，任何对于定理的预先讲求都不足以担当“权”的重任。在第一段里，阳明反对预先定下一个规矩，再以此规矩去应对事物。第二段，阳明虽然在讲规矩，但观上下文，这里所谓的规矩尺度，指的是良知，即心一念之真知，能够判断善恶轻重之宜的心之本体，而不是程朱意义上的不易之定理。依照这个逻辑，阳明甚而认为对天理抑或圣人气象的领会与追寻究其本质也是一种“权”，都最终要落在心之本体“良知”上。

圣人气象自是圣人的。我从何处识认？若不就自己良知上真切体认，如以无星之称而权轻重，未开之镜而照妍媸。真所谓以小人之腹而度君子之心矣。圣人气象，何由认得？自己良知，原与圣人一般。若体认得自己良知明白，即圣人气象不在圣人，而在我矣。程子尝云，“觑着尧学他行事。无他许多聪明睿智，安能如彼之动容周旋中礼”？又云，“心通于道，然后能辨是非”。今且说通于道在何处？聪明睿智从何处出来？②

当弃富贵即弃富贵，只是致良知；当从父兄之命即从父兄之命，亦只是致良知。其间权量轻重，稍有私意于良知，便自不安。凡认贼作子者，缘不知在良知上用功，是以有此。若只在良知上体认，所谓“虽不中，不远矣”。③

这两则引文中，王阳明明确认为“致良知”的过程即是“良知”本体权量轻重的过程，如此理解的“权”相较程朱而言范围要宽广许多。权不只是“良知”的发用，同时也是对“良知”的磨砺与体认。程子只说“心通于道，然后能辨是非”，阳明的追问则把“通于道”的功能，“聪明睿智”的生出，都归本于对自己良知的真切体认，有了这种真切体认，才能让心成为有星之秤，良知便是这个星。也就是说，如果沿袭我们前面的概

① 传习录：第139条［M］//陈荣捷. 王阳明传习录详注集评. 台北：台湾学生书局，1983：181-182.

② 传习录：第146条［M］//陈荣捷. 王阳明传习录详注集评. 台北：台湾学生书局，1983：205.

③ 王守仁. 王阳明全集：第1册［M］. 上海：上海古籍出版社，2014：239.

念，阳明发现了“权”的一个更加重要而根本的意义：人在具体境遇中对“良知”或“天理”的体认不是一种单向度的认识功能，它在根本上也是一种“权”，也就是说，**“权”不再仅仅是由内向外的心体或天理之发用，它同时也是心通过境遇中的事事物物向内在心体的一种回归与体认。我们将这种源始意义上的“权”称为“境遇（时）之权”**，因为对良知的磨砺与体认必然需要对善恶是非的判断，而对善恶是非的判断按照阳明的说法，要落在“事事物物上去致良知”，又是在具体境遇中对事物的权衡审度（这种权度结构阳明并没有清晰描述，后来在船山那里会获得一个更加清晰的形态，后文会有分析，此不赘述）。而朱子则认为“盖义是活物，权是称锤。义是称星，义所以用权”①。朱子固然不会将“义”视为外在于心之物，但他也不会将“义”等同于心之本体，而更多地视“义”为一种合宜性的描述尺度。阳明所做的恰恰是批评朱子“义外”，并进一步去追溯人之权衡能力的本源，当阳明将这种能力落在良知上，并把“致良知”也理解为“权”之后，这里实际上发生了一个扭转，那就是“权”代替了程朱之“经”（理）而成为更源始的根基。这个扭转不是一种简单的颠倒，而是以动态结构来矫正程朱的静态结构。何谓动态结构呢？下试详之。

> 爱问，“‘知止而后有定’，朱子以为‘事事物物皆有定理’，似与先生之说相戾”。先生曰，“于事事物物上求至善，却是义外也。至善是心之本体。只是明明德到至精至一处便是。然亦未尝离却事物。本注所谓‘尽夫天理之极，而无一毫人欲之私’者，得之”。②

朱子的原话是“定理”，阳明说成是“至善”，似乎做了一个概念偷换，但是考虑到徐爱问的是《大学》经文“知止而后有定”，朱子的注为“止者，所当止之地，即至善之所在也”，朱子又曰“至善，则事理当然之极也”，则阳明的转换并不能说违背了朱子本义。但如果“心外无物”③，事事物物皆在心内，那么于事事物物上求至善，依旧是在心内求，却不能说是义外，是否在“心外无物”的前提下根本不会有向外求的可能？

> 先生曰：“若只是温凊之节，奉养之宜，可一日二日讲之而尽。用

① 朱子语类：卷137［M］//朱熹．朱子全书：第18册．上海：上海古籍出版社，2002：4254.

② 传习录：第2条［M］//陈荣捷．王阳明传习录详注集评．台北：台湾学生书局，1983：29.

③ “心外无物”的命题在此时已经明确提出，可以参看《传习录》第6条。

得甚学问思辨？惟于温凊时，也只要此心纯乎天理之极。奉养时，也只要此心纯乎天理之极。此则非有学问思辨之功，将不免于毫厘千里之缪。所以虽在圣人，犹加精一之训。若只是那些仪节求得是当，便谓至善，即如今扮戏子扮得许多温凊奉养得仪节是当，亦可谓之至善矣。"①

按照阳明"意之所在便是物。如意在于事亲，即事亲便是一物"② 的说法，上文中的"温凊奉养"是作为事亲之一"物"，而所谓在温凊奉养上求至善，并非单单寻求温凊奉养之定理，所求者乃此心之纯乎天理之极。因此阳明批评朱子义外，根本问题并不简单在于朱子以为有外，即便我们假想朱子承认"心外无物"，"事事物物上求至善"的命题，仍然是阳明所不能直接同意的，其实湛甘泉的思路就是这样一种调和立场，亦是二人辩论核心矛盾之一③。

阳明在三种意义上使用"心"这个概念：

（1）一切境遇、事物都是在理解中呈现的，这就是"心外无物"的基本意涵，在下面的讨论中我们把事物得以呈现的这个整体性视域姑且称为"大心"。

（2）与境遇相对的心，此心"能视听言动"，能生发意念，但并不能保证善恶，具有权衡功能，但未必精准，就此而言它近似于前文比喻中的秤，其准星需要由更内在的良知来保证。姑且称其为"常心"。

（3）心之本体。它是权衡的准星，但它并非一个静态本体，而是同时具有良知良能，从根本上说，前两种意义上的心都是由此作为"知行本体"的"良知"生发出来的。阳明说"良知是造化精灵，神鬼神帝，生天生地"，"天、地无人的良知，亦不可为天、地矣"，都是在此意义上说的。我们称其为"心体"。

阳明对朱子义外的批评，以及对甘泉向外求的批评，都不能仅仅视为对物在心之内还是外的讨论，它更根本的是方向性的问题。阳明认为"这心之本体原只是个天理"，因此他所反对的是在心体之外求理，这就是为何虽然甘泉以为"人心与天地万物为体，心体物而不遗，认得心体广大，

① 传习录：第 4 条［M］//陈荣捷. 王阳明传习录详注集评. 台北：台湾学生书局，1983：32.

② 传习录：第 6 条［M］//陈荣捷. 王阳明传习录详注集评. 台北：台湾学生书局，1983：37.

③ 陈来. 有无之境：王阳明哲学的精神［M］. 北京：人民出版社，1991：135-142.

则物不能外矣”[①]，两人依然有分歧。在阳明看来，甘泉虽然认为物不能外于心，但还是在心体外求理，这仍然是向外求。**“心外无理”和“心外无物”，虽然在表达上是平行承接的，但是两个“心”的内涵其实不同：**“心外无理”之“心”更多的是在“心体”意义上使用的，“心外无物”之“心”则是“大心”，阳明只是认为“心体”具众理，但不会说“心体”外无物。因此阳明说“若解向里寻求，见得自己心”[②]，这里的“心”其实指的是“心体”。所以阳明在与甘泉的往复辩论中，强调了自己的立场，即格物就是“正念头”，即是“须于心体上用功”[③]，这里所谓“于心体上用功”只是强调了工夫的一个方面即要向内求；阳明同时又强调“本体”上用不得功，需从发用上去用功，这强调的是工夫的另一个方面，即不能脱离具体境遇去磨砺“常心”。阳明以心为天理之同时又说“心外无物”的思路，如果不做“心体”与“心”的区分而简单理解的话，在逻辑上必然会走向“万法唯识”的佛家道路上去，从而纯粹依靠静坐观心体，而不可能在事事物物上致良知。

因此，综合上述两个方面来看，阳明标示出的道路是具有返回性质的动态结构，“常心”凭借其内在的“心体”之知能，在具体境遇中的事物上磨砺，其目的并非在事物上寻求定理以达成中庸之道，而是通过体认、权衡返回到“心体”之准星，努力使之完全呈现并主宰，最终使得“心体”与“常心”更无二致，此即“圣人气象”不假外求。

譬如，在前面的例子中，如果依照朱子的思路，单求温凊奉养之节宜定理，作为“心之所发”的“意”[④] 的方向是纯然向外的，将温凊奉养作为格物的对象，并试图从中寻找某种不易之定理[⑤]，从而完成致知。因此朱子要将“格”训为“至”，并说“止者，必至于是而不迁之意”，所发之

---

① 黄宗羲. 明儒学案：卷 37［M］. 北京：中华书局，1985：879. 甘泉这里所谓的“心体”其实就是心。

② 传习录：第 66 条［M］//陈荣捷. 王阳明传习录详注集评. 台北：台湾学生书局，1983：96.

③ 传习录：第 31 条［M］//陈荣捷. 王阳明传习录详注集评. 台北：台湾学生书局，1983：69.

④ 传习录：第 6 条［M］//陈荣捷. 王阳明传习录详注集评. 台北：台湾学生书局，1983：36. 阳明又曰：“身之主宰便是心。心之所发便是意。意之本体便是知。意之所在便是物。”

⑤ 笔者此处对朱子的描述是非常简单粗糙的，朱子自然并非如此简单，天理也不能用现成性规律来规定。这里只是就“事事物物之定理”这句话，作为一个对照，以看到大方向上的差别。

意终止于物以致知。而在阳明看来，要此心纯乎天理之极，就需要让“意”不滞于现成的温凊奉养之事（“然亦未尝离却事物”），而且让“意”的方向追随温凊奉养背后更内在的方向：“事亲”这种更加切近之“物”①。并进而诚意，使得温凊奉养不会流于做戏（正如阳明指出的，戏子之温凊奉养没有深层的意向性，此即差别）：“诚意之功，只是个格物”，“但意念所在，即要去其不正，以全其正”。最后意的方向回到心体去正心，使得“心体”去除遮蔽而呈现。在这个过程中，“常心”面对的事物是心外还是心内其实并不重要，重要的是，只要“常心”是在一种有意义的境遇中努力作为，不管是事父还是事君，都会被境遇所要求，做出判断、权衡和抉择，有意识地向内依凭“心体”的良知良能，就能够通过“反心”而合道，进而使得“常心”更少遮蔽，“心体”更加崭露，发而中节，终达圣境。

还需要注意的是，在此过程中作为事物呈现之视域的“大心”也不是固定不变的，如前所述，“大心”中的事物呈现得是否“正”“诚”，都和“心体”的去蔽有关，随着心体的崭露，“常心”遮蔽的剥落，其所发之意也会诚，意之所在便是物，君父以及其他事物会更加本真地呈现出来，“常心”也会更加自然无需安排地中节（对此更详细的讨论将在本节阳明经史思想的“镜喻”问题上展开）。

在上述简要勾勒中，我们看到，对于阳明而言，最根本的要义是让“心体”的灵明能够通过在境遇中的反求本心，获得完全的去蔽，阳明反对“外求”的根本旨归是反对一种单向的认识过程以及连带的单向实践，而要求一种由内向外，在境遇中获得返回的回归过程，此即我们在第一章第四节分析过的阳明“即用见体”的思想。我们现在可以对宋明“经权之辨”的体用思想做一个小结。

首先，程朱理路中的“权”与前面我们探讨的汉儒对“权”的理解有一个重要的差别，就是缺失了动态的回归性。所谓动态的回归性指的是，汉儒不是单向度地找到一个最适宜地将“经”或“定理”安放进境遇中的

① 传习录：第276条［M］//陈荣捷．王阳明传习录详注集评．台北：台湾学生书局，1983：332．阳明曰：“惟是道理自有厚薄。比如身是一体。把手足捍头目，岂是偏要薄手足。其道理合如此。禽兽与草木同是爱的。把草木去养禽兽，又忍得。人与禽兽同是爱的。宰禽兽以养亲，与供祭祀，燕宾客，心又忍得。至亲与路人同是爱的。如箪食豆羹。得则生，不得则死。不能两全。宁救至亲，不救路人，心又忍得。这是道理合该如此。及至吾身与至亲，更不得分别彼此厚薄。”亲对于儒家思想者而言，乃最近之“物”。

方法或形式，或者最大限度地穷究一切定理乃至天理以确保这种安放的适宜，而是在境遇中获得对“经”或“常”的重新诠释。因为在汉儒看来，“权”的境遇如前所述，不是日常生活所熟悉的，不假思索即可做出判断的一般境遇，而必定是遭遇到某种两难困境，在这种境遇下，以往日用而不知的“常”“经”需要被重新审视，在汉儒那里它表现为：以“反经合道”为基本倾向，以“《春秋》决狱”为典型形态。这标示出了汉儒思想的一个重要特征：不离事谈理，如果用船山的话说，即是不离器言道、不离气言理。

“理”成为重要的哲学概念是从魏晋玄学开始，以王弼《老子注》为发端，郭象《庄子注》为泛滥。不论是王弼还是郭象，他们对“理”的理解都有着玄学的形而上倾向，这种倾向的基础即在于把“体”理解为超越性本体，表现为把“理”理解为超时间性的固定法则。这种倾向随着玄学清谈以及佛教东来而得到增强，世界的根基不再是内在于世界的不易与变易的统一，而是超越于世界与时间之上的绝对本体，不管这种本体是“无”、“道”还是“真如”。

宋明理学对“理”（体）的理解在很大程度上受到佛老上述倾向的影响，不过当我们说程朱理学是单向度的结构时，并不意味着这里没有循环互动。在日常境遇中的格物获得对“定理”的领会，将其贯注进新的对境遇的理解与权衡，这个过程当然是有循环互动的。但程朱由其超越性本体思想而来的对“定理”“常理”“常经”的强调，削弱了在动态回归过程中的一个关键因素，就是“经”本身的生成性、变易性与诠释性，这就容易在其后学那里导向一种“明体达用”式的单向体用结构，以及连带的对“定理”的知识化理解，从而由实践意味很强的格致之学转化为训诂章句之学。阳明对朱子的矫枉如前所述，是在结构上扭转了体用与经权的奠基关系。

更进一步地说，借助于阳明的思考，我们会发现，实际上**“困境之权”和“日常之权”都只是一种更源始的“权”——“境遇之权”的变式**，而实际上这两种同源的“权”，它们之间的差别并不是本质性的。因为“日常之权”中并非没有不同准则之间的权衡对比，只是在势态明显的境遇中，人对不同准则的轻重判断在“日用而不知”中轻易滑过，没有注意到在任何一个境遇和行动中，都有着“心体”灵明的权衡决断机制在参与。在“大心”层面，这种机制通过意之所在参与了境遇本身呈现的构建；在“常心”层面，这种机制表现为在事事物物上致良知的行动。所有这些都是在“权”的过程中向“心之本体”的不断回归与去蔽，也就是说，看似最平常熟悉的

"日常之权"其实永远是包含着"困境之权"的。反过来说，"困境之权"也不可能仅仅是不同准则的轻重判断，它必然也包括对境遇与准则的关联判断。这种转换中，"体"作为良知，其具体规定性被消解殆尽，只剩下至善的虚明灵觉，就此来说，良知之体即是用，正如经之本为权。

另外，"日常之权"这种变式在阳明看来反倒是值得警觉的，因为它容易遮蔽真正的心体灵明，导致一种日用不知的沉沦状态。譬如在日常的温凊定省中，人往往是以这种变式在昏然不觉地行动，乃至如同戏子一般只是外在行动上习惯性地温凊定省，阳明并不认为在日常生活中的愚夫愚妇之行是没有良知参与的，他认为"耕者之妻"送饭便是"大公顺应"，但同时又强调其"习焉不察""日用不知"[①]。所以，阳明"知行合一""致良知"等学说背后的诉求是要让人始终在"心体"灵明醒觉的状态下去进行理解、权衡与抉择。而"困境之权"虽然容易被曲解为权变，但它也可能为人提供一种契机，一种打破日常世界习焉不察的昏然沉沦状态的契机，逼迫人去复归本心之灵明，龙场之困顿就可以视为这种契机。所以，阳明并不似宋儒那样严立经权之界限，反倒更加喜欢强调不可预先设立规矩，必须随境迁而灵动流转，本节后文对阳明"明镜"比喻的分析就是很好的例证。

总之，就权经关系而言，宋明儒所言之经其实皆非汉儒之经，程朱理学实以理为经、以权为经之变式。阳明心学则以心体为经（"盖四书五经，不过说这心体"[②]，其实即权之本），以"日常之权"为变式。在阳明的理解中，无论从工夫论还是体用论来看，"立"并不具有对"权"的优先性，由"立"向"权"的进境过程其实是去除遮蔽，向着至善灵明心体的回归。这与其体用思想显然具有内在同构性。反过来说，虽然汉儒并没有将体用这一对概念关联使用，我们也可以由经权思想的转变来类推汉儒对体用因素的理解，假若我们**代汉儒而立体用之言**，且不涉及天人问题，仅就人事之切近来说的话，他们可能会有如下的观点：**"体"作为人实践行动的根基，它指的是历代圣人所作的经典，以及绵延相传的经典诠释史。"用"指的是在经典及其诠释的指引下的实践，以及让这种实践丰富并融汇回归到经典诠释的这样一个过程**。这样的体用关系是民族的经典将自身

---

① 此段公案参看黄宗羲《明儒学案》（中华书局，1985 年）第 354 页。这种思路再向前走便是泰州学派对心之灵明的极端强调，并将其与日常生活打并归一。

② 传习录：第 31 条［M］//陈荣捷．王阳明传习录详注集评．台北：台湾学生书局，1983：69.

展开为历史的过程，也是每个向道者以自身的用——学、习、伦理、政治等行动构成的一个实践性、历史性的生命——投入民族历史中去充实丰富民族之大“体”的过程。船山试图做的是在宋明道统精微的天道与心性思辨中恢复这样一个具有实践性、历史性的源始儒家传统。不过讨论船山的经权与经史思想之前，我们还需要在上述经权之辨考察的基础上，对宋明道学和经史实学关系再作简要讨论。

宋初诸儒对《春秋》的重视是十分明显的，经历了五代丧乱，宋初儒者的抱负都集中在儒学的复兴和对时代的拨乱反正上。胡安定、孙泰山皆以尊王大义阐发《春秋》，且皆提倡实学，儒家经世致用思想重新开始回归，至庆历年间为止，“经筵讲论，国学传授，乃至科举取士，《春秋》都是重要的一经”。经世思想的回归在荆公变法期间达到高峰，但与之形成鲜明对比的是，《春秋》经传在官学中的地位也因荆公被废除。著名的“断烂朝报”的说法虽然一直有后人为之翻案辩驳，但不可否认的是，荆公思想中《春秋》地位的确相当不重要。后人为荆公辩护的角度也大多为，王荆公不信三传，认为众说纷纭，皆不可信，所以对《春秋》的解读抱着一种审慎的付诸阙如的态度。这种敬而远之的态度在王荆公身上或许是事实，但不能简单理解为学术态度的严谨。首先，王荆公治经的方法就现存记载来看，显然不是传统的严谨经学家法，而是带有相当自由发挥性的改革家的方式。其次，这种“敬而远之”并不是王荆公身上的特殊现象，其学术和政治上的对立方二程对待《春秋》的态度与荆公并无太大差别，这也是程朱理学的共同特点。这就需要我们去追寻宋学态度中更加内在的一些精神理路，才能对这个现象做出解释。

4. 程朱经权思想与经史关系

伊川有一个著名的说法：“《春秋》，《传》为案，《经》为断。”① 又曰：“诗书易，言圣人之道备矣，何以复作春秋？盖春秋圣人之用也，诗书易如律，春秋如断案，诗书易如药方，春秋如治法。”② 这个表述粗看

① 此言乃针对《左传》所发，见《河南程氏遗书·卷十五》(程颢、程颐《二程集》第1册。中华书局，1981年，第164页)。

② 《二程子抄释》卷七，类似的表述尚见于《河南程氏遗书》卷二：“《诗》、《书》载道之文，《春秋》圣人之用。一本此下云：‘《五经》之有《春秋》，犹法律之有断例也。律令惟言其法，至于断例则始见其法之用也。’《诗》、《书》如药方，《春秋》如用药治疾，圣人之用全在此书，所谓‘不如载之行事深切著明’者也。”(河南程氏遗书：卷2上[M] //程颢，程颐. 二程集：第1册. 北京：中华书局，1981：19)

起来和汉儒对待《春秋》的态度了无二致，都是强调《春秋》的实践性和具体性。然而问题在于作为断案的实践和作为药方的义理在程子这里孰轻孰重，或者说其先后本末次第又当如何。如果借用他的药方和治法的比喻，即是追问药方和治法两者孰轻孰重。这个比喻自然使我们想到明末清初思想家颜习斋对宋儒的著名批评：

> 《黄帝素问》、《金匮》、《玉函》，所以明医理也，而疗疾救世，则必诊脉、制药、针灸、摩砭为之力也。今有妄人者，止务览医书千百卷，熟读详说，以为予国手矣，视诊脉、制药、针灸、摩砭，以为术家之粗，不足学也。书日博，识日精，一人倡之，举世效之，岐、黄盈天下，而天下之人病相枕、死相接也。可谓明医乎？……若读尽医书而鄙视方脉、药饵、针灸、摩砭，妄人也，不惟非岐、黄，并非医也，尚不如习一科、验一方者之为医也。①

这里所谓的“习一科、验一方者”很像是对汉儒的论断，同皮鹿门如出一辙。问题在于，颜习斋对程朱的批评是否公允，这还要从程子其他的话继续印证考察。

> 先生尝说：某于《易传》，今却已自成书，但逐旋修改，期以七十，其书可出。韩退之称，“聪明不及于前时，道德日负于初心”，然某于《易传》，后来所改者无几，不知如何故？且更期之以十年之功，看如何。《春秋》之书，待刘绚文字，到却用功亦不多也。今人解《诗》，全无意思，此却待出些文字。《中庸》书却已成。②

从这两段话可以看出在伊川心目中各经的轻重次第，最重视的是作为药方的《易》，已经花大心力成书，还要再期以十年之功，待七十而后出。这意味着在伊川心中，《易传》对他的意义，好像是《春秋》对于孔子的意义，是作为自己晚年的盖棺之作。相比之下，作为治法的《春秋》则受冷落得多。伊川原本并不打算自己为《春秋》作注，只是把为《春秋》作注的任务交给他的弟子刘绚去做，这意味着为《春秋》作注所需要的见识标准在他看来低于《易》。但是伊川对刘绚所作并不满意，遂亲自动手，

① 存学编：学辨［M］//颜元．颜元集．北京：中华书局，1987：50.

② 河南程氏遗书：卷17［M］//程颢，程颐．二程集：第1册．北京：中华书局，1981：174.

此时至伊川去世尚有六七年时间①，但直至伊川去世，其《春秋传》也只完成了二十年，今本《程氏经说》自桓公九年之后乃是其门人集伊川平日语录而成，非程氏亲手定夺。其《春秋传》序曰：

> 夫观百物然后识化工之神，聚众材然后知作室之用。于一事一义而欲窥圣人之用心，非上智不能也。故学《春秋》者必优游涵泳，默识心通，然后能造其微也。后王知《春秋》之义，则虽德非禹汤，尚可以法三代之治。自秦而下，其学不传。予悼夫圣人之志不明于后世也，故作《传》以明之。俾后之人，通其文而求其义，得其义而法其用，则三代可复也。是《传》也，虽未能极圣人之蕴奥，庶几学者得其门而入矣。②

我们注意到，程子在这段话中将其格物致知之说应用于《春秋》，如此，虽然所格之事乃圣人定夺之案例，但同样需要格过众事之后方能明义理，那么，如果最终目标同样都是对义理的寻求的话，读四书、五经、史书，与寻常事情上的格物致知，这几种方式何者当为先呢？

> 《诗》、《书》载道之文，《春秋》圣人之用。一本此下云："五经之有《春秋》，犹法律之有断例也。律令惟言其法，至于断例则始见其法之用也。"《诗》、《书》如药方，《春秋》如用药治疾，圣人之用全在此书……③

这段话和前引程子所言类似，不过这里更加明确地点出《诗》《书》（自然也包括《易》）的特点是载道，《春秋》则是对道的运用。而且，这里对《春秋》和断案的理解与汉儒恰恰形成了一种错位。汉儒理解的《春秋》具有凌驾于律令之上的权利，但这种权利不是以现成条文的方式以资使用，而是通过对《春秋》的诠释而获得对境遇更好的理解，从而做出权衡。程子则将读《春秋》的目的理解为通过案例来获得律令（定理），便如通过格物来致知，致知之后所需要做的无非是将定理再运用到具体情境中去。从这个思路来看，读《春秋》虽然也能够获得义理，但总归不若直接从圣人之粹言如《论》《孟》，或者义理之书如《易》中获得义理更加纯

---

① 河南程氏外书：卷 12［M］//程颢，程颐．二程集：第 2 册．北京：中华书局，1981：432，436.

② 近思录：卷 3［M］//陈荣捷．近思录详注集评．上海：华东师范大学出版社，2007：130.

③ 河南程氏遗书：卷 2 上［M］//程颢，程颐．二程集：第 1 册．北京：中华书局，1981：19.

正快捷。所以伊川会说“学者不必他求，学《春秋》可以尽道矣，然以通《语》、《孟》为先”①，又曰：“古之学者，先由经以识义理。盖始学时，尽是传授。后之学者，却先须识义理，方始看得经。如《易》，《系辞》所以解《易》，今人须看了《易》，方始看得《系辞》。一本云：“古之人得其师传，故因经以明道。后世失其师传，故非明道，不能以知经。”② 这里所谓得其师传，其实所传者即是义理，也即是“道统”所传之道。

《河南程氏遗书附录》里有一篇《胡安国奏状节略》，其中有一段话总结伊川之学，多为后人引用：“夫颐之文，于《易》，则因理以明象，而知体用之一源；于《春秋》则见诸行事，而知圣人之大用；于诸经、《语》、《孟》，则发其微旨，而知求仁之方，入德之序。”此总结可谓精当，《程氏易传》所谓“因理以明象”的思路和前文对伊川的分析显然是一脉相通的。上文在讨论权义时曾引用过伊川对《春秋》《中庸》《论语》《孟子》何者为先要的判断，此数则材料加上前文的讨论，可以确定，程子之意是在读经之前，必须对义理有认识，否则读经也会不得其门而入。而这正是程氏《春秋传》序中表达的著述目的。“反经合道”变成了“明道知经”。在此思路中，《春秋》虽然是圣人之大用，对于学者更多的意义似乎只是对所明之道的运用与印证。“明体达用之学”落在为学次第上的意义转变为，通过《四书》或《周易》来明体，通过《春秋》《尚书》等其他经来达用，贵体贱用的思想在这里表现得尤其昭著。

我们会看到，同样的思路在朱子这里获得了更加明晰的形态与强调。朱子对《四书》地位意义的高举毋庸赘言，他将四书与五经比较说，“《语》《孟》《中庸》《大学》是熟饭，看其它经，是打禾为饭”③，从谷糠中去壳拣出精米何如直接食用现成米饭，这和我们对伊川思路的分析如出一辙。具体到《春秋》他说：“《春秋》是学者末后事。”④ 他在给友人魏之的信中说：“欲为《春秋》学，甚善。但前辈以为此乃学者最后一段事，盖自非理明义精，则止是较得失、考同异，心绪转杂，与读史传

---

① 河南程氏粹言：卷1［M］//程颢，程颐．二程集：第4册．北京：中华书局，1981：1200.

② 河南程氏遗书：卷15［M］//程颢，程颐．二程集：第1册．北京：中华书局，1981：164-165.

③ 朱子语类：卷19［M］//朱熹．朱子全书：第14册．上海：上海古籍出版社，2002：645.

④ 朱子语类：卷116［M］//朱熹．朱子全书：第18册．上海：上海古籍出版社，2002：3654.

摭故实无以异。”[①]在给友人蔡元定的信中，他走得更远：“《春秋》无理会处，不须枉费心力。吾人晚年只合爱养精神，做有益身心工夫。如此等事，便可一笔勾断，不须起念。尽教它是《鲁史》旧文，圣人笔削，又干我何事耶？”[②]

赵伯雄先生在《春秋学史》中指出：“朱子《春秋》学的一个最大特点，就是他把《春秋》看作是‘史’。”[③] 朱子将《春秋》降格为“史”的原因何在呢？

> 问：“《春秋》当如何看?”曰：“只如看史样看。”曰：“程子所谓‘以传考经之事迹，以经别传之真伪’，如何?”曰：“便是亦有不可考处。”曰：“其间不知是圣人果有褒贬否?”曰：“也见不得”。“如许世子尝药之类，如何?”曰：“圣人亦只因国史所载而录之耳。圣人光明正大，不应以一二字加褒贬于人。若如此屑屑求之，恐非圣人之本意。”[④]

赵伯雄先生下按语说：“朱子没有正面反驳程颐之说，但实际上他是不赞成程氏对经传的看法的。朱子以含糊其辞的‘也见不得’回答有关圣人是否寓有褒贬的提问，而对许止尝药之类的具体文例，则公然表明这只不过是国史所记如此，并不存在以一二字加褒贬于人的事实。”[⑤]问题在于朱子为何不赞成传统的春秋笔法的诠释，他所谓的圣人本意又是什么。

> 但是看今年有甚么事，明年有甚么事，礼乐征伐不知是自天子出，自诸侯出，自大夫出，只是恁地。而今却要去一字半字上理会褒贬，却要去求圣人之意，你如何知得他肚里事?[⑥]

这段话标示着朱子的圣人之意乃是孔子作《春秋》时的字字句句褒贬所指。如果《春秋》是圣人断案的话，那么要理解断案的意义，就必须弄清案件的来龙去脉。就《春秋》而言，就是所谓的鲁史旧文，朱子认为这

---

① 晦庵先生朱文公文集：卷 39［M］//朱熹．朱子全书：第 22 册．上海：上海古籍出版社，2002：1765.

② 晦庵先生朱文公续集：卷 2［M］//朱熹．朱子全书：第 25 册．上海：上海古籍出版社，2002：4678.

③ 赵伯雄．春秋学史［M］．济南：山东教育出版社，2004：487.

④ 朱子语类：卷 83［M］//朱熹．朱子全书：第 17 册．上海：上海古籍出版社，2002：2836.

⑤ 同③.

⑥ 同④2831.

根本是不可考的："安知用旧史与不用旧史？今硬说那个字是孔子文，那个字是旧史文，如何验得？"所以，传统经学着重讨论的《春秋》诸多义例在朱子看来也是不可求的，朱子所承认的《春秋》大义也不过是"诛乱臣，讨贼子，内中国，外夷狄，贵王贱伯"①。这里问题的关键并不在于《春秋》的历史真相是否可考，而是朱子把传统春秋学的基础理解为对判决背后历史真相的追寻，并且认为如果无法追寻那个最终真相，《春秋》的微言大义以及圣人之旨便无法对学者有帮助，而他所承认的大义作为离事之义理，其实与具体的春秋学关系已经微乎其微了。朱子对《春秋》的理解近乎史，而且是难以考证实际真相之史，这其实是伊川对《春秋》理解方向的进一步发展——要在案例中寻求断案之义理，就必须还原案情真相。汉儒看待这个问题的方向与朱子大相径庭，汉儒今文学家在"《春秋》决狱"的过程中更加关注的是《春秋》是如何在某个具体境遇中权衡中道，至于《公羊》《穀梁》所描述的具体境遇是否真是历史最终的真相，这个问题完全是在他们视域之外的。也就是说，相较朱子对历史真相的追寻，汉今文家治《春秋》更重视的是圣人权衡的过程，即道路本身。诠释中展开的历史性之体与超历史本体的不同意态至此昭然若揭。

如果说朱子将《春秋》理解为"史"，那么朱子所理解的"史"又为何呢？朱子论读书次第多有及此，笔者只选取最典型言论数则：

> 今人读书未多，义理未至融会处，若便去看史书，考古今治乱，理会制度典章，譬如作陂塘以溉田，须是陂塘中水已满，然后决之，则可以流注滋殖田中禾稼。若是陂塘中水方有一勺之多，遽决之以溉田，则非徒无益于田，而一勺之水亦复无有矣。读书既多，义理已融会，胸中尺度一一已分明，而不看史书，考治乱，理会制度典章，则是犹陂塘之水已满，而不决以溉田。若是读书未多，义理未有融会处，而汲汲焉以看史为先务，是犹决陂塘一勺之水以溉田也，其涸也可立而待也。②
>
> 读书须是以经为本，而后读史。③（笔者按：这里所谓的经就是四书）

① 朱子语类：卷 83［M］//朱熹．朱子全书：第 17 册．上海：上海古籍出版社，2002：2831.

② 朱子语类：卷 11［M］//朱熹．朱子全书：第 14 册．上海：上海古籍出版社，2002：353.

③ 朱子语类：卷 122［M］//朱熹．朱子全书：第 18 册．上海：上海古籍出版社，2002：3851.

若未彻读《语》、《孟》、《中庸》、《大学》便去看史，胸中无一个权衡，多为所惑。①

抚学（笔者按：象山心学）有首无尾，婺学（笔者按：东莱史学）有尾无首。②

显然朱子对读“史”之次第的理解与前文所引是一以贯之的，我们现在可以给朱子为学次第与其理学的关系给出一个简要总结。

朱子的基本倾向是将“理”理解为具有超越性、支配性的本体：超越性表现在它虽然不离于事物，但又不依赖于具体的事物而存在；支配性在于它对具体事物的本性及其变化生成具有的先天规定性。因此，反过来，人就可以从事事物物上去理解具体分殊之定理，再通过对具体定理的领会有朝一日达到对“天理”的豁然贯通。这种贯通不是对孤悬在上抽象本体的顿悟，而是“致广大而尽精微，极高明而道中庸”，因为它来自对种种定理的细密考察领会，所以当人达到这样的境界之后，就能够在任何境遇中都可以做到从容中道。但是，既然为学根本的旨归是达到对超越性本体的领会与把握，那么如果人能够通过某种更为易简便捷的方式，譬如对四书的钻研和体会，更加直接清晰地窥见体证天理本体及其种种分殊，或者至少能够建立起大本而卓然有所立，这种方式显然相比起在具体事事物物上的格致具有优先性，这是贵体贱用思想在经史之学层面的展开。从程子开始，理学家们大都认为历史和一般日常事务并无不同，都只是作为一般意义上的格致对象而存在的，并没有异于日常事件之处。如果历史没有被理解为一切传统乃至天理的开启与回归之处所的话，那么历史以及《尚书》《春秋》即便不是断烂朝报，也只能说是一系列孤立事件的大集合，这样被理解的历史虽然能够像普通生活世界一样成为格致的对象，但治史总归不如直接面对圣人粹言来得易简快捷。③

而且这样理解的历史相对于一般生活世界还有一种危险：诱使人心有旁骛、玩物丧志的危险。因为历史如果丧失了其作为源头与归宿的力量，

① 朱子语类：卷 11［M］//朱熹．朱子全书：第 14 册．上海：上海古籍出版社，2002：353.

② 朱子语类：卷 124［M］//朱熹．朱子全书：第 18 册．上海：上海古籍出版社，2002：3896.

③ 朱子并不完全否认读史的意义，他编纂的《通鉴纲目》即是仿照《春秋》义例而开宋明义理史学之先河，而且由于《通鉴纲目》具有《春秋》相对比较缺乏的历史事实详细记载，所以《通鉴纲目》在元明两朝对学者来说有着近乎《春秋》的地位，这也印证了本书对朱子思路的解读。

那么种种纷繁的历史事件对于人反倒显得是一种外在的东西，远不如日常切身的事务具有切己性，能够让切问近思的工夫落在实处，从而获得身心性命真切的受用。这样一来，人对历史事件的兴趣就很容易偏向知识论的趣味，空有博学而无笃志，所以，朱子曾和吕祖谦有过治经治史之争，后者担心治经“恐人去外面走”，即不在自身上下工夫。朱子则反击道：“看《论》、《孟》未走得三步，看《左传》底已走十百步了。”① 朱子又曰：“《春秋》是言天下之事，今不去理会身己上事，却去理会天下之事，到理会得天下事，于身己上却不曾处置得。”② 从前引材料来看，朱子认为读书轻重缓急之次第应当是先四书，后五经，最后为史③。五经中又以《春秋》与《尚书》比较向外，偏于史，因此朱子不仅轻于《春秋》，对《尚书》也颇有微词：“虞、夏、商、周之书，许多圣人亦有说赏罚，亦有说兵刑，只是这个不是本领。”④ 《春秋》三传中《穀梁》《公羊》义理较多，《左传》则是“于义理上全然理会不得”⑤。自然，任何典籍或所遇事物都有使人玩物丧志的可能性，但相比之下，朱子显然认为四书作为纯正义理，应当贯穿为学之始终本末。

总之，程朱理学对经史之学的理解与其“经权之辨”内在一致，其结构本质上具有一种追求超越现象与境遇的真理本体的诉求，虽然他们承认中庸之道的达成必须在“时中”，但当下境遇的“时中”根本上还是依赖于对超“时”之义理的把握，所以笔者认为程朱理学具有一种“去时”的倾向，此倾向表现在其经权结构中可称为静态化的“去时机性”，表现在

---

① 朱子语类：卷83［M］//朱熹. 朱子全书：第17册. 上海：上海古籍出版社，2002：2838.

② 朱子语类：卷116［M］//朱熹. 朱子全书：第18册. 上海：上海古籍出版社，2002：3654.

③ 次第有两种意思：一种是循序渐进意义上的，譬如朱子所谓的四书当先读学论，次孟，最后为庸，这种意义上的靠后指的是《中庸》义理太过精粹深奥，初学者难以领会，所以靠后并不代表轻视，反而意味着更加看重；第二种是轻重缓急意义上的，譬如这里针对史、《书》、《春秋》而言，认为它们并非学者当务之急，对于身心性命也没有立竿见影之效，是可学可不学意义上的“后”。就此而言，许家星、李自耕的文章《史学之功臣乎？罪人乎？兼与〈评朱熹对史学的基本态度〉一文商榷》［《合肥学院学报》（社会科学版），2007年第9期］试图以为学次第来为朱子辩驳的思路并没有看清次第先后的两种意义。

④ 朱子语类：卷84［M］//朱熹. 朱子全书：第17册. 上海：上海古籍出版社，2002：2881.

⑤ 朱子语类：卷122［M］//朱熹. 朱子全书：第18册. 上海：上海古籍出版社，2002：3854.

对经史之学的理解中可称为“去历史性”。“去时机性”并非无视具体境遇的复杂与微妙，而是指当应对具体境遇时所依凭的判断根据是超“时”的定理。同样，“去历史性”也不是简单地忽视经史实学，而是对“天理”或“道”的理解脱离了对传统（以经史为典型）的回归与重新开启，它的直接后果是去除了“理”或“道”在历史中变化与生成的维度，对经史实学的忽视只是这种去除的一个间接而必然的后果。那么当阳明扭转了“经权”结构之后，对经史之学的理解发生了怎样的变化呢？

5. 阳明经史思想

阳明一方面将“权”理解为人心最本质的能力，另一方面，他却也将这种良知良能标示为绝对的超越性、普遍性，将宋儒对“道”“理”去时的倾向进一步发展。如果说“理”这个概念中包含着分殊性、差异性的话，那么将“理”完全落在人心本体上之后，这种分殊性和差异性就会随着“人同此心心同此理”的思路被削弱。如果每个人的心之本体都和圣人之心体绝无二致的话，自然不必斤斤于对“圣人气象”的学习，只需在自己心上体认圣人气象，将自家精金练就。过于模仿圣人气象，反而可能造成对自家精金提纯的干扰，掺入铜铅渣滓。那么，即便不以道家思路称五经为圣人之“迹”，承认五经承载圣人之道，学者亦不必唯经是求，因为五经承载的心之本体自家心中已经具备，至于五经中涉及文章数度典章名物之处，反而会干扰学者对道的追求。阳明曰：

> 经，常道也。其在于天谓之命，其赋于人谓之性，其主于身谓之心。心也，性也，命也，一也。通人物，达四海，塞天地，亘古今，无有乎弗具，无有乎弗同，无有乎或变者也。是常道也……故《六经》者，吾心之记籍也，而《六经》之实则具于吾心。……不知求《六经》之实于吾心，而徒考索于影响之间，牵制于文义之末，硁硁然以为是《六经》矣。①

阳明又认为五经皆史：

> 爱曰，“先儒论六经，以春秋为史。史专记事。恐与五经事体终或稍异”。先生曰，“以事言谓之史。以道言谓之经。事即道。道即事。春秋亦经。五经亦史。易是包牺氏之史。书是尧舜下史。礼乐是

① 王守仁. 王阳明全集：上册［M］. 上海：上海古籍出版社，1992：254.

三代史。其事同。其道同。安有所谓异”?①

又曰,“五经亦只是史。史以叨善恶,示训戒。善可为训者,时存其逃,以示法。恶可为戒者,存其戒而削其事,以杜奸”。②

所谓五经皆史在阳明这里意味着:经作为圣人著述,只是古今皆同的“心体”在当时境遇中的一种应对,典籍传承的每一代圣人不同的历史境遇之间具有平等性,历史境遇与当下个体的境遇也处于同一平面,人对境遇的应对与著述并不因其时间上在先就对其他著述具有优先性,任何人只要能让其“心体”复归灵明,他对境遇的判断权衡就和圣人著述具有同等权利。所以前人往往批评王通续经为僭越,而阳明则以为“拟经恐未可尽非”。这样一来,经以及经学就丧失了其在历史中展开的对于一个民族传统的权威性与规定性,而将这种权威性与规定性剔除掉历史因素,内化为亘古不变的“心体”,阳明多次把它比喻为明镜。

圣人之心如明镜。只是一个明,则随感而应,无物不照。未有已往之形尚在,未照之形先具者。若后世所讲,却是如此。是以与圣人之学大背。周公制礼作乐,以文天下。皆圣人所能为。尧舜何不尽为之,而待于周公?孔子删述六经,以诏万世,亦圣人所能为。周公何不先为之,而有待于孔子?是知圣人遇此时,方有此事。只怕镜不明。不怕物来不能照。讲求事变,亦是照时事。然学者却须先有个明的工夫。学者惟患此心之未能明,不患事变之不能尽。③

这种内化的置换容易给人带来一种错觉,即依靠当下“心体”的灵明就能够抛弃“道”的历史厚重,而将人的“权”完全易简化为当下境遇中“时机性”的中道。这种错觉导致的后果在于,人会在忽视“道”的历史性之同时忽视自身的有限性,以为依靠当下一己之“灵明”就能够如同明镜一般从容应对世间万物,一切喜怒哀乐与行动抉择皆自然而中节,最终以“灵明”本身为心的源初结构,并以之为旨归,这也就是黄梨洲批评的“以知觉为性”“以作用为性”。本书第三章第七节讨论过,明镜比喻是宋

① 传习录:第 13 条[M]//陈荣捷. 王阳明传习录详注集评. 台北:台湾学生书局,1983:51.

② 传习录:第 14 条[M]//陈荣捷. 王阳明传习录详注集评. 台北:台湾学生书局,1983:53.

③ 传习录:第 21 条[M]//陈荣捷. 王阳明传习录详注集评. 台北:台湾学生书局,1983:59-60.

明理学家惯常的一个比喻，明道、伊川、朱子都用过这个比喻，阳明尤好以镜喻心体。我们看到在前面阳明的比喻描述中，明镜没有作为历史积淀的过去，也没有筹划趋向的未来，而只有一个个无连续性的当下生成，心体灵明的理想状态也当如此，自然而没有遮蔽地呈现出上一章所述的“物性—意义”一体性世界，阳明坦然引用佛经中“应无所住而生其心”来描述它：

> 圣人致知之功，至诚无息，其良知之体，皎如明镜，略无纤翳。妍媸之来，随物见形。而明镜曾无留染，所谓情顺万事而无情也。无所住而生其心，佛氏曾有是言。未为非也。明镜之应物，妍者妍，媸者媸。一照而皆真。即是生其心处。妍者妍，媸者媸，一过而不留。即是无所住处。①

我们不能说这种当下所生之心是无“时”的，因为当下也是“时”的一个基本维度，但是剥掉了过去与未来连续性的当下之“时”实际上不再具有本书第三章论述的“理”“势”的前后一贯的动态趋向性力量，而成为一种近乎横断面式的相对静态的境遇图像。不能说捕捉静态图像的企图是错误的，正如照相机可以帮助人们更好地看清一些真实细节，对静态图像的捕捉与把握的努力也可以帮助“心”获得更加适宜的形势判断与行为选择。况且，这种静态只是相对的，只要有所谓的“来”和“过”以及在两者之间的“生”，就必定包含着“时”的三个基本维度的统一——植根于过去的生命在当下情境中面向未来的筹划，但这样的“时”在上述阳明的表述中，是一个相当短暂的时间段，它难以包容更加久远的生命史，遑论生命史中承载的民族文化传统。这样的横断面式的“时—境遇”，我们可以称之为“时机”。阳明不满于理学对事事物物定理的向外追寻，希望通过心体与境遇的互动来达到对“心体”灵明的彻底澄明，并由此完成对一切“时机”性事变的自如应对。但是“心体”的灵明真的能够无视历史便达到对“时机”的洞察吗?

我们可以从两个层面来解释何以必须拒绝对历史及其与之共生始终的经的遗忘。

第一个层面是经的奠基意义。日常生活中所有人、事、物不仅具有当下的时机性，还具有历史性，因为人对于生活中每个器物的领会和运用，

---

① 传习录：第167条［M］//陈荣捷．王阳明传习录详注集评．台北：台湾学生书局，1983：237.

对每种人事关系的理解和把握，一言以蔽之，凡可归属于文明的方方面面都是在文明历史中积淀形成的，这个历史性的生活世界先于个体生命而存在，并塑造着个体生命的生存。如果仅就当下的横断面来看，固然每个个体都在参与并创造着历史，但在更加宏阔的视野来看，没有外于历史的日常世界，历史塑造着日常生活，日常世界中的一切事物，尤其是对于生活具有指导与规范作用的礼法制度，都具有历史性。所以，“物性—意义”的一体性世界其实并不是那么自然而普遍，在东海西海圣人眼中皆一，它必然在历史中不断生成变化，其给予和要求人的实践方式亦然。礼（广义的礼包含诗乐典章、风俗人伦）之所以能够让人有所立，是因为其给予人全方位的生活指引。从最基本日常生活中的晨昏定省，到家族村落的饮酒射箭，与外族的婚姻，邦国之宴饮外交应对，乃至与祖先神灵天地的沟通，每一个环节都有礼的指引。对礼的习演最终使得个体能够从容应对父母亲友、草木鸟兽、鬼神天地。礼时为大，礼在历史中从来都不是以简单因循的方式传承的，个体在践履中不断地获得新的体会并由此损益重构。唯有通过践履，人方能培养其对共在世界之风俗伦理的丰富体会，方能走向更精微的权。不过，对于一般人而言，**礼的历史性在日常风俗层面往往是隐而不显的，它对人的所有规范性力量尽管来自其历史性，但这个根源对于“愚夫愚妇”是日用而不知的**[①]**，礼因此在日常世界更多将自己展现为现成既定的训解与规定，这也就是我们前面分析过的“日常之权”**，夫子“立于礼”的训解也是由此而来。也是因为如此，对于常人而言，大部分权衡与决断并不需要自为的对生活世界历史性的考虑，而只需将生活情境中蕴含的历史性因素易简化为当下时机性的考察，但这并不意味着这种历史性可以被忽略不计。

经通过礼为民族的历史奠基，使得民族中的每个个体的“立”与“权”得以可能，没有经在礼这个层面的展开，任何个体的立与权都是无

① 但我们绝不能把这种隐藏视之为必须进行揭示的蒙蔽，相反，礼俗的力量恰恰来源于这种自我遮蔽，而启蒙的结果反倒可能会摧毁礼俗对生活的规范性力量。如黑尔德在《世界现象学》中所言，视域之所以能够起作用恰恰是因为它始终在后面作为背景而存在，一旦它被省察的目光提至前台，它也就丧失了对人行动和理解的力量。不过，保守性的闭藏和重构性的发蒙并非是非此即彼，在每一个礼崩乐坏的时代，都有圣贤在努力维系住这两者的争执，这种维系很容易被视为两头不讨好的举措，这也是为何孔子总是成为守旧者（道家）和革新者（墨家法家）双方共同的批评嘲讽对象（近现代亦是如此）。或许苏格拉底亦然，他对雅典礼法神秩构成的挑战与威胁是其被处死的原因，但他和智者不同之处在于他在反省的同时依旧在遵循礼法，而不是选择逃亡。

从想象的。这种奠基之所以得以发生，也是因为人从根本上而言具有“权”的能力。人能够“权”，能够在对境遇的理解中做出决断，民族的历史性世界才得以敞开，圣人才能作经。反过来看，圣人作经为民族的历史性世界奠基，才使得每个后来者能够在日用不知中凭借礼获得“立”，并进而以不断向经回归诠释的方式由“立”而达“权”。所以“经—权”是一而二，二而一的回归动态结构，这个结构才使得民族的历史性世界得以可能。

第二个层面可以从具体的历史—政治经验来描述。在日常生活世界之上，还有一个更复杂的政治生活世界。政治世界并不外在地高于日常世界，而是日常世界的伦常礼俗在更加宏阔的范围中向着更广大精微的结构的迈进与完成。所谓的宏阔不仅是家国天下的空间意义，也包括“行夏之时，乘殷之辂，服周之冕”的历史意义。任何一朝的典章制度都不可能是凭空设计的，而是在深谙前朝乃至数朝制度史的基础上损益而成（当然更是基于作为三代历史的“六经”）。不仅典章制度的制定者需要深识历史，每一个使用者对礼法历史的理解愈深，愈能够在复杂宏阔的政治事件中做出更好的权变，这也就是我们前面所说的：法律的应用、历史的理解和经典的诠释三者是统一的。所以船山认为为政必学先王之法：

> 君子之学修，虽耕钓而有天下之志，然必上宾于廷，乃见宗庙之美、百官之富，以先王经世之大法，广其见闻之不逮，故虽衰世之朝廷，犹贤于平世之草野，非窥观者所能测也。①

每一个有志于治国平天下的学者都必须努力为自己在出仕之后可能需要应对的复杂政治局势做准备，鉴于日常世界复杂性与历史性的不足，最好的准备性工作无疑是通过对历史与经典的研读来磨砺自己的实践智慧与人格节操（此义后文发详）。经为一代代圣贤所修订，因而相较于一般历史，更加具有典范性，是学者首当研习的对象。同时，对于已经出仕者，除了在仕途中的磨砺之外，也必须不断设身处地在在历史与经典中“权”。二者相辅相成，这就是“学而优则仕，仕而优则学”的意义。

故尔，无论是日用伦常之权，还是政治历史之权（它虽然和“困境之权”指示的意义不尽吻合，但还是可以大致理解为“困境之权”在政治领域的展现），必须不断地反经。经之为经便在于其提供的全方位的具体情境中的中庸之道，经既是道，也是器，因此可供后来者不断地参详与追问，所以

---

① 周易内传：观［M］//王夫之．船山全书：第1册．长沙：岳麓书社，2011：205.

必须“反（返）经”。经涵盖了伦理、政治、历史、天理、人情等诸多层面，所以历代典章制度的制定与修正，面临复杂困境时的权衡抉择，都是在应对当下时代的实践中，一次次以“反经”的方式诠释与建构六经，从汉儒“《春秋》决狱”到王莽改制，魏晋律令的制定，北周律令和《唐六典》对《周官》的借鉴，荆公变法，濮议以及大礼议等等，莫不如此。

作为历史的经包括那些曾经归属于古老时代的诸多东西，当其归属的时代和世界已经消逝之后，那些东西就很难被简单地复原重构，如果用道家的说法，它们是“迹”。除此之外，它还包括了某些不仅仅归属于其时代，或者说不被其世界完全束缚的东西，那些东西可以被一代代的人重新领会、扩展与重构，这也就是道家所说的“道”的层面。按照这个思路，“迹”的层面对于现实政治与伦理运作的影响往往会随着时间的流逝逐渐减弱和丧失，而“道”的层面则不然，它会亘古不变——甚至，时间恰恰可以使得那些混杂的“迹”从“道”上剥落下去，使得“道”获得更加精纯的显现。当然，“道”也可能从“迹”中抽身而去隐匿自身，人只能通过直契道体的方式领会它。理学家的思路与此相仿：四书和五经的分别从这个角度来看，即在于四书之中有更多“道”的层面的纯然义理，而五经则更近于“迹”。这个区分提供了一个理解的角度来解释为何汉唐更重视经学：其去古未远，迹还未完全丧失其直接力量，而道则有待时间的洗练与剥落。而更加具备“道”的特征的四书似乎也相应较之五经更加具有超越时代性，用钱穆先生的话说，就是《论语》中孔子之言，既是对一时一世所发，亦可以理解为古今之通义。明白了这一点，我们就会更加清晰地看清楚一些现象，程朱认为《论语》《孟子》相对于《春秋》用力少，收效大，即是从这个角度来理解的。

上述“道”“迹”之辨的基础还是在于理学对“道”“理”的超“时”性理解，先秦儒家对道与迹两者关系并不是以前面的方式分殊的，恰恰相反，孔子强调的是托之空言，不若载之行事而深切著明。如果道是中庸，是“时中”，那么道是绝不可能脱离“时”“势”这些历史性境遇而存在的。这种看似没有脱离“迹”的“粗”中其实包含着更加难以言传而只能磨炼的精微之道，这种“道”不是超越境遇之上的先天本体，而是必须借由历史的诠释才能获得不断展开的历史性的“道”。在这样的视域中，我们会发现，朱子所谓的“圣人肚皮里意思”或历史真相无法追寻的困惑都不再成其为问题，因为，**经对于一个民族传统的塑造并不仅凭借那个最源初的历史事实，还有在历史中不断获得其丰富性诠释的展开，经为民族奠**

基，为历史奠基，民族在历史中不断地通过返回经获得其日新的力量。

现在，我们可以理解“经—权”的动态回归结构无论就民族奠基意义还是就具体的政治—历史经验来看，都是最本源性的，对它的遗忘必将导致对人某些生存本质的遮蔽。

回到阳明，就前面引用的阳明观圣人气象一段材料来重新审视的话，无星之秤虽然没有精确称量的能力，却有判断轻重的能力，这种权衡能力是秤之为秤的本质，然而具体的准星刻度不是秤的先天规定，而是在习俗历史中积淀而成。同样，判断是非善恶的能力是人心固有的，但作为判断尺度的仁义礼智的内涵不是亘古不变的现成规定，而是如本书第三章第一节与第五节讨论过的，它们是作为形式概念在人的实践历史中获得其丰富性和具体规定性的。阳明以易简化的方式处理良知的是非善恶判断力，以心体灵明的权衡能力取代历史性理解，带来的后果是只看到了“经—权”互动结构中，从逻辑上来说“权”之于“经”的奠基性，而忽略了“经”在历史中对“权”的充实作用这个向度。这就使得人的良知脱离了历史性，不再是需要磨砺培植的“四端”，而成了现成可得之本体。是非善恶的判断主体丧失了历史所给予的充实与规定，必然也将最终丧失其本体性，成为一个虚灵明觉本体的附属功能，这种思路在《传习录》中多有体现，譬如：“鄙夫自知的是非，便是他本来天则，虽圣人聪明，如何可与增减得一毫？他只不能自信，夫子与之一剖决，便已竭尽无余了。”上述单向度结构的典型形态即是“天泉四句教”：在“无善无恶心之体”与“知善知恶是良知”之间失去了历史的充实性连接之后，便不可避免地在其后学那里走上了“以知觉为性”的道路。在这种情况下，历史对于“权”不再具有奠基性，而容易成为从心所欲的可安排对象。经也随之丧失其源头性意义。

笔者并不认为以心如明镜为目的的磨砺是完全错误、非真理性的，或必然会造成“历史性”的丧失，当下即是的“灵明”也能够呈现出事物本性的一个真理侧面。但对一个向度的过度张扬，无视另一个向度的丰富性，总归是具有相当的偏颇性与危险性。譬如将“格”训为“正”，固然道出了人赞天地之化育的主动性，却也忽略了人在历史性境遇中的被塑造与被牵引这个向度，所谓孤阳不生，没有人与历史性世界的诠释循环，就会导致诠释与实践失去节制与限度，强以己独见去“正”物。我们大致可以说，阳明虽然自己有足够的气力与眼界收束住这种危险性，但对“易简工夫终久大”这种趋势的危险性并未有足够的自觉，甚至在晚年多“轻于向高明一路指点”，最终导致其后学的“解缆放船”、“卤莽灭裂”与“断流绝港”。这种将民族世界剥离历史性从而易简化的趋势导致了晚明空疏之学。

明末清初天翻地覆的变化促成了很多思想家对心性之学的反思以及向经史实学的回归，宋明理学完成了对世界的“理化”，这种“理化”有些类似于西方近代启蒙主义带来的“祛魅”，但不同的是，虽然理学家试图以理气的运行来解释世界上的一切，包括鬼神等在先秦儒学中悬置的超自然问题（理学家如横渠、朱子、阳明皆试图以理气或心体来解释鬼神），但他们并没有以此来消除世界秩序以及最高存在者的自然神圣性，相应地，历史与经典在启蒙之后也就没有完全沦落为一种无意义的客观事实堆积以及过往之陈迹。但是，明代心学对天理的主体化趋势也使得生活世界的意义根基单薄化，当这种趋势流荡为无节制的情绪知觉的自恋之后，生活世界与历史性世界的意义根基就需要重新建立。经历了心学对“事事物物上求定理”的批判，儒者们已经不能再简单地以回到朱子的立场来重建世界秩序，人与理、体与用的互动生成性成为儒者们不可无视的重要维度，这种情况下，历史意识与经史实学的回归成了解决困境不可避免的出路，明末三大家便是用此解决问题者中的佼佼者。黄梨洲为明学殿军，以学案式的追溯来赢获思想的历史性向度。顾亭林为清学开山，其学于名物、典章、经史无所不包，其考据训诂之学于后世影响尤巨。王船山则走上了另一条道路，通过四书五经与史的稗疏、内传、外传、策论、博议等体例，以既有考证训诂实学，亦有细致义理阐发的方式来重新思考理学问题，试图在保持理学精微纯正的同时，将其牵引回归到更广阔的经史之学。船山也是对晚明空疏之学批判最痛切深刻的人之一，譬如本节所分析的“经”与“礼”、政治的关系，船山可谓深明之（详于后）。

历史意识与经史实学的回归自然不可能是一时的潮流运动，它必然有其思想史的内在理路要求，我们要追问的便是，这种回归所依凭的思想根基与结构为何。接下来我们依旧以“经—权”为切入点追寻船山体用结构是如何向经史实学回归并使其重新展开丰富性的。

第二节　船山的经权体用结构

本节要义：

1. 不可执中

儒家不主张普遍义务伦理学，它始终强调每个人选择判断的时候不是依凭某种绝对的普世原则，而是在不同的分位名号之中，在具体的事态情境中，去寻求中道。中道并非唯一，同一事件中不同分位之人有不同中道，相同分位上也可以有不同的决断而皆为中道。天道不可谓善恶，亦不可谓其不中，人不可妄测天道固定执中。权乃求中，不可执中。故权衡之道虽有善恶、是非、中不中之别，却如《易》之不可为典要。

2. 常与变

伦理困境往往不仅是个体性问题，礼坏乐崩之际，便是一个文明遭遇根本困境之时。孔子作经要让礼乐名分重新归于正位，由变而归常。经的最终源头仍是（圣）人的权衡判断能力，对经的诠释即是权。

船山认为权之用绝不是简单遵从经之体规定的行动，他认为权之用不仅仅是非常事态中的变式，更是人的实践常态。权与经内涵贯通是相生的，在解释学循环中不断地以更丰富的方式回到本源。一方面常态须守经，但守经必已包含对经的诠释与衡定，就此而言，经亦是权；另一方面，遭逢困境事变则需用权，权的方式是返经合经而求心安。

3. 经纶与大经

经有动词与名词双层意义，“经纶”之“经”是动词，指人对境遇的理解、分析、判断、权衡的综合性统一，偏向动态的境遇性实践。“大经”指的是人伦大本，如仁义礼智这样的形式性德目，其典型形态是圣人所作“已成之经”。

权衡行动中包含尺度与判断两个方面，对应于仁义心和灵明心。道心人心的互藏其宅、交发其用，是“经”的名词与动词双重意义结构，它包含了体用相生的历史性意义。尺度由圣王获得外化实现，后人必须承袭之，由“经”奠基的历史性世界构成后来人伦常生活中理解与实践的限度。实践在经的形式指引中依靠权完成，这种实践又反过来赋予经更加广大精微的内涵，以及宏阔广度与历史深度，“经”由此循环不断使自身在更广阔的的政治维度与历史维度中展开，明体达用之学在船山这里转变为在伦理、政治与历史中无尽的体用相生之扩充。“境遇之权”，也即是作为源初实践行动的“经”不能仅在个体意义上理解，个体学问心德的先决条件是“道”在民族历史性世界中的自我展开与结晶，这是“经”的本源意义。

1. 不可执中

在本书前文对易无方体与无善无恶的讨论中，我们看到船山吸收了颇多阳明学思想，在经权问题上亦然。阳明强调一切法则伦常最终都要交与良知的至善与权衡功能，但其后学往往偏于灵明知觉为性，狂而无节。那么人在权衡的时候是否有最终准则来评判其是非或合宜与否呢？船山认为不存在这样的准则，只能反求心安，此主张看起来颇近乎阳明思路，不过在先秦儒家其实已有此义。

《孟子·告子下》曰："金重于羽者，岂谓一钩金与一舆羽之谓哉？"儒家从来都不主张普遍义务伦理学，它始终强调每个人选择判断的时候不是依凭某种绝对的普世原则，而是在不同的分位名号之中，在具体的事态情境中，去寻求中道。当此之际，没有哪个原则是绝对的最高原则，人只能据其良知与判断力，在其具体分位情境中做出判断取舍。船山对此有精到之论：

> 故悬一一成之例于此，曰父重于君，不得也。抑悬一一成之例于此，曰君重于父，亦不得也。推而夫妇昆弟朋友，悬一一成之例，曰孰轻而孰重，孰取而孰舍，俱不得也。……反求之心而条理不昧，天之叙之也，为当事之人叙之也，而非统古今常变而一概叙之，其亦明矣。①

自古忠孝冲突就是伦理困境的最常见形态，两者孰轻孰重却不可执定。当然，此论绝非完全拒斥伦常的轻重内外判断，孟子的论述中就有金羽轻重、仁义内外的论断，又如古代丧服图制实际上就是亲尊原则的一个抽象扼要的加减图解范式，轻重亲疏一目了然。这种抽象范式在礼法秩序正常运行的时候一般来说不会遇到困难，直接将其应用于现实即可，但是当现实遭遇秩序崩坏或者某些环节的缺失造成某种困境时，就会在应用时出现自身的冲突，因此礼制只能被用来理解轻重亲疏的常态结构，而不能顺畅兼容现实中一切复杂情境尤其是伦理困境。即便在此常态结构中最核心的源头，也有忠孝、仁孝之争②，况且源头也未必代表它是绝对的道德判断制高点，否则如上节所论，权衡之道就会追溯到一个最终极的原则，从而倾向于普遍义务伦理学的道路。那么现在的问题在于，儒家的这条道路既拒绝了普遍义务伦理学，又显然不可能接受功利主义效果伦理学，如何避免滑向相对主义或虚无主义呢？中道如果能够依凭既定标准来衡量，那么此标准便成为最普遍化的中道，而这样又会反过来消解掉中道本身的

---

① 续春秋左氏传博议：辟司徒之妻（成公二年）［M］//王夫之．船山全书：第5册．长沙：岳麓书社，2011：543-544.

② 典型的例子就是"孝悌也者，其为仁之本与"的解释，究竟仁孝何者为本，始终争论不休。

意义，使其成为自相矛盾的概念，因为中道的本义是情境中的合宜适中，而非普遍性抽象概念。儒家思想在评判人的行动时既非靠简单的是非论断，也不仅仅靠非此即彼的逻辑推理，儒家追求的不是普遍性真理，而是在具体事态情境中最为合宜的中道，此即为义，义者宜也。

首先我们可以确定的是，中道绝非唯一："微子去之，箕子为之奴，比干谏而死。孔子曰：'殷有三仁焉。'"① 三人皆为殷室宗亲，尤其箕子、比干皆为纣王叔父，他们所面临的情境几无差别，而三人选择大相径庭，微子出逃，箕子佯狂受辱委曲求全，比干进谏而死。这在非此即彼的逻辑判断中，或者在康德式的义务伦理学中，显然只能有一个选择是正确的。而在功利主义效果伦理学中，同样只能有一个方案能够达到最大利益化效果，其他的方案即便不能说是错误的，也不是最好的选择。而孔子的评价却是："殷有三仁焉。"熟稔《论语》之人皆知，"仁"这个评价，在《论语》中是极难得到的，几乎是最高的对人德性之肯定，仅次于圣。但此三人行动各不相同，却都被孔子称道为"仁"。由此可知，孔子并不认为面对某个事件时，合宜选择只能有一个，而是认为中道不止唯一。尽管宋明道学的权衡理路与先秦儒学有许多差别，但在这一点上基本没有太大分歧。如朱子注释"殷有三仁"所言："三人行不同，而同出于至诚恻怛之意，故不咈乎爱之理，而有以全其心之德也。"② 阳明"十足精金论""拔本塞源论"中亦论及此意。而孔子对自己的评价则是：我则异于是，无可无不可。

此外，众所周知，当殷纣之世，面临困境的不唯是殷之三仁，后世儒家所称道的几位圣贤甚至做出了截然相反的选择：伯夷叔齐叩马而谏，不食周粟，饿死于首阳之下。武王周公除暴安良，伐罪吊民，而得天命所归。以暴易暴，以臣弑君，与吊民伐罪，救民水火，何者是？何者非？他们何以能够各自做出截然相反的选择，而皆成其圣呢？尽管细致审视之下，夷齐武王之争与殷有三仁两个案例存在着一些重要差别，箕子、比干所处的名分几无差别，夷齐、武王则一为布衣，一为方伯，夷齐与武王在

① 《论语·微子》。

② 更典型的论断如《四书大全》所载鲁斋许氏曰："时有万变，事有万殊，而中无定体。当此时则此为中，于彼时则非中矣。当此事则此为中，于彼事则非中矣。是以君子戒慎恐惧，存于未发之前，察于既友之际，大本立而达道行。故尧舜汤武之征让不同，而同于中；三仁之生死不同，颜孟之语默不同，其同于中则一也。明乎此，则可论圣贤之时中矣。"（胡广，杨荣，金幼孜，等. 四书大全校注：上［M］. 周群，王玉琴，校注. 武汉：武汉大学出版社，2009：154）

伐纣态度上的差异，至少有很大一部分因素源自他们各自所处分位的差异，但还有一个常见的比较是文王与武王父子两代之别，如船山所言：

> 若论圣人处权变，则道固不同。舜传贤而禹传子，文服事而武伐商，一堂之父子君臣早已异矣，况千岁而可执一耶?①

通而观之，面对同一件事的决断，没有一个可以适合所有人的普遍正确答案，不仅在不同分位上的人有不同的中道，相同分位上也尽可以有不同的决断而不害其皆为中道：

> 父师奴，少师死，俱为仁人；伯夷饿，太公封，俱为大老。同其时而异其用，生死进退而各一中矣。则各致其一而皆中也。②

反之，表面类似的行为却很有可能本质差别极大：

> 在入手工夫，只富贵贫贱有依据，分得者取舍之限界明白；若说造次颠沛该是怎生，却说不得。到造次颠沛时，只此心此理是一致，事迹上全无粉本，故但恃功之密而不恃分之明。殷之三仁，“自靖，人自献于先王”，随所取舍，无不可也。若先说该是怎生，如非道之富贵不可处，非道之贫贱不可去者，然则赵孟頫之仕元，一微子也；刘休炳之同豕食，一箕子也；泄冶之死，一比干也。③

粉本原义为画稿，在此比喻底本、基础。指的是在造次颠沛的非常事态中，没有任何道理或者事迹可以预先确定而依循效法，类似的行为可能有完全不同的动机，甚至动机相仿也未必皆可称许，而迥异的行为却可能同为圣仁。颠沛既不能事先预期，只能依赖于平时的工夫积累，在常态的富贵贫贱上取舍明白。但这不是说有了平日的分明界限，到颠沛之时即可运用，而是要依靠功之密在人心中历练出的志向、德性与权衡能力。

> 大抵在欲恶持权之地，远去仁之害，则界限自有其常，如药之治病，可以配合分两。在欲恶不至之境，生死得失之地，求仁以得仁，

---

① 读四书大全说：孟子：离娄下篇［M］//王夫之. 船山全书：第6册. 长沙：岳麓书社，2011：1009.

② 周易外传：系辞下传第十章［M］//王夫之. 船山全书：第1册. 长沙：岳麓书社，2011：1065.

③ 读四书大全说：论语：里仁篇［M］//王夫之. 船山全书：第6册. 长沙：岳麓书社，2011：630.

则此理之周流六虚者，原不可为典要……①

欲恶云云大体指的是常态的好恶交战之时为求不害仁应该如何权衡，所以有其常经，如药方可以规定分两搭配。欲恶不至之时，就是遭际生死之变，则理之周流六虚不可为典要。在第二章我们看到船山惯常用此言来表述天道之不可测，因天道不可测，故非常事态下之权衡中道亦不可测，这也表现在《周易》之无中：

> 今夫凡言位者，必有中焉，而《易》无中，三之上、四之下无位也；凡言中者，必一中焉，而《易》两中，贞之二、悔之五皆中也。无中者散以无纪，而《易》有纪；两中者歧而不纯，而《易》固纯。
>
> 何以明其然也？有中者奇，无中者偶，奇生偶成。聚而奇以生，散皆一也；分而偶以成，一皆散也。故曰："喜怒哀乐之未发谓之中。"未发者，四情合一，将盈天下皆一，无非中矣；已发者，各形为理，将盈天下皆道，不见中矣。朴满一实，终始内外，浑成一中，而无有主辅之别，当位皆实，中不可得而建焉。故《易》立于偶以显无中之妙，以著一实之理，而践其皆备者也。②

《周易》每个重卦有六爻，六爻之中应该是居于三爻之上，四爻之下，而实际上并无此位，所以《易》无中。但每一重卦的上下两单卦皆有其中，即二、五之位，如此看来，《易》又有两个中。按照通常的想法，无中则无有法纪，便如认为没有固定道德法则，则必将陷入相对主义，然而《易》自有其法纪。常理又认为，两中便会歧而不纯，譬如事物如果被两个道理所支配，就会杂而不知所措，而《易》固纯。第二章"纯杂体用"小节我们论述过，船山用"纯"字强调宇宙全体虽有阴阳两面，却非两种性质不同本体和合而成，阴阳二气归根结底仍是"至纯"之"一气"。"纯"字为整全和纯粹义，杂多只是纯全之体在一时或一端的显现。君子当努力去获得对全体的领会，在此全体领会下获得事功与悟道，而不能执守一端之用而废全体之纯备。"纯"为体，"杂"为用，两者只是宇宙全体从不同角度的描述。这样我们就能够明白上引材料第二段仍是基于"纯全"之义来论述，《易》之无中并非无原则的虚空之体，就其未发而言，

① 读四书大全说：论语：里仁篇［M］//王夫之. 船山全书：第6册. 长沙：岳麓书社，2011：630.

② 周易外传：系辞下传第十章［M］//王夫之. 船山全书：第1册. 长沙：岳麓书社，2011：1064-1065.

内外皆实，无非中也；就其已发而言，气化万物皆有其道，虽不见中，其实仍是皆中。故所谓无中者，无往而非中也。需要注意，这里船山乃是就天道而言，天道不可谓善恶，亦不可谓其不中，然而“天之天”还需要落在“人之天”上，人不可妄测天道固定执中，故权衡之道如《易》之不可为典要，却仍有善恶、是非、中不中之别。总之，权乃求中，却不可执中，这是权与中道的基本关系。接下来我们通过常与变这对概念来进一步深入船山的经权思想。

2. 常与变

船山认为六经之中变常有别：

> 圣人之教，有常有变。礼乐，道其常也，有善而无恶，矩度中和而例成不易，而一准之于《书》；《书》者，礼乐之宗也。《诗》、《春秋》兼其变者，《诗》之正变，《春秋》之是非，善不善俱存，而一准之于《易》；《易》者，正变、是非之宗也。①
>
> 《易》兼常变，礼惟贞常。《易》道大而无惭，礼数约而守正。故《易》极变而礼惟居常。②

《礼》经偏于主常，是圣人斟酌于时势与人伦所订立的日用伦常之中道，所以贤者俯就，不肖跂及，而不可轻易凭私智违逆变更。礼对人伦生活的全方位规定以及不同层次的相互配合意味着在绝大多数情况下，行动者并不需要自己的裁断，只需依照礼制指引行事即可。然而，礼制诸多层面的相互配合只是一个最理想状态，现实的伦理与政治生活中，一方面每时每刻人类的行动都会不断地冲击或挑战秩序，需要治理者去重新思考应对；另一方面，士大夫常常一身而兼多种伦理身份，也就处于不同层次的名分要求之中，不同层次的要求通常情况下是相互配合成全的，但终归会有矛盾冲突之时。上述两方面因素便是大多数伦理困境的来源，也是需要权衡礼制的时刻。不过，大部分上述事件的力量不够强大，能够被礼法秩序重新整合进来，只有少数事件才会超出常态，甚至逐渐颠覆礼法的根本，使得文明走上礼坏乐崩的道路。

前文所述的伦理困境一直是在个体应对层面而言的，但我们必须意识

---

① 周易外传：说卦传［M］//王夫之．船山全书：第1册．长沙：岳麓书社，2011：1091.

② 周易外传：系辞下传第七章［M］//王夫之．船山全书：第1册．长沙：岳麓书社，2011：1057.

到，伦理困境往往不仅是个体性问题，礼坏乐崩之际，便是一个文明遭遇根本困境之时：已有的名分礼制指引在许多情境下难以适用，冲突与争执不再是偶然的变态，而成为时代的常态，从郑伯克段于鄢，到获麟前夕的蒯聩孔悝之乱，《春秋》中充斥了诸多的伦理困境与悲剧。伦理困境其实在大多数时代并非偶然性个体事件，而是源自文明整体秩序生机的涣散与错位①，所以当子路就卫国蒯聩之事向孔子发问时，孔子的回答不是具体行动，而是在子路看来颇为迂远的“必也正名乎”②。孔子正《礼》《乐》、作《春秋》等一系列举动，着眼的并非个体性事件，而是在天下的视域中通盘全面地考虑秩序整体，从根本上正本清源，努力让疲敝颓靡、失去精神生机与现实约束性的礼乐名分重新归于正位，将文明牵引向正确的道路上去，由变而归常③。《易》主变强调的是非常事态下人的应对并无典要，所谓“作易者其有忧患乎”，但主变并不是为了让事态始终处于混乱，而是因变而求常，据常而迎变，是故需要《礼》主常。《春秋》断案则是圣人在变常之间权衡定夺历史事件的显现，它不是依据于固定义例的法律卷宗，所以才能为此后两千年中华文明的发展给出了基本的尺度：“孔子作春秋，何曾有仁义作影本！只权衡来便是仁义。”④ 但《春秋》却又是本于礼的精神而作，褒贬损益而定名分，故船山说：“圣人者，本《易》以制礼，本礼以作《春秋》。”⑤ 总之，正本清源不是墨守成规的复古，而是因时损益斟酌，删述六经即是权衡的结果。

不仅《春秋》有对于非常之世的权衡断案，《礼》中亦有。船山晚年著作《礼记章句》中有对于《檀弓》这篇文本创作缘由的解读：

> 夏、殷之礼，因时创制。周公监于二代，建一王之典，而三恪之后，犹修先世之事守，虽文献凋落，尚多传习。孔子折衷裁定，归于

① 我们可以假想在天下有道之时，诸多因素都可能会很早便被周文礼乐约束归于正道，譬如南子淫乱、蒯聩出奔、晋国干涉等等，这样困境即便会有，也不至于沦入如此复杂纠结的势态中去。

② 此问题可参考苟东锋细密扎实的博士论文《孔子正名思想研究》(复旦大学，2012年)。

③ 船山亦有此意，其《读四书大全说·孟子·离娄上篇》认为圣人的中道是为了复归平常，如大舜和瞽瞍，“舜却平平常常，移易得恰好，依旧父爱其子，子承其父，天下方知无难处之父子”。

④ 读四书大全说：孟子：离娄下篇［M］//王夫之．船山全书：第6册．长沙：岳麓书社，2011：1027.《春秋》义例问题详于下一节。

⑤ 周易外传：系辞下传第七章［M］//王夫之．船山全书：第1册．长沙：岳麓书社，2011：1058．此外，近人柳诒徵《国史要义》亦有类似主张。

画一，顾其言曰“吾从周”，又曰“某殷人也”，则孔氏所讲习而行用者，固有杂殷、周之制者焉。夫子没，七十子之徒亲闻习见，各得圣人之一体，是以尊闻行知，各有所尚。而春秋以降，学士大夫之行礼者，或移于俗尚，踰于轨则，或附古行私，名合实离，或惩创流俗，矫枉过直，参诸孔门传说之不一，诚有不得而齐者矣。夫礼，经也；因事变之不齐而斟酌以中节者，权也。唯圣人而后可与权，则下此者不得与矣。是篇杂记夫子以后行礼异同之迹，其出入得失，或因圣言以为之论定，或虚悬其事而不明著其是非。诚体验而慎思之，将必有不易之理存乎其中，而精义之用显矣。诚学者择善之切图，而《礼经》之断案也。①

船山首先追溯礼制历史：周代之礼就借鉴了夏殷二代，之后孔子对礼制的折中又杂糅权衡殷周之制。孔子殁后，他所订立的礼制在其后学和士大夫那里出现了各种不一之说。在此船山强调说，礼本身作为经应当遵守，但有时事情变化需要斟酌以求中节，而只有圣人才能权衡。因此，孔门后学编订了《礼记·檀弓》篇，记载了圣人对于各种行礼异同的论定，这样，后之学者就可以对这些经圣人之手的公案中的精义深入参详研读，从而提升自己的学问心德。

船山的意思比较明白，但此处仍有问题需辨析。若只有圣人可权，这不仅和我们前文关于“境遇之权”的分析冲突，也和后文将会展示的船山自己的许多讲法不一。船山这里的论断其实有很强的针对《礼》的特别意义，“唯圣人而后可与权”的根本之义，首先是表明圣人之权衡乃是学者理想境界：“数赜而不乱，象变而不惊，时异而行之有素，位殊而处之有常，轻重、大小、屈伸通一而皆齐，可与权也。”② 其次是强调圣人依凭其高明的权衡判断，在历史与天下这纵横两个维度中为文明整体奠基，或为一个时代指引方向，而不是个体面对情境的取舍。所以船山认为一般情况下礼重于义：

礼有常经，义繇事制。唯合夫义之宜者，则虽礼之所无，而礼自可以义起。如君欲有谋则就之，尧与舜迭为宾主，一合于尊贤之义，则当其行之，不患乎礼之不中于节文，而不必引君尊臣卑之礼以守其

---

① 礼记章句：檀弓上［M］//王夫之．船山全书：第4册．长沙：岳麓书社，2011：131.

② 张子正蒙注：中正篇［M］//王夫之．船山全书：第12册．长沙：岳麓书社，2011：172.

> 不敢矣。若礼所本有，则义即不宜，而一以礼之经为宜。如孔子非鲁君之所可召，而召必赴焉，则礼有其常，为礼屈而非为势屈，于义固宜，抑不必据不可召之义以自亢矣。
>
> 礼义相为错综以成经纬，固有合一之理。乃圣贤审物度己，则必既求之礼，又求之义，虽求之义，亦必求之礼，无不可者，而后决然以行其志。①

船山认为在礼制有规定的情况下，即便不甚合义，还是当遵礼而行，如孔子应鲁君之召而赴，此反倒是合宜之举。但这并非礼高于义的绝对原则，而是因为此常态下礼重于不可召之义。另外，本无之礼可因义而起，如尧舜迭为宾主，为礼制所无，因合于尊贤之义，也可行之。但严格说来，任何一个新出现的礼节必定要纳入原有的礼制系统中，在这个过程中出现冲突几乎是不可避免的。就尧舜之例来说，当时已有君臣尊卑之礼，迭为宾主其实包含着对原本君臣之礼的突破甚至是冲突和颠倒。所以，船山这里的说法只是就常态而论，他同时还要强调礼义错综合一，以求两合。

此外，圣人不唯删述六经值得后人学习，其言行举止随时而中，从心所欲不逾矩，如《论语·乡党》中对孔子日常言行记载，皆为后人效法学习的范本，故船山推崇程子之说："故唯程子之言为最深密。程子云'圣人则不以权衡而知轻重矣，圣人则是权衡也'，显此为'从心所欲，不逾矩'之妙。权之定轻重，犹矩之定勾股；而权之随在得平，无所限量，尤精于矩；则必从欲不逾矩，而后即心即权，为'可与权'也。如《乡党》一篇，无不见圣人之权。"② 这里论述的圣人权衡与上一章第八节对"规矩与巧"的讨论相通，那里我们论述过，巧是对规矩的运用而非逾越，船山认为"规矩者物也，可格者也；巧者非物也，知也，不可格者也。巧固在规矩之中，规矩之中无巧"。与此相类，经是厚薄长短的道理，"可与权"指的也即是圣人对道理的运用自如而不逾矩，如大匠运用规矩随心所欲。权在经之中如巧在规矩之中，是说权的运用不可脱离、违逆道理，如公输班之巧不以规矩不能成方圆。经中无巧，即经中并不包含道理的自如

---

① 读四书大全说：孟子：万章下篇［M］//王夫之. 船山全书：第6册. 长沙：岳麓书社，2011：1048-1049.

② 读四书大全说：论语：子罕篇［M］//王夫之. 船山全书：第6册. 长沙：岳麓书社，2011：741.

运用，权之所用存乎一心。人的价值尺度固然可以说源自天，但如果落在现实历史中，追溯一个文明基本经典与尺度的奠基，经的源头是（圣）人的权衡判断能力。

尽管如此，纵观船山对整篇《檀弓》的注释，明显多有立意在于学圣人者不可躐等以求通，不可随意权衡损益，当若曾子之守约，此或有感于晚明士风而发。但是，正如上一节我们分析"《春秋》决狱"时指出的，任何对经典的诠释本身就是权，是后人通过对圣人权衡断案的学习揣摩，来提高自己权衡能力的工夫，船山的《礼记章句》以及其他大量著述尤其是史论，都包含了对诸多困境下如何中道的权衡论断，但这已经不是圣人作经层次上的问题，而是每个学者日用伦常之间的权。不仅学者如此，一般人生活常态中也需要对伦常法则的权衡取舍：

> 若礼所云有过则谏者，自是关系行检大纲目处，……且过之大小，亦因乎人之生平。若文王、孔子以为父，则一举动之可疑，不妨以异同请益；若在瞽瞍，则但不格奸而已足。至于言行好恶之纰缪，一一而辨其得失，将终日疾首蹙頞于问安视膳之时，即欲求一刻之承欢而不得矣。[①]

以上主要是就圣人所作之经与后人之权的关系而论的。六经之常与变，是在历史奠基层面凸显了圣人面对变与常的态度，圣人由权而作经，由用而生体，经奠定了文明常道大本。而后人遇事首先当力求返归于经以合道，且努力引领天下归于常道，而不宜轻易师心自用，如此则经为体，诠释经典为用[②]。那么是否后人遇非常之变时需用权，常则守经呢？这是接下来要讨论的问题。

众所周知，朱子在《中庸章句》中将"庸"字训为"平常"，在《中庸或问》中做了说明："则自君臣父子、日用之常，推而至于尧、舜之禅授，汤、武之放伐，其变无穷，亦无适而非平常矣。"[③] 并与弟子就汤武放伐之事是常还是变也做过讨论[④]。朱子思路我们上一节已经论述过，乃

---

① 读四书大全说：孟子：离娄上篇［M］//王夫之．船山全书：第6册．长沙：岳麓书社，2011：999-1000.

② 此义发详于本节第三部分。

③ 胡广，杨荣，金幼孜，等．四书大全校注：上［M］．周群，王玉琴，校注．武汉：武汉大学出版社，2009：250.

④ 朱子语类：卷62［M］//朱熹．朱子全书：第16册．上海：上海古籍出版社，2002：2008．相关讨论参看本章第一节第二小节。

是基于其理之于事的优先性，任何事件行为的合法性最终必定是基于其合于事事物物之定理，或合于天理，就此而言皆为常而不可谓变。船山既不以理为绝对在先，所以他区分变常也不以合理为据，在《读四书大全说》中他针对朱子对“庸”的训解做了批评：

盖以庸为日用则可，日用亦更新意。而于日用之下加“寻常”二字，则赘矣。道之见于事物者，日用而不穷，在常而常，在变而变，总此吾性所得之中以为之体而见乎用，非但以平常无奇而言审矣。

朱子既立庸常之义，乃谓汤、武放伐，亦止平常。夫放君伐主而谓之非过不及，则可矣，倘必谓之平常而无奇，则天下何者而可谓之奇也？若必以异端之教而后谓之奇，则杨、墨之无父无君，亦充义至尽而授之以罪名，犹未至如放君伐主之为可骇。故彼但可责其不以中为庸，而不可责之以奇怪而非平常。……

子所云过不及者，犹言贤者俯而就，不肖者企而及，谓夫用其喜怒哀乐者，或过于情，或不及夫情……

…………

……故知曰“中庸”者，言中之用也。①

船山区分了日用和平常两个概念，日用之间有变有常，平常之事也未必限于日用。这其实是想表明变不仅在复杂的政治或历史领域会出现，每个人每天的生活中都可能遭遇变故困境。然后他又明确认为汤武放伐绝非平常，但可以称其为“无过不及”，也即是“中体之用”②，或简称“得中”“中道”。异端之学只可称为未达乎中道，却非变与奇。而非常之事除了汤武放伐之类，日用之间也有，如嫂溺叔援：

以手援嫂，自是惊天动地事。……

……嫂溺自是用常礼不得处，与汤、武征诛，伊、周放戮，大舜不告一例。……

……嫂命滨危，须破礼合权耳。③

① 读四书大全说：中庸：名篇大旨［M］//王夫之．船山全书：第6册．长沙：岳麓书社，2011：452-453.

② “中体”问题可参看陈来《诠释与重建：王船山的哲学精神》（生活·读书·新知三联书店，2010年）第99页。

③ 读四书大全说：孟子：离娄上篇［M］//王夫之．船山全书：第6册．长沙：岳麓书社，2011：998-999.

日常变故的不合礼，不告而娶，乃至臣子违逆君臣大礼而放伐君王，这些之所以都归类于变，共同性在于它们都需要违逆礼制才能够合乎中道。所以，船山认为在非常事态下，权变违逆常经（礼）而发挥作用，这是“反经合道”的意思。但这只是“权”的用法之一，这种与“经”相对之“权”我们可以暂且称其为“反常之权”。船山认为，孔子所说的“可与立，未可与权”之“权”，是对于“经”的精微体察与权衡运用，这是“权”的第二种用法，我们可称之为“用经之权”。船山对两种“权”的区分论述如下：

> 至如孟子云“嫂溺援之以手”，乃在事变上说。岂未可与权者，视嫂溺而不援乎？若伊尹放太甲，周公诛管、蔡，则尤不可以证此。
>
> 周公若有反经合权之意，则必释管、蔡而后可。……其诛之也，正经也。周公即微有未惬处，亦守法太过，遭变事而必守经耳，安得谓之反经？
>
> ……如使进乎“可与立”者，必须有此惊天动地一大段作为，而后许之曰“可与权”，亦岂垂世立教之道哉？浸假太甲贤而伊尹不放，则千古无一人一事为可与权者矣，……
>
> 若嫂溺手援，……自非豺狼，皆可信其必援。只是一时索性感怆做下来的，既非朱子“精微曲折，曲尽其宜”之义，而又岂圣贤胸中有此本领，以待嫂之溺，为反经而合道耶？
>
> ……使然，则独伊、周为当有权，而尧、禹为无权乎？孟子讥“执中无权”，初不论得已、不得已。①

这里两种“权”的区分非常明确，一是就非常事态而论，如嫂溺叔援；一是就境界而论，如未可与权。不过既然皆谓“权”，两者之间有何关联呢？嫂溺叔援并不需要“可与权”的高明境界，其反经是因为违背礼制，而非不合道义，所以只要不是性如豺狼，心怀仁爱者必然会破礼而援手。而之所以圣人定男女授受不亲之礼，是为了别男女，正人伦，尤其是夫妇之伦如忠贞敬爱等等，所以此礼的源头仍是仁爱亲亲之义。伊尹、周公、汤、武之事与嫂溺叔援相仿之处在于，都是因事态非常，不得不违反具体礼制，却合于天地大经。差别在于，嫂溺叔援的事态比较简单，无须

① 读四书大全说：论语：子罕篇［M］//王夫之. 船山全书：第6册. 长沙：岳麓书社，2011：739-740.

精微权度，只需凭一时仁心感发即知其所当为，而太甲、管、蔡、桀、纣之事态异常复杂，即便圣若伊尹、武王、周公，其所作为无论是在当时还是后世皆争议不断。就此而言，嫂溺叔援尽管船山称其为变，也涉及不同准则的轻重权衡，但因此判断非常明确，几乎毫无争议，故尔还是更加接近于上一节所论的“日常之权”，伊汤武周之际遇则当归属于“困境之权”。前文已述，“日常之权”其实永远包含着“困境之权”，“困境之权”也不可能仅仅是不同准则的轻重判断，它必然也包括对境遇与准则的关联判断，两者都源于人心灵明良知的“境遇之权”。

需要说明的是，船山这里认为周公其实是遭变而守经[①]，并反对“反经”之说是因为他把“反”字解释为违逆悖反，而非返回之义。如果是在返回、复归意义上的“反经”，则船山其实是赞同的，譬如他在《正蒙注》中对张子“义以反经为本，经正则精”这句话解释为：“经者，人物事理之大本；反者，反而求乎心之安也。止此伦物，而差之毫厘则失其正，无不正则无不精，非随事察察之为精也。”此注虽然也受到朱子影响，以人物事理之大本来解释“经”，但“反”的解释不再是上文所用的违逆之义，显然偏向于返回的意思，与汉儒之义更近[②]，且落在心安上。这是说“反经”乃是返向伦常大本上求己心之安，方法是以大本道理来权衡事物求其正，不可差之毫厘。又如“权者，以铢两而定无方之重轻，一以贯之之象，随时移易而皆得其平也。明此，则权即

① 船山在《尚书引义·太甲一》中，针对伊尹放太甲之事做出了类似的论断：“权，重于经者也。经有未审，悬重以酌其平之谓权也……格君心之非者，经也。放之以格之者，循经而尤重之也。”

② “反经”之说本自孟子，《孟子·尽心下》：“君子反经而已矣。经正则庶民兴，庶民兴，斯无邪慝矣。”赵注：“经，常也。反，归也。君子治国家，归于常经，谓以仁义礼智道化之，则众民兴起而家给人足矣。仓廪实而知礼节，安有为邪恶之行也。”焦循曰：“反与返同，归即还也。”（焦循. 孟子正义［M］. 北京：中华书局，1987：1033）可以看出，赵、焦对“反经”的解释都接近上一节我们分析的返回、回归经之义。朱子《孟子集注》则曰：“反，复也。经，常也，万世不易之常道也。”朱子的解释方向强调的是复现常道定理或是纲常，这还是以常道定理来解释经，兼有复性之义。《四书大全》中还引用了如下对答：问反经之说。朱子曰：“经便是大经，君臣、父子、夫妇、兄弟、朋友，且先复此大经，天下事未有出此五者。其间却杀有曲折，如《大学》亦先指此五者为言，使大纲既正，则其他节目皆可举，若不先此大纲，则其他细碎工夫如何做?”而对横渠《正蒙·神化》此言历代几乎都是用朱子复常道之义来解释，而罕有用旧注归返之义。只有刘儓将此则与“反经合道”关联起来讨论：“经，常也，古今通行之道也；反，复也。言义主于制事之宜，疑有戾于经矣，故以反经为本，所谓权而不离于正者也。”（林乐昌. 正蒙合校集释［M］. 北京：中华书局，2012：255）

经之所自定”①，这仍是强调以经来权衡判断。此思路似兼有朱子阳明之义，既强调大本之道，又落于此心灵明权衡之安。

回到“反常之权”和“用经之权”，船山还有如下论述：

> 《集注》“迁国以图存者权也，守正而俟死者义也”，“权”“义”两字，正不必对。《或问》欲改作“权也”“经也”，则于迹近似，而于理反不协。经、权一也，因事之常变而分尔。“效死勿去”，自处变之义，已早非经矣。后人不识“权”字，更不识“经”字。曰“经纬”，经持纬也；曰“经纶”，理其绪也；固非有体而无用。事无可为，只拼一死，更何经之有哉！
>
> 言“权”则故不爽乎经，言“经”则自有轻重取裁之意，故曰“变而不失其经之谓‘权’”。有可权者，则权以合经，故迁国图存，自保国之经也。无可权矣，则亦无经，而所守者唯舍生取义而已。此“义”字，但求之心，不求之事，本无随时合宜意。《集注》自精当，无庸更添蛇足。②

这里讨论的事件源自《孟子·梁惠王下》，滕文公问孟子小国夹于大国之间当如何自处，孟子给出了两个选择，或如周之太王迁国，或守社稷而死。朱子在《孟子集注》中对此评论说：“盖迁国以图存者，权也；守正而俟死者，义也。”③ 有弟子问：“《集注》‘义’字当改作‘经’字?”朱子曰：“思之诚是，盖义便近权，或可如此，或可如彼，皆义也。经则一定而不易，既对‘权’字，须著用‘经’字。”④ 船山认为朱子集注的表述并无问题，并分析认为“权”与“义”虽然句法相对，意思却不是相对。而《四书大全》中把“义”改为“经”，强行与“权”相对乃是画蛇添足。不过船山自己的讲法也颇有滞词，他一方面说“经”“权”其实一也，只是因常、变而有区分，另一方面又说殉国处变并非经。下文却又说“权”不爽乎“经”，无“权”亦无“经”。尽管这些表述存在含混之处，我们还是能够梳理出其想表达的意思：首先事态可以分为常与

① 张子正蒙注：中正篇［M］//王夫之．船山全书：第12册．长沙：岳麓书社，2011：172.

② 读四书大全说：孟子：梁惠王下篇［M］//王夫之．船山全书：第6册．长沙：岳麓书社，2011：916－917.

③ 胡广，杨荣，金幼孜，等．四书大全校注：下［M］．周群，王玉琴，校注．武汉：武汉大学出版社，2009：803.

④ 同③.

变，常当遵经自不待言，变又可分为两种，即一般的困境和极端的困境。在一般困境中，可以通过权衡找到合宜的行动方式，而究其本质仍合乎经。譬如可以迁国的情况下，迁国尽管是权，但并不违逆正道，即保国之经。在极端困境中，人的能力、德性、作为可能都无济于事，权衡在此情况下几乎失去意义，即无所可权，那么其实也无经可守，因为任何伦理法则在此都不足以适用，故到此地步只求一死。船山特别强调这里的“义”不再是合宜的意思，而是舍生取义的意思，只求心安而无所事为。因为，有的时候舍生取义是一种合宜的选择，有的情况下舍生亦非合宜，只是无所可为而已①。

还要补充的是，船山认为权之用绝不是简单遵从经之体规定的行动，他认为权之用不仅仅是非常事态中的变式，更是人的实践常态：

> 圣贤之权，每用之常而不用之变。②
>
> 大而钧石，小而铢絫，止用其常而无不定，此乃天理自然恰当之用。若云不得已而用权，则执秤称物者，皆日行于不得已之涂矣，而岂其然哉！③

这里的权与动词意义的经其实内涵是贯通相生的。不难看出，这个结构和上一章论述的船山其他重要命题如“性日生日成”“规矩与巧”“格致相因”的结构是一致的，都是在强调两种维度的不即不离的同时保持住两端的张力，但并不求一个固定现成的“中”，而是在一种动态的解释学循环中不断地以更丰富的方式回到本源。

总之，一方面船山强调一般常态须守经，但守经必已包含对经的诠释与衡定，就此而言，经亦是权；另一方面，遭逢困境事变则需用权，权衡的方式是返经合经而求心安，并无最终原则判定中道与否。此外，这里船山虽然引用了朱子的话“变而不失其经之谓‘权’”，但“经”的意思已经做了扭转，不仅有朱子那里事物定理的名词意义，还有“轻重取裁”的

① 比较典型的一个例子是东汉赵苞之事：熹平末，赵苞升任辽西太守。遣人迎母及妻子赴辽西，途经柳城，为鲜卑所虏，作为人质，载以进攻辽西。其母说：“人各有命，何得相顾？”他即时进战，击败鲜卑军，母、妻皆遇害。鲜卑破后，他葬母事毕，呕血而死。船山在《读通鉴论》中论曰：“论为子为臣之变，至于赵苞而无可言矣。何也？若苞者，无可为计，虽君子亦不能为之计也，无往而非通天之罪矣。”（《读通鉴论·后汉灵帝六》）。又如徐庶之事，以及《读通鉴论·晋安帝一三》所论。

② 读四书大全说：论语：子罕篇［M］//王夫之．船山全书：第6册．长沙：岳麓书社，2011：741．

③ 同②742．

动词意义，所以“经”有“经持纬”“理其绪”意涵，一字而兼体用。此义在这段材料中表述尚不明确，需要结合其他材料展开讨论。

3. 经纶与大经

船山在《读四书大全说》中对《论语·子罕》“未可与权”一则进行辨析，他首先给出基本的论断认为“朱子之言权，与程子亦无大差别。其云‘于精微曲折处曲尽其宜’，与程子‘权轻重，使合义’正同。‘曲尽其宜’一‘宜’字，即义也”。接下来反对汉儒“反经合道”之论[①]，甚至还对《四书大全》中朱子的阐释做出批评：“朱子曲全汉人‘反经合道’之说，则终与权变、权术相乱，而于此章之旨不合。反经合道，就事上说。此繇‘共学’、‘适道’进于‘立’、‘权’而言，则就心德学问言之。学问心德，岂容有反经者哉？”表面上看来，这还是秉承了程朱的基本说法，以权为裁断的合宜，反对权变、权术式的理解。但仔细玩索，我们会发现，船山对“权”和“经”都做出了许多不同于程朱的阐释：

> 子曰“可与立，未可与权”，初不云“可与经，未可与权”，“经”字与“权”为对。古云“处经事而不知宜，遭变事而不知权”，就天下之事而言之，“经”字自与“变”字对。以吾之所以处事物者言之，则在经曰“宜”，在变曰“权”，权亦宜也。于天下之事言经，则未该乎曲折，如云“天下之大经”，经疏而纬密也。于学问心德言经，则“经”字自该一切，如云“君子以经纶”，凡理其绪而分之者，不容有曲折之或差，则经固有权，非经疏而权密也。[②]

船山首先指出，《论语》此则中，“经”并不和“权”相对，并引证古语认为“经”与“变”相对，而“权”其实是“宜”，只不过是非常状态下的合宜之道。“天下之大经”出自《中庸》第三十二章：“唯天下至诚，为能经纶天下之大经，立天下之大本，知天地之化育。”朱子章句注曰：“经，纶，皆治丝之事。经者，理其绪而分之。纶者，比其绪而合之也。经，常也。大经者，五品之人伦。大本者，所性之全体也。”船山基本上认同朱子对“经

---

① 船山这里是把“反经”理解为违逆经。

② 读四书大全说：论语：子罕篇［M］//王夫之．船山全书：第6册．长沙：岳麓书社，2011：739.

纶”和“大经”的注解[①]，所以这里的意思是“就事上说”，‘经’指的是诸如‘仁义礼智信’这样的大德，在这层意义上来说它们只是一个形式规定，如上章所言，性日生日成，德内在的丰富性需要人不断地磨炼去充实习得。因此单说大经不能够尽乎人情事变之曲折，在具体境遇中的实践行动还需要“权”之宜，故曰经疏纬密，这里的“经”偏向静态形式规定，这个意涵与上一章所论船山“本然之性”的意义相通。船山之性不是一个待复之本体，而是需要在工夫中充实展开，由此引出本然之性与气质中之性的区分，而后者则对应于此段材料中所论的“学问心德”，现实中的人性必然是在实践中对性的丰富扩充中不断生成的。所以把“经纶”解释为“理其绪而分之，比其绪而合之”，“经”在此是动词化的用法，指的是人对境遇的理解、分析、判断、权衡的综合性统一，偏向动态的境遇性实践，所以不能说“经疏而权密”。这种实践本身就是权衡，所以说“经固有权”，下面船山做了进一步阐发。

> 以已成之经言之，则经者天下之体也，权者吾心之用也。如以“经纶”之经言之，则非权不足以经，而经外亦无权也。经外无权，而况可反乎？在治丝曰“经”，在称物曰“权”；其为分析微密，挈持要妙，一也。特经以分厚薄、定长短，权以审轻重，为稍异耳。物之轻重既审，而后吾之厚薄长短得施焉。是又权先而经后矣。[②]

“已成之经”指的是圣人所作之经，它和“天下之大经”表述不同但其义相通。“天下之大经”指的是人伦大本，如仁义礼智这样的形式性德目。人学习体察这些人伦德目最重要的方式是学习圣人所作的“已成之经”。后人遇事当守经，但圣人经典并不能事无巨细地指引我们的生活，经典也不可能自行发用，而是交由吾心权衡使用。因此经虽然能够作为天下之大本，但还需要每个人用己心己德去活学活用，并非照搬经文义例，所以说权者吾心之用。这看起来近乎程朱理解的经权体用关系，不过更加重视“经”作为“经典”的意义，而不仅是伦常法则意义。

---

① “君子以经纶”出自《周易·屯》，船山晚年的《周易内传》对“经纶”的阐释“经者，理其绪而分之。纶者，比其绪而合之”，以及上一段引文，都基本上照搬了朱子的训解。此外，船山的《四书训义》对“大经”的解释同于朱子：“则人伦为之大经矣。”（四书训义：中庸：第三十二章［M］//王夫之. 船山全书：第7册. 长沙：岳麓书社，2011：230）

② 读四书大全说：论语：子罕篇［M］//王夫之. 船山全书：第6册. 长沙：岳麓书社，2011：739.

接下来船山论述了经权的另一种关系，如果在“经纶”之“经”的意义上理解，那么“经”“权”的意涵基本等同，都是人在境遇中的判断实践。其稍异处在于，权是就物（事态）而审其轻重，让事物的差异性呈现出来。而“治丝曰经”中作为动词的“经”，比喻的是分辨明白心中道理包含的厚薄长短。先权度事态中各种因素的轻重，再依凭心中道理的厚薄长短对其施加合宜的行动，在人的实践过程中，权先而经后，但究其本质，都是人心中权衡判断的能力，只是有内外和对象之别，所以说非权无经，经外无权。可以看出，这里的“权—经”机制其实就是笔者在前几节中描述的“境遇之权”，船山在经权体用的思路上应该也受到了阳明学直接或间接的影响。对于这种“境遇之权”，船山之所以归类为“学问心德”，是因为这种实践行动最终是为了让心达到“从欲不逾矩，而后即心即权，为‘可与权’也”[①]，也就是以成德为目标的学问工夫，而此德无非是以学问为根基的极高明的判断力。接下来我们的重要问题是，上述“经”的名词和动词两层意义之间关系为何？动词意义中的“权”“经”关系又是怎样？

《孟子·告子上》中孟子、季子和公都子关于“义内”有过一段往复辩驳，这段辩驳也涉及“权”的问题，《读四书大全说》首先对《四书大全》中潜室陈氏进行了批驳，为了明确船山所指，我们将陈氏和船山的论述都引用如下：

潜室陈氏曰：“礼敬之义在外，如叔父，如弟，如乡人，皆指外而言，故告子以义为外。然敬之所施虽在外，而所以行吾敬处却在内。如当敬叔父时则敬叔父，当敬弟时则敬弟，当敬乡人则敬乡人，所以权其事宜而为之差别者，则此理之权度，未尝不在吾心。”[②]

船山曰：“潜室以‘权度’言‘义内’，亦未尝知义也。若专在权度上见义，则权度者因物之有长短轻重而立，岂非外乎！……若非其人，则但见义由物设，如权度之因物而立，因物者固不由内矣。……庸人无集义之功而不知义，则一向将外物之至，感心以生权度而不得不授之权度者以为义。如贫人本无金谷，必借贷始有，遂以借贷而得谓之富，而不知能治生者之固有其金谷也。……固有义而固知之，则义之在吾心内者，总非外物

① 读四书大全说：论语：子罕篇［M］//王夫之．船山全书：第6册．长沙：岳麓书社，2011：741．

② 胡广，杨荣，金幼孜，等．四书大全校注：下［M］．周群，王玉琴，校注．武汉：武汉大学出版社，2009：984．

之可比拟。权度，人为之外物也。……如说权度为义，便不知义。”①

这里船山实际上对陈氏有一个误解，观陈氏上下文意味，其所谓的权度应该是作动词来用，也就是吾心对事宜的权衡，“度”字读音应该是同“夺”。而船山则误读陈氏之权度为名词，“度”字读音同“肚”，指的是判断事物所依凭的外在固定法则或尺度②。因此误读，故船山强调名词意义的权度只是一个外在工具，其根源乃是动词意义的权度③，也就是心在具体境遇中的判断机能，如果误以前者为根本，而忘记其源头的话，就会不知自家原能治生，只会借贷金谷以为己用。或者如其后文的一个更恰切的比喻，像那些只会用算盘算账的“里胥、牙侩之流”，心中无数，所以离了算盘便茫然无措。船山对陈氏的误解本身并不重要，重要的是我们由此可以看到，船山认为“经”在根本上不是某种静态的常理准则，而是心体的源始判断机能，即前文所述的“理其绪而分之，比其绪而合之”的能力。船山虽然原样引用了朱子的话，但他们思路有很大差别，朱子对《中庸》的注解根本上是偏向于对静态的“常理”“定理”的强调，其对“经纶”的解读更多是出于训诂的需要，“经”的动词意义在朱子经权结构中是不受重视的。而船山则追溯“常理”“定理”的根源，把朱子的这个训诂大加发挥，使重心落在心的源始机能上，从而让“经”获得动态意义，其逻辑合法性来自他对体、理、德、性诸概念以气论为基础的生成性改造。但他又不像阳明那样强调心之灵明对定理的决定性支配，而是让静动两层意义的“经”获得循环的生成，这和他“性日生日成”“理随势变”的基本思路也是吻合的。这种循环生成的思路在船山接下来的两篇论说中皆有详述，节录如下：

> 权之度音徒雒切。陈氏所云“权度”，乃如字。之④，须吾心有用权度者在，固亦非外。然权度生于心，而人心之轻轻、重重、长长、短短者，但假权度以熟，而不因权度以生也。圣人到精义入神处，也须有观物之智，取于物为则。权度近智，与义无与。然谓轻重长短茫无定则

① 读四书大全说：孟子：告子上篇［M］//王夫之．船山全书：第6册．长沙：岳麓书社，2011：1061.

② 此误解由本书引用的下一段船山材料清晰可见。

③ 船山以“度”的动词意义置换名词意义，具有明显的担忧价值准则坠入现成体系的关怀指向，而非纯粹字句训诂，对此可参看其《周易稗疏·系辞下传》对“其出入以度外内使知惧”的发挥。（周易稗疏：系辞下传［M］//王夫之．船山全书：第1册．长沙：岳麓书社，2011：791-792）

④ 这里船山明确的表达印证了我们前文对其误解的判断。

于吾心，因以权称之、以度量之而义以出，则与于外义之甚者矣。

当初者权度是何处来底？不成是天地间生成一丈尺、一称锤，能号于物曰我可以称物之轻重、量物之长短哉？人心之则，假于物以为正，先王制之，而使愚不肖相承用之，是以有权度。权度者，数也，理也；而为此合理之数者，人心之义也。故朱子谓'义如利斧劈物'，则为权度之所自出，而非权度明矣。

…………

若说弟重则敬弟、叔父重则敬叔父为权度，此是料量物理，智之用也，且非智之体。不与敬之本体相应。若说权度者物之所取平者也，吾心之至平者谓之权度，则夫平者固无实体，特因无不平而谓之平耳。此但私欲不行边事，未到天理处。以平为义，则义亦有名而无实矣。义者以配四德之利、四时之秋，岂但平而已哉！

吾固有之气，载此刚大之理，如利斧相似，严肃武毅，遇着难分别处，一直利用，更无荏苒，此方是义之实体。故以敬以方，以宜以制，而不倚于物。岂但料量以虚公①，若衡鉴之无心，而因用以见功者乎！②

在第一段中船山认为，权度应该作动词意义使用，权度是人对事物长短轻重的判断③，这种能力近乎人与物相交时观物之智，但人并不能仅仅依凭这种能力权衡物之轻重即可达成义，那样显然义就在物而不在人，所以仍是“义外”。要能够“轻轻”“重重”，也就是称量事物的轻重分量，在人心中除了有称量的能力之外，还要有权衡的尺度。二者对应于“经”的动词与名词双重意义，并共同构成权衡事物轻重的能力。此能力可以借助称量实践而熟稔提高，却不可说由此而出，因为尺度和称量分属心的不同结构功能。就好像以秤称物，仅仅有俯仰高低是不够的，还必须有刻度才能称出重量。类似的比喻朱子阳明都曾经用过，但是各自强调重心不同④，对

① 料量：称量。《史记·孔子世家》：“孔子贫且贱。及长，尝为季氏吏，料量平。”虚公：无私而公正。

② 读四书大全说：孟子：告子上篇［M］//王夫之．船山全书：第6册．长沙：岳麓书社，2011：1062-1064.

③ 为了行文不致混乱，后文将名词意义上的权度称为尺度或准则，动词意义上的权度称为权衡或判断，但请读者不要忘记的是，这两层意思在船山那里是用一个概念体现的。

④ 朱子曰：“人只是合当做底便是体，人做处便是用，……如尺与秤相似，上有分寸星铢，则体也；将去秤量物事，则用也。”（《朱子语类》卷六）阳明曰：“若不就自己良知上真切体认，如以无星之称而权轻重。”（传习录：第146条［M］//陈荣捷．王阳明传习录详注集评．台北：台湾学生书局，1983：205）

此前文已有大量讨论，简言之，朱子更加重视人心对于定理的认识把握，由此即可顺理成章而有权衡能力，权衡还是用经之义；阳明则强调心对理的认识功能也从属于判断功能，即“境遇之权”，并以此为据忽略“经”的历史性。

本书第三章第六节曾经指出，船山在对内心固有尺度如仁义四德的理解上不同于朱子性理的思路，而是将其解释为气固有之健顺良能，而心之灵明知觉则源自气的同异攻取之性。灵明心与仁义心又是同源同体，“本同而末异”，“同体而异用”。所以这里船山所区分的权衡行动中包含的尺度与判断两个方面，它们实际上对应于仁义心和灵明心。所以，这里船山所谓人心之轻轻重重假权度以熟，既非朱子“心主性情”“心统性情”之义，亦非阳明以良知灵明为发用之体，而是前章所论道心人心的互藏其宅、交发其用之义。这是“经”的名词与动词双重意义的第一种结构，这种结构本就包含了体用相生的历史性意义。

在材料的第二段，船山进而论述了“权度”的名词意义，即判断尺度的来源。按照船山的天人之辨，“天之天”必须交由“人之天”才能获得展开①，所以尺度准则不可能是天地间自然生成，号令万物莫敢不从，而是“人心之则，假于物以为正”，也就是人心中内在的尺度凭借事物获得的外化②。不过，这种外在实现并不是任何人都可以凭一己之能为世界立法，而只有代表了天人最高统一性的先圣先王③才有此权能。相应地，这种尺度准则一旦获得外化实现，后人，尤其是一般愚夫愚妇就必须承袭之。在这里，尺度和准则在前述的结构之上又被赋予了阳明那里所缺失的

① 船山天人之辨非常丰富，前文已有详论。这里只赘引几句最典型话语作为此处例证：“原道之所建，人之天也。”（船山经义［M］//王夫之．船山全书：第13册．长沙：岳麓书社，2011：662）“人之所知，人之天也；物之所知，物之天也。若夫天之为天，肆应无极，随时无常，人以为人之天，物以为物之天，统人物之合以敦化，各正性命而不可齐也。”（尚书引义：皋陶谟［M］//王夫之．船山全书：第2册．长沙：岳麓书社，2011：271）“然学者仍不可将在人之天道与天道之本然，判为二物如两间固有之火，与传之于薪之火，原无异火。特丽之于器者，气聚而加著耳。”（读四书大全说：中庸：第二十章［M］//王夫之．船山全书：第6册．长沙：岳麓书社，2011：530）台湾学者曾昭旭在其《王船山哲学》（远景出版事业公司，1983年）第三章第一节“天之天、人之天与物之天”对此提法亦有详细论述，并将其改为“在天之天道”与“在人之天道”对举。邓辉《王船山历史哲学研究》（岳麓书社，2004年）第139页也对此有专题论述。

② “假”字有凭借、依靠的意思，还有给予、授予的意思，两种意思在这里都可以说得通，笔者倾向于取“凭借”之义，而“给予”之义似主体性太强。

③ 不必追溯先王的具体所指，在中国传统中，先王往往表示着那些对民族历史性世界有着决定性构建意义的圣王，他们的意义超出考据性历史事实，也始终塑造着我们的民族。

历史维度。先王之立法之所以具有不可变乱性，不仅仅是因为其仁智高于常人，代表着最高普遍性①，还因为民族的历史性世界从其开端起就是由先王之礼规定的。后人可以不断地回溯源头获得日新之丰富，也可以通过某些决断打破既有之陈规并损益礼法，但历史性世界永远构成着个体一切思想、判断和实践的先决条件。在此，"经"作为经典的名词意义尽管源自动词之"经"，即圣王之"权"，却构成后来人伦常生活中理解与实践的基本限度，在此意义上构成了一个诠释学循环。

在第三段中船山更进一步分析一般意义上人依凭固定尺度对事物的判断——"日常之权"——与更加根本的人心权衡能力，即"境遇之权"的关系。在他看来，在情境中的权衡判断，如果只是一种轻重长短的比较，譬如敬弟和敬叔父的比较，这就和"义"没有关系，而仅仅是"智"的发用，因为它依仗一个外在的固定标准进行近似于纯工具性的计算推理，而和这个境遇中原本最重要的问题脱离了关联。敬弟和敬叔父这两者的比较不能脱离具体境遇背后的源头，脱离了本心的诚敬，外在的判断权衡就会沦落为对礼则的纯粹工具性计算与应用，孔子"礼云礼云，玉帛云乎哉""人而不仁如礼何"强调的即此。这样的"日常之权"即便是没有掺杂私欲的考虑，如文中所谓的"平"，其本心也是昏然的，处于"懵懵懂懂去做"的状态。

其实阳明强调的"致良知"也包含这层意义，只不过船山出于对明亡的痛心，对王学一直是不遗余力地批判，这里可以看出他吸收了王学的思想而不自觉，而且更多地是在王门后学的流弊意义上来批判王学。"料量以虚公，若衡鉴之无心"显然是指向王学（当然也包括禅学）的一个不算很公允的批判。"料量以虚公"与"衡鉴之无心"意义并不相同，前面我们分析过，阳明喜欢说"衡鉴之无心"出发点其实正是要将人一切行动依赖的"权"重新落回到心之源头上去，其所谓"无心"更多的是指不动私念，"无心"是为了回复本心，所以阳明"衡鉴之无心"恰恰是要用来纠正一般人懵懂的"料量以虚公"。当然，王门后学往往流于以知觉为性，那样的"无心"就不再是"权"之源头，便又很容易落回到"日常之权"的懵懂状态，甚至以此为圣狂而不返：一方面过度向内心之本体灵明诉求，另一方面对心体之发用缺乏回返的习性磨炼，割断了船山也包括阳明

① 这里的"普遍性"不是形而上学共相或先验形式意义上的，而是诠释学视域意义上的。参看加达默尔《真理与方法》中"效果历史原则"一节。

始终强调的内外相生结构，从这个意义上说，船山的批判也不能算是完全的误解。

船山这里反复引用了朱子“利斧”的比喻，此比喻出自《朱子语类》卷五十一《孟子一》：“心自有这制。心自是有制。制如快利刀斧，事来劈将去，可底从这一边去，不可底从那一边去。”“义似一柄利刀，看甚物来皆割得去。非是刀之割物处是义，只这刀便是义。”朱子这里强调的是义的裁制之用，以及用和体的不可分性，对于这种不可分性，船山即器见道的思想自然是非常认同的，他还在《读四书大全说·孟子·梁惠王上篇》中讨论朱子著名的论断“仁者，心之德、爱之理。义者，心之制、事之宜”时提到这个比喻并说：“说制便是以心制事，观朱子利斧劈将去之喻自见。利斧是体，劈将去便则是用。如何不是用？说宜是用，说事之宜便是体。事是天下固有之事。……若将体用分作两截，即非性之德矣。”这几句文意非常明了，毋庸赘析，只需指明的是，如果我们结合前面对朱子“权”与“义”的分析来看的话，朱子讨论“义”时强调即体即用的思想中也一定程度上包含着后来阳明、船山所展开的结构，不过朱子这里还只是一个混沌的萌芽，只有在经历了“牛毛茧丝，无不辨析”的明代理学之后，这个结构才获得充分的理解和说明，并且在船山这里获得更加深厚完备的动态结构。笔者所谓的深厚完备，强调的是在船山的思考结构中，历史—政治维度始终是不可或缺的，由上文材料也可以看出其逻辑必然性。船山认为“吾心之至平者谓之权度”，这种“平”是一种无内容的平，“则夫平者固无实体，特因无不平而谓之平耳”，也即是德、性尚未得到在具体分殊之理上的发用。所以，“此但私欲不行边事，未到天理处”，这样一来，义也就丧失了它在具体复杂境遇中的无往而不中，“以平为义，则义亦有名而无实矣”。

船山继承了阳明以心体为“经”的思路，认为“经”的更根本意义是动词性的，是义的发用，即我们所说的“境遇之权”。人心与外物交接后义会获得外化，生成尺度准则，先王先圣给出了这种尺度准则的最高形式，即名词意义的“经”，后人通过对它们的熟习实践，会获得对自身学问心德的提升，但前提是始终让熟习实践落在心体上，由用生体，而不是如“里胥、牙侩之流”的“义外”状态。如果说阳明重新发现了经权统一性的话，那么船山所做的便是将这个结构奠基于人与历史的诠释学循环，经通过权获得自身的生成，使得这种统一性获得真正历史性的根基。而且船山通过对“经”这个概念层次的辨析，使人看到“经”动名双重意义的统一性，可谓有理有据，相较起来，阳明良知之学未免过于追求浑融而有空疏师心之嫌。最后，这里还需要对“经”的动词意义做进一步阐发①。

“经纶”之义“理其绪而分之”，本质上来说是人赋予世界秩序的行动，是人最源初意义上的实践行动。但这种“赋予”不是主体依凭先验形式对自在之物的表象，也不是某种灵魂回忆，更非对经验的反思归纳，毋宁说是天通过人获得意义开显。世界秩序不是固定现成的客观法则，而是天通过人不断生成的意义整体。这个意义整体是一个民族的历史性存在，即其天命所系，它先于个人的生存，并且决定着个人的理解结构。民族世界的意义整体不是凭空产生的，从生成的逻辑源头来说，它源自天所命之于人的仁义灵明之心；从历史源头来说，它源自圣王所承当的民族历史性天命。每个个体都在此天命中成为民族历史整体中的一环，并通过“理其绪而分之”“比其绪而合之”，甚至“仰观俯察”“经天纬地”的方式，接受这份礼物并将其传承下去。传承绝不是原封不动地接力，只能是在理解、创新中保持其生机。这就是《中庸》开篇所言“天命之谓性，率性之谓道，修道之谓教”，也即船山所说的“原道之所建，人之天也”②，“故君子之知天，知人之天也；君子之应天，应天之于人者也”③。如果说“经”的动词意义如上分析，乃是人主动地呼应天命，将自身投入历史性世界中去，努力让天道秩序获得显明，那么“经”的名词意义便有如下两重：(1) 人伦五常。(2) 民族经典④。它们分别是“经”的行动在历史中的两种结晶：德目与流传物。既为结晶，则必有“常”的特性，但不可忽略的是，这两种结晶都要求着每一代人、每一个人对其做出理解、诠释、践履与丰富，这就又回到了“经”的动词意义，在此意义上，经即是权：“经、权一也，因事之常变而分尔。”⑤ 经通过权而生成自身，经权便是如此地统一，它也是船山“体用胥有”“即用生体”思想的必然逻辑后果。由此，我们再对“权”之义略加阐发以启下文。

---

① 陈赟在其书中有专章讨论船山发掘动词性的“理”对名词性的“理”的优先性之意义，他的分析主要是围绕着作为存在论基础的生化能动之气而展开的，参看陈赟《回归真实的存在——王船山哲学的阐释》（复旦大学出版社，2007 年）129～152 页。

② 船山经义［M］//王夫之. 船山全书：第 13 册. 长沙：岳麓书社，2011：662.

③ 春秋家说：桓公［M］//王夫之. 船山全书：第 5 册. 长沙：岳麓书社，2011：134.

④ 名词性的“经”对民族的政治—历史性世界奠基意义在第三章第七节“镜喻”部分已经进行过详细的讨论，此处不赘述。

⑤ 读四书大全说：孟子：梁惠王下篇［M］//王夫之. 船山全书：第 6 册. 长沙：岳麓书社，2011：916.

船山在《尚书引义·召诰》中分析周公何以迁都洛邑，在批驳了诸多解释之后总结道：

> 圣人之会人物也以经，通古今也以权。其以宰制天下也，惟此而已矣。
>
> …………
>
> 权以通古今之势，经以会民物之情。①

所谓“会人物也以经”“经以会民物之情”在这里指的是周公认为洛邑为天下之中，“天地之所合也，四时之所交也，风雨之所会也，阴阳之所和也，百物以阜，道里以均”②，所以就这些情况而言，“斯足以为王者之都矣，此所谓经也”③。然而，天下有此之备足以为王都者多矣，洛邑可以为都而不必然为都。周公之所以营洛，是出于对古今之势的考察。船山从两个方面来分析古今之势：一者，周代封建地广文繁，不同于上古地小人稀，不可能如同有虞氏五年一巡守，所以“莅中岳以罢四岳之巡，通侯币以节来王之劳，此公之权也”④。二者，殷之故民人心未定，“西望而狐疑”，故当“正天邑之名于洛邑……义以纠之，仁以联之，丕诚殷民而作之新者，又在斯矣。此又公之权也”⑤。因这两个理由周公营洛。可以看到，所谓经在这里指的是天下之通理，它们是人在做出选择判断时所应遵循的形式约束。形式，指的是所谓合、交、会、和、阜、均这些规定性都不是具体的定则，而是对具体情境整体是否合于天德的一种判断。而约束，指的是这种判断只能是从外部对于人行为的指引，而不是具体细密地规定人应当以何种方式行为。天下之可为都者多矣，究竟以何者为都，必须落在对天下大势（殷民之乱）、古今往来（时势变迁）的精考密察上，最终的实践是在经的形式指引中依靠权完成的。这种实践又会反过来赋予经更加广大精微的内涵，以及宏阔广度与历史深度，“经”由此循环不断使自身在更广阔的的政治维度与历史维度中展开，明体达用之学在船山这里转变为在伦理、政治与历史中无尽的体用相生之扩充。

现在我们可以看到，经历了阳明心学之后向程朱理学乃至先秦儒家的

① 尚书引义：召诰［M］//王夫之. 船山全书：第2册. 长沙：岳麓书社，2011：374-375.

② 同①374.

③ 同②.

④ 同①375.

⑤ 同④.

回归，“经”“权”获得了更加本源性的理解。程朱所谓的“常”“经”，即“日常之权”，和“权变”的“困境之权”并不是对立的，它们的统一性植根于心体的“境遇之权”。但“境遇之权”，也即是作为源初实践行动的“经”不能仅仅在个体意义上理解，个体学问心德的先决条件是“道”在民族历史性世界中的自我展开与结晶，即经典与民族历史，这才是“经”更加本源的意义，这也是船山体用结构获得历史性之后，心性工夫与经史之学关系产生的根本性变化。

第三节　礼教与性命

本节要义：

1. 经史概要

本章最后四节将以船山礼学、易学、春秋学和史学为中心来观察其体用思想获得历史性之后，在其经史之学上表现出的独特之处。船山经学著作大体可分为四类：第一类以训诂考据为主。第二类以发挥自己的思想为主。第三类的体例比较接近传统经学著作。第四类体例较为含混，主要是春秋学著作，其文体与阐发方式与《读通鉴论》《宋论》非常相似。

2.《大学》、《中庸》与《礼记》

船山面对《大学》《中庸》时一方面延续道学传统，在四书系统内进行多种研读；另一方面又将《大学》《中庸》置回《礼记》中，强调保持《礼记》的整体性，不可割裂出《大学》《中庸》两篇。但理由不同于清人尊汉思路，他在礼学与道学双重意义上理解《大学》《中庸》：承认《大学》《中庸》其义理广大精微，又认为《礼记》其余篇目都是《大学》《中庸》之大用，两者体用相成。礼学除了学者修己意义，还有为政化民成俗的功用。

船山反对解读经典时做易简化处理。易简精神实质是儒学应对宋以降社会平民化的自我变革尝试，船山自觉地将心学流弊与平民化转型关联起来，给予反思和批评。他在阐发《大学》《中庸》义理时，强调家庭伦理德性与政治天德王道不可等同，反对朱子教化天下万民皆明其明德的思路，拒绝普世教化理想。这种反启蒙倾向，有本体论、现实经验与时代方面的原因，表现在对君子与小人（庶民）根本界限的强调。

3. 礼教、庶民、禽兽、夷狄

船山批判庶民流俗偷安、蝇营狗苟的习性源自他“继善成性”的思路。当他提倡经正而庶民兴时，不是想以格致诚正或者良知良能之学教化百姓，而是通过礼仪去感化规训百姓。礼俗对大众的规范力量源于其自我遮蔽，启蒙本身可能摧毁约束力的同时又无法依靠百姓对道理的理解、认同与践履而重建秩序。想要让所有人都明白性命之理，只可能采取降低道理本身的精微复杂性的方式，而导致的结果是君子会反感其降格殉道，小人则自以为高明而堕入迷狂。不过在中国近世平民化社会中，君子庶民已成纯粹德性之别，在教化中如何区别，船山并未给出精详建构。

礼治庶民和夷夏之辨相关，按照道学普遍性善的观点，庶民与君子天性并无差别，夷狄华夏亦然，船山无法接受此义，否则满人统治在他那里可能获得文化合法性。船山的解决思路："习与性成"之说拒绝夷狄与华夏有共同待复之先天性体。习由民族共同体礼制所塑造，它超出个体伦理，与共同体政治思考相关。礼制是在历史中不断沿革的，它不是一套能够为夷狄窃取效仿的现成政治方案与礼俗设计，需要在历史中由圣王与贤者不断损益维系精微的平衡，这是具有历史宏观意义的民族之习与性成。维系的平衡是指，人既不可艳羡天之无极亦不可固求天之常则，过则夷狄，不及则禽兽。创制与修行的体用相生互藏超乎个体心性层面，是文明共同体的历史展开。在不断相生中仁礼才能保持活力，"体用之错行而仁义之互藏，其宅固矣"。

1. 经史概要

本章第一节我们展示了程朱的经权结构，以及与此相关的在精纯程度以及工夫优先性上四书压过五经的逻辑，五经因而成为介乎精纯义理与杂驳历史之间的尴尬存在。理学家一般不会否定五经作为三代天理之具现的意义，也会同意它们作为学者工夫的一部分不可或缺，却又将其归属于次一级的环节，心学甚至还将其视为支离之道。心学更是将复得先天本体的逻辑推演至极，而有六经皆史之说。在船山这里，就内在思想逻辑来说，如上一节所述，他的经权体用结构中融汇了相生与历史性，并充分重视经典的奠基作用，这种思想逻辑表现在著作中，最显著的就是其经史子集全方位的著述，尤其是经史方面的著述所占的巨大分量。相比起他的四书学著作来说，无论是数量还是所用心力皆不遑多让，且贯穿其思想生涯。本章最后四节将分别以船山礼学、易学、春秋学和史学为中心来观察其体用思想获得历史性之后，在其经史之学上表现出的独特之处。为了说明选取这四个方面的缘由，同时也便于后文展开论述，在此先对船山经史之学基本格局做简要勾勒。

如果不论四书相关作品，船山经学著作大体可分为四类：

第一类是以训诂考据为主，除了《礼》之外的经书皆有稗疏考异之作：《周易稗疏》附考异、《尚书稗疏》、《诗经稗疏》附考异叶韵辨、《春秋稗疏》。尽管偶尔也会涉及义理，但总体来看与哲学思辨关系不大，故不予讨论。

第二类虽名之曰经学，但主旨不在释经，而以发挥自己的思想为主：《周易外传》《尚书引义》《诗广传》。本书之所以选取五经之三而没有就船山尚书学与诗经学阐发也与此相关。王孝鱼先生指出："(《周易外传》) 篇篇都是畅所欲言，独抒己见，不受古代经学束缚，不为前人陈说所限。……(《尚书引义》) 所论政治情势，极大部分都跟永历王朝有关，……和《外传》的性质相同，不是在正式说经，而是在利用《尚书》每篇的某几句话来发挥它的哲学思想和政治思想的精辟见解。……对明代政治做一总结。"① 潘汉光也指出："王夫之的《诗广传》五卷，是《诗》的读后杂感，其性质不在释经，而是借题发挥，申述船山本人对哲学、政治、经济、伦理等的社会改良主张，可说是一部政治论文集，不可作《诗经》研究的专著来看。"②《尚书引义》和《诗广传》这两部著作中的哲学思辨内容非常丰富，本书也多次引用其中材料。不过，下面三节尽管是着眼于传统经学的分类方式，但仍以哲学思辨为主，以问题为主导，而非经学方法。且此两部著作与本书主旨相关者并不多，故而不予专论。当然，还有一个重要原因在于，某些问题如诗教幽明之际、情之涵泳与理想人格等，尽管与本书主旨相关，但学界已有多人在这些领域乃至对《尚书引义》《诗广传》专书皆做出相当精深细致的研究③，故本书亦不必为求表面之备全而强行赘述，如船山所论"既济"之义，免得以理限事而贻笑大方。

第三类的体例比较接近传统经学著作：《礼记章句》《周易内传》《周

① 王孝鱼. 介绍王夫之的《周易外传》、《尚书引义》、《老子衍》、《庄子通》[J]. 哲学研究，1962 (5)：86.

② 潘汉光. 王夫之诗经学中的诗学与经学 [C] //中国诗经学会. 第六届诗经国际学术研讨会论文集. 北京：学苑出版社，2004：451.

③ 曾昭旭《王船山哲学》便已有专题性梳理，近年来专门研究更加全面，著作如纳秀艳《王夫之〈诗经〉学研究》(中国社会科学出版社，2016 年) 等等。论文如杨柳岸《王夫之〈尚书引义〉研究》(武汉大学博士论文，2016 年)、张学智《王夫之〈尚书〉诠释中的实心实学——以〈尧典〉为中心》(《北京大学学报》，2009 年第 1 期)、张学智《王夫之〈尚书〉诠释中的天人关系论》(《国际儒学研究》第 18 辑)、张学智《王夫之对礼乐的理学疏解》(《中国哲学史》，2005 年第 4 期)、谷继明《裕情与舒气——论王夫之对〈诗经〉的诠释》(《船山学刊》，2013 年第 2 期) 等等。

易大象解》[①]。但这种接近只是一定程度上的，正如张学智先生所指出的，船山解经具有很强的理学思维方式，非常强调义理阐释，与汉唐清经学都很不同。本节所论亦与此相关，会对船山礼学在经学理学之居间的特性进行阐发。

第四类体例较为含混，主要是春秋学著作。单就文体来看，《春秋家说》《春秋世论》《续春秋左氏传博议》更近于他的史论体例。只是春秋学著述较为注重从案例中发掘圣人义理，史论则偏于以义理来断案，前者由用得体，后者由体生用。不过，这种差异在很多时候并非显著，因为，一方面，书中大多数篇章并没有汲汲于发掘“义例”，以及“大义”“微言”，而是就情理时势分析其中的中道义理而已。正如谷继明指出的，就其义理思路与经世致用的方向而论，其解经方式主要是宋学。另一方面，船山也并不恪守经学义例家法，而更加强调“《春秋》无常例”，多以己意发挥[②]。此外，春秋作为礼坏乐崩之世，与《尚书》所载三代圣王历史不同[③]，它除了经过圣人评断之外，就其历史地位而言与后世历史并无根本差别。所以，除了为数不多的探讨《春秋》义例以及圣人之意的篇章，船山春秋学著作与《读通鉴论》《宋论》文体与阐发方式都非常相似，对于此种文体将会在本章最后一节史论部分做专门讨论。

总之，初步观察下，船山经学著述的体例不同于汉唐和清代经学，更加着重于义理的阐发，尽管如此，我们也要注意其与宋学思路的差异，下面我们将进入船山礼学与本书主旨相关的特点阐发。

2.《大学》、《中庸》与《礼记》

我们先就一个典型的汉宋之争，即《大学》《中庸》的单独成篇问题来切入，以观船山思想特点。众所周知，“四书”并非本有之名，《论语》在汉代即已为经，《孟子》尽管到五代十国才正式升格，但一直都是独立著作，多有学者研读。而《大学》《中庸》本是《礼记》中两篇，尽管宋

① 此书近乎第二类和第三类之间，但更接近第三类，姑且置于此。

② 谷继明．王船山《春秋》解经学探微［J］．同济大学学报（社会科学版），2016（8）．“《春秋》无常例”问题将在下一节发详。

③ 如杨柳岸对《尚书引义》的研究所指出的，“通过辨析船山关于上古、三代兵制、刑制、教化论与词命的讨论，我们发现船山说对经典更多是维护而非批评，对上古三代之制是推崇多过指摘。……高悬一个美好的上古、三代图景以讽喻后世之现实，建立批判后世的资鉴标本是船山解释并维护上古之制的基本用意。”（杨柳岸．王夫之《尚书引义》研究［D］．武汉：武汉大学，2016：115）

以前也有人注意并专门注疏阐发，但是到程朱方彻底独立出来，并与《论语》《孟子》合为四书。朱子尤其强调此两篇之广大精微：《大学》乃古之大学明法，“外有以极其规模之大，而内有以尽其节目之详者也”。《中庸》乃尧舜孔思传授心法，“其书始言一理，中散为万事，末复合为一理。放之则弥六合，卷之则退藏于密。其味无穷，皆实学也”。相比之下，《礼记》其他“若曲礼、少仪、内则、弟子职诸篇，固小学之支流余裔”而已。故自朱子《四书章句集注》之后，道学家们反复研读讨论的核心文本与义理皆集中于此，观《宋元学案》《明儒学案》《四书大全》等书即可见一斑。

船山在处理《大学》《中庸》的态度上颇为复杂，一方面延续道学传统，依旧对四书系统进行多种研读，但体例上已经有所变化，会有专门训诂考据著述如《四书稗疏》《四书考异》等；另一方面，船山在其《礼记章句》中却又将《大学》《中庸》置回《礼记》中，并且多处强调不能从《礼记》整体中割裂出《大学》《中庸》两篇，与此同时他完全抄录《大学章句》与《中庸章句》内容于其中，却又为之衍义而时有不合朱注之论。不过，我们不能简单地将此视作道学向清学的过渡形态，因为船山将《大学》《中庸》置回《礼记》的理由不同于清人尊汉思路，依旧是典型的道学语言与思路，尽管其理论框架与程朱阳明有所不同。我们需要从多个方面来分析船山在此问题上的思想基础与细致理路。

首先就心性与工夫的体用结构来说，上一章我们已经充分展示出船山在心性结构等工夫问题上的独特性：大学八目不再是线性思路层层推扩出去，而是相互交织，知并不是在起手处获得的精粹义理本体，性也不是有待去蔽复现的先天本体，人须在具体境遇中不断地充实深化对各种分殊之理的理解，继善成性与性日生日成都是对仁义礼智这些形式性之虚德的充实与丰富，格物致知伴随伦理政治生活贯穿始终，在广大精微的治平实践中才能最终完成。所以，在船山看来，即便四书可以作为学者入手之“先”的大本，作为“后”的五经也绝非次一级的末，而是在先者的真正实现与完成。因此，船山反对“殊途同归”而主张“一致百虑”，反对“万法归一”而主张“理一分殊”，反对“月印万川”而主张“明魄同轮”，反对“以一贯之”而主张“一以贯之”[①]。在这一系列命题中都反对以不变本体统摄杂多

① 陈赟在《回归真实的存在——王船山哲学的阐释》一书中有详细分析，此不赘引。船山的相关论述可参看《周易外传·系辞下传第五章》《读四书大全说·论语·里仁篇》《读四书大全说·孟子·尽心上篇》，以及《船山全书》第二册第 325 页、第六册第 638 页、第六册第 862 页、第七册第 132 页、第十二册第 416 页等。

现象的思路，而主张在大用中领会全体的体用相生之义。此义无论是本书还是已有的船山研究论之多矣，故此处不再详论。

第二个方面是经典本身的解释原则。由体用结构我们可顺理成章地理解船山为何反对在解读经典的时候，拈出某个道理来统摄万法，将经典做一种易简化处理。

《论语·乡党》篇是对圣人的行止坐卧、言语容色的细致记载，船山在《读四书大全说》中于此篇感言道：

> 学者切忌将圣人作一了百了理会。《中庸》说“聪明睿知”，必兼“宽裕温柔”等十六种天德，方见天下之理皆诚，而至圣之心无不诚。密斯实，实斯诚也。
>
> ……
>
> 圣贤天德王道，一诚而为物之终始者，何尝如是！使盛德在中，而动容周旋，自然不劳而咸宜于外，则《乡党》一篇，直是仙人手中扇，不消如此说得委悉矣。孔门诸弟子，为万世学圣者如此留心写出，乃舍此而欲求之自然，求之玄妙，亦大负昔人苦心矣。①

船山尽管非常强调诚德，尤其是天道之诚生生不息大用，但他明确认为天德王道诚为终始，绝非一了百了之法，必须细密无间，方可谓实诚。他在《读四书大全说·孟子·梁惠王上篇》开篇又说：

> 龟山云“《孟子》一书，只是要正人心”，此语亦该括不下。向圣贤言语中寻一句作纽子，便遮蔽却无穷之理。以此为学，博约之序已迷；将此释经，纰戾不少。到不可通处，又勉强挽回搭合去，则虽（与）古人之精义显相乖背，亦不惜矣。②

龟山这种处理方式在心学中尤为常见，象山说《孟子》，阳明解《大学》，皆有寻一句作纽子之嫌，阳明后学中更加常见。要以一句话或者某一个原则贯穿经典的所有环节，这正是典型的“以一贯之”。到了牵合不上的时候就不得不强行歪曲经义以合己义。对于此种倾向，本书第三章第三节论“渐顿之别”的时候，曾经涉及，那里引用钱穆先生论断，他认为

① 读四书大全说：论语：乡党篇［M］//王夫之. 船山全书：第6册. 长沙：岳麓书社，2011：743.

② 读四书大全说：孟子：梁惠王上篇［M］//王夫之. 船山全书：第6册. 长沙：岳麓书社，2011：892.

禅学的本质性精神是易知易行、人人皆能、反身即是，这本是中国人固有，《孟子》中即已有之。第三章第四节又略为论及宋以降的平民社会转型大趋势。其实这两者之间有着内在关联。易简精神是国人所本有，不唯《孟子》，《周易》中就有。平民社会趋势也不是自宋代始兴，从孔子设私学时就已经发端。不过易简精神在平民化大趋势下与道学合流的典型后果就是心学道路，对此钱穆先生也曾一针见血地指出过，正如南宗得禅学精要，泰州才是阳明学之正传，也即是其平民精神的继承者①。进而言之，我们可以把北宋道学的形成，以及四书升格、心学大盛这个过程视为儒学应对平民转型的自我变革尝试，以《孝经》《周礼》《春秋》为核心的政治哲学建构在此趋势下必须转向以《大学》普遍明德为核心的新型政治建构，以及包括《孟子》尤其是《中庸》在内的心性工夫道路。这种尝试尽管带来了有明一代学问细致丰富的思想成果，但也不能说是完全成功，不管是心性方面流于极端的晚明心学狂禅之风，还是政治哲学的平民化转型。不过，儒学本身不仅有易简精神一种倾向，还有广大精微的细密倾向，所以明清之际的实学转向不仅源自亡天下的反思动力，也源自儒学内部本有的返经开新。在船山这里尤其值得注意的是，他有明确的自觉意识，将心学诸多流弊与平民化转型关联起来，给予反思和批评。在经典本身的解释原则上，船山强调：

> 释书之大忌，在那移圣贤言语，教庸俗人易讨巴鼻。直将天德王道之微言，作村塾小儿所习《明心宝鉴》理会，其辱没《五经》、《四子书》，不亦酷哉！②

《明心宝鉴》是明代非常流行的一本通俗读物，类似于《菜根谭》劝善书③，收集三教九流各种警世格言，在正统儒家士大夫看来，义利杂糅，收录文章质量参差不齐，看似有劝世行善之功效，其实极易养成圆滑世故、趋利避害的人格从而败坏人心。尽管这里说的是庸俗人与村塾小儿，但不难看出，船山拒绝的是将经典微言大义改编为一般人都容易理解的世俗道理。儒家自古就有较强的精英主义立场，强调“有来学，无往

---

① 钱穆. 宋明理学概述［M］. 北京：九州出版社，2011：329.

② 读四书大全说：中庸：第二十章［M］//王夫之. 船山全书：第6册. 长沙：岳麓书社，2011：519-520.

③ 此类劝善书、启蒙书在宋代的出现与明代以降的大量流行，其实也和平民社会转型相伴随的庸常教化需要密不可分，在性质上与当今社会的心灵鸡汤与成功学畅销书有异曲同工之处。

教”，拒绝“枉尺直寻”的经世致用方式，但在平民社会的普遍教化需求下，如何保持义理的纯正精微成了尴尬的难题。道学家给出的折中性道路是以普遍先天心性作为基础，不再把需要皓首穷经的复杂五经学作为养成圣贤人格的必需资源，而代之以更加注重立其大本涵养心性的四书学。此种思路随着平民社会的进一步发展以及易简精神的蔓延，在士大夫的经典解释内部也产生了进一步易简化的表现。船山对此给予非常激烈的批判：

> 有儒之驳者起焉，有志于圣人之道而惮至善之难止也，且知天下之惮其难者之众，吾与之先，难而不能从，则无以遂其好为人师之私欲，以收显名与厚实也，于是取《大学》之教，疾趋以附于二氏之涂，以其恍惚空冥之见，名之曰此即明德也，此知也，此致良知而明明德也，体用一，知行合，善恶泯，介然有觉，颓然任之，而德明于天下矣。乃罗织朱子之过而以穷理格物为其大罪，天下之匿难苟安，以希冀不劳无所忌惮而坐致圣贤者，翕起而从之。①

船山认为心学的精神归根结底是惮难而从易，此批评就阳明来说当然是不妥当的，但如果就其后学某些支裔如泰州而言，却不能说绝无灼见。至于其惮难而从易，是因为好为人师，还是想要将圣学明于天下，这种诛心之论是正是误其实已不重要。

船山上述反对经典易简化的倾向表现在阐发《大学》《中庸》义理时，非常注意区分一般家庭伦理德性与政治天德王道不可简单等同②，这是要论述的第三个方面。本书第三章第八节讨论《大学》致知问题时，曾经论及阳明论学之时往往只就事父事君之诚立论，而在其后学那里便进一步发展为将大学之道仅仅理解为孝悌慈，如此人人易知易行，当下即是天德王道。船山在解释《大学》时，一方面激烈批判以孝悌慈为明明德乃陆王邪说③，甚至强调“如保赤子”不可称之为“诚意”④；另一方面，他颇费苦

---

① 礼记章句：大学［M］//王夫之．船山全书：第4册．长沙：岳麓书社，2011：1483-1484.

② 陈明注意到了船山思想的这个特色，并结合船山《读四书大全说·中庸》与《尚书引义》做出了细致讨论，可参看他的两篇文章：《“修天德”以“成王道”——王船山对〈中庸〉义理的疏解与阐发》（《中国哲学史》，2011年第4期）、《“威仪”与“文质”——王船山〈尚书引义顾命〉中的礼学思想》（《中国哲学史》，2014年第4期）。

③ 读四书大全说：大学：传第九章［M］//王夫之．船山全书：第6册．长沙：岳麓书社，2011：430.

④ 《读四书大全说·大学·传第九章》：“吴季子无端蔓及诚意，此如拈字酒令，搭著即与安上，更不顾理。学者最忌以此种戏心戏论窥圣贤之旨。如母之于赤子，岂尝戒欺求谦，慎其独知，而后知保哉？”

心给予《大学》许多不同于道学传统，甚至未必合乎文本的解释。譬如：

> 如但以保赤子之慈，而即可许之明明德，则凡今之妇妪，十九而明其明德矣。
>
> 于德言明，于民言新，经文固自有差等。陆、王乱禅，只在此处，而屈孟子不学不虑之说以附会己见，其实则佛氏呴呴呕呕之大慈大悲而已。圣贤之道，理一分殊，断不以乳媪推干就湿、哺乳嚼粒之恩为天地之大德。①

这是强调君子自己明明德，但是并不能明天下百姓之德，只能以己德感化而新之，而一般意义上的慈爱之心也远不能称为大德。《大学》传文曰："故君子不出家而成教于国：孝者，所以事君也；弟者，所以事长也；慈者，所以使众也。康诰曰'如保赤子'，心诚求之，虽不中不远矣。"船山解释说：

> 所谓推者，乃推教家以教国也，非君子推其慈于家者以使国之众也。
>
> ……而教有通理，但在推广，而不待出家以别立一教。认《章句》之旨不明，乃谓君子推其慈家之恩以慈国，其于经传"齐""治"二字何与，而传文前后六"教"字，亦付之不问。②

这是强调《大学》之推扩，并非将孝悌慈爱之心推扩，而是以教化家的方式来教化国。表面上看起来这是对朱子《大学章句》思路的继承，但如上所言，两人所理解的教化之于平民的意义完全不同，船山反对朱子教化天下万民皆明其明德的思路，而认为甚至家人都不可能教之以君子的诚意正心之学，何况天下万民：

> 家之人固不能与于诚意之学，矧国之人万有不齐，不因其固有之长，导之以易从之功，而率之与讲静存动察之学，不亦傎乎！③

道学传统无论理学还是心学都会主张人皆可以为尧舜，船山当然不会在原则上反对这一点，但如本书在其性论分析中所表明的，他还是对孟子性善论有所保留，而表示唯有孔子性相近之说最为无病，这在某种意义上意味着拒绝一种普世教化理想。孟子性善论的本意究竟应当如何理解一直

---

① 读四书大全说：大学：传第九章［M］//王夫之. 船山全书：第6册. 长沙：岳麓书社，2011：433.

② 同①430.

③ 同①432.

是个争论不休的问题，而道学家所言的性善是具有更严格普遍性的理论建构，其实反倒更加接近佛家“一阐提”可成佛之说，而此类思路背后的形而上本体建构恰恰是船山根本上反对的。所以，正如谷继明所指出的，船山并不能被简单地贴上“启蒙思想家”的标签，“在这样一个准启蒙的思想潮流中，船山显得不免‘反动’。阳明后学与清代考据学，虽然形态不同，乃至相互对立，但他们都是传统等差结构的消解者；而船山恰恰是这样一个结构的维护者。船山的人性论、伦理学，都是基于此而展开的”①。如果我们进一步追问为何船山有此反启蒙倾向，从本体论层面来看源自他对普遍人性本体的拒绝；从现实经验来看，源自他对明清鼎革之际，庶民与君子在义利之辨、华夷之辨以及心性志向等诸多方面不可消解的巨大鸿沟；从历史来看，源自他对晚明士大夫追求易简工夫，从而带来的天崩地坼之后果。因此船山会特别强调君子与小人（庶民）之间的根本界限，尽管这种界限不是源自阶层、种姓、血缘、家族等外在因素，而是源自心志德行。

船山的这种倾向表现在《中庸》解读上还有些思想值得注意，一方面他强调，即便是事亲之道也不仅仅是依凭诚意就能够达成。

> 事亲亦须知以知之，仁以守之，勇以作之。……又事亲亦须好学以明其理，力行以尽其道，知耻以远于非。足知双峰“三达德便是事亲之仁，知人之知”，牵合失理。……况所云“与不肖处，则必辱身以及亲”，乃闾巷小人朋凶悖逆之所为，曾何足为知天知人之君子道？而于人君有志行文、武之政者，其相去岂止万里也！②

这里船山表达的意思第三章第八节中分析过，即对阳明学关于诚意事亲简单化思路的批判，船山认为，并不是诚心为孝即可达乎孝，如果没有智仁勇三德作为根基，很有可能像申生、匡章那样流为私意，而非诚意。

另一方面，船山还强调，《中庸》所讲乃是知天知人的君子之道，它已经默认其理想读者具备基本的德性与志向，如果把它解释牵合于针对小人悖逆行为的劝善之道，就是对其书的根本误解与辱没。船山在《读四书大全说》中，多次针对《四书大全》中此种方向的解读进行批判。其理想读者既然是有志于文武之政的君子，就不能仅仅满足于个体伦理德性如父慈子孝的实现，而必然要追求天德王道，所以船山对《中庸》第九章中

---

① 谷继明．清代思想的异调：王船山政治哲学再探［J］．孔学堂，2016（4）．

② 读四书大全说：中庸：第二十章［M］//王夫之．船山全书：第6册．长沙：岳麓书社，2011：519．

“天下国家可均也，爵禄可辞也，白刃可蹈也，中庸不可能也”有如下议论：

> 第九章之义，《章句》、《或问》本无疵瑕，小注所载《朱子语录》，则大段可疑。……今乃云“中庸便是三者之间，非是别有一个道理”，则竟抹杀圣贤帝王一段大学术、大治道，而使为浮游不定之名，寄于一切。则尧、舜、禹之所以授受，上因天理自然、不偏不倚之节文，下以尽人物之性者，果何所择而何所执乎？①

之所以这么说，是因为朱子在《中庸章句》中认为“若中庸，则虽不必皆如三者之难，然非义精仁熟，而无一毫人欲之私者，不能及也。三者难而易，中庸易而难，此民之所以鲜能也”。也即是说有此三者之德也不可以称得上达乎中庸。但《四书大全》小注中引用了朱子一段话说：“中庸便是三者之间，非是别有一个道理，只于三者做得恰好处，便是中庸。”② 船山认为此三者“若其为知、仁、勇之属，则就夫人性中之达德而言，亦可谓有此三者之资，足以入中庸之德，犹冉求、公绰、卞庄之可与进文礼乐而已”③。也即是说，王道中的学术、治道、礼乐、节文、人物之性等诸多环节缺一不可，由此义我们可以进入第四个方面的讨论，即《大学》、《中庸》与《礼记》乃至五经的关系。

曾军指出，“在清前期诸儒中，王氏最早将《大学》、《中庸》放回《礼记》，使其复为完书，在《礼记》学研究史上有极大意义”④。所谓的放回，不仅是说船山在作《礼记章句》的时候保留了此二篇，并且没有按照惯例简单地一遵朱注，而是做了进一步衍义发挥⑤。“放回”的更深层意义体现在船山在书中多次强调，应该让《大学》《中庸》两篇回归《礼记》整体来理解，而不是单独成篇合成四书。当然，在实际操作中，船山采取了“两行”的方式，既保留四书系统中《大学》《中庸》的为学阶梯意义，同时又在五经系统中努力强调包括《大学》《中庸》在内的《礼》之重要意

① 读四书大全说：中庸：第九章［M］//王夫之. 船山全书：第 6 册. 长沙：岳麓书社，2011：485-486.

② 胡广，杨荣，金幼孜，等. 四书大全校注：上［M］. 周群，王玉琴，校注. 武汉：武汉大学出版社，2009：159.

③ 同①488.

④ 曾军. 清前期《礼记》学研究［D］. 武汉：华中师范大学，2005：49.

⑤ 不过，船山依旧保留了朱子《大学章句》的次第安排，而没有遵照《礼记》原本的古本次第，这也表明了他并非简单复古道学，而是要以道学通经学的特点。

义。也即是说船山是在礼学与道学双重意义上来理解《大学》《中庸》两篇文本，道学之义前文已多有论，这里试对其礼学之义以及二者关系略为阐发。

船山在《礼记章句·中庸》的衍义开头有一个很长的说明，首先强调了《中庸》的重要性，同时又指出，正因为此书太过精微，反倒容易流于异端：

> 盖此书之旨，言性、言天、言隐，皆上达之蕴奥，学者非躬行而心得之，则固不知其指归之所在，而佛、老之诬性命以惑人者亦易托焉。①

然后船山追溯了中庸学史中出现的各种问题，如朱门后学或仅为钩考文句科举应试之学，或者流于佛老。明初大儒汲汲于躬行而未有义理发明，而后阳明出，“则以其所得于佛、老者强攀是篇以为证据，其为妄也既莫之穷诘，而其失之皎然易见者，则但取经中片句只字与彼相似者以为文过之媒，至于全书之义，详略相因，巨细毕举，一以贯之而为天德王道之全者，则茫然置之而不恤”②。这还是反对将王道的复杂层次做易简化的处理，沿着这个思路他进而提出：

> 凡此二篇，今既专行，为学者之通习，而必归之《记》中者，盖欲使《五经》之各为全书，以见圣道之大，抑以知凡戴氏所纂四十九篇，皆《大学》、《中庸》大用之所流行，而不可以精粗异视也。③

船山承认《大学》《中庸》两篇义理非常广大精微，但他认为这并不是将此二篇与《礼记》割裂的理由，这里他说《礼记》其余篇目都是《大学》《中庸》之大用。正如本书所申明的，用并不低于体，这种表述在船山这里绝不意味着《大学》《中庸》为本、其余四十七篇为末，或者余者为粗，独《大学》《中庸》为精。相应地，船山在注释其余篇目时也会经常强调此意。譬如，他论述《学记》道：

> 故此篇与《经解》、《中庸》、《儒行》、《大学》，戴氏汇记之以为《礼经》，亦犹《大戴记》之有《劝学》诸篇也。此篇之义与《大学》相为表里。《大学》以发明其所学之道，推之大，析之密，自宋以来

---

① 礼记章句：中庸［M］//王夫之. 船山全书：第4册. 长沙：岳麓书社，2011：1245.

② 同①1246.

③ 同②.

为学者所服习，而此篇所论亲师敬业为入学之事，故或以为末而未及其本，然玩其旨趣，一皆格物致知之实功，为大学始教之切务，则抑未可以为末而忽之也。此之不讲，乃有凌躐卤莽以谈性命而诡于佛、老者，为正学之大蠹，固君子所深惧也。

…………

……古人为学，求之己者，但尽其下学之事，而理明行笃，则天德王道即此而上达焉。[①]

《学记》所论大多为求学重教的基本道理，平易亲切，没有过多涉及政治哲学大经大法或心性义理之处。船山认为《学记》恰与《大学》之大道相为表里，是《大学》所教之始，而非《大学》之末，而其中所论又都是格物致知之实功，从此下学之事做去，自然可上达王道。船山基于“性日生日成”思想认为“上达”即在“下学”之中，并反对“忽然上达”顿悟之义，本书第三章第三节在心性工夫层面做过专门讨论，这里我们可以看到，船山的由用生体思想，落在对待经史实学的态度上同样表现出了与道学传统相异之处。因此，船山相当重视礼学，认为礼“是《易》、《诗》、《书》、《春秋》之实缊也”[②]，又在其《礼记章句·经解》中论及五经与礼之关系：

此篇首明《六经》之教，化民成俗之大，而归之于《礼》，以明其安上治民之功而必不可废。盖《易》、《诗》、《书》、《乐》、《春秋》皆著其理，而《礼》则实见于事，则《五经》者《礼》之精意，而《礼》者《五经》之法象也。故不通于《五经》之微言，不知《礼》之所自起；而非秉《礼》以为实，则虽达于性情之旨，审于治乱之故，而高者驰于玄虚，卑者趋于功利，此过不及者之所以鲜能知味而道不行也。后世唯横渠张子能深得此理以立教，而学者惮其难为，无有能继之者，于是而“良知”之说起焉，决裂藩维以恣其无忌惮之诐行，而圣教泯。学者诚有志于修己治人之道，不可不于此而加之意也。[③]

除了礼之外的五经都更着重于义理显发，而礼与人的实践生活密切关

① 礼记章句：学记［M］//王夫之．船山全书：第4册．长沙：岳麓书社，2011：869-886.

② 礼记章句序［M］//王夫之．船山全书：第4册．长沙：岳麓书社，2011：9.

③ 礼记章句：经解［M］//王夫之．船山全书：第4册．长沙：岳麓书社，2011：1171.

联，二者互为表里体用①。不明五经之义理，则不知礼之所以然，但若学者尽管达于性情，审于治乱，却不能够将义理深切踏实地落在礼对生活的全方位规定之中，那么依旧容易走上或玄虚或功利的歧途。学者惮礼之难为，既是因其繁复，需要细密的工夫，似乎显得琐碎鄙陋而不若直契心体高明，也是因为礼之践行需要在每天的行止坐卧中，丝毫不可倦怠，便如张子“六有”之学：“言有教，动有法，昼有为，宵有得，息有养，瞬有存。”尽管船山这里说后世唯横渠能得此理，不过正如张学智先生所指出的，朱子礼学思想也“对王夫之有一定影响，王夫之论《礼》，多不涉及《周礼》。即注释《礼记》，也多不涉及其中具体细节的考证议论，而着眼于其中所包含的意蕴”②。船山这里强调礼学除了就学者修己意义之外，还处处扣紧为政化民成俗，也即是在政道层面必须依赖礼的功用。这不仅意味着礼具有超出个人修身层面的政治功能的老生常谈，还蕴含着船山更加深刻的时代反思，为此我们需要考察船山对于庶民百姓的看法。

3. 礼教、庶民、禽兽、夷狄

《孟子·离娄下》曰：“人之所以异于禽兽者几希，庶民去之，君子存之。”船山在《俟解》中就此发挥道：

> 人之所以异于禽兽者，君子存之，则小人去之矣，不言“小人”而言“庶民”，害不在小人而在庶民也。小人之为禽兽，人得而诛之。庶民之为禽兽，不但不可胜诛，且无能知其为恶者，不但不知其为恶，且乐得而称之，相与崇尚而不敢逾越。学者但取十姓百家之言行而勘之，其异于禽兽者，百不得一也。营营终日，生与死俱者何事？一人倡之，千百人和之，若将不及者何心？芳春昼永，燕飞莺语，见为佳丽。清秋之夕，猿啼蛩吟，见为孤清。乃其所以然者，求食、求匹偶、求安居，不则相斗已耳；不则畏死而震慑已耳。庶民之终日营

① 此义船山在《礼记章句》中论《仲尼燕居》与《孔子闲居》两篇关系时也曾发之，《仲尼燕居》一篇主要论述礼之具体法度功效，《孔子闲居》则论述礼意之精微，故船山曰：“两篇互为表里，上篇言其用之大，下篇言其体之微。可见体用同原之理。”（礼记章句：孔子闲居［M］//王夫之. 船山全书：第4册. 长沙：岳麓书社，2011：1203）类似的表述还有针对《礼运》与《礼器》所言：“礼运，体也；礼器，用也。达则无不可成，成者成其达也。体必有用，显诸仁也。用即用其体，藏诸用也。达以成而成其所达，则体用合矣。”（张子正蒙注：至当篇［M］//王夫之. 船山全书：第12册. 长沙：岳麓书社，2011：197）

② 张学智. 王夫之对礼的本质的阐释［J］. 北京大学学报，2006（11）.

> 营，有不如此者乎？二气五行，抟合灵妙，使我为人而异于彼，抑不绝吾有生之情而或同于彼，乃迷其所同而失其所以异，负天地之至仁以自负其生，此君子所以忧勤惕厉而不容已也。庶民者，流俗也。流俗者，禽兽也。明伦、察物、居仁、由义，四者禽兽之所不得与。壁立万仞，止争一线，可弗惧哉！①

如此激烈的对于庶民的批评在古代儒家传统中是颇为罕见的，之所以如此，原因之一当在于船山晚年眼看天下之人翕然顺于清廷而光复无望，老子说“民不畏死”，船山看到的却是他的时代民皆畏死故能为清廷所慑。他期待后世有人能够明了其苦心，故此书如曾昭旭先生所言，“针砭末俗，维持人道之作也……勉读者虽处污世之中，亦当自处于豪杰也”②。更深层的原因则源自上文我们分析过的船山对于宋代以降世运平民化以及道学易简化大势的反思。这里他批判庶民的根本问题在于不能够明伦察物居仁由义，或者，换一个表述就是庶民的世界终日营营，只局限于食、色、居、斗而已，以此观之则与禽兽并无二致，也与天地间的燕飞莺语、猿啼蛩吟没有本质性差别，都只是生存活动的表现。然而，人在看到莺燕猿蛩时却又会引发其心灵的感触，这仍是船山的天人之辨。于穆不已的是“诚者天之道”，善恶之际却要在“诚之者人之道”上方能显出，所以“天道不遗于夫妇，人道则唯君子为能尽之”③，愚夫愚妇日用不知中固然有天道自然流行，却有待君子方能存神知化穷理尽性。船山接下来又列举了许多庶民所认同而其实质却是真正人伦品质的败坏的“美德”：

> 以明伦言之，虎狼之父子，蜂蚁之君臣，庶民亦知之，亦能之，乃以朴实二字覆盖之，欲爱则爱，欲敬则敬，不勉强于所不知不能，谓之为率真。以察物言之，庶物之理，非学不知，非博不辨，而俗儒怠而欲速，为恶师友所锢蔽，曰何用如彼，谓之所学不杂。其惑乎异端者，少所见而多所怪，为绝圣弃智、不立文字之说以求冥解，谓之妙悟。以仁言之，且无言克复敬恕也。乃事其大夫之贤者，友其士之仁者，亦以骄惰夺其志气，谓之寡交。居处、执事、与人，皆以机巧丧其本心，谓之善于处世。以义言之，且无言精义入神也。以言餂，

① 俟解［M］//王夫之. 船山全书：第12册. 长沙：岳麓书社，2011：478-479.

② 曾昭旭. 王船山哲学［M］. 台北：远景出版事业公司，1983：278.

③ 读四书大全说：大学：传第九章［M］//王夫之. 船山全书：第6册. 长沙：岳麓书社，2011：431.

以不言餂，有能此者谓之伶俐。鸡鸣而起，孳孳为利，谓之勤俭传家。庶民之所以为庶民者此也，此之谓禽兽。①

朴实、率真、纯粹、妙悟、寡交、善于处世、伶俐、勤俭传家，这些伪德之中，有的可能是庶民之似是而非见解，有的却显然是明代士大夫不良习气，由此可知，船山批判的并不是作为身份地位意义上的庶民——事实上平民社会中士大夫皆是出自庶民，而是一种流俗偷安蝇营狗苟的习性。所以船山呼吁豪杰出现来一振衰世：

有豪杰而不圣贤者矣，未有圣贤而不豪杰者也。能兴即谓之豪杰。兴者，性之生乎气者也。拖沓委顺当世之然而然，不然而不然，终日劳而不能度越于禄位田宅妻子之中，数米计薪，日以挫其志气，仰视天而不知其高，俯视地而不知其厚，虽觉如梦，虽视如盲，虽勤动其四体而心不灵，惟不兴故也。圣人以《诗》教以荡涤其浊心，震其暮气，纳之于豪杰而后期之以圣贤，此救人道于乱世之大权也。②

兴是源自气之劲健生机，有此方能为豪杰，进而能为圣贤。这个思想其实与阳明很多说法颇为神似。本书前文分析船山“继善成性”思想时曾经指出，善恶的分野在天人相续之际，能够承继天地之健顺，使其在人的世界继续其丰沛充盈的绵延不绝，即为善，反之则为恶。恶的究极之义不是道德判断，而是劲健生机的间断或阻滞，就此来说，船山“继”意义与阳明“善”的“生成”与“无滞”颇有相通之意。所以此种生机如果每天被庸碌的利益算计所挫平，就会导致麻木暮气而人道不行。而庶民往往处在后一种状态，所以相比起小人，船山更加批判庶民之害。

君子小人，但争义利，不争喻不喻。即于义有所未喻，已必不为小人，于利未喻，终不可纳之于君子。所不能喻利者，特其欲喻而不能，故苛察于鸡豚，疑枉于寻尺，使其小有才，恶浮于桀、纣必矣。此庶民之祸所以烈于小人也。③

这一段是回应最开始关于孟子“庶民去之”的论断“害不在小人而在庶民也”。君子小人之别在于如何对待义利，而非是否明晓洞察。只要志

---

① 俟解［M］//王夫之．船山全书：第12册．长沙：岳麓书社，2011：479．

② 同①．

③ 同①480．

于义，即便精微有所未明已非小人。“于利未喻，终不可纳之于君子”这句话意思不太明确，或是说如果不能清楚明白利之不可求，仍算不得君子；或是因为船山义利相合思想①而主张君子也要明利害才能更好地实现义，或者反过来说治国者当以义为利，即《大学》所言：“‘畜马乘不察于鸡豚，伐冰之家不畜牛羊，百乘之家不畜聚敛之臣，与其有聚敛之臣，宁有盗臣。’此谓国不以利为利，以义为利也。”从下文来看，似乎第二解意思更加相合，不过这句话并不重要，关键是下面船山认为庶民不能明察利害，并不是不想追逐利益，而是没有能力，或者说无法理解什么是真正对自己有益的事情，所以和士大夫不同，会苟察于鸡豚之类营苟之事。这样的人一旦略有才华获得机会施展，其恶会甚于桀纣是因为他们只有浮明浅欲，比之能够精心计算求大利的小人尚不如。庶民既如此不堪，蒙昧不自知其恶，又不可胜诛，那么应当如何在政治建构中安放呢？船山提供的基本方向是礼。

《礼记》中有《内则》一篇。《正义》曰“以其记男女居室事父母舅姑之法”，通篇所论都是家庭内晚辈如何奉养孝顺长辈的礼仪细节，若直观来看，与《大学》《中庸》所论精微王道可谓精粗相去甚远。船山于《礼记·内则》之解题曰：

> 盖孝友之德生于心者，不学而能，不虑而知，而苟有其心，不能施之于行，则道不立而心亦渐向于衰矣。学以能之，虑以知之，乃以充此心之全体大用，虽有不逮者，习而安焉，则因事生心而心亦油然以兴矣。故曰“下学而上达”。学者能于此致慎以自勉，而治天下者修明之以立治教，则至道之行不出于此矣。世教衰，民不兴行，其所谓贤知者又为卤莽灭裂之教以倡天下于苟简，如近世王氏“良知”之说，导淫邪，堕名义，举世狂和之而莫之能止。学者勿以此篇为事迹之末，慎思明辨而笃行之，则经正而庶民兴，邪说之作，尚其有惩乎！②

这里值得注意的有两点：第一，一方面船山尽管承认孝友之德是不学不虑即有的良知良能，但也承认其有可能因为不能践行而衰竭；而另一方

① “义之与利，其途相反，而推之于大理之公，则固合也。义者，正以利所行者也。事得其宜，则推之天下而可行，何不利之有哉？”（四书训义：论语：里仁［M］//王夫之. 船山全书：第7册. 长沙：岳麓书社，2011：382）

② 礼记章句：内则［M］//王夫之. 船山全书：第4册. 长沙：岳麓书社，2011：669.

面，通过礼仪的日日习之，也可以因事而生心，这个思路源自船山“性日生日成”的另一种表述“习与性成”。由此思想而来的第二点就是诸多礼仪细节并不是远乎道的事迹之末，而是当行之大经大本。但是，当船山感慨世教衰，易简之教不可行，从而提倡经正而庶民兴的时候，他想表达的不是以格致诚正或者良知良能之学教化百姓，而是通过礼仪去感化规训百姓。换言之，船山对心学的批评不仅是在士大夫心性工夫层面，同时也带有强烈的政治意涵，认为重建良好风俗所应当依靠的不是人人皆能知能行的简化版儒学，而当依靠礼教。所以对孔子“民可使由之，不可使知之”之言，船山阐发道：

> 先王之治，齐小人以礼，而出乎礼即乎刑，未尝本性命以立教，以喻民于同然皆得之真则。或疑不知而行，将无以移易人心，而使之乐于为善，而非也。天之生人也同，而人之习以成性者异。……若其所以然者，君之何以尊，父之何以亲，人之何以不可违天，情之何以不可悖性，则其幼之所未闻，长之所不信，无静可存，无动可察，而欲使知之，必不可也。由，此理也；知，亦此理也。先知先觉者显其用于德行，则亦足以导天下于中正和平之中，而风俗美矣。后世有异端者，欲以性命之理遍喻愚贱，非贬道以殉俗，则立意以惊众。言之谆下，及于猥琐，适足以生君子之厌恶而惑小人之狂迷。然后知先王之教，通天下之志而成其务，为不可及也。①

船山认为治理百姓应当用礼教化，不遵礼教者用刑规训，而不当本于性命之学而教化百姓，让其都能够得乎真理。可能的质疑是百姓不知而懵懂行去则无法使其真心乐善。回答是，如君父尊亲天道性情的所以然之理，尽管王政民俗所由所知皆是此理，但它们既不能用以教授百姓使其必信之，也无征可查验，只能由先知先觉用之于引导天下风俗。以此观之，船山反启蒙的立场可能出于更深层的考虑，如本章第一节论及的，礼俗对大众的规范性力量恰恰源于其自我遮蔽，启蒙本身反倒可能摧毁其约束力，而与此同时又无法依靠百姓对道理的理解、认同与践履而重建秩序。如后世异端（当然不仅是指佛教更是意指心学），想要让所有人都明白性命之理，只可能采取降低道理本身的精微复杂性的方式，而导致的结果是

① 四书训义：论语：泰伯［M］//王夫之．船山全书：第7册．长沙：岳麓书社，2011：541-542.

君子会反感其降格殉道，小人则自以为高明而堕入迷狂。所以船山认为既然“德礼之精意，民不能知”①，那么就只能以化民的方式来为政，“上所躬行，以化民于仁厚而为立教之本也”②。化民立政以礼为本，“国之所以立者，礼也”③。不过，船山针对《中庸》第十九章论述说：

> 总以此章之旨，谓武王、周公尽其孝之道，而创制立法，推行上下，无不各俾尽其性之仁孝；于以见道用之广，而夫妇所知能之理，孝。极其至而察乎上下。故末复以郊禘之义明而治国无余蕴者终之。若但以天子之自承其祭者言之，则极乎烦重，而但以毕其孝思；则本大末小，体广用微，岂不与中庸之道相为刺谬？而异端“万法归一”之逆说，自此生矣。④

武王周公之制礼作乐，可以推行上下，但夫妇所知所能之理仅仅是礼意之大端如孝悌之道，却不可认为孝悌之道便已经极尽政治礼乐之极致，尽管《中庸》此章最后说“明乎郊社之礼、禘尝之义，治国其如示诸掌乎”，但如此章所言郊禘之义包括祖庙、宗器、衣裳、昭穆、序爵等诸多环节。所以船山强调其极为繁重，绝非仅仅毕其孝思这么简单。因此，尽管礼是治乱之原，无所不包，精微之处却非人人能知，只能使民由之：

> 礼为治乱之原而无物不有，无事不著，故极其用之极致，虽非愚贱之所可与，而先王推其躬行之实以务民义，必举夫人所可知可能而不可斯须离者立为大纲，以使民率繇之，而政理兴焉，则益可无疑于政与礼之有殊用矣。⑤

是故船山论礼，除了道学常见的仁义为之本、政以礼立等思路之外，还会特别强调“礼不下庶人”这个维度。这并不是说庶民无礼可循，婚丧笄冠诸礼，尤其是丧礼可谓天下之通礼也，船山是想要凸显原本封建宗法制下礼中很强的差序分殊之义，譬如他在《读四书大全说·孟子·万章上

① 张子正蒙注：有德篇［M］//王夫之．船山全书：第12册．长沙：岳麓书社，2011：266.

② 礼记章句：王制［M］//王夫之．船山全书：第4册．长沙：岳麓书社，2011：336.

③ 四书训义：论语：里仁［M］//王夫之．船山全书：第7册．长沙：岳麓书社，2011：374.

④ 读四书大全说：中庸：第十九章［M］//王夫之．船山全书：第6册．长沙：岳麓书社，2011：511-512.

⑤ 礼记章句：仲尼燕居［M］//王夫之．船山全书：第4册．长沙：岳麓书社，2011：1202.

篇》中特别强调庶民“不得以父母之服服天子，自理一分殊、天理自然之节文，与诸侯之不得郊禘、庶子之不得丧其母、支子之不主祭一例。故曰刑不上大夫，礼不下庶人”①。这归根结底还是因为庶民之情不能固，即便说礼之功用在于齐人之情，使得“贤者俯就，不肖跂及”，庶民之质恐怕也无法达乎更高的要求：

> 且礼也者，文称其质，物称其情者也。天下之大，万民之众，知愚贤不肖之杂，即有君如尧，可以感其哀于仓卒，而必不能固其情于三年。民之质也，虽企及而必不逮者也。乃驱天下而服三年之丧，保无有斩衰菲屦，纵饮狂歌，以绖舞而以杖斗者乎？则是乱礼丧真，而徒媟其君亲矣。②

船山在《读通鉴论·汉文帝二二》中再次论及庶民不得为天子服丧时，甚至得出结论说：“抑文帝之诏，统吏民而壹之，则无差等也。……统天下之臣民，禁其嫁娶、祠社、饮酒、食肉，皆秦之苛法也。秦统而重之，文帝统而轻之，皆昧分殊之等，而礼遂以亡。”显然，这是说礼之要义在于差序分殊，汉文帝之无差等与秦之禁礼同样都会造成礼之亡。这种尊卑差等思想不仅表现在对庶民的态度上，也表现在对官吏身份定位的理解上。

从五代十国时期的后蜀主孟昶开始中国官府有个独特的现象，就是官府立戒石，北宋灭后蜀，宋沿袭之，太宗赵匡义又从中选了四句十六个字“尔俸尔禄，民膏民脂，下民易虐，上天难欺”，亲自抄写颁给地方官吏。从此这十六字铭文就被一直沿用，经历了宋、元、明、清四朝。船山在《宋论·高宗一〇》中对其强烈批判：

> 小人耕而以其有余养君子，君子治而受其食以勤民事。取之有经，班之有等，民不怨于输将，上不勤于督责。天尊地卑，而其义定；典叙礼秩，而其分明。若曰是民之膏脂也，则天子受万方之贡赋，愈不忍言矣。率此言也，必天下之无吏而后可也。抑将必天下之无君，而后无不可矣。是之谓夷人道之大经也。
>
> ……
>
> 易动而难静者，民之气也。得利为恩，失利则怨者，民之情也。

① 读四书大全说：孟子：万章上篇［M］//王夫之．船山全书：第6册．长沙：岳麓书社，2011：1035.

② 同①1035-1036.

> 故先王惧其怀私挟怨之习不可涤除，而政之所扬抑，言之所劝戒，务有以养之，而使泳游于雍和敬逊之休风，以复其忠顺之天彝。……今乃揭而示之曰："凡吏之受禄于国者，皆尔小民之膏脂也。"于是乍得其欢心，而疾视其长上。其情一启，其气一奔，则将视父母之食于其子者，亦其子之膏脂；趋利弃义，互相怨怒，而人道夷于禽兽矣。①

民之气与情皆容易翕动而多怨，所以王道要涵养其平和忠顺之风，戒石媚庶民之欢心而启动其怨怒之气，以此类推子女孝敬父母亦将被视为吸取子女之膏脂，如此则不异于禽兽。这个类推背后是古代惯常的比喻，官员如同民之父母，对庶民既有教又有治的责任和权力。此权责的来源是君子小人德性与能力等的差别，尊卑秩序就是源自这种差别。它和民脂民膏思路的根本分歧在于对官吏意义的理解，官吏是对庶民进行教化治理的有德君子，还是人民出钱雇用的管理者或公仆②。

对于船山这种反启蒙立场，我们即便不基于现代思想资源给予外部批评，在船山思想内部也可以对之质疑的是：如果说在古代世界差序格局下的礼制建构中，君子小人因身份阶层差异可以进行教化与礼法的区别性对待，那么随着唐末传统贵族封建礼制的最终瓦解，在中国近世平民化社会中，君子小人已经成为纯粹的德性之别，如此一来在教化中区别精微道理与礼刑规训这两者何以可能？船山似乎对此并没有给出更加精详的考虑与建构。不过无论朱子还是船山，尽管他们的意态略显激进与保守之不同③，但晚年都非常明确地带着相关的问题意识从事于礼学精研，船山在《礼记章句序》中自述其志曰："夫之生际晦冥，遘闵幽怨，悼大礼之已斩，惧人道之不立，欲乘未死之暇，上溯《三礼》，下迄汉、晋、五季、唐、宋以及昭代之典礼，折衷得失，立之定断，以存先王之精意，征诸实用，远俟后哲，而见闻交诎，年力不遑，姑取戴氏所记，先为章句，疏其滞塞。"惜乎天不假年，朱子船山皆未完成其理想之作。

---

① 宋论：高宗一〇［M］//王夫之. 船山全书：第 11 册. 长沙：岳麓书社，2011：238.

② 有趣的是，反启蒙的尼采也曾经激烈嘲讽过作为民众仆役的智者或曰教化者。参看尼采《查拉图斯特拉如是说》（上海人民出版社，2009 年）第 130 页。

③ 所谓激进保守之别，朱子注释"民可使由之，不可使知之"时引用程子之言："圣人设教，非不欲人家喻而户晓也，然不能使之知，但能使之由之尔。"相较船山直接拒绝使知之的论调，似乎认为应当使人家喻户晓，只是不可能做到。如果再印证朱子《大学章句》思想，这种差别就更加明晰了。

船山礼治庶民还和夷夏之辨相关，他在《礼记章句序》中说，此书所作对于“人禽之辨、夷夏之分、君子小人之别，未尝不三致意”①，而此三者之别其实都是因于礼，礼是“人之所以为人，中国之所以为中国，君子之所以为君子，盖将舍是而无以为立人之本”②。以礼别人禽夷夏之说自古有之，《礼记·曲礼》曰：“鹦鹉能言，不离飞鸟；猩猩能言，不离禽兽。今人而无礼，虽能言，不亦禽兽之心乎?”也就是说，人与禽兽夷狄的区别在中国人看来既不是“理性”也不是“语言”，而是礼。船山注释说：“君子遭时之不造，礼教坠，文物圮，人将胥沦于禽兽，如之，何其不惧邪?”③ 这显然是将人禽之别、夷夏之辨以及君子小人（庶民）之别等同④。如果按照道学普遍性善的观念，不仅庶民与君子在天性上并无差别，人皆可以为尧舜，夷狄与华夏其实也没有本质性区别。故唐君毅先生指出：“此理此心，人皆有之，华夏之民有之，夷狄亦可有之。于华夷之辨，徒据此义未必能严。宋明儒者之辨华夷，乃多好在文化上辨，而不易引出在民族上之辨华夷之论。”⑤ 船山因其所处的时代华夏沦亡于夷狄而无法从内心接受，否则满人若是学习效法华夏礼仪，岂不是可谓夷狄进而为华夏⑥，而其统治也将获得文化意义上的合法性。所以船山在《读通鉴论》中多次痛斥诸如魏孝文帝改鲜卑为华夏这样的夷进为夏的做法。总之，就学理上来说，道

① 礼记章句序［M］//王夫之．船山全书：第4册．长沙：岳麓书社，2011：10.

② 同①9.

③ 礼记章句：曲礼上［M］//王夫之．船山全书：第4册．长沙：岳麓书社，2011：18.

④ 陈力祥在《王船山夷夏观辨正》［《湖南科技大学学报》（社会科学版），2009年第1期］一文中反驳对船山思想的两种理解：大汉族主义，禽兽与夷狄等同。笔者认为陈力祥的反驳并不能够证成。陈教授理由之一是：船山只是出于民族情感维护儒家正统文化，而非为了贬低夷狄，所以不是大汉族主义。笔者认为无论出于情感还是思考，贬低夷狄抬高华夏这在船山是不争的事实，无须为此讳言。陈教授理由之二是船山的某些历史发展表述。说明夷狄并不总是夷狄，可能变成华夏，而且夷狄华夏的落后与先进可以彼此相易。但他对文本的解读实际上混淆了事实与价值的不同层面。“以其近小者推之，吴楚闽越，汉以前夷也，而今为文教之薮。齐、晋、燕、赵、唐、隋以前之中夏也，而今之椎钝駤戾者，十九而抱禽心矣。”这段材料显然想要表达的只是同一个地域的人，可能会因为时代不同而有夷夏之变，改易变化的只是地域人群，而不是夷夏这一对价值原则。包括陈教授引用的船山历史进化材料中，华夏比夷狄先进的基本价值判断是无可置疑的。至于说禽兽与夷狄乃至庶民小人在船山这里能否等同，当然我们可以如陈教授那样找到一些材料来做出更加精细的区分，就好像我们也可能找到材料说明船山区别了禽与兽，但这并不能反驳，船山从某些共同性的角度将它们划分到一类。

⑤ 唐君毅．中国哲学原论：原教篇［M］．北京：中国社会科学出版社，2006：413.

⑥ 事实上尽管满人对此一直有所警惕，却仍不免于被华夏文明所同化。

学的普遍人性前提与现实中的夷夏尖锐矛盾存在冲突。

船山的解决思路可以从三个层次来分析。从心性论层面来说，“习与性成”“气质中之性”等理论意味着夷狄之人与华夏的个体之间并不存在一个相同的待复之本体：“中国之与夷狄，所生异地，其地异，其气异矣；气异而习异，习异而所知所行蔑不异焉。乃于其中亦自有其贵贱焉，特地界分、天气殊，而不可乱。”① 习的重要意义又会推演出第二个层面的理论，习并不是简单的个体生活习惯，而是由民族文化共同体中共在的礼制所塑造的，所以夷夏的礼制分际并不是说文化多元意义上的生活方式具有差异性，而是说在继善成性的阶梯上华夏礼制代表着对天道更高更丰富的实现，它超出了个体伦理问题，而与共同体的政治思考密切相关。礼制又是在历史中不断沿革的，所以第三个层面是礼制作为民族共同命运的历史性问题，正如天道不可典要，礼制在船山看来，也不是一套能够为夷狄窃取效仿的现成政治方案与礼俗设计②，它需要在历史中由圣王与贤者不断损益维系一种精微的平衡。为此，无论是始作者还是后继者都需要不断精进磨砺，这是具有历史宏观意义的民族之习与性成。我们可以看到，船山对此问题的思考逻辑与本书前文分析的体用思想在天道、心性、工夫、政治等层面的展开是一致的。我们在本节最后就此再选取两点略加论述：第一个是礼意之精微平衡关涉到的天人之际；第二个是礼之体用相生在政治与历史上的宏观意义。

第一点礼意与天人之际问题，我们可以借助船山在《周易外传》中对“绝地天通”的阐发来分析③：

---

① 读通鉴论：东晋哀帝三［M］//王夫之. 船山全书：第 10 册. 长沙：岳麓书社，2011：502. 这里的疑问是，如果夷狄之人生于华夏，其气、习是否即可同于华夏。可能的回应是，同一页上船山紧接着对于小人的表述：“君子之与小人，所生异种，异种者，其质异也；质异而习异，习异而所知所行蔑不异焉。”此外，船山华夷之辨的多样化表述，齐鹏刚的硕士论文《从〈读通鉴论〉看王夫之的民族观》（河北师范大学，2015 年）有较为详细的梳理，可资参考。

② 典型的论述出自《读通鉴论·东晋成帝七》：“败类之儒，鬻道统于夷狄盗贼而使窃者，岂其能窃先王之至教乎？昧其精意，遗其大纲，但于宫室器物登降进止之容，造作纤曲之法，以为先王治定功成之大美在是，私心穿凿，矜异而不成章，财可用，民可劳，则拟之一日而为已成。故夷狄盗贼易于窃而乐窃之以自大，则明堂、辟雍、灵台是已。……此固与夷狄盗贼妖妄之情合，而升猱冠猴者鬻之以希荣利，固其宜矣。……败类之儒，恶能以此媚夷狄盗贼而使自拟先王哉？”

③ 对“绝地天通”问题的详细研究可参看拙文《“绝地天通”与“天人之际”》（见《文化发展论丛·中国卷》，社会科学文献出版社，2015 年）。在船山这里“绝地天通”意味着人与天保持一种恰当的关系。

圣人因以制事天之典礼，……天尊而人事事之，以登①人而不离于天……天迩而神事事之，以远天而不亵于人。不敢亵者量，不忍离者理。通理以敦始，故方泽②不敢亢于圜丘③；称理以一本，故上帝不可斋于宗庙。……

…………

忘天者禽，主天者狄。羔乌之恩，知有亲而不知有天；蹛林④之会，知有天而不恤其亲。君子之异于禽也，岂徒以禋祀⑤报始哉？……若其异于狄也，则用重而物则薄也，天子之外未有干焉者。等人而专于天子，而抑又用之以薄，非能侈然骤跻于帝之左右矣。狄之自署曰“天所置单于”，黩天不疑，既已妄矣。而又有进焉者，如近世洋夷利玛窦之称“天主”，敢于亵鬼倍亲而不恤也，虽以技巧文之，归于狄而已矣。

呜呼！郊祀之典礼至矣哉！不敢昧之以远于禽，不敢主之以远于狄。⑥

船山认为，圣人制礼以事天是和天不离不合，天虽尊却要以人的方式尊之，才能成就人而又不离于天；天虽近却要以神的方式事之，才能让人不会僭越亵渎天。这样，才能在一种自我节制中既使得天之赜不会被人僭越亵渎，同时又能够彰显人参赞天地之卓能，这便是圣人制事天之典礼的精神，也即“绝地天通”。这种精神是华夏与禽狄的大分界点，“忘天者禽，主天者狄”，禽兽只知有亲而不知天，狄是非华夏的其他僭妄黩天之民族，但并非是在文明先进落后意义上讲的。不仅匈奴这样以蹛林之会的方式知天而不知恤亲的民族，如利玛窦代表的基督教文明虽然有“文”，在船山看来同样亵鬼而悖亲，所以还是要被归于狄。船山试图昭示的，是在怎样的天人关系中，人既能够从只知天的禽兽中卓然有所立（“立于礼”），而又能持守住对天的敬畏之心（“祭如在”），同时成为仁者恤亲爱民（“人而

① 登：成就；完成。《书·泰誓下》：“尔众士其尚迪果毅，以登乃辟。”孔传：“登，成也。成汝君之功。”

② 方泽：方丘。古代夏至祭地祇的方坛。因为坛设于泽中，故称。《广雅·释天》：“圆丘大坛，祭天也；方泽大折，祭地也。”

③ 古代帝王冬至祭天的地方。后亦用以祭天地。《周礼·春官·大司乐》：“冬日至，于地上之圜丘奏之。”

④ 蹛林：匈奴秋社之处。匈奴土俗，秋社绕林木而会祭，故称。

⑤ 禋祀：古代祭天的一种礼仪。

⑥ 周易外传：系辞上传第八章［M］//王夫之．船山全书：第1册．长沙：岳麓书社，2011：1014-1015.

不仁如礼何”)，这些都是礼之所以能够指引生活的基本要素。所以“绝地天通”是圣人作礼之先必需的奠基性开启工作，人必须打开属于他的“人之天”并精微地持守天人之际，才可能有后来的典礼制作、水土耕耘。所以，船山在很多地方一再赞叹作为古代帝王祭天地之礼的“郊祀之典礼至矣哉”。再者，礼之精意所维系的天人之际[①]，不是某个圣王一次性奠定的格局，而是一个民族在历史中不断失落、挣扎，又不断努力生成、维系的一种平衡。人既不可艳羡天之无极而将自身抛入“夸父追日”般的疲劳奔命，亦不可固求天之常则而陷入“刻舟求剑”的愚鲁。质胜文则野，文胜质则史；过一分则夷狄，不及则禽兽。民族的命运在这条狭窄的小径上必须壁立千仞争其一线。

第二点所谓体用相生的宏观意义指的是礼不仅对于学者个人修身有着如“六有”之学的意义，还有着超出个体之上的文化共同体意义。《礼记章句序》曰：

> 缘仁制礼，则仁体也，礼用也。仁以行礼，则礼体也，仁用也。体用之错行而仁义之互藏，其宅固矣。人之所以异于禽兽，仁而已矣……而禽狄之微明，小人之夜气，仁未尝不存焉；唯其无礼也，故虽有存焉者而不能显，虽有显焉者而无所藏。故子曰：“复礼为仁。”大哉礼乎！天道之所藏而人道之所显也。
>
> 仁之经纬斯为礼，日生于人心之不容已，而圣人显之。逮其制为定体而待人以其仁行之，则其体显而用固藏矣。《周礼》六官、《仪礼》五礼，秩然穆然，使人由之而不知。夫子欲与天下明之而发挥于不容已，精意所宜，七十子之徒与知之，施及于七国、西汉之初，仅有传者，斯戴氏之《记》所为兴也。自始制而言之，则《记》(笔者按：《礼记》) 所推论者体也，《周官》、《仪礼》用也；自修行而言之，则《周官》、《仪礼》体也，而《记》用也。《记》之与《礼》相倚以显天下之仁，其于人之所以为人，中国之所以为中国，君子之所以为君子，盖将舍是而无以为立人之本，是《易》、《诗》、《书》、《春秋》之实缊也。[②]

体用错行、仁义互藏，这个结构仍是船山一贯的思路，这里的义其实是礼，即合宜尺度的典范。不过这里仁礼关系不再是个体心性的养成与实

① “际”既有分别之义，又有关联沟通之义。参看刘梁剑《天·人·际：对王船山的形而上学阐明》(上海人民出版社，2007年)。

② 礼记章句序［M］//王夫之. 船山全书：第4册. 长沙：岳麓书社，2011：9.

现，而是具有历史性与政治性，从圣王创制与后世修行两个角度来分别体用。缘仁制礼作为历史性事件是圣人依凭其仁而制定礼，礼作为合宜的尺度被规定下来，这种情况下礼是作为仁德之外在显现而存在的，因此是用。人依凭礼而行动，在其身上涵养仁德，这时仁德是礼之实践结果，义的合宜性被在先规定了，反倒是仁借助于这种合宜尺度被彰显出来，因此仁是用。禽兽、夷狄、小人（庶民）也是天地生意所凝聚，所以也有类似于仁德的微明与夜气。不过注意，在船山这里它们只是仁之端，介乎性情之间而非真正的仁德①。要让它们能够真正成为仁德，需要通过礼来进一步显发与含藏。通过合宜尺度的引领，仁之端才能显发为合乎仁义的行动；通过行动之习，性才能够日生日成，凝聚含藏为仁德，成为人之固宅。

上述结构具体到三礼上又有分殊，《周礼》《仪礼》是外在典章制度，这个层面可以措诸政治之大用，使得万民皆由之；《礼记》则记录的是孔子所传授于弟子的礼之精意，唯君子能知之。就创制而言，礼之精意（在这里指的是仁德）自然为体；就修行而言，则要依凭典章制度来生养仁德。我们看到，在这里体用相生互藏远远超乎个体心性层面，是文明共同体的历史展开。进而言之，此历史展开中保留了后世损益的可能性与合法性，创制修行并非一次性的线性过程，因为修行而化成之仁虽然就其天命之源来说并不异于原先圣人所体之仁，但是在具体的历史过程中实现出来的时候，它必然不能直接等同于先圣之仁。因为在船山这里，天之天和人之天有差别，即所谓“天道之所藏而人道之所显”，先圣与后贤对不可典要之天道的开显必然不尽相同。况且，结合上面所论第一点，即创制不是历史开端的一次性事件，而是在历史中不断发生的，这种不断的“创制—教化—创制”的过程就是体用不断相生的民族历史，也只有在这种不断相生中仁礼才能够保持其活力，即船山所言“体用之错行而仁义之互藏，其宅固矣”。

第四节　易道之一贯

本节要义：

1. 占学一理

本节借助船山“四圣一揆”命题来探讨经典的历史性问题，即体如何

① 参看本书第三章第六节“性与心”。

在历史中展开并保持自身的同一性，以此展现船山体用思想的历史性。

要论证四圣一揆，需要先讨论占学一理之说以打通卜筮与义理。本体论的基础是借助于“继善成性”的天人之辨思想，分殊人道与象数之别，两者同源而又不容混同，亦不可厚此薄彼。船山重学胜于占，但并非要以学代占，而是试图以义来统摄利，寻求时位之中道，让儒学重返经世致用之道。

学与占可以对应于经权体用关系：学为经、体，占为权、用，体必须在具体时位中发用方能获得磨砺生成，经权体用相生相成才能达至义利之和。学是人未遇到事态时，“寂然不动”观象玩辞来参详《易》之天道本体。观变玩占的卜筮是“因天道而治人事”之用，“感而遂通”以至诚之心与虚灵不滞天道相感，以象数给出人在具体境遇中的指引。占是在人之权衡能力达乎德性边界之时，借助卜筮指引以尽人事之变，提升其审时度势的能力，是以即占即学，并无二理。

船山提出“占学一理”之论的目的表面来看是站在义理派立场上对象数派进行批判，而此论内在理路中始终有着对于贯通义与利、伦理与事理、经与权、体与用、天与人的内在诉求。

2. 四圣一揆

经（体）是在诠释（用）中不断生成的历史性存在。无视这种历史性的体用相生，经或者沦为历史之陈迹（考据学追寻的事实真相），或者成为与诠释史无涉的独断解读对象。

宋代以降的疑古思潮预设前提是：第一，圣人思想与天道具有同一性与现成性。第二，后人与圣人（天）具有（至少是潜在的）平等的地位，可能通过对自家性体的体认达到对圣人与天的彻底澄明。第三，文本的存在方式是一种初生之顷不易之俪。三个前提的统一性在于一种脱离用而追寻体之本然面目的努力。

经典作为体，其并非超然于诠释史上的某种实然定体，人理解经典的努力也不是还原出本然面目，而是进入诠释史，在其历史性的用中生成更加丰富之体。船山在不同的体用论基础上对《周易》生成史的描述是源始整体由数开始依次生出画、象、德、义、辞的过程，“生”内在于自身整体。“四圣一揆”指向的不是人作为孤立个体的制作，而是易作为天道在历史中的不断生成开显，前圣后圣道说的始终是“一”，后之学者总是已经处于历史之中，只能以不断重返的方式来重新生成“一”（也包括经典）之体。

本书第二章曾经以船山易学为核心集中讨论了其天道本体学说，不过船山易学并不仅仅涉及本体问题，或者说，船山之体用思想不是仅包括形而上学本体建构，更涉及体用相生的历史性问题。本节我们借助船山易学来探讨经典本身的历史性问题，即体如何在历史中展开并保持自身的同一性。船山易学中提出了一个在考据学看来荒谬的命题：四圣一揆。

船山《周易内传发例》有一段广为研究者所引用的话，乃其易学思想自述总结：

> 大略以《乾》《坤》并建为宗；错综合一为象；《彖》《爻》一致、四圣一揆为释；占学一理、得失吉凶一道为义；占义不占利，劝戒君子、不渎告小人为用；畏文、周、孔子之正训，辟京房、陈抟日者黄冠之图说为防。①

我们在第二章曾讨论过乾坤并建、错综合一与彖爻一致，就船山自己的归纳来看，前三者与四圣一揆都是他解释《周易》的共同原则，之所以将它们分开，在第二章仅讨论乾坤并建、彖爻一致，而在此节讨论四圣一揆，是出于本书结构的需要。本书结构试图以概念与问题为核心展开并尽可能兼顾船山著述体例，在船山虽然同是《周易》的解释原则，内在却隐含着不同的层面，不得已遂有此削足适履之举，因为彖爻一致固然隐含着一个具有历史性意义的前提，即经典在历史中的自持统一性，也即是四圣一揆之说，但是我们也可以将彖爻一致暂时仅视作四圣一揆的逻辑结论，视作一个不涉及历史纵向深度的平面性诠释循环②，这样可以使得思想的某些特质得到更加明晰的体现。而在前文已充分阐明体用相生意义的基础上，我们现在进入体用相生的历史性维度的讨论会更加顺理成章。

“四圣一揆”命题隐含地指向着象数派易学，因此为了更好地解读“四圣一揆”，我们需要先对船山“占学一理”思想进行深入讨论。

1. 占学一理

象数易学往往将伏羲、文王、周公三圣建构的《周易》本经视为卜筮之书，而将孔子《十翼》视为义理发明，并且将卜筮与义理视为两种完全不同的方向，进而以此为据，将四圣所作分而别之，否认《周易》彖爻经

---

① 周易内传发例［M］//王夫之．船山全书：第1册．长沙：岳麓书社，2011：683．

② 自然，任何诠释学循环必然是以对体的时间性理解为根基的，不过在许多情况下这种循环并不直接涉及相当宏阔的历史纵深。

传的统一性。所以，船山要论证四圣一揆，逻辑上首先需要将卜筮与义理的分界打通，由此提出占学一理之说。

对船山占学一理思想已有数位学者做过研究①，本书仍是本着详人所略的原则，对前人基本思路略作总结，即着重探讨与本书相关的问题。

占与学如果简要区分，分别指示着事情发展的两种不同层面：占即卜筮，指示的是事情的成败得失，属于利的层面，乃实然问题，其理为自然层面的必然之理；学即卦义，则指示着事情中的伦理道义，属于义的层面，乃应然问题，其理为人道层面的伦常之理。这两个层面在现代伦理学中往往被划分为不可通约且无关的两个世界，最典型代表即康德对两个世界的区分，实践理性的判断不受任何经验因素制约影响，事实与价值的区分也与此相关。在宋明道学传统中，原则上此二者都从属于天理，然而具体到分殊之理的时候，此二者往往有难以调和的冲突，即合于物理者并不必然合于伦理，这种冲突往往体现为义利之辨。船山要统一占学，首先在诠释经典之时赋予吉凶得失独特的意义，他以义来诠释《周易》中涉及利与吉凶得失之处，以此将《周易》，尤其是《系辞》中所言皆向义理方向诠释。这也是前人研究早已指出的，譬如朱伯崑先生论述船山占学一理思想说：“其所谓占学不可偏，其主旨是即占而言学，从而将占筮纳入学的领域……吉凶属于个人祸福问题，得失属于义理问题……君子占筮以决疑，不是问个人的吉凶祸福，而是慎于得失之义理，使自己的行为一依于理。如此决疑，虽遇凶事如死亡，只要符合天理，亦无所畏惧，像伯夷叔齐那样为正义而死，便是无不利……卦爻辞所说的贞吉，乃以正即符合义理为吉利。此‘利’字，非指个人之私利，即小人之利，而是‘以义为利’。故贞与利不可分离……占筮不是占来事之吉凶，而是占是非善恶的后果……总之，王氏区别得失与祸福，以《周易》之占为推断得失即行为是否合乎义理的教科书……只有学易，即玩味卦爻象和卦爻辞之义理，提高自己的境界，少犯过错，方有条件占问来事……按王夫之上述的观点，学易即观象玩辞，钻研《周易》一书的义理，便可下尽人事，上达天德，达到圣人的境界，何必再用占筮，占问得失吉凶？……关于占筮，其论点

① 可参看：朱伯崑《易学哲学史》第四卷（华夏出版社，1995 年）第 14 页以降，陈远宁《中国古代易学发展第三个圆圈的终结——船山易学思想研究》（湖南大学出版社，2002 年）第 414 页以降，汪学群《王夫之易学——以清初学术为视角》（社会科学文献出版社，2002 年）第 69 页以降，张学智《论王夫之的“占学一理”》（《中国哲学史》，2011 年第 3 期）。

有二：一是事物变易，复杂多端，人的智力有时难以决疑；二是占筮所得的吉凶只是启发人的心智，少犯过错。此种占筮观虽然肯定了占筮的形式，但就其思想实质来说，仍是以学释占，故说‘初无二理’”①。陈远宁与汪学群两位先生的解读与朱先生相比较为简略，但理解方向基本相同，都认为船山虽然不废占筮，但基本上是以学来解释占，以义理来解释得失，占只是在人谋无能为力之时决疑之用。上述解释方向把握住了船山“占学一理”的基本倾向，本书想要补充的是：其一，从本体论上给出“占学一理”的理论基础，而这是船山之所以能够统一象数义理两派的最核心思想之所在；其二，船山固然重学胜于占，但并非想要完全以学代占，而上述解读没有充分揭示出占的意义。

我们先从第一个方面即“占学一理”的本体论基础开始说明，船山在《周易内传·系辞序》中说道：

> 伏羲之始画卦也，即阴阳升降、多寡隐见，而得失是非形焉。其占简，其理备矣。……
>
> ……若夫文王、周公所系之辞，皆人事也，即皆天道也；皆物变也，即皆圣学也；皆祸福也，即皆善恶也。其辞费，其旨隐，藏之于用，显之以仁，通吉凶得失于一贯，而帝王经世、君子穷理以尽性之道，率于此而上达其原。夫子虑学《易》者逐于占《象》而昧其所以然之理，故为之《传》以发明之，即占也，即学也，即以知命而不忧，即以立命而不贰。②

船山认为《周易》从伏羲画卦开始直至文王、周公、孔子，始终整全地包含了阴阳、物理、人事、天道，这与我们在第二章论述的太极本体思想是一致的。太极本体作为整全大体，凡诸一切阴阳化生、得失是非、人事物理都不可能外于太极，而《周易》作为太极本体的同构系统，自然也就赅具众理。这种自然赅具既非自始至终现成存在，亦非如母生子般外在于本体而出现，对此第二章之述备矣。但前文尚遗留一个问题未说明，我们在第三章中看到，船山论人之继善成性乃是就承继健顺天德意义来说的，在天而言，元亨利贞健顺五常展开为万物众理，此为自然过程，不涉及上述实然与应然之冲突。但在人伦世界则两者分化，天德落在人身上为

---

① 朱伯崑．易学哲学史：第4卷［M］．北京：华夏出版社，1995：15-28.

② 周易内传：系辞上传第一章［M］//王夫之．船山全书：第1册．长沙：岳麓书社，2011：505-506.

性，此性仅为虚德，不可说它自然赅具众理，须待后天工夫充实丰富之，这样一来，人在行动之时便会面临实然事理与应然伦理的两重权衡，甚至矛盾取舍。如果用上文分析过的经权概念来表述，当人仅处于日常人伦的简单情境中时，权衡能力并不显得突出重要，因为在简单平常的日用伦常中，只需要遵循常经大道，甚至心中灵明良知明分义利之辨即可应对。但是在复杂的政治生活中，义与利往往难以截然分开，利物利民利天下本身即是道义之所在，重要的往往不是能否凭借善良意志去行动，而是能否在具体时势中把握好各种事理让善良意志转化为具体效果，即合义之利能够获得更好的实现。又或者处于人伦之变的情况下，伦理自身的争执困境决定了它不能够被直接运用，必须审时度势让诸多义理与事理达成最合宜的中道。上述所有这些都不是人单纯凭借一个无内容的善良意志能够达成的，尽管伦理不能直接统摄事理，但两者若是完全分开，工夫便会打成两截，其间轻重与否的倾向构成了宋明道学中的尊德性道问学之争（朱陆之争）以及王霸义利之辨（朱陈之辩）。道学典型的态度是朱子努力维系的居间道路，此二者尽管同源于天，但在人的世界里并不能够自然合一，必须借助于工夫通达某种境界方能使二者圆融无滞，即格物补传所谓“众物之表里精粗无不到，而吾心之全体大用无不明”。船山方向与朱子有相似之处，不过他的气学在本体基础上原本就比朱子理气二分的方式更加强调同源性，所以他借助于易学尤为精微地阐发二者同源性，同时又严守天人之分。其曰：

> 此太极之所以出生万物，成万理而起万事者也，资始资生之本体也，故谓之“道”，亘古今，统天人，摄人物，皆受成于此。其在人也，则自此而善，自此而性矣。夫一阴一阳，《易》之全体大用也。乃溯善与性之所从出，统宗于道者，固即此理。是则人物之有道，《易》之有象数，同原而不容歧视，明矣。①

这里还是借助于“继善成性”的天人之辨思想，在《易》全体大用之下分殊出了人道与象数之别，两者同源而又不容混同，亦不可厚此薄彼。我们接下来要详细考察上述第二个方面，即船山如何借助于体用经权等思想将占学二者统一，由此再返回到第一方面以获得对船山体用思想的历史

① 周易内传：系辞上传第五章［M］//王夫之．船山全书：第1册．长沙：岳麓书社，2011：525-526.

性维度理解。

船山于《周易内传发例》中简要描述了易学史并对历史上重要注家点评，其批评程子与朱子之言曰：

> 程子之《传》，纯乎理事，固《易》大用之所以行，然有通志成务之理，而无不疾而速、不行而至之神。……朱子学宗程氏，独于《易》焉尽废王弼以来引伸之理，而专言象占，谓孔子之言天，言人，言性，言德，言研几，言精义，言崇德广业者，皆非羲、文之本旨，仅以为卜筮之用，而谓非学者之所宜讲习。其激而为论，乃至拟之于《火珠林》卦影之陋术，则又与汉人之说同，而与孔子《系传》穷理尽性之言，显相牴牾而不恤。由王弼以至程子，矫枉而过正者也，朱子则矫正而不嫌于枉矣。①

船山对朱子的批评比较明白易懂，他虽然承认《周易》本为卜筮之书，"《易》之为筮而作，此不待言。王弼以后，言《易》者尽废其占，而朱子非之，允矣"②，却不同意将《周易》视为纯粹卜筮之书，认为这样会使得易学成为鄙陋之术。值得注意的是他对王弼至程子义理一派尽废其占的批评，认为程传仅有理而无神。他将理视为"大用之所以行"，而不是大用之行，这意味着他认为程传所论之易理，偏于体而轻于用。但这里船山对程朱的批评还只是一个笼统的论断，需要结合《周易内传发例》中的另外几篇材料才能明了船山所指。

> 君子之谋于《易》，非欲知吉凶而已，所以知忧，知惧，而知所择执也。……《本义》往往有戒占者之言，韪矣。然所戒者，刚柔之节，进退之度，王者之刑赏因革，君子之出处语默，两俱近道，而戒以慎择而固执之。若夫贞之为言正也，出乎正则入乎邪，即微《易》之戒，岂有不贞而可以徼利者哉！贞之为利也，不相离也，贞则利，利必贞也，故有贞凶，而无不利之贞，无不贞之利。且《易》之所谓利者，非小人之利，求荣而荣，求富而富，欲焉而遂，忿焉而逞者也。故曰"利物"，非私利于己之谓也；曰"合义"，合于义即利，所谓不以利为利，以义为利也。故凡言贞吉者，言既得其正而又吉。或谓所吉者在正，而非不正者之可幸吉，此即戒矣。若利贞，则谓其合

① 周易内传发例［M］//王夫之．船山全书：第1册．长沙：岳麓书社，2011：653.

② 同①.

> 义而可固守，即有戒焉，亦谓其义之合不以权而以正也。倘云利于贞，不利于不贞，此又岂待《易》之言而后戒乎！①

朱伯崑、陈远宁两位先生都注意到船山的这段话，并做出各自的解读，陈先生曰："尽管君子进行占筮也讲吉凶之利，但它们是以仁义之正道为根本，以贞之利即公利为前提。反对离开正道谈吉凶，反对一切不正之利……强调《周易》虽是卜筮之书，却是以义理为依归，其占筮的目的也是为了更好地、更具体地把握和运用卦爻辞中蕴含的义理。"② 朱先生曰："此是说，卦爻辞所说的'贞吉'，乃以正即符合义理为吉利。此'礼'字，非指个人之私利，即小人之利，而是'以义为利'……王氏区别得失与祸福，以《周易》之占为推断得失即行为是否合于义理的教科书。此种观点，显然是对儒家提出的道德原则即义利之辨在易学中的阐发。"③ 汪学群也注意到了这段话并落在义利之辨上做出解读，认为船山是"以义释利"，"《易》所讲的利，是正当的利……是一种公利……把是不是符合义，当成判断利的标准"④。他们的解读都把重点落在以义为利，不以祸福论吉凶得失上，这没有问题，但是他们对义利之辨本身并没有做出充分的说明，便容易造成误解。因为义利之辨在道学传统中关乎君子小人的大限，壁立千仞只争一线，正谓此也。而船山不同于前人之处恰恰在于他试图借助于易学的解释，消解两者之间水火不容的局面，让儒学重新回到经世致用的实学之路上去，同时又持守住君子之德。如果说道学传统是求义舍利，那么船山想要做的是以义来统摄利，而不仅仅是强调重义轻利，或者用义这个概念消解屏蔽掉利的概念，那样实际上还是道学传统义利泾渭分明的道路。

船山这段话区分了两种利，一种是小人徼利之利，我们可以称之为私利，还有一种是"利物"之利，它不排斥私利，但根本着眼点并不在于一己得失，其典型形态是利民利天下之公利。前一种其实并不是船山着意讨论的对象，因为这个层次上的义利之辨在他看来是毋庸置疑的，也无须借助于学《易》而明，所以他在文中强调"即微《易》之戒，岂有不贞而可

---

① 周易内传发例［M］//王夫之. 船山全书：第1册. 长沙：岳麓书社，2011：671.

② 陈远宁. 中国古代易学发展第三个圆圈的终结：船山易学思想研究［M］. 长沙：湖南大学出版社，2002：420-421.

③ 朱伯崑. 易学哲学史：第4卷［M］. 北京：华夏出版社，1995：20.

④ 汪学群. 王夫之易学：以清初学术为视角［M］. 北京：社会科学文献出版社，2002：360-361.

以徼利者哉!”“倘云利于贞，不利于不贞，此又岂待《易》之言而后戒乎!”船山真正想要讨论的是第二层意义上的义利之辨，这是真正问题之所在，但往往被道学传统所忽视。譬如著名的朱子陈亮之辩其实并不是在第一个层面上的功利主义与道德主义的争论，而是在第二个层面上如何能够统一两者的辩论①。

段首船山开宗明义，君子谋《易》不是为了知吉凶，而是要在忧惧中明了所当执者。接着他认为朱子《周易本义》通过占告诫人是对的，并进一步分析其告诫的内容，船山列举朱子所告诫的刚柔、进退、刑赏因革、出处语默等内容，皆为道之两端，所谓“两俱近道，而戒以慎择而固执之”，其实就是“执两用中”或“叩其两端而竭焉”之意，也即是在权衡中取其中道。这样我们才能理解何以船山在接下来反复强调说，不必告诫利贞不可分，如果必须告诫的话，也是要告诫在寻求合义之利的时候，不可流于权变之谋，而应当力求正道之宜。所以，问题的关键其实不在于第一个层次的义利之辨，这里其实也体现了第三节讨论过的船山反启蒙思想，经学在他看来本不是针对庶民而教，而是对那些已经立志为圣贤的君子。因此无须对君子再三叮咛、谆谆教导义利之辨，他们需要思考的是更加精微的义利之和当以何种工夫达到，其与占学又是怎样的关系，这个层面才真正涉及君子之道广大精微的纯正展开。而程传演绎的粹然义理其实是与利益相对的义理，而非第二个层面的义利之和，这种差别我们在“船山的经权体用结构”一节中已经详尽讨论过，这里要补充的是，单单在第一个层面上讨论义利之辨的话，不仅会造成对利的理解的片面，更加会造成对义理的理解的狭隘。第一个层面的义利之辨实际上蕴含着对世界的二元理解，义是与纷繁多变的现象世界无关的纯粹义理，利则是现象世界中具体事件的得失成败，体与用终归难以统一。在船山看来，通过《易》获得的不是与利水火不容的粹然之理，而是在时位中毫厘不可偏差的中道：“审度所以行乎其位者，则精义不可以执一求，而抑不可以毫厘差。”② 所以船山对《系辞下》“初率其辞而揆其方，既有典常，苟非其人，道不虚行”这句话的解释是：

> 由辞以研究其精微，而揆度其周流无方之方，则天化人事之变

① 张汝伦．朱陈之辩再思考［J］．复旦学报（社会科学版），2012（5）．

② 周易内传：系辞下传第八章［M］//王夫之．船山全书：第1册．长沙：岳麓书社，2011：606．

尽，而所以处之者之义精，于无典要之中，得其至当不易之理矣。然占者非徒以知吉而喜，知凶而忧也。苟为君子之人，则察其随时之中，而乾惕以镇守其至正之则，于是而《易》之道乃以行万变而利用。非其人，则恃其吉而委其凶于无可奈何之数，其占也不如弗占，《易》道虚设矣。《易》之为书，言得失也，非言祸福也，占义也，非占志也，此学《易》者不可不知也。①

正如《系辞上》所谓“君子居则观其象而玩其辞；动则观其变而玩其占”，船山将研辞对应于“学”的方向。这里船山虽然也说要由研辞而得“不易之理”，但是基于其一贯思路，“不易之理”并不是道学传统的永恒不变本体，而是“无方之方”，也即是前面我们分析过的虚德，它不具有现成应用性。所以下面船山紧接着分析“占”的方向：“占”不是徒因吉凶而忧喜，而是上述“无方之方”必须交由君子在体察中领会充实，在审度时位中寻求当下境遇的合宜之道，是以苟非其人，道不虚行。君子并非要彻底抛弃常道正则完全交由虚灵之心权衡，这基于两个原因：其一，德性之体是在用中不断获得充实生成的，所以它并非要抛弃常道，而是要充实道；其二，常道正则在民族历史中的积淀会获得其巨大的势能，这是个体在时位中寻求中道时不能置之不顾的。所以，用必须在体的历史性展开中求中，《易》之道才能“行万变而利用”。关于占义占志的问题船山曾引用横渠与《礼》的话来论述：

张子之言曰：“《易》为君子谋，不为小人谋。”然非张子之创说也。《礼》：筮人之问筮者曰，义与？志与？义则筮，志则否。文王、周公之彝训，垂于筮氏之官守且然，而况君子之有为有行，而就天化以尽人道哉！②

占志显然指的是人一己之愿而无关乎义理，但占义也不能理解为对抽象学理的探寻，而是落在具体境遇中人对自身德性的权衡实践能力的磨砺。所以学与占的关系是可以对应于经权体用关系来理解的。我们再来看船山对《周易·系辞上》“是故，君子所居而安者，《易》之序也；所乐而玩者，《爻》之辞也。是故，君子居则观其象而玩其辞，动则观其变而玩

① 周易内传：系辞下传第八章［M］//王夫之. 船山全书：第1册. 长沙：岳麓书社，2011：606-607.

② 周易内传发例［M］//王夫之. 船山全书：第1册. 长沙：岳麓书社，2011：653.

其占。是以自天祐之，吉无不利”的解释：

> “居”者，守之以为恒度。“安”者，知其不可过而无越思。“序”谓刚柔消长之次序。“乐”者，不惊其吉，不恶其凶。“玩”，熟求其所以然之理也。“观象玩辞”，学《易》之事。“观变玩占”，筮《易》之事；占亦辞之所占也。承上文而言，《易》因天道以治人事，学之以定其所守，而有事于筮，则占其时位之所宜，以慎于得失，而不忘忧虞，则进退动静一依于理，而“自天祐之，吉无不利”矣。天者，理而已矣，得理则得天矣。比干虽死，自不与飞廉、恶来同戮；夷齐虽饿，自不与顽民同迁：皆天所祐而无不利也。利者，义之和也。①

其又于《周易内传发例》中解释说：

> 以言尚辞，以动尚变，学《易》之事也。故占《易》学《易》，圣人之用《易》，二道并行，不可偏废也。故曰，“居则观其象而玩其辞”，学也；“动则观其变而玩其占”，筮也。子曰，“卒以学《易》，可以无大过”，言寡过之必于学也；又曰，“不占而已矣”，言占之则必学以有恒也。盖非学之有素，则当变动已成、吉凶已著之后，虽欲补过而不知所从，天恶从而祐之以吉无不利耶？②

船山对“序”的解释偏于静态，故对“居”“安”的解释强调守之为恒，界限意义上的不可逾越，也即是接近于“盘中走丸”之盘，还只是一个虚的作为节度界限的天道。我们在第二章第三节“卦序与条理”中曾经论述过船山“有情无期”“条理非序”的思想并试图说明，在船山看来阴阳的变化并非杂乱无序，而是有一定的节度与限制，遵照阴阳消长之道，不会肆意妄为逾越节度之范围，但人并不能凭借此节来预期安排具体情境形势的纷杂变化。所以观象玩辞居而安序都更多地是在虚灵的卦象形式中体察《易》之大体，也即是天道，所谓“因天道而治人事”，是说人还需要让这些虚灵的阴阳健顺之德在事件中展开为具体之理，此即观变玩占的卜筮之事。“玩”偏于动态人事，“所以然之理”乃是太极本体分化落实之后在具体情境中显现的条理，要在时位中求宜而不是单凭一腔恻隐仁义即可。但占的前提又是平日安居学之有素，能定其所守之大节，否则占即流

---

① 周易内传：系辞上传第二章［M］//王夫之．船山全书：第1册．长沙：岳麓书社，2011：516.

② 周易内传发例［M］//王夫之．船山全书：第1册．长沙：岳麓书社，2011：654-655.

于得失利害之志，虽欲补过而不可也。让经权体用相生相成才能真正达至第二个层面的义利之和。

船山还对《周易·系辞上》“《易》，无思也，无为也，寂然不动，感而遂通天下之故。非天下之至神，其孰能与于此”这段话做出解释：

> 《易》统象、占、辞、变而言。“无思无为”，谓于事几未形、物理未著之先，未尝取事物之理，思焉而求其义之精，为焉而营其用之变也；设其象变，系以辞占而已。“寂然不动”，具其理以该四者之道，无适动而为一时一事兆也。“感”者，学《易》者以心遇之，筮者以谋求通焉。“通天下之故”，谓言、动、器、占皆于此而得也，此则至精至变，而括之于一理之浑然，以随感必通，非智计之所能测，唯“天下之至神”乃能与也。天下之至神，诚之至也。健而诚乎健，顺而诚乎顺，絪缊而大和，裕于至足之原，精粗、本末、常变皆备于易简之中，故相感者触之，而即与以应得之象数，非待筹量调剂以曲赴乎事物，此则神之所以妙万物而不测也。①

这一段明确区分了占与学各自适应的场合：无思无为是就学的方面来讲的，指的是人在未遇到具体事态的时候，也即是“居则观其象”之时，因为没有境遇，所以尚未有具体的事之形势，物之理供人研习，也就无所谓合宜之义与营用之变，只能就象与辞中蕴含的“寂然不动”静态道理来参详。故“寂然不动”仅仅是该众理而不能对一时一事进行精详指引。“感而遂通”是就占的方面来讲的，感指的是人以至诚让其心处于虚灵的状态，便能够与虚灵不滞之天道相感。天道本蕴含天下整全之德，健顺常变皆在其中，且超越于人的智计筹量之上，所以与人相感之时能够以卜筮所得的象数给予人在具体境遇中所需之指引。这样人既不会因其一时之意欲混乱心智，也不会执片面之理以规训复杂事变。下面我们再就占之于时位的指引问题深入讨论。

> 乃动爻之取义有二，一为值其动之时者言也，一为于其时位而有动之情者言也。值其动之时，不必有动之情，而动应之。如《乾》初九，非有欲潜之情，时为之也，示占者当其时则道宜如是，非有欲用之意，而固不可用也。凡此类，以所值之时位言也。一则卦德本如是

① 周易内传：系辞上传第十章［M］//王夫之. 船山全书：第1册. 长沙：岳麓书社，2011：555.

矣，非其吉凶之必然也，乃忽情动于中，而与此爻得失之理相应，则爻因其情之动而告之以动之吉凶。如《同人》以一阴应群阳，本有“于野”之亨，而六二以应而动其情，以私合于五，非其时位然也，情之动也。凡此类，以人之情专于此而遗其全体，则以情之动而告以动之得失也。占者非有其情，则当其时而趣之；苟有其情，则因其情之得失而慎之；此所以明于忧患之故，而为通志成务之道。即占即学，岂有二理哉！①

《系辞上》所谓“动则玩其占”，“动”是在动态的事件中去体察占筮的指引，占筮要拟象会通于动态事件也相应地有变爻或曰动爻，船山反对之卦之说，尤其是繁复现成的焦氏易学，但并不完全反对动爻。船山认为动爻有两种意义：一是时位象征的事情势态决定着应当如何动，譬如乾卦初九，龙德本无不可用，因时不宜，故当潜而勿用；二是因为某爻所象征的物之情而来的动，如《同人》六二阴爻感应而合于九五阳爻，这并不是由全卦的整体时位决定的，而是阴阳私自相感，故称之为情之动。这两者分别昭示着两种不同的理解方向：前者无实（情实）而只有其势，所以指示的是一个应然的方向，这个指示中已经包含着对于境况的整体考虑以及应当如何做才能合宜合德，所以人当依循此方向去做。后者则无势而有其实，虽然这种“实”尚未成为人行动的现实性，还仅仅是人占得的爻辞中所描述的实然状态。它指示人的是如果将这种实然描述在现实中实行出来的话，会造成怎样的后果。前者指示的是道之合宜性，恪守大义的同时又须合于具体的形势；后者看起来仅仅晓谕行动的得失，但也会使人慎重地反思其行动意向是否合于全体形势，转回头去思考依此时位当如何行事。这两种情况都要求占者通过占筮的指引获得对具体情境的明智抉择，并与此同时提升自身对德性义理的实践能力，是以即占即学，并无二理。

船山《周易内传发例》第十七则与第十五则有所呼应，仍是从时位与应两个方向来解读，却又深入了一步。

当位之吉，不当位之凶，其恒也。应之利，不应之不利，其恒也。使有恒之可执，而据之为典要，则《火珠林》一类技术之书，相生相克之成局，足以与于圣人之道义，天地之德业矣。故有不当位而吉，当位而不吉，应而不利，不应而利者。以人事征之：纣以世嫡而为君，三桓

① 周易内传发例［M］//王夫之. 船山全书：第1册. 长沙：岳麓书社，2011：670-671.

> 以公族而为卿，当位者也；文王之为臣，孔子之为下大夫，不当位者也；飞廉、恶来，柔以应刚者也；微子之决于去，比干之戆于谏，不应者也。得失岂有定哉！耕者之雨，行者之病也。丰草之茂，良苗之瘠也。位无恒，应必视其可应，以为趣时之妙用，其可以典要求之乎！①

第十五则强调的更多是人通过占学获得对行动的指引，这里道出了人不可执的层面，即天之天。天之天层面的不可执性第二章已经多有论述，我们可以看到这个原则贯穿了船山所有的经典解读，在占学问题来说，不可执意味着不管是占所指示的得失吉凶，还是学所穷究的义理都不可以作为普遍性原则去运用，即便人在具体境遇中多方权衡最终做出某种行为决断，也还要保持一种审慎与反思的态度，不可以其为最终的中道。譬如殷有三仁，或去或狂或谏，或应或不应，不碍其皆为仁也；又如文王、孔子、纣王、三桓其吉凶与否亦不取决于当位。之所以相同的境遇下人可以有不同的决断而皆为中道，且中道并不必然导致吉，是因为在人所理解的局部境遇之上还有一个更宏阔的天下，如同对于耕者而言的喜雨却会阻碍道上行人，人虽然只能从或耕或行的当下视域所及出发去决断，但心中当始终保持对自身视域之外更高更整全的天道有一种敬畏，而不可凭一己之境遇妄断天道。这就是为何占不可废，因为占只要不被理解为一种对普遍法则的执守，那么它就与虚灵不可执的天道有某种感应，它代表着一种超越于人的更高指引，这种指引需要通过《周易》之辞去领会，船山在《周易内传发例》第十九则讨论了在指引中的占学互动：

> 盖筮者，知天之事也；知天者，以俟命而立命也。乐天知命而不忧以俟命，安土敦仁而能爱以立命，则卦有小有大、有险有易、有顺有逆，知其吉凶而明于忧患之故，吉还其吉，凶还其凶，利害交著于情伪之感，以穷天化物情之变，学《易》之道虽寓其中，而固有所从违，以研几而趣时，所谓“动则玩其占”也。若夫学《易》者，尽人之事也。尽人而求合乎天德，则在天者即为理。天下无穷之变，阴阳杂用之几，察乎至小、至险、至逆，而皆天道之所必察。苟精其义，穷者，君子无不可用之以为静存动察、修己治人、拨乱反正之道。故《否》而可以“俭德辟难”，《剥》而可以“厚下安宅”，《归妹》而可以“永终知敝”，《姤》而可以“施命诰四方”；略其德之凶危，而反

① 周易内传发例［M］//王夫之．船山全书：第1册．长沙：岳麓书社，2011：672．

诸诚之通复，则统天、地、雷、风、电、木、水、火、日、月、山、泽已成之法象，而体其各得之常。①

前半段明确认为卜筮乃是知天层面，此所谓知天并非格物穷理以尽天理，而是“俟命”与“立命”，也即是并不企图穷尽天道而是知其超越人之上而又诚而无妄，故当乐天俟命。又通过安土敦仁的尽人事而立人所能知之命。这样才能够真正做到尽人事安天命，吉凶与否交由天命，同时又始终有忧患之情，这样的径路虽然也包含了学《易》之道，但它与学《易》不同。如后半段所言，学《易》之时，人并不是处于某个具体境遇下需要指引，而是以求更宏阔视域为目的，自由穿梭于不同卦象象征的虚的境遇之中，在其能知的义理层面去参详，所以应当尽人事以合于天德，这就需要努力去格天下无穷变几，哪怕是至小至险至逆之事，君子也应当精察其理，才能够拨乱反正化险为夷。这也是符合船山的天道观的，即在天而言皆诚而无妄，所以非理之事亦自有其理而可为人所用。而就占来说，人已经处于某种境遇之下，所占卦的易险顺逆只能就当下指引，或耕或行无容更改，需要同时考虑利害情伪天化物变，在这种情况下，借助卜筮给出的指示，人应当考虑的是对事之几、时之势的洞察，在一个动态情境中寻求合宜的中庸之道，此即“动则玩其占”。也就是说，人在行动难以决疑之时应当听从卦象指引，但这并非像邵氏易学或《火珠林》那样给出一个现成答案，因为船山所谓占与邵氏之占基于完全不同的本体论基础：邵氏基于的是世间万物都被永恒不变法则所支配，此法则蕴含于先天八卦象数之中，只要洞悉此法则，便能够明了世间一切事物的变化趋势。船山则基于天道的神妙不可测无方无体，它超越于人理性的计算预测，乃至仁义礼智的审慎考量。所以船山认为当《易》说“明于忧患与故”，或夫子曰“作《易》者其有忧患乎”的时候，这里的忧患表述的并不是一种心理情绪意义上的畏惧担忧，而是描述了人最根本的一种生存状态，近于海德格尔在《存在与时间》中所说的生存论状态，它基于人对天道之于人的绝对超越性的领会与敬畏，以及人对自身视域在不断扩充中的反思。是以船山说“当几之得失，于一出一入，揆度外内，使人知道之不易合者，又明于忧患之必有，与所以致之之故”②，即忧患并不是人能够通过审慎

① 周易内传发例［M］//王夫之．船山全书：第1册．长沙：岳麓书社，2011：674-675．

② 周易内传：系辞下传第八章［M］//王夫之．船山全书：第1册．长沙：岳麓书社，2011：606．

考量计算去除的情绪，而是人在天地间的有限性存在所决定的必有之事。正如张学智先生指出的，“且不说立仁义之道为持身准则甚难，即此道确定之后，出处从违，差之毫厘便谬以千里，即使学识修养极高之人，也难免疑惑不知。特别是一些千夫之存亡生死系于一身的人，其一人之从违，可生天下之险阻。事几之隐蔽，后果之莫测，更易使之首鼠两端。且事变之难知，造化之弄人，更使人有难知难预之叹。此所谓吉凶易知，得失难知也”①，所以船山批评“朱子乃谓易但为筮卜之书，非学者所宜学，何其言之似王安石，而顾出允下也”②，他强调人之思虑总有穷时，此时必须依凭卜筮：

> 天下无所谓吉，得之谓也；无所谓凶，失之谓也；无所谓得失，善不善之谓也。然而圣人作《易》以前民用者，两俱仁而有不广，两俱义而有不精，时位变迁而争之于毫末，思虑穷，而《易》以何思何虑之妙用，折中以协乎贞，则《易》之所以神，而筮之所以不可废也。③

即便君子超越得失吉凶，仅处于善的目的去抉择，也会有多种选择各有其仁义之理的时刻，所争差于毫厘而已，在这种面临重大选择决断且有疑难困惑的时候不能完全自以为是，而应当虚灵其心，以感应于天道之虚灵无滞，而后卜筮以决疑，再通过卜筮的指示“研几”“趣时”，以深查一己之见的得失，从而更好地体察义理的权衡运用。卜筮是在人之权衡能力达乎其德性之边界的不知所措之时，借助于占筮指引，然后可以尽人事之变，从而提升其审时度势的能力：

> 古之为筮者，于事神治人之大事，内审之心，求其理之所安而未得，在天子、诸侯则博谋之卿士以至于庶人，士则切问之师友，又无折中之定论，然后筮以决之。抑或忠臣孝子，处无可如何之时势，而无以自靖，则筮以邀神告而启其心，则变可尽，而忧患知所审处。④

船山自己也曾在永历五年欲应南明将领李定国之请出山，又不满孙可

---

① 张学智. 论王夫之的“占学一理”[J]. 中国哲学史，2011（3）.

② 读通鉴论：宋文帝一六［M］//王夫之. 船山全书：第10册. 长沙：岳麓书社，2011：572.

③ 同②571.

④ 周易内传：系辞下传第八章［M］//王夫之. 船山全书：第1册. 长沙：岳麓书社，2011：607.

望挟君害相，故占筮决疑，两次皆得“睽之归妹”遂放弃出山。所以陈远宁先生在其书中指出：“它主要不是筮问吉凶，而主要是‘筮吉凶于得失之几也’。这‘得失之几’，就是指以仁义为本的理之得失之几……圣贤君子进行占筮，其主要目的并不在于占问前途之吉凶，而在于占问义理之得失……‘考得失而审吉凶之故’，‘筮吉凶于得失之几’。”①

总而言之，在天道层面而言，阴阳太极从最初的卦象中即包含整全之理，且象数义理同源。但所谓善，也即是学易之义理这个维度是通过人的继善成性才能获得的，在人的世界中，占与学两者才同时开显出来。就“学”而言，君子“居则观其象”时当尽可能穷究一切义理，以丰富其对天德的理解，这是君子平居静存之时工夫，着力在对性体的扩充生成上，其侧重的是粹然义理之善。而“占”侧重的是在“时”中的中道之善。在一般情况下，人所学之义理足以应对事件抉择，但人永远不可能完全达至天德，所以，在面临复杂困迫的形势时，又当“动则玩其占”，借助于占筮的指引，明辨其对天德的运用，这是君子戒慎动察之时工夫，着力在具体权衡发用中对性体的精微体察上。在复杂两难情境中，占所提供的指引更加重要。由此可以理解船山为何不满于程氏易传，因为程传仅仅专注于粹然义理，重经而轻权，或者说以经为权的思路对于人在具体境遇，尤其是困境中的随时之大用强调不够。我们现在看出占学一理与船山的体用经权学说的同构性：学对应于经、体，占对应于权、用，分而言之，则各有其体用相生。体必须在具体时位中发用方能获得磨砺生成，是以占学一理也。不过占并不是提供某种现成答案，像邵子或《火珠林》那样，而必须通过人在动中的把玩参详方能获得真切的指引与工夫的受益。所以，在船山看来，得失固然不可理解为利欲之得失，而与仁义相关，但也不能理解为纯粹理论性的义理参详，其曰：

> 自愚者言之，得失易知也，吉凶难知也。自知道者言之，吉凶易知也，得失难知也。所以然者何也？吉凶，两端而已。吉则顺受，凶无可违焉，乐天知命而不忧。前知之而可不忧，即不前知之，而固无所容忧。凶之大者极于死，亦孰不知生之必有死，而恶用知其早暮哉！唯夫得失者，统此一仁义为立人之道，而差之毫厘者谬以千里，虽圣人且有疑焉。一介之从违，生天下之险阻，其初几也隐，其后应

① 陈远宁．中国古代易学发展第三个圆圈的终结：船山易学思想研究［M］．长沙：湖南大学出版社，2002：419.

> 也不测，诚之必几，神之不可度也。故曰："明于忧患与故。"又曰："忧悔吝者存乎介。"一刚一柔，一进一退，一屈一伸，阴阳之动几；不疾而速、不行而至者，造化之权衡；操之于微芒，而吉凶分涂之后，人尚莫测其所自致。故圣人作《易》，以鬼谋助人谋之不逮，百姓可用，而君子不敢不度外内以知惧，此则筮者筮吉凶于得失之几也。①

愚者易知的得失是利害层面的，愚者逐利不论义，心心念念于利益之算计，而看不到更加长远的吉凶义理，所以说"得失易知也，吉凶难知也"。对君子来说，其昭然于第一个层面的义利之辨，坦然承担行动带来的吉凶后果，甚至能够杀身成仁、舍生取义，所以吉凶易知。君子的得失并非利害层面，而是具体情境中其决断相比起中道之宜的得失，这种得失并不涉及君子是否能够坚持仁义之道，它着重的是君子对仁义之道的把握理解运用与至善的差别。所谓差之毫厘谬以千里，凸显的是人在复杂交变的历史中的有限性，尤其是圣王之制礼乐，即便在制定之初看来法度合宜，但些微的不尽至善之处，都可能造成天下之险阻，更何况理随势变，藏舟于山抵不过逝者如斯，所有这些都是即便圣王也不可预测的大化之权衡。占之于人的意义正若藏天下于天下，只不过君子不同于庄子之一付自然——在船山这里被称为鬼谋——而是心存忧患慎惧，在占筮的指引下审度时势，以鬼谋助人谋。之前的研究都把鬼谋对应于偶然性或非理性，人谋对应于必然性与理性②，这是一种误读。鬼谋不可以理解为现代思维意义下的偶然性，人谋也不能理解为必然性。差别在于，现代科学思维下，偶然性其实也是由必然性决定的，它本质上来说低于必然性，只不过它处于人理性暂时所能把握的知识与条件之外，根本来说，一切偶然性都不过是视域之外的必然性罢了。而船山认为"求肖乎理，人谋也……不测之神，鬼谋也。人尽其理，鬼妙其变"③，前文曾反复陈说船山天人之别，在这里，鬼谋来自大化无心之用，它是超出于人谋之上不可测度的大化之神，是人所不能穷尽的造化之幽玄，是人谋的存在本源。人

① 周易内传发例［M］//王夫之．船山全书：第1册．长沙：岳麓书社，2011：653-654.

② 参看朱伯崑《易学哲学史》第四卷（华夏出版社，1995年）第29页，陈远宁《中国古代易学发展第三个圆圈的终结》（湖南大学出版社，2002年）第412页，汪学群《王夫之易学》（社会科学文献出版社，2002年）第75页。

③ 周易内传：系辞下传第十二章［M］//王夫之．船山全书：第1册．长沙：岳麓书社，2011：615.

谋只是鬼谋在局部境遇下借助于人所获得的暂时性条理之考量。所以人固然不可不谋，鬼谋亦不可废，“幽明互用，人不得测，而听谋于鬼。待谋于人而有则，则非适然之无端；听谋于鬼而无心，则非必然之有畛”①，“夫畴，人事也。筮，鬼谋也。人侵鬼而神不告，鬼治人而人丧其成能”②。占以鬼谋助人谋恰恰是对此二者的统一，其最终目的是达乎“知几”。“知几”出自《周易·系辞下》：“知几其神乎！君子上交不谄，下交不渎，其知几乎！几者动之微，吉之先见者也。君子见几而作，不俟终日。”船山注曰：

> 唯不謟不渎，正己而无求，则上不能制，下无所牵，进退绰有余裕，不待事变之著，吉凶已有成形，而得失之理决于当念。从其后而观之，何其知几之早，同于神化！而君子所守者至正之理，黑白之辨显著于前，如饥食渴饮之自喻，不待动念而早觉，非以机智相测也。微之必彰，知之不昧，而以或柔或刚应天下者不爽，天下于其出处语默卜治乱焉，则可谓之至神矣。③

君子固当以鬼谋助人谋，但此举根本目的不是借助于天而无须知人，而是通过这种相助使人获取更加整全中道的权衡能力。所以，当人在这种磨砺中不断上升，则君子能够在局部情境中达到近乎造化之虚灵而同于神化，所以能够洞悉于情境事件的微妙之几，从而有自然合于中道的行动，可谓之至神。需要澄清的几点是：其一，这种虚灵不同于，或者说不止于阳明所谓的心体虚灵无滞，阳明还是颇有凭借对最终本体的获得从而一朝全体大用无不明之意，而船山强调的是在实践中磨砺而得的洞察全局合于中道的能力，这是一个日生日成的无尽工夫。其二，神化不能等同于天，人的视域相较天道本体而言，总是有限的、局部的，所以止于至善的工夫也是一个永无尽头的过程。其三，所谓守至正之理要结合前文所引《周易内传·系辞上传第二章》中的居、安、序来理解，也即是说其并非程朱意义上的现成定理，而是被充实从而获得丰富性、实践性的真正之德。其四，卜筮的指引意义对于义理与情境是双重交互的。人并不是客观中立地

---

① 周易外传：系辞上传第四章［M］//王夫之．船山全书：第1册．长沙：岳麓书社，2011：1000.

② 尚书引义：洪范一［M］//王夫之．船山全书：第2册．长沙：岳麓书社，2011：347.

③ 周易内传：系辞下传第五章［M］//王夫之．船山全书：第1册．长沙：岳麓书社，2011：596.

让情境显现，情境向人显现的方式很大程度上取决于他的预期意向性，这种意向性并不单纯取决于他的行为目的或动机，而是更根本地取决于他对诸多义理相互关联以及孰重孰轻的理解。所以，人对义理的理解和情境的显现具有同构性，权衡并不是简单地将义理放诸情境，然后审查哪条义理在此情境中分量更重，能够更好地运用于情境，即可做出决断。义理理解与情境显现的这种同构性并不一定牢不可破，某些特殊的情境甚至困境也许可以打破权衡者原本的理解图式，从而扩充其视域，但这种交互并不是经常会发生的事情，为了让人一方面不意必固我，另一方面能够借助更中正的理解图式来扩充自身，需要借助卜筮。因为《周易》源自圣人法相天地，所以，《周易》的卦爻变化中会先天地维系住天道流行的诸多形态——也是圣人对天地的中正理解，由此，当人卜筮的时候，情境会被置入某一卦中，而此卦的卦象以及卦爻辞可以使得情境获得更加中正的显现与赋形，与此同时，也指引出某些可能的变化趋势以及应当着重考虑的某种义理。

总而言之，船山提出“占学一理”之论的目的表面来看仅仅是防止《周易》流为渎乱之书而站在义理派立场上对象数派进行批判，而此论内在理路中始终有着对贯通义与利、伦理与事理、经与权、体与用、天与人的内在诉求。接下来我们在此基础上进入“四圣一揆”的命题。

2. 四圣一揆

前文说过，“一揆”出自《孟子·离娄下》“先圣后圣，其揆一也”，揆有尺度、道理、准则之义，意指先圣后圣虽然行迹不同，其道则一也①。对《周易》成书过程，一般的说法是：八卦为伏羲所作，《周易·系辞下》曰“古者庖牺氏之王天下也，仰观象于天，俯则观法于地，观鸟兽之文，与地之宜，近取诸身，远取诸物，于是始作八卦，以通神明之德，以类万物之情”；文王演重卦，即六十四卦，《史记·太史公自序》曰“西伯拘羑里，演《周易》”；孔子作《十翼》，《史记·孔子世家》曰“孔子晚而喜《易》，序《彖》、《系》、《说卦》、《文言》。读《易》，韦编三绝”。所以《汉书·艺文志》说“《易》道深矣，人更三圣，世历三古”。

---

① 《四书训义·孟子·离娄章句下》：“九州异土，而风俗可一，百世异时，而道德可同。”又可参看《读四书大全说·孟子·离娄下篇》对庆源辅氏的赞许。

后来东汉经师又有说周公演爻辞，这样就成了《易》历四圣之说。清代以来的研究一般认为《十翼》成书来源比较复杂，成书也较晚，是否为孔子所作或经过孔子之手就目前传世与出土文献来看，难以有确切结论。至于前三圣与《周易》之关系，就更加无从考证断言了。但这种考证学意义上的问题不是我们这里要讨论的，也不是根本性的问题。这里最根本的问题在于：首先，一部经典的统一性是否可以因其成于不同作者之手来否定，船山认为不能的理由何在；其次，经典如果是能够增删损益的，是否会带来僭礼叛道之举，船山认为如何避免这种危险；最后，这种统一性理解会给经典诠释带来怎样的影响。

就思想史背景而言，船山此命题的直接针对对象是邵雍和朱子。邵雍以乾坤坎离四正卦为伏羲先天易，坎巽震兑四正卦则为文王后天易，“其先天图式，非人力有意编造出来的，而是自然而有的，故称其为先天”①。所谓非人力所为，指的是作为一的不动之太极自然具有之理②。邵雍并以此为根据，将《易》分为伏羲先天易和文王后天易，朱子对其总结道：“据邵氏说，先天者，伏羲所画之易也，后天者，文王所演之易也。伏羲之易无文字，只有一图以寓其象数，而天地万物之理阴阳始终之变具焉。文王之易即今之《周易》，而孔子所为作传者是也。孔子既因文王之易以作传，则其所论固当专以文王之易为主。然不推本伏羲作易画卦之所由，则学者必将误认文王所演之易便为伏羲始画之易，只从中半说起，不识向上根原矣。”③ 由此可见，虽多有后人批评邵氏之说来自陈抟道家异端，不过康节的基本思路乃是与宋学一脉相承的，即凭借先天本体（理、太极、数）来质疑传统经学，进而断定某些经典或经典中的某些部分是直契先天本体的，当以此为基础重新发明义理，这是一种典型的非历史性理解体与经的思路。相较之下，朱子对《易》的解读虽然很大程度上吸收了邵氏之学，不过他对《周易》文本统一性的判断思路更加接近于清代考据之学，即依凭成书的先后不同阶段将《易》分割为不同部分，并认为其不同部分之间没有一以贯之的传承性，进而试图恢复《易》的本来面目——

① 朱伯崑．易学哲学史：第2卷［M］．北京：华夏出版社，1995：114.

② 参看邵雍《观物外篇》：“太极一也，不动生二，二则神也。神生数，数生象，象生器。”（邵雍．邵雍集［M］．北京：中华书局，2010：162）且其所谓生，乃是船山批判的如母生子之生。也即是说，此太极乃是发生学意义上的外在于万物之本体。

③ 晦庵先生朱文公文集：卷38［M］//朱熹．朱子全书：第21册．上海：上海古籍出版社，2002：1665.

卜筮之学[①]。这种对本来面目的追求从其《周易本义》的命名即可看出。它和清代考据学对“四圣一揆”的反对思路同出一辙，即认为经典的统一性只能来自作者，如果经典并非出自一人之手，那么它便难以保持其自身统一性。这种思路的问题在于将统一性过于狭窄化。显然的是，一个人一生中的思想也在不断变化，我们不承认这种变化具有统一性的话，则个人创作文本同样难以确保其统一性。然而，如果我们承认一个人一生历史变化的统一性，却不承认一个民族精神史以及此精神史的代表人物——圣人——之间具有统一性，这样的论断显然太过随意。总之，邵子朱子和清代考据学对“四圣一揆”的反对，或依凭先天本体，或追寻本来面目，其共同之处在于，他们对经（体）的存在方式的理解都接近于现成存在者，故尔或多或少地否认经的历史统一性，而没有充分看到经（体）是在诠释（用）中不断生成的历史性存在。无视这种历史性的体用相生，经或者沦为历史之陈迹（考据学追寻的事实真相），或者成为与诠释史无涉的独断解读对象。

我们现在可以具体进入“四圣一揆”的问题。有了上文“占学一理”的逻辑，“四圣一揆”的命题虽然近于呼之欲出，尚不足以得到充分论证。如果伦理与事理，占与学二者不管是在天道基础，还是在工夫论目的上都具有统一性的话，那么《周易》的各个部分，爻、彖、象、辞至少不能够因为它们各自指引功能不同而被分割成为不相干的诸多部分，但这还仅是从《周易》本身各部分的相互关系来论证其不可分割，也即是从消极意义上反驳了象数派与义理派各自为政的不妥之处，尚未从正面充分论证《周

① 参看《朱子语类》卷六十六：八卦之画本为占筮。方伏羲画卦时，止有奇偶之画，何尝有许多说话！文王重卦作繇辞，周公作爻辞，亦只是为占筮设。到孔子方始说从义理去。如“乾元亨利贞”，“坤元亨利牝马之贞”，与后面“元亨利贞”只一般。元亨，谓大亨也。利贞，谓利于正也。占得此卦者，则大亨而利于正耳。至孔子乃将乾、坤分作四德说，此亦自是孔子意思。伊川云“元亨利贞”在乾坤为四德，在他卦只作两事。不知别有何证据。故学《易》者须将《易》各自看，伏羲《易》自作伏羲《易》看，是时未有一辞也。文王《易》，自作文王《易》看，周公《易》，自作周公易看，孔子《易》，自作孔子《易》看。必欲牵合作一意看不得。今学者讳言《易》本为占筮作，须要说做为义理作。若果为义理作时，何不直述一件文字，如《中庸》、《大学》之书，言义理以晓人？须得画八卦则甚？《周官》唯太卜掌《三易》之法，而司徒、司乐、师氏、保氏诸子之教国子、庶民，只是教以《诗》、《书》，教以礼乐，未尝以《易》为教也。（朱子语类：卷 66［M］//朱熹．朱子全书：第 16 册．上海：上海古籍出版社，2002：2182）对此，朱伯崑先生论断道：“他区别文王易和孔子易，其目的在于探讨《周易》一书的本来面目”。我们也可以看到，这与本章第一节所论其对于《春秋》“圣人肚皮内意思”的追寻是一致的。

易》的统一性。此外，“四圣一揆”还必须应对一种强有力的外在批评：四圣不同世而作，怎可笼统地大言其所作相通？这个思路虽然源自宋代疑古之风，然而当其发展到极致又经明学而转为清代考据之学后，也是从此方向来回头反对道学根基（譬如著名的戴震幼时读书质疑朱子）。我们要充分理解船山站在学术交替时代的关节点上所做的努力，就需要先理解此种思路的内在逻辑发展，笔者试简要勾勒如下：

欧阳修开启宋代疑古之风，其学术思想重人事实学而轻天道，《易童子问》着重以人事理解易①，其否定《易传》中《彖》《象》二传以下为圣人所作则主要是因为“众说淆乱”，朱伯崑先生认为：“其义有二：一是《系辞》等传中的文句重复，杂乱无章。……二是其中的观点，自相矛盾。”② 第一点其实多有后世文章家习气，不足为据。第二点才是关键，其典型例子譬如《系辞》论八卦的起源，“欧阳修指出，其说有二，一是河出图，洛出书说。一是圣人观象立卦说。此二说是互相矛盾的。如其谓‘河出图，洛出书，圣人则之’，是说，‘凡卦者非人之所为，是天之所降也。’可是其观象立卦说，又意味着‘八卦者是人之所为也，河图不与焉。斯二说者已不能相容矣’”③。它多类此，不一一详举。对于这种怀疑我们需要从两个层次来讨论：第一个层次，单就考据学自身而言，文本自身的矛盾并不能够必然证伪。首先，它可能来自文本中某些章句所反映的作者思想早晚的差异；其次，它最多只能证明某些句子乃后来掺入，而不能证明整体文本之伪。由此，我们可以推进到第二个层次即对考据学本身合法性基础的考察。考据学并不像它自身标榜的那样，是一门无须前提预设的具有客观严格性的科学，考据必定基于对文本的义理领会甚至更加深层的前理解。在这里，欧阳修的这种证伪思路有两个隐含的预设前提：第一，圣人思想绝无矛盾。如果圣人与普通作者一样，可能会出现矛盾甚至错误，那么经就和普通文本一样，有一些矛盾或错误并不能够证明其非圣人所作。譬如《史记》中前后不一处甚多，却无人怀疑其非太史公所作，而往往解释为太史公两行而姑存其疑。第二，圣人思想能够被后来者完全把握。如果圣人思想仰高钻坚，非我辈后学能够洞察彻底的话，那么文本表面的矛盾完全可能是源自普通读者对文本更深层统一性的隔阂，而非出自

① 参看朱伯崑《易学哲学史》第二卷（华夏出版社，1995年）第70页以降。

② 朱伯崑．易学哲学史：第2卷［M］．北京：华夏出版社，1995：80.

③ 同②81.

圣人思想自身的非自洽性。这第二点尤为重要，因为它标志着疑古思潮的内在根基乃是源自对于普遍人性的认同。所谓人皆可以为尧舜固然是儒家从先秦一直秉持的观念，但是对这个观念的理解可以因着不同的人性论乃至存在论基础而得出大相径庭的伦理与工夫体系。前文详细分析过道学传统对此问题理解方向的几种基本的人性论以及体用论架构，其共同之处在于将性理解为一种不易之侧。这种对不易之性的理解又源于其将天道理解为一成不变的本体，这种不易之性与不易之体造成两个后果：其一，圣人思想与天道具有同一性与现成性，天道本体绝不可能自相矛盾，圣人之德、圣人之书亦然；其二，后人与圣人（天）具有（至少是潜在的）完全平等的地位，可能通过对自家性体的体认达到对圣人与天的彻底澄明。

而实际上，如果我们沿着前文所论船山思路来看的话，人对天道绝无可能达到彻底理解，这也就意味着，就人有限的视域来说的话，天道永远都在向人呈现出其不可把握执为典要的一面，人不可能通过某种原则或体系自洽圆融地完全解释天道，也即是，天道本体在人看来，绝不可能达到理解的彻底澄明之境，甚至向人显现出无法解决的矛盾、悖论、吊诡之处也属正常。落在经典诠释上来说，即表现为诸如"《春秋》无常例""《易》不可典要"诸命题。在这个思路下，其实可以区分出两种矛盾：一种是在现成存在者层面上的矛盾，这是人应当努力去避免克服的一种错误。还有一种是在非现成存在层面（如性、体、象、道、理）上的矛盾，它昭示的是一种超越于人的存在，呼唤的是人不断努力扩充其视域，力图给出更圆融解释的一种努力，而非师心自用的弃绝。而经典文本的存在方式显然就是这样的一种非现成存在。

由此我们又可以看到欧阳修思路的第三个隐含前提：文本的存在方式是一种初生之顷不易之侧。习惯于考据学思路的人无疑会质疑，认为文本必有一个最初的样态，而考据学者的目的便是努力还原出这个最初之侧。由此思路又会导致以古为尚，因为愈是古远之文本，其去文本本然之体愈近，便愈能接近文本的本然面目，今日诸多学者投入于出土文献便是为此。笔者并非要全然否定此考据努力，也不可能在此以大量篇幅详细引述经典诠释与文本本体的诠释学关联，只是想给出一个简要的论断：对于经典而言，作品的真正存在只在于被展现的过程中，虽然在其中得以表现的东西乃是它自身的存在①。对其本质来说，它的历史关联是次要的，它并非由其起源规定。只有在变迁和重返过程

① 加达默尔. 真理与方法［M］. 洪汉鼎，译. 上海：上海译文出版社，1999：152-156.

中它才具有它的存在①。经典文本虽然是兴趣所在，但对象只是通过它在其中向我们呈现的方面获得它的生命。经典表现自身的诸不同方面只是由于我们才结合起来②。后人对经典的理解不是一种依赖于普遍人性的主体性行为，而是一种置自身于传统过程中的行动③。具体到我们这里的问题，经典文本作为体，其并非超然于诠释史之上的某种实然定体，人理解经典的努力也不是最终还原出一个本然面目，而是让自身进入整个诠释史传统，在其历史性的用中不断生成更加丰富之体。

现在我们可以看到，上文分析的欧阳修三个隐含前提具有的内在统一性即在于一种试图剥离掉用去追寻体之本然面目的努力，这并非欧阳公一家独有，也是整个宋代道学共有的一种倾向，其典型代表形态即是作为集大成者的朱子对于经典本来面目这个提法的一再使用。后来阳明所做的，无非是依凭这种体用思想的另一种形态——心体良知——来解构掉经典的神圣性，并使得人成为超历史、超传统的主体。清学看到了这种孤立个体的师心自用对于经典诠释的戕害，但清儒未尝从更加根本性的层面去反思宋学明学共同具有的体用论基础，而是继承之，这就造成了他们同样无视诠释史，试图跨越整个宋明道学追寻所谓去古未远从而更加纯正的汉儒家法，以及经典的本然之体。

船山“四圣一揆”的努力便在于在其不同的体用论基础上，重新描述了《易经》产生过程中四圣的一以贯之性：

> 伏羲之始画卦也，即阴阳升降、多寡隐见，而得失是非形焉。其占简，其理备矣。后圣因之，若《连山》，若《归藏》，皆引伸画象之理而为之辞，使民晓然于吉凶之异，以遵道而迪吉。至于文王，益求诸天人性命之原，而见天下之物、天下之事、天下之变，一本于太极阴阳动静之几，贞邪、诚妄、兴衰、利害，皆刚柔六位交错固然之理，乃易其序，以《乾》《坤》并建为之统宗，而错综以成六十四卦，举万变之必形者可以约言而该其义，则《周易》之《彖辞》所由折衷往圣而不可易也。周公复因卦中六位阴阳之动而为之《象辞》，则以明一时一事之相值，各有至精允协之义，为天所祸福于人、人所自蹈于吉凶之定理，莫不于爻之动几显著焉。《彖》与《象》皆系乎卦而

① 加达默尔. 真理与方法［M］. 洪汉鼎，译. 上海：上海译文出版社，1999：156-166.
② 同①355-365.
③ 同①377-384.

> 以相引伸，故曰《系辞》。“系”云者，数以生画，画积而象成，象成而德著，德立而义起，义可喻而以辞达之，相为属系而不相离，故无数外之象，无象外之辞，辞者即理数之藏也。……
>
> ……若夫文王、周公所系之辞，皆人事也，即皆天道也；皆物变也，即皆圣学也；皆祸福也，即皆善恶也。其辞费，其旨隐，藏之于用，显之以仁，通吉凶得失于一贯，而帝王经世、君子穷理以尽性之道，率于此而上达其原。夫子虑学《易》者逐于占《象》而昧其所以然之理，故为之《传》以发明之，即占也，即学也，即以知命而不忧，即以立命而不贰。其以喻斯人于人道之所自立，而贞乎死生休咎之大常，意深切矣。①

船山的这段话有二义值得着眼析之。

其一：对《易经》最初之体的描述是“简”而“备”。鉴于今天流行的历史人类学往往也会将一个民族的源初开端及其经典称为“简”——简陋之义，我们在讨论船山之前有必要对此思路简要清算。历史人类学总是基于对现存原始民族的考察研究建立起理论模型，却不知每个伟大民族的原始开端都必定有其无与伦比之处，试图用某些前文明的人类模型来强行理解一个成熟伟大的文明之源初开端，这种削足适履背后的根基是进化论思路的傲慢，它势必会将那些伟大民族丰富的源初世界之开启解释为未开化部落的简陋习俗，古史辨派只是这种思路的极端表现之一，它的更多流裔与变体依旧充斥着今天的上古史研究。更何况，在一个民族源头出现的那些关于世界、历史、人神的言说，总是会成为这个民族后来不断返回、诠释和重新开启的经典，毫不夸张地说，是这些经典塑造着这个民族，反之亦然，民族的历史总是在不断地重塑经典。对于这样的言说，一切外在的研究——无论是疑古的、实证的还是自我标榜为客观而科学的历史研究态度，只能提供给我们不无可疑的外在知识，而对于这个民族真正的自我理解则无异于买椟还珠之举，收效甚微。

船山之“简”必须结合其对《系辞上》中“乾以易知，坤以简能。易则易知，简则易从；易知则有亲，易从则有功；有亲则可久，有功则可大”的解读来理解。其曰：“在知曰‘易’，理有难易；在能曰‘简’，事有繁简；其为纯一而无间杂之义则同也，谓纯阳纯阴，道唯一而无事于更

① 周易内传：系辞上传第一章［M］//王夫之．船山全书：第1册．长沙：岳麓书社，2011：505-506.

端也。……古今不易，而小大不遗，天道之纯为之也。”① “纯”字的意义，本书第二章第三节已详细论述，乃是纯粹整全之义，而非单一同质之纯。“杂”也并非同质之体中掺杂异质之谓，而是指纯在一隅的非整全性显现。这里说繁简皆为纯一无杂，也即是说，“简”绝非简陋缺失之义，而乃纯粹整全向人显现出的统一性，所以船山会说：“天地初未尝有损，杂者自杂，不害其纯，则终古而无不易也，无不简也。”② 这样我们才能理解伏羲八卦何以是简而备，而非简而陋缺。因为在船山看来，《易》作为对天道全体的拟象，必然是整全而无缺的，遑论八卦，即便只是阴阳二气，乾坤并建，也已具足全理：“二卦并建，以统变化，在《乾》唯健，在《坤》唯顺……此《乾》《坤》二卦虽未备六十二卦之变，而已裕其理也。”③

其二，船山对《周易》生成史的描述是一个源始整体不断在自身内部展开丰富的过程。伏羲还仅仅是阴阳升降，其理虽备却还只是潜在的而没有成为现实。文王依旧是从天人性命之源出发，但已经是基于对天下万事的穷究；依旧是本于太极阴阳动静之理，但要让其错综变化并且该诸万变。周公又在伏羲、文王基础上，仍是因于阴阳而将易理扩充至一时一事之至精允协。船山将此历史总结为由数开始依次生出画、象、德、义、辞的过程，毋庸赘言，这个“生”是我们前文一再分析的内在于自身整体的过程，所以它们“相为属系而不相离，故无数外之象，无象外之辞”。而孔子在这个谱系中构成了最后一个环节，其意义在于他在当时礼崩乐坏经籍串乱之世④，体

① 周易内传：系辞上传第一章［M］//王夫之．船山全书：第1册．长沙：岳麓书社，2011：511-512.

② 周易外传：系辞上传第一章［M］//王夫之．船山全书：第1册．长沙：岳麓书社，2011：985.

③ 同①511.

④ 船山以为孔子之世《易经》已经多有鄙陋之术流衍：“顾自《连山》以后，卜筮之官各以所授受之师说而增益之，为之繇辞者不一，如《春秋传》所记，附会支离，或偶验于一时，而要不当于天人性命之理。流及后世，如焦赣、关朗之书，其私智窥测象数而为之辞，以待占者，类有吉凶而无得失。下逮《火珠林》之小技，贪夫、淫女、讼魁、盗帅，皆得以猥鄙悖逆之谋，取决于《易》，则唯辞不系于理数甚深之藏，而又旁引支干、五行、鬼神、妖妄如青龙、朱雀之类妖妄也。以相乱。”（参看《周易内传·系辞上传第一章》）出土文献《马王堆帛书：要：孔子老而好易》似乎与船山的猜测有不谋而合之意：夫子老而好易，居则在席，行则在囊。子贡曰：“夫子他日教此弟子曰：‘德性亡者，神灵之趋；智谋远者，卜筮之蘩。’赐以此为然。夫子何以老而好之乎？……夫子亦信其筮乎？”子曰：《易》，我后其祝卜矣，我观其德义耳。幽赞而达乎数，明数而达乎德，又仁（守）者而义行之耳。赞而不达于数，则其为之巫；数而不达于德，则为之史。史巫之筮，乡之而未也，好之而非也。后世之士疑丘者，或以易乎？吾求其德而已，吾与史巫同途而殊归者也。

贴发明三圣相传之大义①，作《系辞》明占学一理，立人道贞生死，正本清源，使得《周易》重新保持其纯备，维系住天人之际的张力。所以，船山认为四圣所作一脉相承："盖孔子所赞之说，即以明《彖传》、《象传》之纲领，而《彖》、《象》二《传》即文、周之《彖》、《爻》，文周之《彖》、《爻》即伏羲之画象，四圣同揆，后圣以达先圣之意，而未尝有损益也，明矣。"② 三圣解易其实通也："数义相通，象皆有焉，而协于一，勿疑于三圣之所取不同，而曰文王有文王之《易》，周公有周公之《易》，孔子有孔子之《易》也。周流六虚，神而明之，存乎其人尔。"③ 故此段话所言之二义是相辅相成的，四圣之易实际上是一以贯之的，"即《象》见《彖》，即《彖》明《爻》，即《彖》、《爻》明《传》合四圣于一轨"④，所谓合于一轨需要在一以贯之的意义上去理解，船山区分了"一以贯之"和"以一贯之"的差别：

> 易云"同归殊途，一致百虑"，是"一以贯之"。若云"殊途同归，百虑一致"，则是贯之以一也。释氏"万法归一"之说，正从此出。
>
> 此中分别，一线千里。"同归殊涂，一致百虑"者，若将一粒粟种下，生出无数粟来，既天理之自然，亦圣人成能之事也。其云"殊涂同归，百虑一致"，则是将太仓之粟，倒并作一粒，天地之间，既无此理亦无此事。⑤

"以一贯之"是将万事万物之理皆做简约化处理，还原为某个最终本体，这种约的代价是"消灭得者世界到那一无所有底田地，但留此石火电光、依稀若有者，谓之曰一……收摄天下固有之道而反之，硬执一己以为归宿"⑥，此所谓约并非真正的约，"佛、老欲说约，则一句便从约说起，而于约之所以为约者，只据一星两星，便笼罩迁就去，颠倒说博学详说，便

① "夫三圣人者，本《易》以制礼，本礼以作《春秋》。"（《周易外传》系辞下传第七章）在此意义上，不仅《周易》四圣一揆，我们可以说五经一揆，其道一也。尽管在具体经学诠释中，经传文本之间总是会有诸多难以贯通之处，但是追求五经整体的圆融解释始终是一代代学者不懈的努力方向，失去了这种融贯性方向，经学就将转变为经学史研究。

② 周易内传发例［M］//王夫之．船山全书：第1册．长沙：岳麓书社，2011：649.

③ 周易内传：井［M］//王夫之．船山全书：第1册．长沙：岳麓书社，2011：388.

④ 同②650.

⑤ 读四书大全说：论语：里仁篇［M］//王夫之．船山全书：第6册．长沙：岳麓书社，2011：642.

⑥ 同⑤642-643.

不得约”①，而“圣贤则须说‘博学而详说之，以反说约’”②，也即是说，约、纯、简、一这些概念在船山这里被特别去除了可能具有的形而上学本质意义，而其粟种生粟的比喻在理解的时候当把重点落在“生”在船山这里的独特意义上，而不能凭经验印象去理解这个比喻。所以，“一”是涵盖众理之天理，或曰天本身：“只此是命，只此是天，只此是理，只此是象数，只此是化育亭毒之天。此理落在人上，故为诚，为仁，为忠恕，而一以贯之，道无不立，无不行矣……非别有一天，则‘一以贯之’。如别有清虚无为之天，则必别有清虚无为之道，以虚贯实，是‘以一贯之’，非‘一以贯之’也。此是圣学、异端一大界限，故言道者必慎言天。”③易道既与天道同构，则其凭借圣人的襄赞对其自身的展开必然是“一以贯之”，而非“以一贯之”。如果“以一贯之”便会导致人凭借其对所谓“一”的体悟无视经典历史而妄作以乱经，所以船山认为邵雍所讲的伏羲先天八卦“从旷世不知年代之余，忽从畸人得一图、一说，而谓为伏羲之《易》，其大谬不然”④。

我们现在可以试图去回答本小节开头所提出的几个问题，“四圣一揆”在最根本意义上指向的不是人作为孤立个体的制作，而是易作为天道在历史中的不断生成开显，所以后圣并非在前圣所作的定例文本上损益，前圣后圣道说的始终是“一”，这个“一”既包含阴阳健顺元亨利贞诸德，也包括时位分殊之理，万事万变乃至整个民族历史皆由其而生。在此意义上，后之学者总是已经处于历史之中，只能以不断重返的方式来重新生成“一”（也包括经典）之体，试图以某种超越历史的现成文本（清学）或超越本体（道学）来消解掉道体与经典的历史性存在，便会造成偏颇。反过来说，任何一个想要矫正其弊的学者亦不能无视此数百年传统直接上溯六经直探本源，而应当将其视为经典源头在某一个方向上极尽展开精微之能事，并考镜源流，充分梳理其小大得失，才可能承上启下而开一代生面。我们今天回头去看，会发现船山恰恰站在这样一个学术转型期，就易学而论，一方面他对道学传统易学如伊川、康节、朱子之学以及王学皆有批判，另一方面，如果我们假

---

① 读四书大全说：孟子：离娄下篇［M］//王夫之．船山全书：第6册．长沙：岳麓书社，2011：1020.

② 同①.

③ 读四书大全说：论语：里仁篇［M］//王夫之．船山全书：第6册．长沙：岳麓书社，2011：641.

④ 周易内传发例［M］//王夫之．船山全书：第1册．长沙：岳麓书社，2011：650.

想船山生于乾嘉之世，当亦不以斤斤于分割经典整体的考据之学①为然。惜乎其人守节而窜身荒蛮，其学多涉清廷之逆鳞，故于有清一代未得发扬光大。

至此，我们已经讨论了船山体之历史性在经典诠释层面的意义，下一节将在前文基础上讨论船山关于道与历史关系的思想。

第五节　春秋与变常

本节要义：

1. 三代、春秋与历史

船山承认经史之别，但不认为差异性像道学视域下如此巨大，在他的思想中，包括尚书学与春秋学在内的历史性因素尤为突出与重要。这源于其思想中历史性因素起到了本质性建构意义。朱陈之辩的分歧既是对道之本体与现实世界关系理解的分歧，也是对人如何通达道之工夫的分歧，还是理想人格境界的构成结构分歧。双方代表文明中两种基本倾向：前者倾向于通过对某种形而上不变本体的认识或契悟来获得在现实中达成理想政治的本根；后者强调通过历史经验的学习、因循、历练来获得能够在现实中灵活应变的权衡能力。船山对双方思想皆有吸纳。道体的究竟义就是世界整体本身，工夫的目的不是回复或契悟某种先天本体，而是每个人向着更整全丰富的对“天”的理解迈进，达成天德的充实。

2.《春秋》无常例

通过研究《春秋》义例，来学习圣人褒贬中蕴含的义理，这是历代春秋学学者的共识，但学者对义例从未达成一致。船山认为《春秋》没有定例或一劳永逸的解释范式，每个义例都有其限度，用定例去解释一切情境会导致道义的混乱，以变例的方式去修订解释范式同样会遭际困难。君子的是非判断与匹夫匹妇不同之处并不在其大端，而在其权衡精审，如此方能在当下的伦理—政治领域中适宜地践行。此外，定例的危险还在于，可能会把圣人垂教抹平为固定例法或道德教条，从而失去教化的根本旨归。从世界或历史中抽离出某种本质之物，试图以之完全取代人事现象，必然会造成对生命的戕害。学者不当执着于以“常例”或“变例”来把握事件

① 这一点我们从《周易折中》的编纂体例即可窥其一斑。

与伦常，而应当投入于个体事件去体察伦常之精微。治《春秋》的目的不是要把握诸多现成事物中的共性，而是把握个别事件之整全性，以及与此同时，在学者自己身上达成一种把握事物整全性的能力。船山的大原则是：当出现解释冲突时，譬如经传抵牾、三传冲突、前后义例不统一等情况，那么首先要以经为据驳传，拒绝引申出繁复变例，径直求伦常大经。当经传并无直接冲突时，力图考察事件整体性因素，以求精审判断。船山亦非要彻底放弃义例的解释范式，主要目的还是在反对“以理限事”。

3. 善恶皆实

朱子与阳明都对经典记载恶迹淫诗感到困惑，试图给出自己的解释，只是在经学内部或外部有差别。船山认为目的并非给人警醒训诫，而是能够内在地呈现出时代变化，训练学者理解世界与历史的能力。他首先在存在论意义上承认善与不善都是真实之存有，如果因变化杂多之不善而否认其存在意义，甚至否定其实有无妄，便会走上异端之途。其次，单凭善良愿望不足以在复杂的政治伦理情境中达乎中庸，必于天下之变上去格物而达乎“变”，而后其善才不是执一隅之理限天下万变，而是领会纯全的整体之一，由此方能在变化无常的情境中始终持守住中道。因此，经典必须善恶并显而察变，对经典的习读，是对复杂历史事件中正义应当如何实践的分寸感的寻觅，以及对夫子删述中体现出仁义礼智的测度。

4. 时义与世论

船山反对常例，只是就每个事件来综参时势，权衡出一个属于事情本身的判断。同时又将春秋之世放在夏商周至秦汉的大势变迁中来理解，认为从一时之义可以达乎“世论”通义。如何既不执于常例，又达乎“万世之论”？回答方向不是方法论，而应当是工夫论。“世论”着眼点不是通过思辨，建构出涵盖政治、伦理、历史、王道的方法论、政治哲学，或者普遍规律，而是让学者自己查于古今，明乎事变，通过工夫论生成心体本身。工夫论不局限于心性之学，它也体现在经权关系、经学的工夫论定位、四书与五经的关系、经学的历史展开及其内在统一性、历史整体的统一性、解经应当避免的态度、学者面对经典时要寻获的是怎样的随世事而变之理等方面。在船山春秋学中，工夫论表现在对《春秋》义例如何随着天下大势变化这个过程的追索描述，以及二百年人事变化造就的理势分析。

1. 三代、春秋与历史

前文已述，船山的春秋学著作，除了考据类的《春秋稗疏》，其余《春秋家说》《春秋世论》《续春秋左氏传博议》诸书不似传统经学。对于这个现象已有前人注意到，《四库总目提要》中认为《春秋家说》"好为高论，不顾其安……多词胜于意。全如论体，非说经之正轨"①。其春秋学之立意，也不同于经学，而更近乎宋学。杨树达先生评《续春秋左氏传博议》深得古人用心之隐，立论平允有识。然亦有立论谿刻，不免宋人苛责古人之病②。其《春秋世论》，颇多明快之论，深合情事，不同迂阔之言③。我们还可以注意到，在文体方面，如四库馆臣所言，上述著作非经学正轨，更近于他的史论《读通鉴论》《宋论》，是一种类似于策论的文体。文体形式与其所承载内容，当然并无必然关联，但就中国古代文以载道的传统来看，其始终有着很强的文质相合诉求，并且相信在文体与内容之间可能有某种天然关系。此外，特定文体的背后包含着特定的论证形式，而论证形式与论证逻辑之间总是有着相当密切的关联④。总之，就初步观瞻印象以及文体形式而论，船山春秋学著作（其实《尚书引义》亦然）的形式与其史论著作非常相近，"以论事为体，其于学说思想，钻研者多，宏之亦精"⑤。

进而言之，后世历史与《尚书》《春秋》之间本就有着明显的承继关系。历代作史者，心中都有继承孔子《春秋》之志的内在诉求，明确的表述如《史记·太史公自序》，隐晦的如司马温公《资治通鉴》的起始年代以及义例方式（尤其是朱子《通鉴纲目》）等，通过记叙与论断历史来正大义、明褒贬、存善恶、正是非，这是中国人的基本信念与传统。如果说礼是横向的对当世名分的实践与教化，那么春秋与历史就是道义具有纵深性的延续与含藏。曾昭旭先生针对船山史论指出："至其题材，据事抒义，实与《春秋家说》、《春秋世论》、《续春秋左氏传博议》同为一类。盖《春秋》者，经而史者也；而后世之史，能使贯之以仁义之大经，又孰不可史

---

① 四库全书总目经部春秋类存目［M］//王夫之. 船山全书：第5册. 长沙：岳麓书社，2011：377.

② 杨树达省志艺文志初稿［M］//王夫之. 船山全书：第5册. 长沙：岳麓书社，2011：622.

③ 同②534.

④ 对此论证形式的思想意义将在本章最后一节结合史论进行研究。

⑤ 招祥麒. 王夫之《春秋稗疏》研究［M］. 上海：上海古籍出版社，2010：5.

以通经？船山之此二书即其例也。故其中涵义理，至为精要，迥非以一己私见漫论史事者可比。”[①] 可知**船山经史之论体例相当接近，故本章最后两节虽分论春秋学与史学，而思想内容实一贯而下、前后相承**。

再者，尽管有着承继关系，区分也同样重要，如果我们不依凭西方史学或者社会理论，而是按照中国思想自身的逻辑，抛开伏羲、黄帝等洪荒传说不论，中国历史粗略可以分为三个阶段：以《尚书》为主要文本载体的尧舜到三代（西周为止）这段历史；以《春秋》为主要文本载体的春秋历史；以后世史部文献尤其是正史为载体的战国以降的历史。

这种划分方式，是出于如下考虑：不依凭西方理论来论断中国史学并非简单拒斥格义行为，而是因为笔者不能确定中国古代有没有对于作为一个整体的历史的理解，遑论在历史演进变迁背后的融贯性哲学解释。即便在西方思想中，历史哲学也是一个相当晚近的概念，它的哲学根源是基督教创世与末世理论下建构起的世界历史图景，而在古典思想中并没有一个完整融贯的历史范式。这无论在希罗多德、修昔底德还是亚里士多德《诗学》那里都是昭然若揭的。反观中国，尽管中国是历史意识最发达的民族，与之形成巨大对照的却是，中国古代很难说有现代意义上的历史哲学与历史学。中国古代的史这个概念无论就词源学考证还是就官职建构来看[②]，都应当与人的事迹尤其是政治行为及其相关文书档案密切相关。这些意涵虽然与今天的“历史”概念颇有关联，却也绝非能够直接等同。

上述说明，并不是要简单质疑中国是否有历史哲学，或者证成中国式的历史哲学的合法性，笔者只是想要悬置这些概念的已有内涵，把它交与更加开放性的理解。我们若是将现代历史理论套用在中国古代史观上，便会发现多有难以圆融证成之处。譬如，若是从大家熟悉的“一治一乱”“五德”“三统”等学说来看，似乎能证成所谓的“历史循环论”；若从“三科九旨”或“周监于二代，郁郁乎文哉”之说似乎又能证成“历史进化论”；若从“皇帝王霸”德性逐次下降之说又能得出“历史衰退论”。这些学说在中国古人那里往往可以并行不悖甚至存乎一人之身，而一旦我们

① 曾昭旭．王船山哲学［M］．台北：远景出版事业公司，1983：252.

② “史”，与吏、事三字隶变之前本为一个字，其本义或曰手执笔记录文书档案，或曰执中，或曰执叉而会意为做事。参看《说文解字》《汉字源流字典》《汉语大字典》《古文字诂林》。官职建构问题可参看阎步克先生《乐官与史官》（生活·读书·新知三联书店，2001年）。

贴上这些历史理论标签却又显得有如削足适履。

换个角度进行观察，我们又会发现，上述学说大多都是沿着圣人的诸多面向——如圣人的出现、圣人的变迁、圣人的作用、圣人与天道等——而展开与证成的。笔者以为从圣人观念出发去进行中国人史观的疏解或许是一个有待尝试的道路，而上述划分历史方式之依据亦在于此：尧舜与三代圣王是理想政治的典范，或者用道学语言来表述的话，是粹然天理通过圣王功业在现实历史中获得实现，所以《尚书》（也包括《诗经》的部分与古文经学眼中的《周礼》等经文）就成为后世教化与政治的理想载体[①]。春秋作为礼坏乐崩之世，与后世混乱时代的历史并无本质性区别，都是天道在人世的失落。但春秋与后世历史的关键差别在于，这个时代出现了最后一位圣人，经此圣人之手的权衡论断，一个混乱的时代反倒转化为义理礼法的公案，可供后来者研读学习。后世历史的治乱兴衰在此视角下，相较三代与春秋存在双重缺失：既没有圣王来实现纯粹的王道[②]，也没有素王来给历史合宜论断。在昏暗的无道历史中，学者只能不断学习六经圣人法言，修证其无法与圣人日月之德相媲美的萤火之光，努力揣摩春秋大义来给后世历史以论断，或从后世历史中努力拣选出铁中零星之金以对学问心德稍有裨益，与此同时还要冒着玩物丧志的巨大风险，那么，史部不仅无法比肩经部，甚至成为学者所从事的鸡肋之举，也就成了顺理成章之事。

在船山这里，一方面尽管他承认经史之别，但其差异性并不像道学视域下如此巨大；另一方面在他的思想中，包括尚书学与春秋学在内的历史性因素尤为突出与重要。这不仅是源自现实性因素如他的春秋家学，更是源于思想本身中历史性因素起到了本质性建构意义。对此历史性因素，几乎每一位研究船山哲学整体的学者都注意到了，较早的如嵇文甫、侯外

---

① 尽管在某些时代某些思想家那里，尧舜三代的典范意义也会受到一定程度的质疑，但大体来说，迄至晚清，它们并没有受到根本性挑战，几乎可以免于史学或心术层面的考证质疑。

② 汉唐之治在何等程度上能够媲美三代，这是一个饶有兴趣的思想史问题，却非本书所能考察。但我们可以确定的是，尽管每一朝君臣都会惯用圣上圣朝之类的称呼，但无论就他们自身而言（少数狂徒除外），还是后世评判，都有清醒意识，不会真的相信后世帝王能够比肩尧舜，后世王朝能够上跻三代。可参看邢义田《天下一家——皇帝、官僚与社会》（中华书局，2011 年）第 59 页以降。至于三代的地位与意义在国人史观中是如何形成的，与之相伴的古之圣王与后世帝王之间的判然分际又是如何形成的，可参看拙著《朱陈王霸之辨义疏》（北京大学出版社，2018 年）。

庐、贺麟、唐君毅、萧萐父、曾昭旭、许冠三、黄明同、林安梧等诸位先生，较近的既有陈赟、刘梁剑这样在整体哲学研究中有专论的，也有如安载皓、邓辉这样进行专题性历史哲学研究的。本书所处理的历史性问题与已有研究不同之处，首先当然是在于从体用相生的角度切入，尽力展示存在论基础意义上的历史性结构；其次是心性论层面诸多环节交藏互用意义上的生存历史性；最后是在本章前文阐发的经权互动关系中人与经典的诠释学历史性因素。而尤为重要的，是本节春秋学与下一节史论试图探讨的，历史本身的意义，叙述论断历史的意义，以及历史与工夫的关系。

在讨论船山春秋学之前，还是按照本书的习惯，先进行一个简要的思想史对照，以更好地看清与定位船山思想。这里我们对朱陈之辩这个典型公案略加讨论，以给予历史意义问题更加充分的准备性展开①。

在朱陈之辩中，简要言之，朱子认为：古今一理，未有能舍此理而得有所建立成就者也。三代与六经是粹然天理，金中之金。三代以下的历史皆是私欲，汉唐之世虽或不无小康，却仍是假借智力把持天下。汉唐之君虽偶有道心未泯，或行事合理之处，其心术大段仍是私欲而不明道，故是暗合于天理，铁中之金，终有愧于三代。学者欲求天理人欲之辨，不必求诸以往历史之迹，道心人心分辨明白，自然可以凭此论断汉唐。立心之本当以尽者为法，而不当以不尽者为准，故当师法三代圣贤，不当坐谈汉唐，追饰其非，指其偶同者以为全体，而谓其真不异于古之圣贤也。故学者当效法三代或体证天理，而不必为汉唐争辩，更不必点铁成金，混淆公私理欲。

龙川认为：礼法变迁经三皇五帝，至三王而不易，由孔子定为万世宪章，变化的历史需要人去提纯，只要有人便有不洁净，故三代也未必粹然天理，只是由圣人点化洗净。若谓天下可以被一人之私智欺罔长久把持，此却是义利双行、王霸并用之论。汉祖唐宗虽然心性工夫不足，天理未尽，但误处只是秒忽，所去三代不远，本诸天下大公之心，本领从仁心扩充而来，宏阔担当得天下大任，故能传国久远。儒者只有心性工夫，没有本领担当天下，凭借所谓道统不传之秘而自高，贬低汉唐，故当效法孔子，点化汉唐，点铁成金，以教化后世人心。人心有时而泯，却不可能千五百年间世间无道，天地架漏过时，人心牵补度日。故君子之道贵在于纷

① 这里的讨论只是大纲式的勾勒，详细的分析可参看拙著《朱陈王霸之辨义疏》（北京大学出版社，2018 年）。

杂事迹中查其真心之所在，不当以银为铁。

与本书所论主旨相关的双方关键分歧在于：(1) 历史之道是古今永恒不变，还是会随世变易。(2) 汉唐的本质是铁、银还是金。(3) 学者应当仅仅效法三代纯金或体证天理，还是在所有历史事迹中都去淬炼拣选金银。在朱子立论而言，每一个问题的答案都是前者，三个回答的逻辑环环相扣，一气而下难以辩驳。反观龙川，尽管大体倾向于后一种答案，但几乎在每个环节的论述中都游移不定，难以坚实地证成一个自洽的理论体系。后文我们会逐步展示，船山在这三个问题上发展了龙川的某些思路倾向，建构起较为圆融的理论，不过在此我们先要进一步阐发朱陈思路。

朱子在《答陈龙川乙巳春书之一》中说："惟圣尽伦，惟王尽制，固非常人所及，然立心之本当以尽者为法，而不当以不尽者为准，……而况谓其非尽欺人以为伦，非尽罔世以为制，是则虽以来书之辨，固不谓其绝无欺人罔世之心矣。"朱子此论击中龙川要害之处：如果承认汉唐不如三代，何必点铁成金，在取法上又何须舍金取铁？即便按照龙川的辩驳修正，以汉唐为银而非铁，为天理未尽而非人欲，这个逻辑依然无法反驳，无非是换成何必舍金取银。这样龙川陷入两难困境：要么承认三代尧舜也有欺罔之心——这恐怕是龙川不可能做到的；要么他就得承认无论汉唐是铁还是银，都不必师法汉唐，只须师法三代之金即可。从龙川后信来看，他多少在回避朱子的质疑，将王霸之辨的实质转化为一个历史评价而已。问题在于，朱陈之所以要在人物与历史的评价上起争执，绝不仅是个争一时长短意气问题，争执根本上指向的是理解人、事、物的评判尺度，这又和对至善的理解以及通向至善的工夫道路选择息息相关，所以朱子的质疑是王霸之辨中包含的应有之义，甚至是其根本目的之一，无容逃避。龙川在回信中引用并赞同朱子之言"立心之本当以尽者为法，不当以不尽者为准"，此子一落，满盘皆输。即便朱子承认千五百年汉唐确有真心杂乎其间，依然可以强调汉唐真心不尽（龙川同意此点），并质问龙川何以不取法乎上，溯洄三代，而要以不尽者为法，艳羡汉唐呢？

然而，朱子此种逻辑若是继续推演，三代亦不必效法。朱子逻辑的第一步是轻史学而将重心置于经学，因为历史本身必然多有芜杂之处，不如经学纯粹高明。这就是对于汉唐历史的贬抑与对三代历史——经的维护。历史不是获取义理的方式，只是获得义理后使用的对象而已。这个逻辑再向前走一步就是：其实经也不过是三代之史（六经皆史），如果能够找到更加纯粹的义理结晶——四书，那么经学也可以舍弃。所以如本章第一节所论，朱子说“《语》《孟》《中庸》《大学》是熟饭，看其它经是打禾为饭”①，这和金铁、三代汉唐的逻辑如出一辙。与此逻辑相关的一种可能推演是：既然天理分殊于天下万物之中，何必定要读书获得义理，但须格物致知有朝一日豁然贯通，即可成就全体大用。而此逻辑的最终形态是，既然天理在吾心中自足，何必事事于外求，只需向内悟得天理，自然一了百了。朱子并未走到最终形态，但他毕竟认同这个逻辑的大方向，所以相比起浙学，朱子会更加认同婺学②。朱子卓异之处既在于其广博多闻学究天人，又在于他总是能够把握住思想本身的中道，不让某些因素或者倾向发展到极致从而影响整体结构的和谐，这本身也是一种极高的哲学智慧。不过，若是跳到宋学之外来对整个宋明道学做一观察，便会看到高明如朱子，也会受到此传统中某些固有因素的限制。就本处讨论所及者，这种限制指的是，宋明道学惯于将“天理”理解成为虽然不离于现实经验世界，但根本来说还是具有超越性、支配性的本体。超越性表现在它虽然不离于事事物物，但又不依赖于变化的事物而能够保持自身的恒常不变；支配性在于它对具体事物的本性或变化生成具有的规定性。这种对“天理”的理解容易导致前文反复陈说的工夫论易简倾向，追求以易简便捷的方式体证天理本体，相比其他的工夫进路如读史与格致具有优先性。朱子信中反驳龙川的思路，也是这种典型的易简之道与贵体贱用思路在经史之学层面的展开。

上述思路几乎是整个宋明道学的基本倾向，正如王安石对宋神宗所言，陛下当效法三代，何必曰汉唐？无论是王安石与司马光的争执，还是朱陈之辩，其根本的分歧既是道学与史学的分歧，也可以看作百家言与王官学的分歧、今文经与古文经的分歧之流衍变体，甚至可以视为华夏文明中两种基本倾向的争执。大体而言，前者总是倾向于通过对某种形而上不变本体的认识或契悟来获得在现实中达成理想政治的本根③；后者，尤其是以龙川与吕东莱为代表的婺学浙学，则反对超越于现实与历史性世界之上的某种本体，强调通过对历史经验的学习、因循、历练来获得一种能够在现实中灵活应变的权衡能力，这一点在陈龙川《祭吕东莱文》中表现得

① 朱子语类：卷19［M］//朱熹．朱子全书：第14册．上海：上海古籍出版社，2002：645.

② 钱穆先生在其书中对朱子之“心学”有专章精论。参看钱穆《朱子新学案》（九州出版社，2011年）。

③ 至于此本体是天理，还是良知，其实只能算作是道学的内部分歧。

尤为鲜明。

总之，这里的**分歧乃是全方位的，既是对道之本体与现实世界关系理解的分歧，也是对人如何通达道之工夫的分歧，还是理想人格境界的构成结构分歧**。龙川若要真正反驳道学，须得就“天理”的根本理解提出质疑，方能在工夫层面反驳并为汉唐与历史正名，惜乎此却非龙川所能及也。龙川虽然比较拒斥对形而上不变本体的求索，但他似乎只是模糊地直觉到他所诉求的判断力、权变能力，必须基于整个历史领域来磨砺自身方能获得，而不可能单凭上溯三代即可契悟道体。龙川未能真切构建出系统的理论框架，所以他也就始终无法在最具决定性的问题上回应朱子，而有待船山为之。

要回应朱子逻辑，需要从第一步开始，也即是龙川思想中根本的困难：一个内在于历史的，而非超越性的道何以可能为人伦与政治秩序奠基？在前文研究基础上，这里先行简要勾勒一个船山的回答，某些细致环节待后文展开：道体的究竟义不是另立于变化世界之外的某种本体，它就是世界整体本身，亦可称之为“天”。“天”不断地在翕辟流行中向人显现，人通过这种显现不断获得对“天”的更丰富领会，但这种领会被限制在“人之天”的层面，永远不可能对其有整全的终极把握，这是天人之分所在，圣人亦不可逾越此限度，所以三代圣王亦未达乎整全天道，只是“人之天”于一世之所开显。就此而言，龙川所谓三代亦非粹然天理也不错，但不能说三代圣王也有人欲。如此一来，工夫的目的不再是回复或契悟某种先天本体，而是每个人向着更整全丰富的对“天”的理解迈进。人可以通过读书明理或者伦理实践工夫达成天德的充实，谓之“充实”是因为天德不是作为现成存在者的道理本体，也没有永恒的不变内容，而是阴阳健顺元亨利贞这样的形式德目，落在人这里即为仁义礼智，它有形式规定性但不能被作为知识对象而获得，只能在人的伦理实践与省察中获得充实与丰富，从而达成一种理想人格：以生生仁德为本，有明智见识能够洞察各种伦理政治复杂情境，还具备远见卓识与精微的权衡判断力，能够做出中道选择。“道行之而成”，人的这种实践德性的达成即谓之道，如此理解的道内在于生活，同时也在进入不朽。不朽不同于永恒，它不需要凭借某种自在本体去获得超越时间与历史的存在。卓越的个体，伟大的行动，辉煌的功业，困境的挣扎，都可以因其打开并充实了德性的某些面向而进入不朽。“人之天”的历史性不是因为它在时间意义上包含往古来今，而是因为每个人的“习与性成”不仅面向当下的生活世界，一切曾经进入不朽的时代与事件，都可以为后来者全身心投入其中，设身处地让其成为自身的境遇，重新开启出历史与自我的可能性。就此而言，历史从未真正过去，它总是可以与当下的世界碰撞、争执与重构。这既是每个后来学者养成自身心性的道路，也是他们将自身融入历史的过程，还是历史性世界不断开启自身可能性的过程。“人之天”不仅是个体视域中的天，它还是“天下人之天”的日生日成，即历史本身，这是“参万岁而一成纯”① 谓之“天”的根本意涵。

2.《春秋》无常例

如上所述，船山春秋学有许多思路与其史论相通，同时又有微妙差异，本节将会在分析其春秋学思想时与其史论做简要对比，以更好凸显双方异同。我们先来检讨一些基本命题，后文再就其中某些重点详加阐发。

船山春秋学的基本方向，可上溯至董仲舒，董子在《春秋繁露·精华》中说：

> 《春秋》固有常义，又有应变。……《春秋》之听狱也，必本其事而原其志。志邪者不待成，首恶者罪特重，本直者其论轻。……罪同异论，其本殊也。俱欺三军，或死或不死；俱弑君，或诛或不诛。听讼折狱，可无审耶！故折狱而是也，理益明，教益行。折狱而非也，暗理迷众，与教相妨。教，政之本也。狱，政之末也。其事异域，其用一也，不可不以相顺，故君子重之也。
>
> ……所闻《诗》无达诂，《易》无达占，《春秋》无达辞，从变从义，而一以奉人。……
>
> ……今《春秋》之为学也，道往而明来者也。然而其辞体天之微，故难知也。弗能察，寂若无；能察之，无物不在。②

董仲舒认为《春秋》“其辞体天之微，故难知也”，强调的是圣人体天，人难以知天，所以难以完全理解《春秋》。船山的类似思路本书前文已经做过多个层次的讨论：首先，是一般意义上的“天人之辨”，圣人亦无法穷尽天道精微。其次，圣人所作的经典，对于后之学者同样具有类似

① 庄子解：杂篇：庚桑楚［M］//王夫之. 船山全书：第13册. 长沙：岳麓书社，2011：349. 船山此言除了此处所论的本体论基础，还有着工夫论的指向，具体论述参看本章最后一节。

② 苏舆. 春秋繁露义证［M］. 北京：中华书局，1992：89-96.

于天的不可穷尽性。原因可从三方面说明：其一，圣人作为最能够尽其天命之性的人，对天道的理解远超乎常人，是故不可尽。其二，如本书在第二章“易无方体”一节所论述的，个体的存在基础气亦如“天之全体”，健顺五常，味味具足。故个别事物也如“全体”一般有着不可穷尽性和无尽的丰富性。其三，如本书在第三章“知与行”一节论述的，人总是在合用性的视域指引中去理解物性，“知”是在用物中对物性的洞察与使用之宜，因此，《春秋》（《诗》《易》亦然）总是在每一代诠释者的视域中敞开为不同的意义，人不可能超乎历史性视域之上，也就不可能有对《春秋》的终极理解①。此外，这个思路在船山史论中会不拘于人与经典文本的诠释学关系，而进一步拓展为人与历史（古往今来之天）的生存论或曰工夫论关系。

船山上述思路落在春秋学的具体问题上，与董仲舒“《春秋》无达辞”之说颇为相通。董子此言是想要回答设想的质疑，即《春秋》前后为何义例不统一，此义船山有多种表述，如“《春秋》无常例”“无立理以限事”“理随势变”“《春秋》义海”等等，这些命题所指方向相通，我们在此节主要讨论“《春秋》无常例”。

《春秋》是圣人对历史的评判断案，其中蕴含褒贬，既有大义又有微言，断案需要依凭一定的义例，义例体现在精微的遣词用字上，通过研究《春秋》义例，来学习圣人褒贬中蕴含的义理，这是历代春秋学学者的共识。然而，如何探寻义例，义例乃至三传之间的统一性如何理解，义例与义理之间是怎样的关系，学者最终要体证的是怎样的义理，对这些问题的思考从未达成共识，构成了春秋学史中不断争议的基本问题意识。船山春秋学著作偏于道学解经而非经学体例，本节除了某些涉及问题要害之处，亦不拟广泛介入特别细节性的经学探讨，仍是将重心落在哲学性阐发上。因为在这些问题中，船山的具体经学论断是否有纰漏对本节的立论并不重要，重要的是船山春秋学背后的问题意识与根本旨归。

我们先从“《春秋》义海”命题来理解“《春秋》无常例”，这个说法

---

① 就此来看，贺麟先生的论断“船山是先钻研经学，得出他的哲学原则，然后再将之应用于历史方面”（贺麟．文化与人生［M］．上海：上海人民出版社，2011：256），若是用于《周易》较为恰切，如《春秋》《尚书》《礼记》诸经，恐难以此限。至于其所论“他的《读通鉴论》和《宋论》二书，大约是他晚年思想成熟时的著作。执一中心思想以评衡历史上的人物与事变，自评论历史以使人见道明理而入哲学之门”，恐怕更加不合于船山思想，此义详于后。

出自《春秋家说·成公》的二十、二十一则。

> 百川学海而至于海，苟学焉而皆已至也。以其至而尽海于一川也，陋矣。知海之非一川，而谓川无所至也，亦陋矣。《春秋》，义海也。以义达之，而各有至焉。孙复曰："称国以弑，举国之众皆可诛。"亦一至之义。王回、常秩，不审而驳之，陋矣。
>
> 夫《春秋》之为义海也大，大固不可以一例求也。以一例求，是尽海于一川之说也。……
>
> …………
>
> 复之说，为晋言也，至乎圣人之旨矣。至者，一至者也。不期乎众至，引而概夫薛莒勾吴之弑，则以一川为海矣。以概夫薛莒勾吴之不可通，遂并废其义于晋，是谓川之终不至于海也。精义以各求其至，无为尔矣。
>
> 以梗概求义者，执一以齐之，一则泥。泥而不通，强为通之，则入于乱。故欲执一例者，未有不终于乱义者也。……
>
> …………
>
> ……孙复之以定晋案，得圣人之旨矣。恶有差等，前法有独伸；罪无同异，则刑无偏置。独伸之而非有纵，众被之而非有酷，义精而宏，词同而意异。故曰《春秋》者，义海也。①

称国以弑源自《春秋·成公十八年》"晋弑其君州蒲"，其事在传十七年。中间讨论此事以及宣公四年郑国归生弑君之事，大意仍是诛心之意。孙复《春秋尊王发微》卷一："众弑君则称国以诛之。众谓上下乖离，奸宄并作，肆祸者非一，言举国之人可诛也，故称国以诛之。文十八年莒弑其君庶其，成十八年晋弑其君州蒲，定十三年薛弑其君比之类是也。"船山认为孙复的解释就晋国而言可谓得乎圣人之旨，但这种得旨只是就此特殊案例而言，而不具有绝对普遍性。执定现成义例来解经，是欲尽海于一川；因义例不能贯经而废之，是谓川无所至。每个义例都有其自身的限度，试图用固定义例去解释一切情境和案例，必然会导致道义本身的混乱。

川至于海比喻的是义例达乎圣人之旨，则海为圣人之旨，学者当因川流而至海，因义例而明圣人大旨。可是为何义例不能够成为解经的普遍性原则呢？船山认为《春秋》作为典范的意义在于圣人之断案非常

① 春秋家说：成公［M］//王夫之．船山全书：第5册．长沙：岳麓书社，2011：263-265.

精微：

> 祸乱相仍之国，杀之而不戢，各正其名，各服其辜，而不相蒙，当其事者为之主，则狱有所归而得所惩，以是为权衡而铢两交得。故曰：非圣人莫能修春秋！①
>
> 正大义者，其惟权乎。权，轻重之准也。移轻于重，则重者轻；委重于轻，则轻者代重而重者虚矣。《春秋》之法，不舍贼而求贼，弗移轻于重也；不许贼之治贼，无委重于轻也。曰：可与权者，其惟圣人乎！义正焉耳矣。②
>
> 是非之准，得失之数，可否之别，应违之衡，理事之合离，情文之乖比，有惟君子之察之者，庸人茫贸而不知。有即庸人与知之者，而贤智之士凿以为之说，而顾成乎僻。圣人之教，因众人之可知而精，君子之义，斯以至矣。③

类似的对圣人权衡精微之强调比比皆是，不胜枚举，且不唯船山，历代春秋学学者多有论及④，这种论调是所有春秋学学者都会承认的基本传统，我们想要追问的是表面上相似的表述背后船山思想独特之处，即在他看来，权衡之精微意义何在？船山在春秋学中尽管也有涉及，但不如其在《读通鉴论》中所阐发严整明晰⑤，尽管他是以批判的方式展开立论。批判的对象是读史的流俗见解，恰与精审权衡构成对比。批判的原因当然首先是在于，流俗之见往往是非不分，“流俗之相沿也，习非为是，虽覆载不容之恶而视之若常，非秉明赫之威以正之，则恶不知惩。善亦犹是也，流俗之所非，而大美存焉；事迹之所阂，而天良在焉”⑥。所以，“天视自我民视”并不意味着大众流俗之见必然合理，“民有流俗之淫与偷而相沿

---

① 春秋家说：僖公［M］//王夫之. 船山全书：第5册. 长沙：岳麓书社，2011：164.

② 春秋家说：宣公［M］//王夫之. 船山全书：第5册. 长沙：岳麓书社，2011：225.

③ 春秋家说：庄公［M］//王夫之. 船山全书：第5册. 长沙：岳麓书社，2011：146-147.

④ 典型者如刘敞《春秋权衡》自序曰：“刘子作《春秋权衡》。《权衡》之书始出，未有能读者。自序其首曰：权，准也；衡，平也。物虽重，必准于权；权虽移，必平于衡。故权衡者，天下之公器也，所以使轻重无隐也，所以使低昂适中也。察之者易知，执之者易从也。不准，则无以知轻重；不平，则轻重虽出不信也。故权衡者，天下之至信也。凡议《春秋》，亦若此矣。《春秋》，一也，而传之者三家，是以其善恶相反，其褒贬相戾，则是何也？非以其无准失轻重邪?”（《文献通考》卷一百八十三《经籍考》）尊经疑传也是宋学解《春秋》的常见倾向。

⑤ 这可能是因为《读通鉴论》或多或少乃船山继《春秋》之志而作者，故尔于此畅发述作之意。

⑥ 读通鉴论：叙论二［M］//王夫之. 船山全书：第10册. 长沙：岳麓书社，2011：1176.

者矣，人也，非天也”①。

不过更重要的是，即便流俗见解对于大善大恶的判断不错，亦非君子论史所当为也。《东坡志林》尝曰：“涂巷中小儿薄劣，其家所厌苦，辄与钱，令聚坐听说古话。至说三国事，闻刘玄德败，颦蹙有出涕者；闻曹操败，即喜唱快。以是知君子小人之泽，百世不斩。”在东坡看来，这个现象证明了君子之德对于世道人心流泽绵长，而在船山视之，这种对待历史的方式恐怕只适合于涂巷小儿：

> 若王莽、曹操、朱温辈之为大恶也，昭然见于史策，匹夫匹妇得以诟厉之于千载之下，而又何俟论史者之喋喋哉！②

这就好像：

> 今有人于此，杀人而既服刑于司寇矣，而旁观者又大声疾呼以号于人曰：此宜杀者。非匹夫匹妇之褊躁，孰暇而为此？③

徒增褊躁、轻佻、忮忿等诸多不中正的情绪，远乎君子之道，而对于是非并无彰显助力之效，还会造成“放于道而非道之中，依于法而非法之审，褒其所不待褒，而君子不以为荣，贬其所不胜贬，而奸邪顾以为笑”④。这样就偏离了孔子作《春秋》的根本指向“名分”，不能够名正言顺，褒君子之是而贬奸邪之非，故不足以令乱臣贼子惧也。在判断中携带情绪必然还会导致偏颇：“有激词则有深文，有深文则有姑纵，终以逆夫妇之同情，拂天地之生杀。躁以乐新者，特未之察耳。……激喜而津津，怒而悻悻，激易简以成乎险阻，奚当哉！夫妇有圣人之知能，圣人无匹夫匹妇之喜怒。道之不明，激者乱之也。”⑤

当然，匹夫匹妇之伦常中也自然有伦理大道，君子之论并非要特意标新立异与俗论不同：

> 天下有大公至正之是非为，匹夫匹妇之与知，圣人莫能违也。然而君子之是非，终不与匹夫匹妇争鸣，以口说为名教，故其是非一出

① 读通鉴论：隋文帝二［M］//王夫之．船山全书：第10册．长沙：岳麓书社，2011：697.

② 读通鉴论：叙论二［M］//王夫之．船山全书：第10册．长沙：岳麓书社，2011：1177.

③ 同②.

④ 读通鉴论：叙论三［M］//王夫之．船山全书：第10册．长沙：岳麓书社，2011：1178.

⑤ 春秋家说：襄公［M］//王夫之．船山全书：第5册．长沙：岳麓书社，2011：274.

而天下莫敢不服。①

君子的是非判断与匹夫匹妇不同之处并不在其大端，而在其能够不受浮薄情绪影响而达乎精审。“推其所以然之繇，辨其不尽然之实，均于善而醇疵分，均于恶而轻重别，因其时，度其势，察其心，穷其效，所繇与胡致堂诸子之有以异也。”② 这种精审的目的指向内外两个方向：向内而言，是具备审时度势的高明德性之君子，而非浮夸空疏的仁义之谈；依此德性，向外才能有成功的伦理—政治实践，“史之为书，见诸行事之征也。则必推之而可行，战而克，守而固，行法而民以为便，进谏而君听以从，无取于似仁似义之浮谈，只以致悔吝而无成者也。则智有所尚，谋有所详，人情有所必近，时势有所必因，以成与得为期，而败与失为戒，所固然矣”③。因为，正如读史不是为了把玩或娱乐④，**权衡不仅是对于历史人物的评定铨审，更是要在当下的伦理—政治领域中适宜地践行**，所以船山分析唐初高祖如何安置李密这样的乱臣降唐者时说：

> 制天下有权，权者，轻重适如其分之准也，非诡重为轻、诡轻为重，以欺世而行其私者也。重也，而予之以重，适如其数；轻也，而予之以轻，适如其数；持其平而不忧其忒，权之所审，物莫能越也。
>
> …………
>
> ……量各有所止，机各有所息，以固然者待之而适如其分，则于道不失而险阻自消。天下定于一心之平，道本易也；而非大有为者，不足以与于斯。⑤

制天下不能有私心，本于心衡之平，使得人、事、物之轻重皆各得其所，则天下可定。“《春秋》之法，原情定罪以为差等，同一恶而罪殊，同

① 读通鉴论：叙论二［M］//王夫之．船山全书：第10册．长沙：岳麓书社，2011：1176.

② 这里提到胡致堂并非随意之说。《四库全书提要》对胡致堂《读史管见》作如下评议：“不近人情，不揆事势，卒至于窒碍而难行。王应麟《通鉴答问》谓，‘但就一事诋斥，不究其事之始终。’诚笃论也。”我们会看到，这种读史方法与后面论述的船山思想恰恰相反。

③ 读通鉴论：叙论三［M］//王夫之．船山全书：第10册．长沙：岳麓书社，2011：1178.

④ “近世有《千百年眼》、《史怀》、《史取》诸书及屠纬真《鸿苞》，陈仲淳《古文品》《外录》之类，要以供人之玩。而李贽《藏书》，为害尤烈，有志者勿惑焉，斯可与于博文之学。”（俟解［M］//王夫之．船山全书：第12册．长沙：岳麓书社，2011：478）

⑤ 读通鉴论：唐高祖三［M］//王夫之．船山全书：第10册．长沙：岳麓书社，2011：736-737.

一罪而法殊。”[①]

以上我们分析了**船山强调《春秋》权衡精审的意义：它既是君子庶民理解历史之分殊所在，也是君子之所以能以史为鉴，衡定天下的本领源泉**。不过，当权衡精审与义例问题结合起来之后，我们会发现问题变得相当复杂。从历史角度来观察，大体来说，唐以前各经学派别犹重家法，自宋代疑古思潮兴起，开始逐渐对汉学义例进行挑战，不过，正如谷继明所指出的，“唐代以后的《春秋》学，虽然常常弃三传而说经，但仍注重《春秋》之例，他们与汉儒不同之处，不过是自己新归纳了许多义例”[②]。谷继明进而引用胡安国之言：“《春秋》之文，有事同则词同者，后人因谓之例；然有事同而词异，则其例变矣。是故正例非圣人莫能立，变例非圣人莫能裁。正例天地之常经，变例古今之通谊。惟穷理精义，于例中见法，例外通类者，斯得之矣。”并将船山与之对照，给出了精到的分析，大意谓：要指出条例的不成立，最直接的方法是举出反例。消解反例的方法是使解释体系复杂化。如胡安国说《春秋》有正例，有变例，也是为了化解各种可能出现的冲突。船山之反对“例”，主要是不同意“执一”，而非反对圣人属辞之深意。公羊学毕竟还是制定了条例，而其对于丰富意义的分析，则在于增加、变换条例来实现，有经有权。船山则索性弃条例体系而不用。对于“例”的批评并不意味着放弃对于《春秋》经义的探求。《春秋》蕴含圣人的大经大法，而且要通过“辞”来表现，只是没有定辞常例而已。春秋学也有破例解经的潮流，但这个潮流实质上是去经学化，船山的目的却是更方便地发明大义，故二者形似而实不同。[③] 笔者在此试图不拘于经学而对义例问题做偏于哲学角度的阐发。

按照胡安国的讲法，义例源自后人对于《春秋》文本的总结，同样的表述如果对应于同一类事情，就可以得出暂时性结论认为这里有一个通例，它可以涵盖一切类似事件。相应地，一个事件如果可以归入此类，则可以用此文字给予褒贬。如果所有历史事件都可以如此明晰地分门别类、论断是非，解经便不会再有历史上不断的争论非难，但经学本身也必将随之失去生机而走向消亡。问题在于，在船山由天及人的一贯思想看来，无论是这个生生不息的世界，抑或纷繁的历史事件，还是经典文本自身，都

---

① 宋论：宁宗六［M］//王夫之. 船山全书：第11册. 长沙：岳麓书社，2011：305.

② 谷继明. 王船山《春秋》解经学探微［J］. 同济大学学报（社会科学版），2016（8）.

③ 同②.

不可能找到一劳永逸的解释范式。当人已有的解释范式与现象发生冲突的时候，看似总是能够不断调和二者，但这里存在很大困难。下面我们在一个小思想实验中试为简要分析。

我们可以将义例规定为事件与文字之间的意义关联方式。譬如若有事件 X，那么用 A 陈述，这个关系就是义例 X-A。但是义例的普遍性在于它关联的是一类事件，而不是个体性事件。每个事件必然又包含多个结构因素，我们可以考虑只有三个因素的情况，将事件的结构暂且规定为 X1 甲。现有 X1 甲与 X2 乙两个事件，我观察到它们共同具有 X 因素，也都共同用 A 陈述，因此我得出结论若有 X 因素，就用 A 陈述，我将这种关系称为 X-A 义例。然后出现了第三个事件 X3 丙，经文中却用了 B 陈述。如果按照胡安国的思路，这是因为尽管第三个事件具有 X 因素，但是在这里有了因素 3，所以用了 B 陈述。这种关系是 A 义例的补充性原则，可以称为 X-A 的变例 3-B，即 X-A-P3-B。然后出现了第四个事件 X3 丁，经文中用了 C 陈述。可能的一种解释是源自因素丁，那么可以称之为 X-A-P3-B 的变例丁-C。也有可能源自 3 与丁两个因素的共同作用，那么就成了变例 3 丁-C。那么我们如何能够确定变例是与那种结构因素对应关联的呢？除此之外，还有其他的组合解释方案，这里不再枚举，但显然的是随着事件复杂性的增加，变例必然会陷入无所适从的困难之中。

上述简要的思想实验，比较直观地表明了变例这种解释范式的困难：首先，事件的结构及其分类方式本身就是基于学者的前理解，而没有固定范式。其次，事件包含的结构因素非常复杂，绝非上述三个如此简单，随之而来的诸多解释方案会大量递增，每一种方案相比起其他方案很难提供非常强的说服力或自明性，随即会导致争论不休而无定论。最后，即便每一次解释方案都有足够的明晰性，纷繁杂乱的历史事件也会不断逾越范式的界限，使得变例不断增补，最后发展出一种类似于焦氏四千九十六变卦繇辞之类的极尽繁复之义例。正如我们在第二章“彖爻一致”小节引用过的船山的批评，这种人为的机巧变化，不论如何加倍繁复，终究无以穷尽天下之万殊：“若以易简而知险阻言之，则三百八十四之《爻辞》通合于六十四《彖》之中，已足尽天人之变。如以为少而益之，则天化物理事变之日新，又岂但四千九十六而已哉！”① 一种解释范式与解释对象发生抵牾之时，常见的现象是给出补充性规则来证成其说，譬如西方近代化学中

① 周易内传发例［M］//王夫之. 船山全书：第 1 册. 长沙：岳麓书社，2011：678.

的燃素说在解释燃烧现象时不断增加规则和假说。但是当这种变例繁复到一定程度，就会有人挑战解释范式本身，试图提出一种新的解释范式来取代旧有范式，氧化说也是如此取代燃素说。但科学的范式交替依凭于一个重要因素——实验方法，即在人为控制下将两个自然现象的公约数达到最大化，以此来观察异质因素的作用，从而重构范式。而在人文学科，尤其是文本解释中，实验方法显然不可行，而泥于固定通例，每次遇到不合之处就以变例修订，如此恐将惫而无归，是形与影竞走也。这种思路还有可能带来后来者之僭越："以为有变例而特书，启王通《元经》之妄作"①。

船山思想似乎在某种程度上继承并发展了疑古思路②，他思考的方向在于：(1) 义例是否存在？(2) 义例是否能够体察圣人意旨？(3) 能否废义例而直面经书文本？是否还有其他可能性？我们接下来逐一考察船山对于这些问题的回应与反思。

(1) 义例是否存在。

通常的回应是，义例并非学者任意按照自己的理解去总结归纳，它源自汉儒家法，据称是从孔子那里口口相传而来，更极端的一些讲法会认为是从周公而来（如某些古文经学家）。在此思路中，义例不管是周公所作，还是孔子所作，它并不具有解释的变化可能，而是古今一致代代相传的先王之法或素王之法，学者只需要依循效法即可。这种讲法比较直观的困难在于三传义例不一，正如我们熟知的批评：仲尼既殁，儒分为八，孔子既不可复生，如何定谁为真儒？这种批评的问题在于它将道术（真理）之传承视为固定现成事物的授受予夺，而不知道术总是在人的历史性生存实践、诠释、反思中不断展开与生成的。船山既以此方式理解"体用"，所以他对义例家法的批评并不是在上述直观层面，而是深入道术本质之中：

> 繇是推之，《春秋》之教，悬其实以待人之求，功罪得失，咸取照于平衡。弗之思者，固无能得也，授之以例，俾易知焉。专家之学，所以自标榜于师说者，譬之以饴饲婴儿而使去其母。圣学不传，邪说益逞，可胜道哉！③

《春秋》之权衡，并不是某种道德立场下的价值判断与事件人物品藻，

① 春秋家说：昭公［M］//王夫之．船山全书：第5册．长沙：岳麓书社，2011：331.

② "《春秋》无常例"其实对王阳明思路亦有所吸收，虽然未必是直接性影响。参看《传习录》第11条。

③ 春秋家说：宣公［M］//王夫之．船山全书：第5册．长沙：岳麓书社，2011：233.

《春秋》经文中当然蕴含褒贬，但是如果只看到褒贬，就会错失那使得褒贬判断得以可能的更源初之物，此物才是使得千秋万世之乱臣贼子皆惧者。**经学家法义例的危险在于，可能会把圣人经教抹平为固定例法或道德教条的轻易获得，这就失去了儒家教化的根本旨归**。如此理解的《春秋》将成为抽象教条的集合，乱臣贼子非但不会惧此，相反，任何伦理名教一旦固化为现成的意识形态，反倒为乱臣贼子所喜，因为窃钩者诛窃国者侯。以此观之，《庄子・胠箧》所批判的儒家其实是一种俗论，儒家之精意，乱臣贼子不得窃之，因为它始终努力使纲常名教保持在君子这里的意义源发性，警惕其堕入教条化的危险。儒家教化之所以“有来学无往教”，必“待人之求”，既非出于儒者的傲慢，也非仅是待诚意而后发，而是来自对“教化”的深刻理解。《春秋》之教不能是知识性的现成义例传授，那样在船山看来就如同不让婴儿喝母乳而喂给他糖吃，糖看起来似乎更加美味有营养且易于吸收，而实际上当人从世界或历史中抽离出某种本质之物，试图以之完全取代丰富源初的现象时，必然会造成对生命的戕害。就此而言，宋儒尽管疑汉儒经师家法，但理学家对“理”的追寻与信任，与经师思路颇为相似，认为只要获得经典中包含的准则义例，便可以凭此而安天下，至不济也可成一家解经之言。就春秋学而言，尽管对三传皆有所疑，但基本趋向仍是调和三者，试图建构起更加精准的一套义例体系。这样做的好处在于，以经为本以传作辅，可以既不至于固守教条，引入变化斡旋之余地，又不至于像思想实验那样，走向极端的繁复和变化。

而船山以为“理”只是气之文理，将其实在性、本质性虚化，要求我们放下本质主义的本体概念，将体理解为气之流转运化的整体性本身，学者不当执着于以“常例”或“变例”来把握事件与伦常，而应当投入每一个事件之中去体察伦常之精微。

（2）义例是否能够体察圣人意旨。

可能的反驳是，每一个义例必然能够对我们理解圣人之意有所启发，所以废例是因噎废食。船山对此的反思如下：

> 立义于此，无待人之求而自得者，非君子之文也，夫唯为之激昂之词以相显而后求明者，无待求而自得。激昂者必有所偏，而道多所废矣。王通氏曰：“《春秋》，王道之权衡。”权衡者，无所激昂，恒平以待人之求也。知此而例之不足以立，审矣。为之例者，必有激昂。故《纲目》贱扬雄之死而屈于狄仁杰，徇例也。例“灭”者曰“亡国

之善词，上下之同力"，非也。国已亡，世已殄，实灭也，不恃激昂而故起"灭"文也。例"以归"者曰为其"服为臣虏，故绝之也"，非也。彼以焉，此与归焉，实以归也，不待激昂而故起"以归"之文也。善而书"灭"，将不善而不书"灭"，则是灭者之为功为罪，以受"灭"者而掩。绝之而曰"以归"，将不绝而不曰"以归"，故是"以归"者之为功为罪者，以与"归"者而掩。故有所激者必有所沉，有所昂者必有所俯。斤斤以显一人一事，使夫人无待求而自知，其废道多矣。

圣人之于经教，若悬日月焉。晖不为物设，而物遍取照。冥行擿埴①者之不可与于明，圣人行于所无事，而不能与天地争功也。……彼夫以"灭"例"灭"、以"以归"例"以归"者，胥于此而亡当矣。②

船山认同王通对《春秋》所下按语"王道之权衡"，关键是，要获得中道之"权衡"，先决条件是"无所激昂"。对此往往会有学者误解其义，认为它指的是在权衡的时候不掺杂个人化的情绪意向，其实"激昂"说的是义例与事件之间必然会存在不尽吻合之处，使得事件的独特性在普遍义例中被抹平，从而无法实现真正的权衡③。船山举了一个例子："《纲目》贱扬雄之死而屈于狄仁杰"，扬雄乃汉臣而从莽朝，所以对于扬雄之死，朱子《纲目》不书"卒"而书"死"，以示贬抑④。但是狄仁杰同样是唐臣而事武周，《纲目》却书"卒"，此因朱子认为狄仁杰心在唐室且光复有功，然而这却是对于"例"的破坏，故曰"徇例也"。下面船山对于《春秋》

---

① 冥行，指夜间行路或盲目行事。擿埴，亦作"擿埴索途"。谓盲人以杖点地摸索道路。常喻暗中求索。

② 春秋家说：宣公［M］//王夫之. 船山全书：第5册. 长沙：岳麓书社，2011：232-233.

③ 船山对"激"的理解承自其父，在《春秋家说·叙》中他引用了父训，认为胡文定解《春秋》有激于王荆公废《春秋》，故有激焉（参看《船山全书》第五册第105页），但他发展了父训之"激"的意义。船山也会在喜怒情绪意义上反对权衡中有"激"："有激词则有深文，有深文则有姑纵，终以逆夫妇之同情，拂天地之生杀。躁以乐新者，特未之察耳。……平情笃信，以观于圣人之言，易知者或尚莫之测也。激喜而津津，怒而悻悻，激易简以成乎险阻，奚当哉！夫妇有圣人之知能，圣人无匹夫匹妇之喜怒。道之不明，激者乱之也。"（春秋家说：襄公［M］//王夫之. 船山全书：第5册. 长沙：岳麓书社，2011：274）不过喜怒情绪之激只是表层现象，它给权衡带来的根本影响，还是此处所论之义。

④ 参看《资治通鉴纲目》卷八上："莽大夫扬雄死。"书法：莽臣皆书死，贼之也。莽大夫多矣，特书扬雄，所以深病雄也。终《纲目》，卒书死者，莽臣之外，前范增，后胡僧不空而已。

“灭”与“以归”义例的讨论类乎此，都是试图以“例”来显明事件中某个因素的同时，必然也会掩盖其他因素。况且，所谓显明也未必是显明，因为任何一个环节只有放在事件整体中才能得到恰切理解，如果显明一个环节的代价是遮蔽其他环节从而造成对事件整体理解的偏差，那么这一个环节的显明努力也很难称得上成功。由此我们可以明白，船山反思的是，通过义例来把握事件本质，这种努力本身是否恰当。

这个反思与西方哲学中对共相与事物关系的考察有相通之处，即当我们试图用一个概念来统摄一类事物的时候，必然忽略了事物之间的诸多差异性，而仅仅看重这类事物之间的共性。甚至所谓的共性也不是那么纯粹，譬如所有的方桌都只是在不同程度上接近方形而已。尽管如此，如果我们的目的仅仅是把握这种共性，那么这种理解事物的范式还是能够起到基本作用的，正如我们在生活中用“方桌”这个概念来交流并不会引起误解。问题在于，在船山看来，**道德认识的目的与科学认识不同，它并不是要削平事物差异性以把握共相或规律，反而是要维系住事物的差异性以更好地理解道德之运作**。治《春秋》的目的不是要把握诸多现成事物的共性，而是把握个别事件之整全性，以及与此同时在学者自己身上达成一种把握事物整全性的能力。

进而言之，按照前文“知与行”一节的分析方向，学者要把握的事件整全性，不是事件作为对象的客观性质，而是：（1）洞察事件诸多因素、环节之间的复杂动力关联，这是为了培养学者在现实伦理政治中能够总揽事态推动其良性发展的能力；（2）明辨事件中各个人物的动机与是非，这是培养学者在现实中知人善任或者赏罚严明的能力；（3）在前两者的基础上，领会处于事件核心的角色应当怎样做才是合理合势合宜的中庸之道，这是培养学者在现实的事事物物上达乎中道的能力。显然，这个思路源自船山所理解的“用”，它一方面由“体”而生，构成了事件向人的显现；另一方面，学者通过理解这种显现去把握事件之“体”的同时（即用见体），也在让自己的虚德实现生成为性体（由用生体）。最终是要通过不断地实践上述往复进程，去领会体察往古来今人事交汇变迁之整体——天，此即体用交藏互用网络之义。

因此，船山认为《春秋》之所以是王道权衡，并不是因为它以一套精准的义例来陈述表现事件本质，而是因为它“无所激昂”地将事件本身平实地显现出来，好似日月遍照而无所偏私，而执着于义例之人则如同盲行暗求，乃索隐行怪之事。

(3) 能否废义例而直面经书文本。

上面讨论的是以义例化约事件的哲学反思，实际上，例与事的比较在《春秋》中得以可能，是源自经传关系的建构，设若无传，许多事件的来龙去脉、前因后果，后人似乎基本无从考详，既难以理解经文之义，也难以把握事件整体。因此很自然的质疑是，如果彻底抛弃义例，我们如何能够直面事件本身来体察圣人精意呢？船山在《春秋家说》中因经文昭公元年楚麋之卒的记载畅发长论：

事有微而浅言之，智者弗为也；事有显而深索之，信者弗尚也。正乎罪而求出之，仁失而愚也；不正乎罪而求入之，义失而贼也。夫仁不愚，义不贼，智不迷，信不贰，君子以此学乎圣人不远矣。故君子之治《春秋》，考同则知异，观异则知同。同异之间，微显以别。正天下之功罪，无出入之失，不苟求深，以矜异而伤仁义。故子曰："索隐行怪，后世有述焉，吾弗为之矣。"

圣人之教，如日有明；正受其明，则有耀矣。非明之藏，无事于烛继也。公薨不地，则知其弑，知之者以非弑之必地也。吴楚之君不葬，则知其僭，知之者以非僭则卒必葬也。于其同，得其异；于其异，知其词之微。微斯不可率然而浅求之，虽索诸隐，非索隐也。

圣人之教如日。日有阴霁，耀有显微，而终不舍日以求之，故日非素隐也。列国之君，弑则书弑，卒则书卒。恶莫大于弑君。圣人之所尤惧，圣人之所尤闵，亦莫大于弑君，惧之甚，闵之甚，则虽有他故，不暇以分其专治。恶莫大焉，刑莫重焉，则正乎罪者之不可佚，不正乎罪者之不可陷，天讨所临，虽圣人莫敢易也。以此求《春秋》之旨，如日中天，无隐待素。舍丽日之耀，爇烛以求明，荧而已矣。

故我知赵盾之弑其君夷皋，而不知其他也；我知许世子止之弑其君买，而不知其他也；我知郑髡顽楚麋齐阳生之卒不以弑，而不知其弑也。如《春秋》之教，求圣人之旨，且患弗得，而曲为之说，坐非弑者以上刑，纵弑者以末减，立怪帜，标隐旨，以荧天下，不足为功于《春秋》，无亦其罪人尔与！

谓楚麋之弑也，孰弑之？谓虔也？虔而贼，贼不足以为君矣。齐商人之贼而君，齐人君之也。楚子麋卒，公子比即出奔。比归，虔即受刃。比之不臣虔，皎如白日也。比不臣虔，固贼而非比之君，虽迟之十二年之余，比可以为麋而讨虔。乃《春秋》书"楚公子比弑其君虔"，则不与齐人之（弑其）君商人者均，而虔无州吁无知之罪明矣。为怪说者弗获已而苛求于比，责以高世独立之大节，曲成乎虔之果弑。炫精核之智，述论后世，而俾以世迷。呜呼，安所得舞文之智以治《春秋》，至此极也！

赵盾，贼也，而曰“见忠臣之至！”许止，枭獍也，而曰“见孝子之至！”髡顽自虐，麇自疾，阳生自夭，而加大恶于臣子，以他为之辞。必如是以学夫《春秋》，不如其无学之愈矣。何也？仁愚则戕仁，义贼则贼义，智凿故恶于智，信不足有不信。则以叛圣人而荧天下之大经，诚不如其无学也。①

开篇船山还是在强调对于人事之定夺须当精审，其显微深浅之功罪出入当锱铢必较，分毫不可错失。随之顺理成章地切入了我们在第二点讨论过的共性问题，船山强调学者不可求同而略异，这仍是寻求理解每一个事件的独特性。接下来船山抛出了此文之主题，学《春秋》不可以刻意求深而导致索隐，他从两个方面来解释何为索诸隐与索隐之别。

“公薨不地”和“吴楚之君不书葬”都是《公羊传》的例法解释，隐公十一年鲁庄公薨，但是没有记载去世地点，《公羊传》中说这是因为鲁君被弑“不忍言也”。宣公十八年，“楚子旅卒。何以不书葬？吴楚之君不书葬。辟其号也”。因吴楚僭越称王，故尔不写其葬，以示贬抑其号。这两个例子都是通过缺失某种叙述的方式来提醒读者注意事件中的特别之处，然既有缺失，逻辑上一定是先有某种惯例，此即其同，缺而不书是其异，学者由此体察春秋笔法中的隐微之处，船山认为这叫索诸隐，而非索隐。但这似乎是极少的情况，好似太阳极少有隐藏的时刻，而“非明之藏，无事于烛继也”，非此则无须索诸隐。

阳光大部分时刻都是明晰显白的，即便有时阴霾，亦不必舍日别求其光。而弑君是所有政治事件中最严重的罪恶，一旦出现此类事件，便不暇他顾，必正其罪而讨之。此时若是舍此而别求隐微曲折，便如舍日而求萤火之明。接下来船山举了两个最著名的例子：赵盾弑君，许世子止弑父（君）。《左传》记载赵盾当时出奔而未越境，闻赵穿弑君而反，董狐直笔其弑君，因其奔不出境，反不讨贼。《左传》还记载了孔子的一句感慨：“赵宣子，古之良大夫也，为法受恶。惜也，越竟乃免。”许世子止事出昭

① 春秋家说：昭公［M］//王夫之．船山全书：第5册．长沙：岳麓书社，2011：301-303.

公十九年，三传都记载许世子止未谙药性而进药导致其父死亡，故录此真相而颇有开脱之意。赵盾弑君之事《公羊传》未见其详，但《穀梁传》二者并提且曰“于盾也，见忠臣之至；于许世子止，见孝子之至”，以激励孝子忠臣必当尽心尽力而后可免于罪。而船山径自认为既然《春秋》当此惊天大事，必如日照无余，既直书二人弑君，学者不需曲为之说，索隐以求①。

下一段船山详论的例子是楚君麇之死，依照《左传》，昭公元年载，虔杀了楚王麇，然经之记载为“冬，十有一月，己酉，楚子麇卒”，并未提及弑君。麇死，而虔即位，其时公子比出奔，昭公十三年他回来杀死了虔，经文记载“楚公子比自晋归于楚，弑其君虔于乾谿”。船山认为如果按照《左传》记载，虔真的弑君麇，那么当时公子比出奔，于虔并无君臣之义，十二年后他回来为楚君麇报仇的时候就具有了合法性，可以讨伐虔。此外，齐商人弑君自立之后数年，文公十八年，齐人杀了商人，在经中的叙述是“齐人弑其君商人”，《公羊传》《穀梁传》对这个事情都没有进一步说明。《左传》也只是记录了这次弑君的前因后果，并没有对为何称齐人弑君做出明确的分析。正义认为，邴歜、阎职二人乃贱臣，其弑君依照成例本应称盗。不称盗弑而称齐人，是为凸显商人也是通过弑君上位的无道之罪。

船山通过比较是想说明，两个事件必然不能类同，虔并没有弑君之罪。平心而论，船山此说立足未稳，且据《左传》而疑《左传》未免有武断之嫌，似有宋明人疑古与立论过高之失。不过，我们这里并不是要详究经学考据问题，对于髡顽阳生诸事也不再一一辨析，从上文简要分析，已经可以看出，船山尽管号称不可以例求，但他并不是真的彻底抛弃三传的解读通例范式，而是反对过度索隐，深文以求。那么，索隐的界限何在？船山在《读四书大全说·中庸·第十一章》中对索隐行怪解释道：

> 此“隐”字不可贬剥，与下“费而隐”“隐”字亦大略相同，其病自在“索”上。索者，强相搜求之义。……若有迹可按，有主名可

① 船山在《春秋家说·宣公》以及《春秋家说·昭公》中对赵盾和许世子止二事有更加详密有说服力之论证。（参看《船山全书》第五册第 218、324 页）不过，如果单就义例来看，船山对赵盾和许世子止弑君的论断似乎是在一概而论，与其对权衡精微的强调冲突。可能的辩护是，正因圣人定罪精准，故尔既书弑君，则必是此人弑君，而非他人主犯，因此《左传》必不可信。不过这个辩护似乎仍显牵强。

指求，则虽在伏匿，自可擒捕，不劳索矣。

道之隐者，非无在也，如何遥空索去？形而上者隐也，形而下者显也。才说个形而上，早已有一“形”字为可按之迹、可指求之主名，就者上面穷将去，虽深求而亦无不可。唯一概丢抹下者形，笼统向那没边际处去搜索，如释氏之七处征心，全不依物理推测将去，方是索隐。

……他便说有，我亦无从以证其无；及我谓不然，彼亦无执以证其必有。①

船山承认隐的意义，这当然是由其易学隐显观点而来，如果从形迹上去推考，深求亦无不可。他反对的是强相搜求，也即是无迹可寻之处，笼统推测，其所得既无法证伪，也无法证实，因此都是捕风捉影，并无意义。尽管这里批判的是佛老之论，但移之于春秋学亦无不可，问题是在春秋学中，何谓有形迹，何谓舍形而臆测呢？三传本于经，正义本于三传，后来的各种注疏阐释，其实都是从《春秋》经衍生，并不能简单否定。况且，如我们在上一节所论，经（体）不是初生之顷不易之例，而是在诠释（用）中不断生成的历史性存在。无视这种历史性的体用相生，经或者沦为历史之陈迹（考据学追寻的事实真相），或者成为与诠释史无涉的独断解读对象。船山关于“《春秋》无常例”的思路若是推论过度，有时未免显得过于独断，既不能完全代表他春秋学的整体风格，也与他一贯的体用经权思想相与违背。譬如下面这段材料就较为典型：

求《春秋》之例，而以意例之，传《春秋》者之失也。文公之世，盟会不序者三，传《春秋》者各以其意为例，而不相通。安于此，杌（陧）② 于彼，屈圣人之旨以从其意，义几成矣，而亦何贵乎一曲之义也？《春秋》之书，文因鲁史，史之所详，有其可略，史之所略，无可复详，岂徒义不可益哉，欲详之而不能也。……

……君荒于上，臣荒于下，史荒于官，行人荒于职；风会习之，文言传之，言不顺，事不成，而鲁道荒矣。

……史臣亦窃之以为文而成乎荒傲之史。《春秋》承之，固无繇以改其妄，则如其文以显之，而荒主，谀臣、诬史之失见矣。故曰传

① 读四书大全说：中庸：第十一章［M］//王夫之．船山全书：第6册．长沙：岳麓书社，2011：490-491.

② 困厄之义。

心之要典也。[①]

以意例之就是无迹之臆测，船山认为为《春秋》作传注者都是凭己意来指定义例，然而一曲之义只能合于一事，强行安放必然会导致不切合、扭曲之处。这里所说“盟会不序者三”，是说有三次会盟没有说明哪些诸侯参与，《左传》给出的三次的原因也不同。谷继明指出，“这意味着三处失序各有其义例，从而可能走向任意解经的危险。船山则釜底抽薪式地指出：诸侯之失序，根本就是鲁史没记，故孔子也无法加上，也就不存在因为‘深义’而故意删去的问题”[②]。即便孔子自己有所闻所见，也不能“以其知之夙而侵史官之职也”[③]，是为“毋意”“毋我”，可以让后人看到当时“荒主，谀臣、诬史之失”。然而，若是我们按照船山自己的“索隐”定义来考察船山这里的解释，我们便会发现，究竟是史之所略，还是《春秋》变例，乃至其他可能原因，每一种解释也都是无迹之臆测而已，既不能证实，也不能证伪，故尔皆为“索隐”。不过，这些似乎属于船山著作中的一偏之辞，并不能代表其整体性思路。上述考察也展示了，彻底抛弃义例或传注，既不可能亦不应当，反倒有悖船山自己的一贯思想。

总的来看，船山的大原则是：**当出现解释冲突时，譬如经传抵牾、三传冲突、前后义例不统一等情况，那么首先以经为据驳传，拒绝引申出繁复变例，径直求伦常大经。当经传并无直接冲突时，力图考察事件整体性因素，以求精审判断**。而船山受到三传之影响，张学智先生指出：“王夫之的《春秋家说》、《春秋世论》中斥吴、楚、秦为夷狄受《公羊传》、《谷梁传》影响极大。对此三国贬斥程度的不同，其实也受《公》、《谷》的影响。这说明他对于儒家经典的信从。对于《左传》，他主要是核其史实，明其源流。对于《公》《谷》，则主要是循其义例，承其褒贬。”[④] 船山并不赞同阳明那样认为自家之良知同于圣人，不必向经典中去寻求，或以一心之灵明去删削经典[⑤]。船山亦非要彻底放弃义例的解释范式，其春秋学著作中多有涉及义例讨论[⑥]，不过其主要目的还是在反对“以理限事”。

---

① 春秋家说：文公［M］//王夫之．船山全书：第5册．长沙：岳麓书社，2011：209-210．

② 谷继明．王船山《春秋》解经学探微［J］．同济大学学报（社会科学版），2016（8）．

③ 春秋家说：昭公［M］//王夫之．船山全书：第5册．长沙：岳麓书社，2011：330．

④ 张学智．王夫之《春秋》学中的华夷之辨［J］．中国文化研究，2005（夏之卷）．

⑤ 参看陈荣捷《王阳明传习录详注集评》（台湾学生书局，1983年）44～55页。

⑥ 典型的是《春秋家说》中“春秋三变”之论，例法会随世而变，详见于本节后文。

3. 善恶皆实

在讨论完上述义例问题可能面临的质疑以及船山的回应之后，我们现在可以进一步来考察船山这种解经方向中更深的考虑。适才都是从解释一面来分析，如果追本溯源从创制一面来看，船山认为孔子作《春秋》并非遵照某种先在之物：

> 孔子作《春秋》，何曾有仁义作影本！只权衡来便是仁义。若论其实，也不过人之异于禽兽者耳。
>
> 古今此天下，许多大君子或如此作来，或如彼作来，或因之而加密，或创起而有作，岂有可传之心法，直指单传，与一物事教奉持保护哉！①

孔子作《春秋》源自对仁义的体认，而不是以某种现成不变范式为影本进行对历史的褒贬权衡②。孔子作《春秋》既是如此，后人解释《春秋》是为了发明孔子意旨，自然亦不可希求从《春秋》中寻获现成范式。船山反对固守三种解经范式：经学义例、天理、良知③。它们的共同特点在于都是试图以一套现成之物（理）来穷尽世界或文本意义。一旦将丰富的人事转化为现成之物，就变成一种可以奉持保护代代相传的东西，不管它是心法、心体、义例还是性理，其本质皆为“以理限事”“以人限天”。船山此思路在本书前文基础上可谓顺理成章，在此亦不必赘论，不过，为了更好地展示船山此思路会产生怎样的具体影响，我们可以通过对阳明与船山对《春秋》记载恶事的不同观点比较来深明此意。《传习录》中有下述两则记载分论《春秋》与《诗》：

> 爱曰，“伊川亦云，‘传是案，经是断’。如书弑某君，伐某国。若不明其事，恐亦难断”。先生曰：“伊川此言，恐亦是相沿世儒之说。未得圣人作经之意。如书弑君，即弑君便是罪。何必更问其弑君之详。征伐当自天子出。书伐国，即伐国便是罪。何必更问其伐国之详？圣人述六经，只是要正人心。只是要存天理，去人欲。……”④

---

① 读四书大全说：孟子：离娄下篇［M］//王夫之. 船山全书：第6册. 长沙：岳麓书社，2011：1029.

② 由此思路可知，船山必定更加反对古文经学所认为的《春秋》之例袭自周公。

③ 严格说来，良知并不是上文意义上的范式，也不能简单定性为现成之物，对此我们前文已有深入讨论，这里所论只是船山眼中阳明后学意义上的现成良知。

④ 传习录：第11条［M］//陈荣捷. 王阳明传习录详注集评. 台北：台湾学生书局，1983：45.

又曰，“五经亦只是史。史以明善恶，示训戒。善可为训者，时存其迹，以示法。恶可为戒者，存其戒而削其事，以杜奸”。爱曰，“存其迹以示法，亦是存天理之本然。削其事以杜奸，亦是遏人欲于将萌否”？先生曰，“圣人作经，固无非是此意。然又不必泥着文句”。爱又问，“恶可为戒者，存其戒而削其事，以杜奸。何独于诗而不删郑卫？先儒谓‘恶者可以惩创人之逸志’。然否”？先生曰，“诗非孔门之旧本矣。孔子云，‘放郑声，郑声淫’。又曰，‘恶郑声之乱雅乐也’，‘郑卫之音，亡国之音也’。此是孔门家法。孔子所定三百篇，皆所谓雅乐。皆可奏之郊庙，奏之乡党。皆所以资畅和平，涵泳德性。移风易俗，安得有此？是长淫导奸矣。此必秦火之后，世儒附会，以足三百篇之数。盖淫泆之词，世俗多所喜传。如今闾巷皆然。‘恶者可以惩创人之逸志’，是求其说而不得，从而为之辞”。①

我们并不想着意追究阳明对一些经学问题论断的随意性，值得思考的是这里理解事与理、善恶与人心的方式。徐爱疑惑的是如果没有传文对史迹的叙述，难以知道事情前因后果，也不明圣人为何如此论断。阳明以为，《春秋》对鲁史的削删至少有一个重要原因是为了将诸如弑父弑君的恶人事迹摒除，以防开启后世之人欲，甚至仿效之愿，认为后人只需知道某人弑君弑父即可。这个说法和船山赵盾弑君之论有相似之处，从中可窥见学术思想沿袭因循之处，不过也有差别。船山强调的是弑君为最重之罪，相较之下他者都不重要，这本身就已经是圣人书法中对诸罪之权衡②，是最应把握之大义，故不当凭传而索隐臆测。阳明同样看重大义，但他将此思路推至过于极端，若孔子果真按照这种思考逻辑，《春秋》大可不必语数万言，但将义例昭示于众，使人知弑父如何、弑君如何等等即

① 传习录：第 14 条［M］//陈荣捷．王阳明传习录详注集评．台北：台湾学生书局，1983：53.

② 对于弑君与其他罪责的精审权衡更加明显地表现在船山如下文本中：“君而见弑，固有不善之积也。见弑于臣，天之治之，足矣。显其所以然，而人知戒，无容更加诛也。臣弑其君而逸于讨，天治之所穷也。于是舍其君召弑之罪，而专治弑者，不得分恶于君以从减也。……故未弑，则责君以道，道先自责也。已弑则略君于法，法审其重也。方治臣之弑君而复治君之见弑，则是以平恕处乱贼而以申商治君父，法之颇，不如其无法矣。明着其见弑，而人主固可以鉴矣。略其所以弑，而后贼穷于蔓辞。”（春秋家说：成公［M］//王夫之．船山全书：第 5 册．长沙：岳麓书社，2011：266）这里对天诛和人诛的区分也是阳明那里所没有的，弑君不仅是简单的人之罪，也是天借助人对无道之君的惩戒，此借助又非乱臣开脱自己罪孽的理由。所以，这个区分本身就是面对昏君无道的两难困境时的一种义理权衡之尝试。

可。这样，原本复杂境遇中的权衡裁决便只剩下了抽象的善恶准则或论断。其论《诗经》亦然，以为郑卫之风皆后人掺入附会所成，孔门原本三百篇绝无郑卫之风。

阳明批评的“恶者可以惩创人之逸志”之说出自朱子《四书章句集注》。《论语·为政》孔子曰：“诗三百，一言以蔽之，曰‘思无邪’。”而朱子认为《诗经》中有许多诗为有邪之“淫诗”，所以他解释孔子此言说：“凡诗之言，善者可以感发人之善心，恶者可以惩创人之逸志，其用归于使人得其情性之正而已。”这是说，孔子没有删去那些淫邪之诗是为了作为反面教材来警醒人。其实阳明与朱子在这里对经典与善恶的关系之理解并没有根本差别，他们都对经典记载恶迹感到困惑，试图给出自己的解释。只不过阳明直接抛开经学传统，臆断为后人掺入，朱子则比较谨慎，并努力在经学内部给出一个相当勉强的道德情感解释。而实际上，如果不能在更深意义上理解何以经典必须记载并持守住善恶之迹，那么阳明对朱子“求其说而不得，从而为之辞”的批评亦不为过。反观船山对《诗经》的理解，按照李中华先生的总结：“船山认为，善诵诗者，就要透过其词句审视当时的社会情状，并能由此及彼，由表及里，考见兴衰转换的因果关系。……透过诗章，返视时代及社会的情状，以作出历史的评判。……从诗中这些细微的情感变化中看出社会治乱兴衰的预兆。”① 这与我们前文所论相合，船山认为不删变风淫诗的目的并非给人警醒训诫，而是能够内在地呈现出时代变化，训练学者理解世界与历史的能力。在《诗经》是如此，在《春秋》亦然，这里的根本问题都在于，经典指引人之向善，是否便只能呈现人事善良一面以感发人心，但凡涉及不善者便有诲淫诲盗之嫌？然则世界与历史诸多不善事物当如何在经典叙述中安放？

船山在《周易外传·说卦传》中有对经典与善恶的论述，他先从天道本体层面讨论了善与不善的关系：

> 阴阳不孤行于天地之间。……行不孤，则必丽物以为质。质有融结而有才，才有衰王而有时。为之质者常也；分以为才，乘之为时者变也。常一而变万，其一者善也，其万者善不善俱焉者也。才纯则

① 李中华．船山《诗经》学面面观［J］．船山学报，1985（2）．此外，近些年船山《诗经》学的研究也都注意到了类似特点，与之相关的还有诗歌与性情关系。可参看纳秀艳《王夫之〈诗经〉学研究》（中国社会科学出版社，2016 年）、谷继明《裕情与舒气——论王夫之对〈诗经〉的诠释》（《船山学刊》，2013 年第 2 期）等著作。

善，杂则善不善俱；时当其才则善，不当其才则善不善俱。才与时乘者万，其始之因阴阳之翕辟者一，善不善万，其始之继善以成者一。故常一而变万，变万而常未改一。……

……（善与不善）皆阴阳之实有而无所疑也。①

船山易学的阴阳、纯杂、质才、时等概念前文已多有论述，故此处不再细为分殊，而直契大义。盖船山以为就天道层面来看的话，在源头之“一”处，并无乘时之变亦无不善，不善源自阴阳一气分殊为万变万理后的才、时之变合，究其实皆为阴阳自然运行之实有。在人伦意义上因为饮食男女或名利会促成不善，在自然意义上气机变化也会造成局部不合于时或攻取异同：“其不善者则饮食男女以为之端，名利以为之缘。非独人有之，气机之吐茹匹合，万物之同异攻取皆是也。”② 然而，若以阴阳气机观之，则“名虚而阳，利实而阴；饮资阳，食资阴；男体阳，女体阴。无利不养，无名不教；无饮食不生，无男女不化；若此者岂有不善者乎？”③也即是说反本溯源并无不善：

故瞽者非无目也，蹇者非无足也，盗之憎主非无辞也，子之谇母非无名也；枭逆而可羹，堇毒而可药；虽凶桀之子，不能白昼无词而刃不相知之人于都市。有所必借于善，则必有所缘起于善矣。故曰常一而变万，变万而未改其一也。④

这一段比喻还是想说，不善者必然缘于善者以其为本，只是因为在变化中的过度、不及、不当、不时等所造成。这就意味着，人面对变化之不善，有可能也应当通过努力让其复归于善，固不可一因于自然无助于善，“是以圣人得以其有心有忧者裁成而辅相之”。根本来说，这是要在存在论意义上承认善与不善都是真实之存有：“是以君子于一得善焉，于万得善不善之俱焉，而皆信以为阴阳之必有。信而不疑，则即有不善者尘起泡生于不相谋之地，坦然不惊其所从来，而因用之以尽物理。”⑤如果因变化杂多之不善而否认其存在意义，甚至否定其实有无妄，便会走

① 周易外传：说卦传［M］//王夫之．船山全书：第1册．长沙：岳麓书社，2011：1089-1090.

② 同①1090.

③ 同②.

④ 同①.

⑤ 同①1090-1091.

上异端之途①，此义与前文所论船山思想相通，无须赘言②，关键在于船山最后得出的结论：

> 是故圣人之教，有常有变。礼乐，道其常也，有善而无恶，矩度中和而侀成不易，而一准之于《书》；《书》者，礼乐之宗也。《诗》、《春秋》兼其变者，《诗》之正变，《春秋》之是非，善不善俱存，而一准之于《易》；《易》者，正变、是非之宗也。
>
> 《鹑之奔奔》、《桑中》诸篇，且有疑其录于《国风》者矣。况如唐太子弘者，废读于商臣之就，其能免于前谗而后贼也哉？天下之情，万变而无非实者，《诗》、《春秋》志之。天下之理，万变而无非实者，《易》志之。故曰：《易》言其理，《春秋》见诸行事。是以君子格物而达变，而后可以择善而执中。贞夫一者，所以异于执一也。③

船山将六经分为两大类，一类有善无恶，有常无变，是为《书》《礼》《乐》；一类有善有恶，有常有变，是为《诗》《春秋》《易》。《书》所载皆前代圣王贤臣之嘉言懿行，《礼》所定为人在伦常政治中的行为法度，《乐》所制乃合于节律兴发感人调和性情，是以皆为常为善。《诗》则有正变，《春秋》多载乱臣贼子，此有不善与变无待多言，而《诗》与《春秋》可以《易》为其准绳，因《易》本即正变、是非之源。源头意义是双重的：其一，就存在论层面来说，《易》在船山这里具有宇宙全体之义，正

---

① 《周易外传·说卦传》："实有无疑，而昧者不测其所自始，而惊其变。以为物始于善，则善不善之杂进，何以积也？必疑此不善之所从来矣。以为始一而后不容有万，则且疑变于万者之始必非一也；故荀悦'三品'之说以立。其不然者，以不善之无所从来，抑且疑善所从来之无实，故释氏之言曰：'三界唯心，万法唯识。'如束芦之相交，如蕉心之无实，触目皆非，游心无据，乃始别求心识消亡之地，亿为净境，而斥山林瓦砾之乡以为浊土。则甚矣，愚于疑者之狂惑以嗲鸣也！"（周易外传：说卦传［M］//王夫之．船山全书：第1册．长沙：岳麓书社，2011：1090）

② 船山在《续春秋左氏传博议》成公六年条目也表达过类似言论，思路相通，不再细为阐发，节引于此，以资参考："夫既皆天矣，天不与百姓同忧，故善有时而成乎不善；天无往而非理之自出，故不善有时而可以善。是故唯其匪善者为不足取耳。善有时而可以不善，弗妨其善也，其已善矣固善也；不善有时而可善，勿疑其不善也，方其善矣则善也。故君子见善之广大而知天之富有，见善之变迁而知天之日新，终日所用而皆天也。天富有而我不得隘，天日新而我不得滞。进退勇怯，皆善之裔流也，裔流者，皆全体之所分注也；色货勇，皆善之糟粕也，糟粕者，皆精醇之所浃入也。奚而必善必不善，奚而两端立而不均善哉？是故吾知武子之言，必有闻于知善者之言也。奚徒其知善与，殆乎其知天矣。"（续春秋左氏传博议：栾武子还师（成公六年）［M］//王夫之．船山全书：第5册．长沙：岳麓书社，2011：549）

③ 周易外传：说卦传［M］//王夫之．船山全书：第1册．长沙：岳麓书社，2011：1091.

所谓“太极有于易以有易”，一切变化是非都是阴阳之气运行显现；其二，就生存论层面而言，《易》作为圣人仰观俯察所创制的法天之作，作为最古老的经典，它开启并规定着这个民族的生存尺度，一切善恶是非的价值判断都是由其而来。但这种规定并非律令诫命式的现成条文，《易》言其理却又不可为典要，《春秋》见诸行事而无常例，二者恰恰构成一个内外同构的关系。

船山这里所举的例子实有深意，《旧唐书》载唐太子弘学《春秋》读至商臣之弑，问其师圣人何以记载此等事，其师之回答亦近乎朱子之论，弘不忍就读而师建议改学《礼》，其前后所学恰与船山所论之常变相映成趣。弘终为武后所鸩，是以船山认为其不免于“前谗而后贼”[①]，也即是单凭善良愿望不足以在复杂的政治伦理情境中达乎中庸。圣王若欲治天下，必不可执一，贞者正也，正夫一与执一的区别在于，后者执一善而欲规于天下，前者明常而达变一以贯之。显然，欲达乎贞一之境，绝非仅靠习“常”可得，必于天下之变上去格物而达乎“变”，而后其善才不是执一隅之理限天下万变，而是领会纯全的整体之一，由此方能在变化无常的情境中始终持守住中道[②]。因此，**经典绝不能仅仅记载嘉言懿行，教之常，还必须善恶并显而教之变。相应地，对经典的解读，既不是对文本的统计、切割、归纳，也不是扬善惩恶之教条传授，而是对复杂历史事件中正义应当如何实践的分寸感的寻觅，以及对夫子删述中体现出仁义礼智的测度**，如此《春秋》才不会是断烂朝报，或者义例大全，而是可以不断从中汲取力量的义海。

4. 时义与世论

上文分析了船山反对以常例解经的原因，及其对记录善恶事件意义的理解，但我们不可走向另一个极端，认为船山主张一种彻底无度的解经

① 此言当是指太子弘因公主下嫁之事恳请武后而致其怨，遂为武后所鸩。此事为历史悬案，新旧唐书及《唐会要》所载不一，司马光等史家多有争议，但历史真相不碍此处所论之理。此外，《周易外传·系辞上传第十章》也论述道：“‘《易》言其理，《春秋》见诸行事。’‘守经事而知宜’，以极深也；‘遭变事而知权’，以研几也；而固已早合于神矣。太子弘废商臣之篇，王安石恣‘烂报’之诬，宜其与何晏、夏侯之徒异车而同偾也。”（周易外传：系辞上传第十章［M］//王夫之．船山全书：第1册．长沙：岳麓书社，2011：1023）尽管这里是针对异端空疏而发，亦与本节所论有相通之处，皆是强调极尽察变之意。

② 对于此工夫的展开详见本章最后一节。

方式。

> 《易》无定变，《春秋》无定征。……世异而德异，无定矣。无定变，可无定占。无定征，斯无定应。无定占者，天无定象也。无定应者，天无定心也。天无定象，君子有定仪；天无定心，君子有定理。故《易》《春秋》之言天，俾人以有事焉。知其无定，任之以无定，则废人之天，王安石之悖也；以其有定，定天之无定，人则罔天之天，汉儒之凿也。①

船山这段话初衷是反对汉儒以灾异感应说《春秋》为以人限天，但他同时也反对任天之无定。在船山看来，汉儒之凿和王安石之悖（天变不足畏，祖宗不足法，人言不足恤）作为两端具有同构性。船山作为儒家学者，不会走向膜拜天的极端，他坦然承认，“故人定而胜天，亦一理也，而不可立以为宗，限日食之理而从之也”②。关于这一点我们结合船山两段讨论天文历法的材料就能够看得更加清晰。

> 有即事以穷理，无立理以限事。故所恶于异端者，非恶其无能为理也，冏然仅有得于理，因立之以概天下也。而为君子之言者，学不及而先言之，与彼同归，不已诬乎！异端之言曰：“万变而不出吾之宗。”宗者，冏然之仅得者也，而抑曰“吾之宗”矣。吾其能为万变乎？如其不能为万变，则吾不出吾之宗，而非万变之不出也。无他，学未及之，不足以言而迫欲言，则冏然亦报以仿佛之推测也。③
>
> 后之言历者，或以律，或以易，迁天以就其八十一、四十九之数，而朔有非天朔者积。朔非天朔，而闰之非天闰者抑积矣。
>
> 呜呼！天之理固一贯也，然岂滞形滞数而无参差互成之妙哉！区区得一隅之法象，举凡天下之理数悉以此而范之，天且从其私意而不得以伸其固然，而况于人事之与物理？故曰：所恶于执一者，为其贼道也。④

此两段材料不仅仅批判佛老异端之万法唯心，也同样批判陋儒五行感

---

① 春秋家说：桓公［M］//王夫之．船山全书：第5册．长沙：岳麓书社，2011：132-133.

② 续春秋左氏传博议：士文伯论日食（昭公七年）［M］//王夫之．船山全书：第5册．长沙：岳麓书社，2011：587.

③ 同②586.

④ 同①127.

应谶纬之说。乍看起来这两类学说差别很大，一派是将万变皆归于吾宗的佛老之说，另一派则是试图穷尽万理臆度天意的陋儒之学，而在船山看来它们并没有本质性区别，皆为“立理以限事”，也即是试图以抽象不变之理去贬低、掌控乃至取代生生不息的存在本身——天，此即人的僭越，其本质为强执体以论用。执一乃以固定不变原则统摄天下万理，而其实道并非众理之上之一理，亦非不变，只能说一定。船山在其各种著作中反复强调人存在论意义上的有限性，本书第二章已经多有论述。显然，船山易学、四书学以及晚年著作《思问录》等中的这种思想维度，和其春秋学中的一致，只是在不同的话语体系中他使用的概念不同而已，而究其旨归则并无二致。不过正所谓同中求异，本书接下来想要追问的是，船山春秋学是如何在“不执例限事”与“一以贯之”之间达乎中道的，换言之，《春秋》无常例并不代表无常道，学者如何由《春秋》之变达乎常而不执。

船山《春秋世论·叙》给出了基本勾勒：

> 即春秋之世，沿夏商，循西周，极七国，放秦汉。源流所自，合离之势，盛衰之迹，本王道之通塞，堙邪说之利害，旁引兵略，画地形，订国是，粗陈其得失，具矣。
>
> 问者曰：“董生有言，‘天不变，道亦不变’。谓道之不变，是也；谓世之不变，不得也。以世言道（变）①，世变，道不得执。率子之所论，以治秦汉以降之天下，可乎？”
>
> 答曰：“奚为其不可也！后世之变，纷纭诡谲，莫循其故，以要言之，废封建，置郡县，其大端已。……天子以一人守天下，盗夷以猝起争天子，推其所以殊治，封建之废尽之矣。郡县变，天下之势接迹而变，以古治今，议者之所怵也。
>
> “……故曰不知《春秋》之义者，守经事而不知宜，遭变事而不知权。知其义，酌其理，纲之以天道，即之以人心，揣其所以失，达（远）其所以异②，正之以人禽之辨，防之以君臣之制，策之以补救之宜。世论者，非直一世之论也。治不一君均乎治，乱不一族均乎乱。……观诸天下，揆诸□心，即今日以印合于春秋之世而不疑。

① 《船山全书》校者认为此句当作“以世言变”。此校有误，船山此叙是对《春秋世论》之名的解释，认为他从春秋之世所得之道能够行乎后世，故尔自设问答：世既变，此世所得之道可行乎？

② 《船山全书》校者认为此句当作“远其所以异”。笔者以为“远”作“达”似乎更合于船山思想，不过此处校改影响不大。

《诗》曰：'鱼在于渚，或潜在渊。'谓其流行而一致也。"①

船山首先表明了自己著此书之大义在于分析离合、盛衰、王道、邪说、兵略、地形、国是诸项之得失。须注意者，船山并非就春秋言春秋，而是将春秋之世放在夏商周至秦汉的大势变迁中来理解，"故其书泛论古今，颇多明快之论"②。然后借董仲舒之辞自设问难，意谓倘若世代变化了，从此世代所得之道就无法再行于后世，那么从《春秋》所得之"世论"，是否能超乎"一世之论"而行乎秦汉以降之天下呢？船山明确表示可以，然后他指出最重要的世代差别在于封建郡县之变，所以很多人担心不可以古治今。最后一段船山给出回应，认为后世尽管天下一家，但离合盛衰并无本质变化，中国地形以及国是定于一，这些也都没有差别。而最重要的问题依旧是天道人心，其大端在于"人禽（夷夏、君子庶民）之辨"与"君臣之制"，古今之治乱皆赖乎此二者。引《诗》也是想表明，尽管水因流行变化而深浅寒温有别，究其实一也。下面我们从船山"春秋三变"之说来考察变与常的具体分析。船山首先点明例随世变之说：

《例》曰："夷狄相攻不志"。志吴楚之兵争，则内楚以外吴，不从乎相攻之例矣。吴越之相伐相入，词平而无所内，无所内而犹志之，《春秋》之例于是而变也。天下之势，必有所在。昭定之际，晋无伯心，齐欲争伯而不成，楚奔命于吴而不给，势之所趋，合离之所竞，西不在晋，东不在齐，南不在楚，吴越于是乎受势之所归，以司天下之轻重。故其相攻也，天下之所视也。天下视之而天下变，天下变则例变。例变则道亦可变与？曰：道有随例而变者，君子之所以用时也；有不随例而变者，君子之所以不为时用也。③

此例出自胡文定《春秋传》宣公三年，经曰"楚子伐陆浑之戎"，胡文定曰："夷狄相攻不志，此其志何也？为陆浑在王都之侧，楚又至洛，观兵于周疆，问鼎之大小轻重焉。故特书于策，以谨华夷之辨，禁猾夏之阶。"是说《春秋》不记载夷狄相攻，但是此处记载楚与陆浑相攻。此变例是因为陆浑在王都附近，楚国有窥周室问鼎之意，故特意记载此事为了

① 春秋世论：叙［M］//王夫之．船山全书：第5册．长沙：岳麓书社，2011：385-386.

② 杨树达省志艺文志初稿［M］//王夫之．船山全书：第5册．长沙：岳麓书社，2011：533.

③ 春秋家说：昭公［M］//王夫之．船山全书：第5册．长沙：岳麓书社，2011：334-335.

明确华夷之辨，防止蛮夷乱夏。船山继续说明《春秋》记载吴楚兵争，楚国相比起吴国更接近华夏，所以内楚外吴，此不可以“夷狄相攻”之例限。而昭公三十二年经文“夏，吴伐越”，又不同于吴楚之事，此处无所袒护平实记载，这意味着《春秋》之例再次变化。这是因为天下之势发生变化，晋、齐、楚皆无力为伯，天下之轻重聚于吴越，因此吴越相攻成为天下大势的关注焦点。天下既变，则例随之而变。那么道是否也随例而变（其实即是随世而变，亦是随势而变）呢？船山认为有随例而变者，所以君子需要因时而动，顺势而行；也有不随例而变者，所以君子要坚持道义，不随波逐流。下面船山进行了更加具体的《春秋》变化分析：

> 昔者《春秋》尝不授齐以伯矣。已而授之。授之齐而又授之晋，继而惟恐晋之不足以伯矣。此夫例因天下，道因例用，用时以治时者也。其于楚也，尝号举之矣，已而为存其君，已而引之以内，惟恐其不得志于吴矣。此犹夫以例从天下，屈道从例，不获已于时而救时者也。至于吴而无望焉矣。无望于吴，亦不可改而望越；无望于越，终弗容复望于吴。吴越之事，轻死崇杀，奖诈尚力，自战而不为天下动，苟胜而不为之名，弃衣冠而贱肤发，由古以来，未有如其不以人者也，故君子可用时而不为时用。楚可用者也，吴越必不可用者也。必不可用而用之，则为之用而已矣。
>
> 故吴越相攻之词均，而不以内楚之道内吴也。人禽生死之际，道之尤严，舍此而君子无道，奚容变哉！然而天下视之矣。吴胜则走吴，鲁卫走之，而晋且走之也。越胜则又走越，鲁卫走之，而齐且走之也。迨二国者之已灭，其遗智余习，犹以染战国之天下，赵武灵、秦庄襄始皇之所尚，皆吴越以为师。则天下之大变，始开于吴越。君子不能自爱其例，而为天下录变，乃不容不自爱其道以治天下之变。故《春秋》有三变，王变而伯，伯变而夷。当其伯，不能为王存也，而存伯之词恕。当其夷，不能为伯存也，而存夷之词危。其词恕者，裕道以望伯；其词危者，守道以望夷。每降而君子之心益伤，见乎辞矣。①

《春秋》中对于诸侯的态度不断变化，起初尚不许齐之伯，而后授之齐晋，唯恐晋不能伯，这是因为天下秩序越来越糟糕，伯尚能挽回持守些

① 春秋家说：昭公［M］//王夫之．船山全书：第5册．长沙：岳麓书社，2011：335-336.

许夷夏君臣之道。在楚亦然，从以号举到楚人楚子，甚至当其与越相攻而内楚外吴。这些义例变化都是从天下之变而变，伯非王道，楚非嫡夏，奖崇之使得道有所曲，但这是救时之举，或能稍挽狂澜，略阻颓势。然而《春秋》对吴越丝毫不抱希望，因为它们“轻死崇杀，奖诈尚力”，“弃衣冠而贱肤发”，没有丝毫和华夏相合之道，人禽之辨绝不可越，所以不可为时用。然而吴越尽管其兴也勃，其亡也忽，却因为天下聚焦于此，其风气浸染天下，后来的赵武灵王、秦庄襄王、秦始皇都是效法吴越夷狄之道。因此君子不能爱惜义例，当通过义例的变化呈现天下之变。更要重道，以道来治理天下变乱。船山最后总结《春秋》三变为：王、伯、夷，每一次变化义例皆随之而变，不过王变为伯时，尚且对伯抱有期待，故其词恕；伯变为夷时，必须守住大节，严词而拒。船山这里对变例的理解即便不与其“《春秋》无常例”思想矛盾，亦非其独创，《公羊传》《春秋胡氏传》都已有类似思想[①]，船山独特之处何在呢？

我们可以与《春秋胡氏传》做一个对比，文公九年，经曰：“冬，楚子使椒来聘。”胡安国意谓，改称楚子乃是因为圣人劝善悔过，如果蛮夷向慕中国则进之而不必绝人[②]。

反观船山，对夷狄问题的讨论相当复杂，他认为，楚之所以可以内之而不视为夷，并不是如胡文定所言泛泛之恕道，而是源自船山对夷狄在不同时势下的权衡，其主张因具体情况差异而区分夷狄中不同部类，分别以不同政策待之。本章第三节曾论及，他拒绝夷狄效仿华夏礼乐，认为这样既不能教化夷狄，亦非广被华夏流泽，反倒会扰乱各自固有生活，不如各安其土，各安其性。但这只是较为宽泛的说法，且比较针对北方戎狄：

> 楚者，于周为夷也，非天下万世之所夷也。陆浑之戎，天下万世之所夷也。言语嗜欲，居处婚葬，衣服器制，惑蚩蚩之氓以毒天下。

① 如《公羊传》昭公二十三年：“曷为不使中国主之？中国亦新夷狄也。”

② 胡氏曰：“楚僭称王，《春秋》之始，独以号举，夷狄之也；中间来聘，改而书‘人’，渐进之矣。至是其君书爵，其臣书名而称使，遂与诸侯比者，是以中国之礼待之也。所谓‘谨华夷之辨，内诸夏而外四夷’，义安在乎？曰：吴、楚，圣贤之后，见周之弱，王灵不及，僭拟名号，此以夏而变于夷者也，圣人重绝之。夫《春秋》立法谨严，而宅心忠恕。严于立法，故僭号称王，则深加贬黜，比之夷狄，以正君臣之义。恕以宅心，故内虽不使与中国同，外亦不使与夷狄等，思善悔过，向慕中国，则进之而不拒，此慎用刑、重绝人之意也。噫！《春秋》之所以为《春秋》，非圣人莫能修之者乎！”（胡安国．春秋胡氏传［M］．杭州：浙江古籍出版社，2010：229）

流及后世……①

如果整体考察其夷狄思想，他多次因不同情势给出精细的夷狄分类。譬如在《春秋家说・成公》中船山认为："吴楚秦晋皆《春秋》之所狄，尤有等也。"② 晋最初兼并为狄行，及其为伯则止。秦兼并为伯而不止。楚不足于伯，而终免于狄，以其有所止而近乎伯也。吴贸然以起，贸然以求，贸然以败而终不知止。每况愈下，所以《春秋》也分而待之，晋秦楚皆可逐次进而为中国，唯吴始终以号称之。③

又如因礼教态度之差异诸侯被差别对待：

> 诸侯之僭，犹中国之盗也，所僭者犹礼也。荆、吴、徐、越之僭，非直盗也，狄也，礼亡故也。礼亡，则杞、莒虽不僭也，而亦狄也。礼者，人之所独安，禽之所必昧，狄之所必不知，而欲去之。借其知礼，而狄可进矣。故《春秋》有时进荆、吴，而僭王之罪且姑置之。呜呼，礼亦重矣！礼之蔑也，祸成于狄，则欲捄（笔者按：同救）狄祸者，莫礼急也。④

诸侯僭越于礼，这说明他们还认同礼的价值，所以是中国之盗。吴越僭越称王，不可称作盗而视为狄，因其只是僭号而并没有相应之礼。杞、莒尽管没有僭越，因其无礼同样为狄。礼才是决定夷夏人禽之大防。

不仅是在夷狄问题上，如果通观船山春秋学与史学，几乎在每个问题上船山都不会停留于泛泛之大义，而会放置在具体时势中做出具体权衡，其中尤为典型的是封建郡县问题，不过因为此问题牵连历史跨度太大，远非《春秋》能涵，我们放在最后一节史论中讨论，在此只是在略举几例以窥船山权衡特点。譬如春秋称伯这个现象本身包含有代天子征伐之僭越意味，而船山认为既不可如孟子一概而贬齐桓晋文之事，也不可因伯之势大而趋附赞之：

> 三代之有伯，犹后世之有党也。有伯而天子下替，有党而公论下

---

① 春秋家说：宣公［M］//王夫之．船山全书：第5册．长沙：岳麓书社，2011：224－225.

② 春秋家说：成公［M］//王夫之．船山全书：第5册．长沙：岳麓书社，2011：258.

③ 《思问录・外篇》中，船山还在历史的变迁中论及夷狄概念的变化："以其近且小者推之，吴、楚、闽、越，汉以前夷也，而今为文教之薮。齐、晋、燕、赵，唐、隋以前之中夏也，而今之椎钝轻戾者，十九而抱禽心矣。"

④ 春秋家说：庄公［M］//王夫之．船山全书：第5册．长沙：岳麓书社，2011：146.

移。故伯之与党，治世之所谓害也。然夏之昆吾，商之彭韦，周之齐晋，终以救三代之崩亡，汉之李杜，唐之裴李，元祐之洛蜀，万历之东林，终以存士民之纲纪。伯竭其力，党竭其死，仅与天下争，而匪人者恒起而败之，故君子恶之深焉。

…………

……君子之以奖伯而伸党人也，治衰世之大义也，岂但其势然乎哉！①

伯、党皆为治世之所谓害，却又是衰世之大义所存，泛论伯、党之利弊没有意义。这是价值尺度必须在具体情境时势中权衡的事例，我们再来看一个更加典型的事例。按照船山所言，也是春秋学历来基本主张，君臣、夷夏乃是《春秋》所重大义之最。那么，当此二者相互冲突之时，孰轻孰重呢？有许多研究者都注意到船山《读通鉴论》中论及“刘裕抗表伐南燕不当与桓温专擅权并论”一段经典材料：

有一人之正义，有一时之大义，有古今之通义；轻重之衡，公私之辨，三者不可不察。以一人之义，视一时之大义，而一人之义私矣；以一时之义，视古今之通义，而一时之义私矣；公者重，私者轻矣，权衡之所自定也。三者有时而合，合则亘千古、通天下、而协于一人之正，则以一人之义裁之，而古今天下不能越。有时而不能交全也，则不可以一时废千古，不可以一人废天下。执其一义以求伸，其义虽伸，而非万世不易之公理，是非愈严，而义愈病。

…………

……不以一时之君臣，废古今夷夏之通义也。

……论者亦援温以责裕，一时之义伸，而古今之义屈矣。如裕者，以《春秋》之义予之，可也。若其后之终于篡晋，而后伸君臣之义以诛之，斯得矣。于此而遽夺焉，将听鲜卑之终污此土，而君尚得为君，臣尚得为臣乎？②

此段义理明白，不必赘言，许多研究者以此证成船山对君权的警醒与反思，但这只是问题之一端，我们绝不能只看到船山强调古今通义的一

① 春秋家说：文公［M］//王夫之. 船山全书：第5册. 长沙：岳麓书社，2011：195-196.

② 读通鉴论：东晋安帝一四［M］//王夫之. 船山全书：第10册. 长沙：岳麓书社，2011：535-536.

面，而误认为船山终归认为有某种价值永远高于其他价值。此处所论，似乎给人船山认为夷夏之辨高于君臣之义的印象，如果结合船山生平际遇以及《读通鉴论》《宋论》中诸多论述，似乎此间轻重毋庸置疑①。实则非也，若与《春秋》中相关讨论进行对比即可明晓此义。首先，船山对于夷狄本就做出不同层次区分，非可一概而论；其次，若我们设问夷狄弑君之时，应当按照君臣大义正其罪，还是本于夷夏之别而不予处置，就会看到船山的回答绝非执一端之辞。

《春秋》昭公二十七年记载："吴弑其君僚。"对此笔法，《左传》《公羊传》《春秋胡氏传》解释不一，但都没有涉及夷夏之辨。我们这里不拟讨论《春秋》笔法的孰是孰非，而是想通过这个例子来考察船山如何判断夷夏君臣大义之轻重。其曰：

> 《春秋》之狄楚，不如其狄吴。楚晋而以中国之治治之，吴终不以中国之治治也。……以吴之为狄已甚，而不足治也。故大均天下者法也，齐为天下伯，晋自为伯，君子以法进退之，而大均平。辨夷夏人禽之维者礼也。楚以僭王夷，吴以断发文身夷。君于以夏治楚，而退夷之，以禽治吴，而进夷之，而大维清。
>
> 所恶于夷者，无君臣父子之伦也。以大伦故而别夷夏，不以夷故而废大伦。商臣比所以服刑于司寇，所恶于无君臣父子者，疑于禽也，疑禽则治之。断发文身已成乎禽，君臣之义、父子之恩复何望焉？号举吴以弑，司寇之所不治也。别夷于夏而王事兴，别人于禽而天道正。以王治晋，以天治吴，圣人无异用，人事有异受，故曰理一而分殊。②

---

① 譬如许苏民先生便是持此论调［许苏民. 论王夫之对宋朝士大夫政治文化的批判：以〈春秋家说〉〈读通鉴论〉〈宋论〉为中心的考察［J］. 天津社会科学，2017（5）］，如果仅就许先生引用的材料字面意思来看，固是如此。但如本节一再展示的，船山的每一次论断都是就具体情境而得出的权衡之论，而非执之可以例万世之论。此外，许先生对船山表述在有些地方存在一定误解，譬如他引用《春秋家说》中"贵夏必先赵武，尊王授权桓文"，得出结论，船山认为只有像赵武灵王、齐桓公、晋文公那样重视国家富强，才是真正的"贵夏"，亦才是真正的"尊王"。其实这里的"赵武"是鲁襄公时代的晋国大夫赵武，谥号赵文子，又称赵孟。船山春秋学著作中尽管对赵孟多有批判，但还是肯定其继承晋国霸业攘夷，多将其与齐桓晋文并称。而赵武灵王，船山则视其胡服骑射为以夷变夏，天下大害，将其与"秦庄襄王、秦始皇"等并称。由此也可见，船山的评判总是关乎具体情境，而非绝对轻重高下。

② 春秋家说：昭公［M］//王夫之. 船山全书：第5册. 长沙：岳麓书社，2011：333-334.

船山认为同为弑君，同是夷狄，《春秋》对待楚和吴的态度完全不同，因为楚国之不合于礼是出于僭，仍有重礼之心，故孔子以华夏君臣大义贬之；吴国为狄，断发文身，孔子不再对其有君臣父子伦常之望，所以不以大义正之，只需要区分人禽之别、夷夏之辨，任天道治吴即可，天道治之其实就是任其自然生灭。但船山只是在此案例中，认为夷夏之辨重于父子之义，他同时所举楚国商臣弑君之例则不然。此事发生于文公元年，船山专文讨论晋是否应当讨伐商臣之罪：

> 商臣之罪，晋在所当讨乎？曰：此非一切之词所可制也，故曰可与立未可与权。天理者不息，不息故密，其唯纯粹以精，退藏不忒，而吉凶善败亦于此乎受度。若夫一切之词，立一义以该一切，可与否尽之矣。可与否既各成其端，端各有义，故天下无争仁而有争义。吉凶善败，巧历所不能殚，乃争一废一而不顾其中，皆一切之词之所蔽也。①

“一切”意谓一刀切，一概而论之义。是否当讨伐夷狄弑君，并非一刀切的方式能够判决。如果认为一个道理可以用于一切人事，那无非是可或不可两种情况，取其中一端而废另外一端，丧失中道，这是一切之词所蔽。实际上现实人事复杂至极，其吉凶善败哪怕是精于历算之人亦无法穷尽，何况是一切之词。

然后船山用较长篇幅详细分析了此事的各个层面，对各种主张给予反驳。此不赘引，其大意为：如果说夷狄无父无君自乱而取灭，恰好是华夏之利。这种说法不仅恻隐之心丧失，而且也自相矛盾：因其无父无君而摒弃之，却又对其无父无君幸灾乐祸。如果说王者不治夷狄，那指的是荒服之外，声不相闻，如汉之于冒顿。而楚国与华夏诸侯有会盟，又为周天子所封，不适用于这种情况。如果说楚国本来就是华夏的威胁，乘此机会为借口讨伐，张夏损夷，一举两得。这种说法似是而非，外义内利，是对王道的伤害。此外，楚国的情况还不同于金国完颜雍之弑完颜亮，金之于宋本就有君父之仇，岂可不报己君父之仇而问彼之君父仇。由此得出结论，在中原和国内没有大事的情况下，可以讨商臣之罪。只是讨伐之时，不能心中有利欲之念，凭着对弑君的愤怒之大义讨伐之即可，至于僭越名号之事，可留以俟他日。带着这些论述我们对比上引《读通鉴论》刘裕之事即

① 春秋家说：文公［M］//王夫之．船山全书：第5册．长沙：岳麓书社，2011：202．

可确定，**船山并不认为夷狄之辨必然高于君臣大义**，只是就鲜卑之狄而言，相比抗晋安帝之命割据江东，讨伐夷狄是更加重要的大义。接下来，船山在此文中对权衡本身进行了思考：

> 是故一切之词，遽可其可，遽否其否，不患乎无执。而以处两端之中，歆止歆动，幸以为利，掩以为名？则功必堕，而义先丧，自非可与权者，固不足以与于斯矣。且所谓权者，亦非轶可否之两端，以有其神变也。立者因道，权者因心。立者心合道，权者道从心。心合道则道画心，道从心则心生道。欲心生道，必无往而非道。无往非道，纵广于道，因时以愤盈，是故可亦人之可，而有其必可，否亦人之否，而有其定否。以此而决大疑，诚于发，诚于义，则诚于功。①

权不是执一切之词对可否的选择，亦非因于名利而做出的选择，甚至也不是在两端之间的计算衡量，因为，"不善为谋者，一端而止；善为谋者，两端而竭。两端之外，远迤以无穷，不可知已"②，两端之论依旧是困于一切之词可否之间。"两端尽于阴阳，阴阳穷于变通，变而通之，存乎其义，非小智之所可至，是以君子弗尚也。"③ 变通之所以非小智可及，是因为它要求实行者有极高的德性与能力。"可与适道，未可与立"，能坚守住根本原则的人是依凭于对道的真切体证，让己心合乎道。权衡依凭的心须先达到"立"的境界，才能够由心生道。如此做出的权衡，其可否判断一定合乎天下之公④，因此天下人都认同，与此同时，也具有道义必然性。这其实就是"从心所欲不逾矩"的境界描述。

---

① 春秋家说：文公［M］//王夫之．船山全书：第 5 册．长沙：岳麓书社，2011：203-204.

② 春秋世论：宣公［M］//王夫之．船山全书：第 5 册．长沙：岳麓书社，2011：450.

③ 同①452.

④ 船山有些表述也会让读者认为"公"必然高于"私"。泛泛而论，固然不错，但要注意的是，公私之间的界限本身即是变化不定的，如果不能精准区分，公高于私这个命题本身未必能对于现实判断有助益。譬如《读四书大全说·孟子·离娄下篇》反对朱子集注的论断："《集注》又讥庾斯废公全私，亦未察于春秋时事。春秋列国之相侵伐，固不以斩将陷阵为功。如献麋遗弓，奉浆摄饮，当时正以此服人，则不必其师友而释之，亦未为不可。盖彼此均为侯国，旦干戈而夕玉帛，杀一人未足以为利，而徒深其怨，故虽纵敌而军刑不加。其或胜或败，初不关宗社之存亡，自不可以后世之武臣所与争一旦之命者非夷狄则盗贼，胜则安而败则危者比也。其必以折馘执俘、虔刘滨尽为功，自战国始有，而成于秦、项之际，要非可论于春秋疆场之争一彼一此者也。不然，则庾斯卖国全私，与秦桧之班师、周延儒之纵敌等，其罪又岂在逢蒙之下，而何以得称为'端人'!"（读四书大全说：孟子：离娄下篇［M］//王夫之．船山全书：第 6 册．长沙：岳麓书社，2011：1027-1028）

现在我们看到，船山反对不执一切之词或常例，并不是拒绝承认某些道理或者义例有其适用性，而是反对执定一例该一切事理之举。像夷夏之辨、君臣大纲这样的根本性道理，其轻重也没有先在的绝对规定性①。不仅"《春秋》无恒予夺，《六经》无恒进退"②，道理亦无恒轻重，甚至读经求理亦无恒法。船山在其春秋学著作中，**没有给出任何既定的方法来衡定轻重，只是就每个事件演示他如何综参时势、情实、人心、地理、纲常、世变，最终权衡出一个属于事情本身的判断。**

如果我们回到此前的发问，如何既不执于常例，又不会无常无定，超乎"一世之论"，达乎"万世之论"呢？在船山看来，只能让学者生命真实地由向学、适道、立、权达乎从心所欲不逾矩之境方能做到。所以它的回答方向不是方法论，而应当是工夫论。沿着这个方向我们回头重新审视船山《春秋世论·叙》所言，便会发现，船山其实并不是通过思辨最终建构出某个能够整全地涵盖政治、伦理、历史、王道的理论，而是在描述通过怎样的工夫能够让学者自己一以贯之，察于古今，明乎事变："知其义，酌其理，纲之以天道，即之以人心，揣其所以失，达其所以异，正之以人禽之辨，防之以君臣之制，策之以补救之宜。世论者，非直一世之论也。……知进退、审存亡而不溢。观诸天下，揆诸□心，即今日以印合于春秋之世而不疑。"③ **能够"流行而一致"的不是方法论、政治哲学，或者普遍规律④，而是通过工夫论不断生成的心体本身。**

工夫论不仅仅局限于道学传统以四书为核心的心性之学，如本章诸节展示的，它也体现在经权关系、经学的工夫论定位、四书与五经的关系、经学的历史展开及其内在统一性等问题上。此外，还有本节所展示的，历史整体的统一性、解经应当避免的态度、学者面对经典时要寻获的是怎样的随世事而变之理以及如何获得——具体到船山的春秋学中，它表现在不

① 这当然不是说道义准则完全不能做抽象比较，如拯救生命的准则，抽象地看，必然重于男女授受不亲的准则，夷夏之辨一般说来在船山这里也重过绝大多数伦常道义。诚如孟子所言，"金重于羽者，岂谓一钩金与一舆羽之谓哉?"反之，当我们在具体情境中衡定因素轻重时，也必定不能仅依靠"金重于羽"这个抽象原则，而一定是现实性的称量判断。

② 春秋家说：文公［M］//王夫之. 船山全书：第5册. 长沙：岳麓书社，2011：198.

③ 春秋世论：叙［M］//王夫之. 船山全书：第5册. 长沙：岳麓书社，2011：386.

④ 就此而言，刘荣认为经义与史论的关系是："借经部作品推阐或引申其大义与精意，并将其确定无疑地视作历史的规律与公理，以此行之三代以下之天下乃至未来社会而无不适用。……义理虽自特定历史中来，但船山却将其看作具有全体中国历史的普适性的公理与规律。"［刘荣. 王船山经、史关系新论［J］. 湖北社会科学，2016（3）］这个思路恰恰违反了船山各种著述中的一贯原则。

断地随着天下大势变化这个过程对《春秋》义例的追索，也表现在船山对《春秋》二百年历史中人事变化所造就的理势变化之分析。尽管如上所论，这里的“如何获得”不可能被归纳为一套现成方法论，但我们还是可以尝试从中寻绎某些常见形式，以略窥船山思想的某些端绪。不过这个问题我们要放在下一节，在更加宏阔贯通的船山史论视野中尝试分析。

第六节　道统和历史

本节要义：

船山对历史的诸多论断都是描述性、解释性的，而非含摄预测性的；是对已经发生的历史的描述理解，而非要从中寻找某个固定准则以此统摄整个历史、未来乃至终结与目的。本节思路如下：首先简要梳理船山正统观以呈现历史问题意识；然后分析朱陈之辩，以展示关键问题理路。随之在此思想史背景下考察船山历史思想的特点如何典型地体现在他对待汉唐以及朱陈之辩相关问题的立场上，由此引出船山的理势思考、判断视域的扩充，以及作为船山历史思想核心的历史工夫论。

1. 正统

船山的基本倾向是批判正统说和狭义“道统说”，以治统与道统的互动关系来取代正统说。船山对正统说的批判除了指向谶纬之学，还指向义理史学，它们共同具有“以理限事”倾向。正统的意义在于，历史需要在自身中树立一个价值判断尺度，也是叙述与理解的尺度。船山以天下之大公消解一姓之兴衰，以德功制度并考来统摄心术王霸之论，以治统来替代正统，以道统来衡定治统。

2. 朱陈之辩

龙川为汉唐辩护是在更大时空跨度中的政治与历史层面论证。朱子将政治层面的王霸之辨化约为心性哲学领域的道心人心之辨，以此判定汉唐为霸道，虽偶合于道，其田地根本未免乎利欲之私。但凡没有对天理的明觉体认，伦理政治行动即便正确也是“暗合”。政治合法性仅仅取决于执政者心术。执政者但凡不识得道心天理，便是无道。龙川的疑问是如果汉唐不必“真知”可以长治久安，那么豪杰们的自然推论是不必修身用功也能达乎汉唐之治。这才是王霸双行，义利并用。朱子将行动本质与后果的分离尝试用于复杂政治事件，便会遭遇困难。无“仁之德”而有“仁之功”这种说法包含一个无法被动机论与心术论含摄的价值维度，它很难寻得恰切安放。

3. 理势与视域

理势统一而又变迁，事物的条理具有方向性的势能，势是理的宏观积淀，故无往而非理。人事渐积所成之势带有文化历史性，权衡与实践中传统始终作为视域发挥其效力，制约并规定个人的方向，此为“势”的生存论意义。人又总是可能通过行动改变事理、理势乃至历史河流的走向，人与理势的这种交互性活动构成了历史本身。船山在理势视域下引入判断的比较范式，它不是对道学传统下非天理即人欲范式的颠覆，而是修订与推扩。在势的大领域中，个体心性天理人欲之是非二分判断转化为道义轻重比较，这是权衡和论断两种思维方式的差别。

儒家强调在分位职责中权衡寻求中道，同时也要超越自身的分位限制，在更宏大的视域里去思考是非道义。超越的视域，不是普遍主义，只是对某个限度内名分秩序的超越。随着判断视域的变化，道德评价往往也会变化。士大夫皆以天下为视域的判断机制，绝不意味着会因此取得普遍性一致。视域愈是宏阔，价值判断就愈是困难与含混。船山史论通过理势中宏观微观的比较，不断地从宏观大势中考察微观之理的运作与变迁，带着此细密之理再上升到宏观视域中去进行更好的评判。在其经史工夫论中，对事件的认识、判断与实践不可分离，是相互为用的一贯之道。

4. 道统

船山不认同谱系宗门传承的“道统说”，他认为道只会遁入幽隐，而不可能化为无。幽隐只是说“全体”有时显现为不利于贞士的时势，卦有否、困，而不碍阴阳十二时位之整全。窃治统者若无仁民爱亲的诚意，必不可以永世而全身，长治久安者必合于治统之正，而非偶然暗合于王道。船山赋予了道统“实政”的内容，道统具有多层次性（心性、实践、政治、历史），和治统互为表里，既不可暗合亦不可窃。

道不是外在于历史或内在于主体的本体，而是民族精神历史。历史不是需要逾越的距离，而是使流传物更加丰盈地存在的条件。船山的儒者之统即是道统，是儒者在历史性世界中践履诠释先圣经典的教化之统。尽管人伦秩序总有向着混乱跌落的趋势，人总是应该也能够努力与此倾向抗衡，保持“治”之势态。

5. 以史为鉴

道学与史学的分歧在于，前者倾向于通过对本体的认识或契悟来获得行动根据；后者则反对超越性本体，强调通过对历史经验的学习、因循、历练来获得一种能够在现实中灵活应变的权衡能力。

船山反对三种历史态度：流俗见解、谲诈之论、盲目复古。他还反对将历史视作无关乎己的研究对象，而主张带有安危忧患意识投入到历史情境的中道权衡。其经史之论体例相近，先引出问题，然后多方面探讨，援引正经大义，综参时、势、经、义，以求中道，合于经典，而不迂阔于史实时势，明乎理而达于势。君子只有不断以此方式返回经史，才能够获得对不同历史事件中通论的领会，磨砺出“心”的更高权衡判断能力，守圣贤之道，览古今之变，“参之而成纯之一”。人以领会—应用历史的方式改变与生成其伦理—政治世界，并融入历史，这是人与世界的关系结构，也是最根本意义上的体用经权结构。

近百年来船山历史思想引发了学者们持续而长久的兴趣，研究成果非常丰富全面，对于本节所涉及的大部分问题前人已有不同程度的研究与阐发。本节不拟对船山历史思想做一个全面深入的梳理，仍是本诸详人之略、略人之详的书写原则，尽量在引述、回应前人研究的基础上，沿着本书思路对相关问题给予一些不同于前人的解释。

依笔者拙见，已有的船山历史思想研究中尚存在不少误解，因此在进入本节主旨讨论之前，必须先进行简要的澄清工作。

常见的一种理解认为船山秉持历史进化论，明显证据譬如船山论述郡县制相较封建制的优点，又如关于上古人类是直立之兽的论断，更有理解认为船山的天假人之私行其大公命题，类似于黑格尔“理性的狡黠”思想。又有理解依凭船山一治一乱论调，认为他持历史循环论①，或者进一

① 船山尽管常常提到一治一乱，但他并非简单地认同此规律，《思问录》曰：“治乱循环，一阴阳动静之几也。今云乱极而治，犹可言也；借曰治极而乱，其可乎？乱若生于治极，则尧、舜、禹之相承，治已极矣，胡弗即报以永嘉、靖康之祸乎？方乱而治，人生治法未亡，乃治。方治而乱，人生治法弛，乃乱。阴阳动静，固莫不然。”（思问录：外篇［M］//王夫之. 船山全书：第12册. 长沙：岳麓书社，2011：431）又曰：“邪正无定从，离合无恒势，欲为伸其是、诎其非，画一是非以正人趋向，智弗能知，勇弗能断。”（读通鉴论：唐文宗二［M］//王夫之. 船山全书：第10册. 长沙：岳麓书社，2011：986）“离而合之，合者不继离也；乱而治之，治者不继乱也。”（读通鉴论：齐武帝七［M］//王夫之. 船山全书：第10册. 长沙：岳麓书社，2011：610）况且，学界惯常地将一治一乱表述定性为历史循环论本就是一种很不严谨的说法：我们并不会称一呼一吸或者一翕一辟为循环论，也难以判断一治一乱之外有没有其他的历史上升或者衰退趋势。“历史循环论”这个概念的内涵其实也莫衷一是，是说历史总会回到最初的开端，还是永恒轮回？还是仅仅对一个我们在现代视域下难以定性的表述，姑且贴上一个不明含义的标签，好心安理得地归置门类？

步结合历史进化论，判定其为螺旋上升论。还有理解依凭船山“上世之乱在天灾，而物乘天之灾以逼人；中古之乱在人事，而君率兽以害人之生；后世之乱在人心，而行禽之行、言禽之言以乱性”① 的论述，判定他对于人性与政治持一种历史退化论。

以上数种解释之间的冲突一目了然，这也昭示着将船山思想简单纳入某种历史决定论框架必将遭遇较大困难。台湾学者林安梧很早就注意到此中困难，他在其著作《王船山人性史哲学之研究》附录二中，援引诸多材料令人信服地指出，船山批判历史退化论以及相伴随的复古论，但与此同时，他也反对历史进化论，“船山所主张的是历史的变动，在变动中或有发展，或有退堕，而不可以‘进步’一语概括它。……所谓的历史乃是‘道在时间中的开展’，但他并未说这开展是逐渐贫乏（也未说一定逐渐丰富），他只是说这个开展是有浮沉升降，是有明晦盛衰的而已”②。

安载皓进一步注意到，船山对历史的描述中凸显了治乱双重变化：“乱的内容愈下愈厉害，于此相称，治的内容也愈来愈精致。”③ 近年来大陆学者也注意到了上述问题，邓辉引用了杜维明提出的转化历史观④，并修订为创化历史观，以此概念描述船山的历史观：“历史变化的状况是极为复杂的，不仅仅有前进的，还有停滞的、循环的甚至倒退的，以及进退错综糅合的。但他更认为，历史发展总的趋势是‘日新富有’的，无论前进也好停滞、循环、倒退也罢，都是偶然的暂时的，终究必如百川合于江海，无不汇聚成一个历史之流而成就为‘日就于繁富’的历史发展。因此，船山的创化历史观，不是单线论的，也不是多线论的，总之，不可以

① 四书训义：孟子：滕文公章句下［M］//王夫之．船山全书：第 8 册．长沙：岳麓书社，2011：390.

② 林安梧．王船山人性史哲学之研究［M］．台北：东大图书股份有限公司，1987：160-163.

③ 安载皓．船山论历史之意义及规则［G］//国际儒学联合会．国际儒学研究：第 8 辑．北京：国际文化出版公司，1999：203.

④ 杜维明认为，中国的历史编撰不是一种循环世界观的反映。中国人的世界观既不是循环式的，也不是螺旋式的，而是转化式（transformational）的。然而，它在特定时期的转化所沿着前进的具体曲线，不是已被决定的，因为它在形成自己的形式和方向的过程中，融入了许多人为的和非人为的因素。有机的生命过程是一个开放的系统。……单线发展的思想是片面的，因为它无法说明全部可能性。其实，前进式发展只是宇宙转化中好几个主要形态之一。由此类推，无论是循环式还是螺旋式，都不能充分描绘宇宙转化的种种形态。既然它是开放的而不是封闭的，动态的而不是静态的，因此，任何几何学的设计都不可能正确反映宇宙复杂的形态。（杜维明．杜维明文集：第 3 卷　儒家思想［M］．邓辉，校译．武汉：武汉出版社，2002：228）

几何学的方式来看待，而是也只能说是开放的有机整体过程论。”[①] 陈赟将历史划分为天道整全运化、人文历史、个体视域中的历史三个层面，借助诠释学思路将船山历史观解释为天人交互关系的视域融合，以此批判历史决定论以及绝对的历史秩序观念[②]，这个解释亦颇为切中船山历史思想真义。刘荣也指出“船山其实也从未预想历史会有一个终点和目标，相反，他采取了对待历史的开放心态，历史大势与实际情况变动不居，因此并不存在所谓的理想蓝图之说”[③]。

如果我们暂且跳出船山思想，做一个更加广泛意义上的观察，就会发现不仅船山，大部分儒者的历史思想都很难以进化论、衰退论、循环论、终结论这样的概念融贯地解释说明。大体而言，儒家并不像道家那样，追求一个上古最源初蒙昧的素朴状态，而是强调人文化成的历史积淀意义，因此会有“周监于二代，郁郁乎文哉”的论断，以及后儒对于周朝盛世的不断追忆、渴慕与重构。但是儒家也在一定限度上接受历史衰退论，只是不会将其推演至极，否则其效法之典范便不再是尧舜文武周孔，而会是伏羲神农甚至混沌本身。就此而言，历史衰退论在儒家这里并不构成一个彻底贯穿决定历史的原则。另外，众所周知的是孟子对于孔子“金声玉振”的评价，孔子对三代之损益与集大成往往被视为人文化成的最高体现，孔子之后道丧学绝的倾颓又是历史衰退的大趋势。如此一来，人文化成的积淀与历史衰退之间，礼法典章在因循故事与变革求新之间，经典文本的章句家法与致用微言之间，如何保持一个恰当平衡的问题，往往会落在对孔子和三代的定位上。此外，历史衰退也非决定论式的，每一代儒者，尤其是自韩愈以降的道统谱系中人，都将自己的时代视为一个特别的时代，能够在千年之下重新开启孔子之道的时代：无论大势如何，人总是能够重新肩负起弘道重任，让当下的时代，无论它多么黑暗，也会因之而有所不同。过去的人文传统与退化堕落的未来趋势皆由当下己身一力承担。

总之，**我们切不可将西方历史哲学观念，尤其是简化版的诸多历史决定论变式，简单套用到国人尤其是船山历史思想上**。诚然，中国史论传统中也有诸如“三科九旨”“皇帝王霸”“五德三统”等近乎进化、衰退、循环的历史模型，不过这些都不宜简单格义。就船山思想来说，往往对它们

---

① 邓辉，张彬．王船山治乱循环论辨正［J］．求索，2012（5）．

② 陈赟．回归真实的存在：王船山哲学的阐释［M］．上海：复旦大学出版社，2007：500-531．

③ 刘荣．王夫之《读通鉴论》写作宗旨考［J］．船山学刊，2016（1）．

多有批判，本节后文会对某些模型在船山思想框架内加以检讨。

船山较为常用的批判方式是列举历史现象来对某种解释模型进行证伪，譬如以上古人民生活状态近乎禽兽来批判历史衰退论。不过此种证伪必然是不充分的，因为如上一节讨论春秋变例问题时论及的，任何一个范式总是能够通过增加变式的方式来证成解释。经验性证伪固然有其意义，但真正的批判除了指向模型解释力，还必须更根本地指向模型背后蕴含的思维方式，而这恰是船山史论和许多简单史论模型决定性的分水岭。本书第二章第三节已经指出，在船山的体用论下，宇宙整体中阴阳在往来变化中呈现的具体格局与情境是无法预期的，然而阴阳的变化并非杂乱无序，而是有一定的节度与限制，不会肆意妄为逾越节度之范围。“节”并非规律或定理能够对事物发展变化的因果次序给出严格规定，人只能在一定的时空限度之内对事物之理及其变化趋势有所洞察，也有可能通过自身的努力在一定程度上扭转趋势，但不应当也不可能自视为对真理或“全体”的彻底把握，无论这种把握是怎样的形式——冥契、体证、直观、理性等等。此即“有节无期”“条理非序”思想。这种思想落在历史中的必然结论就是，人不可能以某种规律、模型、定理的方式来解释、规范、预测历史整体。船山春秋学中的“无常例”“不可以理限事”等命题落在历史整体中同样成立，甚至可以说，在面对历史现象本身的无限丰富性时，这些命题会更加有力。一言以蔽之，任何试图用一个理论把握历史整体的努力，在船山看来都是人僭于天。正如林安梧先生所论：“重理一脉凸显了天理的超越性，重心一脉凸显了良知的内在性，而重气一脉则凸显了‘存在的历史性’(Existential historicity)。”①

船山并非放弃了理解历史，恰恰在此前提下，我们才能看清，**船山对历史的诸多论断都是描述性、解释性甚至假想性的②，而非含摄性、预测性的。也即是说，仅仅是对已经发生的历史的描述理解③，而非要从中寻找某个固定准则以此统摄整个历史、未来乃至终结与目的**——作为整体的历史必然不仅指涉过去，也包含着历史目的及其未来发展。许多学者论证船山整体史观的时候，引用的论据其实只能说是船山对已有历史的解释，

① 林安梧．王船山人性史哲学之研究［M］．台北：东大图书股份有限公司，1987：15．不过，依照“Existential historicity”这个词的现象学生存论意义，似乎当译作“生存历史性”。

② 船山对历史假设的大量范例可参看陈安民《船山史论的历史假设》（《史学理论与史学史学刊》，2013年第12期）。

③ 本节后文将会展示，假设也是从属于理解与工夫的一个重要部分。

“盖尝上推数千年中国之治乱以迄于今，凡三变矣”，这与对作为整体的历史的把握不可同日而语：“当其未变，固不知后之变也奚若，虽圣人弗能知也。”[①] 又如许多研究者喜欢引用船山对民心必趋浇讹的“衰退论”的批判及其对上古原始状态的描述作为“进化论”的证据：“唐、虞以前，无得而详考也，然衣裳未正，五品未清，昏姻未别，丧祭未修，狉狉獉獉，人之异于禽兽无几也。”[②] 但是同一条材料船山后文明白描述，虽然三代孔子垂训教化导民文明，但是战国以后，“民不知有天性之安，而趋于浇”，历代帝王又不断“增民之离叛”“导民于浇”“增民之陷溺”，“民争为盗”，直到唐太宗复起。尽管船山也会说唐太宗之民易治，“固非唐、虞以前茹毛饮血、茫然于人道者比也”，有人以此证成所谓“螺旋上升”，但这个螺旋一起伏就是一千年，世有进化论如此螺旋乎？所以只要我们平心静气阅读材料，不心存套入某种历史整体范式之念，即可明白看出船山史论根本上的描述和解释特征[③]。

不过这并非意味着船山认为历史中绝无道理可寻，人总是能在一时一隅中发见事物理则，但每一个理都有其适用限度，具有绝对普遍性可以统摄全体的理是不存在的，相关讨论会在本节后文展开。

本节思路如下：首先简要梳理船山正统观以呈现历史问题意识；然后分析朱陈之辩，以展示关键问题理路。随之在此思想史背景下考察船山历史思想的特点如何典型地体现在他对待汉唐以及朱陈之辩相关问题的立场上，由此引出船山的理势思考、判断视域的扩充，以及作为船山历史思想核心的历史工夫论。

1. 正统

船山涉及“统”的重要概念有三个：正统、治统、道统。他的基本倾

① 读通鉴论：叙论一［M］//王夫之．船山全书：第10册．长沙：岳麓书社，2011：1174.

② 读通鉴论：唐太宗八［M］//王夫之．船山全书：第10册．长沙：岳麓书社，2011：763.

③ 描述和解释的史论方式涉及研究历史的目的本身，在科学主义者看来，这样的方式注定不能够成为真正的严格性科学，但正如海德格尔在《存在与时间》第76节对历史学批判所揭示的，“史学的首要任务不应该是研究过去发生的事实，而是研究历史（已经在世存在）给我们提供的种种可能性，这种研究越简单越好，即不要给它加上什么‘规律’，归为什么‘类型’，而只是让可能性本身呈现出来，可能性本身具有深沉的造化力量，天何言哉，四时行焉，史学要深入揭示的，是这种沉默的力量，而不是什么‘历史发展的客观规律’之类强加给历史的东西”（张汝伦．《存在与时间》释义［M］．上海：上海人民出版社，2012：1218）。

向是批判正统说和狭义“道统说”，以治统与道统的互动关系来取代正统说。“统”字本义为丝的头绪，引申为事物之间一脉相承的连续关系，以及纲纪、准则之义。所以“统”字本身即包含有变、常、整体、延续的多重意象，依使用者思想差异而侧重不同倾向。

“正统说”大体指的是朝代交替中传承延续的合法性。船山猜测正统说源自曹氏、司马氏为篡位而制造的理论，又牵合了邹衍五德终始说和历法，所以改朝换代的时候总是要改正朔、易服色，以应和五德之轮回。

> 论之不及正统者，何也？曰：正统之说，不知其所自昉也。自汉之亡，曹氏、司马氏乘之以窃天下。而为之名曰禅。于是为之说曰：“必有所承以为统，而后可以为天子。”义不相授受，而强相缀系以掩篡夺之迹；抑假邹衍五德之邪说与刘歆历家之绪论，文其诐辞；要岂事理之实然哉！
>
> …………
>
> ……若邹衍五德之说，尤妖妄而不经，君子辟之，断断如也。①

汉儒吸收了战国晚期的阴阳家言，创制了谶纬之学，以五德终始、阴阳运行为形而上依据，以星象、灾异、历法的具体运作来构造理论，结合服制、礼法、典章创制了一套阐释宇宙天象、政治人事，并结合符谶纬书试图说明过去、预测未来的自洽体系。这套体系的合理性及其包含的丰富内涵与积极意义在此不予探讨，笔者只想指出，在船山看来，这套体系最根本的问题还是在于“以理限天”。船山并不否定改正朔，但他反对易服色。

> 改正朔，易服色，汉儒以三代王者承天之精意在此，而岂其然哉！正朔之必改，非示不相沿之说也。历虽精，而行之数百年则必差。……夫服色者，取象于天，而天之五色以时变，无非正矣；取法于地，而地之五色以土分，无非正矣。自非庞奇艳靡足以淫人者，皆人用之不可废，理无定，吾恶从知之？其行之千余年而不易者，民视之不疑，即可知其为天视矣。②

---

① 读通鉴论：叙论一［M］//王夫之. 船山全书：第 10 册. 长沙：岳麓书社，2011：1174-1176.

② 读通鉴论：隋文帝二［M］//王夫之. 船山全书：第 10 册. 长沙：岳麓书社，2011：698.

也就是说，改正朔其依据恰恰在于人不能“以理限天”，因为气先于理，气的运化流行是理的存在根基，因此天道运行精微无方，是人所不可能穷尽的，人为的历法必定不可能与大化流行若合符节，而人所能做的是当其所知之理与气出现裂隙之时，看到自身的有限性，对天道运行保持敬畏之心并修订所知之理而从之，这才是改正朔的根本原因。此外，气之运行有其自然节律，譬如天地之有五色，已经成为华夏民族意义世界的基本结构，此势既成，千年不易，故尔人亦不必强废之，但遵守即是，只是不可师心自用，强以此附会预言政治人事之变迁：“必为一理以夺之，此汉儒之所以纡曲涂饰而徒云云也。”① 所以船山以为改正朔是合理的，但谶纬之学要以固定严整的体系将宇宙间一切自然人事都一网打尽，这就是人的愚妄自大了。

不过，五德说只是正统说的源头，在船山看来，汉以后五德说已经影响不大，需要更加严肃讨论的是正统说：

> 正统之论，始于五德。五德者，邹衍之邪说，以惑天下，而诬古帝王以征之，秦、汉因而袭之，大抵皆方士之言，非君子之所齿也。汉以下，其说虽未之能绝，而争辨五德者鲜，唯正统则聚讼而不息。②

自班固《汉书》创正闰之说，以汉为正，以秦为闰以来，正闰的讨论就不绝于史。而自宋开始，正统说又有了新的发展，始于欧阳修编《新五代史》的需求，其论点表述于《正统七论》，大体认为所谓正统需要两个条件同时满足方可：“正者，所以正天下之不正也。统者，所以合天下之不一也”。前者是道义名分，偏于王道；后者是现实性的统一天下，偏于霸道。这个区分基本上为后来者所继承，其著者又有苏轼《正统三论》、司马光《资治通鉴》、朱熹《通鉴纲目》等。北宋正统说偏于史家立论，较倾向于现实性统一。而以朱熹为代表的南宋正统说偏于义理化，着重于道义名分。这种转变不仅有着南渡之后的民族道义需求，也和程朱理学走向完成的内在发展逻辑密不可分③。义理化史学自南宋到明代前期，基本上占据史学界统治地位，通鉴纲目学甚至一度达到了春秋学的地位。自明中

---

① 读通鉴论：隋文帝二［M］//王夫之．船山全书：第 10 册．长沙：岳麓书社，2011：697.

② 读通鉴论：齐武帝七［M］//王夫之．船山全书：第 10 册．长沙：岳麓书社，2011：610.

③ 对这个过程的基本论述可以参看蒋立舟《宋儒正统论之内容与特质》[《安徽师范大学学报》(人文社会科学版)，1999 年第 2 期]。

叶以后，史学又逐渐与理学分流，一方面史学界展开了对义理化史学的批判，试图回归传统史学路径，另一方面义理化史学影响依旧不可忽视①，而同时心学一路则提出“心史”之说，试图从根本上以心体灵明消解历史本身的意义。前两股潮流至明末清初随着心学之衰弊又有合流倾向，船山便是推进合流的学者中的佼佼者。所以，**船山对正统说的批判除了指向前面分析的谶纬之学意义之外，还指向上述史学进程中由宋儒开创出的新正统说。这种以朱子为代表的新正统说依旧有着“以理限事”的特征，企图以一套固定精准的义例范围古今之事，使得历史每时每刻都在义理的光芒中纤毫毕现，呈现出是非善恶、正闰褒贬的绝对明澈性，就此而言，义理史学与谶纬术数之学共同具有“以理限事”倾向**。我们也要注意，船山论史不论正统，这个思路亦非凭空而来，譬如欧阳修就提出正统“三绝三续”说，义理史学之代表朱子也认为历史在有些时代是无统的，问题在于船山在继承中又在多大程度上突破了前人之藩篱。为了理解“正统说”的真正意义，我们可以先简要阐明司马光在修《资治通鉴》时遇到的困难及其态度。

司马光在《资治通鉴》卷六十九《魏纪一》中说道：

> 臣愚诚不足以识前代之正闰，窃以为苟不能使九州合为一统，皆有天子之名而无其实者也。虽华夷仁暴，大小强弱，或时不同，要皆与古之列国无异，岂得独尊奖一国谓之正统，而其余皆为僭伪哉！若以自上相授受者为正邪，则陈氏何所授？拓跋氏何所受？若以居中夏者为正邪，则刘、石、慕容、苻、姚、赫连所得之土，皆五帝、三王之旧都也。若有以道德者为正邪，则蕞尔之国，必有令主，三代之季，岂无僻王！是以正闰之论，自古及今，未有能通其义，确然使人不可移夺者也。……正闰之际，非所敢知，……然天下离析之际，不可无岁、时、月、日以识事之先后。据汉传于魏而晋受之，晋传于宋以至于陈而隋取之，唐传于梁以至于周而大宋承之，故不得不取魏、宋、齐、梁、陈、后梁、后唐、后晋、后汉、后周年号，以纪诸国之事，非尊此而卑彼，有正闰之辨也。②

从司马光的困境中我们可以明显看到，“正统说”争论不断，背后的

① 可参看钱茂伟《论明中叶史学的转型》[《复旦学报》(社会科学版)，2001年第6期]。

② 司马光. 资治通鉴：魏纪一［M］. 北京：中华书局，1956：2187-2188.

一个根本动力并不在于历史哲学的反思，而是源自历史书写者最素朴的问题：如何纪年。中国人没有西方耶稣纪年那样的在世界历史之上的编年方法（相应地也没有基督教视域中有开端和结尾的完整世界历史概念），也没有古希腊奥林匹克运动会这样一个非政治性周期事件纪年法。传统干支循环只能在较短的时间跨度内起到纪年作用，不足以面对历史尺度的年代记录，所以，以政治事件为记叙核心的古代历史书写，只能以天子年号作为天下变迁的象征性时间标尺。而在没有天子，或者天子并起而立的时代，以谁的年号纪年就成了意义重大的抉择。尤其是在《资治通鉴》这样的编年体史书中，即便如司马光这样的历史书写者极力强调并无褒贬正闰之意，在历史的阅读者与评价者眼中，这种意义仍无法剥离而始终在场，所以才会有后来朱子关于《资治通鉴》蜀汉不得正统的批判。由此可以看到，**“正统说”之所以成为历代争论之地，是因为它深深地植根于中国人以政治为历史核心的思考方式之中，政治的核心又聚焦于天子之位，这在秦汉以降的大一统格局中尤然**。**正统这个概念的核心意义可能在于，绵延不断的历史需要在自身中树立一个价值尺度，同时也是叙述与理解的尺度**。这个尺度是否应当依凭于王朝政权，以及王朝又当如何为自身建构起足够的合法性，这是相关联的问题所在。合法性如果主要基于王朝的力量与疆域，即是偏于“统”之义；合法性若是源自道义之正——其实是超越于皇权的更高价值尺度，即是偏于“正”之义。因此，尽管船山不能够接受“以理限事”的正统论，也无须作为历史书写者必须选择某种年号纪年，他依旧必须为政治合法性提供一定的尺度。

大体来说**船山的思路是，以天下之大公消解一姓之兴衰，以德功制度并考来统摄心术王霸之论，以治统来替代正统，以道统来衡定治统**[①]，最终皆落在学者一心，此心之德性又必须在历史工夫中才能实现。这些思路会在后文详细展开，我们还是先考察船山反对“正统论”的表层思路：

> 统之为言，合而并之之谓也，因而续之之谓也。而天下之不合与不续也多矣！盖尝上推数千年中国之治乱以迄于今，凡三变矣。当其未变，固不知后之变也奚若，虽圣人弗能知也。商、周以上，有不可考者。而据三代以言之，其时万国各有其君，而天子特为之长，王畿

① 可参看朱汉民《船山的道统、治统与学统》[《北京大学学报》（哲学社会科学版），2013年第1期]。本节所论虽然与朱先生内容上有重合，但解读方向并不一致，是以赘为长言。

之外，刑赏不听命，赋税不上供，天下虽合而固未合也。王者以义正名而合之。此一变也。而汤之代夏，武之代殷，未尝一日无共主焉。及乎春秋之世，齐、晋、秦、楚各据所属之从诸侯以分裂天下；至战国而强秦、六国交相为从衡，赧王朝秦，而天下并无共主之号，岂复有所谓统哉！此一合一离之始也。汉亡，而蜀汉、魏、吴三分；晋东渡，而十六国与拓拔、高氏、宇文裂土以自帝；唐亡，而汴、晋、江南、吴越、蜀、粤、楚、闽、荆南、河东各帝制以自崇。土其土，民其民，或迹示臣属而终不相维系也，无所统也。六国离，而秦苟合以及汉；三国离，而晋乍合之，非固合也。五胡起，南北离，而隋苟合之以及唐；五代离，而宋乃合之。此一合离之局一变也。至于宋亡以迄于今，则当其治也，则中国有共主；当其乱也，中国无君，而并无一隅分据之主。盖所谓统者绝而不续，此又一变也。夫统者，合而不离、续而不绝之谓也。离矣，而恶乎统之？绝矣，而固不相承以为统。崛起以一中夏者，奚用承彼不连之系乎？

……惟为其臣子者，必私其君父，则宗社已亡，而必不忍戴异姓异族以为君。若夫立乎百世以后，持百世以上大公之论，则五帝、三王之大德，大命已改，不能强系之以存。故杞不足以延夏，宋不足以延商。夫岂忘禹、汤之大泽哉？非五子不能为夏而歌雒汭，非箕子不能为商而吟麦秀也。故昭烈亦自君其国于蜀，可为汉之余裔；而拟诸光武，为九州兆姓之大君，不亦诬乎？充其义类，将欲使汉至今存而后快，则又何以处三王之明德，降苗裔于编氓邪？

蜀汉正矣，已亡而统在晋。晋自篡魏，岂承汉而兴者？唐承隋，而隋抑何承？承之陈，则隋不因灭陈而始为君；承之宇文氏，则天下之大防已乱，何统之足云乎？无所承，无所统，正不正存乎其人而已矣。正不正，人也；一治一乱，天也；犹日之有昼夜，月之有朔、弦、望、晦也。非其臣子以德之顺逆定天命之去留；而詹詹然为已亡无道之国延消谢之运，何为者邪？宋亡而天下无统，又奚说焉？①

船山认为从三代至其所处时代的天下历史发生了三次形态转变，三代之时，"天下虽合而固未合也。王者以义正名而合之"，这个历史阶段的核心是"义正"。经历了春秋战国，合纵连横，天子朝秦，"天下并无共主之

---

① 读通鉴论：叙论一［M］//王夫之．船山全书：第10册．长沙：岳麓书社，2011：1174-1176.

号”，即无所谓统，也是之后历史“一合一离之始也”。从汉至宋，中国的格局都是一合一离或乍合即离之变化，故此阶段的理解依据是“合离”。由宋至清是第三变，这个形态的特点是，当治的时候，中国有一个统一的稳定政权，而当乱的时候，则或是盗贼流窜，或是夷狄入主中原，据有天下。船山作为明朝遗老，自然决不会承认元清两朝具有天命所归的合法性，故元清之天下虽合而不正，依旧是乱，是以“统者绝而不续”。从“义正”到“合离”再到“绝续”的三变说，相较欧阳修三绝三续说以及朱子之说，根本性差别在于：宋人范式是，将历史性世界置于变化的现象界一边，义例置于不变的道理一边，再试图以不变统摄变化；船山则试图将变化纳入用以说明世界的道理自身中去，所以这里重要的不在于船山的这种努力是否是一个成功的解释，而在于这个努力的方向。总之，三变说的潜在结构是理随势变，三绝三续说和无统说的本质则近于以理格事。以理格事是人实践行动不可或缺的一个环节，但是在面对高于个体的历史传统之时，这个环节的过度膨胀便会带来僭越的危险。此外，不管是谶纬学说还是义理史学，它们论述的统的继承，既然与历史现象本身可以分离，则意味着有某种超越性不变本体降入世界在现象中穿梭传承，好似通俗小说中传国玉玺的争夺与继承便意味着政权的神圣合法性，这种超越性本体还有可能远离或隐遁出世界，并在某个合适的时机如玉玺般重现于世。**这种对正统的本体性理解基于以理为根基的体用论构建，但这种构建和世界的无限丰富性之间必然会有难以修补的裂隙，而反对正统说也就意味着对这种体用结构的批判**。①

虽然船山并不以为朝代兴亡更替有一个冥冥中的合法性传承，但是身为一个儒者，世间秩序的建立以及统治的成败善恶还是需要公义之裁断，船山基于此提出治统与道统的概念代替正统。论及船山之前，我们要先考察道学传统中对王朝合法性的鉴定思路，这个思路的核心虽是二程奠定，但其典型形态的塑造以及相关的道统说，皆是朱子在与陈龙川的辩论中发

---

① 船山对正统说的反对，应该还包含着张扬民族气节的遗民苦心，因为当时康熙为巩固其统治，一再宣扬强调正统、治统和道统的合一，以及清廷据有此三统的合法性，三统合一的宣扬基本上是贯穿了康熙、雍正、乾隆三朝的，而明朝遗民普遍的倾向是对此三统合一的批判，具体可参考孔定芳论文《清初朝廷与明遗民关于“治统”与“道统”合法性的较量》(《江苏社会科学》，2009 年第 2 期)。而船山强调的宋亡而统绝自然也暗含着对清不可继明的论断。鉴于本书的主题是以哲学思辨为主，对此思想史问题便不再展开讨论。

展出来的[①]，也为后来明儒所继承[②]。此外，朱陈之辩中还有颇多问题与本节相关，如：长治久安能否证成政权合法性；帝王心术、政权合法性与道统关系；等等。这些问题相互关联纠缠，我们需要先简略勾勒朱陈之辩涉及的问题，以凸显其各自问题意识，在此思想史基础上再详细考察船山思想。

2. 朱陈之辩

（1）汉唐天理。

田浩先生在《功利主义儒家》中以“功利主义”概念来描述龙川的事功思想，这个概念对之后的大陆学界影响很大，一度成为衡定龙川的标准概念。不过近些年学界多有研究从各个角度指出这种用法（也包括“效果论”）的不妥[③]。龙川真正的思想推论方式如下：

大前提：心术之正是宏大功业的必要条件；

小前提：汉唐有功业；

结论：汉唐心术必大公而正，因此合乎天理。

但许多研究者，包括其论辩对象朱子以及仲裁者陈傅良，都将其思想简化为：凡有功业，即合天理（功到成处，便是有德），将中间的心术动机判断这个环节滑了过去，便会造成其只重事功、不重心术的印象。但众所周知一个行为的结果好，绝不能够直接逆推出其心术动机良善。龙川的逆推有两个重要的**限制条件：第一，从空间上来说是关乎天下的政治领域；第二，从时间上来说是跨度相当长的历史领域。也就是说，龙川更加关注的并不是作为个体行动的伦理学问题，而是更大时空跨度中的政治与历史问题。**

王霸这对概念本非狭义的伦理学概念，而是涉及政治与历史层面的问题，之所以许多研究者对龙川思想进行简化处理，很大程度上是因为宋代道学习惯于将政治与历史问题都化约为心性工夫问题。许多现代研究者又受到港台新儒家以及康德影响，将心性工夫中诸如义利之辨、天人之辨等

① 余英时先生做出考证和推断，认为朱子将其《与陈龙川乙巳春书之一》中的思想在数年之后发展成为《中庸章句序》中著名的“道统说”，以与君权政统分庭抗礼。参看余英时《朱熹的历史世界》（生活·读书·新知三联书店，2004年）第一章“回向三代”。

② 阳明在汉唐王霸之辨以及相关的道统的问题上并未对朱子有所质疑，其与朱子立场基本一致。

③ 张汝伦．朱陈之辩再思考［J］．复旦学报（社会科学版），2012（3）；赵峰．儒者经世致用的两难选择：朱陈义利王霸之辩解读［M］//刘东．中国学术：第14辑．北京：商务印书馆，2003；赵金刚．天理视域下的历史世界：朱子的历史观［D］．北京：北京大学，2014．

核心问题，进一步化约为现代伦理学的诸多命题。在此多重转折下，误解龙川的意思也是在所难免。

关于上述对心术的逆推，孟子本人其实有过明确论断，《孟子·尽心下》曰："不仁而得国者，有之矣；不仁而得天下，未之有也。"朱子在《四书章句集注》中引用邹氏曰："自秦以来，不仁而得天下者有矣；然皆一再传而失之，犹不得也。所谓得天下者，必如三代而后可。"此注一方面用朝代建立时间的长短来作为是否真得天下的衡定标准，若曹魏刘宋之流显然被摒除在外；另一方面，又强调只有如同三代方算真得天下。这就留下了一个问题：如汉唐长治久安者是否算是得天下？①

实际上，从程子开始的评价思路"三代之治，顺理者也②；两汉以下，皆把持天下者也"③ 就与孟子所论显然构成了潜在的冲突。而当程子或朱子把汉唐明确定性为霸道之时，这种冲突就更加难以弥合。程朱或者否定汉唐得天下——这很难证成，或者否定孟子之言——这难以接受，否则就必须承认汉唐为仁者王道。龙川论辩时尽管未引用孟子此言，还是鲜明地表达了自己的观点，在给朱子的《甲辰秋书》中他反对暗合说，认为：汉唐绝非尽是人欲，否则万物何以阜藩，而道何以常存？若依朱子之论，专以人欲可以长久把持天下，反倒是义利双行、王霸并用之论。并认为汉唐英雄本领极大，误处只是秒忽，若非仁智勇三达德兼具，无以担当得天下。他进而在《乙巳春书之一》中提出了"心无常泯、法无常废"之说：

> 夫心之用有不尽而无常泯，法之文有不备而无常废。人之所以与天地并立而为三者，非天地常独运而人为有息也，人不立则天地不能以独运，舍天地则无以为道矣。夫"不为尧存，不为桀亡"者，非谓

① 需注意者，"得天下"与"据正统"在朱子这里意义不同，后者只要获得对中国的统一即可，前者则需在统一基础上长治久安。朱子曰："只天下为一，诸侯朝觐，狱讼皆归，便是得正统。"（朱子语类：卷105［M］//朱熹．朱子全书：第17册．上海：上海古籍出版社，2002：3458）

② 历史阶段意义上的"三代"当然绝非铁板一块，既有圣王治教如禹汤文武，也有桀纣幽厉这样的昏君无道之世。在朱陈之辩以及朱子平日论及"三代"之言语中，乃至整个宋代道学传统中，"三代"概念都不是指时间意义上的整个夏商周历史，而主要指的是"三王"夏禹、商汤、周武（文王）这几位理想的圣王在位之时，也即是一个作为政治标杆的理想化概念。可参看余英时《朱熹的历史世界》（生活·读书·新知三联书店，2004年）上篇第一章。

③ 河南程氏遗书：卷11［M］//程颢，程颐．二程集：第1册．北京：中华书局，1981：127.

其舍人而为道也。若谓“道之存亡非人所能与”，则舍人可以为道，而释氏之言不诬矣。使人人可以为尧，万世皆尧，则道岂不光明盛大于天下？使人人无异于桀，则人纪不可修，天地不可立，而道之废亦已久矣。天地而可架漏过时，则块然一物也；人心而可牵补度日，则半死半活之虫也。道于何处而常不息哉？惟圣为能尽伦，自余于伦有不尽，而非尽欺人以为伦也；惟王为能尽制，自余于制有不尽，而非尽罔世以为制也。欺人者人常欺之，罔世者人常罔之，乌有欺罔而可以得人长世者乎！①

这里的关键在于对“常”以及朱子回信提到的“有时”的理解上。龙川的“常”是就历史级别的时间尺度而论的，也就是他这一段最后一句“乌有欺罔而可以得人长世者乎”想要表达的“长世”概念。这最后一句话还有一个强调方向就是举天下人（世）而言之，也即是说龙川在这里试图表达的不是个体心性之学的问题——那也是他一直都不感兴趣的领域，而是天下视域下的政治问题。“长世”与“天下”构成了龙川立论的时空宏观跨度，所以**“心无常泯、法无常废”在这里真正想表达的是两个问题：第一，天下万民不可能长久处于一种心泯的状态，更不可能“人人无异于桀”；第二，天下万民也不可能被长久的“假仁义”者所欺罔，这是对“汉唐人欲”说的反对**。应该说，这两点在儒家传统里是有依据的。就第一点来说，道并非超乎日用伦常之上者，百姓永远处于一种对道的日用不知状态，这个意义上的道如果彻底远离人世，那恐怕真是天崩地坼近乎禽兽之世②。就第二点而言，“天视自我民视，天听自我民听”，汉唐帝王能靠假仁义之名而欺天乎？终能欺得一时，能欺获三百年基业乎？曾谓泰山不如林放乎？理解了这两点才能明白龙川强调天地不能独运，不能舍人为道，其实是在天下与历史这样的空间广度与时间长度上来思考王霸问题，而朱子真正关心的问题并不在此。当然，在儒家传统思路下，天下万民的基本状态会因为在位者而有起伏变化，取决于在位者的心术与政治举措，所以龙川也承认王者才能尽伦（后信也在心性层面谈到了心无常泯问题），王道高于汉唐之道，并且能够涵盖之。但龙川更强调的是

---

① 陈亮. 陈亮集［M］. 北京：中华书局，1987：345.

② 也许伦理政治都是源自此日用伦常之道，目的是成就此道更加合乎中庸，使得“贤者俯就，不肖跂及”。后来阳明及泰州“满街皆圣人”之说，虽是本于良知心体人人皆有，亦未尝不无此意。而再者，身处天崩地坼之世的船山也恰恰对庶民的日用伦常产生质疑与动摇。

后世君王，尤其是汉唐之君，尽管可以说他们在人伦法度上面做得不尽善，但绝不能说他们是欺罔天下而以为伦制。就其论证来看，其基本逻辑还是前文描述的不可能窃天下的意思，虽然将问题进一步推演，与天下人心常泯常罔与否的问题关联起来，但在论证的缜密程度上来说，也还只是描述其实然，未能就其所以然做出有效说明。龙川后书对此问题还有数度论及，譬如他在《乙巳春书之二》中说："心有时而泯可也，而谓千五百年常泯可乎？法有时而废可也，而谓千五百年常废可乎？"①《丙午复朱元晦秘书书》中再次论及："道之在天下，至公而已矣，屈曲琐碎皆私意也。天下之情伪，岂一人之智虑所能尽防哉，……圣人之于天下，时行而已矣，逆计、预防，皆私意也。天运之无穷，岂一人之私智所能曲周哉。"② 这里的说法已经非常接近船山史论，但龙川虽然反复申论此意，却终究没能给出一个充分深刻的哲学根据与经典依据，只是不断强调天下不可能常欺而已，或引用经验层面史实而已，也就不能取得真正有效的辩论进展。

反观朱子，从论辩开始他对《甲辰秋书》的回应，就明确地将阵地引向心性层面，他坚持汉唐霸道的论断，并且认为天理人欲之辨不必求之古今之迹，当反求吾心义利邪正之间。高帝太宗之心出于私欲，若以其能建立国家，传世久远，便谓其得天理之正，此是以成败论是非。朱子的思路是：判断汉唐王霸只需察考其心术如何，而不必斤斤于考辨其具体作为、事迹、功业、制度。他在对《乙巳春书之一》的回答中同意龙川所言"心无常泯、法无常废"乃是关键，但他将其修订为"心无常泯有时而泯、法无常废有时而废"，并着力批判龙川之说：

> 盖有是人则有是心，有是心则有是法，固无常泯常废之理。但谓之无常泯，即是有时而泯矣；谓之无常废，即是有时而废矣。盖天理人欲之并行，其或断或续，因宜如此。至若论其本然之妙，则惟有天理而无人欲。是以圣人之教人，必欲其尽去人欲而复全天理也。若心则欲其常不泯而不恃其不常泯也；法则欲其常不废而不恃其不常废也。……夫岂任人心之自危，而以有时而泯者为当然；任道心之自微，而幸其须臾之不常泯也哉！③

---

① 陈亮. 陈亮集［M］. 北京：中华书局，1987：349.

② 同①354.

③ 同①364.

此论其实本非龙川关心的领域，朱子对“常”和“有时”的理解与龙川完全不同。前文已述，龙川是在历史长度和天下广度的意义上来使用这些概念的，朱子却完全是在心性工夫层面立论。我们无意于在心性哲学层面做细致辨析，简言之，朱子想要树立的是一个判断汉唐的尺度标准，即在于天理人欲、道心人心之辨，并给出一个工夫的根本目标——“心常不泯、法常不废”①。朱子的这种置换不能视为自说自话，原因在于：**其一，他敏锐地道出了龙川思想可能的危险——“心无常泯、法无常废”是可以作为信念却不能够依仗的东西**。即便龙川的这个论断是针对历史与天下的大势而发，这种批判依然有效，也是儒家始终有意识地要肩负的重任。其二，把天下治乱安危之所系落在修身得失，即天理道心的持守上，这当然也是儒家为政以德的基本传统，龙川尽管自外于心性儒学，却也在广义儒家意义上认同接受这个传统。但儒家同时还有另外一些相为辅佐的维度，如“徒善不足以为政，徒法不能以自行”②。尽管如此，明显的是，在辩论**中朱子并未正面回应龙川所论政治、历史层面的问题，而是将政治层面的王霸之辨化约为心性哲学领域的道心人心之辨，以此判定汉唐为霸道，虽偶合于道，其田地根本未免乎利欲之私**。下面我们来讨论朱子如此论断之依据。

（2）汉唐暗合。

朱子在《甲辰秋书》中对汉唐“暗合”之论断，既指汉唐之君假仁义行，也指道学不明，天下无人真知圣贤之学。在回应龙川《乙巳春书之一》时朱子提出了“道统说”的雏形③：“所谓‘人心惟危，道心惟微，惟精惟一，允执厥中’者，尧、舜、禹相传之密旨也。……夫尧、舜、禹之所以相传者既如此矣；至于汤武，则闻而知之，而又反之，以至于此者也。夫子之所以传之颜渊曾参者此也，曾子之所以传之子思孟轲者亦此也。”④ 而孟子殁后，道统中绝，由此可以推出明确结论：“然自孟子既没，而世不复知有此学，一时英雄豪杰之士，或以资质之美，计虑之精，一言一行偶合于道者盖亦有之，而其所以为之田地根本者，则固未免乎利欲之私也。”⑤

① 其实朱子虽然也用了龙川的“法”概念，但基本剥离了其原有的政制意涵，“法”成了一个无甚意义的虚词。

② 《孟子·离娄上》。

③ 这里关于道心人心之辨、尧舜心法之传授的表述，与其四年后的《中庸章句序》基本一致。余英时先生在其书中对二者关系有详细考证。参看余英时《朱熹的历史世界》（生活·读书·新知三联书店，2004年）绪言部分。

④ 陈亮. 陈亮集［M］. 北京：中华书局，1987：364.

⑤ 同④.

在朱子看来，但凡没有对于天理不同层面的明觉体认，人的伦理政治行动即便合宜或有所成功，都应当称为“暗合”。政治秩序建构的合法性，即有道与否在朱子看来既不取决于制度设计，甚至也不取决于天下得来的手段，而是取决于执政者的心术。执政者心术亦非取决于心中是否有仁心仁念之发动，而是但凡不识得道心天理，便是无道。所以，二程重新接续道统之前的千五百年间，汉唐君主豪杰虽有资质，仍未闻道，其“田地根本”仍是“利欲之私”。进而言之，即便有儒者本心动机良善，心存天下大公，且熟读圣贤经义，因其没有对天理的明觉体认（要到了二程才重新体贴出天理），也就不可能立其大本，明证道心，虽有嘉言懿行，亦皆为“暗合”，这也是道统说的内在应有之义。汉唐的定性，其本质是基于道统说与天理说的思想史判断。当朱子说汉唐“暗合”之时，既指汉唐之君假仁义行，也指道学不明，天下无人真知圣贤之学，是以千五百年间天下无论智愚贤不肖，一切行动事功文章著述若有合理可取之处，皆为暗合。到此，可谓朱子进行了第二重化约：将历史层面的道之存亡化约为道心之存亡，或曰道统之续绝。

将日用不知说是暗合，固然不错，但这个暗合与心怀利益计较之心而假仁义行其实是完全不同的，朱子将两者概而同之的思路，其背后真正的前提是对德性和知的理解，也即是我们在第三章第八节讨论的“真知”概念。朱子大体认为，仅仅心念向善，行动合乎天理是不够的，还必须对于道学所论天理本身有真知，并由此真知发用而行动。在朱子这里一个**善的行动，或者所谓“真知”概念是知行一体的，它必须符合三层条件：1）包含认知理解，如知理、知物性、知是非；2）包含真实的实践经验，或者至少能够转化为真实的实践行动，譬如扬善去恶；3）伴随着适宜中道的真情实感**①。朱子最为看重的是第一个条件，较为淡化的是第三个情感因素。后来阳明讲知行合一的时候则更加强调后面两个因素，但其实朱子“真知”与阳明“良知”都是统摄知行的，只是各有侧重而已。在朱子而言，第一个条件还有一些更加严格的限制，认知理解不是泛泛而论，必须

---

① 《二程语录》：“真知与常知异。尝见一田夫。曾被虎伤，有人说虎伤人，众莫不惊，独田夫色动异于众。若虎能伤人，虽三尺童子莫不知之，然未尝真知。真知须如田夫乃是，故人知不善而犹为不善，是亦未尝真知，若真知，绝不为矣。”朱子往往喜欢引用这个故事来解释“真知”，但他基本把其中的情感意义都略去不言——在虎伤人的例子中的情感主要是“畏”，以及由此情感而来的色动——而是反复申论前两层意义。（参看《朱子语类》卷十八、二十八相关诸条）

是在道学意义上的认知，否则纵使在某些具体事件和分殊道理上有真知灼见，必仍有偏颇之处不能够得整全之大体，以整体来看仍旧是暗合①。这种对"真知"的理解要求非常高，以其拷问历史所得出的结论，就是道统中绝的千五百年间，君子不闻大道，小人不得蒙泽②。由此观之，暗合说不仅仅是对于帝王心术与经验历史的判断，也凸显出了朱子对于"真知"的定性，同时还是道统说应用在历史中的必然结论。

龙川针对朱子"暗合说"提出的最犀利质疑并不在于心性工夫层面，而是如果汉唐不必"真知"而可以长治久安，那么豪杰们便会得出结论，无须格致诚正工夫也能达乎汉唐之治，又何必修身用功。"在龙川看来，认为天道义理是一回事，政治实践是另一回事，即形上与形下二元论，这才是王霸双行，义利并用。"③ 也就是说，要么朱子承认龙川的逻辑，有长治久安就有真心，这样汉唐就能够证成王道；要么朱子就不得不承认没有道心也能长治久安。因此龙川反过来批评朱子此论："诸儒自处者曰义曰王，汉唐做得成者曰利曰霸，一头自如此说，一头自如彼做；说得虽甚好，做得亦不恶：如此却是义利双行，王霸并用。"④

朱子的解释策略是承认暗合的功业（有仁之功），而否认其心术德行⑤

① 朱子《大学章句序》："及孟子没而其传泯焉，则其书虽存，而知者鲜矣！……于是河南程氏两夫子出，而有以接乎孟氏之传。实始尊信此篇而表章之，既又为之次其简编，发其归趣，然后古者大学教人之法、圣经贤传之指，粲然复明于世。"这意味着之前的汉唐之儒尽管熟悉《大学》文本，却未可称知。

② 朱子《大学章句序》："自是以来，……使其君子不幸而不得闻大道之要，其小人不幸而不得蒙至治之泽，晦盲否塞，反复沉痼，以及五季之衰，而坏乱极矣！"君子必然有嘉言懿行以及善志，却也不得闻道。

③ 张汝伦．朱陈之辩再思考［J］．复旦学报（社会科学版），2012（3）．

④ 陈亮．陈亮集［M］．北京：中华书局，1987：340．

⑤ 需要说明的是我们不可以混淆中国的"心术"与西方的"动机"两个概念：心术的判断是在美德伦理学意义上对人一生整体心性志向的定性，绝不能够混同于每个孤立行动中的动机评价。道学特别强调诛心论人，喜欢以一两件事情来知微见著，对人的一生心术作盖棺论定。此倾向背后的预设是，人的一生心术具有统一性，这个统一性又是基于个体的心性，纯正的心性工夫必然知行合一，终生不害道。（这个思路本身当然没有太大问题，也是孔子所认同的："苟志于仁矣，无恶也。"但是反过来的情况就要复杂得多，有恶的人未必不能够向善，也未必不能功过相抵。）相应地只要人有某些行为违反道义而作恶，就可以论定其整体心术不正，某些情况甚至不可能再进行补救或改过，不管是就其德性还是现实功业而言。换言之，仁德必然是就全体心术而论，或为仁义大公，或为功利私心，非天理即为人欲，不可能部分天理部分人欲，部分功利部分道义。这种判断方式若是单就个别事件的动机而论，尚无大碍，若是就人复杂一生或者长期政治举措而论，难免有以偏概全之嫌。朱子在此方面其实还算比较平和，往往能作公允之论而非流于刻深，但其心术论的基本立场却是坚定异常，所以很难接受在管仲这个公案中，他既有不合道义之举动，又能被称仁德。

（无仁之德），这一点在其解释《论语》孔子赞管仲“如其仁”“被发左衽”等则时表现得尤为明显。这种将心术（行动本质）与功业（行动功效）二分的方式在考察个体事件伦理学时尚无太大问题，然而，行动本质与后果的分离，如果超出简单的个别行为，尝试用于一个长时期的复杂政治事件，便会遭遇较大困难。譬如贞观之治，它究竟应当算作行为本质，还是行为结果呢?[①] 更麻烦的是，**“仁之功”这种说法必然包含着一个无法被动机论与心术论含摄的价值维度，它在朱子思想体系中很难寻得恰切安放**。而如果我们承认有动机心术之外的道义价值，管仲之功过冲突就不能简化为事功和道义的冲突，而必然包含两种不同道义——君臣之义与夷夏之辨或匡正天下——之间的冲突，这其实也是孔子力赞管仲之仁德的根本用意[②]。反过来说，管仲、汉唐之功业究竟有没有外于动机心术的价值意义，它在朱子理学体系中的无处安放，也是朱子之论始终不能服龙川之心的一个要害所在。

此外，道心人心、天理人欲之辨落在学者修身工夫的自我省察上非常切合，但把它们直接移入政治领域等同于王霸之辨，此举之合法性似有待商榷。一套政治制度的良好运作，固然需要有一种人的精神支撑，它包括设计初衷之心术，也包括维系运作者的德性修养。但是政治制度的好坏及其运作效果，不是简单地取决于决策者或制定者的心术动机，它也必须符合基本的政治、经济、农业、军事等规律，并兼顾时代之实际状况。如此复杂的诸多环节之运行，是否可能仅仅暗合而达成？况且，制度的实际运作需要从上到下无数人的共同努力，这些人当然会受到在上位者德性或精神的影响，但未必非常直接和显著，很多时候制度设计本身的影响会更大。评价政治的原则是复杂多样的，将其直接等同于在上位者的心术评价，又将这种心术进一步转化为道心人心之辨，尽管有一定道理，却有简

---

① 我们姑且把贞观之治区分为以下数个相关层面：(1) 唐太宗本人的心术；(2) 唐太宗个人的行为过程；(3) 政府整体的运作过程；(4) 政府运作达到的客观效果。朱子会强调 (1) (2) 两个层面作为心迹关系是密不可分的，将这两个层面的价值判断等同于朝代的王霸之辨，然后省略了层面 (3)，将层面 (4) 分离出来作为功业，并对其做出独立的价值判断，这仍是一种将政治与历史化约处理的方法。此外，实际来看，政府的功业效果，如果我们不是只盯住诸如犯罪人数或经济指标这样的抽象指标，而是考虑到一切功业其真正价值必然是实现于百姓每日的生活之中，便会发现，政府运作过程与功业效果二者实难分殊，强行以观念分离二者很容易造成对现实的观念化简单处理，这也是朱子“王霸之辨”本身的问题所在。

② 俞樾在《湖楼笔谈》中论之甚备，可参看程树德《论语集释》（中华书局，1999 年）第 991 页。

化问题之嫌。

总之，上述种种疑难，不仅是朱子自身思想结构的问题，更是整个道学传统的去历史性天理学说与历史解释之间的复杂困难。下面我们在对比中考察船山的解决思路。

3. 理势与视域

（1）理、气、势、道。

上文所论朱子“暗合说”与“功德之辨”背后其实有着共同的存在论基础，就是理气二分的世界图景。直接相关的问题就是在“天下未有无理之气”的存在论前提下，“无理之事”或“人欲”的存在意义应该如何理解。尽管朱子有对于人欲中也包含天理的定性，但究其来源以及存在意义仍有颇多含混之处①。而且“无理之事”“无德之功”“无道之汉唐”的结构虽然相同，但是所适用的领域每推扩一次，命题在解释中遇到的困难就越大。

反观船山的思路，我们会看到，尽管他明确接过朱子关于“天下未有无理之气”的论断，但在处理政治历史视域问题时给出了不同的解释进路。关于船山理势交互性的研究，学界已经非常全面深入，在本书“体用相生、交藏互用”的框架下此义亦是水到渠成，所以本节更加侧重在广阔的政治历史视域中勾勒其核心特点。

气之流行必然显出阴阳之分，阴阳分纪生成事物则自然有条理形成，此即为“理”。“理”具有形质意义上的实在性，也即是气之文理，而不具有观念、法则或本体意义上的实在性。“理”虽然具备实在性，却可能内在于事物而不可见，而当从气之流行变化上见其“条理节文”。“理”因其形质实在性会对气之流行有主持分剂之用，也会因之而反受气之影响从而变化，就像河道之于河水的互动关系。故尔“理”兼具变与常、动与静、自然、实然、必然、应然等多重意义，具体侧重何义需要在情境中考察权衡。

船山在《说文广义》中给出“理”的哲学意义阐释：

---

① 《朱子语类》卷十三：“天理人欲分数有多少。天理本多，人欲便也是天理里面做出来。虽是人欲，人欲中自有天理。”问：“莫是本来全是天理否？”曰：“人生都是天理，人欲却是后来没巴鼻生底。”

> 理，本训治玉也。通诸凡治者皆曰理，与乱对，故为理国、理财，而治刑之官曰大理。理之则有理矣，故转为“理义”字，事之当然而行之顺也。玉浑然在璞而未有理，治之而文理见。事不治则理不著，治而后见其必然而不易焉，故曰“理在气中”。气有象而理无形。气之变动成乎理，犹玉之未治而理隐，已治而理著也。即玉即理，玉无不可为理也。自天而人，自物而事，无不含理，亦犹是也，在理之而已矣。通为“地理”云者，块然大地，而刊山濬川，区域以分，道路以辨，亦以治而理出也。①

治玉当顺其条理，可引申出对万物乃至天下皆当顺之方能理之。《说文·页部》曰：“顺者，治玉也。玉得其治之方谓之理。凡物得其治之方皆谓之理。……顺者，理也。顺之所以理之。”对万物之治理皆当顺应其自然文理，所以又有物之文理条理之意，如《诗·小雅·信南山》“我疆我理”，此地脉之文理也，又如《周礼·考工记·轮人》“稹理而坚”，此木之文理也。盖世间之玉万千，绝无两块文理相同，不唯玉，世间万物如草木文理、山川地理莫不如此。在此意义上我们可以说万物皆各有其独一无二之性理，而同时也可以物以类聚，就各类事物文理寻得共性而顺应之。不过顺物之理并非是依凭某种本体性法则或原理，而是顺随物中自然秉有之理势。所谓理势，即是说，物中之理看起来尽管是静态的，但这种静态之中蕴含有不当违逆之势，治玉之匠人要面对每块玉不同的理，玉之性为其文理所决定，不可逾越，在切磋琢磨的过程中，一旦违逆玉之理，则此玉之质必将遭临毁伤。因此，船山赋予“理”字动词性的“治理”意义，而名词性的“理”同样静中有动之势，势之特点便在于在更宏阔尺度上的动静合一：虽静又有势能之力，虽动却非飘风骤雨无有定方，而是有势态方向；势态方向中的动能又会反过来造成理之变迁。如山脉之文理，虽静止不动，其理却自可使下泻之川流依其文理而倾注，川流不息的水之侵蚀又会反过来让山之文理生成变化。所以船山非常强调以气为根基的理势之统一：

> 理与气不相离，而势因理成，不但因气。气到纷乱时，如飘风飘［骤］雨，起灭聚散，回旋来去，无有定方，又安所得势哉！凡言势者，皆顺而不逆之谓也；从高趋卑，从大包小，不容违阻之谓也。夫

① 说文广义：理［M］//王夫之．船山全书：第9册．长沙：岳麓书社，2011：352.

然，又安往而非理乎？知理势不可以两截沟分……①

言理势者，犹言理之势也，犹凡言理气者，谓理之气也。理本非一成可执之物，不可得而见；气之条绪节文，乃理之可见者也。故其始之有理，即于气上见理；迨已得理，则自然成势，又只在势之必然处见理。②

这是理势统一而又变迁的存在论结构，事物的形态并不是纯粹静止的形式，形式具有方向性的势能。势是理在更加宏阔的世界中积淀形成的具有方向性势能的事物形态，其本身也是由气中之理构成，故无往而非理，理势不可以截然分开，势无非是大理而已。如中国地势西高东低，究其实，亦不过是山脉文理厚积而成。故理可成势，势中见理，两者只是大小格局强弱差别，不可以截然二分。微观个体事件中，人除了顺理，有时也可能具有改变事理的力量，如挖沟浚流甚至更改河道走向；宏观大势中，人往往无可为之，如天下河川东流至海，不容违阻③。

理势统一在宏观世界中还具有历史性的生存论结构。如船山所言，玉之理并非明显外在，而是处于幽隐状态，须通过匠人之“治”，玉之文理才得以开显著明，而后随理赋形，成就玉之用。尽管理的实在性意味着，它并非人能够凭借主体性任意创造、改变、利用，但人对理总是保有能动性。此能动性可能是“治玉”那样的开显成就，也可能是权衡事理轻重，通过决断与实践开显成就自身之性。同时人的实践行动也必然在改变着物理、事理乃至天下之势，尽管微小而缓慢。相应地，势不仅仅有着无容更改的外在大势意义，人事渐积所成之势必然带有文化历史性，人的权衡与实践都不是无世界、无历史的个体自由选择，传统始终作为视域发挥其效力，制约并规定个人的方向，此即“势”的生存论意义。**人的生存始终内在于历史之河，被历史大势所席卷，也被势中之理所影响规定，但人又总是可能通过行动改变事理、理势乃至历史河流的走向，人与理势的这种交互性活动构成了历史本身。**

就历史的某个横断面来看，其时势必定是历史积淀而成，“夫人事之

① 读四书大全说：孟子：离娄上篇［M］//王夫之．船山全书：第6册．长沙：岳麓书社，2011：994.

② 同①.

③ 这里以河流举例更多是比喻意义上的，因为事物之理，除了表现出外在形态如水流东西，还具有气质本身的内在形态，如水之润下，火之炎上，此理亦往往无容更改阻断。

渐而后成，势也”①，“夫势之‘厚’也生于积”②；势虽然由理而来，但势既已成，理亦不由得不变，“时异而势异，势异而理亦异”③，“道之所行者时也……时之所承者变也……道因时而万殊也”④。这并不意味着，人要完全服从于势，那样可能会流入纵横权谋之术，或逐利忘义之途。这看起来和理势的统一性相违背：如果势即是理，人应当从理，何以不必然从势呢？进而言之，既然理势不可分裂为二，为何还要并用两个概念？理势除了小大强弱之别，还有没有更根本的区分意义？我们需要从宏观与微观两个方向，结合具体材料来详细辨析。下面以《孟子·离娄上》中一章为例来对比朱子与船山思路：

《孟子·离娄上》：“天下有道，小德役大德，小贤役大贤；天下无道，小役大，弱役强。斯二者天也。顺天者存，逆天者亡。”

朱子《孟子集注》注曰：“有道之世，人皆修德，而位必称其德之大小；天下无道，人不修德，则但以力相役而已。天者，理势之当然也。”

《四书大全》庆源辅氏曰：“天下有道，则以德为大小；无道，则以力为强弱。二者皆理势之所当然也，顺其理势则存，逆其理势则亡，必然之理也。”双峰饶氏曰：“小德大德，小贤大贤，以理言；小大强弱以势言。盖天下有理有气，就事上说，气便是势，才到势之当然处，便非人之所能为，即势是天子。”⑤

赵金刚将理势二者分别归纳为“合理性原则”与“合理性实践”，并认为“‘理势’兼顾价值与现实，包含了一定现实情况中的价值问题，……除了‘必然’之外，‘理势’还强调了理对于现实的规范意义。……‘兼理势’而分析问题，即考虑一定情态下理与势的互动关系，强调于内在于具体情态下的应然与合理性”⑥。

船山在《读四书大全说》中首先认为，孟子的意思并不是说“有道之

① 周易外传：系辞上传第一章［M］//王夫之. 船山全书：第1册. 长沙：岳麓书社，2011：990.

② 庄子通：逍遥游［M］//王夫之. 船山全书：第13册. 长沙：岳麓书社，2011：495.

③ 宋论：恭宗　端宗　祥兴帝［M］//王夫之. 船山全书：第11册. 长沙：岳麓书社，2011：335.

④ 周易外传：杂卦传［M］//王夫之. 船山全书：第1册. 长沙：岳麓书社，2011：1112.

⑤ 胡广，杨荣，金幼孜，等. 四书大全校注：下［M］. 周群，王玉琴，校注. 武汉：武汉大学出版社，2009：902.

⑥ 赵金刚. 天理视域下的历史世界：朱子的历史观［D］. 北京：北京大学，2014：167-170.

天以理言，无道之天以势言”①，而是有道无道“皆势矣”。继而他肯定朱子“理势之当然”之说，并将“势”引向“理”，认为“势之当然者，又岂非理哉！所以庆源、双峰从理势上归到理去，已极分明”②。这是要强调，所有势之所趋，一定包含理在其中。要注意，这里的理，如上文分析的，并不仅是实然意义，也包含应然之义。势之所趋并非仅仅是人所不可抗拒的事物实然趋势，其中也包含着应当如此的合理性，在后文中这一点会更加明晰。

船山具体展开论证，“小德役大德，小贤役大贤”，这当然是合理的，不过，“理当然而然，则成乎势矣”，譬如汤以七十里，文王以百里，皆是因其贤德而成天下归顺大势，天子诸侯卿大夫的格局也是由此而定，对此义历来没有太大分歧。船山更加强调的是势之当然必定有理，他认为“小役大，弱役强，势也。势既然而不得不然，则即此为理矣”。他当然不是从强权即正义角度论证，而是认为：

> 若夫大之役夫小，强之役夫弱，非其德其贤之宜强宜大，而乘势以处乎尊，固非理也。然而弱小之德与贤既无以异于强大，借复以其蕞尔之土、一割之力，妄逞其志欲，将以陨其宗社而死亡俘虏其人民，又岂理哉！故以无道之弱小，而无强大者以为之统，则竞争无已，戕杀相寻，虽欲若无道之天下尚得以成其相役之势而不能。则弱小固受制于强大，以戢其糜烂鼎沸之毒。而势之顺者，即理之当然者已。
>
> 曹操曰：“使天下无孤，则不知几人称帝，几人称王。”自操言之，固为欺凌蔑上之语，若从旁旷观，又岂不诚然耶？是虽不得谓强大之役人为理之当然，而实不得谓弱小之役于人非理之所不可过也。故本文云：“小役大，弱役强，天也。”自小弱言之，当役而役，岂非理哉！是非有道之天唯理，而无道之天唯势，亦明矣。③

依凭强权乘势而以大凌小虽然非理，但是如果弱小一方之德并无异于强大者，还要强行尊大，割据一方，导致社稷毁灭、人民死亡，这种

① 读四书大全说：孟子：离娄上篇［M］//王夫之. 船山全书：第6册. 长沙：岳麓书社，2011：990.

② 同①.

③ 同①990-991.

做法更加非理。当天下无道之时，依靠强权大小相役尽管不是最好的秩序，但糟糕的秩序也比糜烂无序的状态要好。所以，哪怕是强权之势，顺应它也具有合理性。由此得出结论，强大奴役弱小虽然不是最合理的状态，但弱小者服役于强大者也不能说是不合理。因此天下有道之时不是仅依凭理，理自然会成势；天下无道之时，也不仅仗势役人，势中必然有顺理之义①。而在天下大势的视域中船山更惯常使用的概念往往不再是有理无理，而是有道无道：

> 有道、无道，莫非气也，此气运、风气之气。则莫不成乎其势也。气之成乎治之理者为有道，成乎乱之理者为无道。均成其理，则均成乎势矣。故曰："斯二者，天也。"使谓《泰》有理而非气，《否》但气而无理，则《否》无卦德矣。是双峰之分有道为理，无道为气，其失明矣。
>
> 若使气之成乎乱者而遂无理，则应当无道之天下，直无一定之役，人自为政，一彼一此，不至相啖食垂尽而不止矣。其必如此以役也，即理也。如疟之有信，岂非有必然之理哉！无理之气，天地之间即或有之，要俄顷而起，俄顷而灭。此大乱之极，如刘渊、石勒、敬瑭、知远。百年而不返，则天地其不立矣！
>
> 理与气不相离，而势因理成，不但因气。气到纷乱时，如飘风飘［骤］雨，起灭聚散，回旋来去，无有定方，又安所得势哉！②

理既是气之理，则但凡有气，必有条理在其中，除非是极端混乱不可名状之气，转瞬生灭，方可谓"无理之气"。这里的"气"如果按照上面船山自注理解为天下之气运亦通，**有道无道是对于天下大势的整体性判断，若具体而微地察之一隅，固然莫不有其条理；而宏观地衡定，势既由理积而成，则亦不可谓无理**。否则，若只有泰卦之世有理，否卦之世无理，则否卦之德亦不当有。这里仍有疑难需要略为澄清，说有道天下是由"治之理"积势而成，这好理解，说无道天下由"乱之理"而成，"混乱的条理"似乎是一个自相矛盾的概念。不过如果与上下文以及船山其他类似

---

① 船山在此并没有解释如果小国遇到虎狼之秦意欲兼并应当何为才是顺势合理，不过孟子本人对此给出了回答，船山也做出了阐发。可参看《孟子·梁惠王下》中滕文公所问章节。

② 读四书大全说：孟子：离娄上篇［M］//王夫之. 船山全书：第6册. 长沙：岳麓书社，2011：991-992.

表述相互印证[①]，大体可以说，船山这里的“理”之用法倾向于事物自然之理意义，而“乱”则是对违逆自然之理带来的后果的价值判断，“乱之理”指的是人违理造成的混乱后果，如匠人不明理而治玉遂造成毁坏。而后文的“无理之气”指的是“乱之理”造成的极度混乱局面，既无条理可寻，转瞬起灭，也就无法积淀而成势。

道和理的差别在于：

> 道虽广大，然尚可见，尚可守，未尝无一成之侀。故云“天下有道”，不可云“天下有理”。则天下无道之非无理，明矣。
>
> 道者，一定之理也。于理上加“一定”二字方是道。乃须云“一定之理”，则是理有一定者而不尽于一定。气不定，则理亦无定也。理是随在分派位置得底。道则不然，现成之路，唯人率循而已。[②]
>
> 可云物有物之性，终不可云物有物之道，……
>
> ……物直是无道。如虎狼之父子，他那有一条径路要如此来？……
>
> ……则物之有道，固人应事接物之道而已。是故道者，专以人而言也。[③]

“道”只是专就人而言的[④]，所以物可以有理、有性，“而不可谓有道，道者人物之辨，所谓人之所以异乎禽兽也”[⑤]，所以，可以说人失道，天下无道，而不能说物失道，天下无理。换言之，不同于理随气变，道之一定，乃是“人之天”的根本价值取向，不随理、气、势之变而变。尽管有时需要顺势从气，但人总还是可以对天下失道的状态给出自己的价值判

① 《读通鉴论·唐德宗三〇》：“生有生之理，死有死之理，治有治之理，乱有乱之理，存有存之理，亡有亡之理。天者，理也；其命，理之流行者也。寒而病，暑而病，饥而病，饱而病，违生之理，浅者以病，深者以死，人不自知，而自取之，而自昧之，见为不可知，信为莫之致，而束手以待之，曰天之命也，是诬天命之也。理不可违，与天之杀相当，与天之生相背，自然其不可移矣，天何心哉!”（读通鉴论：唐德宗三〇［M］//王夫之. 船山全书：第10册. 长沙：岳麓书社，2011：934）可与此处文本相互印证。

② 读四书大全说：孟子：离娄上篇［M］//王夫之. 船山全书：第6册. 长沙：岳麓书社，2011：992.

③ 读四书大全说：中庸：第一章［M］//王夫之. 船山全书：第6册. 长沙：岳麓书社，2011：460.

④ 此问题本书第三章第八节亦有论及，可供参考。

⑤ 张子正蒙注：诚明篇［M］//王夫之. 船山全书：第12册. 长沙：岳麓书社，2011：112.

断。即便大势所趋人力难回，依旧有“贞士知死亡而不畏，……自输其肝脑以拯天之衰而伸莽之诛者也。不走而死，义尤烈哉！”①

总的来看，尽管船山始终在强调理势相成不可二分，但论证过程中也同时凸显出了二者的差别。按照船山描述，可以将天下状态分为三种：第一种是有道天下，以德贤相役；第二种是无道之天下中较好的状态，以强弱相役，犹有秩序存焉，我们姑且称其为失道天下；第三种是无道天下的糟糕状态，“无一定之役，人自为政，一彼一此，不至相啖食垂尽而不止矣”。当船山说第二种失道之天下也顺势而合理的时候，这里的合理其实是一个比较级，相较于无道之天下，显得更为合理而已——“如疟之有信，岂非有必然之理哉”，疟疾未发时人看似健康，发作时人陷入病态，这种定时发作中当然也有规律道理，但总归是一种病态的秩序，介乎健康与垂死之间。这种比较范式的引入不可小觑，它会带来许多根本性的理解范式变革。

比较范式并不是对道学传统下非天理即人欲、非王道即霸道、非金即铁判定范式的颠覆，而是修订与推扩。就个人行为的心术动机判断（尤其是反躬自省时）来说，船山当然同意此间公私是非丝毫不可含混，壁立千仞只争一线，绝无“转圜”妥协余地，这在其心性工夫著述中比比皆是，无须赘言。修订指的是船山并不同意将王霸这样的概念化约为心术论断；推扩指的是，他对比较范式的使用一般而言都是超出个体心术动机层面，在更加宏阔的政治历史领域的运用。便如上文船山的分析几乎都是着眼于天下的视域，在此，**理势之别对应的微观宏观绝不仅仅是适用范围大小的变化，而是思考范式的变化**。**合理性判断进入势的大领域之后，就不再是**

① 读通鉴论：汉平帝四［M］//王夫之．船山全书：第10册．长沙：岳麓书社，2011：207．与此相关的一个问题是，有研究者过于强调“几”在船山思想中的意义。船山当然注重知已见著的判断能力，但他同时也非常强调不可过于重“几”。典型的论述如：“夫天下之合离与其治乱也，则固有几矣。几不可昧，昧之者逆；几不可觉，觉之者狂。昧而不逆，愚忠者也，志士仁人之所蹈也；觉而不狂，已乱者也，大人君子之所造也。夫郑则恶足语此哉！觉几之离，因而离之；觉几之合，因而合之。宗国可弗恤，寻盟可弗顾；仇仇可以亲，慝怨可以友。终春秋之世，日左顾右盼，以相天下之俯仰而合离。智益索，力益竭，乃辱人贱行在其君，辛苦垫隘在其民，乱其室以乱天下，而成乎乱门以终矣。悲夫！”（春秋世论：隐公［M］//王夫之．船山全书：第5册．长沙：岳麓书社，2011：393）“夫几亦易审矣，事后而反观之，粲然无可疑者。而迂疏之士，执一理以忘众理，则失之；狂狡之徒，见其几而别挟一机，则尤失之；无他，气焰之相取相轧，信乱而不信有已乱之几也。”（读通鉴论：东晋安帝七［M］//王夫之．船山全书：第10册．长沙：岳麓书社，2011：527）

个体心性的天理人欲之是非二分判断，而转化为道义之轻重比较。理必须在势中证成自己的道义合法性，故理势不可截断，又不可不区分。因此，**比较级的思路意味着不同的理之间并没有简单的是非对错判别，而是需要在具体情境中考量，如船山所示范的，不仅从心术，还要将后果得失皆纳入视域去权衡利弊，这是权衡和论断两种思维方式的差别**。

前文所引船山对曹操之言“使天下无孤，则不知几人称帝，几人称王”的分析，呈现出理势关系复杂性的另一个面向：在曹操本人的身份而言，他的话是一种欺凌蔑上之语；但从旁观之，却不得不承认事实如此，三国时期正是因为有曹操这样的豪杰出现，才使得天下不会像北朝十六国，或五代十国那样持续性地分崩离析，生灵涂炭。船山所谓的从旁旷观，即是一种天下和历史的大视域。随之而来的问题是，我们论断曹操之时，应当就其本人身份而论，还是从天下观之？如果说微观视域当重理，宏观视域当重势，那么**权衡时所依凭的视域大小本身又当如何定夺**，从理还是从势？微观与宏观固然往往被事件本身的大小性质影响，但更要由身处事件中的个体所处身份来决定，就此而言，理与势的权衡同时也是先行的视域本身之权衡。作为当事人的行动者在权衡自己的作为时，应当从自己的分位职责出发，还是在天下视域中去思考？后世学者面对历史镜鉴反思时，本人身份、历史人物的身份以及天下视域三者又当如何取舍？当主体身兼多种伦理身份时，又当如何权衡安放自己？我们需要先对这些问题结构进行基本澄清，再与船山史论结合讨论。

（2）身份与视域。

本章第二节曾经论及，儒家不主张普遍义务伦理学，它始终强调在不同的分位职责中权衡寻求中道。在宗法封建制下，分位职责首先指的是礼制中的名分位置，此名分位置相关联的职责决定着个体应当如何行动才合乎中道。子路义无反顾地殉难是因为，他认为邑宰的分位要求他“食焉，不辟其难”[①]。所以宋明儒者尽管会批评子路事孔悝不合于义，但对其殉难皆无异议，因为这是由其分位所要求的职责，无关乎其他道义原则。

分位的差异也取决于个体对其身份的自我定位，如《史记·刺客列

① 《左传·哀公十五年》。有趣的是，从《左传》记载的语气来看，孔子似乎对于“柴也其来，由也死矣”两种选择之间并没有做一个褒贬的判断。《论语》记载“柴也愚”，以此观之，子羔当非临难苟且之人，而当子羔与子路对话时援引了“弗及，不践其难”，子路并未对子羔进行批评，这与其后子路批评公孙“求利焉而逃其难”截然不同。似乎子羔子路所言各是援引某种出仕原则，近乎“殷有三仁”之意。

传》所记，豫让曾事范氏、中行氏与智伯。范氏、中行氏皆以众人遇之，则豫让以众人报之；智伯以国士遇之，则豫让以国士报之。同有卿之名，孟子区分了贵戚之卿与异姓之卿的不同职分：君有过皆谏，反复之而不听，则贵戚之卿可以废君易位，异姓之卿则去之。总之，在理想的礼治下，没有一个彻底摒弃分位的抽象视角来评判一个人行动的是非，无论是个体自己的担当还是他者的评判，都必须预先接受行动者的分位，在此视域下来做出是非道义的衡量。

不过，并不能由此认为人不可以超越自身的分位限制，在更宏大的视域里去思考是非道义。**超越的视域，不是普遍主义，只是对某个限度内名分秩序的超越**。以天下视之，是对国的超越；以国视之，是对家的超越。父母有过之时，孝子须当几谏。察父母之过严格说来就已经是超越自身分位的一种判断，但这种超越与行动是儒家所赞许的，忠臣进谏亦然。就此而言，我们也可以说礼制本身就包含着一种努力，将超越性视域在一定限度内整合进礼法秩序，这恰恰是因为超越性视域与礼制秩序之间本就有很大的张力[①]，简析如下：

第一，**礼法秩序中的名分位置不仅仅是对人的理解的限制，它同时也是对先王所制定的中道的规定和指引**。豫让或许并不认为智伯处于正义一方，但他无须对智伯和赵襄子的战争进行道义评判，他只需完成知遇国士应尽之道义职责即可。而超越自身分位，希求更加整全地对事件做出理解与判断，就放弃了原本明晰的礼制之指引，实际上是对自己提出了更高的判断要求。

第二，**超越性视域对于维护礼制的长久与生机具有根本作用**。如果只有豫让这样的国士，礼制是不稳定的，因为每一层秩序中都包含与上下层的关系，只有让其与上下层处在良性关系之中，这层秩序本身才能够和谐地安放在整体之中。士对于卿大夫，卿大夫对于诸侯，诸侯对于天子，都不是只有尽忠的职责，还有进谏献策的职责。进谏本身就意味着不限于自身的视域，而是将自身的视域扩充至尽忠对象的层面。就如王安石《书刺客传后》与方孝孺《豫让论》皆批评豫让不能逆策三晋，救智伯之亡，区区一死，未足以称国士，这便是对豫让提出了超越性视域的要求[②]。同

① 无论是孝子几谏还是忠臣进谏往往都陷于困境进退两难，需要不断精微地审时度势，这种现象本身就富于意味。

② 或许，这里也有以废封建之后更广义的士大夫意义，来苛求春秋之士名分职责的可能，但大体的结构应当没有问题。

样，如孔子所言，事父母，也需要几谏。《孝经·谏诤章》曰："故当不义，则子不可以不争于父，臣不可以不争于君。"此外，礼法的力量虽然来自它在日用不知中对每个人生活的指引，但危险在于，人如果太习惯于不加反思地按照名分指引去选择与行动，就容易让礼法堕落成为没有情感的教条法则，其根本运作的动力也会随之而丧失。而所谓仁，作为对他人处境的感同身受这个意义，其实也是在超出自身名分的视角理解问题，没有这个维度，礼制就会有教条化丧失生机的危险。

第三，**超越性视域对于礼制秩序具有如下潜在的危险**。

首先，**过度的思辨有可能让人丧失行动的力量**。譬如豫让如果站在国君的角度来审视智伯赵襄子之争战，会发现双方都是不正义的，都是对名分的僭越，这样一来其自身的行为动力便可能被更大层面的道义消解掉。因此，以超越性视域的判断为依据，对自身的名分职责进行消解或僭越，这种行为带有危险，须当慎重。故孝子进谏还需"见志不从，又敬不违，劳而不怨"，而不能以父母之过为由而遗弃之。而子路殉难的正当性，亦无关乎其所事孔悝乃至辄之所行是否合道。相应地，这里还有着流于权谋或者私心的危险，因为名分规定了责任和义务，超出它之外，就等于是放弃了这些责任，便可能走上纯粹利益计算的道路，与此同时还可以以更高的名分为自己辩护，而内在真正的动机则他人无法窥见。这正如船山所言，"执徐庶之情以绳温峤，于是陷身逆廷者得缘孝以自解；据周公之义以予王导，于是残亲避祸者得贷忠以自文"。

其次，**超越性视域必须节制在一定限度之内，否则会有导致僭越、混乱的危险**。士为大夫封地之事献策无可厚非，为其谋划天下大势便十分可疑。即便天子无道，礼乐征伐自诸侯甚至大夫出也是不合于道的①，正所谓"天下有道，则政不在大夫。天下有道，则庶人不议"②。因此，在一个稳定的礼制秩序中，每个人最好只在一定限度内考虑超出其分位之外的东西，即便考虑，也当尽量避免影响到自己现实中的权衡与决断。礼法整体在设计的时候固然考虑到不同层次名分的相互配合，而如果每个人都超越其分位去考虑问题，甚至去行动，秩序本身就有跌入混乱的危险。即便这种超越不会造成僭越与混乱，它也有将礼乐秩序平面化的危险。譬如，

---

① 《论语·季氏》。孔子曰："天下有道，则礼乐征伐自天子出；天下无道，则礼乐征伐自诸侯出。"

② 《论语·季氏》。

在将要亡天下时说匹夫有责有一定道理，但要求每个百姓都在其日常生活中考虑天下大势，并劝谏其父母、父母官、天子，这显然不是周代封建礼制的思路。

除了恪守身份职责与超越性视域之间的张力，具有政治生活的个体往往还会受到另外一种因素影响，人总是一身而兼多种身份，也就处于不同层次的名分要求之中。不同层次的要求正常来说是相互配合成全的，但终归有遇到矛盾之时，这便是大多数伦理困境的来源。此时，便往往不能以一个单一名分来审视选择，而是需要不同身份视域之间的权衡与融合。

其实，礼制诸多层面的相互配合大多数时候只是一个理想状态，现实中人类的行动每时每刻都会不断地冲破或挑战秩序，不过，大部分这样的事件力量不够强大，能够被礼法秩序重新整合进来，只有少数事件才会逐渐颠覆礼法的根本，使得文明走上礼坏乐崩的道路。当此之际，便是一个文明遭遇根本困境之时：已有的名分礼制指引在许多情境下难以适用，冲突与争执不再是偶然的变态，而成为时代的常态。**礼乐正常运行的时候，礼制中每个分位上的行动者与维护者都始终要将自己行动的原则节制在某个分位限度中。但是，一个礼法的始订立者却相反，他最好能够始终通盘全面地考虑这个秩序整体**。而一个礼坏乐崩时代有担当的君子，他必须靠自己的良知与智慧通盘考虑，从而做出既符合大局又合乎自己名分的中道选择。孔子便是这样的典范，他的每一次进退出处，每一次对弟子的答疑都要努力寻求恪守与超越之间的精微平衡与融合。正因如此，孔子不会因为从天下王道层面审视那些道义有亏欠的诸侯或大夫，就放弃为之出仕①；但也不会因为出仕便如匹夫愚忠，而是知微见著，见志不合遂去。反观子路和豫让，他们属于旧的礼法世界中的单纯行动者，他们希望用忠于自身名分的行动感召人们去维系那个行将崩溃的世界。而孔子却始终是在恪守与超越的双重维度中生活，为与不为，事功与迂阔都不能够简单地以是非评判，因为维系两个世界平衡的不是某种真理法则，而只能是伟大的心灵在历史中的不断权衡与重新立法。

礼法秩序中的诸多名分及其相关的道义职责，一般来说不能够因为利益谋划而舍弃，但是如果不同层次的名分给人提出了相互冲突的要求，这

① 这样的事例很多，如季氏、卫灵公显然都不是有道之君，孔子甚至还考虑过公山弗扰之流，正所谓“与其进也，不与其退也”。

个时候人有三种选择[①]：第一，选择其中某个自己认为最重要的，将其贯彻到底，这是殷之三仁以及子路、豫让的做法。第二，逃离其中某个或多个名分，以避免其所在分位格局乃至更大的秩序整体发生混乱，这是泰伯、夷齐以及大舜窃负而逃的道路。第三，在情境允许的情况下，向着更高的超越视角攀爬，力求在更加整全的礼法秩序中去思考判断，这是孔子的道路[②]。

然而，在后世大一统郡县制格局下，情况发生变化，各个层级之间的名分差别逐渐消泯，尽管魏晋时期也出现过一定程度的复兴，但最终平民化社会的完成，意味着身份伦理差异性的单薄化，而超越视域也转化成为每个人最终效忠的对象只能指向天子，其他层面的大多数政治性名分职责都在天下视域中被平面化。尽管超越性视域不同于普遍主义，是一个相对性概念，然而它向外推扩至极进入最大的天下视域时，意味着**公共生活中行为的评判都进入了一个共同视域，在天下格局中来衡量**[③]。宋明士大夫的道义之实现，不再像先秦之士仅仅忠于某位公子、大夫、诸侯，而是要肩负苍生，共治天下，如此之心胸气魄，也与这种身份视域的扩张有直接关联。**宋明道学以普遍性天理或良知来进行道德判断的思路，本身也带有一种消解身份伦理的倾向**。不过道学往往并不是真正在天下格局中考量时势，而是将其替换为普遍性天理的心术是非判断。在衡定个体伦理问题时，这种影响尚且不太明显，但在处理政治与历史问题时，往往会造成论断的力不从心与单薄，这在上文论及的朱陈之辩中表现得相当明显。

此外，我们还必须看到，在天下视域中衡定人事的同时如果没有注意区分不同视域下论断的差别，而是笼统合一，同样会带来问题。譬如陈龙川为了证明唐太宗心术之大公，在《问答上第二》中给出了如下论证：

> 自黄初以来，陵夷四百余载，……人道失其统纪，而天地几于不立矣。此非有超世迈往拔出之英豪，安能扫地以求更新乎？太原之义

---

① 传统注释认为微子去之并非“逃”，而是求存宗祀。

② 这三条道路未必完全不可能相互兼容，这里只是义理上的分殊，而非现实中非此即彼的选择。

③ 先秦也会有类似评判，但较偏向个人化行为，譬如子贡质疑管仲非仁时是针对其君臣关系，夫子的回答则是指向天下视域中的夷狄之辨，又如夫子作《春秋》亦然。但对于一般人而言这也意味着某种僭越，因为严格说来，天下视域应当是天子的视域，或者至少是三公四岳之类的辅佐者。所以孔子会说知我罪我其惟《春秋》乎。我们只有通过《春秋》对于天下名分的厘定，才能理解孔子；但与此同时，它也是个人所可能达到的最大僭越。尽管并非八佾舞于庭那样直观性的行动僭越，而是个人思想领域的极尽展开，正唯如此，这种危险更具颠覆性，但生机也恰恰源于这种危险之中。

旗一指，而天下靡然知所向矣。高祖以父而主之可也，建成独可以常法嗣之乎！①

这是说天下之疲敝久矣，唐太宗乃定天下之英豪，不仅太原起兵欲定天下之乱的初心是太宗所发②，而且功高盖世、一统天下的功业也是太宗所为，所以唐高祖主之尚可，建成欲得之则不可③。下面龙川继续推论：

据非所当得，而又疾其当得者若不能以终日，此非天诛之则人杀之耳。天未尝不假手于人，是以太宗抽矢蹀血，忍于同气，犯天下不义之名而不恤。彼其心以为是天实为之，而非吾过也。天人之厌乱极矣，岂其使建成元吉得稔其恶以自肆于民上哉！人心蔽于自见而天命不知所归，是治乱安危之大几也。④

他认为太宗杀兄是因为建成所为天怒人怨，天假其手而诛之，太宗自己心中也认为其实是天为之，非其过也，因此天命归之，天下转危为安而得治。龙川这种“天假人手”的理论很容易导向一种简化版的后果主义历史评价，尽管这可能并非龙川初衷。更危险的是，它还容易让人陷入一种“替天行道”的僭越狂妄之中，一切行动都可以用两个步骤为之弥缝开脱：1）其心其实是本着天下大公之心；2）其所作为虽然有不合仁义之处，却是天假其手而诛奸，非其所为也。这种情况下，“公”本身就成了一个架空的托词⑤。究其根本，**是源自对不同视域下的判断不加区分地合并归**

---

① 陈亮. 陈亮集［M］. 北京：中华书局，1987：35.

② 《问答》之一：“而定天下之乱，又岂刘文靖之所能发哉！彼其初心未有以异于汤武也，而其臣凡下，无以辅相之，虽或急于天位，随事变迁，而终不失其初救民之心，则大功大德固已暴著于天下矣。”（同①34）

③ 这里的论证当然是存在问题的，如果功业可以盖过悌道，我们可以进而追问功业何以不可压过孝道，高祖又有何理由主之呢？其实就史实而言也是太宗逼高祖退位，但此事龙川只字未提。可能是他认为史料不足征也，也有可能他认为这样做也不是完全没有合法性，只是终不敢冒天下之大不韪而公然宣之。

④ 同①.

⑤ 赵峰曾指出龙川的思想是：“义与不义之分，只是公与私之别。只要是公，虽王道也不讳计功谋利……追求功利本身并不能断定霸者不义，关键是要看其功利的性质如何：如果其所求功利是公利，则霸术合乎王道；如果其所求功利为私利，才可以指认霸术背离王道。事实上，霸者尽管有些许不足，但总体上乃秉公而行者，非亡国者以私意制天下之可比，故能成就霸业。因此，王与霸‘只有一个头颅做得成’，这个头颅就是公：‘以大公至正之道而察天下之不协于极、不罹于咎者，悉比而同之，此岂一人之私意小智乎！’”（赵峰. 朱熹的终极关怀［M］. 上海：华东师范大学出版社，2004：328）此外，赵峰在此书中也论及“公”这个概念本身可能引发的问题，与本节可互为补充。

一，或者简单替换。

很明显，龙川“天假人手”的讲法与王船山天假之论颇有相似之处：“秦以私天下之心而罢侯置守，而天假其私以行其大公，存乎神者之不测，有如是夫!”① 这里重要的差别在于，船山这是对秦皇行为历史效果的评价，他不会因秦皇行为恰巧成就郡县制之大公，就因此判断秦皇之心为公，天假其手恰恰证明了其心为私。不过，如果船山所做的仅仅是区分天道之公与人欲之私，那么他并未有何独特之建树。设想我们将此区分按照龙川思路应用于唐太宗，结论无非是“太宗以私心而杀兄逼父，而天假其私以行其大公而成乎贞观之治”。尽管这个表述里面还有些义理困难需要克服，但究其实质，也不过是将朱陈二人观点作了二分之论：汉唐就其心术而言乃私欲，但就历史效果来看成就了天道之公。仅仅依靠这种乡愿式的命题并不能对根本性的伦理—政治裂隙进行绾合。这并不是说船山思想中没有相应的资源来给予充分回应，但我们必须看清楚的是，以往有许多研究太过看重船山“天假其手”之论，并将其与历史理性或者其他理论关联阐发，而忽略了船山思想中更加核心的思考，导致某种程度的轻重倒置。

船山这句话的重心其实是落在“存乎神者之不测，有如是夫”的感慨上。如前所述，船山史论的基本范式是描述和解释，而非寻找统摄历史的准则或规律。“天之大公”不是一个统摄历史的法则，而是面对历史中一再出现的神妙际会所发出的赞叹和信念。无论是“天之天”还是作为历史整体的“天”，在我们一再论述的体用范式中，都具有神妙无方、周流难测的基本存在特征。诚然，在船山太极宇宙思想中，天无心无私，既“不与圣人同忧”②，亦不会“屑屑然以至高大明之真宰与人争蟪蛄之春秋也”③，这就决定了一己之私智注定会被宇宙健顺流行席卷，否泰鼎革的世道变化在太极阴阳时位中也都各有其分位道理。但天道就人之所能知来说，仅此而已，且不可恃之而无所为。人可以赞叹天道大公之莫测，秦皇汉武都逃不出其笼罩，但面临现实或历史的伦理政治抉择时，这些只能提供一种信念层面的激励，而不能取代审时度势的个体权衡，而后者才是船

① 读通鉴论：秦始皇一［M］//王夫之．船山全书：第10册．长沙：岳麓书社，2011：68.

② 春秋世论：宣公［M］//王夫之．船山全书：第5册．长沙：岳麓书社，2011：447.

③ 读通鉴论：唐德宗三〇［M］//王夫之．船山全书：第10册．长沙：岳麓书社，2011：934.

山浩瀚繁多的史论著述想要带给学者的东西。便如《读通鉴论》，其中涉及“天假其手”之篇目屈指可数，即便是如上文引用的最著名的秦皇废郡县之篇，其中大量的篇幅还是在分析封建制因何理而成势，又如何渐失其势，而理亦随之而变，而成郡县之势，凡民俊秀皆因之而得利，故为天下之公。**贯穿整部《读通鉴论》的几乎都是类似的对人事理势变迁之考察，而非探究某种笼罩于历史之上的天道法则**。

当然，这并不是要否认莫测天道在船山史论中之意义，“天人之辨(际)”的重要意义本书中已经一再论及，具体到史论中它也和“势”这个概念密切相关。为了理解这一点需要我们分析一种有趣的现象：当我们研究道德行为及对道德行为的判断时，**随着判断视域的变化，对一个行为的道德价值评价也往往会因此而变化**。明显的例子如我们前文提及的子路与豫让，不仅在周礼格局下如此，后世家天下大一统情况下依然有这种差别，这是因为在不同视域中伦理价值的轻重会发生变化，在家中守身孝悌一般来说构成最终的原则，但在邦国危难之际显然会有其他道义与孝悌产生冲突。并非每个人都要将视域扩充至最大的天下来权衡自己的行为，在郡县制格局下，当每个人的分位职责不再是由礼制或宗族明确规定，在此判断过程中，对自己的身份定位才随之而成为有待衡定抉择之事。

一般说来，只有士大夫（并非阶层而是自我定位意义）才会在进退出入之间皆以天下为念，庶民百姓的焦点则总是落在蕃息蓄养上。船山关心的当然是士大夫以天下为视域的判断机制，然而，这绝不意味着学者的判断会因为共同的天下视域而取得普遍性一致。恰恰视域愈是宏阔，对一个行为的价值判断就愈是困难与含混（正因为此船山极度强调权衡之精审）。原因在于，在天下视域中判断对象一般来说都不是简单的个体行动，而是复杂的政治性事件，动机心术判断的分量会受到极大削弱，从而必须考量事件的后果因素。空间跨度越大，一个行动造成的影响就越是难以估量评判；历史尺度越长，事件的后果就越是陷入具有不确定性的混沌之中。当然，宏观政治事件也可以有非常昭著的是非，但这只是体现在少数人事上。况且如我们在本章第五节指出的，船山认为君子学者对大是大非之事无须多论，多论既于世道人心无补，徒增褊躁忮忿之气，更无助于学者自身判断能力的磨砺成长。学者的目标是成为在天下格局中政治行为中道的士大夫，而不是宣扬是非观念的意识形态引领者，或者《明心宝鉴》《了凡四训》这类劝善书的炮制者。

上述现象和天道的关系在于，“势”既然是纷繁的事态构成的宏观趋势，兼有历史之厚重层累，故尔“势”往往会溢出“人之天”的层面，有时近乎天道之周流六虚无心化成。在此情况下，人有时会感到，在极其广阔的视域关乎的莫测神妙天道面前，善恶是非的区分似乎在很大程度上丧失了意义或是有效性①。不过“势”这个概念一般来说始终具有政治与历史的维度，这意味着“势”具有连接、区分、会通天人之际的意义，它总是能够提升人权衡的视域至极广之境，这也是船山在史论中常常喜欢使用这个概念的原因之一。

同时我们也需要看到，就史论来说船山多不离势而发论，但就心性工夫来说，船山相较于势更加重理：

> 利害之所生，先事而知者，或以理，或以势。势之可以利，势之可以害，慧者知之，不待智也。智者察理，慧者觉势。势之所知观于月，理之所知观于火。庄周曰：“月固不胜火。”几于道之言也。观于月，虽远而无固明；观于火，虽近而有适照。有适照者有适守，无固明者无固心。是以虽或知之，不能择之；虽或择之，不能执之，……
>
> 胜欲者，理也，非势之能也。理者固有也，势者非适然也。以势为必然而然，有不然存焉②。……故势者一然而一弗然，有可照而无适照，则有其明而无其固明，恃此之知以胜朵颐之大欲，不亦难乎！是故大智者以理为势，以势从理，奉理以治欲而不动于恶。③

尽管聪慧者可以对整体大势有一种直观洞见，甚至还可以明晓利害依势而动，但学者当努力知势而不可以倚势。理则不然，学者对理当极力求知，且能择、能执守、能倚之而胜私欲。理是微观层面，可以就一时一事辨析明白，义理容不得半分差错，就如同火光照耀，纤毫毕明。势作为宏观层面固然有趋势，但不是必然的，只是暂时的势态、动力。船山比喻其如月，月光虽然照耀辽阔，但昏明朔望无定，既不能够依靠它克念胜欲，

① 典型的表述是《三国演义》卷首词“滚滚长江东逝水，浪花淘尽英雄。是非成败转头空，青山依旧在，几度夕阳红”。只不过类似感慨大多数时候出现在词曲之中，且往往被定性为道家思想影响。其实它是历史本身厚重大势带给渺小个体冲击的普遍现象，道家只不过是其表现之一端，而非专为道家所有。且道家者流盖出于史官，更可为印证。

② 《船山全书》校记说，守遗经本、金陵本作“以势为必然，然而有不然存焉”，笔者以为守遗经本与金陵本的语气似乎更顺畅，不过义理并无影响。

③ 春秋家说：桓公［M］//王夫之．船山全书：第 5 册．长沙：岳麓书社，2011：119-120.

也不能必然不移而提供依凭。过分依靠势这样的暂时性势态，反而往往会助长人欲，因为它没有让人知其所止的固有性。

但是大智之人明于理的同时也要造势，不过他所造之势渐积于明察之理，工夫绵密而小大兼备，“知兼乎寡，而后多不讳寡也。知兼乎短，而后长不辞短也。知兼乎轻，而后重不略轻也。知兼乎小，而后大不忘小也”①。这样的大人方能够说是“‘乘天地之正’者，不惊于天地之势也；‘御六气之辨’者，不骛于六气之势也，必然矣”②。

具体到船山史论中，他使用理势概念的方式，往往是通过理势中宏观微观的比较，将人事制度等问题的复杂性层层展开，在每一步格局中都有小大之辨，都有着合理性的轻重变化。就此来说，理势的层级多少有些像礼制中的尊卑大小格局变化，不过使用更加灵活。对一个历史事件的评判，不能忽略微观宏观任何一边，必须不断地从宏观大势中考察微观之理的运作与变迁，带着此细密之理再上升到宏观视域中去进行更好的评判。我们会在本节最后一部分展示这种方法的具体步骤，这里还要说明的是，它并不仅仅是判断人事的认识论或道德哲学，同时也是实践工夫。譬如带着这种处理问题的思路，如果回到前文我们讨论过的“小役大”问题中去，船山尽管承认在没有贤德之时，弱小服从强大可以作为一个权宜之举，但这并不是最好的秩序，最好的秩序建构方式是“师文王，大国五年，小国七年，必为政于天下矣”③，“而因以成乎天子治方伯、方伯治诸侯、诸侯治卿大夫之势。势无不顺也”④。换言之，通过德性在自己能够掌控影响的范围内依理而行，潜龙最终成势，这才是船山最理想的政治道路。**在船山的经史工夫论中，对事件的认识、判断与实践不可分离，是相互为用的一贯之道**。

4. 道统

船山心性论建构无疑受到程朱理学影响极大，也非常强调知理对于心性工夫的重要作用，但他同样意识到，由天理判定的伦理心术领域需要和

① 庄子通：逍遥游［M］//王夫之. 船山全书：第13册. 长沙：岳麓书社，2011：496.

② 同①.

③ 《孟子·离娄上》。

④ 读四书大全说：孟子：离娄上篇［M］//王夫之. 船山全书：第6册. 长沙：岳麓书社，2011：990.

政治领域有一定区分①，这一点在上文所论理势之辨中已经呈现得非常明晰，造成的逻辑后果就是在历史与政治层面，船山对待汉唐的立场更加接近于龙川，他对汉唐的政治德性给出相当正面的肯定，并以为与三代相比并非判若云泥。

《孟子·离娄下》："诸侯有行文王之政者，七年之内，必为政于天下矣。"《孟子集注》："萧何所谓养民致贤以图天下者，暗与此合，但其意则有公私之辨，学者又不可以不察也。"

这仍是朱子一贯的对汉唐私欲之诛心立场，船山对朱子解释表示明确反对，他首先强调孟子的时代与文王之时不同，民生困顿至极，周德又已衰微，所以诸侯有广土者必须义不容辞地站出来一统天下解民倒悬，如此，"则但行文王之政，不必心文王之心，而已无愧于文王"②。这仍是从势的层面进行合理性论证，与前文小役大之论有相通之处。

船山并没有认为汉德可以比拟周文，但强调二者只是程度有差别而已："周、汉醇疵之差别尔。"而且，政治行动需要放置在宏观的天下大势中去考察，而非斤斤于不可知的心术臆测。接下来船山又具体分析秦汉之际天下大势，项羽无道，列强纷争，"使汉君臣不以天下为图，徒保守一隅，养民致贤而一无所为，为之，则一吴芮、尉佗而已矣。《集注》以私罪汉，未合于时措之宜也"③。他甚至进一步推论，如果文王"当七雄、秦、项之际，上无可服事之故主，下无可推让之邻国，又岂得不以天命不可旷、民望不可违为大公至正之道哉！……膜视此中国糜烂瓜分于项氏之手，又岂文王之所忍为乎？"④ 单就道济天下之溺而言，汉高与尧、舜、汤、文无异。船山还比较汉之所以不如周，只是因为"其所致之贤非伯夷、太公、颠夭、宜生之属，两生、四皓终不见庸，而滥以天爵施及哙伍；其养民之政，因陋就简，使五帝、三王强教悦安之大德斩焉不传于后世"，这些问题没有一个是属于心术私欲或者道统天理不明层面，都是具体政治举措的缺陷。船山列举的这些缺陷如用人、举政、养民、兴教等方面，既不是朱陈之辨中争执的"私天下"之心，也不是现代意义上的制度

① 陈明文章对船山王霸思想有细致分析，不过主要集中于对春秋霸者的论述，对后世汉唐王霸之辨虽有所涉及，但并未充分展开。［陈明．王船山的王霸论与其政治思想［J］．河南师范大学学报，2012（1）］

② 读四书大全说：孟子：离娄上篇［M］//王夫之．船山全书：第6册．长沙：岳麓书社，2011：997.

③ 同②.

④ 同②997-998.

设计缺陷，它们的运作尽管包含制度建构但仍需要有政治德性的根基支撑，只不过这些政治德性超乎心术层面而已。

前文已述，朱子对汉唐心术的论断背后的基础其实是对“真知”的理解以及“道统说”，所以仅仅论证汉唐具备宏观大势下的政治德性，尚不足以从根本上反驳汉唐霸道之论，并证成历史之意义。船山对“知”的思考本书第三章第八节已经论述过，接下来我们讨论船山对“道统说”的思考，以及相关的历史意义诠释。

（1）道统批判。

“道统说”之渊源可追溯到《孟子》，明确提出当归于韩愈，后经北宋诸儒的发挥，至朱子《伊洛渊源录》以及《中庸章句序》而为大成，其后历元明清三代始终是儒者讨论的重要问题。值得注意的是，阳明提倡“心即道”实际上割断了“道”与“统”（传承谱系）之间的必然联系，再加上王学自身对程朱之学的反动因素，因此在明代王学一脉实际上是不甚重视道统说的①。船山则进一步改造了道统说，赋予其完全不同的意义。纵观船山之书，程朱意义上的道统似乎并不是他关心的问题，他只是在极少数地方涉及对文本注释的时候才一笔带过②，但这并非简单认同，因为凡诸船山对“道统”概念详加阐发之处，皆可看到或明或暗的对程朱道统说以及王学的批判。

朱汉民先生反对许多研究者关于王船山是道统论的批判者、反对者的判断，认为船山是宋儒道统论的支持者，只是他对宋代以来道统论的缺陷、不足做了反思、修正而已，要重新确立道统，给张载道统谱系中的正统地位③。笔者认为此论可谓发前人所未发，不过仍有可商榷之处：首先，一般我们在宋明道学语言体系下使用“道统说”或“道统论”这个概念的时候，指的就是韩愈提倡、二程修订、朱子最终完成建构的道统谱系，而非泛泛意义上的儒学传统。故就此而言，说船山批评前人“道统说”这个表述并无问题。其次，船山本人尽管论及道在历史中的变化传承时常用“道统”这个概念，但几乎都不是在“道统说”这个意义上来表述他本人理想中的儒学传统，并对“儒者之统”这个广义概念给予发挥。此外，船山对横渠正学的推崇也绝非意图建构起一个类似于程朱“道统说”

① 蔡方鹿. 中华道统思想发展史［M］. 台北：中华道统出版社，1996：547.

② 可参看《四书训义》卷八《论语六》；《读四书大全说》卷二；《礼记章句》卷二十四。

③ 朱汉民. 王船山的道统、治统与学统［J］. 北京大学学报（哲学与社会科学版），2013（1）.

的新道统谱系概念。不过为行文方便起见，下面我们展开更加详尽的分析时，还是把船山理解的广义儒学传统称为道统（也可称为“儒者之统”①），而作为区分，将上述程朱建构的道统谱系称为“道统说”。下面我们将会看到，对这种谱系宗门传承的“道统说”，船山并不认同。

船山引述了王安石之入对之时，首以大言震宋神宗。帝曰：“唐太宗何如?”则对曰：“陛下当法尧、舜，何以太宗为哉?”又曰：“陛下诚能为尧、舜，则必有皋、夔、稷、契，彼魏征、诸葛亮者，何足道哉?”船山认为其言大而无实，不祥之言也。但这并非我们日常意义上说的大而无实，而是说夸大其学宗以浮夸压人的行径：

> 学者之言学，治者之言治，奉尧、舜以为镇压人心之标的；我察其情，与缁黄之流推高其祖以树宗风者无以异。韩愈氏之言曰：“尧以是传之舜，舜以是传之禹”，相续不断以至于孟子。愈果灼见其所传者何道邪？抑仅高举之以夸其所从来邪？愈以俗儒之词章，安石以申、商之名法，无不可曰尧、舜在是，吾甚为言尧言舜者危也。②

尽管这里字面批评的是王安石与韩愈，但恐怕很难说此间没有对程朱“道统说”的讥讽之意，因为他们构建的“道统说”尽管内容不同，但就其高标姿态，以及所谓相传不断至孟子，孟轲死不得其传，千年之下重新接续的结构是完全相同的。船山当然承认汉唐与尧舜有差距，“今夫唐太宗之于尧、舜，其相去之远，夫人而信之矣”，但差距绝不是体现在“出号令、颁科条之大有异也”，而只是圣心明德上有差别而已，这种圣德恰恰体现在工夫绵密、乐取人之善，“大其心以函天下者，不见天下之小；藏于密以察天下者，不见天下之疏”。这是要在宏观大势中体察细密治理的意思。船山假想，“夫使尧、舜而生汉、唐之后邪，则有称孔明治蜀、贞观开唐之政于前者，尧、舜固且揖而进之，以毕其说，不鄙为不足道而遽斥之”，而绝不会“顾乃取前人经营图度之苦心以拨乱扶危者而凌蹦之，枵然曰：‘尧、舜之道至易，而无难旦夕致也。’商鞅之以胁秦孝公者，亦尝用此术矣。小人而无忌惮，夫亦何所不可哉?”显然，不仅商鞅如此，“心学”乃至“理学”皆不可谓无此倾向，“心学”追求易简之道前文已论，“理学”未尝不是鄙薄汉唐，想要跨越千年直追尧舜。正因此，在变

---

① 张铁夫．论王船山的治统思想［J］．船山学刊，1992（1）．

② 宋论：神宗一［M］//王夫之．船山全书：第11册．长沙：岳麓书社，2011：153．

法之争中，司马光史学一派与王安石是根本立场有分歧，道学诸公反倒与其立场颇为接近①。

唐君毅先生明确指出，船山此思想乃是承龙川而来："汉唐之功之成，自有其所以成功之理。则今欲建功立业，即不取汉唐之帝王之心，亦当取其所以能成功之理。以王道之仁义存心。而以霸道之功业为用，亦正所以成其时之复兴之业，以北定中原者。此陈亮之旨，皆不可非。……观宋代理学家之起，周张二程初自谓乃承洙泗之绝学，故必跨越汉唐，以提高眼孔。此在宋学之初起之时则可。……对千余年之人心，鄙夷过甚。持论过高，即成刻薄。乃使古今历史中间隔断，古今人之慧命，不见其承先启后以流行。凡论史之道，于密接之前代，虽可评其所不足，以便开新；然亦当恶而知其美，就前代之事之足为当世之法者，肯定其价值，以为开今日之新之所据。……后之王船山论史，亦同不于此汉唐之政，一概加以鄙夷，亦正承此义而说。"② 这里所谓的"承此义"未必是考据意义上的学脉传承，但定是更广义的思想影响，它也明显表现在二人对"道统说"的

① 唐君毅先生在《中国哲学原论·原教篇》中从理势角度对此间纷争有精彩解读，可为理解船山学特色之思想史背景："在中国学术中，重事功事势之理，以及成此事势之人情物理者，乃属史学之流。宋学之初，有经史之学。欧阳修、司马光皆以史学名世；而王安石及苏氏，则初出欧阳修之门。此事势之理，乃'事事之相续，以由微而著，辗转增上，以成一势，以至积重难返，而不极不止'之理。……历史由世运之积势而成，宜须以雷厉风行之势以转之。故王安石亦不免奋之以意气，以求其新政之推行。此则意在造新势以易旧势，其志固伊尹之志；而不同于昔纵横法家之徒，及曲学阿世，以儒为名而实乡愿者，只欲因利乘便，顺势、因势，以成其个人之富贵功各之业者也。……诸人之所以反对安石之政，其理由盖各不同。大约司马光亦治史，而趋于保守。此盖由其治史而有见于势之成者不可骤变之故。此势之不能骤变，亦是势之理。苏氏父子之学，则善以人情观史势。故苏洵谓安石之为人，不近人情，其雷厉风行，亦不近人情，而终不能有其成功。苏氏之学，固亦宗儒。然观苏洵之为史论，善以人情之好恶利害之机势，揣测古人之情境，而居于载之后，代为划策，其文亦不脱策十气。然善观此机势，亦是有所见于事势之所自始之理。此苏洵之学，乃兼出于纵横家与道家。至于苏轼尤聪明盖世，亦能为史论，而纵横家之色彩稍轻，道家之色彩为重。其意盖谓天下之治平，要在使天下无事，而王荆公之多事，则不如少事。……深知小人之情与其聚散之势，言君子之当以道家之宽，以胜小人之道也。大率苏轼之论事势之理，皆类此。其欲求事少而功多，乃近道家。故其言治，亦不以王安石作巨大改革为然。然其重'势之行'，则与安石无异也。至于二程之不契于安石者，则又不同。盖二程初非反对政治上之改革。其不契于安石者，则初在安石之意气太盛，固执己见。故明道尝谓安石当平气，以听其言。此则意谓安石之内心之涵养不足，无内圣之学，故终必由拗执以偾事。二程之不契于安石，则要在本其义理之学为标准，以为评论。此又大殊于司马光、苏氏，各本其对事势之见之不同，而与安石成政敌者也。"（唐君毅. 中国哲学原论：原教篇［M］. 北京：中国社会科学出版社，2006：446）

② 唐君毅. 中国哲学原论：原教篇［M］. 北京：中国社会科学出版社，2006：450.

直接性批判上。

龙川在给朱子的《乙巳秋书》中说：

今不欲天地清明，赫日长在，只是“这些子殄灭不得”者便以为古今秘宝，因吾眼之偶开便以为得不传之绝学，三三两两，附耳而语，有同告密；画界而立，一似结坛，尽绝一世之人于门外，而谓二千年之君子皆盲眼不可点洗，二千年之天地日月若有若无；世界皆是利欲，斯道之不绝者仅如缕耳。此英雄豪杰所以自绝于门外，以为立功建业别是法门，这些好说话且与留着妆景足矣。若知开眼即是个中人，安得撰到此地位乎！①

这段话和船山对秘传的批判非常相似：

语学而有云秘传密语者，不必更问而即知其为邪说。“夫子之言性与天道不可得而闻”，待可教而后教耳。及其言之，则亦与众昌言，如呼曾子而告一以贯之，则门人共闻，而曾子亦不难以忠恕注破，固夫子之所雅言也。密室传心之法，乃玄禅两家自欺欺人事，学者未能拣别所闻之邪正且于此分晓，早已除一分邪，惑矣。王龙溪、钱绪山天泉传道一事，乃摹仿慧能、神秀而为之，其“无善无恶”四句，即“身是菩提树”四句转语。附耳相师，天下繁有其徒，学者当远之。②

尽管相隔数百年，批判的实指对象也不同，一为“理学”，一为“心学”，但批判的思路乃至语气都极为相似，根本而言都是针对“道统说”在学者群体中惯常表现为秘传心法之流。不过龙川还只是停留在直观感觉层面的论述，船山则将问题与更复杂的政治历史关联起来，建构起治统与道统之间富有张力的关系：

天下所极重而不可窃者二：天子之位也，是谓治统；圣人之教也，是谓道统。治统之乱，小人窃之，盗贼窃之，夷狄窃之，不可以永世而全身；……道统之窃，沐猴而冠，教猱而升木，尸名以徼利，为夷狄盗贼之羽翼，以文致之为圣贤，而恣为妖妄，方且施施然谓守先王之道以化成天下；而受罚于天，不旋踵而亡。

呜呼！至于窃圣人之教以宠匪类，而祸乱极矣！论者不察，犹侈

① 陈亮. 陈亮集［M］. 北京：中华书局，1987：352.

② 俟解［M］//王夫之. 船山全书：第 12 册. 长沙：岳麓书社，2011：488.

言之，谓盗贼为君子之事，君子不得不予之。……石勒起明堂、辟雍、灵台，拓拔宏修礼乐、立明堂，皆是也。败类之儒，鬻道统以教之窃，而君臣皆自绝于天。故勒之子姓，骈戮于冉闵；元氏之苗裔，至高齐而无噍类；天之不可欺也，如是其赫赫哉！

虽然，败类之儒，鬻道统于夷狄盗贼而使窃者，岂其能窃先王之至教乎？昧其精意，遗其大纲，但于宫室器物登降进止之容，造作纤曲之法，以为先王治定功成之大美在是，私心穿系，矜异而不成章，财可用，民可劳，则拟之一日而为已成。故夷狄盗贼易于窃而乐窃之以自大，则明堂、辟雍、灵台是已。①

船山对治统和道统重要的理解在于“天下所极重而不可窃者”，前面我们在解读船山礼学与春秋学的时候已经提及，任何意义一旦固化为现成的意识形态，便会被乱臣贼子、盗贼夷狄所窃。但《庄子》外杂篇的批评并没有理解儒家的真正内核，“藏天下于天下”其实是儒家思想的根本要义。表面上看起来，儒家必须依托于具体的典章礼乐，其实它们只是治之器，既为器，便没有自身的立场而只是为在位者所用，无论此在位者是乱臣贼子、夷狄盗贼，还是圣王明君。如此的误解自然会产生窃钩者诛、窃国者侯的肤浅论断②。船山认为“天下”作为历史性世界，作为存在借助于历史性生存的人的自我开显，作为整个民族的政治伦理传统洪流，它绝非某些个体或群体能够凭借一己私心以及权谋机智便能将其玩弄于股掌③。治理天下固然需要典章礼乐之制、辟雍明堂之宫，但这些具体而有形的政治建构只是一个更加整全统一意义整体的一部分，也即是体之用，用固然能够还生其体，却是体在“时”中之显现，而不能直接等同于体，也不可能仅通过一隅之用便能得其全体。

若以树为喻，道统是树之生命核心的绵延不绝，如根茎叶脉，不断为其春华秋实提供生机源泉；治统是其外在实现，如枝叶繁华，春生夏长秋

---

① 读通鉴论：东晋成帝七［M］//王夫之．船山全书：第10册．长沙：岳麓书社，2011：479-480.

② 《老子》和《庄子·内篇》自然不是这样的简单误解，《老子》二十九章：“将欲取天下而为之，吾见其不得已。天下，神器，不可为也。为者败之，执者失之。”而“藏天下于天下”的说法正是出自《庄子·内篇》。但《老子》的问题在于虽然看到了典章礼乐的现成性与问题，但以为只要弃置不用使天下复归于简朴即可（至少这是一种主流解读方向），如此还是有形而上学的割裂体用之嫌。《庄子》问题更加复杂，此处不便展开讨论。

③ 陈龙川在《问答》以及与朱子论辩中也有过类似议论，这个思路是从孔孟一脉相承而来。

谢冬凋。这二者虽然具有整全统一性，却也并非始终保持在开显的状态。船山“气论”本自横渠，其重要意义便在于以“隐显”而非“有无”的视域来理解世界，这里也是如此。治统是治道具体的实现，所以离不开现实性条件，譬如天子之位，天下统一，因此当外在现实条件不足的时候，治统会暂时消失中断，但不会从根本上绝而不续，因为道本身只会遁入幽隐，而不可能化为无。遁入幽隐不是说有某个自在本体暂时不再发用，隐藏自身，如传国玉玺流入民间暂时不再现世。自然永远在大化流行，历史也始终在人的奋争与堕落中奔流向前，一刻不息，此即为“全体”本身。幽隐只是说“全体”在某个历史时代显现为某种不利于贞士的时势，而“全体”的发用流行是始终如一的，便如卦有否、困，而不碍阴阳十二时位之整全。所以在船山看来，窃治统者如夷狄盗贼只是自以为得志，若无仁民爱亲的诚意，必将如石勒、拓跋，其兴也勃，其亡也速，不可以永世而全身。天子不能以天下予人，天视听自民视听，所以如果一个朝代能够绵延数百年，那么它必然合于治统之正，而非偶然暗合于王道。此义龙川便已阐发，其立论有个重要逻辑是汉唐长治久安，因此心术必然大公，故尔合乎天理是为王道，只是他没有一个坚实细密的天道与心性基础。船山史论中类似思想表达如下：

> 可以行之千年而不易，人也，即天也，天视自我民视者也。民有流俗之淫与偷而相沿者矣，人也，非天也，其相沿也，不可卒革，然而未有能行之千年而不易者也。天不可知，知之以理，流俗相沿，必至于乱，拂于理则违于天，必革之而后安，即数革之，而非以立异也。若夫无必然之理，非治乱之司，人之所习而安焉，则民视即天视矣，虽圣人弗与易矣。……
>
> ……理无定，吾恶从知之？其行之千余年而不易者，民视之不疑，即可知其为天视矣。
>
> ……迄于今莫之能易，人也，即天也。于是而知汉儒之比拟形似徒为云云者，以理律天，而不知在天者之即为理；以天制人，而不知人之所固然者即为天。①

此论乃针对“隋主定黄为上服之尊至今不易”而发，它明显表现出我

---

① 读通鉴论：隋文帝二［M］//王夫之．船山全书：第 10 册．长沙：岳麓书社，2011：697-698．

们分析过的数个思想特征。人无法知晓整全天道，只能从历史经验中去窥得数端，如果有某种制度运行千年都不能更改，那么就可以确定它合乎天道，因为人道由天道而来，所以“人之所固然者即为天”。而“在天者之即为理”中的“天”具有历史跨度意义，因为世界上每天有各种各样的人事道理，有的转瞬即亡，有的行之数载而辍，“理无定，吾恶从知之”？大部分人很难判定哪些合乎恒久天道，其实只有从广阔的历史跨度，以及大多数人的认定这纵横两个尺度上去确定才行，二者缺一不可。虽说“天视自我民视”，但民中也有败坏流俗，它们在因循渐积中必然会导致悖道而乱，从而无法运行，只有那些行之千年而不可革者才能确定其合乎天道。在服制而然，在郡县制亦然。以此观之，汉唐几百年长治久安，亦不可谓其无道。

故尔，船山的治统观不仅许可三代之治，像宋儒判定为霸道的汉唐也都被他纳入治统谱系，他的治统谱系还包括了宋明①，而将魏晋、五代、元、清划入治统之断②。所以，船山说：

> 天下之生，一治一乱，帝王之兴，以治相继，奚必手相授受哉！道相承也。若其乱也，则天下无君，而治者原不继乱。……
>
> ……德足以君天下，功足以安黎民，统一六宇，治安百年，复有贤子孙相继以饰治，兴礼乐，敷教化，存人道，远禽兽，大造于天人者不可忘，则与天下尊之，而合乎人心之大顺。唐欲法古帝王之德意，崇三恪之封，自应以商、周、汉为帝王相承而治之绪，是不易之大义，不诬之显道也。③

但是，即便三代汉唐宋明它们同属于治统，这个治统亦非具有一个整齐划一的形式贯穿于历史。“一学宫，而庠、序、校异矣；一大乐，而《夏》、《濩》、《武》异矣；一大礼，而忠、质、文异矣。”④学宫、大乐、

---

① 船山在《宋论》中多次严厉批评宋代皇室私天下之心，最终导致天下沦亡异族，甚至孤秦陋宋相提并论。但他并不会将这种心术以及相关制度建设的批评转化为对一个朝代简化的诛心之论。

② 船山当然不可能预见到，在其身后清朝依旧维系了二百年，时空跨度上几追汉唐。若其泉下有知，质之以此，不知当作何回答。笔者臆测，或谓清朝私意统治中亦有颇多政道合于大公之处。

③ 读通鉴论：唐玄宗一九［M］//王夫之．船山全书：第10册．长沙：岳麓书社，2011：851-852.

④ 读通鉴论：东晋成帝七［M］//王夫之．船山全书：第10册．长沙：岳麓书社，2011：480.

大礼三代皆不相同，崇尚的德目如忠、质、文也不同，这是政治在历史中的变迁性。

政治又具有继承性和不易性，“若夫百王不易、千圣同原者，其大纲，则明伦也，察物也；其实政，则敷教也，施仁也；其精意，则祇台也，跻敬也，不显之临、无射之保也；此则圣人之道统，非可窃者也”①。这种百王不易、千圣同原者不像明堂辟雍一样，是一个可以被夷狄盗贼轻取模仿的东西。它的不易性并非在于外在规定，而应当从两方面理解：

其一，明伦、实政、敷教、施仁固然会在历史中具有作为典章制度的具体形态，但它又始终在历代损益中流变，其不易者乃是制度背后之精义，也即本书上一章论述的虚德。

其二，只有从政者将自己的生命实践以诚的状态投入其中，制度本身方能运行无滞。明于人伦不是知有孝悌之理，必得行了孝悌之事方可称为明伦；察万物之情不是理论知识的学习，必得人以仁爱之心通于天地万物，方能体会万物一体之境界，尽己尽物参赞化育。成己成物不是个体修身而已，必得推扩出去，推己及人，教化百姓，施行仁政，方算得落到实处。而自始至终需要的是行动者端己恭正、戒慎恐惧、格致诚正的精意。

由此我们可以看到船山不赞成汉唐霸道说的更深层原因是，他认为真正的道统与仁义不可能被心怀鬼胎之人假窃。朱子曰：“太宗之心，则吾恐其无一念不出于人欲也。直以其能假仁假义以行其私，而当时与之争者才能知术既出其下，又不知有仁义之可借，是以彼善于此而得以成其功耳。若以其能建立国家，传世久远，便谓其得天理之正，此正是以成败论是非，但取其获禽之多而不羞其诡遇之不出于正也。千五百年之间，正坐为此，所以只是架漏牵补，过了时日。其间虽或不无小康，而尧、舜、三王、周公、孔子所传之道，未尝一日得行于天地之间也。”② 夫子尝谓：“吾谁欺，欺天乎？”“呜呼！曾谓泰山不如林放乎？”船山之论或可与之类比，汉唐之君谁欺，欺天乎？欺民乎？曾谓天不如林放乎？

这里还需要注意的是船山赋予了道统“实政”的内容，使得道统不是宋儒心性意义上的传承，而是历史性与政治性意义上的。孟子曰：“徒善

---

① 读通鉴论：东晋成帝七［M］//王夫之．船山全书：第10册．长沙：岳麓书社，2011：480.

② 晦庵先生朱文公文集：卷36［M］//朱熹．朱子全书：第21册．上海：上海古籍出版社，2002：1583.

不足以为政，徒法不能以自行。”法是盗贼夷狄可窃的，但善不可窃，果能诚心向善，则盗贼夷狄亦不成其为盗贼夷狄也。船山道统具有的多层次性（心性、实践、政治、历史）既决定了它的不可窃性，也决定了它和治统互为表里的意义。道统必须借由治统获得其实现，治统必须以道统为其根基。张铁夫先生对船山治统与道统的关系有如下论述：

> 三代以后，天下形势大变，社会一治一乱，国家一离一合，“治统”时绝时续。在这种新的历史条件下，“道统”从“治统”中分离出来，具有了相对独立性的形态。从孔子开始，修明和传播“道统”的工作变成了儒者的专业。因此，“道统”便又被称为“儒者之统”。这时候，“治统”与“道统”的关系，亦即“帝王之统”与“儒者之统”的关系，虽然在根本方面不可能有大的改变，但在形式上也出现了一些明显的变化。王船山说：“儒者之统，与帝王之统并行于天下，而互为兴替。其合也，天下以道而治，道以天子而明；及其衰，而帝王之统绝，儒者犹保其道以孤行而无所待，以人存道，而道可以不亡。”这就是说，虽然“道统”有了相对独立的传承系统，但它的历史命运与“治统”仍然是唇齿相依，紧密相连的。“治统”兴则“道统”显，“治统”绝则“道统”隐。当二者结合的时候，国家由于实行“道统”而大治；而“道统”则由于天子的实行和倡导而大明。当二者分离的时候，“道统”不行则天下离乱，“治统”便会断绝，而“道统”则因有儒者的保存得以不亡。但只要“道统”不亡，“治统”也就有复兴之日。①

“道统”既然是“治统”的根基，那么它就必须具有经史实学之内容，而不能是隔空相传的心性证悟。所以船山在《读四书大全说》中说道：“故‘君子之泽’一章但言道统，不言心法。圣人、君子到此初无二致，只件件与立人纲，修人纪，更无安、勉之分。和靖强与分析，以犯异端之垒（心法），朱子未与折衷，亦疏矣。”② 道不是超时间的“正法眼藏，涅槃妙心”，儒者传承的道统也不是禅宗式的超历史印证或口耳秘传，它必须在历史中通过一代代儒者的教化传承，因此道统必然是具有历史实在性的，是在历史中展开的。那么道统和历史是怎样的关系呢？

---

① 张铁夫. 论王船山的治统思想［J］. 船山学刊，1992（1）.

② 读四书大全说：孟子：离娄下篇［M］//王夫之. 船山全书：第6册. 长沙：岳麓书社，2011：1024.

（2）道统与历史。

道统说很容易被理解为某种现成存在者的代代传承：允执厥中四句心法、真如佛性抑或衣钵袈裟。这表面上看起来是道在历史中不断被追寻、获得与传承，其实如此理解的历史已是失去了真正历史性的杂多现象堆积，而道也不再是历史的展开，而是永恒超越者外在地穿梭于兴亡更替万事万变时，偶然性地与个体发生关联，在个体身上获得一种印证而已。而在船山看来，**道不是外在于历史的某种本体或与主体相对的客体对象，也不是内在于主体的先天本体（自性具足并能够通过某种经验或超验的方式通达），而是民族精神自我展开的历史性道路，它就是历史性世界自身的条理秩序在生成变易中不断向源头回归并获得更多丰富性的道路本身**。每个圣贤都是从开端而来，通过对历史与经典（这两者是一而二，二而一的）的诠释，呼应着其所处的时势，将自身融入历史之中，此即为道。在此意义上也可以说，韩愈和宋儒所言道统并不错，尧舜禹汤文武周公孔曾思孟传承的是一个道，因为历史是一（四圣一揆），每个人来自历史，又融归历史，历史是每个人的限度。所以真正的道统不是去克服历史的约束与阻隔，在横跨千年暗无天日的霸道世界去接续某种断裂，而是去理解个体生命的历史性与民族道路的历史性，由此通达道的历史性并深刻地认识到，我们对道的一切理解都是内在于历史的。或者，更根本地说，历史不是对道统的阻隔与断裂，也不是道坠落到世界之中的无奈沉沦，恰恰相反，是历史使得道统得以绵延，道统使历史获得意义，这两者根本上是个统一体。

伽达默尔指出，时间不是一种必须被沟通的鸿沟，乃是植根于其中的事件的根本基础，时间距离由习俗和传统的连续性所填满，流传物才向我们呈现。所以我们并非必须克服千年的历史，回溯到文武周孔的时代，去试图获得那个假想中的历史事实或文本真相，才能理解文武周孔所看到或证悟的道体。以此观之，清儒虽然嘲笑宋儒的道统说，但他们实际上继承并改造了道统说并纳为己用，这样"四圣一揆"部分我们已有分析，此处再拓展开来略为阐发。

反权威，反传统，看起来是宋明儒的基本倾向。"道统说"的实质是对汉唐经学传统的批判，依仗的是一个在道学家们看来更高、更具有普遍性的东西：天理。天理对时间和历史的超越性，以及天理展现在万事万物和人心中的普遍性，给予了理学家对经学传统进行批判的合法性，这种合法性能够让理学家们得出这样的结论：在汉唐的千年历史中，天理并未得到世人的明晰理解，这导致汉唐经师们对经籍皓首穷经的注释训诂与家法师传都成了虚文。

譬如说，在朱陈之辩中，双方对于汉唐的分歧，即出于各自对道与历史关系的不同思考。汉唐应当定性为王道还是霸道，以及如何定性三代，都不只是史实考订的分歧。这首先表现在两人对三代的理解不同：朱子以三代六经为粹然天理，故当效法之。龙川则依凭三皇五帝之道对三代进行质疑，其目的并不是要瓦解三代之治的理想性合法性，而是为了说明三代之治并不是一个客观事实，而是经过后之圣贤（孔子）笔削与诠释的“点铁成金”，才在世人眼中呈现为完满的政治理想。这种对历史的重构并非新鲜事物，早在先秦，道墨农法诸家也都以自己的方式重新诠释先王与历史，将不同的圣王时代诠释为至善之治。但在千五百年之后，当儒家的圣王诠释早已成为人人默认的“事实”，龙川之论反倒显得惊世骇俗。尤其是，当他还想效法孔子，将这种诠释方法应用于汉唐，更是让朱子感到无法接受。因为在朱子看来，历史绝不像近人所言任人打扮，而是无容粉饰更改。

进而言之，对历史事实性的理解不仅仅是一个史学理论的问题，它必定关乎对道，或曰真理的理解。朱子在将道视为亘古不变之物的同时，也将文本意涵、圣人之意以及历史现象都视为某种固定不变的，可能或不可能获得的现成之物①。在此意义上，朱子决不接受“《诗》无达诂，《易》无达占，《春秋》无达辞”这样的思路，而是认为后人面对这些经典，或是能够考证还原出其最终“本义”，或是迫于文献不足无法寻获真相，付诸阙如。而龙川则似乎将历史视作可以被诠释改变的东西，这种理解和近代思路不同之处在于，诠释不是服务于政治目的的事实篡改，而是复杂的势态或人物从不同角度显现的丰富可能，它无涉乎事实层面的基本真相，而主要落在过程与目的层面的阐发。譬如龙川不会否认玄武门之变唐太宗杀兄的的既定事实，而是对太宗心术及其整个政治生涯内在目的给予重新解释。历史原非仅仅寻求最现成意义上的事实真相还原，那样的东西只可能在最简单的个体事件中才可能找到。一旦涉及稍微复杂的事态，尤其是政治事件，其丰富的面相绝不可能为“事实真相”所完全把握。

在现代诠释学看来，诸如事件、文本、此在这样的存在者都不能仅仅被理解为现成存在者，尽管它们包含属于这个层面的物性因素。除了就其

① 可参看本章第一节所论朱子经学尤其是春秋学态度。

现成存在者层面把握的“事实真相”，它们的存在还具有历史性，也即是其存在意义的生长变化与自我展开。意义诠释不是加诸“事实”这个“在下支撑者”之上的附加价值，而是其存在本身的生成[①]。龙川的思想尽管不同于诠释学理论，但他对道与历史关系的直觉中，有着超出道学真理观之外的对变化生成意义的敏锐洞察，所以会提出“点铁成金”的主张与历史思考。不过，龙川没有看到“点铁成金”必要的条件、限度与自我节制。圣人形象与三代历史如果缺乏足够的效果历史沉淀，存在意义的生长不够充分，便无法承载起民族的政治伦理世界。孔子作为继往开来者的点化，先秦诸子在理论与政治实践上的论争交锋，以及学者们对两汉经学的诠释与致用，使得孔子与作为三代之史的六经成为一个丰富的意义宝库，其为民族文明奠基的意义是后来者所不能取代的。所以龙川辨析汉唐君王心术及其本领合乎天理诸论犹可商榷论订，其“点铁成金”以汉唐媲美三代的目的却注定不可能实现。唐代典制尽管可能成为后世实质意义上的“王官之学”，却绝不可能取代六经。相反，后世每有制度礼法的重大争议，总是会返诸经义以求其正。总之，三代与圣人依凭恰当的距离与契机，才能承载历史和理想双重存在之中道，这是诸多必然与偶然因素共同作用的结果，后世不可复制。

虽然三代与圣人承载中道后世不可复制，但这不是走向另一个极端、腰斩历史的理由。对历史与现实政治黑暗的批判固然是儒家不能够舍弃的基本立场，但如果为此而付出的代价是，仅固执道之不易一端，而将历史、经典与生命的存在理解现成化，势必也会削弱儒学自身的丰富性、开放性与历史性。譬如，经典诠释的目的如果只是寻求一个始作之本义，或者从中抽取粹然天理[②]，那么一代代经传注疏都仅仅成为反对或赞成的对象而已，最多是上墙抽梯，通达本义的筌蹄而已，而不可能被视为对经典存在本身的展开与生长。历史研究的目的如果只是寻求一个侦探小说似的唯一真相，那么历代史书也不必以纪传志表的方式互见出一个充满生命光彩的鼓荡乾坤，只需记录下诸多原始事实数据即可，但这样的历史也将失去其守护文明血脉之力量，最多成为解剖归类的资料大全或茶余饭后评头论足的谈资，无法再成为学者磨砺良知、智谋与判断力的真实战场。

---

① 参看海德格尔《存在与时间》（陈嘉映、王庆节译，生活·读书·新知三联书店，2000年）第33、34、59节，加达默尔《真理与方法》（洪汉鼎译，上海译文出版社，1999年）第一部分Ⅱ-P2与第二部分Ⅱ-P1-c。

② 按照朱子的思路，两者一般来说是统一的，因为圣人述作之义即为天理。

宋儒“道统说”的思路在清儒看来是师心自用的独断论，清儒认为与其依靠争论不休的对天理的体悟来把握道，不如对文本自身的文理与字句做出更加合理化的解读，因为文本自身就包含着所有义理的源泉。船山将《春秋》比作义海其实从某种程度上昭示着清儒的道路方向。但这个道路方向由于清廷的高压，最终成了“有尾无首”的乾嘉之学。清儒对于经学权威的不断上溯与破除，表明了他们不断追求彻底无权威与无前见的理想，并以此批评宋明儒使用自己的前见去任意理解，乃至篡改经书的举措。这种试图脱离前理解的道路导致的结果是，当经学果真不再构成很多清儒的前见时，也随之无从进入并塑造他们的伦理与政治生活，如此一来，经学研究就向着我们今天所谓的纯学术道路方向转变，“百行法程朱”失去了基本的理解的贯注，注定会变成无源之水、无本之木。清儒反独断论的态度并未能导致流传物的意义连续性认识，我们就是在这个意义上论断，事实上**清儒只是将宋儒道统说改造成为自己的道统说：“六经尊服郑，百行法程朱。”宋儒将汉唐经学视为断裂，清儒则将宋明理学视为断裂，而且这种忽视真理历史性与流传物意义连续性的思路会自我推进到极致。晚清今文经学上溯孔子和古文经学之嫡子疑古派最终导致以周予同为代表的对经学的彻底历史科学化：**“经学已经死亡，现在要研究的是作为客观科学的经学史。”

故清儒尊尚的传统经学并非将传统置于历史中，并让其与自己当下的时代与生命相连，而是对传统与历史和当下的关联的割裂。这样一种与时代无连接的好古势必会导致纯粹年代上的以古为贵，以古为贵总是伴随着对较近之古的怀疑，考据与疑古的基本动力便是与此相关。

对宋学与清学内在关联的简要勾勒①，使我们更加能够理解，**历史年代的遥远并非需要逾越的距离，反倒是使得流传物——历史与经典——得以赢取更加丰盈存在的条件**。没有一个历史主义还原论意义上的如其本然的孔子之道，孔子之道总是在历史中通过纷繁人事与经典诠释不断地获得开显与遮蔽，汉唐宋明清诸儒并没有哪一家一派独得孔门嫡传，他们都通过自己的伦理—政治实践与思想诠释，使自己乃至其所处时代呼应、践履、丰富着孔子之道，所有这些行动都是源自传统又融汇于传统。因此，

---

① 宋学与清学这种内在逻辑关联早有前人指出，譬如钱穆先生在《近三百年学术史》颜习斋一章中就对颜李实学与阳明心学的内在关联做出精彩分析，本书只是提供另一种理解此关联的视角。自然，依照真正的历史性理解，历史与思想不可能有真正的断裂，此关联也是顺理成章之事，问题只是在于如何从各种层次将这种关联脉络梳理清晰。

每一个后来的儒者都必须让自身在双重意义上汇入传统。

第一重意义是生存论意义上的，自身生命践履的投入，也即是，并非所谓客观地以学术态度审视传统，而是让自身生存的视域与历史上的大儒们融合，“同情之理解”似乎还不足以尽其蕴，除非我们在诠释学生存论意义上将“理解”视为人最根本的生存结构。我们可以以清儒为典型来分析这个问题。

清儒所做的事情其实并不如他们自认为的那样是对宋明理学的拨乱反正，从某个角度来说，其实是宋明理学的发展与完成，即“道”与“时”（生成、理势、时几、境域）分离的最后完成与确定，虽然这种分离曾经在明末清初思想家那里拥有挽回的契机。当清儒将经学研究固定为义理、辞章、训诂三者关系的时候，“时”就被更近一步地剥离出了“道”的范围。宋明儒虽然对于天理的理解具有去时性，但他们还是认为分殊之理的领会必须在“时”中获得，这个“时”必须是与格物致知者的当下生命情境息息相关，鉴于大部分人对天理的领会不可能是全体大用无不明的，故所穷的具体之理并未脱离“时”而孤存。只是当圣人理想，也即是天理的获得在晚明逐渐成为唾手可得现成之事，“时”的情境性才逐渐被抹平为无差别情境。而在义理、辞章、训诂这里，如果还有对义理的追寻的话，那也只剩下经书文本内在的梳理，这种梳理尽管并不可能完全脱离经书中的“时”（譬如对《春秋》事件义例的探讨），但丧失了与当下生命体验的沟通与呼应，就在很大程度上使得思想与经书的理解对话变成了单向度的对客观事实或者固定义例的探寻。这种单向度的探寻不是真正的对话，而是类似于口试或医生询诊对答，即“只是把谈话的一切实质内容仅仅作为了解他人视域的一种手段。……理解流传物的意义而无需自己与该流传物相一致，或在该流传物中进行理解”①。这种倾向最终导致的后果是：“它使本来只是手段的东西成了一种目的。历史地被理解的本文实质上被迫离开了要说出真相的要求。……从根本上抛弃了那种要在流传物中发现对于我们自身有效的和可理解的真理这一要求。”②

此外，事情并非仅止于此，在口试或医生提问式的谈话中，提问者的视域是更广阔、更具有理解力的视域，它可以涵盖学生或者病人回答的几乎所有诠释可能，除非出现某些天才学生的异想天开抑或是某些新的未知

---

① 加达默尔. 真理与方法［M］. 洪汉鼎，译. 上海：上海译文出版社，1999：389.

② 同①.

症状，一般地说，学生或病人的回答不会超出教师或医生的视域之外。所以上述谈话方式只有在如此狭窄的情境下才能够具有其有效性，经学则并非如此，甚至可以说恰恰相反。因为在理想的经学诠释学中，经学应该相对于试图进入其中的诠释者来说，具有更加普遍广阔的空间，或者说视域（如果我们把视域做一种超越主体性的理解的话），即作为能看到的一切的前提：一个在先的敞开空间。因此经学诠释学如果拒绝将自身置入经学视域，也即是，为了保持所谓研究的客观性而先行切断诠释者的生命实践与经学诠释两者之间的关联，那么，导致的结果就是，诠释者永远无法将自己的视域提升至一个更加宽广卓越的层次。显然，这也必定导致诠释者意识不到经学史本身的历史深度及其对诠释者的渊源性与规定性，而那所谓的由训诂至辞章，由辞章至义理的理想研究也注定不可能理想地实现。

第二重意义是诠释学意义上的，在审视传统时时刻保持效果历史意识，将道统理解为整个儒学史乃至民族精神史的统一。一个儒者只有让自己的精神走过整个民族精神史的道路，与每一代的大思想家对话，方能领会道统。因为作为统一整体的民族精神史先于分殊的部门专家研究，通史之理解对于专门史理解始终起到背景视域的作用。我们并不是要否认每一代儒者努力穿越历史的层层积累回归所谓的纯正源始儒家的冲动，恰恰相反，前文所述反倒为这种冲动提供了内在的合法性说明，只要这种穿越不是截断众流的师心自用，而具有溯洄从之道阻且长的沉潜耐心，以及始终保持敬畏之情。因为每一代儒学的积淀都意味着对源头的某种开显，同时也是遮蔽，每个人都身处传统的河流，都受到时代的遮蔽与逼迫，没有人能够一夜飞渡镜湖，面对那个月之本体。

总之，历史不是某种外在的超越者借以实现自我的工具，历史的意义不是外在的添加附着，譬如作为通达某种绝对本体所必须借助、依凭或勘破超越的阶梯，这样的外在意义最终必然会摧毁历史的一切意义乃至弃绝生活世界，因为在超越性的绝对者面前，历史必然会被抽象处理，从而失去其历史性，沦落为可以任意处理的某种材料，不管它是足资借鉴的经验教训，还是钩沉索隐的兴趣对象。当然，反过来说，当历史被消解为与真理没有必然关联的事实史料堆积的时候，传统与经典，尤其是那些历史性非常强烈的经典，必然会受到追求真理者的忽视，甚至以其为“迹”为理由的拒绝。整个晚明心学，尤其是狂放一路便是以此来高扬个体主体性，并将历史虚无化。只有将历史视为意义本身的生成过程，道统说才可能真正地内在于历史并获得其历史性。

还需要补充的是，我们强调的走过整个精神史并非是要学者学无所依，沿门持钵，或者持一种相对主义真理观。学有所宗和不持门户之见之间并无矛盾，这是因为：首先，没有独自自为存在的个别现在视域或所谓的个体视角，每一代视域都是从历史中延续并生成的，“理解其实总是这样一些被误认为是独自存在的视域的融合过程。我们首先是从远古的时代和它们对自身及其起源的素朴态度中认识到这种融合的力量的”①。其次，每一个真正的诠释者要真正理解自己视域的历史渊源，就必须要面对前代诠释者的中道努力，让自己的视域向着所有前代诠释的历史开放，并获得融合，方能够给予诠释更加广阔的普遍性。人只有守持住自己的志向，让自身的生命具有一以贯之的统一性，其视域才可能在真正意义上保持开放状态，不断地在更高、更广阔的视野中前行。正如伽达默尔所言，保持开放状态的视域融合并不是丢弃自己的立场，而是“意味着向一个更高的普遍性的提升，克服自己与他人的个别性，产生卓越的宽广视界。不是避而不见近在咫尺的东西，而是在一个更大的整体中按照一个更正确的尺度去更好地观看这种东西”②。

最后，上述双重意义是不能分离的，因为人生存结构的时间性决定了人的生存必然是诠释学的，人只要活着，就是在对历史性世界的诠释理解中展开生存。反过来，诠释的生存结构也敦促我们必须放弃理想的客观对象或道体本身这样的形而上学追求。舍弃这种追求并非拒绝寻求精神家园，而是只有如此方能让每个人的精神在历史中投入真正的冒险与决断。

道统的绵延必然是通过历史性生存的人来获得其彰显，历史要求每一个儒者在自己的时势中去应对、决断、求中道，并通过这种实践丰富道路可能性。儒者的这种实践与坚守，船山称之为儒者之统。

> 儒者之统，与帝王之统并行于天下，而互为兴替。其合也，天下以道而治，道以天子而明；及其衰，而帝王之统绝，儒者犹保其道以孤行而无所待，以人存道，而道可不亡。
>
> 魏、晋以降，玄学兴而天下无道，五胡入而天下无君，上无教，下无学，是二统者皆将斩于天下。乃永嘉之乱，能守先王之训典者，皆全身以去，西依张氏于河西；若其随琅邪而东迁者，则固多得之于玄虚之徒，灭裂君子之教者也。河西之儒，虽文行相辅，为天下后世

① 加达默尔. 真理与方法［M］. 洪汉鼎，译. 上海：上海译文出版社，1999：393.

② 同①391.

> 所宗主者亦鲜；而矩薙不失，传习不废，自以为道崇，而不随其国以荣落。故张天锡降于苻秦，而人士未有随张氏而东求荣于羌、氐者。吕光叛，河西割为数国，秃发、沮渠、乞伏，蠢动喙息之酋长耳，杀人、生人、荣人、辱人唯其意，而无有敢施残害于诸儒者。且尊之也，非草窃一隅之夷能尊道也，儒者自立其纲维而莫能乱也。至于沮渠氏灭，河西无孤立之势，拓拔焘礼聘殷勤，而诸儒始东。阚骃、刘昞、索敞师表人伦，为北方所矜式，然而势屈时违，只依之以自修其教，未尝有乘此以求荣于拓拔，取大官、执大政者。呜呼！亦伟矣哉！
>
> 江东为衣冠礼乐之区，而雷次宗、何胤出入佛、老以害道。北方之儒较醇正焉，流风所被，施于上下，拓拔氏乃革面而袭先王之文物；宇文氏承之，而隋以一天下；苏绰、李谔定隋之治具，关朗、王通开唐之文教，皆自此昉也。一隅耳，而可以存天下之废绪；端居耳，而可以消百战之凶危；贱士耳，而可以折嗜杀横行之异类。其书虽不传，其行谊虽不着，然其养道以自珍，无所求于物，物或求之而不屈，则与姚枢、许衡标榜自鬻于蒙古之廷者，相去远矣。
>
> 是故儒者之统，孤行而无待者也；天下自无统，而儒者有统。道存乎人，而人不可以多得，有心者所重悲也。虽然，斯道亘天垂地而不可亡者也，勿忧也。①

在船山看来，魏晋之时，南方玄学盛行，儒学衰弊，北方五胡乱华，治统大废。治统、道统几乎都将断绝，是西河之儒保存住天地间不绝如缕之一线道统，甘心困于一隅，无求荣于夷狄，韬光养晦，自修其教，方有后来隋唐之文教。所以，真正的儒者既有对道的担当，也有对己之自信，天下无道之时，正是舍我其谁之日。

这种对儒者之统的理解提醒我们两个问题。其一，船山理解的儒者之统，也即是道统，是与历史人事相与始终的，又是与具体的经师家法、传道授业之学不可分离的。所以，道统也即是儒者在历史性世界中以自身生命的深切践履诠释并传承先圣经典的教化之统。其二，就广义史观来说，儒家尽管不像道家那么强调道不可避免地衰退的趋势，但大体也会承认，人伦世界的秩序总有向着混乱状态跌落的趋势（未必是历史趋势）。然而，

① 读通鉴论：宋文帝一三［M］//王夫之．船山全书：第10册．长沙：岳麓书社，2011：568-569.

人总是应该，也能够通过努力与此倾向抗衡，保持或回复某种“治”之势态，这种努力的最高典范即是圣王，孟子“五百年必有圣人出”及其圣人谱系的建构也是这个意义。尽管后世儒者不再像孟子那样以圣者自负，但他们以成圣自期的抱负与济世之担当，与先圣并无二致①。由此而来的根本问题就是，应当依凭怎样的德性与本领，立足怎样的资源，才能够遏制住世界向黑暗混乱跌落的趋势。在此问题上，尽管专业学者习惯的反应是四书五经道学经学，但其实一般国人最耳熟能详的一个答案恰恰是“以史为鉴”。船山一生在天崩地解之世躬行着儒者之统的理想，那么他晚年著作《读通鉴论》作为史论，是否昭示了儒者应当怎样去面对历史，才能回应历史的逼迫与召唤，走上坚守道统的道路呢？这是本节最后一部分要讨论的问题。

5. 以史为鉴

“以史为鉴”是中国史学始终标榜的价值所在，然而这种价值并非没有受到过怀疑与挑战，尤其是在历史主义泛滥，而历史材料积淀的浩瀚已经成为学者巨大负担的今天，历史不再被认为是赢获生命—伦理—政治真理之渊薮，而沦落为学者为着纯粹个人兴趣钩沉索隐，寻求所谓客观事实的材料库，这种情势下更需要我们对“以史为鉴”这种说法的深刻追问。

“以史为鉴”最有名的出处自然是唐太宗与《资治通鉴》，其最早的付诸明确文字之出处当属《说苑·卷三》：“春秋国之鉴也。”但这个思想可以说自《尚书》起就贯穿于整个中华历史，而《尚书》这样的古代政治文献之所以编纂也是出自“以史为鉴”的民族意识。“以史为鉴”在古代的主要指向是政治层面的，是为了知历朝兴亡得失，以供本朝政治取法。当然，在古典政治理念中，政治不是契约论式的利益博弈，政治的本质是为了使天下之人皆能通达一种更加高贵美好的生活，是为止于至善。因此古典政治理想必然包括伦理生活要求，因为只有人心向善，天下方能长治久安。伦理生活的要求在古典政治体系中是通过自上而下的教化实现的，除了政治文献记载之外，先王先圣的教化也是史鉴的重要源头，这两者便是六经的来源。后来如《论语》《孟子》等先圣教化之迹也逐渐被纳入经的行列，并最终被定为十三经。所以后世“以史为鉴”意义上的史显然不是经，它主要指的是自战国以降的历史记载，尤其是正史，或依据正史修订

① 横渠曰：“学必如圣人而后已。知人而不知天，求为贤而不求为圣，此秦汉以来学者之大弊。”

的其他体例史书。这个传统从汉初兴起，以陆贾、贾谊为典型，反思前数代兴亡，尤其以秦之速亡为鉴。既然要正得失，对当下的政治生活起到指导作用，自然是前朝或本朝前王之史最具有现实意义，因为理随世迁，知古而不知今必将陆沉。这也是为何自唐以后，本朝的祖宗之法、政要、名臣言行录等政论性质的材料汇编一直占据重要地位①。就此而言，虽然从源头上来说“六经皆史”并没有问题，但我们还是可以做出分殊，即就对伦理—政治的指引来说，经学更偏于义理性的指示作用，而史学则偏于具体实政的指示，但这只是倾向，而非判然两别，在实际的伦理—政治生活中，两者的影响往往是难以分殊的。

以史为鉴，从历史中总结出经验教训以指导伦理—政治生活，这种说法很容易引起现代人科学主义思路的误解，即认为人应当做的是以归纳或演绎的方式从历史经验与事理中获得某种客观规律，再反过来将此客观规律应用到当下的个体生活中去。实际上不仅仅是近代西方科学主义，理学家如前分析，也有此种倾向。

另外，自狄尔泰、海德格尔、伽达默尔以降的传统在为精神科学重新奠基的努力中重新发现了历史性在人文学科或曰精神科学中的重要意义，但这并不是说，精神科学因其固有的历史性因素以及人在历史中的有限性，必须满足于一种模糊而变动的理论框架，并因此相较精密科学如逻辑学、数学、物理学而低人一等。恰恰相反，精神科学研究者的思考显示出，逻辑学、数学、物理学并非像其标榜的那样是一个自洽的严格科学体系，事实上一切现成的学科划分以及体系构建都是基于某种存在论的开启，而存在论不是一种可以任意建构学习的世界观，它是具有历史性的人在民族的历史性世界中承担并守护的一种天命，存在论必然是生存论意义上的，也必然是具有历史性的。因此，精神科学反倒是一种更加严格的、始源性的思考，也必然要求人生命的投入与践履，这种人最源初意义上的行动，是不可能也不应该抛开历史的。而精神科学的最高目标也不应当是在理论化思维的道路上推进思考进程，而是人投身于天命洪流中，希圣希天，获得生命形态的不断提升，并推扩出去，继绝开来，努力止于至善。

在中国政治—伦理传统中，我们最耳熟能详的以史为鉴方式，是援引先王先圣或先人的德性、行动或言语，与当下情境类比，以期指引当下的

---

① 详情可参看邓小南《祖宗之法——北宋前期政治述略》（生活·读书·新知三联书店，2006 年）。

伦理—政治生活。近代以来的中国学人多倾向于以西方科学主义来批驳中国传统史学停留在经验类比层面，没有走上真正的科学道路，并且进一步认为，事随时迁，前人的经验如果不能够转化为理论思考，仅仅是经验性类比，对当前时代的指导无异于刻舟求剑。当然，这种批评并不是近代才有的，事实上这种批评最鲜明的声音始自法家，而且这种思考向度也是内在于儒家传统的，不唯朱子，在整个宋明道学传统中都始终有着对于史学传统无本的批评，在工夫论层面也相应地将史学置于较后且不乏危险性的工夫道路。正如唐君毅先生指出的："中国宋明以来之儒者之评论历史，或偏重历史上人物如何应付当时之环境，道德上之是非之批评，如朱子《通鉴纲目》。或偏重人之应事之道之利害得失之批评，如吕东莱苏氏父子之论史。司马氏之《资治通鉴》，则初意在由史事以教人君，知是者之为利，而非者之为害，以寓道德教训，亦兼示人以应付事变之方者也。凡此等等，皆或未能重视一史事所由成之时势，对整个历史文化上之影响与价值，或未能真由历史以观文化之流嬗；或未能以文化为历史之本，以觇世运之升降；或未能以一历史之事变，与支持此历史文化之民族之存亡绝续之关系为主题，而论其得失利害于万世。"①

不过，偏于史学的儒者如东莱、安定、龙川、水心以及湖湘学派和浙东学派学者也始终构成不可忽视的力量，其传统在明清之际更是和道学之反思与经学之复兴合流，构成了所谓实学转向。所以我们可以看到，龙川在与朱子的论辩中其实便已经有相当的意识，他在给朱子的《乙巳春书之二》中说明了自己为何要为汉唐辩护：

> 至于"全体只在利欲上"之语，窃恐待汉唐之君太浅狭，而世之君子有不厌于心者矣。匡章通国皆称其不孝，而孟子独礼貌之者，眼目既高，于驳杂中有以得其真心故也。波流犇迸，利欲万端，宛转于其中而能查其真心之所在，此君子之道所以为可贵耳。若于万虑不作，全体洁白，而曰真心在焉者，此始学之事耳。一生辛勤于尧舜相传之心法，不能点铁成金而不免以银为铁，使千五百年之间成一大空阙，人道泯息而不害天地之常运，而我独卓然而有见，无乃甚高而孤乎？宜亮之不能心服也。②

---

① 唐君毅. 中国哲学原论：原教篇［M］. 北京：中国社会科学出版社，2006：431.

② 陈亮. 陈亮集［M］. 北京：中华书局，1987：349.

龙川主张为学须得如孟子般能从驳杂中见出其真心，而不是如始学者只能从“全体洁白”方能见出真心。要注意，龙川这里的表述很容易被误读，认为在龙川看来，道学主张“万虑不作，全体洁白”方有真心，但这只能算是始学之事①。这种解释初看起来恰好能够与程朱学派的某些入门工夫关联起来，但实际上，龙川这里想要说的不是为学者自己的修身工夫，而是评判他者所采取的原则，他真正的意思是：始学者没有足够的判断力，无法从复杂的历史、政治事件中去把握复杂的人心变化，因此只能在特别简单明了的情况下才能判断出心术状况。这是在讽刺道学只能在“全体洁白”的圣人身上才能够看到真心，遇到人心与历史的复杂情况便无所措手足，只能一概抹杀。龙川认为自己追求的评判历史的境界才真正高明，能够于“波流犇迸，利欲万端”的复杂情境下，牛毛茧丝无所不辨，还历史以实情真心。姑且不论龙川自己能否真的达到此境，至少他试图从历史中达成的此种诉求并无问题，也即是说：历史不是用义理简单评判的对象，而是磨砺判断力的战场。打个比方的话，历史不是用义理（或义例）之刀任意切割的豆腐，而是不断地与已知义理相互砥砺切磋的磨刀石，如此方能于纷杂万端中察得真心所在——其实亦是义理所在。

龙川所论其实并非朱子真正关切的第一义问题，在朱子看来，王霸义利之辨首先不是如何评判解释历史，而是如何能够把握最重要的评判尺度——天理人欲之辨。对历史的评判是用，把握尺度才能得体，学者当由体生用，而非舍体逐用。龙川虽然比较拒斥形而上不变本体的求索，但他未能建构起真切细密的体用学说，因此无法反驳朱子关于立本当以尽者为法，何必效法汉唐之论，也就无法反驳朱子从四书求取粹然义理然后用之于史的思路，而只能无力地为汉唐争得寸土而已。

接下来我们考察“以史为鉴”的意义，首先澄清常见的错误理解。

（1）错误的历史态度。

船山反对如下三种对待历史的态度：**流俗见解**、**谲诈之论**、**盲目复古**。下试详之。

1）流俗见解。

此义可参看上一节“《春秋》无常例”部分，已有详论。大义为，船

① 譬如说程朱学派多有学者认同初学者可以静坐收其放心，以补小学一段工夫。当然，程朱都不会把这当作圣贤境界，而一定要强调进学致知，事事物物皆不可放过，这绝非万虑不作的枯木禅。

山认为流俗见解可能不分是非，即便合乎大是大非也不够精审，似是而非的判断不能真正褒君子之是而贬奸邪之非，故不足以令乱臣贼子惧，反徒增褊躁轻佻之情绪，远乎君子之道。此外，精审的目的指向伦理—政治实践，伦理—政治实践必定要求成与得，但成与得只是通达至善的必由之路，如果将它们本身视为目的，就会导致船山反对的第二种面对历史的态度。

2）谲诈之论（情感主义）。

这个态度其实是现代人最熟悉的面对历史的“自然”理解，即通过历史获得所谓的成功之道，实则机诈狡慧，为达功誉目的不择手段，还往往要打着大义之旗号，船山对它提出激烈的批判：“谋尚其诈，谏尚其谲，徼功而行险，干誉而违道，奖诡随为中庸，夸偷生为明哲，以挑达摇人之精爽而使浮，以机巧裂人之名义而使枉；此其于世教与民生也，灾愈于洪水，恶烈于猛兽矣。”① 这种喻于义的批判方向当然是儒家的基本立场，船山特别之处在于并非泛泛讲义利之辨，而是追溯这种历史功利态度的情绪起因：“读项羽之破王离，则须眉皆奋而杀机动；览田延年之责霍光，则胆魄皆张而戾气生。与市侩里魁同慕汲黯、包拯之绞急，则和平之道丧；与词人游客共叹苏轼、苏辙之浮夸，则惇笃之心离。”② 谲诈的历史态度的源头并不是所谓的恶念或功利之心，而是杀机、戾气、绞急、浮夸这些生存情绪。第一点中提及的褊躁、轻佻、忮忿等情绪与之相比差别在于：前者源自阅读者自身的轻浮无根状态，其发用往往还是指向大是大非，虽然有“浅中无当之失矣；乃其为弊，尚无伤于教、无贼于民也”③。而后者则是源自阅读者对于历史人物的移情代入，任由历史人物的情绪支配自己，而没有一个先行的判断与抉择。好的阅读者必然要努力进入文本所展示的意义世界，而不是漂浮其上冷眼旁观，但如果这种进入缺乏先行的心志引领，只是非常个人化的情绪代入，则会造成自身视域的狭隘以及判断的失准，并进而波及读者心性，使得阅读无法再为其提供更广阔的镜鉴，反而通过诸多极端情绪在己身的重演将其导向一种放纵自恣。虽然初衷不是要效法恶人之举，但最终很可能通达无节制的人心唯危状态以及谲诈的行为方式。

① 读通鉴论：叙论三［M］//王夫之．船山全书：第10册．长沙：岳麓书社，2011：1178．

② 同①1179．

③ 同①．

与此相类还有一种情绪化道路也为船山所反对：

读史亦博文之事，而程子斥谢上蔡为玩物丧志。所恶于丧志者，玩也。玩者，喜而弄之之谓。如《史记》《项羽本纪》及窦婴灌夫传之类，淋漓痛快，读者流连不舍，则有代为悲喜，神飞魂荡而不自持。于斯时也，其素所志尚者不知何往，此之谓丧志。以其志气横发，无益于身心也。岂独读史为然哉！经亦有可玩者，玩之亦有所丧。如玩《七月》之诗，则且沉溺于妇子生计、盐米布帛之中；玩《东山》之诗，则且淫泆于室家嚅唲、寒温拊摩之内。《春秋传》此类尤众。故必约之以礼，皆以肃然之心临之，一节一目、一字一句皆引归身心，求合于所志之大者，则博可弗畔，而礼无不在矣。①

类似的表述还有：

览往代之治而快然，览往代之乱而愀然，知其有以致治而治，则称说其美；知其有以召乱而乱，则诟厉其恶；言已终，卷已掩，好恶之情已竭，颓然若忘，临事而仍用其故心，闻见虽多，辨证虽详，亦程子所谓"玩物丧志"也。②

这里船山将程子"读史为玩物丧志"的公案做了一个发挥，或者说是深化。程子原意乃是批评杨慈湖只以博学多识为谈资，而忽略了以史为鉴、磨砺自己的目的，但是对于应当如何读史，公案中并未多论，船山发挥批评的不仅仅是博学多识之读史者，还是那些貌似在对历史乃至六经的阅读和领会中熏陶了自己的善恶观的读者。对这样的阅读方式不能简单地批评其没有进入情境，"悲喜""神飞魂荡""快然""愀然"这样的状态描述显然是相当情境化的，但这种情境化只是一种近似于看戏的审美情境

① 俟解［M］//王夫之. 船山全书：第12册. 长沙：岳麓书社，2011：477-478.《俟解》中还有类似的表述："做经生读书时，见古今之暴君污吏，怒之怨之，长言而诋诽之。即此一念，已知其出而居人上，毁廉耻，肆戕虐者，殆有甚焉。何也？其与流俗诋诽者，非果有恶恶之心，特以甚不利于己而怒怨之耳。有志者，其量亦远。伊尹当夏桀之世而乐，何屑与之争得失乎！且彼之为暴、为污者，惟其以利于己为心也。彼以利于己而为民贼，吾亦以不利于己而怨怒之，易地皆然，故曰出而居人上，殆有甚焉。恶人之得居人上而害及人，天也。晦蒙否塞，气数之常也，安之而已。退而自思，吾虽贫贱，亦有居吾下者，亦有取于人者，亦有宜与人者，勿见可为而即为，见可欲而即欲，以求异于彼而不为风气所移，则孤月之明，炳于长夜，充之可以任天下。"（《船山全书》第十二册第494～495页）与正文所引大意相通，不再详细解释，附于此仅供读者参考。

② 读通鉴论：叙论四［M］//王夫之. 船山全书：第10册. 长沙：岳麓书社，2011：1181.

化，甚至都不是完全投入的看戏，而是一种保持相当距离感的“看热闹”：它没有设身处地于古之“时势”中以共忧患的方式领会情境，思考应对的方式，磨砺自己的“时中”的能力。所以这种保持距离感的“看热闹”其实是给予情境压缩，即依凭在先的某种道德教条或立场让复杂的情境呈现为善恶治乱的简单对立，这种简单对立的后果就是情境丰富性枯竭与坍塌，只剩下作为结果的善恶判定与成败胜负。① 这种态度谈不上什么目的，只是在类乎娱乐的态度下，让历史中的治乱成为触发自己情绪的媒介。这种好恶之情在船山的心性哲学框架内当归于与“道心”相对的“人心”范畴，出自气质之性的同异攻取，只是一种虚浮之情，无助于四端的扩充。是以这种读史徒增长见闻之知，只“知治知乱而已”，而不知“为力行求治之资也”，即人心的权衡判断之精审，是以掩卷而故心不改，并没能建立起人与历史的真正关系。

3）盲目复古。

船山认为历史的意义也不在于要将先王典章法度原封不动地传于后世，因为“以古之制，治古之天下，而未可概之今日者，君子不以立事；以今之宜，治今之天下，而非可必之后日者，君子不以垂法。故封建、井田、朝会、征伐、建官、颁禄之制，《尚书》不言，孔子不言”②。古制不可行于今这是显而易见之事，作史者如果斤斤于这些繁文缛节，便不得圣人之意，徒劳而无功。而后世之人如果一味法古，不仅治不可得，反而会带来糟糕后果。

> 若井田、封建、乡举、里选、寓兵于农，舍笞杖而行肉刑诸法，先儒有欲必行之者矣。袭《周官》之名迹，而适以成乎狄道者，宇文氏也；据禹贡以导河，而适以益其溃决者，李仲昌也。尽破天下之成规，骇万物而从其记诵之所得，浸使为之，吾恶知其所终哉！③

船山并不完全否认制度借鉴的意义，如孟子道先王之政，主复井田什

① 其实，这种历史性世界的坍塌枯竭也不仅仅是理学的倾向，或者说它是理学背后一个更加根源性的时代大趋势推动的，即社会平民化的趋势。戏曲小说的兴起和史学的没落与这种趋势是有内在关联的，最典型的是《三国演义》就是将历史原本的丰富性给予脸谱化、类型化，从而成为广大平民阶层更加喜闻乐见的故事原型。史学下移固然是社会向平民化转型中必要的启蒙，但付出的代价也是显然的。

② 读通鉴论：叙论四［M］//王夫之．船山全书：第10册．长沙：岳麓书社，2011：1180.

③ 同①1181.

一之制，船山说当时战国去古未远，郡县未成，天下之理势犹有与先代所合者。况且民不聊生，若能存先王之政之十一，也能稍救民于水火之中，所以会有“徒善不足以为政”① 之说，但终究不能作为万世之治的依据：“而未成乎郡县之天下，犹有可遵先王之理势，所由与《尚书》、孔子之言异也。要非以参万世而咸可率由也。”②

众所周知，井田制在古代传统中绝不仅仅是简单的土地政策，它始终象征着上古的理想王道，所以直到宋代尚多有儒者主井田可复，这种声音甚至在明代亦未尝消失，但船山在《读通鉴论》中多次辩驳批评这种主张③，认为封建井田之必革而不可复也，乃大势所趋。船山还认为，“帝王立法之精意寓于名实者，皆原本仁义，……其用隐而化以神，固不在封建井田也。井田封建，因时而为一切之法者也。……良法改而精意亡，孰复知先王仁义之大用”④。这里所谓的原本仁义当然是在虚德意义上使用的，并非是说依凭永恒天理来定制用法。下面我们来看船山对历史意义的正面表述。

（2）读史之道。

《读通鉴论·叙论四》清算了错误的历史态度之后，在最后尝试从正面立论，提出万世之治的依据。

> 治道之极致，上稽《尚书》，折以孔子之言，而蔑以尚矣。其枢，则君心之敬肆也；其戒，则怠荒刻核，不及者倦，过者欲速也；其大用，用贤而兴教也；其施及于民，仁爱而锡以极也。以治唐、虞，以治三代，以治秦、汉而下，迄至于今，无不可以此理推而行也；以理铨选，以均赋役，以诘戎兵，以饬刑罚，以定典式，无不待此以得其宜也。⑤

船山以为在变迁的历史中有不变的治道之根基，而且这种“道统”与为政者的诚敬仁爱、用贤教化是分不开的，不论什么时代的为政者，若想获得大治，就必须以此理推行。它的枢机是君心之敬慎不懈，其大用在于用贤、教化、仁民、爱物，这些表述都只是方向的指示，最终存乎一心，

① 读通鉴论：叙论四［M］//王夫之．船山全书：第10册．长沙：岳麓书社，2011：1180．

② 同①．

③ 参看《读通鉴论》秦始皇之一、汉文帝之一六、汉武帝之一〇、宋孝武帝之七、唐高祖之一〇、唐玄宗之一五等。

④ 读通鉴论：唐玄宗一五［M］//王夫之．船山全书：第10册．长沙：岳麓书社，2011：845-846．

⑤ 同①1179-1180．

而没有具体的内容规定可以让人照搬实行以资治：

> 夫治之所资，法之所著也。善于彼者，未必其善于此也。君以柔嘉为则，而汉元帝失制以酿乱；臣以戆直为忠，而刘栖楚碎首以藏奸。攘夷复中原，大义也，而梁武以败；含怒杀将帅，危道也，而周主以兴。无不可为治之资者，无不可为乱之媒。①

君之柔嘉，臣之戆直，攘夷复夏，初看起来都是千古不易之理，然而却可以为乱之媒；含怒杀将帅，这种危谲之道，却可以成为周主兴霸之资。既然如此，为何船山又认为有一种理可以治唐虞、治三代、治秦汉以下历朝历代呢？这里的理其实更加接近于船山通常使用的（虚）德这个概念，或是更广义的治道，不包含固定内容准则，而是一种有待充实的形式指引。治道当然包含仁义礼智这样的德目，但它们不是固定的概念，是落在每个学者心中，随着时势变迁不断被阐释和丰富化的形式结构。每个学者对德目的领会都不同，依凭这种领会所获得的指引性力量的大小、方向以及精微的中道也都不尽相同，每一次实践也都伴随着对领会本身的拓展与深化。此外，德目的形式也不是空洞而无基本规定性的，它是在民族的开端处由一些伟大的民族奠基者开辟的道路所赋予的。这种开端性奠基未必是物理时间意义上最古老的，也未必是一次性的，中华民族的道路就是经由尧舜禹汤文武周孔这个圣王谱系所不断开启规定的，所以船山会说“治道之极致，上稽《尚书》，折以孔子之言，而蔑以尚矣”。这种基本规定性并不能通过形式逻辑推演的命题或命题体系来证成，而是在一个相当宽广的领域中不断流变，而且作为领域边界的规定性一般而言只能批判使用，在某些特别的历史事件中，其应用又会反过来修正领域的边界自身。这是因为这个宽广的领域本身即是民族历史的洪流，每一次领域的变更本质上即是民族历史的断裂与重生。譬如朱子阳明这些大儒都为“仁义礼智”或其他概念如“理”“心”赋予其独特的规定，这些独特的规定并不是浪漫派式的天才独创，而是深深地扎根于圣王谱系、经典诠释史以及民族历史，同时也是概念意义的生成与开拓。

固然，将“仁义礼智”或“天理分殊”理解成永恒固定而又精确严整的概念或命题体系的诱惑始终伴随着一代代的思想者，这主要是以执一的方式出现的。船山深知此中的危险，所以他对自己的著作给出这样的说明：

① 读通鉴论：叙论四［M］//王夫之. 船山全书：第10册. 长沙：岳麓书社，2011：1181.

> 编中所论，推本得失之原，勉自竭以求合于圣治之本；而就事论法，因其时而酌其宜，即一代而各有弛张，均一事而互有伸诎，宁为无定之言，不敢执一以贼道。有自相跖盭者矣，无强天下以必从其独见者也。①

他明确意识到，即便在自己的著作中也可能有无定或前后矛盾之言，但他坦然接受了这种状况，而不是强行切割历史或固执一端以达成理论的完美统一。诚然，每个学者构建理论的时候必然是追求最大的解释力量，但极少有人能够充分意识到自身理论的限度。进而言之，船山这里真正想要表述的不只是他个人理论的限度，还有人这种存在本身相对于“天”而言的有限性：人永远无法达到对于天道、政道、史道的彻底洞察与体证，如果有人宣称他对于道之理解可以圆融无碍地解释所有事物，那么他一定是陷入僭越而不自知。以此可知，船山前面所讲的宜于万世之理，是在更源始的意义上使用的，而非“以理限事”“执一贼道”之“理”。这里所谓“就事论法”“因时而酌宜”是学者在具体情境中“习”得的对宜的理解，有可能暂时无法将其纳入一个圆融的整体意义解释，而有“无定”或自相矛盾之言，但它也胜过执一贼道，强以独见范围天下之事。因为无定之言、自相矛盾会鞭策学者不断开放自己，沉潜向学，而执一独见不仅会使学者封闭自我，无视丰富的事物本身，若强而行之，甚至可能造成天下大乱，如王莽是也。那么究竟应当如何面对历史呢？

> 然则治之所资者，一心而已矣。以心驭政，则凡政皆可以宜民，莫匪治之资；而善取资者，变通以成乎可久。设身于古之时势，为己之所躬逢；研虑于古之谋为，为己之所身任。取古人宗社之安危，代为之忧患，而己之去危以即安者在矣；取古昔民情之利病，代为之斟酌，而今之兴利以除害者在矣。得可资，失亦可资也；同可资，异亦可资也。故治之所资，惟在一心，而史特其鉴也。②

以如此的方式读史，方可免于程子所谓的玩物丧志，如此读史，其实也是更加宏阔与精微的格物之道。个人的情境遭遇无论是多样性还是复杂性总归有限，而历史则可以提供极为复杂多样的情境以供学者设身处地地

---

① 读通鉴论：叙论四［M］//王夫之．船山全书：第10册．长沙：岳麓书社，2011：1180-1181.

② 同①1181-1182．此外，船山在《俟解》中诠释庄子“参万岁为而一成纯”时表达了类似的思路，此不赘引。参看《俟解》(《船山全书》第十二册第485页)。

磨炼。历史之能够成为后世之鉴，首先当然不是作为炫耀博学多识或者抵掌而谈的资本，也不是让人抽象地理解善恶美乱，因为对善恶美丑治乱的理解，即对伦理—政治的理解绝不可能是知识式的，而必定是投入情境中的实践性的。“只有当我们在判断中置身于某人借以行动的整个具体情况中时，我们才赞扬某人的理解。所以这里不是关于某种一般的知识，而是关于某个时刻的具体情况。……具有理解的人并不是无动于衷地站在对面去认识和判断，而是从一种特殊的使他与其他人联系在一起的隶属关系去一起思考，好像他与那人休戚相关。”[①] 所以在这个意义上的理解意味着“在道德知识里区分知识和经验是毫无意义的”[②]，因为**伦理—政治的判断或行动的善只能够在具体情境中以中庸之道的方式获得，伦理—政治的智慧必然只能在实践经验中获得，纯粹抽象的善恶知识或空洞的德目即便不会变成教条训诫，也会促成某种空疏之学**，或前文船山批评的快然愀然的娱乐化态度。

与史共忧患的态度往往被戏谑为“替古人担忧”，但只有这种方式才能够让学者设身处地地进入历史情境，让历史中那些思考与决断的可能性向自身开放，成为自身生存的可能性与生命经验，这才是历史之于人的根本意义。也即是《存在与时间》中指出的：“历史学的课题既不是仅只演历一次之事也非飘游于其上的普遍的东西，而是实际生存曾在的可能性。”[③] “史学的主题既不是一次性发生的事，也不是漂浮在一次性事件之上的普遍，……是此在生存的可能性，史学真正关心的是这种可能性，而不是用统计手段抽象出来的‘规律’，……用一个超时间的模式来约束历史将导致史学本身的废弃。”[④] 这种可能性并不取决于历史之成败，故得失皆可资，它所造就的生命经验在儒学传统中需要通过“心志”的引导，在心性工夫中沉淀结晶出“心”之中道权衡能力，只有这样，德目形式才能在学者这里切身获得诠释与充实。

> 庄生云，“参万岁而一成纯。”言万岁，亦荒远矣，虽圣人有所不知，而何以参之！乃数千年以内，见闻可及者，天运之变，物理之不齐，升降污隆治乱之数，质文风尚之殊，自当参其变而知其常，以立

---

① 加达默尔. 真理与方法［M］. 洪汉鼎，译. 上海：上海译文出版社，1999：414.

② 同①.

③ 海德格尔. 存在与时间［M］. 陈嘉映，王庆节，译. 北京：生活·读书·新知三联书店，2000：446.

④ 张汝伦.《存在与时间》释义［M］. 上海：上海人民出版社，2012：1218-1219.

> 一成纯之局而酌所以自处者，历乎无穷之险阻而皆不丧其所依，则不为世所颠倒而可与立矣。使我而生乎三代，将何如？使我而生乎汉、唐、宋之盛，将何如？使我而生乎秦、隋，将何如？使我而生乎南北朝、五代，将何如？使我而生乎契丹、金、元之世，将何如？则我生乎今日而将何如，岂在彼在此遂可沉与俱沉，浮与俱浮邪？参之而成纯之一审矣。极吾一生数十年之内，使我而为王侯卿相，将何如？使我而饥寒不能免，将何如？使我而蹈乎刀锯鼎镬之下，将何如？使我而名满天下，功盖当世，将何如？使我而槁项黄馘，没没以死于绳枢瓮牖之中，将何如？使我不荣不辱，终天年于闾巷田畴，将何如？岂如此如彼，遂可骄、可移、可屈邪？参之而成纯之一又审矣。变者岁也，不变者一也。变者用也，不变者体也。岁之寒暄晴雨异，而天之左旋、七曜之右转也一。手所持之物、足所履之地，或动或止异，而手之可以持、足之可以行也一。唯其一也，是以可参于万世。无恒之人，富而骄，贫而谄，旦而秦，暮而楚，缁衣而出，素衣而入，蝇飞蝶惊，如飘风之不终日，暴雨之不终晨，有识者哀其心之死，能勿以自警乎！①

“参万岁而一成纯”出自《庄子·齐物论》，是船山常用的一个表述，用来强调“天”的历史性。典型的表述还有：“天者，合往古来今而成纯者也。”②“天均之不息，无不可为倪也。……无不然，无不可，则参万岁而通于一。”③“故万变皆诚也，古今皆纯也。是以扬搉大道，而与天合一矣。”④ 本书第二章第二节已经论述过，船山之“纯”并非单一纯粹之义，而是纯全整全，阴阳健顺五常具足之义，不过这只是就“纯”之本体意义而论。在上引材料我们可以看到，这句话更是包含有丰富的工夫论意义⑤，参古今所要做到的不是让自己回复某个晶莹纯善本体，而是尽可能通达纯全大体。这里船山以更加明确且富于激情的语言表述了人该如何投

---

① 俟解［M］//王夫之．船山全书：第12册．长沙：岳麓书社，2011：485-486．

② 读通鉴论：汉武帝一五［M］//王夫之．船山全书：第10册．长沙：岳麓书社，2011：138．

③ 庄子解：杂篇：寓言［M］//王夫之．船山全书：第13册．长沙：岳麓书社，2011：420．

④ 庄子解：杂篇：徐无鬼［M］//王夫之．船山全书：第13册．长沙：岳麓书社，2011：389．

⑤ 相关的材料还有《庄子解·寓言》《庄子解·庚桑楚》《庄子通·知北游》《庄子通·齐物论》《尚书引义》等，可参看《船山全书》第十三册第349、420、496、513页，第二册第330页。

身于历史之中，让历史不再是对象性的材料堆积，也不是“浮一大白”的消遣之物，而是成为自身生命的虚拟情境①。在假想中纵浪大化不是对历史的娱乐，恰恰是要经历饥寒富贵显通穷困，既忧且惧于古人之世，才能达乎穷通不改其乐，让天道在自己身上成纯：“所谓‘照之以天’者此也，所谓‘参万岁而一成纯’者此也。”②

前文述及，宋明理学、心学皆有以镜喻心的传统，镜喻的基本要义在于如果心如明镜般虚灵明澈，便可以让外物妍媸自别、如其本然地显现于人心之中，与此同时人心又可以不受遮蔽、无有滞障地依其本然之体发用，从而达到发而中节。典型的表述有“心体如镜”“廓然大公物来顺应”“无将迎”“一过即化”“不期不留不系”等等。船山则认为镜喻乃异端之说，是以对其批判不遗余力，其主旨在于对“过去—现在—未来”三际的强调，即人总是在情绪性生存中带着自己的历史以及对未来的筹划而行动与理解，人不应当追求事物向人显现出无善无恶、无历史性、无情境的意义。一言以蔽之，物之于人的关系应当是实践性、意向性真理，而非静观性真理。所以他坚决反对将历史视作无关乎己的研究对象，而是必须带有安危忧患意识投入到历史情境的中道权衡。与道学“镜喻”相映成趣的是，船山对“鉴”的意义阐发道：

> “鉴”者，能别人之妍媸，而整衣冠、尊瞻视者，可就正焉。顾衣冠之整，瞻视之尊，鉴岂能为功于我哉！故论鉴者，于其得也，而必推其所以得；于其失也，而必推其所以失。其得也，必思易其迹而何以亦得；其失也，必思就其偏而何以救失；乃可为治之资，而不仅如鉴之徒悬于室，无与炤之者也。③

① 有学者注意到了船山史学中常见的“历史假设”现象，认为“船山使用历史假设，是从其史论宗旨出发，一方面对曾经存在的历史现象和历史人物进行反思，用以提出和分析问题，另一方面则是虚拟未曾出现过的现象，表达他的一种理想，而这两个方面又大多是相互联系的”［陈安民．船山史论的历史假设［J］．史学理论与史学史学刊，2013(12)］。我们还要注意到，“历史假设”不仅是史学问题，更是船山史论得以成为学者工夫的根本性方法。

② 庄子解：杂篇：庚桑楚［M］//王夫之．船山全书：第 13 册．长沙：岳麓书社，2011：349.

③ 读通鉴论：叙论四［M］//王夫之．船山全书：第 10 册．长沙：岳麓书社，2011：1182. 船山这里的表述似乎有着对司马光历史态度的修订与补充，司马光表述他作《资治通鉴》的用意在于：“臣今所述，止欲叙国家之兴衰，著生民之休戚，使观者自择其善恶得失，以为劝戒，非若《春秋》立褒贬之法，拔乱世反诸正也。”（司马光．资治通鉴：魏纪一［M］．北京：中华书局，1956：2187）这与船山“鉴之徒悬于室”的概括似乎相合。

镜子并不能主动帮助人整衣冠、尊瞻视，必得人心中已有对于衣冠礼仪的追求，再借助镜子修整衣冠，在修整中体贴妍媸之别。历史也是如此，必由人投入其中去思考推演得失，方能成就心体。心体不是一个有待复之的先天灵明之镜，而是通过历史去生成与扩充的大心，故道学所谓“斯人千古不磨心”，在船山这里当作“斯人千古史为心”。重视心并非不重视人事、物理、制度，修齐治平的政治复杂性必然要求儒者具备极高的中道权衡能力，政治运作的诸多环节又带有深厚的历史积淀，所以船山认为仅仅依靠个体生命经验无以应对，因而注重历史对人的上述磨砺。就外在而言，具体制度的沿革、得失、损益占了船山经史著述中非常大的篇章。我们更要看到，所有这些讨论本身就是工夫的重要层面，它们的最终目的是将政治与历史的条理节文内化为心体。

最后要补充一点，船山并不认为这种投入历史的方式足以取代现实的生命经验，他说：

> 但终日打谱，亦不能尽达杀活之机；必亦与人对弈，而后谱中谱外之理，皆有以悉喻其故。且方其迸着心力去打谱，已早属力行矣。①

这段材料的知行意涵前文已经分析过，这里要说的是，迸着心力打谱可以类比于读史的共其忧患，船山承认这种方式也可以称为行，打谱中获得的“知”已经不是对于围棋的纯粹理论性知识，而是包含着实践判断力。但他还是强调这种行尚且算不得完整的行，之所以打谱不可能替代对弈，是因为打谱之时如坐山观虎斗，是超然胜负之上的，无论如何努力投入，共其忧患，终究还是有隔。正如读史无论如何感同身受，纸上得来终觉浅，崖山之战终究不如船山自己抗清活动中的百般磨难痛入骨髓。对弈如同自己生命中的实践抉择，皆是全身心投入，“许多痛痒相关处，随在宜加细察”②，如此方能获得真知。因此不能说，船山对经史学思的强调就可以完全取代现实生命的真切历练，一切学问最终要躬行印证于生存行动。

（3）史论的形式结构。

前文从理论层面论述了船山秉持的历史思想，最后，我们探讨船山经

① 读四书大全说：大学：传第六章［M］//王夫之．船山全书：第6册．长沙：岳麓书社，2011：409.

② 同①.

史之论的形式结构。船山经史之论即是工夫，故尔文体形式并非文章学层面的形式技巧，而是思想逻辑的具体外化，同时也是工夫论的具体进程。本书关心的始终是哲学义理思辨，所以不拟纠缠在具体史实理势的考证梳理，也不准备从诸多篇目中去归纳船山政治历史思想中的具体内容，而是着力于探寻文体形式的哲学意义。本章第三节已提及，船山著作中有一大类体例非常相似，譬如《诗广传》《尚书引义》《周易外传》《春秋家说》《春秋世论》《续春秋左氏传博议》《宋论》《读通鉴论》等。这些著作涉及领域主要是传统经学和史学范畴，它们体例相近（《周易外传》略有出入，但亦相去不远），皆近乎策论文体，讨论的问题域也十分相似，都是先从史实中引出问题，然后从多方面探讨，尤擅长正反两面辩驳，进而援引正经大义，综参时、势、经、义，以求得中道。如此获得的中道避免了空疏支离，合于经典，而不迂阔于具体史实时势，明乎理而达于势。船山认为君子只有不断以此方式返回经史，才能够获得真正的实践智慧，通达内圣外王之道。

譬如本节前文论及船山对于制度借鉴的思考，认为井田封建之必革而不可复乃大势所趋也，许多学者也都会引用船山类似论述以证明其进化论观点。实际上船山在著述中论及封建郡县利弊的文章多达十余篇①，表面上看，有些篇目似乎是在主张封建可以实行，有的悲叹封建制崩溃并批判崩溃所带来的后世流弊，有的则批评封建诸侯制使得百姓困顿。但我们切不可简单得出结论认为船山前后矛盾或者写作过程中有思想变化，实际上每篇史论都不是泛泛而论，而是细及封建制诸多因素的历史沿革、优劣得失，以及在当时具体时势下的可行性②。故唐君毅先生有精彩论断，认为："船山之善论历史，由其能重气，重观一史事之特殊性，而于一一之事见一一之理；可由船山之论历史，重论一史事之时势，对时势之观念，特加注重，以证之。……故船山之论史重势，主由势以观理，即重由气与理俱运处，以观理也。……时者，一一之事所居，任一事之所以异其他事，而成一特殊之事者也。重一史事之所在之时，亦即重观一事之异于他

① 笔者所见着重探讨封建郡县利弊材料有：《春秋家说》成公九，《春秋世论》文公一四，《读通鉴论》秦始皇一、汉文帝一六、汉武帝一〇、汉光武帝一二、后汉殇帝七、宋孝武帝七、齐高帝一、隋文帝八、唐高祖一〇、唐太宗二、唐玄宗一五、唐昭宗六，《宋论》宋太宗一三，《思问录·内篇》，《噩梦》。不过，这里所列只是大概，并未涵盖那些论及土地、兵制、官制等间接关联的文章，如果都统计进来，数量还当增加许多。

② 不仅封建郡县使然，船山在各个领域讨论的制度沿革古今之辨，如兵农、地、礼、蛮夷、封建、井田、科举、小人、朋党、平民、边关等等，基本上都是遵循这样的方式。

事之特殊性。重观时以观史事、即重观一史事在历史中之特殊性之谓也。故船山之重观一史事之时势，即原于船山之重气。船山重观一史事之时势，亦必重观史事之特殊之理，而必求于一一史事，各得其一一之特殊之理，而重观‘时异而势异，势异而理亦易。’由是而其善论史也，不亦宜哉。……故船山读通鉴后序，自言其论历史之法，固亦重‘心’；然其重心，乃重在以此心，知一时之情势，审一事之成败之结果，以求时措之宜。固非只重在人之一动机纯正或否之心而已。”①

这里仍有需要进一步分析的问题，前文论及，权衡判断总是与所依凭的视域相关，而这种视域本身并没有先在规定，同样需要权衡择之。所以，正如唐先生所言，对一个史事的判断总是伴随着对时势的判断，对时势的判断又是基于一个个史事判断的积淀，两者虽是交互生成关系，大体而言，作为视域的时势总是更加先行，这仍是体用关系的同构展开。然而，如果一个时代的时势、一个史事及其相关道理具有特殊性，总是不可重复的，乃至并无常理常例，那么我们又如何能够去比较两个事件中选择的合宜与否呢？前文论述经权问题时曾经指出，在儒家伦理学看来，没有一个普遍法则可以用来衡定人类各种行动的合宜性——合宜性概念不是一个二元真假判断，而总是在比较中衡定。它借以衡定的尺度首先源自经典带给学者的视域提升，学者不断返回经典去效仿圣贤言行，体贴五经精意；衡定的尺度还源自学者不断地将自身置入历史情境中的精神实践。经史两种自身置入方式的本质都在于向一个更高的普遍性的提升，克服自己与他人的个别性，产生卓越的宽广视界。不是避而不见近在咫尺的东西，而是在一个更大的整体中按照一个更正确的尺度去更好地观看这种东西②。按照船山的思路，对势的顺逆理解必须要基于对细密之理的烛照，绵密交织出的时势理解才能称得上视域扩充。视域扩充也不意味着可以不拘于小节，漠然于疾苦，最终的目的是更好地实现道义，而非凌驾于道义，我们必须记得，权衡是为了追求精审，而不是撼动大是大非。此外，视域扩充不仅是横向空间性的，更是纵向历史性的，非此不足以真正理解政治行动与历史得失，并做出中道的抉择损益：

> 然则彝伦之损益，得《五经》之精意，而无嫌于损益，多矣。他如觐聘之礼，田猎之制，相见之仪，馈赠之节，郡县行之，而情固不

① 唐君毅．中国哲学原论：原教篇［M］．北京：中国社会科学出版社，2006：432.

② 加达默尔．真理与方法［M］．洪汉鼎，译．上海：上海译文出版社，1999：391.

> 泱，事固不治。是必通变以审天则，穷理以察物宜，曲体乎幽明之故，斟酌乎哀乐之原，使贤者可就，不肖可及，以防淫辟，以辨禽兽，而建中和之极，用锡万民，固必参《五经》之大义微言，以出入会通，而善其损益；虽或有过焉，可俟后之作者继起而改之，可勿虑也。若夫专家之学，守其故常，执闻见而迷其精意，亦恶足尚哉！①

那么，如何能够在思考中具体实现上述要求呢？我们来具体分析船山经史之论文体。船山本人对写作体例也有明确的自觉意识，他在《读通鉴论·叙论》中给予精炼的表达：

> 引而伸之，是以有论；浚而求之，是以有论；博而证之，是以有论；协而一之，是以有论；心得而可以资人之通，是以有论。道无方，以位物于有方；道无体，以成事之有体。鉴之者明，通之也广，资之也深，人自取之，而治身治世、肆应而不穷。抑岂曰此所论者立一成之侀，而终古不易也哉！②

以此体例来印证船山经史著述，大部分皆可分为如下环节：引论—深论（浚：疏浚；深挖）—博论—合论—通论。

引论：往往首先引用经典，或者按照常识给史事一个一般性道理判断，是为常论。有时也会以俗论为批判对象，进而列举各家观点将思考可能性充分伸展。

深论：将目光转向更大的时势，使得事理不再被孤立对待，而是被置入广阔的天下政治格局，却又并非泛泛而论，从而将讨论引入更深入细致的道理分析。也有时候船山会从道理之两端分别析理，说明各自得失、局限性以及适用的势态情境。

博论：援引古今史实作为旁证，考察源流变迁以理解其来龙去脉，不是拘于一时一世的观察，而是将历史真正整合入事件的理解，让事件与道理的存在超越现成性，在生成变化中与人相会。

合论：寻找一种思路能够一以贯之整合前面的论述，两端求中，古今明变，宏微皆宜，会通经权而给出中道。

---

① 读通鉴论：后汉和帝五［M］//王夫之．船山全书：第10册．长沙：岳麓书社，2011：277.

② 读通鉴论：叙论四［M］//王夫之．船山全书：第10册．长沙：岳麓书社，2011：1182.

通论：从事理复归于道理，最终达到的通论与开篇的常论相比，虽然往往在是非义理方向上并无根本差别，但已经不再是原先的仁义礼智之大经，而是经过了具体情境权衡和历史变化考镜之后的包含有具体丰富性的通论。

我们选取《读通鉴论》中一篇来印证上述形式并间以略释：

> 董仲舒请使列侯郡守岁贡士二人，贤者赏，所贡不肖者有罚，以是为三代乡举里选之遗法也，若无遗议焉。夫为政之患，闻古人之效而悦之，不察其精意，不揆其时会，欲姑试之，而不合，则又为之法以制之，于是法乱弊滋，而古道遂终绝于天下。①

此为引论，提出议题，并做出论断，后文是具体展开。

> 郡县之与封建殊，犹裘与葛之不相沿矣。古之乡三年而宾兴，贡士唯乡大夫之所择，封建之时会然也。成周之制，六卿之长，非诸侯入相，则周、召、毕、荣、毛、刘、尹、单也。所贡之士，位止于下大夫，则虽宾兴，而侧陋显庸者亡有。且王畿千里，侯国抑愈狭矣。地迩势亲，乡党之得失是非，且夕而与朝右相闻。以易知易见之人才，供庶事庶官之冗职，臧否显而功罪微。宾兴者，聊以示王者之无弃材耳，非举社稷生民之安危生死而责之宾兴之士也。
>
> 郡县之天下，统中夏于一王。郡国之远者，去京师数千里。郡守之治郡，三载而迁。地远，则贿赂行而无所惮。数迁，则虽贤者亦仅采流俗之论，识晋谒之士，而孤幽卓越者不能遽进于其前。且国无世卿，廷无定位，士苟闻名于天下，日陟日迁，而股肱心膂之任属焉。希一荐以徼非望之福，矫伪之士，何惮不百欺百售以迎郡守一日之知，其诚伪淆杂甚矣。于是而悬赏罚之法以督之使慎，何易言慎哉！

此两段可谓博论，从爵位建制、土地、人口、举荐官职、人才察别等方面，考察封建制下举荐人才为何可行，郡县制下为何不可行。

> 知人则哲，尧所难也。故鲧殛，而佥曰试可者勿罪。生不与同乡，学不与同师，文行之华实，孝友之真伪，不与从事相觉察，偶然

① 读通鉴论：汉武帝一［M］//王夫之．船山全书：第10册．长沙：岳麓书社，2011：123.

一日之知，举刑赏以随其后，赏之滥而罚者冤，以帝尧之难责之中材，庸讵可哉？其弊也，必乐得脂韦括囊之士，容身畏尾，持禄以幸无尤。又其甚者，举主且为交托营护，而擿发者且有投鼠忌器之嫌。则庸驽竞乘，而大奸营窟，所必至矣。

此段可谓深论，细致推敲情理，何以在郡县制下举荐人才会产生诸多流弊。

闻一乡之有月旦矣，未闻天下之有公论也。一乡之称，且有乡原；四海之誉，先集伪士；故封建选举之法，不可行于郡县。《易》曰："变通者时也。"三代之王者，其能逆知六国强秦以后之朝野，而豫建万年之制哉？且其后汉固行之矣，而背公死党之害成，至唐、宋而不容不变。故任大臣以荐贤，因以开诸科目可矣。限之以必荐，而以赏罚随其后，一切之法，必敝者也。

此段近乎合论，通上下古今总论选拔人才的变迁，应当避免的问题以及修正的方法。

封建也，学校也，乡举里选也，三者相扶以行，孤行则踬矣。用今日之才，任今日之事，所损益，可知已。而仲舒曰："王之盛易为，尧、舜之名可及。"谈何容易哉！

最后通论回到最初议题，由此给出结论。

读者想必会注意到，上述的分类定性并不是非常严整切当，譬如论封建郡县之辨的两段虽谓之博论，又何尝不是深论；最后的通论与合论也未尝不是强行区分。此外，纵观《读通鉴论》《宋论》等著述，也不是每一篇文章都包含着上述所有环节，即便全部包含也不必然遵循上述逻辑先后。这提醒我们，船山依旧坚守其不以理限事的原则，不会泥于例而限文。因此文体形式的诸论，既可以视为文章的环节段落，也可以视为文章的构成因素，而不可按图索骥强行切割。

还要注意的是，船山并不认为最后达至的通道是最终结论，它既仅仅是基于个人境界的暂时性的会通之论，也是基于某个特定形势下特定人事之结论，而非"立一成之侀，而终古不易"——如上所引，三代圣王尚且不能逆知后世而豫建万古之制。所以在船山看来，"道无方，以位物于有方；道无体，以成事之有体"，道只是在具体时势中才获得其实现、把握与会通，得其中道——"天曰无极，人曰至善，通天人曰诚，合体用曰中；皆赞辞也，知者喻之耳。喻之而后可与知道，可与见德”①，而非执定可与不可：“谓井田、封建、肉刑之不可行者，不知道也。谓其必可行者，不知德也。”② 而所有上**述工夫努力的目的，不仅是获得对不同历史事件中通论的领会，更是磨砺出“心”的更高权衡判断能力，守圣贤之道，览古今之变，“参之而成纯之一”**。③

最后要说的是，船山所提倡的这种读史方式的基础仍是在于道无方体与体用相生：道无方体意味着人不应当试图通过历史总结出某种现成定理，体用相生则将读史切近地落在工夫上，这是一种类似于诠释学循环的实践方式，即读者对于某个历史情境的时势具有比较整体而全面的了解与把握，然后通过设身处地地共其忧患，推其得失，在磨砺自己能力的同时获得对于历史时势的更深刻洞察。这种洞察与历史理解的获得，必然与清儒的考证之学以及今天的历史实证主义有着天壤之别，这种洞察并不追寻或预设某种客观知识与客观真理的存在，一切历史记载和描述都只是“资”，在读者的阅读与理解中，“资”会呈现为“时势”。“时势”并不是一个客观环境，在“时势”中永远包含着人的理解与意向，不同的历史记载者勾勒出各自不同的时势领会，而每一个后来的读者又在对不同历史记载的理解、判断、取舍中重构起专属于自己的“时势”，并通过船山描述的置入自身来获得中正之“心”，这个过程才是人与历史的真正对话，也是历史之于人的意义所在。人以领会—应用历史的方式改变与生成其伦理—政治世界，并进入历史，这就是人与世界关系的基本结构，也是最根本意义上的体用经权结构。船山所做的是将这个循环结构重新植根于经典与传统中，让儒者之统回归到坚实的大地。儒者之所以能够孤行而无待，并非是对伦理—政治生活世界的弃绝或盲目乐观，其无待是基于有待，待者何？待于儒者知道之心，“虽扼穷独处，而可以自淑，可以诲人，可以知道而乐”。而这里的“心”也不再是孤悬之灵明，而是真正儒者所当有的，具有丰沛元气，生生不息的历史之心、天地之心。

---

① 思问录：内篇［M］//王夫之．船山全书：第12册．长沙：岳麓书社，2011：402.

② 同①428.

③ 俟解［M］//王夫之．船山全书：第12册．长沙：岳麓书社，2011：486.

结　语

行文至此，我们已经分别从“全体”、性体、经史、工夫等层面讨论了船山的体用学说，虽然并未涵盖船山所有重要思想，但已经比较整全地呈现出了船山体用思想的基本结构，及其相较于道学传统尤其是朱子学和阳明学的差异性特点。鉴于体用学说在船山思想中的基础性地位，整个讨论过程，也是力图反过来从体用学说来更好地理解船山思想的过程。本书并不试图在最后给出体用概念的精准定义，任何一个重要哲学概念都只能从体系整体出发才可能获得理解，而有生命力的哲学体系并不是一个严格逻辑规定的，每个部分之间精密啮合的欧氏几何似的固定建筑，而是能够在概念的运动碰撞中不断生成自身的“有性之物”①。这个过程既是哲学体系建构的过程，也是它在历史中存在的方式，概念亦然。本书的研究虽不尽全面，但也从一个角度显示了概念之间的矛盾与张力在哲学史中如何推动着概念自身的不断变化，这也是为何笔者始终相信哲学即哲学史，概念即概念史，换言之，想给出关于体用概念的最终的结论是对哲学本身的误解。

当然，在本书业有分析的基础上，我们还是可以给船山体用思想一个粗略的结构描述：体用之基本义是气作为宇宙全体的变合流行，这样一个宇宙全体本身又是无方所、无定体的，是以无法被人抽象化为某种不变本体。体本身不可见，不可以理性完全把握，人只能在其聚散变化之用中见体，体是整全之纯，用是局域之杂。此种体用观念落在性论层面便是性日生日成思想，性体不是初生之际受命于天的某种不变本体，而是虚化之德，此德来自天之元亨利贞，其本质是健顺生生不息，人之继善成性是继承并维持此生生之德，借助后天之习使其不断充实生成，不断接近精纯整全之天德，此为由用生体。更纯全之德指的是人具有更加广阔的视域、更

① 参看本书第三章第二节。

加中道的权衡能力，为此需要人进入经典诠释史与历史。为学之道不是要回复发见某种先天本体，而是生生成性，那么民族文化历史也就可以视为民族之性的不断生成与丰富，其中最重要的资源，一则为先圣经典的传承与诠释，一则为国史对丰富境遇的描述与持守。儒者通过整个经学史去理解经典，再将自己对经典的诠释融汇到经学史中，并通过对历史的阅读来磨炼扩充其伦理政治德性，这个过程既是其个体习与性成的体用相生，也是整个民族历史不断生成并持守自身一以贯之的过程。

晚清中国遭遇五千年未有之大变局，体用学说也随之而发生变化，其中最著名的说法为张之洞的"中学为体、西学为用"，洋务运动的失败本身已经从外部证明了此提法的不可行，而学理的批评则来自严复 1902 年《与外交报主人书》，认为体用乃是就一物自身而言，中西之学各有其体用，中体西用的说法乃是典型的体用殊绝。而按照李猛老师的解读，张之洞的提法在表面性的困难背后，"反倒是最深刻地表达了中国人的困境，能看到敏锐的洞察力。体是安顿身心的生活理想和道理，用是种种政治科学技术，二者并非高低，而是中国人能否在种种现代器物、技术、科学、哲学中找到安顿身心的东西。如果西方之体不能真正进入我们对于体，或说对于自身传统的重构的话，其用也不能实现。必须把中西之争看作是体体之争，这种争执也许会加剧现代体用殊绝的处境，甚至是危机和悲剧，但我们必须尽己之力去促成这种争执和对抗。最糟糕的体用殊绝，并不是我们发现中西二体在最高层面的抗争中是不可调和和根本无解的，而是中国人自身的全部生活完全丧失了自身体的支持，中国人的体永远在中国人的生活之外，都要依靠去别人那里寻找。在最高的体体对抗中，中国思想必须逼迫自己做出最深刻的回应，才能够使得中国思想重新恢复到他本源上的生命力。重返本源不可能通过廉价的方式获得"①。

体用学说在近现代面临的这种困境，不同于本书在古典视域下勾勒的内部张力，而缘于现实动力，即晚清以降的变局，逼迫我们在伦理政治层面寻找新的致用之道，它反过来促使近代国人不断地由用（西学）求体，这也是不断更深地理解并引入西方之体的过程，最终颠覆了中国学术之体，也解构了中国传统的身心安顿之道。与此同时，深植于古代思想的体用概念，在现代汉语思想中也逐渐丧失了其根本性力量，这对曾经最常用却又在某种意义上日用不知的概念，已经几乎淡出了中国哲学思想的话语

---

① 引自李猛老师 2012 年应商务印书馆之邀所作演讲。

体系（不是指作为研究对象而是思想本身），逐渐被“本体—表象”“本质—现象”“内容—形式”“规则—行动”等概念取代①，这可能意味着某些非常有中国特色的思想结构的消逝。体用概念最后的盛装出演或为熊十力先生的晚年著作《体用论》。熊公以极大气魄会通周易、船山、阳明、佛学等诸多思想元素，试图通过对体用概念的重新诠释，努力建构一个涵盖本体、生成、认识、心性诸多领域的思想体系，以之对抗在他看来西方形而上学传统的体用殊绝，并重建中国思想的生命力。熊先生何以独拈出此对概念来作为核心，这也许昭示我们，体用是非常独特的富于中国特色的概念，其于中国思想的意义，即便不能与西方思想中存在概念相提并论，也是非常基础源发性的。在本书的论述中，也可以看到，体用之间的关系不能等同于因果关系、知行关系、逻辑关系、本体与现象关系乃至存在与存在者关系，换言之，它是如此传统而丰富的概念，以至于任何现成西方概念加诸其上皆会扞格不入。然而尴尬的是，今天回头看去，无论在哲学思想上，还是在语言概念上，熊公此论及其哲学概念运用对中国现代思想的影响，尚不及一些非原创的哲学思想，亦不如其高足牟宗三借助西方哲学反向格义中国哲学的影响。更加尴尬的是，按照笔者身为一个中国哲学研究者的体会，笔者常常在解释如心、性、气、质、象、阴阳等中国概念时，感到困难与言不达意，反倒在使用西方概念时不假思索得心应手（很多时候这也是源自不精西学所带来的幻象）。这里固然缘于中西概念与思维方式本身的差别，但我们对于自身概念的疏远与遗忘同样是不可忽视的原因。笔者以为，中国思想的重建，绝不可能仅是在翻译与反向格义中步履维艰地以西方概念重新解读中国思想，它还必须基于我们对自身传统概念的招魂与重生。邦之不易，命与维新，这是我们艰难而无以回避的命运。

本书除了体用之外，还有一个深切关心与思考的领域，就是历史。黑塞借他虚构的布克哈特之口说道：“一个人想从事历史研究，首先得明白自己试图去做的是一种几乎不可能完成，然而却因其重要性而必须去做的最重要工作。所谓研究历史，亦即是说他会面对一片混沌，然而却得持有维护秩序和意义的信念。”历史中每一次事件的发生都是独一无二不可复

① 在日常语言层面也是如此，我们在生活中还会时常使用诸如“本末”“天理”“道理”“大势”“心性”这样的概念，但已经基本上不会再用“体用”“心体”“道体”，乃至“格物”“正心”这样的极具中国哲学特色的概念。学术界亦然，而民初学者的著述犹未如此，这些转变都是近一百年完成的。

制的，人面对这样的混沌总是试图寻得某种秩序，但这种秩序是否一定是不变、精准、规训性的？能否有一种随世而迁，无固定内容，却又自在而富于生机的秩序？在“卦序与条理”一节，我们借助“如丸走盘”这个比喻对这种可能性有所领会。在“性日生日成”以及“四德”问题上，我们也发见性、理、秩序都可以不再拘于自在本体，源于健顺不息阴阳化生的天道流行，而又在生成中不断获得现实丰富性与规定性。在心性、志意、知行这层层交藏相用的细密工夫网络中，人得以可能让物性人文在心中凝为广大精微之性。在“经权之辨”中，人心灵明在圣王身上开辟历史并凝聚为经典，此二者在时间中绵延生长、交互为用，是为义海，学者随量而饮，皆可满腹，再将自身思想生命与之融汇。尽管我们总会有一种冲动，寻找固定准则为依傍，石舫画屏风雨自若，以面对莫测无常的世界与历史，但船山试图告诉我们，能够让我们依傍的，不可能是任何现成的本体论、认识论、方法论体系，只能是通过经史与践履的工夫不断凝聚生成的心体本身，或者也可以说，就是历史本身。孤舟一系，江湖余生，儒者之统，孤行无待，此之谓也。

参考文献

图书类

[1] 林维杰．朱熹与经典诠释［M］．上海：华东师范大学出版社，2012.

[2] 朱伯崑．易学哲学史［M］．北京：华夏出版社，1995.

[3] 嵇文甫．王船山学术论丛［M］．北京：人民出版社，1978.

[4] 十三经注疏整理委员会．十三经注疏（整理本）［M］．北京：大学出版社，2000.

[5] 吴毓江．墨子校注［M］．北京：中华书局，2006.

[6] 王先谦．荀子集解［M］．北京：中华书局，1988.

[7] 郭庆藩．庄子集释［M］．北京：中华书局，2002.

[8] 何宁．淮南子集释［M］．北京：中华书局，2008.

[9] 钱穆．庄老通辨［M］．北京：生活·读书·新知三联书店，2002.

[10] 王弼．王弼集［M］．北京：中华书局，1980.

[11] 汤用彤．汉魏两晋南北朝佛教史［M］．北京：中华书局，1983.

[12] 韦政通．中国哲学辞典大全［M］．台北：水牛出版社，1983.

[13] 程颢，程颐．二程集［M］．北京：中华书局，1981.

[14] 朱熹．朱子全书［M］．上海：上海古籍出版社，2002.

[15] 陈来．朱子哲学研究［M］．上海：华东师范大学出版社，2000.

[16] 郭晓东．识仁与定性：工夫论视域下的程明道哲学研究［M］．上海：复旦大学出版社，2006.

[17] 陈荣捷．朱子新探索［M］．上海：华东师范大学出版社，2007.

[18] 蒙培元．朱熹哲学十论［M］．北京：中国人民大学出版社，2010.

[19] 朱熹．四书章句集注［M］．北京：中华书局，1983.

[20] 杨祖汉．中庸义理疏解［M］．台北：鹅湖出版社，1984.

[21] 陈来．早期道学话语的形成与演变［M］．合肥：安徽教育出版

社，2007.

[22] 陈荣捷. 王阳明传习录详注集评［M］. 台北：台湾学生书局，1983.

[23] 钱穆. 朱子新学案［M］. 成都：巴蜀书社，1986.

[24] 牟宗三. 心体与性体［M］. 台北：正中书局，1991.

[25] 陈来. 有无之境：王阳明哲学的精神［M］. 北京：人民出版社，1991.

[26] 彭国翔. 良知学的展开：王龙溪与中晚明的阳明学［M］. 台北：台湾学生书局，1992.

[27] 陈来. 宋明理学［M］. 上海：华东师范大学出版社，2003.

[28] 王夫之. 船山全书［M］. 长沙：岳麓书社，2011.

[29] 陈祺助. 王船山“阴阳理论”之诠释［M］. 高雄：复文图书公司出版社，2003.

[30] 张载. 张载集［M］. 北京：中华书局，2012.

[31] 陈赟. 回归真实的存在：王船山哲学的阐释［M］. 上海：复旦大学出版社，2007.

[32] 胡广，杨荣，金幼孜，等. 四书大全校注［M］. 周群，王玉琴，校注. 武汉：武汉大学出版社，2009.

[33] 张学智. 明代哲学史［M］. 北京：北京大学出版社，2000.

[34] 黄宗羲. 黄宗羲全集［M］. 杭州：浙江古籍出版社，2005.

[35] 曾昭旭. 王船山哲学［M］. 台北：远景出版事业公司，1983.

[36] 陈玉森，陈宪猷. 周易外传镜诠［M］. 北京：中华书局，2000.

[37] 许冠三. 王船山的致知论［M］. 香港：香港中文大学出版社，1981.

[38] 陈来. 诠释与重建：王船山的哲学精神［M］. 北京：生活·读书·新知三联书店，2010.

[39] 沈约. 宋书［M］. 北京：中华书局，1974.

[40] 慧能. 坛经［M］. 北京：中华书局，2007.

[41] 钱穆. 宋明理学概述［M］. 北京：九州出版社，2011.

[42] 湖南省社会科学院，湖南省哲学社会科学学会联合会，湖南省船山学社. 王船山学术思想讨论集［C］. 长沙：湖南人民出版社，1984.

[43] 李光地. 周易折中［M］. 北京：九州出版社，2002.

[44] 德里达. 解构与思想的未来［M］. 夏可君，译. 长春：吉林人

民出版社，2006.

[45] 加达默尔．真理与方法 [M]．洪汉鼎，译．上海：上海译文出版社，1999.

[46] 李昉．太平御览 [M]．上海：上海古籍出版社，2008.

[47] 司马迁．史记 [M]．北京：中华书局，1982.

[48] 苏舆．春秋繁露义证 [M]．北京：中华书局，1992.

[49] 刘宝楠．论语正义 [M]．北京：中华书局，1990.

[50] 萧统．文选 [M]．北京：中华书局，1997.

[51] 陈荣捷．近思录详注集评 [M]．上海：华东师范大学出版社，2007.

[52] 颜元．颜元集 [M]．北京：中华书局，1987.

[53] 赵伯雄．春秋学史 [M]．济南：山东教育出版社，2004.

[54] 邓辉．王船山历史哲学研究 [M]．长沙：岳麓书社，2004.

[55] 李丕洋．略论王阳明的圣人观及其历史意义 [M] //张新民．阳明学刊：第5辑．成都：巴蜀书社，2011.

[56] 陈远宁．中国古代易学发展第三个圆圈的终结：船山易学思想研究 [M]．长沙：湖南大学出版社，2002.

[57] 汪学群．王夫之易学：以清初学术为视角 [M]．北京：社会科学文献出版社，2002.

[58] 邵雍．邵雍集 [M]．北京：中华书局，2010.

[59] 蔡方鹿．中华道统思想发展史 [M]．台北：中华道统出版社，1996.

[60] 邓小南．祖宗之法：北宋前期政治述略 [M]．北京：生活·读书·新知三联书店，2006.

[61] 熊十力．体用论 [M]．上海：上海书店出版社，2009.

[62] 王守仁．王阳明全集 [M]．上海：上海古籍出版社，1992.

[63] 张汝伦．历史与实践 [M]．上海：上海人民出版社，1995.

[64] 谷继明．王船山《周易外传》笺疏 [M]．上海：上海人民出版社，2015.

[65] 焦循．孟子正义 [M]．北京：中华书局，1987.

[66] 林乐昌．正蒙合校集释 [M]．北京：中华书局，2012.

[67] 陈力祥．王船山礼学思想研究 [M]．成都：巴蜀书社，2008.

[68] 纳秀艳．王夫之《诗经》学研究 [M]．北京：中国社会科学出

版社，2016.

［69］曾亦，郭晓东. 春秋公羊学史［M］. 上海：华东师范大学出版社，2017.

［70］钱穆. 两汉经学今古文平议［M］. 台北：联经出版事业公司，1998.

［71］黄进兴. 思想的芦苇［M］. 上海：上海人民出版社，2017.

［72］陈壁生. 经学的瓦解［M］. 上海：华东师范大学出版社，2014.

［73］黄进兴. 优入圣域［M］. 北京：中华书局，2010.

［74］汤用彤. 魏晋玄学论稿［M］. 上海：上海古籍出版社，2005.

［75］瓦格纳. 王弼《老子注》研究［M］. 杨立华，译. 南京：江苏人民出版社，2008.

［76］刘知幾. 史通通释［M］. 浦起龙，通释. 台北：里仁书局，1980.

［77］王晓毅. 王弼评传. 南京：南京大学出版社，1996.

［78］李秋零. 德国哲人视野中的历史［M］. 北京：中国人民大学出版社，1994.

［79］焦桂美. 南北朝经学史［M］. 上海：上海古籍出版社，2009.

［80］余英时. 朱熹的历史世界［M］. 北京：生活·读书·新知三联书店，2004.

［81］侯外庐，赵纪彬，杜国庠，等. 中国思想通史［M］. 北京：人民出版社，1980.

［82］田浩. 功利主义儒家：陈亮对朱熹的挑战［M］. 南京：江苏人民出版社，1997.

［83］董平，刘宏章. 陈亮评传［M］. 南京：南京大学出版社，2011.

［84］康德. 道德形而上学原理［M］. 苗力田，译. 上海：上海人民出版社，1986.

［85］徐向东. 自我、他人与道德：道德哲学导论［M］. 北京：商务印书馆，2007.

［86］牟宗三. 政道与治道［M］. 台北：联经出版事业公司，2003.

［87］束景南. 朱子大传［M］. 北京：商务印书馆，2003.

［88］钱穆. 宋明理学概述［M］. 台北：中国文化大学出版社，1980.

［89］余英时. 宋明理学与政治文化［M］. 桂林：广西师范大学出版

社，2006.

［90］邓广铭．陈龙川传［M］．北京：生活·读书·新知三联书店，2007.

［91］吴飞．人伦的“解体”：形质论传统中的家国焦虑［M］．北京：生活·读书·新知三联书店，2017.

［92］白彤东．旧邦新命：古今中西参照下的古典儒家政治哲学［M］．北京：北京大学出版社，2009.

［93］赵峰．朱熹的终极关怀［M］．上海：华东师范大学出版社，2004.

［94］王宇．道行天地：南宋浙东学派论［M］．北京：中国社会科学出版社，2012.

［95］程树德．论语集释［M］．北京：中华书局，1999.

［96］张沛．中说译注［M］．上海：上海古籍出版社，2011.

［97］余敦康．何晏王弼玄学新探［M］．北京：方志出版社，2007.

［98］汤一介．郭象与魏晋玄学［M］．北京：北京大学出版社，2000.

［99］高晨阳．儒道会通与正始玄学［M］．济南：齐鲁书社，2000.

［100］王葆玹．正始玄学［M］．济南：齐鲁书社，1987.

［101］苏东天．易老子与王弼注辨义［M］．北京：文化艺术出版社，1996.

［102］冯友兰．中国哲学史新编［M］．北京：人民出版社，2001.

［103］许抗生．魏晋玄学史［M］．西安：陕西师范大学出版社，1989.

［104］赵书廉．魏晋玄学探微［M］．郑州：河南人民出版社，1992.

［105］徐斌．魏晋玄学新论［M］．上海：上海古籍出版社，2000.

［106］裴传永．王弼与魏晋玄学［M］．济南：山东文艺出版社，2004.

［107］林丽真．王弼［M］．台北：东大图书股份有限公司，1988.

［108］高龄芬．王弼老学之研究［M］．台北：文津出版社，1981.

［109］杨立华．郭象《庄子注》研究［M］．北京：北京大学出版社，2010.

［110］朱汉民．玄学与理学的学术思想理路研究［M］．北京：中国社会科学出版社，2012.

［111］王弼．王弼集校释［M］．楼宇烈，校释．北京：中华书局，1999.

［112］钱穆．中国学术思想史论丛［M］．合肥：安徽教育出版社，

2005.

[113] 贺麟. 文化与人生 [M]. 北京：商务印书馆，1996.

[114] 贺麟. 五十年来的中国哲学 [M]. 沈阳：辽宁教育出版社，1989.

[115] 林安梧. 王船山人性史哲学之研究 [M]. 台北：东大图书股份有限公司，1987.

[116] 萧萐父. 船山哲学引论 [M]. 南昌：江西人民出版社，1993.

[117] 萧萐父，许苏民. 明清启蒙学术流变 [M]. 沈阳：辽宁教育出版社，1995.

[118] 萧萐父. 王夫之辩证法思想引论 [M]. 武汉：湖北人民出版社，1984.

[119] 杨国荣. 王学通论：从王阳明到熊十力 [M]. 上海：上海三联书店，1990.

[120] 杨国荣. 心学之思：王阳明哲学的阐释 [M]. 北京：生活·读书·新知三联书店，1997.

[121] 罗正钧. 船山师友记 [M]. 长沙：岳麓书社，1982.

[122] 宋小庄. 读《读通鉴论》[M]. 昆明：云南人民出版社，1991.

[123] 蒙培元. 理学的演变：从朱熹到王夫之戴震 [M]. 福州：福建人民出版社，1984.

[124] 张立文. 正学与开新：王船山哲学思想 [M]. 北京：人民出版社，2001.

[125] 嵇文甫. 王船山史论选评 [M]. 北京：中华书局，1962.

[126] 衷尔钜. 王夫之 [M]. 长春：吉林文史出版社，1997.

[127] 牟宗三. 历史哲学 [M]. 台北：台湾学生书局，1984.

[128] 牟宗三. 生命的哲学 [M]. 台北：三民书局，1970.

[129] 黄明同，吕锡琛. 王船山历史观与史论研究 [M]. 长沙：湖南人民出版社，1986.

[130] 唐君毅. 中国哲学原论：原教篇 [M]. 北京：中国社会科学出版社，2006.

[131] 侯外庐. 船山学案 [M]. 长沙：岳麓书社，1982.

[132] 刘梁剑. 天·人·际：对王船山的形而上学阐明 [M]. 上海：上海人民出版社，2007.

[133] 杨立华. 气本与神化：张载哲学述论 [M]. 北京：北京大学

出版社，2008.

［134］谢林. 对人类自由的本质及其相关对象的哲学研究［M］. 邓安庆，译. 北京：商务印书馆，2008.

［135］黑格尔. 精神现象学［M］. 贺麟，王玖兴，译. 北京：商务印书馆，1979.

［136］尼采. 历史的用途与滥用［M］. 陈涛，周辉荣，译. 上海：上海人民出版社，2000.

［137］海德格尔. 存在与时间［M］. 陈嘉映，王庆节，译. 北京：生活·读书·新知三联书店，2000.

［138］海德格尔. 路标［M］. 孙周兴，译. 北京：商务印书馆，2001.

［139］海德格尔. 林中路［M］. 孙周兴，译. 上海：上海译文出版社，2008.

［140］海德格尔. 海德格尔选集［M］. 孙周兴，选编. 北京：生活·读书·新知三联书店，1996.

［141］海德格尔. 谢林论人类自由的本质［M］. 薛华，译. 沈阳：辽宁教育出版社，1999.

［142］黑尔德. 世界现象学［M］. 倪梁康，孙周兴，靳希平，等译. 北京：生活·读书·新知三联书店，2003.

［143］洪汉鼎. 理解与解释：诠释学经典文选［M］. 北京：东方出版社，2001.

［144］张汝伦. 二十世纪德国哲学［M］. 北京：人民出版社，2008.

［145］张祥龙. 海德格尔思想与中国天道［M］. 北京：生活·读书·新知三联书店，1996.

［146］张祥龙. 从现象学到孔夫子［M］. 北京：商务印书馆，2001.

［147］张祥龙. 朝向事情本身：现象学导论七讲［M］. 北京：团结出版社，2003.

［148］王志宏. 事实性与时间［M］. 昆明：云南人民出版社，2011.

期刊、学位论文类

［1］丁慧. 二程哲学本体论异同辨析［D］. 长春：吉林大学，2006.

［2］杨立华. 卦序与时义：程颐对王弼释《易》体例的超越［J］. 中国哲学史，2007（4）.

［3］林丹. 王阳明哲学的现象学解读［D］. 北京：北京大学，2005.

[4] 彭国翔. 阳明后学工夫论的演变与形态 [J]. 浙江学刊，2005 (1).

[5] 张岱年. 中国哲学中的本体观念 [J]. 安徽大学学报，1983 (3).

[6] 曾春海. 王船山易学阐微 [D]. 台北：辅仁大学，1978.

[7] 陈祺助. “喜怒哀乐未发”或“仁义礼知未发”：关于陈来教授诠释船山中和思想之商榷 [J]. 鹅湖月刊，2006，32 (5).

[8] 刘强. 两汉时期“春秋决狱”研究 [D]. 兰州：兰州大学，2010.

[9] 毛春红. 论“春秋决狱”[D]. 北京：中国政法大学，2006.

[10] 宋洁. 魏晋南北朝法律的儒家化 [D]. 长沙：湖南师范大学，2006.

[11] 赵建林. 魏晋“春秋决狱”研究 [D]. 北京：清华大学，2004.

[12] 江旭伟. 浅析“汉承秦制”与“春秋决狱”的关系 [J]. 研究生法学，1996 (1).

[13] 何汝泉. 略谈“以经决狱”[J]. 重庆社会科学，1995 (6).

[14] 刘立志. 汉人引“诗”决狱刍议 [J]. 南京师范大学文学院学报，2002 (3).

[15] 黄震. 汉代“春秋决狱”的判例机制管窥 [J]. 中央政法管理干部学院学报，1999 (2).

[16] 许家星，李自耕. 史学之功臣乎？罪人乎？兼与《评朱熹对史学的基本态度》一文商榷 [J]. 合肥学院学报（社会科学版），2007 (9).

[17] 张汝伦. 朱陈之辩再思考 [J]. 复旦学报（社会科学版），2012 (5).

[18] 钱茂伟. 论明中叶史学的转型 [J]. 复旦学报（社会科学版），2001 (6).

[19] 孔定芳. 清初朝廷与明遗民关于“治统”与“道统”合法性的较量 [J]. 江苏社会科学，2009 (2).

[20] 张铁夫. 论王船山的治统思想 [J]. 船山学刊，1992 (1).

[21] 张学智. 王夫之《尚书》诠释中的实心实学：以《尧典》为中心 [J]. 北京大学学报，2009 (1).

[22] 张学智. 王夫之《尚书》诠释中的天人关系论 [G] //国际儒学联合会. 国际儒学研究：第 18 辑. 北京：九州出版社，2011.

[23] 张学智. 王夫之对礼乐的理学疏解 [J]. 中国哲学史，2005 (4).

[24] 张学智．王夫之对礼的本质的阐释［J］．北京大学学报，2006 (11).

[25] 张学智．论王夫之的“占学一理”［J］．中国哲学史，2011 (3).

[26] 张学智．王夫之《春秋》学中的华夷之辨［J］．中国文化研究，2005 (夏之卷).

[27] 谷继明．裕情与舒气：论王夫之对《诗经》的诠释［J］．船山学刊，2013 (2).

[28] 谷继明．王船山《春秋》解经学探微［J］．同济大学学报（社会科学版），2016 (8).

[29] 谷继明．清代思想的异调：王船山政治哲学再探［J］．孔学堂，2016 (4).

[30] 杨柳岸．尚书引义研究［D］．武汉：武汉大学，2016.

[31] 刘梁剑．王弼论体用关系［J］．渤海大学学报（哲学社会科学版），2004 (3).

[32] 林采佑．略谈王弼体用范畴之原义［J］．哲学研究，1996 (11).

[33] 李晓春．王弼“体用论”述真［J］．兰州大学学报（社会科学版），2010 (4).

[34] 才清华．名号与称谓［J］．复旦学报（社会科学版），2011 (5).

[35] 安载皓．王船山历史哲学研究［D］．北京：北京大学，1999.

[36] 赵金刚．天理视域下的历史世界：朱子的历史观［D］．北京：北京大学，2014.

后　记

在本书主体章节中，我一直在努力节制自己的语言与思绪，不带入过多的个人感性因素，以保持一部学术著作应有的品质。这也是在北大读书的日子，那些让我敬畏的年长或年轻的先生带给我的宝贵训练。不过我常常也会在课堂上感受到先生们在冷静严谨的学术语言背后潜藏的激情与热忱，如同平静深渊下的暗流涌动，以此为榜样，在此，除了内心的感谢之外，我也想稍微纵容自己的肆意跳跃。

求学之初，我不明白自己想要什么，只是凭着一种浮士德式的热情渴望上升，这种诉求很大程度上源自个人对时代的体验。我不能接受没有价值尺度的虚无主义生活方式，纯粹知识也不能够满足内在的渴求，与此同时，个人气质中的某些叛逆元素又让我对各种价值体系敬而远之，不管它们是意识形态、理性立法还是传统道德。求学过程中我逐渐意识到，我的问题不是单纯的个体气质偏狭，而是时代病的一种典型病例。百年来的中外大思想家们都面临这个问题，他们是更敏感的时代病患者，同时也是久病之良医，我微薄的个人体验在很大程度上源自他们精神的流衍与塑造。后来在复旦大学聆听张汝伦先生的课程时，他也提及了相似的问题，人的意义建构能否既不是形而上学，又不是虚无主义？他给的指引是“历史”。我当时不明白这个指示的意义，决定自己去寻找答案。在云南边陲教书读书的过程中，钱穆先生的著作给了我极大影响，我逐渐从他的生命道路与治学方法中领会到了经典、历史与个人生命意义之间是可能建构起一种富于生机、源泉滚滚的生长关联的。然后，我希望能够将这些直观体会以更加哲学化的方式明晰地显现，为此，需要寻找一位伟大的思想家，让我能够将自身投入其中，倾听与领会他的思想并与自身的探寻产生共鸣。在读书的过程中，我越来越明确，他只能是船山先生。

《船山全书》以及相关大量典籍的阅读过程充满艰辛、喜悦与挑战，九年时间转瞬即逝，直到今天，此专著最后修订之际，我依旧感到船山思想像是汪洋大海，自己的著作颇似以斗量海：经学入门颇浅而妄发议论，《通鉴》粗读一遍，宋明正史皆未通读，即便是自己较为熟悉的四书领域，也只是见闻之知，凭空思索，于自家心性并无太多参证涵养。或许对我而言，最大的收获在于借助于巨人的力量，古典世界对我而言不再仅仅是隔墙而窥的宗庙百官，而是渐得其门而入；虽未得入堂奥，亦可略赏庭兰之芬馥。若谓著述意义在于立下初步的学术规模，那么在船山先生的感召下，愚于此初得之。为学大益在变化气质，回首数载，最大的遗憾在于重知而轻行，于己心性修身所为甚少。古之学者为己，或许，当我自认为迈过学术门槛之时，古典世界反倒在离我而去，是可深戒。

本书还有着大量的遗憾与缺陷，心有余而力不足之感，让我深深警醒自己学养的浅薄。也许将来的某个阶段，我能够走过历史带着更好的学养重新回到船山，乃至当代中国——那是我始终关怀但又无法简单直面，必须反本溯源以重返之处。

感谢北大的良师益友和优裕的读书环境。求学期间，我的导师魏常海先生对我的论文写作给予了很大的帮助，其中肯的意见让我不断看到自己写作思考的不足，同门师友之间的真挚热忱也让如今远离京城的我深感怀念。张学智先生的课程既展示了儒者雅正之风范，也带我进入船山易学的深邃体系。杨立华老师的巨大魅力自不用说，他的课程训练我学会了细致朴实地解读古典文本。而李猛老师的课程给我最大的收益是领会到学者面对经典文本应当如何充分地释放其内在冲突张力，而不要满足于切割分类的自圆其说，他的思考方式非常典范地诠释了何谓“宁为无定之言，不敢执一以贼道”。还有吴飞老师，他的课程和著述，都让我真切体会到一位儒者应当如何沉潜而又炙热地担当起时代的忧思。此外，特别感谢复旦大学张汝伦教授，沪上求学期间，他的课程带我走上了思考的道路。还有我硕士期间的老师王圣思先生，她的质朴、热情与纯真从未因年龄而减损，我希望自己将来也能像她一样。

感谢好兄弟张旭对我论文的细读以及毫不留情的批驳，让我能够不断地修正提高，并对自己的思想立场始终保持警醒与反思。还要感谢王志宏兄、李旭兄、林吴婧、甘霖、陈玲对我求学思考的切磋琢磨。远方的姐妹胡顺琼和陈芸，尽管你们现在不在身边，但一起读书求学走过的日子常常让我感念，也期待着未来的相聚。还有国庆、姚龙、王锋，一起在北大西门鸡翅喝酒和静园草坪上弹琴唱歌是我读书生涯中最惬意、最放松的时候。

感谢我的父母和岳父岳母，他们始终在背后默默地关爱与支持，任劳任怨地帮我照料孩子、操持家务，让我在享受天伦之乐的同时仍有充分的时间读书写作。我的父亲虽然只是个普通工人，但是面对下岗的冲击，在风雨中摸爬滚打，支撑起整个家庭，并始终保持开朗热情与赤子之心。如果说我能够一直努力坚持理想主义的信念，在很大程度上应当归功于父亲的言传身教。我的母亲从小给我细心照料，后来又跟着父亲走南闯北为着生计奔波，对我却永远只有关爱与呵护，让我最真切地体会到家庭伦常的温暖意义。父母从我还是个孩子的时候，就告诉我读书是世界上最美好的事情，其他的名利都是浮云。并且在接下来的许多年，纵容我少年的肆意妄为、青年的偏激懵懂、壮年的漂泊游学，默默地在背后坚强地支持和守护我，没有他们就没有我的一切，每每念之，深感幸运与无从报答。

我的妻子张雨凝，这些年来一直同我相互切磋砥砺，愿我们和孩子能够继续共同成长，携手前行，永不中辍。

田丰

二〇一八年四月二十九日于家乡信阳

图书在版编目（CIP）数据

王船山体用思想研究/田丰著. --北京：中国人民大学出版社，2020.6
国家社科基金后期资助项目
ISBN 978-7-300-27925-1

Ⅰ. ①王… Ⅱ. ①田… Ⅲ. ①王夫之（1619 - 1692）-哲学思想-研究 Ⅳ. ①B249.2

中国版本图书馆 CIP 数据核字（2020）第 026504 号

国家社科基金后期资助项目
王船山体用思想研究
田丰 著
Wang Chuanshan Tiyong Sixiang Yanjiu

出版发行	中国人民大学出版社		
社　　址	北京中关村大街 31 号	**邮政编码**	100080
电　　话	010－62511242（总编室）		010－62511770（质管部）
	010－82501766（邮购部）		010－62514148（质管部）
	010－62515195（发行公司）		010－62515275（盗版举报）
网　　址	http://www.crup.com.cn		
经　　销	新华书店		
印　　刷	涿州市星河印刷有限公司		
规　　格	165 mm×238 mm　16 开本	**版　　次**	2020 年 6 月第 1 版
印　　张	40.75 插页 2	**印　　次**	2020 年 6 月第 1 次印刷
字　　数	679 000	**定　　价**	98.00 元